복 있는 사람

오직 여호와의 율법을 즐거워하여 그 율법을 주야로 묵상하는 자로다.

저는 시냇가에 심은 나무가 시절을 좇아 과실을 맺으며 그 잎사귀가 마르지 아니함 같으니

그 행사가 다 형통하리로다. (시편 1:2-3)

조나단 에드워즈 로마서 주석

EDITED AND COMPILED BY
David S. Lovi & Benjamin Westerhoff

The Power of God

*A Jonathan Edwards Commentary
on the Book of Romans*

JONATHAN EDWARDS
조나단 에드워즈

로마서 주석

데이비드 로비, 벤저민 웨스터호프 편집 | 김귀탁 옮김

복 있는 사람

조나단 에드워즈 로마서 주석

2014년 7월 22일 초판 1쇄 발행
2017년 12월 8일 초판 3쇄 발행

편집자 데이비드 로비, 벤저민 웨스터호프
옮긴이 김귀탁
펴낸이 박종현

도서출판 복 있는 사람
주소 서울특별시 마포구 연남동 246-21(성미산로23길 26-6)
전화 02-723-7183, 7734(영업·마케팅) 팩스 02-723-7184
이메일 blesspjh@hanmail.net
등록 1998년 1월 19일 제1-2280호

ISBN 978-89-6360-135-9 03230

이 도서의 국립중앙도서관 출판시도서목록(CIP)은
서지정보유통지원시스템 홈페이지(http://seoji.nl.go.kr)와 국가자료공동목록시스템(http://
www.nl.go.kr/kolisnet)에서 이용하실 수 있습니다. (CIP 제어번호: 2014020803)

The Power of God
by David S. Lovi & Benjamin Westerhoff

|차례|

서문

여러분이 지금 손에 들고 있는 이 책은 사랑과 수고의 결실이다. 다시 말해, 로마서에 대한 사랑, 설교자 조나단 에드워즈(1703-1758)에 대한 사랑, 그리고 오늘날 기독교 교회에 대한 사랑의 열매다.

바울의 로마서는 특히 아우구스티누스주의자와 개신교인들에게 가장 많이 사랑받는 책 중에 하나다. 매우 유명한 교회 학자들 가운데 많은 이들이 로마서 주석을 썼는데, 몇 명만 이름을 든다면, 아우구스티누스, 아퀴나스, 루터, 칼빈, 하지, 바르트 등을 들 수 있다. 죄와 복음과 구원에 대한 교리를 명확하게 제시하는 로마서는, 필립 멜란히톤(Philip Melanchthon)의 『신학 총론』(*Loci Communes*, 1521)에 구조적 기초를 제공했고, 이 책은 훗날 개신교 최초의 조직신학 교과서가 된다. 로마서는 구원은 오직 그리스도로 말미암아 일어나는 하나님의 역사로, 오직 믿음을 통해, 오직 은혜로만 얻는다는 것을 가르치는 종교개혁의 "솔라"(sola) 구호의 원전으로 자주 인용된다. 또한 로마서는 "로마서식 구원 방법"의 진원지로,[1] 복음주의 진영에 속해 있는 수많은 사람들이 복음을 공유하기 위해 교과서로 삼은 책이다. 요약하면, 로마서는 많은 독자들이 성경 본문 전체를 여는 열쇠로 사용하는 "성경의 핵심"이라 할 수 있다.

사실, 조나단 에드워즈는 로마서 주석을 쓴 적이 없다. 그러나 그는 한 평생 로마서에 대한 수많은 설교를 전하며 글을 썼다. 에드워즈가 오늘날 위대한 문학가, 자연과학자, 철학자, 종교심리학자로서 높은 평가를 받고 있지만, 일차적으로 그는 성경 사상가이자 말씀 사역자였다. 에드워즈가 기독교 전 역사 속에서 가장 중요한 사상 지도자 가운데 한 사람으로 남아 있다는 점에서, 이제는 누군가가 로마서에 대한 에드워즈의 글들을 묶어 책으로 출간할 때가 되었다.

피츠버그 신학교와 트리니티 복음주의 신학교의 유명한 말씀 사역자이자 교수였던 존 거스트너(John H. Gerstner)는 예전에 로마서를 편집하는 작업을 한 적이 있었다. 그는 페리 밀러(Perry Miller)의 요청으로 예일 대학판(版) 『조나단 에드워즈 전집』에 포함시킬 에드워즈의 로마서 설교를 편집하는 일에 참여했다. 그렇지만 거스트너는 이 작업을 미처 끝마치지 못했다. 당시 그는 많은 여름을 보내며 에드워즈의 원고를 깊이 살폈는데, 그 수고의 결과 여러 권의 다른 작품이 결실로 맺어졌다. 중요한 사실은, 이 선구적인 작업을 통해 그가 20세기 중반에 찾아온 에드워즈 르네상스 시대에 복음주의 그리스도인들의 에드워즈 연구를 촉진시켰다는 것이다.

데이비드 로비(David S. Lovi)와 벤저민 웨스터호프(Benjamin Westerhoff)는 거스트너의 작품에 자극을 받은 복음주의자들이다. 따라서 이 두 사람을 거스트너가 시작한 일, 곧 에드워즈의 로마서에 대한 글을 모아 편집하는 일을 완결시킨 인물로 보는 것이 적합하다. 이 책은 설교 작품이 아니다. 거스트너의 계획과는 다르게 이 책은 설교, 발표 논문, 주석 원고를 비롯하여 다양한 출처에서 발췌한 로마서에 대한 주석을 담고 있다. 또한 본래 주석 책이 그런 것처럼 성경 구절 순서대로 제시되어 있으며, 설교자와 말씀 사역자를 독자로 삼고 있다. 에드워즈가 하늘에 있는 성도들의 삶에 대하여 말한 것이 옳다면, 거스트너는 땅을 내려다보고 로비와 웨스터호프의 작품에 감사하고 자랑스러워하며, 이 책이 하나님의 영원한 구속 계획 가운데 한 자리를 차지하고 있는 것을 즐거워할 것이다.

에드워즈가 하늘에 있는 성도들의 삶에 대해 한 말이 옳았건 옳지 않았건, 나는 땅에 있는 성도들이 이 책을 통해 유익을 얻을 것이라고 확신한다. 이 책이 미래의 말씀 사역자들에게 자극과 활력을 주어서 그들이 섬기는 이들을 위해 성경의 보물 상자를 여는 데 도움이 되기를 바란다.

더글러스 A. 스위니
트리니티 복음주의 신학교 교회사 및 기독교사상사 교수

머리말

지난 두 세기 반의 세월을 거치며 확인된 것처럼, 미국의 가장 위대한 신학자로 꼽히는 조나단 에드워즈의 사역과 사상은 오늘날에도 생생히 살아 있을 뿐 아니라 그 통찰력의 깊이는 여전히 비할 바 없이 독보적이다. 그런 의미에서 지금까지 성경 각각의 책들에 대한 에드워즈의 주석을 모으고 정리하는 데 힘쓴 이가 아무도 없었다는 것은 놀라운 사실이다.

사실상 에드워즈가 직접 쓴 주석에 다가가는 길은 요한계시록에 대한 개인 노트를 읽는 것 외에는 없었다. 그러나 에드워즈의 전집을 탐독한 사람이라면 누구나 에드워즈가 요한계시록 말고도 성경을 폭넓게 주석했다는 것을 금세 알아차릴 수 있을 것이다. 에드워즈의 신학에 대하여 폭넓게 글을 쓴 존 거스트너는, 언젠가 에드워즈가 아마도 성경의 모든 구절을 주석했을 것이라고 단언했다. 거스트너의 말에 다소 과장이 섞여 있기는 하지만, 그렇다고 완전히 틀린 말은 아니다. 에드워즈의 전집은 굉장히 방대한데, 종이가 거의 상용되지 않았던 시절에 남긴 작품들이라는 점에서 더욱 놀라움을 자아낸다. 그러나 특정 성경 본문에 대한 에드워즈의 주석은 그의 방대한 작품들 곳곳에서 디아스포라처럼 발견된다. 곧 설교, 책, 잡문, 개인 노트, 편지, 전기, 논문, 그의 "여백 성경", 다양한 핸드북 이곳저곳에 망라되어 있다.

2010년에 이 책을 작업하기에 앞서, 우리는 조나단 에드워즈가 로마서에 대해 쓴 모든 글을 수집하여 그것을 하나의 주석 책으로 정리하면 매우 유익할 것이라고 판단했다. 그리고 결국 우리는 그것을 해냈다. 독자는 이 로마서 주석을 통해, 원문을 판독할 수 없는 아주 일부의 글을 제외하고, 에드워즈의 방대한 전집에서 이삭 줍듯이 찾아낸 로마서 관련 거의 모든 내용을 즐겁게 맛보게 될 것이다. 나아가 우리는 '설교 개요' 부분을 마련하여 에드워즈가 로마서를 본문으로 삼아 전한 설교를 전부 모아 수록했다. 에드워즈의 설교 개요는 항상 설교 시작 부분에서 제시되었고, 관련 본문을 설명하는 데 도움을 주었다. 우리는 이 개요들이 에드워즈의 설교 문체가 어떻게 전개되었는지 이해하고(에드워즈는 사역 전반부에는 설교 노트를 많이 사용했으나 조지 윗필드를 만난 이후로는 덜 사용했다), 본문을 설명할 때 드러나는 에드워즈의 통찰력의 깊이를 파악하는 데 매우 유익하다는 것을 깨달았다.

왜 로마서이고 왜 에드워즈인가? 아마 그것은 로마서가 기독교 구원론과 성경 신학의 핵심 내용을 담고 있기 때문일 것이다. 로마서에서 발견되는 많은 신학 주제들이 최근에 쟁점으로 부각되었다. 예를 들어, 톰 라이트(N. T. Wright)와 존 파이퍼(John Piper)는 칭의의 참된 본질에 대하여 논쟁을 하는 가운데 여러 권의 책을 썼다. 랍 벨(Rob Bell)의 저작 『사랑이 이긴다』(Love wins)는 하나님의 진노에 대하여 다루는데, 하나님의 진노가 누구를 향하고 있으며, 그 진노가 얼마나 지속되는지를 언급한다(하지만 그는 유감스럽게도 하나님의 진노는 없다고 결론짓는다). 우리는 로마서가 우리 시대에 이처럼 논란의 쟁점이 되고 있기 때문에, 로마서에 대해 말하는 과거의 목소리를 들어 보는 것이 좋다고 느꼈다. 로마서에는 이스라엘, 예정, 교회, 기독교적 삶, 믿음, 율법, 부활, 죄와 같은 주제들뿐 아니라 다양한 다른 성경 신학적 모티프들도 제시된다. 따라서 에드워즈가 로마서에 비중을 크게 둔 것은 논리적으로 당연한 선택이었다.

그렇다면 왜 조나단 에드워즈인가? 무엇보다 에드워즈는 믿을 수 없을 정도로 다작 저술가였다. 페리 밀러는 에드워즈를 천재라 칭하며, 그를 멜빌, 트웨인, 에머슨과 동등한 인물로 보았다. 우리는 미국 역사상 위대한 지성 가운데 한 사람이자 미국의 위대한 목사 가운데 한 사람인 에드워즈의 이 로마서 주석이 목사, 신학자, 신약학자, 에드워즈 전문가, 교회사가, 호기심 많은 성경 독자들에게 값을 헤아릴 수 없는 소중한 자원이 될 것이라고 생각했다. 우리는 에드워즈의 이 로마서 주석이, 목사들이 설교를 준비하거나 교회사가들이 하나님의 주권에 대한 에드워즈의 견해를 이해하고자 할 때(로마서 9장에 대한 그의 주석을 보라) 다른 훌륭한 주석들과 함께 펼쳐 놓는 책이 되기를 바란다. 우리는 이 책에 포함된 내용이 성경 연구자와 조나단 에드워즈 연구자들의 마음과 지성에 불을 지필 것임을 확신한다.

이 책의 출간을 가능하게 한 이들에게 감사의 마음을 전하고 싶다. 우선, 이 책의 출간을 격려하고 한결같이 조언과 도움을 베풀어 준 더글러스 스위니 박사와 케네스 민케마 박사에게 깊은 감사를 전한다. 아마도 두 분의 도움이 없었다면 이 책이 제대로 결실을 맺지 못했을 것이다. 또한 고인이 되었지만 여전히 살아 있는 것처럼 말하고 있는 고(故) 존 거스트너 박사에게도 감사의 말을 전하지 않을 수 없다. 조나단 에드워즈의 신학에 대한 거스트너의 강의가 이 주석의 원동력이었고, 우리는 다년간 그의 강의를 들으며 큰 도움을 받았다. 우리 두 사람의 사랑하는 아내, 아미 로비와 마리아 웨스터호프에게도 참으로 감사하다. 두 사람은 우리가 컴퓨터 화면과 전화기 앞에서 많은 시간을 보내는 것을 참아 주었고, 모든 것을 큰 은혜로 받아들였다. 두 사람의 인내에 주께서 상을 베푸시기를 바란다. 또한 이 책을 출간할 기회를 준 픽윅 출판사와 위프앤스톡 출판사의 크리스천 아몬드슨과 로빈 패리에게도 감사드린다.

마지막으로 본문에 대해 간략히 언급하자면, 존 거스트너가 예일 대학 기록 보관소에 있는 원고들에 대하여 "있는 그대로"라고 말하기를 좋아했던 것처럼, 우리도 에드워즈를 독자 여러분에게 있는 그대로 제시하려고 노력했으며, 예일 대학판 에드워즈 전집(http://edwards.yale.edu/)의 온전함을 그대로 유지하기 위해 손질하지 않고 에드워즈 자신의 말을 그대로 제시했다. 오직 하나님께 영광을!

일러두기

* 이 책에 수록된 성경구절은 개역개정 성경을 따랐다.
* 주석 부분에서 각 구절에 해당하는 에드워즈의 '설교 개요'가 있는 경우, 주석 마지막 부분에 [□] 표기를 했다.
* 로마서 각 구절에 대한 내용을 다양한 출처에서 발췌·정리한 이 책의 특성상, 특정 단락이 여러 본문에 반복되어 수록된 경우가 있다.

| 로마서 주석 |

로마서 1장

¹예수 그리스도의 종 바울은 사도로 부르심을 받아 하나님의 복음을 위하여 택정함을 입었으니 ²이 복음은 하나님이 선지자들을 통하여 그의 아들에 관하여 성경에 미리 약속하신 것이라 ³그의 아들에 관하여 말하면 육신으로는 다윗의 혈통에서 나셨고 ⁴성결의 영으로는 죽은 자들 가운데서 부활하사 능력으로 하나님의 아들로 선포되셨으니 곧 우리 주 예수 그리스도시니라

1:1-3 에덴동산에서 첫 조상에게 주어진 것에서부터 말라기 선지자를 통해 전해진 것에 이르기까지, 미래의 구주이신 메시아에 대하여 구약 교회에 주어진 약속은 일관되게 그리스도께서 완전한 거룩하심을 구비하지 못하는 것은 있을 수 없다고 증언한다. 구주가 되시는 메시아에 대하여 하나님의 교회에 주어진 구약의 예언들은 약속의 성격을 띠고 있었다. 이 예언들 자체와 이 예언들의 전달 방식을 보면 이런 약속의 성격이 분명히 드러난다. 그러나 이 예언들은 신약성경에서 더 명시적으로 그리고 훨씬 더 빈번하게 약속으로 불린다. 예를 들면, 누가복음 1:54-55, 72-73, 사도행전 13:32-33, 로마서 1:1-3, 15:8, 히브리서 6:13 등에서 그렇게 불린다. 이 약속들은 종종 매우 엄숙하게 주어지고, 또 맹세로 확증된다. 창세기 22:16-17에 다음과 같이 언급되어 있는 것과 같다. "여호와께서 이르시기를 내가 나를 가리켜 맹세하노니……내가 네게 큰 복을 주고

네 씨가 크게 번성하여 하늘의 별과 같고 바닷가의 모래와 같게 하리니 네 씨가 그 대적의 성문을 차지하리라."[1]

1:3-4 그리스도께서 성령으로 기름 부음을 받으신 것은 그분을 우리의 중보자로 세우는 것으로 그치지 않고, 그분께 중보자의 사역을 감당할 자격과 능력을 부여하는 역할도 한다. 따라서 그리스도의 고난과 순종의 가치와 효력을 낳은 것은 바로 이 기름 부으심 사건이다. 만일 그리스도께서 기름 부음을 받지 않으셨다면 그리스도의 고난과 순종은 아무 효력이 없었을 것이다. 왜냐하면 이렇게 성령으로 기름 부음을 받는 일이 없었더라면 그리스도는 신성과 연합하지 못하셨을 것이기 때문이다. "성결의 영으로는 죽은 자들 가운데서 부활하사 능력으로 하나님의 아들로 선포되셨으니 곧 우리 주 예수 그리스도시니라"(롬 1:3-4). 따라서 이 기름 부으심 사건에서 그리스도의 속죄 제사의 가치가 나온다. "하물며 영원하신 성령으로 말미암아 흠 없는 자기를 하나님께 드린 그리스도의 피가 어찌 너희 양심을 죽은 행실에서 깨끗하게……하지 못하겠느냐"(히 9:14). 이 기름 부으심 사건을 통해 성령을 소유하심으로써 그리스도는 우리의 중보자로 인정되고 의롭다 하심을 받으셨다. "영으로 의롭다 하심을 받으시고"(딤전 3:16). 그러므로 그리스도는 성령으로 말미암아 동정녀 마리아의 태에서 태어나신 것처럼, 성령으로 말미암아 땅의 태에서 죽은 자 가운데서 다시 살아나셨다. "육체로는 죽임을 당하시고 영으로는 살리심을 받으셨으니"(벧전 3:18).

1:4 삼위일체 하나님 가운데 세 번째 위격이신 하나님의 영은 매우 자주 "거룩하신 영"(성령)으로 불리는데, "거룩하신"이 어쨌든 그분에게만 고유하게 붙여지는 지칭인 것처럼 그렇게 불리셨다. 하지만 이것이 하나님

의 거룩하심이 오직 하나님의 영에게만 속해 있다는 것을 가리키는 뜻은 결코 아니다. 하나님의 영은 성부, 성자와 똑같이 무한히 거룩하실 뿐만 아니라 또한 관념상으로 하나님의 거룩하심 자체다. 성부와 성자의 거룩하심은 하나님의 영이 숨 쉬는 곳에 존재한다. 그러므로 하나님의 영은 성령(거룩하신 영)으로 불릴 뿐만 아니라 "성결의 영"으로도 불린다. "성결의 영으로는"(롬 1:4).[2]

[5]그로 말미암아 우리가 은혜와 사도의 직분을 받아 그의 이름을 위하여 모든 이방인 중에서 믿어 순종하게 하나니 [6]너희도 그들 중에서 예수 그리스도의 것으로 부르심을 받은 자니라 [7]로마에서 하나님의 사랑하심을 받고 성도로 부르심을 받은 모든 자에게 하나님 우리 아버지와 주 예수 그리스도로부터 은혜와 평강이 있기를 원하노라 [8]먼저 내가 예수 그리스도로 말미암아 너희 모든 사람에 관하여 내 하나님께 감사함은 너희 믿음이 온 세상에 전파됨이로다 [9]내가 그의 아들의 복음 안에서 내 심령으로 섬기는 하나님이 나의 증인이 되시거니와 항상 내 기도에 쉬지 않고 너희를 말하며 [10]어떻게 하든지 이제 하나님의 뜻 안에서 너희에게로 나아갈 좋은 길 얻기를 구하노라

1:5 고린도전서 1:1을 보라. "하나님의 뜻을 따라 그리스도 예수의 사도로 부르심을 받은 바울." 사도 바울은 사도로 부르심을 받았을 때 여기서처럼 통상적으로 "하나님의 뜻을 따라"라는 말을 사용한다. 고린도후서 1:1도 마찬가지다. "하나님의 뜻으로 말미암아 그리스도 예수의 사도 된 바울." 에베소서 1:1, 골로새서 1:1, 디모데후서 1:1에서도 똑같은 말을 사용한다. 디모데전서 1:1에서는 "우리 구주 하나님과 우리의 소망이신 그리스도 예수의 명령을 따라 그리스도 예수의 사도 된 바울"이라고 말하고, 로마서 1:1에서는 "예수 그리스도의 종 바울은 사도로 부르심을 받아 하나님의 복음을 위하여 택정함을 입었으니"라고 말한다. 로마서 1:5은 "그로 말미암아 우리가 은혜와 사도의 직분을 받아"라고 말하는데, 이것

은 이전에 큰 죄인이었던 바울이 사도가 되는 데 있어 자신의 무가치함을 계속 깊이 의식하고 있었기 때문이다. 그리고 바울이 이처럼 존엄한 지위를 부여받게 된 것은 바울 안에 있는 어떤 것 때문이 아니었다. 교회의 박해자였던 바울을 교회 안의 사도로 만든 것은 오직 하나님의 주권적인 뜻과 기쁨과 값없는 은혜였다. 그러므로 바울은 사도라는 영예로운 이름을 취할 때 그것을 하나님의 주권적 뜻과 은혜에서 나온 것으로 돌린다. 바울이 그렇게 하는 이유는 마음속에 다음과 같은 의식을 갖고 있었기 때문이다. "나는 사도 중에 가장 작은 자라. 나는 하나님의 교회를 박해하였으므로 사도라 칭함 받기를 감당하지 못할 자니라. 그러나 내가 나 된 것은 하나님의 은혜로 된 것이니"(고전 15:9-10). "모든 성도 중에 지극히 작은 자보다 더 작은 나에게 이 은혜를 주신 것은 측량할 수 없는 그리스도의 풍성함을 이방인에게 전하게 하시고"(엡 3:8).[3]

"그로 말미암아 우리가 은혜와 사도의 직분을 받아 그의 이름을 위하여 모든 이방인 중에서 믿어 순종하게 하나니"(롬 1:5). "또 내 이름을 위하여 집이나 형제……를 버린 자마다 여러 배를 받고 또 영생을 상속하리라"(마 19:29). "이는 그들이 주의 이름을 위하여 나가서 이방인에게 아무 것도 받지 아니함이라"(요삼 1:7). "또 네가 참고 내 이름을 위하여 견디고 게으르지 아니한 것을 아노라"(계 2:3).[4]

1:6 부르심을 받은 자는 예수 그리스도에게 속한 자다. "너희도 그들 중에서 예수 그리스도의 것으로 부르심을 받은 자니라"(롬 1:6). "하나님이 각 사람을 부르신 그대로"(고전 7:17). "그가 자기 양의 이름을 각각 불러 인도하여 내느니라"(요 10:3). "또 이 우리에 들지 아니한 다른 양들이 내게 있어 내가 인도하여야 할 터이니 그들도 내 음성을 듣고"(요 10:16). "그의 부르심의 소망이 무엇이며 [알게 하시기를]"(엡 1:18).[5]

1:7 사도들은 교회에 보내는 편지의 표제나 서두 부분과 서신의 시작 인사말에서 편지의 수신자를 하나님께 은혜를 받은 사람으로 언급한다. 예를 들어, 사도 베드로는 많은 세월에 걸쳐 믿음을 고백하는 모든 유대인 성도에게 쓴 베드로전서 서두에서 이렇게 말한다. "본도……[등에] 흩어진 나그네 곧 하나님 아버지의 미리 아심을 따라 성령이 거룩하게 하심으로 순종함과 예수 그리스도의 피 뿌림을 얻기 위하여 택하심을 받은 자들에게 편지하노니"(벧전 1:1-2). 그리고 베드로후서에서는 똑같은 사람들에게 이렇게 말한다. "예수 그리스도의 종이며 사도인 시몬 베드로는……동일하게 보배로운 믿음을 우리와 함께 받은 자들에게 편지하노니"(벧후 1:1). 그리고 사도 바울은 로마서에서 이렇게 서두에 쓴다. "로마에서 하나님의 사랑하심을……받은 모든 자에게"(롬 1:7).

사도들은 자기들이 쓴 서신에서 수신자에게 말하거나 수신자를 지칭할 때 계속해서 그들을 은혜 받은 사람으로 여기고 간주하며 말한다. 따라서 사도 바울은 로마서 1:7에서 로마 지역의 교인들을 "하나님의 사랑하심을 받은 자"로 지칭한다. 로마서 6:17-18에서 바울은, 그들이 자기들에게 "전하여 준 바 교훈의 본을 마음으로 순종하여 죄로부터 해방되어 의에게 종이" 된 것에 대하여 하나님께 감사한다.[6]

바울은 로마서 첫 부분에서 로마 지역의 교인들을 "하나님의 사랑하심을 받고 성도로 부르심을 받은"(롬 1:7) 자로 부르며 편지를 쓴다. 그렇지만 그들에게 마음을 새롭게 함으로 변화를 받으라고 권면한다. "그러므로 형제들아, 내가 하나님의 모든 자비하심으로 너희를 권하노니 너희 몸을 하나님이 기뻐하시는 거룩한 산 제물로 드리라. 이는 너희가 드릴 영적 예배니라. 너희는 이 세대를 본받지 말고 오직 마음을 새롭게 함으로 변화를 받아"(롬 12:1-2).[7]

로마 지역의 교회도 마찬가지였다. 바울은 로마서에서 로마 지역의 교인들을 "하나님의 사랑하심을 받은 자"로 부른다. "로마에서 하나님의 사랑하심을 받고 성도로 부르심을 받은 모든 자에게"(롬 1:7). 즉 사랑을 기준으로 판단해 볼 때 그들은 하나님의 사랑하심을 받은 자들이었다. 또 로마서 6:17-18에서도 바울은 그들에게 "너희가 본래 죄의 종이더니 너희에게 전하여 준 바 교훈의 본을 마음으로 순종하여 죄로부터 해방되어 의에게 종이 되었느니라"고 말한다.[8]

1:8 이처럼 다른 지역들에서 하나님의 역사에 대해 듣는 것이 유익하기 때문에 바울은 로마에 있는 성도들의 믿음이 온 세상에 전파된 것에 대하여 하나님께 감사한다. "먼저 내가 예수 그리스도로 말미암아 너희 모든 사람에 관하여 내 하나님께 감사함은 너희 믿음이 온 세상에 전파됨이로다"(롬 1:8).[9]

[11]내가 너희 보기를 간절히 원하는 것은 어떤 신령한 은사를 너희에게 나누어 주어 너희를 견고하게 하려 함이니 [12]이는 곧 내가 너희 가운데서 너희와 나의 믿음으로 말미암아 피차 안위함을 얻으려 함이라 [13]형제들아 내가 여러 번 너희에게 가고자 한 것을 너희가 모르기를 원하지 아니하노니 이는 너희 중에서도 다른 이방인 중에서와 같이 열매를 맺게 하려 함이로되 지금까지 길이 막혔도다 [14]헬라인이나 야만인이나 지혜 있는 자나 어리석은 자에게 다 내가 빚진 자라 [15]그러므로 나는 할 수 있는 대로 로마에 있는 너희에게도 복음 전하기를 원하노라

1:11 바울은 다른 사람들을 보살피는 자신의 간절한 마음(고후 8:16), 다른 사람들에 대하여 갖고 있는 자신의 연민이나 자비의 심정(빌 2:1), 심지어는 다른 사람들에 대한 염려 때문에 갖게 된 마음의 걱정(고후 2:4) 등을 숨기지 않고 말한다. "내가 마음에 큰 눌림과 걱정이 있어 많은 눈물로 너희에게 썼노니 이는 너희로 근심하게 하려 한 것이 아니요 오직 내가 너희를 향하여 넘치는 사랑이 있음을 너희로 알게 하려 함이라"(고

후 2:4). 바울은 다른 사람들 때문에 자기 영혼에 큰 갈등이 있는 것에 대하여 말한다(골 2:1). 또한 동족인 유대인에 대하여 연민으로 자기 마음에 크고 지속적인 고통이 있다고 말한다(롬 9:2). 그는 그리스도인들을 향하여 자신의 입이 열리고 마음이 넓어졌다고 말한다. "고린도인들이여, 너희를 향하여 우리의 입이 열리고 우리의 마음이 넓어졌으니"(고후 6:11). 바울은 종종 자신의 절실하고 간절한 마음에 대하여 말한다(롬 1:11, 빌 1:8; 4:1, 살전 2:8, 딤후 1:4).[10]

따라서 구원에 이르게 하는 지식은 "신령한 총명"으로 불린다. "구하노니 너희로 하여금 모든 신령한 지혜와 총명에 하나님의 뜻을 아는 것으로 채우게 하시고"(골 1:9). 또 하나님의 영의 감동과 은혜와 위로도 "신령한 복"으로 불린다. "찬송하리로다. 하나님 곧 우리 주 예수 그리스도의 아버지께서 그리스도 안에서 하늘에 속한 모든 신령한 복을 우리에게 주시되"(엡 1:3). 또 어떤 은혜로운 유익을 나누어 주는 것도 신령한 은사를 나누어 주는 것으로 불린다. "내가 너희 보기를 간절히 원하는 것은 어떤 신령한 은사를 너희에게 나누어 주어"(롬 1:11). 그리고 하나님께 바치는 성령의 열매는 "신령한 제사"로 불린다. "예수 그리스도로 말미암아 하나님이 기쁘게 받으실 신령한 제사를 드릴 거룩한 제사장이 될지니라"(벧전 2:5). 나아가 성경에서 신령한 사람은 은혜를 받은 사람과 동일한 의미를 가지고, 때때로 은혜의 감화를 크게 받는 사람을 가리킨다. "신령한 자는 모든 것을 판단하나 자기는 아무에게도 판단을 받지 아니하느니라"(고전 2:15). "형제들아, 내가 신령한 자들을 대함과 같이 너희에게 말할 수 없어서 육신에 속한 자……같이 하노라"(고전 3:1). "사람이 만일 무슨 범죄한 일이 드러나거든 신령한 너희는 온유한 심령으로 그러한 자를 바로잡고"(갈 6:1). 그리고 은혜롭게 생각하는 것을 성경은 "영의[신령한] 생각"으로 부른다.[11]

16내가 복음을 부끄러워하지 아니하노니 이 복음은 모든 믿는 자에게 구원을 주시는 하나님의 능력이 됨이라 먼저는 유대인에게요 그리고 헬라인에게로다 **17**복음에는 하나님의 의가 나타나서 믿음으로 믿음에 이르게 하나니 기록된 바 오직 의인은 믿음으로 말미암아 살리라 함과 같으니라 **18**하나님의 진노가 불의로 진리를 막는 사람들의 모든 경건하지 않음과 불의에 대하여 하늘로부터 나타나나니

1:16 "나는 그리스도의 복음을 부끄러워하지 않는다. 다만 세상의 중심지이자 지배지인 로마에서 [나 같은 것이 감히] 복음을 전하는 것이 부끄러울 따름이다.""이 복음은 모든 믿는 자에게 구원을 주시는 하나님의 능력이 됨이라. 먼저는 유대인에게요 그리고 헬라인에게로다"(롬 1:16). 질문. 복음이 어떻게 "모든 믿는 자, 특히 먼저 유대인에게 구원을 주시는 하나님의 능력인가?" 로마서 2:10은 하나님께서 "선을 행하는 각 사람에게 특히 먼저 유대인에게 영광과 존귀와 평강"을 주실 것이라고 말한다. 답변. 하나님은 그리스도를 믿는 모든 자를 의롭게 하고 선을 행하는 모든 자에게 상을 베푸시지만, 특히 유대인에게 그렇게 하실 준비가 되어 있었다. 왜냐하면 로마서 11:28에서 말하는 것처럼 하나님은 유대인에게 그들의 조상으로 말미암아 특별한 호의를 가지고 계셨기 때문이고, 또 그들이 언약 안에서 태어났기 때문이다. 곧 그들이 혈통을 통해 자신의 언약 백성이 되었기 때문이다. 로마서 2:25에서 "할례가 유익하나"라는 말씀을 보라.[12]

1:16-18 칭의. 그리스도의 의. 이 구절들의 내용에서 나는 다음 두 가지 사실을 지적하고 싶다. 첫째, 바울은 로마서 3:19-21까지 계속 이어질 강론의 이 시작 부분에서, 유대인과 이방인을 막론하고 온 세상의 악함에 대하여 제시하고, 로마서 3장 마지막 결론 부분에서, 모든 사람은 죄인이고 정죄 상태에 있으며, 그러므로 그들 자신의 의(자기 의)로는 절대로 구

원받을 수 없고, 그리스도로 말미암는 하나님의 의를 오직 믿음으로 받아야만 구원받는다는 것을 보여주려는 자신의 의도를 충분히 제시한다. 바울은 여기서 곧 로마서 1:17에서 오직 믿음으로 받는 하나님의 의가 사람들이 의롭다 함을 얻는 유일한 길임을 천명하고, 이어서 로마서 1:18에서는 사람들이 의롭다 함을 받아야 하는 이유를 다음과 같이 제시한다. "하나님의 진노가 불의로 진리를 막는 사람들의 모든 경건하지 않음과 불의에 대하여 하늘로부터 나타나나니." 그리고 계속해서 1-3장 대부분의 내용을 통해 사람들의 경건하지 않음과 불의를 선포하고, 이어서 마지막으로 시작 부분에서와 같이, 모든 사람이 죄 아래 있으므로 "율법의 행위로 그의 앞에 의롭다 하심을 얻을 육체가 없고"(롬 3:20), "예수 그리스도를 믿음으로 말미암아 모든 믿는 자에게 미치는 하나님의 의"(롬 3:22)로만 의롭다 하심을 얻는다고 자신의 주장을 결론짓는다. 둘째, 여기서 "하나님의 의"는 단순히 죄인을 의롭게 하시는 하나님의 방법을 의미할 수 없고, 하나님께서 죄인들에게 제공하신 도덕적·법적 의를 의미한다. 그것은 다음 두 가지 사실로 증명된다. 우선, 의롭다 하심을 받은 자가 갖고 있으며, 또 그들을 의롭게 만들거나 정당하게 만드는 의 또는 정의는, 바울 사도가 인용하는 구약 본문인 "의인은 그의 믿음으로 말미암아 살리라"(합 2:4)는 말씀으로 증명된다. 다음으로, 여기에 정반대 사실이 대조되어 있는 것으로 증명된다. 왜냐하면 이 구절들에서 바울의 주장으로 증명되는 것처럼, 1:17의 하나님의 백성을 의롭게 만드는 "하나님의 의"는 1:18의 사람들을 본질상 불의하게 만드는 "그들의 불의"와 정반대라는 것이 매우 명백하기 때문이다. 그리고 로마서 3:22-23이 분명히 하는 것처럼 신자들에게 주어지는 것은 하나님의 의다. 동일한 사실이 그곳에 나타나 있는 정반대 사실로도 드러난다. 또 동일한 사실이 빌립보서 3:9에 묘사된 이 정반대 두 길에서도 드러난다.[13]

1:17 여기서 "의"는 죄인이 그리스도로 말미암아 의롭다 함(칭의)을 얻는 방법을 의미하는 것으로 보인다. 이것은 단순히 그리스도의 적극적 의를 의미하는 것으로 그치지 않는다. 이보다 훨씬 더 큰 의미가 내포되어 있다. 따라서 성경에서는 중보자와 관련하여 "의"라는 말이 사용될 때, 거의 항상 이처럼 넓은 의미를 취한다. 그리스도는 "주 우리의 의"로 불린다. 즉 그리스도는 우리가 자기 안에 있을 때 우리를 의롭게 하시는 분이다. 그래서 주 여호와 안에서 우리는 의와 힘을 갖고 있다고 말한다(사 12:2, 26:4). 말하자면, 그리스도 안에서 우리는 하나님께 의인으로 인정을 받는다. 로마서 4:11에서 우리는 할례가 믿음으로 된 의를 인친 것, 곧 믿음으로 말미암아 얻는 칭의의 방법을 보증하는 것이라는 말씀을 읽는다. 4:13에서는 아브라함이 세상의 상속자가 될 것이라는 약속은 믿음의 의로 말미암은 것이라고 말한다. 따라서 로마서 1:17, 3:21-22도 반드시 그렇게 이해되어야 한다. 말하자면, 하나님의 의는 하나님의 본성의 거룩하심 또는 그리스도의 인격적 거룩하심이나 순전하심으로 이해되는 것이 아니라 사람을 의롭게 하시는 하나님의 방법으로 이해되어야 한다.[14]

하나님은 칭의를 제공하실 때 믿음의 첫 행위에 대해서뿐만 아니라 미래의 보존 행위에 대해서도 관심을 갖고 계시고, 따라서 이런 의미의 칭의, 곧 삶으로 표현되는 의미로서의 의가 로마서 1:17에 나타나 있는 것으로 보인다. "복음에는 하나님의 의가 나타나서 믿음으로 믿음에 이르게 하나니 기록된 바 오직 의인은 믿음으로 말미암아 살리라 함과 같으니라." 히브리서 10:38-39도 마찬가지다. "나의 의인은 믿음으로 말미암아 살리라. 또한 뒤로 물러가면 내 마음이 그를 기뻐하지 아니하리라 하셨느니라. 우리는 뒤로 물러가 멸망할 자가 아니요 오직 영혼을 구원함에 이르는 믿음을 가진 자니라."[15]

바울이 로마서 1:17에서 "복음에는 하나님의 의가 나타나서 믿음으로 믿음에 이르게 하나니 기록된 바 오직 의인은 믿음으로 말미암아 살리라 함과 같으니라"고 말하는 것은 믿음의 지속이 최소한 부분적으로는 칭의의 지속에 필수적이기 때문인 것으로 보인다. 또는 하나님의 의는 우리가 믿음에서(또는 믿음으로) 이 하나님의 의를 받아 그 유익을 소유함으로써 믿음에 이를 때 나타난다. 왜냐하면 우리가 먼저 이 하나님의 의를 지각하여 알고, 그래서 처음으로 그것을 인정하고 받아들이며, 처음으로 그것에 관심을 갖게 되는 것은 바로 믿음으로 말미암아 일어나는 일이기 때문이다. 그리고 이렇게 일단 관심을 갖고 나면, 우리는 이 하나님의 의를 미래에 계속 보존시키는 역사를 확실히 하기 위해 지속적인 믿음을 가져야 하는데, 이 지속적인 믿음은 칭의 상태의 합당한 지속을 위하여 필수적이다. 그리고 믿음이 지속되는 동안 하나님의 의에 대한 우리의 관심도 지속되고, 그 결과 우리는 칭의 상태를 계속 유지하며 의에 대한 미래의 영원한 상을 확실히 받게 될 것이다.

"의인은 믿음으로 말미암아 살리라"(롬 1:17)는 베드로전서 1:5의 내용과 조화를 이룬다. "구원을 얻기 위하여 믿음으로 말미암아 하나님의 능력으로 보호하심을 받았느니라." 또 히브리서 10:35-39과도 조화를 이룬다. "그러므로 너희 담대함을 버리지 말라. 이것이 큰 상을 얻게 하느니라. 너희에게 인내가 필요함은 너희가 하나님의 뜻을 행한 후에 약속하신 것을 받기 위함이라. 잠시 잠깐 후면 오실 이가 오시리니 지체하지 아니하시리라. 나의 의인은 믿음으로 말미암아 살리라. 또한 뒤로 물러가면 내 마음이 그를 기뻐하지 아니하리라. 하셨느니라. 우리는 뒤로 물러가 멸망할 자가 아니요 오직 영혼을 구원함에 이르는 믿음을 가진 자니라." 히브리서 3:6, 14, 18-19, 4:1, 11, 6:4, 11-12과도 조화를 이루고 있다. 요한복음 15장 앞부분과도 마찬가지다. "내 안에 거하라. 나도 너희 안에 거하리라.……사람이 내 안에 거하지 아니하면 가지처럼 밖에 버려져 마르나니……나의 사랑 안에 거하라 내가 아버지의 계명을 지켜 그의 사랑 안에 거하는 것같이 너희도 내 계명을 지키면 내 사랑 안에 거하리라"(요 15:4-10). 그리스도께서 자기 아버지의 사랑 안에 거하지 않는 것은 가능한 일이 아니었다. 그리스도께서 아버지께 순종함으로써 효과적으로 자신을 유지하신 것은 아버지께 이 도움과 원조를 받으셨기 때문이다. 그러나 사실은 아버지의 계명을 지키지 아니하셨다면 그리스도는 아버지의 사랑 안에 거할 수 없었을 것이다. 그렇게 되면 은혜에서 벗어나 버림받으셨을 것이기 때문이다.[16]

평범한 믿음과 구원에 이르게 하는 믿음 사이에 본질적인 차이가 없다는 잘못된 교리나, 이 두 믿음은 종교 교리에 대한 단순한 지성적 동의에 있다는 잘못된 교리들에 빠지지 않도록 조심하라. 이런 교리가 거짓이라는 것은 이 교리의 말 자체로 드러난다. 만약 이런 교리가 거짓이라면 그것은 반드시 굉장히 위험스러운 결과를 초래할 것이다. 여러분이 잘 알고 있는 것처럼, 구원에 이르게 하는 믿음은 특별히 구원의 조건으로 성경에서 충분히 강조되고, 따라서 우리는 이 믿음으로 의롭게 된다. 믿음으로 얻는 구원 교리는 신약성경에서 얼마나 크게 강조되는가! 곧 우리는 믿음, 곧 오직 믿음으로만 의롭다 함을 얻는다고 말한다. 우리는 다음과 같이 믿음으로 구원을 얻는다. "하나님께서 보내신 이를 믿는 것이 하나님의 일이니라"(요 6:29). "오직 의인은 믿음으로 말미암아 살리라"(롬 1:17). "너희가 다 믿음으로 말미암아 그리스도 예수 안에서 하나님의 아들이 되었으니"(갈 3:26). "믿고 세례를 받는 사람은 구원을 얻을 것이요 믿지 않는 사람은 정죄를 받으리라"(막 16:16). 그러므로 두말할 것 없이 구원에 이르게 하는 믿음은 그리스도와의 관계 및 그리스도의 큰 구원의 중대 조건이다. 그리고 이것이 사실이라면, 참으로 중요한 것은 우리가 이 조건에 대하여 올바른 관념을 가져야 한다는 것이다. 왜냐하면 확실히 우리

에게 우리가 구원받을 수 있는 방법을 가르쳐 주는 것보다 더 중요한 것
은 아무것도—종교 속에는—없기 때문이다. 만일 구원 자체가 무한히 중요
하다면, 구원의 조건에 대하여 실수하지 않는 것도 똑같이 중요하다. 또
구원의 조건이 한없이 중요하다면, 무척 다양한 가운데 합당한 조건이 아
닌 조건을 가르치는 교리는 한없이 위험스럽다. 하나님으로부터 나온 계
시에 대하여 우리는 일차적으로 그것이 우리에게 하나님의 은혜의 조건
과 구원의 길을 가르치기를 바란다. 그리고 성경에서 하나님께서 우리에
게 주신 계시가 우리에게 구원의 길로 가르치는 것은 오직 그리스도를 믿
는 믿음의 길뿐이다. 그러므로 구원에 이르게 하는 믿음 외에 다른 어떤
것을 가르치는 교리는 본질상 다른 교리로, 완전히 다른 구원의 길을 가
르치는 것이다. 이런 교리는 결국 우리가 성경에서 갖고 있는 계시를 공
허한 것으로 만든다. 왜냐하면 그것은 계시의 특별한 목적 곧 구원의 참
된 길을 우리에게 가르치는 것을 공허하게 만들기 때문이다. 복음은 그리
스도를 믿는 믿음으로 말미암아 얻는 생명의 길을 계시한다. 그러므로 그
리스도의 복음이 가르치는 것과 본질상 다른 믿음을 갖도록 다른 것을 가
르치는 자는 다른 복음을 가르치는 것이고, 결국 그리스도의 종교가 아니
라 다른 종교를 가르치는 것이다. 어떤 종교가 우리에게 오직 하나님을
공경하도록 만드는 길을 제공할까? 곧 하나님의 은혜와 인정을 받고 하
나님의 영원한 상을 받을 자격을 갖추도록 조건을 제공할까? 성경은 이
길이 특별히 예수 그리스도를 믿는 구원에 이르게 하는 믿음에 있다고 가
르친다. 그러므로 이 믿음 대신 다른 믿음을 가르치는 자는 다른 종교를
가르치는 것이다. 이런 의미에서 내가 반대한 이런 교리는 반드시 파괴적
이고 가증하다. 다시 말해, 이런 교리는 구원의 중대한 조건과 본질적으
로 다른 어떤 것에 안주하게 하려고 그것을 받아들이도록 이끌어 사람을
직접 파멸시키는 경향이 있다.[17]

1:18 경건하지 못한 모든 사람의 마음속에는 무신론 원리가 들어 있다. 하지만 동시에 이성의 본성적 능력도 심겨 있으므로 무신론 원리는 이성의 행사를 방해하거나 특별히 본성의 빛을 완전히 소멸시킬 정도로 이성의 원리를 크게 압도할 수는 없다. 하나님은 모든 사람이 본성의 빛을 통해 자신의 실상을 보도록 하셨다. "이는 하나님을 알 만한 것이 그들 속에 보임이라. 하나님께서 이를 그들에게 보이셨느니라. 창세로부터 그의 보이지 아니하는 것들 곧 그의 영원하신 능력과 신성이 그가 만드신 만물에 분명히 보여 알려졌나니"(롬 1:19-20). 그래서 이교도는 불의로 진리를 막았다. "하나님의 진노가 불의로 진리를 막는 사람들의 모든 경건하지 않음과 불의에 대하여 하늘로부터 나타나나니"(롬 1:18).[18]

바울이 로마서 1장에서 사람들의 죄악에 대하여 말하는 것은 단순히 이방인과 관련되어 있고, 로마서 2장에서 말하는 것은 오직 유대인에 대하여 말하는 것이라고 보는 사람들이 많은 것 같다. 로마서 1장에서 바울이 분명히 이방인 세계에 만연된 죄악에 주로 시선을 고정시키고 있는 것은 사실이다. 하지만 거기서 바울의 의도적인 목표는 단지 이방 세계의 죄악을 묘사하는 데 있는 것이 아니라 인류 전체의 죄악을 묘사하는 데 있다. 불의로 진리를 막는 것은 사람들의 모든 불의와 경건하지 않음이 원인이다. 또한 로마서 2장에서 바울은 시선을 주로 유대인에게 두고 있지만, 로마서 2:1을 시작할 때 보편적 용어를 사용하는 것에서 드러나는 것처럼, 그가 의도한 바는 단지 유대인에 대해서만 말하는 것이 아니다. "그러므로 남을 판단하는 **사람아**['유대인아'가 아님] [인간 가운데] **누구를** 막론하고[유대인이나 이방인이나 모두] 네가 핑계하지 못할 것은." 로마서 1:32에서 바울은 인간 전체의 죄악에 대하여 말하고, 또 앞에서(롬 1:18) 말한 것처럼 그들이 얼마나 "불의로 진리를 막고 있는지"를 보여준다. 로마서 1:32의 특별한 목적은 인간이 모두 얼마나 똑같은지, 곧 모든 사람이 죄악을 저지르는 것에서 일치되고 동일한 죄악 속에 있는지를 선포하는 것이다. 그들은 모두 그런 일을 행하는 자는 마땅히 하나님의 정죄와 진노를 받아 사망과 멸망에 처해져야 한다고 가르칠 만한 충분한 빛을 갖고 있고, 따라서 다른 사람들의 죄악, 불의, 탐욕, 악의, 시기, 살인, 분쟁, 사기, 악독 등을 볼 때 그것이 죄라는 것을 인정하고 선언할 준비가 잘 되어 있다. 아니 사실은 다른 사람들이 이런 일들을 행하는 것을 볼 때 그들은 그 일들이 사형에 해당한다는 것을 익히 알고 있다. 그럼에도 불구하고 그들은 정작 자기들도 똑같이 행하고, 그렇게 할 뿐만 아니라 자기들도 그런 마음을 갖고 있음을 확실히 보여준다. 그들은 다른 사람들의 모든 죄악에 대하여 실제로 충분히 동의하고, 그들이 저지르는 죄악을 앞장서 정죄하며 사형에 해당한다고 선언한다. 그렇게 함으로써 그들은 스스로 불합리하고 모순된 태도를 보여준다. 그러기에 로마서 2장은 이렇게 시작된다. "그러므로 남을 판단하는 사람아, 누구를 막론하고 네가 핑계하지 못할 것은." 다른 사람들에 대하여 사형에 해당한다고 선언하는 자는 "그것으로 남을 판단하고, 스스로를 정죄하는 것이다." 매우 불합리하고 자신과 크게 모순되는 자는 "판단하는 자로서 같은 일을 행하고" 그렇게 행하는 데서 즐거움을 찾는다는 것을 보여준다. 동시에 남을 판단할 때 그는 같은 일을 행하는 것에 실제로 온전히 동조하고, 그것을 매우 좋아한다. 따라서 옛날에 하나님은 유대인이 자기들의 행위로 사마리아와 소돔의 죄악을 정당화시키고 자기들의 위안거리로 삼을 정도로 악했던 죄를 정죄하고 심판하셨다(겔 16:51-52, 54).[19]

[19]이는 하나님을 알 만한 것이 그들 속에 보임이라 하나님께서 이를 그들에게 보이셨느니라 [20]창세로부터 그의 보이지 아니하는 것들 곧 그의 영원하신 능력과 신성이 그가 만드신 만물에 분명히 보여 알려졌나니 그러므로 그들이 핑계하지

못할지니라

1:19 하나님의 모든 피조물이 우리에게 하나님을 선포한다. 하나님의 모든 피조물이 우리에게 하나님의 위엄, 하나님의 지혜와 능력과 자비를 선포한다. "하늘이 하나님의 영광을 선포하고 궁창이 그의 손으로 하신 일을 나타내는도다. 날은 날에게 말하고 밤은 밤에게 지식을 전하니……그의 소리가 온 땅에 통하고 그의 말씀이 세상 끝까지 이르도다"(시 19:1-2, 4). "이제 모든 짐승에게 물어보라. 그것들이 네게 가르치리라. 공중의 새에게 물어보라. 그것들이 또한 네게 말하리라. 땅에게 말하라. 네게 가르치리라. 바다의 고기도 네게 설명하리라"(욥 12:7-8). 로마서 1:19-20도 보라. 우리가 하늘이나 땅, 새나 짐승이나 물고기, 식물이나 나무를 주의해 바라보면, 그것들은 모두 우리에게 이 모든 것을 지으신 하나님을 경배하고 두려워하며 사랑하고 순종해야 한다고 선언한다. 우리 자신의 몸과 영혼에 대한 하나님의 솜씨도 동일한 사실을 크게 선포한다. 즉 모든 피조물이 똑같이 하나님과 하나님의 속성을 선포한다.[20]

1:19-20 의심할 것 없이 여기서 언급되고 있는 분은 지극히 높으신 하나님이다. 그렇다면 만물을 통해 분명히 확인되는 지극히 높으신 하나님의 신성은 지극히 크신 신성이 아니고 무엇이겠는가? 그리고 여기서 말하는 이 하나님의 불가시적인 영광과 능력은, 하나님이 다른 존재들과 구별된다는 것과 하나님이 어떤 분이신지를 알려 주는 것 말고 무엇을 알려 줄 수 있겠는가? 말하자면, 만물의 활동 속에 하나님에 대해 알 수 있는 것이 분명히 나타나 있다는 것이다. 그러나 확실한 한 가지 사실, 아니 말할 수 없이 중요한 한 가지 사실은, 이때 하나님에 대하여 알게 되는 것은 하나님의 지극히 크신 존엄과 영광 곧 지극히 높으신 하나님으로서 갖고 계시

는 하나님의 영광이라는 것이다. 만물이 하나님께서 행하신 활동의 결과 가 아니라면, 이것들이 이 활동을 통해 어떻게 그토록 분명하게 드러나겠 는가?[21]

1:20 여기서 주장하는 것에 대하여 어떤 반박을 하는 자가 있다면, 그는 틀림없이 무신론 경향을 갖고 있을 것이다. 일부 무신론자들이 이와 같 은 반박을 제시할 때 필연성 교리를 전제로 갖고 있지 않다면, 그들이 어 떤 근거에 따라 이런 반박을 제기할 수 있는지 나는 모르겠다. 그러나 만 일 그것이 그렇다면 아르미니우스주의자들은 자기들의 자유와 우연 관 념이 이런 견해를 견지한 자에게 온갖 오류를 받아들이게 만드는 경향이 있다는 비난을 결코 인정하지 아니할 것이라고 나는 생각한다. 칼빈주의 자들은 스토아 철학자들에게 동조한다고 비난을 받지만 사실 스토아 철 학자들은 무신론자가 아니라 최고의 유신론자였고, 모든 이교 철학자들 가운데 신성의 통일성과 완전성에 대한 그들의 견해는 그리스도인의 견 해와 가장 가깝다. 그리고 무신론의 주요 조상인 에피쿠로스학파의 철학 자들은 이런 필연성 교리가 아닌 우연성 교리를 목이 터지게 주장한 자들 이었다. 모든 사건의 필연적 연관성을 가정하는 필연성 교리는, 사건들의 실존의 어떤 선행적 근거와 이유에 따라, 우리가 하나님의 존재를 증명하 는 데 사용하는 유일한 수단이다. 반면에 우연성 교리는 심지어는 아르미 니우스주의자들이 주장한 것처럼(그들은 사건들은 그 원인, 근거 또는 이유로 서 선행적인 어떤 것에 의존하지 않아도 존재하거나 존재를 시작할 수 있다는 사 실을 확실히 함축하거나 추론한다) 하나님의 존재에 대한 모든 증거를 인정 하지 않는다. 하지만 바울은 로마서 1:20에서 하나님의 존재에 대한 증거 를 요약해서 제시한다. 이는 무신론적 성향을 말한다. 하지만 거기에는 하 나님이 계시다는 증언자가 있다. 따라서 무신론 경향을 갖고 있다고 정당

하게 비난을 받아야 할 것은 확실히 칼빈주의 교리가 아니라 아르미니우스주의 교리다. 아르미니우스주의 교리는 신성을 증명하기 위한 모든 예증적인 논증을 철저히 파괴하는 기반 위에 세워져 있다.[22]

[21]하나님을 알되 하나님을 영화롭게도 아니하며 감사하지도 아니하고 오히려 그 생각이 허망하여지며 미련한 마음이 어두워졌나니 [22]스스로 지혜 있다 하나 어리석게 되어 [23]썩어지지 아니하는 하나님의 영광을 썩어질 사람과 새와 짐승과 기어다니는 동물 모양의 우상으로 바꾸었느니라 [24]그러므로 하나님께서 그들을 마음의 정욕대로 더러움에 내버려 두사 그들의 몸을 서로 욕되게 하게 하셨으니

1:21 "하나님을 영화롭게도 아니하며 감사하지도 아니하고." 우리가 하나님께 드리는 공경은 다음 두 가지 사실을 가리킨다. 즉 하나는 하나님이 본질상 자신의 신적 영광으로 갖고 계시는 것에 대하여 하나님께 최고의 공경을 드리는 것이고, 또 하나는 우리를 향하신 하나님의 인자하심에 대하여 하나님께 공경을 드리는 것이다. 이 둘이 여기서 함께 언급되고 있다.[23]

1:22 사도 바울이 말하는 것처럼 사람들의 미련한 마음은 어두워졌다(롬 1:21-22). 본성적인 이성의 온갖 빛에도 불구하고, 계시가 없으면 사람들은 야만적인 무지에 빠지고, 사물들에 대하여 이처럼 허탄하고 부조리하고 어리석은 개념을 갖는다. 따라서 신적 계시를 통해 더 나은 가르침을 받은 우리로서는 이성적 피조물이 어떻게 이 정도로 미련한 생각을 갖는 것이 가능한지 거의 상상할 수 없다. 참 하나님에 대한 지식을 가진 민족은 유대인을 제외하면 온 세상에 하나도 없었다. 다른 민족들은 하나님을 예배하는 대신에 일월성신 또는 자기들의 죽은 조상이나 왕을 숭배했다. 그들은 금이나 은이나 동으로 형상을 만들었고, 그 형상을 신으로 섬

졌다. 어떤 형상은 사람의 모양으로 만들어졌고, 또 어떤 형상은 송아지나 수소의 형태로 만들어졌다. 또 어떤 형상은 뱀의 모양으로 만들어졌고, 또 다른 형상은 반인반수(半人半獸)와 같이 괴물의 형태로 만들어졌다. 어떤 사람들은 불을 숭배했고, 또 어떤 사람들은 육체적인 가시적(可視的) 형태로 만들어진 마귀들을 숭배했다. 어떤 사람들은 수소나 뱀과 같이 짐승 자체를 섬겼다. 어떤 사람들은 자기들의 밭과 뜰에서 자라는 것들을 숭배했다. 또 어떤 사람들은 질병을 두려워했기 때문에 어떤 치명적인 질병을 주관하는 신들을 만들어 숭배했다. 그리고 그들이 자기들의 신을 숭배하는 방법은 그들이 얼마나 엄청난 어둠 속에 빠져 있는지를 적나라하게 보여주었고, 이것은 형언할 수 없이 미련하고 가증한 의식과 규례들이었다. 우리는 성경에서 피가 자기들 위에 세차게 분출할 때까지 몸에 상처를 내는 것에 대한 기사를 본다. 또 그들은 매우 추잡한 의식을 통해 어떤 신들을 숭배했다. 바쿠스 신을 숭배하기 위하여 방탕한 술잔치를 벌였고, 바쿠스가 술의 신이었기 때문에 술잔치가 그 신을 즐겁게 할 것이라고 생각했다. 또 다른 신들에 대해서도 마찬가지였다. 매우 추잡한 의식, 음란 행위, 다른 끔찍한 추잡한 행위, 변태적인 불순 행위 등을 통해 그 신들을 숭배했다. 그들은 그렇게 함으로써 자기들이 숭배하는 신들을 기쁘게 한다고 생각했다. 이처럼 그들이 숭배한 신들의 형상은 매우 음란하게 벌거숭이로 전시되었다. '바알브올'이라 불리는 모압인들의 신이 바로 그런 경우였다. 그러므로 바알브올은 공개적으로 그리고 자랑스럽게 벌거벗은 상태를 보여주는 신을 가리키는 말이 되었다. 모압 사람들은 음탕한 행위를 통해 이 신을 숭배했다. 그런데 이스라엘 자손들에게도 그런 실례가 있다. 우리가 민수기 25장에서 보는 것처럼, "브올의 일로" 모압 딸들과 간음을 저질렀을 때 시므리와 고스비가 그런 죄를 범했다. 이교 세계에서는 인간 제물을 자기들의 우상에게 바치는 것이 흔한 일이었다. 어른

이나 아이를 바치거나, 몰렉 신을 숭배하기도 했다. 그들은 자기 자녀를 우상을 위한 제물로 잔인하게 불 속에 던져 불에 달아오른 놋쇠 안에서 고통을 당하며 죽도록 했다.[24]

1:24 휘트비(Whitby) 박사는 본질적으로 "죄"의 이름으로 불리고, 어떤 행동이 죄가 되려면 단순히 강제나 필연성에서 나오는 행동이 아니라 자유에서 나온 행동이어야 한다고 주장한다. 그의 말을 들어 보자(『다섯 가지 요점에 대한 강론』). "만일 그런 행동이 이처럼 필연적인 행동이 되면 이 행동의 작위와 부작위는 죄라는 이름으로 불릴 수 없다. 히포의 아우구스티누스(Augustinus)의 정의에 따르면, 본질상 죄의 성격을 가지려면 자유를 제한받지 않는(*a quo liberum est abstinere*) 행동이어야 한다. 어떤 행동이나 태만(부작위)이 죄가 되려면 분명히 세 가지 사실이 필수적으로 존재해야 하는 것으로 보인다. 첫째, 이 행동을 행하거나 억제하는 것이 우리의 능력 안에 있어야 한다는 것이다. 왜냐하면 오리게네스(Origenes)와 모든 교부들이 말하는 것처럼, 어떤 사람도 자신의 능력 밖에 있는 일을 행하지 않은 것에 대해서는 비난받을 수 없기 때문이다." 그리고 다른 곳에서 휘트비 박사는 이렇게 주장한다. "누구든 필연성에 따라 악을 행한다면 그들이 행하는 것은 악이 아니고, 그들은 잘못에 대한 죄책이 없고, 비난, 트집, 치욕에 대한 책임도 없으며 결백하다." 만약 휘트비 박사의 필연성 의미에 따라 이런 일들이 사실이라면, 하나님이 죄를 짓도록 내버려 두신 자는 이처럼 내버려진 후에 죄를 범하는 것이므로, 조금도 비난받을 수 없는 자로 판명될 것이다. 성경이 우리에게 진리를 올바르게 알려 주고 있다면, 사람이 사법적으로 죄를 짓도록 내버려 두어지는 것과 같은 일이 있는 것은 확실하다. 성경은 종종 이런 일에 대하여 말한다. "그러므로 내가 그의 마음을 완악한 대로 버려두어 `그의 임의대로 행하게 하였

도다"(시 81:12). "하나님이 외면하사 그들을 그 하늘의 군대 섬기는 일에 버려두셨으니"(행 7:42). "그러므로 하나님께서 그들을 마음의 정욕대로 더러움에 내버려 두사 그들의 몸을 서로 욕되게 하게 하셨으니"(롬 1:24). "이 때문에 하나님께서 그들을 부끄러운 욕심에 내버려 두셨으니"(롬 1:26). "또한 그들이 마음에 하나님 두기를 싫어하매 하나님께서 그들을 그 상실한 마음대로 내버려 두사 합당하지 못한 일을 하게 하셨으니"(롬 1:28).[25]

어떤 이들은 결국 죄를 짓도록 내버려 두어진 상태에 있었지만 여러분 만큼 큰 죄를 범하지 않았고, 또 많은 죄를 꾀하지도 않았다. 또 어떤 이들은 그리 크게 악해지지 않았고, 그리 큰 완고함을 보여주지도 않았다. "그러므로 하나님께서 그들을 마음의 정욕대로 더러움에 내버려 두사 그들의 몸을 서로 욕되게 하게 하셨으니"(롬 1:24). 바울이 여기서 말한 자들은 이교도로, 구원의 길에 대하여 들은 적이 없고 복음의 규례의 혜택을 누리지 못했던 자들이었다. 그러므로 그들의 죄와 죄악은 여러분의 것과 결코 비교가 되지 않았다. 왜냐하면 어둠 속에서 사는 이교도는 복음의 빛 아래 있는 죄인들만큼 하나님을 크게 자극하지 않는다고 성경이 종종 말하기 때문이다. 그리고 여기서 언급된 그들은 여러분의 완고함과 비교하면 십분의 일도 완고한 모습을 보여주지 않았다. 비록 바울이 로마서 1:19-20에서 그들에게 사용할 수단이 있었다고 지적하기는 하지만, 그들이 사용한 수단은 여러분의 것과 비교하면 아무것도 아니었다. 그들은 단지 본성의 빛만 갖고 있었으나 여러분은 복음의 빛을 갖고 있었기 때문이다. 그리고 그들 가운데 어떤 이들이 내버려 두어지기 전에 더 큰 죄를 범하고 더 큰 수단 아래 있었다고 해도, 여러분은 그것으로 자신이 위험 속에 있지 않다고 주장하지 못할 것이다. 왜냐하면 하나님은 이 심판을 행하실 때, 이 죄악과 완고함에 제한을 받으시는 것이 아니라 자신의

주권적 뜻을 따라 행하시기 때문이다. 완고하게 계속 죄악 속에 있는 자
는 하나님이 교정 수단을 사용하실 때 그에 합당한 보응을 받고, 하나님
은 자신의 주권적인 뜻을 따라 오래 참으시는 기간을 더 늘리신다.[26] 🗍

[25]이는 그들이 하나님의 진리를 거짓 것으로 바꾸어 피조물을 조물주보다 더 경
배하고 섬김이라 주는 곧 영원히 찬송할 이시로다 아멘 [26]이 때문에 하나님께서
그들을 부끄러운 욕심에 내버려 두셨으니 곧 그들의 여자들도 순리대로 쓸 것을
바꾸어 역리로 쓰며 [27]그와 같이 남자들도 순리대로 여자 쓰기를 버리고 서로 향
하여 음욕이 불 일듯 하매 남자가 남자와 더불어 부끄러운 일을 행하여 그들의
그릇됨에 상당한 보응을 그들 자신이 받았느니라

1:25 우리는 여기서 '영원히'와 '세세에'라는 두 표현을 통해 시간의 지
속성을 확인할 수 있다. '세세에'는 '영원히'를 해석하거나 해설하는 말
로 보인다. '영원히'라는 말은 성경에서 다양한 뜻으로 사용되고 있다. 때
때로 그 말은 사람의 일평생을 가리킨다. 송곳으로 주인의 문에 대고 귀
를 뚫은 종은 영원히 그의 종이 되어야 한다. 또 때로는 유대인으로서의
자격이 계속 유지되는 기간을 의미하기도 한다. 또 많은 의식법과 재판법
이 영원한 규례가 될 것이라고도 말한다. 때로는 그 말이 세상이 존속하
는 기간 또는 인류의 세대가 끝날 때까지의 기간을 의미하기도 한다. 이
에 대한 한 실례가 전도서 1:4이다. "한 세대는 가고 한 세대는 오되 땅은
영원히 있도다." 또한 그 말은 영원 전체를 의미하기도 한다. 이런 의미로
쓰인 용례로는, 주는 곧 "영원히 찬송할 이시로다"(롬 1:25)와 사람이 "이
떡을 먹으면 영생하리라"(요 6:51)는 말씀이 있다.[27]

1:27 남자가 남자를 탐하는 것에 대한 바울의 말을 주석할 때 테일러
(Taylor)는 키케로(Cicero)의 말을 인용한다. 이는 "그 어떤 혐오감도 없

이" "짐승 같은 악보다 더 끔찍한 악"을 저지른 상류층 사람을 가리킨다고 말하고, 또 다른 사람들과 철학자들은 "젊은이들의 찬미자"였다고 기록하고 있다. 테일러는 『로마서 주석과 해설』에서 이것을 "가장 가증스러운 악"이라 불렀다.[28]

[28]또한 그들이 마음에 하나님 두기를 싫어하매 하나님께서 그들을 그 상실한 마음대로 내버려 두사 합당하지 못한 일을 하게 하셨으니 [29]곧 모든 불의, 추악, 탐욕, 악의가 가득한 자요 시기, 살인, 분쟁, 사기, 악독이 가득한 자요 수군수군하는 자요 [30]비방하는 자요 하나님께서 미워하시는 자요 능욕하는 자요 교만한 자요 자랑하는 자요 악을 도모하는 자요 부모를 거역하는 자요 [31]우매한 자요 배약하는 자요 무정한 자요 무자비한 자라

1:28 하나님이 친히 말씀하신 증언에 따르면, 사람들이 참 하나님을 버리고 우상을 택하는 것은 정말 어처구니없는 미련함과 어리석음의 한 증거다. "너 하늘아, 이 일로 말미암아 놀랄지어다. 심히 떨지어다. 두려워할지어다. 여호와의 말씀이니라. 내 백성이 두 가지 악을 행하였나니 곧 그들이 생수의 근원되는 나를 버린 것과 스스로 웅덩이를 판 것인데 그것은 그 물을 가두지 못할 터진 웅덩이들이니라"(렘 2:12-13). 그리고 홍수 직후에 인류 전체가 이같이 한 것은 그들의 마음의 악한 성향에서 나온 것이고, 그것은 로마서 1:28에서 증명되는 것처럼 그들이 마음에 하나님 두기를 좋아하지 않았기 때문이다.[29]

1:30 "자랑"이라는 말은 사람이 스스로 자신의 탁월함 또는 존귀나 행복을 다른 사람들보다 더 높게 평가하는 것을 표현하는 말이다. 원문에서는 본문의 이 말이 사람이 자신에 대한 찬미를 드러내는 것 또는 찬미로 자신을 높이는 것을 의미한다. 그러므로 자랑하거나 자랑으로 여기는 것은

일반적으로 오만한 태도의 한 표현으로, 나쁜 의미로 취해지는 말이다. 따라서 바울은 이교도의 엄청나게 큰 죄악을 제시할 때 다른 무엇보다 그들이 "자랑하는 자"라는 사실을 언급한다(롬 1:30). 지혜자의 말에 따르면 자화자찬은 미련한 짓이다. "타인이 너를 칭찬하게 하고 네 입으로는 하지 말며 외인이 너를 칭찬하게 하고 네 입술로는 하지 말지니라"(잠 27:2).[30]

1:31 "무정한 자요." '아스토르게'(ἄστοργη)는 부모로서의 애정(부정과 모정)과 자식으로서의 애정(효심)이 없는 것을 가리킬 것이다. 새로 태어난 아기를 집 밖에 버리는 풍습은 이방 세계에서는 널리 만연되어 있었다. 이와 대응하여 인간애를 강조하는 교양 있는 민족과 사람들 사이에서 늙은 부모를 죽이는 풍속이 성행한 것도 이 주장이 진실임을 보여주는 매우 두드러진 한 실례다.[31]

감사는 본성적 원리이므로, 배은망덕은 그만큼 더 야비하고 가증스런 악덕으로 간주된다. 왜냐하면 배은망덕은 심지어는 인간 본성의 더 나은 원리를 억압하고 억제시켜 사악함의 끔찍한 결과를 보여주기 때문이다. 무정한 것은 많은 이교도의 큰 죄악의 한 증거로 언급된다(롬 1:31). 그러나 배은망덕이나 무정함이 큰 죄악을 증거한다고 해서, 모든 감사를 아는 것과 무정하지 않는 것이 덕이나 구원하는 은혜의 성격을 갖고 있다는 것을 증명하지는 않는다.[32]

[32]그들이 이같은 일을 행하는 자는 사형에 해당한다고 하나님께서 정하심을 알고도 자기들만 행할 뿐 아니라 또한 그런 일을 행하는 자들을 옳다 하느니라

1:32-2:1 바울이 로마서 1장에서 사람들의 죄악에 대하여 말하는 것은 단순히 이방인과 관련되어 있고, 로마서 2장에서 말하는 것은 오직 유대

인에 대하여 말하는 것이라고 보는 사람들이 많은 것 같다. 로마서 1장에서 바울이 분명히 이방인 세계에 만연된 죄악에 주로 시선을 고정시키고 있는 것은 사실이다. 하지만 거기서 바울의 의도적인 목표는 단지 이방 세계의 죄악을 묘사하는 데 있는 것이 아니라 인류 전체의 죄악을 묘사하는 데 있다. 불의로 진리를 막는 것은 사람들의 모든 불의와 경건하지 않음이 원인이다. 또한 로마서 2장에서 바울은 시선을 주로 유대인에게 두고 있지만, 로마서 2:1을 시작할 때 보편적 용어를 사용하는 것에서 드러나는 것처럼, 그가 의도한 바는 단지 유대인에 대해서만 말하는 것이 아니다. "그러므로 남을 판단하는 사람아['유대인아'가 아님], [인간 가운데] 누구를 막론하고[유대인이나 이방인이나 모두] 네가 핑계하지 못할 것은." 로마서 1:32에서 바울은 인간 전체의 죄악에 대하여 말하고, 앞에서(롬 1:18) 말한 것처럼, 그들이 얼마나 "불의로 진리를 막고 있는지"를 보여준다. 로마서 1:32의 특별한 목적은 인간이 모두 얼마나 똑같은지, 곧 모든 사람이 죄악을 저지르는 것에서 일치되고 동일한 죄악 속에 있는지를 선포하는 것이다. 그들은 모두 그런 일을 행하는 자는 마땅히 하나님의 정죄와 진노를 받아 사망과 멸망에 처해져야 한다고 가르칠 만한 충분한 빛을 갖고 있고, 따라서 다른 사람들의 죄악, 불의, 탐욕, 악의, 시기, 살인, 분쟁, 사기, 악독 등을 볼 때 그것이 죄라는 것을 인정하고 선언할 준비가 잘 되어 있다. 아니 사실은 다른 사람들이 이런 일들을 행하는 것을 볼 때 그들은 그 일들이 사형에 해당한다는 것을 익히 알고 있다. 그럼에도 불구하고 그들은 정작 자기들도 똑같이 행하고, 그렇게 할 뿐만 아니라 자기들도 그런 마음을 갖고 있음을 확실히 보여준다. 그들은 다른 사람들의 모든 죄악에 대하여 실제로 충분히 동의하고, 그들이 저지르는 죄악을 앞장서 정죄하며 사형에 해당한다고 선언한다. 그렇게 함으로써 그들은 스스로 불합리하고 모순된 태도를 보여준다. 그러기에 로마서 2장은 이렇게 시작된다. "그러므로 남을 판단하는 사람아, 누구를 막론하고 네가 핑계하지 못할 것은." 다른 사람들에 대하여 사형에 해당한다고 선언하는 자는 "그것으로 남을 판단하고, 스스로를 정죄하는 것이다." 매우 불합리하고 자신과 크게 모순되는 자는 "판단하는 자로서 같은 일을 행하고" 그렇게 행하는 데서 즐거움을 찾는다는 것을 보여준다. 동시에 남을 판단할 때 그는 같은 일을 행하는 것에 실제로 온전히 동조하고, 그것을 매우 좋아한다. 따라서 옛날에 하나님은 유대인이 자기들의 행위로 사마리아와 소돔의 죄악을 정당화시키고 자기들의 위안거리로 삼을 정도로 악했던 죄를 정죄하고 심판하셨다(겔 16:51-52, 54).[33]

로마서 2장

¹그러므로 남을 판단하는 사람아, 누구를 막론하고 네가 핑계하지 못할 것은 남을 판단하는 것으로 네가 너를 정죄함이니 판단하는 네가 같은 일을 행함이니라

2:1 만일 사람들이 자기 자신의 부족함을 겸손하게 의식하고 있다면, 주제넘게 또는 의기양양하게 남을 판단하지는 못할 것이다. 왜냐하면 "물에 비치면 얼굴이 서로 같은 것같이 사람의 마음도 서로 비치기" 때문이다 (잠 27:19). 한 사람의 마음속에는 다른 사람의 마음속에 있는 것과 동일한 부패의 뿌리가 들어 있다. 다른 사람들을 비판하는 데 매우 바쁜 자들이 오직 자신의 내면을 들여다보고 자신의 마음과 삶을 진지하게 검토해 본다면, 대체로 언제든 자기들이 남을 판단하면서 말한 것과 동일한 기질, 동일한 사실, 동일한 행동 또는 최소한 그것들과 매우 비슷한 것들을 자기들 자신 속에서 보게 될 것이다. 이처럼 남을 판단하고 정죄하는 경향은 그들이 오만하고 교만한 태도를 갖고 있다는 것을 증명한다. 그것은 마치 자기들이 동료 종들의 주인과 심판자로 적합한 것처럼, 또 자기들의 선고에 따라 다른 사람들이 서거나 넘어지는 것이 적합한 것처럼, 자기들 자신을 다른 사람들보다 위에 두는 것을 보여준다.¹

모세는 수건으로 자기 얼굴을 가린 것처럼(출 34:33) 언약의 책을 언약궤 안에 숨겼다. 언약궤 자체는 성전 휘장으로 가려져 있었고, 언약의 책

은 언약궤 뚜껑으로 가려져 있었다. 즉 그것들은 그리스도의 육체 아래 숨겨져 있었던 것처럼 가려져 있었다. 구약의 예표적인 규례들은 신약성경에서 그리스도의 육체를 상징하는 것으로 나타난다(롬 2:1-4, 골 2:14). 휘장은 그리스도의 육체를 상징했고(히 10:20), 그래서 언약궤 뚜껑 또는 언약궤는 안에 들어 있었던 것과 구별된 것으로 간주되었다. 은혜 언약과 복음의 은혜로운 사실들은 언약궤 안에 들어 있던 언약의 책에 담겨 있었다. 그러나 그것은 상자 안에 갇혀 있었고, 모형과 어두운 율법 세대 밑에 숨겨져 있었다. 그런데 그리스도께서 위에서 아래로 휘장을 찢으셨고, 그리하여 언약궤의 상자를 여셨다.

로마서 2장에서 바울은 특히 자기들 자신의 거룩함을 과대평가하고, 하나님에 대하여 자랑하고, 자기들 자신의 분별력에 자신만만한 태도를 갖고 있고, 자기들이 하나님의 뜻을 알고 지극히 선한 것을 분간한다고, 또는 난외주에 나오는 것처럼, "능히 같지 아니한 점을 분별"(롬 2:18)한다고 간주하고, 자기들이 맹인의 길을 인도하는 자요 어둠에 있는 자의 빛이요 어리석은 자의 교사요 어린아이의 선생이라고 믿고, 그리하여 자기들을 다른 사람들의 심판자로 만든 자들을 겨냥한다. 로마서 2:1, 17-20을 보라. 이런 태도들은 누구든 경건을 고백하는 다른 자들과 잠시 대화를 해보고 난 후에 그들이 위선자, 체험이 없고 회심하지 못한 자인지를 판단할 자격이 자기들에게 있다고 보는 것은 큰 잘못이라는 것을 보여준다.[2]

사람들은 다른 사람들의 죄를 반대하는 것에 대해서는 열심과 분노로 가득 차 있고 동시에 편한 마음을 거의 갖고 있지 못하지만, 자신들의 죄에 대해서는 그토록 열렬한 반대를 보여주지 못한다. 그리고 다른 사람들의 죄악에 대해서는 격렬하게 반대하는 말과 행동을 보이지만, 시종일관 다른 사람들과 똑같이 나쁜 짓에 집착하며, 자기들 자신의 죄악에 대해서는 부주의하고 잠잠하다. 그들의 열렬함은 정죄하는 일 외에 다른 목적에 대해서는 작용하지 않을 것이다. 따라서 위대하신 심판자는 그들이 남을 정죄할 때 그들 자신을 정죄하도록 함으로써 그들을 정죄하실 것이다. "그러므로 남을 판단하는 사람아, 누구를 막론하고 네가 핑계하지 못할 것은 남을 판단하는 것으로 네가 너를 정죄함이니 판단하는 네가 같은 일을 행함이니라. 이런 일을 행하는 자에게 하나님의 심판이 진리대로 되는 줄 우리가 아노라. 이런 일을 행하는 자를 판단하고도 같은 일을 행하는 사람아, 네가 하나님의 심판을 피할 줄로 생각하느냐"(롬 2:1-3). 로마서 2:21도 보라.[3]

바울이 로마서 1장에서 사람들의 죄악에 대하여 말하는 것은 단순히 이방인과 관련되어 있고, 로마서 2장에서 말하는 것은 오직 유대인에 대하여 말하는 것이라고 보는 사람들이 많은 것 같다. 로마서 1장에서 바울이 분명히 이방인 세계에 만연된 죄악에 주로 시선을 고정시키고 있는 것은 사실이다. 하지만 거기서 바울의 의도적인 목표는 단지 이방 세계의 죄악을 묘사하는 데 있는 것이 아니라 인류 전체의 죄악을 묘사하는 데 있다. 불의로 진리를 막는 것은 사람들의 모든 불의와 경건하지 않음이 원인이다. 또한 로마서 2장에서 바울은 시선을 주로 유대인에게 두고 있지만, 로마서 2:1을 시작할 때 보편적 용어를 사용하는 것에서 드러나는 것처럼, 그가 의도한 바는 단지 유대인에 대해서만 말하는 것이 아니다.

"사람아." 이 말은 다음 구절에서 언급되는 하나님과는 반대로, 가련하고 연약하고 결함 있고 죄로 얼룩진 인간을 강조해서 부르는 말이다(롬 2:1-2). 바울은 남을 판단하는 자들에 대하여 말할 때 특별히 유대인에게 시선을 고정시킨다. 왜냐하면 당시에 유대인은 스스로 자기들은 의롭고 다른 사람들을 정죄할 자격이 있다고 여겼기 때문이다.[4]

오늘날 우리는 누가 참 그리스도인인지 분간하고 확실히 파악할 수 있는 은사를 가진 자는 아무도 없음을 알아야 한다. 이것이 직통 계시가 아닌 다른 방법으로는 사람들에게 확실히 알려질 수 없다는 것은 분명하다. 왜냐하면 오직 하나님만이 자신의 분별력으로 그것을 아시기 때문이다. 성경은 경건을 고백하는 자들의 영적 성실함이나 불성실함을 아는 것에 대해 하나님의 특권이라고 말한다. "오직 이면적 유대인이 유대인이며 할례는 마음에 할지니 영에 있고 율법 조문에 있지 아니한 것이라. 그 칭찬이 사람에게서가 아니요 다만 하나님에게서니라"(롬 2:29). 바울은 로마서 2:1에서 스스로 오만한 사람들에 대하여 다음과 같이 말한다. "그러므로 남을 판단하는 사람아, 누구를 막론하고 네가 핑계하지 못할 것은 남을 판단하는 것으로 네가 너를 정죄함이니 판단하는 네가 같은 일을 행함이니라." 로마서 2:17-20도 보라. "유대인이라 불리는 네가 율법을 의지하며 하나님을 자랑하며 율법의 교훈을 받아 하나님의 뜻을 알고 지극히 선한 것을 분간하며 맹인의 길을 인도하는 자요 어둠에 있는 자의 빛이요 율법에 있는 지식과 진리의 모본을 가진 자로서 어리석은 자의 교사요 어린아이의 선생이라고 스스로 믿으니." 게다가 성령의 역사를 이처럼 직통으로 아는 것이 하나님의 방법이 아닌 것은 하나님께서 우리가 다른 수단을 통해 판단하도록 하셨기 때문이다. 그것은 바로 열매로 아는 방법인데, 그 이유는 나무는 열매로 알려지기 때문이다. 그러기에 혹자는 열매를 통해 다른 사람들의 상태를 확실히 알 수 있다고 주장할 것이다. 그렇지만 하나님의 말씀은 이에 대해서도 확실한 지식을 암시하지 않는다. 다만 이 규칙에 따라 우리가 알고 구분할 수 있는 것은 통상적으로 우리 자신의 안전함을 충분히 아는 정도다. 그렇다고 이것이 반드시 확실성을 의미하는 것은 아니다. "너는 이스라엘 왕이 되고……내 아버지 사울도 안다"(삼상 23:17). "이스라엘 무리가 왕의 아버지는 영웅……인 줄 앎이니이다"(삼하 17:10). 사람들을 그들의 행위에 따라 결함 없이 심판하시는 일은 하나님의 특권이다. 그러나 사람들은 주제넘게도 이런 식으로 알려고 하지 않고 자기들의 양의 털이나 직통 계시를 통해 알려고 한다.[5]

[2]이런 일을 행하는 자에게 하나님의 심판이 진리대로 되는 줄 우리가 아노라 [3]이런 일을 행하는 자를 판단하고도 같은 일을 행하는 사람아, 네가 하나님의 심판을 피할 줄로 생각하느냐 [4]혹 네가 하나님의 인자하심이 너를 인도하여 회개하게 하심을 알지 못하여 그의 인자하심과 용납하심과 길이 참으심이 풍성함을 멸시하느냐

2:2 여기서 바울의 말은, 그가 이런 일을 행하는 자에 대한 처벌이 끔찍할 것이라고 확신하고 있음을 암시한다. 왜냐하면 이 처벌은 "진리대로" 될 것, 곧 그들의 죄에 상응하는 처벌이 될 것이기 때문이다. 이것은 죄가 응당한 벌에 따라 처벌되지 않으면 하나님의 심판이 진리대로 되는 것이 아니라는 사실을 함축하고 있다. 만약 그렇지 않으면 곧 하나님의 심판이 진리와 공의를 따라 이루어지되, 그들이 자기들의 죄에 대하여 응당한 벌을 받지 않는다면, 또는 하나님이 응당한 벌에 따라 죄를 처벌하는 것이 자신의 진리나 공의에 따라 행할 필연성 아래 있지 않다면, 바울은 그들이 처벌받아야 한다는 것에 대한 자신의 확신과 확실성을 어디에 두겠는가? 바울은 왜 죄가 응당한 벌에 따라 처벌받아야 하는 것이 하나님의 진리 또는 공의에서 나와야 함을 그토록 크게 확신했을까? 이 본문은 하나님이 응당한 벌에 따라 죄를 처벌하실 의무가 있다는 것을 분명히 보여준다.

"하나님의 심판이 진리대로 된다"고 말할 때, 그 의미는 하나님의 심판은 참된 심판이 되리라는 것이다. 하나님은 사실들을 있는 그대로 판단하실 것이다. 또는 하나님의 심판은 사실들의 본성에 부합될 것이다. 따라서 어떤 범죄에 대하여 행해지는 심판 행위는 이중적이다. 즉 죄책을 선언하는 것과 처벌을 선고하는 것이다. 하나님은 이 두 가지 일을 진리대

로 행하실 것이다. 하나님의 죄책 선언은 확실히 사실에 입각할 것이고, 하나님의 처벌 선고는 사실에 부합한 선고가 될 것이다. 하나님의 죄책 선언과 처벌 선고는 같은 말을 갖고 있고, 이 둘의 말은 참이 될 것이다. 이 둘의 말은 참된 것을 또는 존재하는 그대로 말할 것이다. 문맥으로 증명되는 것처럼 바울은 분명히 이 둘 모두에 대하여 곧 죄책 선언에 대해서뿐만 아니라 처벌의 선고에 대해서도 관심을 갖고 있다. 따라서 하나님이 죄에 대하여 마땅히 주어질 처벌을 선고하시지 않았다면 하나님의 심판은 진리대로 되지 못할 것이다. 그러므로 하나님은 죄를 응당한 벌에 따라 처벌하실 의무가 있다.[6]

2:3 우리는 로마서 2:3-12, 16에 따라, 바울은 하나님이 사람들을 회개로 이끌기 위하여 인자하심과 용납하심과 길이 참으심이 풍성함을 보여 주시는 날을 사람들이 멸시함으로써 "진노의 날 곧 하나님의 의로우신 심판이 나타나는 그날에 임할 진노"를 쌓는 것에 대하여 말한다고 주장할 수 있다. 로마서 2:6-8은 분명히 그날에 심판자는 "각 사람에게 그 행한 대로 보응하시되 참고 선을 행하는 자들에게는 영생으로 하시고 오직 당을 짓는 자에게는 진노와 분노로 하신다"고 분명히 지적한다. 그리고 "무릇 율법 없이 범죄한 자"는 또한 "율법 없이 망하고" "무릇 율법이 있고 범죄한 자"는 "율법으로 말미암아 심판을 받을" 것이다. 이것은 분명히 그들이 현세에서 자기 행위에 따라 심판을 받도록 되어 있고, 오직 이 점에서만 율법 없이 범죄한 자와 율법이 있고 범죄한 자 사이에 이런 구별이 있다는 것을 보여준다.[7]

만일 우리가 비판적으로 남을 정죄한다면 그것은 곧 우리 자신을 정죄하는 것이 될 것이라고 하나님이 어떻게 경고하시는지 생각해 보라. 마태복음 7장 첫 부분을 보라. "비판을 받지 아니하려거든 비판하지 말라. 너희가 비판하는 그 비판으로 너희가 비판을 받을 것이요 너희가 헤아리는 그 헤아림으로 너희가 헤아림을 받을 것이니라"(마 7:1-2). 로마서 2:3도 보라. "이런 일을 행하는 자를 판단하고도 같은 일을 행하는 사람아, 네가 하나님의 심판을 피할 줄로 생각하느냐." 이 말씀은 정말 두려운 경고다. 이 말씀은 우리의 심판자가 되실 분의 경고로, 그분 때문에 우리는 심판 받으러 나아갈 때 그분에게 무죄 석방을 받는 데 무한히 관심을 갖게 되고, 그분에게서 나온 이 정죄 선고가 무한히 두렵게 된다. 그러므로 우리는 정죄를 받지 않으려면 남을 비판하는 자가 되어서는 안 된다.[8]

2:4 하나님의 길이 참으심은 정말 놀랍다. 하나님은 사람들에게서 수없이 상처를 받으시고, 그 상처는 매우 심각하다. 우리가 세상 속에 존재하는 죄악을 생각해 보고, 이어서 하나님께서 어떻게 세상을 지속시키고 멸망시키지 아니하며, 계속 헤아릴 수 없는 선을 베푸셔서 유지하고 보존하시는지 생각해 보자. 그러면 하나님께서 세상에 대하여 베푸시는 일상적 복이 얼마나 풍성한지, 그리고 하나님께서 어떻게 해를 뜨게 하여 햇빛을 악인과 선인에게 비추시고 비를 의로운 자와 불의한 자에게 내려 주시는지 깨닫게 될 것이다. 또한 인구가 밀집된 어떤 특정 도시들에 대하여 베푸시는 하나님의 인자하심에 대하여 생각해 보자. 그러면 하나님께서 날마다 그들에게 베푸시고, 그들이 소비하는 하나님의 인자하심의 열매가 얼마나 엄청난지 깨닫게 될 것이다. 또한 바로 이 도시들 속에 만연해 있는 죄악을 생각해 보자. 그러면 하나님의 길이 참으심이 얼마나 엄청나게 큰지 우리는 알게 될 것이다. 그리고 이 똑같은 하나님의 길이 참으심이 모든 세상 모든 시대의 그토록 많은 특정 개인들에게 베풀어진 것에 대해서도 생각해 보자. 하나님은 자신이 용서하시는 죄인들에 대하여 참으로 오래 참으시고, 심지어는 그들이 자신을 거역할 때에도 긍휼을 베푸신다.

그리고 특별히 택함 받은 자에게 하나님이 길이 참으시는 것에 대해서도 생각해 보자. 택함 받은 자 가운데 많은 이들이 오랫동안 죄 속에서 살아 온 큰 죄인들이다. 그런데도 불구하고 하나님은 그들에 대하여 참으시되 끝까지 참으시며, 결국 기꺼이 용서하고 처벌하지 않으시며, 그들을 긍휼과 영광의 그릇으로 삼으시고, 사도 바울이 자신과 관련하여 지적하는 것처럼 원수로 행했음에도 불구하고 그들에게 자비를 보여주신다. "내가 전에는 비방자요 박해자요 폭행자였으나 도리어 긍휼을 입은 것은 내가 믿지 아니할 때에 알지 못하고 행하였음이라. 우리 주의 은혜가 그리스도 예수 안에 있는 믿음과 사랑과 함께 넘치도록 풍성하였도다. 미쁘다 모든 사람이 받을 만한 이 말이여. 그리스도 예수께서 죄인을 구원하시려고 세상에 임하셨다 하였도다. 죄인 중에 내가 괴수니라. 그러나 내가 긍휼을 입은 까닭은 예수 그리스도께서 내게 먼저 일체 오래 참으심을 보이사 후에 주를 믿어 영생 얻는 자들에게 본이 되게 하려 하심이라"(딤전 1:13-16). 따라서 본받고자 하는 경향과 마음을 갖는 것은 사랑의 본질에 속해 있고, 최소한 그 자체로 우월한 자에 대한 사랑의 한 속성이다. 자녀는 자기 아버지를 사랑할 때 그를 본받는 경향이 있는데, 특별히 하늘에 계신 자기 아버지를 본받는 마음이 생기는 것은 하나님의 자녀의 사랑의 속성이다.[9]

"또 우리 주의 오래 참으심이 구원이 될 줄로 여기라. 우리가 사랑하는 형제 바울도 그 받은 지혜대로 너희에게 이같이 썼고"(벧후 3:15). 도드리지(Doddridge) 박사는 베드로후서가 베드로전서와 마찬가지로 유대인과 이방인 그리스도인 모두를 수신자로 삼아 쓴 것이고, 방금 언급된 본문은 로마서(롬 2:4)의 내용과 같다고 가정하는데, 거기 보면 바울이 "하나님의 인자하심이 너를 인도하여 회개하게 하신다"고 증언한다.[10]

신앙을 고백하는 그리스도인들이 씻음과 거룩함과 의롭다 하심을 받았다고 말하는 것은, 신앙을 고백하는 모든 그리스도인이 확실하게 씻음과 거룩함과 의롭다 하심을 받았다는 의미는 아니다. 왜냐하면 테일러가 말하는 것처럼, 성경에서는 우리의 기독교적 특권뿐만 아니라 우리가 지켜야 할 의무를 현재나 과거완료 시제 곧 오직 행해야 할 것, 그리고 어쩌면 행할 수 없는 것을 행한 것처럼 말하는 시제로 표현하는 것이 매우 흔하기 때문이다. "너희는 세상의 소금이니"(마 5:13). 이것은 "너희는 세상의 소금이 되어야 한다"는 뜻이다. "하나님의 인자하심이 너를 인도하여 회개하게 하심을"(롬 2:4)이라는 말씀은 "하나님의 인자하심이 너를 인도해야 한다"는 뜻이다. 로마서 6:2, 11, 8:9과 골로새서 3:3도 마찬가지다. 베드로전서 1:6은 "오히려 크게 기뻐하는도다"라고 말하는데, 이 말은 곧 "기뻐해야 한다"는 뜻이다. "우리가 다 수건을 벗은 얼굴로 거울을 보는 것같이 주의 영광을 보매 그와 같은 형상으로 변화하여 영광에서 영광에 이르니"(고후 3:18). "너희는 누룩 없는 자인데"(고전 5:7). 이것은 "그리스도인의 직업상 그렇게 할 의무가 있다"는 뜻이다. "우리가 장차 올 것을 찾나니"(히 13:14). 이 외에도 이에 대한 용례는 요한일서 2:12-15, 3:4, 9, 18 등에서 나온다. 이는 테일러가 신앙을 고백하는 모든 그리스도인에게 실제로 속해 있다고 간주한 그의 추정적 증명—테일러는 이를 "선행적 복"이라 칭한다—을 철저히 전복시킨다.[11]

⁵다만 네 고집과 회개하지 아니한 마음을 따라 진노의 날 곧 하나님의 의로우신 심판이 나타나는 그 날에 임할 진노를 네게 쌓는도다

2:5 분명히 참된 종교 곧 마음의 거룩함은 바로 마음의 감정 속에 들어 있고, 성경은 마음의 죄를 바로 마음의 완악함 속에 두고 있다. 성경은 도처에서 이렇게 말한다. 그리스도께서 유대인에 대하여 슬픔과 불쾌감을 가지신 것은 그들의 마음의 완악함 때문이었다. "그들의 마음이 완악함을

탄식하사 노하심으로 그들을 둘러보시고"(막 3:5). 사람들은 이런 완악한 마음을 가졌기 때문에 스스로 진노를 쌓고 있다. "다만 네 고집과 회개하지 아니한 마음을 따라 진노의 날 곧 하나님의 의로우신 심판이 나타나는 그날에 임할 진노를 네게 쌓는도다"(롬 2:5). 이스라엘 족속이 하나님께 순종하지 못한 이유는 그들이 완악한 마음을 가졌기 때문이었다. "그러나 이스라엘 족속은 이마가 굳고 마음이 굳어 네 말을 듣고자 아니하리니 이는 내 말을 듣고자 아니함이니라"(겔 3:7).

하나님이 미래에 그들의 영원한 응보를 위하여 사람들을 심판하시는 것은 하나님이 마음속으로 사람들의 마음의 상태에 대하여 시험하고 조사하고 판단하는 것으로 진행되지 않을 것이다. 그것은 선언적 심판이 될 것이다. 이 심판의 목적은 하나님이 사람들의 양심과 세상에 대하여 자기 마음속에 판단을 형성하시는 것에 있는 것이 아니라 자신의 심판과 이 심판의 의를 선포하시는 것에 있을 것이다. 그러므로 심판 날은 하나님의 의로우신 심판이 나타나는 그날로 불린다(롬 2:5). 그리고 각 사람이 개인적으로 심판을 받아야 하는 부분에 대하여 말한다면, 사람들에 대한 하나님의 미래의 재판과 심판의 목적은 특별히 그 사람에 대하여, 그의 양심에 대하여……하나님의 의로우신 심판을 분명히 선언하는 것이 될 것이다.[12]

하나님의 완전하심 곧 세상에 대한 하나님의 도덕적 통치의 웅대한 완성이 심판 날의 목적이고, 그날은 만물이 그들에게 계획된 궁극적 결말로 나아가는 날이다. 그래서 이날은 "하나님의 의로우신 심판이 나타나는 그날"로 불린다(롬 2:5).[13]

악인은 죄의 종이다. 악인의 능력과 재능은 모두 죄를 섬기고 지옥에 알맞게 사용된다. 그리고 악인의 모든 소유도 이와 동일한 목적에 이바지하는 데 사용된다. 어떤 이들은 "진노의 날에 임할 진노를 쌓는 데" 시간을 허비한다(롬 2:5). 따라서 은밀하게 음탕한 습관을 갖고 있는 부정한 모든 사람이 그렇게 한다. 악의적인 모든 사람이 그렇게 한다. 종교의 의무를 게을리하는 불경한 모든 사람이 그렇게 한다. 부정한 모든 사람이 그렇게 한다. 속이거나 압제적인 태도를 가진 자들이 그렇게 한다. 비방하고 욕설하는 모든 사람이 그렇게 한다. 주로 이 세상의 재물에 마음을 두고 있는 탐욕적인 모든 사람이 그렇게 한다. 술에 취하고 악한 동무와 자주 어울리는 자들이 그렇게 한다. 이에 대해서는 다른 많은 부류의 사람들이 언급될 수 있다.[14]

하나님은 영원한 상태와 관련하여 사람들을 다루실 때 자신의 공의를 드러내시는 것에 관심을 갖고 계시며, 특히 사람들이 스스로 느끼는 양심의 가책에 각별한 관심을 갖고 계신다. 이 목적을 위하여 심판 날이 정해지고, 이때 전지하신 하나님은 그것을 필요로 하시지 않지만 세상과 각각의 사람들의 양심에 그분의 공의를 나타내시려고 사람들을 공식적으로 심판하실 것이다. 그러므로 그날은 "하나님의 의로우신 심판이 나타나는 그날"로 불린다(롬 2:5). 따라서 하나님은 사람들을 심판하실 때 그들의 행위를 크게 주목하실 것이다. 하지만 그때 사람들의 행위는 주로 그들에게 칭의의 자격을 주는 것이 아니라 세상과 그들 자신의 양심에 칭의의 가시적인 증거를 제시하는 역할을 할 것이다. 그러므로 각 사람은 자신의 행위에 따라 심판받게 될 것이다.[15]

하나님은 심판자로서 사람들에게 심판을 행하실 때 선언적 심판을 위하여 증거들을 사용하시는데, 그들의 행위를 증거로 삼아 심판하신다. 그러므로 심판 날에 하나님은 사람들을 그들의 행위에 따라 심판하실 것이다. 왜냐하면 하나님은 옳은 것을 알아내기 위하여 증거를 필요로 하시는 분이 아니지만 그때 심판석에 앉아 계실 것으로 간주되기 때문이다. 그때 하나님은 땅의 재판관들과 달리 원인 속에서 옳은 것을 찾아내시는 것이 아니라 옳은 것을 선언하고 표명하신다. 그러므로 바울에 따르면 그날은

"하나님의 의로우신 심판이 나타나는 그날"이다(롬 2:5).[16]

따라서 이 큰 날에 사역자들과 그들의 교인들에게 공의가 시행될 것이다. 그 목적을 위하여 그들은 함께 만나고, 그들은 자기들에게 시행되는 공의를 받을 뿐만 아니라 다른 편에게 시행되는 공의도 보게 될 것이다. 왜냐하면 "하나님의 의로우신 심판"(롬 2:5)을 나타내거나 선언하는 것이 이 큰 날의 목적이기 때문이다. 사역자들은 자기들에게 시행된 공의를 받을 것이다. 그리고 자기 교인들에게 시행된 공의를 보게 될 것이다. 마찬가지로 교인들도 심판자로부터 자기들에게 시행되는 공의를 받을 것이다. 그리고 자기들의 사역자에게 주어진 공의를 보게 될 것이다. 그리하여 모든 것이 영원히 그들 사이에서 결말짓고 조정될 것이다. 각 사람은 자신의 행위에 따라 판결을 받고 보상을 받을 것이다. 곧 영원한 기쁨과 영광의 면류관을 받아서 쓰거나 아니면 영원한 수치와 고통 속에 들어가거나 할 것이다.

마지막 심판 날의 목적은 인간의 재판과는 달리 옳은 것을 찾아내는 데 있지 않고, 옳은 것을 선포하는 데 있다. 이때 하나님이 시행하실 심판은 사람들의 양심과 세상에 하나님의 공의를 알리시는 것이 목적이다. 그러므로 그날은 "진노의 날 곧 하나님의 의로우신 심판이 나타나는 그날"로 불린다(롬 2:5). 그런데 죄인들은 종종 하나님의 통치의 공의를 반대하고, 특히 하나님께서 그들의 죄에 대하여 경고하시는 처벌의 공의에 이의를 제기한다. 핑계를 대고 하나님을 비난한다. 그러나 하나님께서 그날에 그들의 죄악을 드러내고 해명을 촉구하실 때 그들은 할 말이 없을 것이다. "임금이 손님들을 보러 들어올새 거기서 예복을 입지 않은 한 사람을 보고 이르되 친구여, 어찌하여 예복을 입지 않고 여기 들어왔느냐 하니 그가 아무 말도 못 하거늘"(마 22:11-12). 하늘과 땅의 임금이 심판하러 오실 때 그들의 양심은 낱낱이 드러내는 빛에 의하여 완전히 자각하

51

고 가책을 느끼며, 그때 그들은 무릎을 꿇을 것이다. 자기들 자신을 변명하고, 자기들 자신의 의에 대하여 변론하며, 자기들을 핑계하거나 정당화하는 것에 대하여 그들의 입은 얼어붙을 것이다. 그들의 양심은 하나님이 아니라 단지 그들 자신만을 정죄할 것이다.[17] □

⁶하나님께서 각 사람에게 그 행한 대로 보응하시되 ⁷참고 선을 행하여 영광과 존귀와 썩지 아니함을 구하는 자에게는 영생으로 하시고

2:6 성경의 마태복음 25장 마지막 부분에 나오는 심판 날에 대한 매우 구체적인 묘사를 보면, 사람들의 행위가 유일한 증거이기 때문에 그리스도께서 미래의 심판을 사람들의 행위에 따라 시행되는 것으로 설명하신다. 다음 본문들도 보라. 욥기 34:11, 잠언 24:12, 예레미야 17:10, 32:19, 에스겔 33:20, 마태복음 16:27, 로마서 2:6-13, 베드로전서 1:17, 요한계시록 2:23, 22:12.[18]

이어지는 본문들을 보면 성도들의 최고의 행복은 단순히 어떤 부록처럼 주어지는 것이 아니라 성도들의 내적 거룩함과 그들의 선행에 대한 보상으로 주어지는 것이 분명해 보인다. "하나님께서 각 사람에게 그 행한 대로 보응하시되 참고 선을 행하여 영광과 존귀와 썩지 아니함을 구하는 자에게는 영생으로 하시고……선을 행하는 각 사람에게는 영광과 존귀와 평강이 있으리니"(롬 2:6-7, 10). "보라. 내가 속히 오리니 내가 줄 상이 내게 있어 각 사람에게 그가 행한 대로 갚아 주리라"(계 22:12). "인자가 아버지의 영광으로 그 천사들과 함께 오리니 그때에 각 사람이 행한 대로 갚으리라"(마 16:27).[19]

우리는 로마서 2:3-12, 16에 따라, 바울은 하나님이 사람들을 회개로 이끌기 위하여 인자하심과 용납하심과 길이 참으심이 풍성함을 보여주

시는 날을 사람들이 멸시함으로써 "진노의 날 곧 하나님의 의로우신 심판이 나타나는 그날에 임할 진노"를 쌓는 것에 대하여 말한다고 주장할 수 있다. 로마서 2:6-8은 분명히 그날에 심판자는 "각 사람에게 그 행한 대로 보응하시되 참고 선을 행하는 자들에게는 영생으로 하시고 오직 당을 짓는 자에게는 진노와 분노로 하신다"고 분명히 지적한다. 그리고 "무릇 율법 없이 범죄한 자"는 또한 "율법 없이 망하고" "무릇 율법이 있고 범죄한 자"는 "율법으로 말미암아 심판을 받을" 것이다. 이것은 분명히 그들이 현세에서 자신 행위에 따라 심판을 받도록 되어 있고, 오직 이 점에서만 율법 없이 범죄한 자와 율법이 있고 범죄한 자 사이에 이런 구별이 있다는 것을 보여준다.[20]

2:7 참된 성도라도 어떤 식으로든 또는 어느 정도 타락에 빠질 수 있고, 특별한 시험에 빠져 좌절할 수 있으며, 죄를(그것도 큰 죄를) 범할 수 있다. 그러나 참된 성도는 완전히 넘어지는 것이 불가능하다. 다시 말해, 종교 곧 하나님을 섬기는 일에 완전히 싫증이 나고, 습관적으로 종교를 싫어하여 등한시할 정도로 넘어질 수 없다. 이사야 43:22, 말라기 1:13, 로마서 2:7, 갈라디아서 6:9, 히브리서 10:36에서 증명되는 것처럼, 자체로나 그것에 수반되는 어려움으로 말미암아 그렇게까지 넘어질 수 없다. 참된 성도는 보편적인 순종의 길에 더 이상 계속 서 있을 수 없을 정도로 타락할 수 없다. 또는 아무리 어렵고 힘든 상황에 있을지라도 기독교의 모든 규정을 준수하고 요구되는 모든 의무를 이행하는 태도를 포기할 정도로 타락할 수 없다.[21]

하나님은 사람들에게 선택권을 부여하신다. 사람들은 자신의 선택에 따라 기업을 차지할 수 있다. 그리고 계속 참고 선을 행함으로써 구한다면 천국도 얻을 수 있다(롬 2:7). 말하자면, 우리가 모두 여기 이 세상에서 사는 것은 주변이 여러 나라에 둘러싸여 있고 이 나라들로 나아갈 길이나 도로가 여러 갈래가 있는 큰 광야에서 사는 것과 같으며, 이때 우리는 어디로 가야 할지 길을 선택하도록 되어 있다. 만일 우리가 진심으로 천국을 선택하고 우리의 마음이 주로 사랑의 땅인 복된 가나안에 고정되어 있으며 그곳으로 이끄는 길을 사랑한다면, 우리는 그 안으로 걸어 들어갈 수 있을 것이다. 그리고 계속 그렇게 한다면, 우리는 마침내 천국에 도달할 것이다. 우리는 사랑의 땅에 대하여 들을 때 흥분이 되고, 그 땅을 향해 우리의 얼굴을 돌리며, 그쪽으로 방향을 틀어야 한다. 그 나라의 행복한 상태와 그 나라 안에서 누리는 많은 즐거움에 대하여 들으면, 우리는 그곳을 간절히 갈망하고 최대한 열심히 그리고 굳건하게 그곳으로 나아갈 결심을 하며 그곳으로 이끄는 길을 걷는 데 한평생을 바치지 않겠는가? 우리가 이처럼 완전한 평화와 거룩한 사랑의 세계에 대하여 들으면, 이런 세상에서 영원을 누릴 수 있도록 찾아갈 기회가 있다는 것을 들으면, 그것은 우리에게 얼마나 기쁜 소식일까!

"생각하건대 현재의 고난은 장차 우리에게 나타날 영광과 비교할 수 없도다"(롬 8:18). 또한 로마서 2:7, 10, 3:23, 9:23도 보라.[22]

반론. 우리는 성경에서 우리의 미덕과 순종을 통해 영생과 구원이 주어질 것이라는 약속을 자주 발견하고, 또 우리의 미덕과 순종을 통해 주어지는 칭의에 대한 약속도 종종 발견한다. 로마서 2:7을 보면 순종에 대하여 영생이 약속된다. "참고 선을 행하여 영광과 존귀와 썩지 아니함을 구하는 자에게는 영생으로 하시고." 다른 곳에서도 비슷한 진술이 수없이 등장한다. 칭의 자체도 우리 안에 있는 용서의 정신이나 성격에서 나오는 덕에 기인하는 것으로 약속된다. "너희가 사람의 잘못을 용서하면 너희 하늘 아버지께서도 너희 잘못을 용서하시려니와 너희가 사람의 잘못을 용서하지 아니하면 너희 아버지께서도 너희 잘못을 용서하지 아니하시리라"(마 6:14-15). 누구나 칭의는 대체로 죄사함에 있다는 것을 인정한다. 이에 대하여 나는 이렇게 답변하겠다. 첫째, 칭의 곧 죄사함이 우리의 미덕과 순종에 기인하는 것으로 약속되는 것은 칭의와 복음적인 순종 사이에 관련성이 있다는 것을 말하는 것 외에 다른 진술이 아니다. 내가 이미 지적한 것은 논란의 여지가 없다. 순종과 구원이 서로 연결되어 있는 약속에서 증명할 수 있는 사실은, 순종과 구원이 현실 속에서 서로 관련되어 있다는 것이 전부다. 그것은 아무도 부인하지 못하는 사실이고, 그것이 인정되느냐 부인되느냐는 확인된 것처럼 칭의의 목적과 아무 관계가 없다. 약속을 참된 것으로 만들기 위하여 구원에 대한 자격을 우리의 순종 여부에 따라 부여할 필요가 전혀 없다. 만일 우리가 순종하는 자는 구원받을 것이라거나 거룩한 자는 의롭다 함을 받을 것이라는 약속을 발견한다면, 이 약속이 참된 것이 되기 위하여 필요한 것은 실제로 그렇게 되는 것이 전부다. 곧 구원받은 자는 순종할 것이며 거룩함과 칭의는 확실히 함께 갈 것이다. 다시 말해, 순종하는 자는 구원받을 것이라는 진술은 진실일 수 있다. 왜냐하면 순종과 구원은 현실 속에서 하나로 연결되어 있기 때문이다. 그러나 구원 자격을 인정하는 것이 우리 자신의 어떤 미덕이나 순종에 의거하는 것으로 받아들여져서는 안 된다. 약속이 무엇인가? 약속이 주어지는 사람에게 위로와 격려가 되도록 단지 미래의 진실에 대하여 선언하는 것이 아닌가? 약속들은 조건적 진술이다. 이미 확인된 것처럼, 이 진술에서 믿음 외에 다른 어떤 것도 용서와 구원을 결과하는 조건의 자리를 차지할 수 없다는 것은 왈가왈부할 문제가 아니다.

경건한 사람은 대체로 거룩한 삶을 살고, 거룩한 삶에는 소극적 방식의 신앙과 적극적 방식의 신앙이 모두 포함되어 있다. 우리는 상을 받는 조건 때문에 악한 행실을 피할 뿐만 아니라 계속 참으며 "선을 행하게 된다"(롬 2:7). "우리가 선을 행하되 낙심하지 말지니 포기하지 아니하면 때가 이르매 거두리라"(갈 6:9). 이 말씀은 선을 행하기를 포기하거나 멈추면 거두지 못한다는 것을 함축하고 있다.

따라서 우리는 구하는 자에게 영생이 보상으로 주어질 것이라는 약속에 따라 영광과 존귀와 썩지 아니함을 구하라는 권면을 받는다(롬 2:7). 그리고 영광과 존귀와 평강은 선을 행하는 자에게 약속된다(롬 2:10). 따라서 그리스도께서는 매우 자주 면류관과 나라, 자기 보좌에 자기와 함께 앉는 것, 세상을 심판하는 것, 아니 사실은 천사까지 심판하는 것에 대하여 약속하신다. 이런 큰 영예는 우리가 구해야 하는 것으로 선포된다. 그리고 우리는 이 영예를 지나치게 구하거나 이 영예의 너무 많은 부분을 구한다고 해서 비난받는 경우는 결코 찾아볼 수 없다.[23]

로마서 2:7로부터 다음과 같은 사실이 추론된다. "바울은 여기서 은혜 언약의 조건이 아니라 행위 언약의 조건을 제시하고 있다. 하나님은 악을 행하는 각 사람의 영에 '진노와 분노'[환난과 곤고]를 내리실 것이다(롬 2:8-9). 그러나 영광과 존귀와 평강과 함께 영생이 '참고 선을 행하여 영광과 존귀와 썩지 아니함을 구하는 자에게'(롬 2:7) 주어진다. 그리고 로마서 2:10은 '선을 행하는 각 사람에게는 영광과 존귀와 평강이 있으리니'라고 말한다." 와츠(Watts) 박사는 그것이 로마서 1-3장에서 행위 언약의 조건을 제시하고, 모든 사람이 어떻게 율법의 정죄 아래 놓여 있는지를 보여주고자 하는 바울의 목표에 부합된다고 주장한다.[24]

"너희가 내 말에 거하면 참으로 내 제자가 되고"(요 8:31). "참고 선을 행하여 영광과 존귀와 썩지 아니함을 구하는 자에게는 영생으로 하시고"(롬 2:7). "그러므로 하나님의 인자하심과 준엄하심을 보라. 넘어지는 자들에게는 준엄하심이 있으니 너희가 만일 하나님의 인자하심에 머물러 있으면 그 인자가 너희에게 있으리라. 그렇지 않으면 너도 찍히는 바 되리라"(롬 11:22). "너희를……화목하게 하사 너희를 거룩하고 흠 없

고 책망할 것이 없는 자로 그 앞에 세우고자 하셨으니 만일 너희가 믿음
에 거하고 터 위에 굳게 서서 너희 들은 바 복음의 소망에서 흔들리지 아
니하면 그리하리라"(골 1:21-23). "포기하지 아니하면……거두리라"(갈
6:9).[25]

[8]오직 당을 지어 진리를 따르지 아니하고 불의를 따르는 자에게는 진노와 분노로
하시리라 [9]악을 행하는 각 사람의 영에는 환난과 곤고가 있으리니 먼저는 유대인
에게요 그리고 헬라인에게며 [10]선을 행하는 각 사람에게는 영광과 존귀와 평강이
있으리니 먼저는 유대인에게요 그리고 헬라인에게라 [11]이는 하나님께서 외모로
사람을 취하지 아니하심이라

2:8 여기서 언급되고 있는 죄악은 삶과 대화 속에서 저지르는 모든 죄나
악을 의미하고, 진리는 전체적인 삶의 거룩함을 의미한다. 로마서 2:8에
서 "진리"와 "불의"를 함께 언급하고 있는 것으로 확인되는 것처럼, 여기
서 바울은 "진리"와 "죄악"을 가리키는 것이다. 그리고 거기서 진리는 거
룩한 습관을 따라 살거나 선을 행하는 것을 의미하고, 죄악은 사람들의
악한 행실이나 습관을 의미한다.[26]

"오직 당을 지어." 바울은 이 말을 할 때 복음 곧 오직 믿음으로 얻는
칭의를 계시하고, 의식법을 폐지시키며, 이방인을 유대인과 동등한 특권
속으로 받아들이는 진리를 완강하게 반대하는 유대인의 완고한 태도를
염두에 두고 있다.[27] □

2:9 "무릇 율법 없이 범죄한 자는 또한 율법 없이 망하고[또는 그 말이 암시
하는 것처럼, 파괴되고]"(롬 2:12). 이 망함이 무엇을 가리키는지는 문맥에 묘
사되어 있다. 곧 "진노와 분노, 환난과 곤고"를 가리킨다(롬 2:8-9).[28]

"진노와 분노, 환난과 곤고"(롬 2:8-9). 이것은 시편 78:49에 나오는 말

을 가리키는 것으로 보인다. 이 시편 본문을 보면 애굽인에 대하여 "그의 맹렬한 노여움과 진노와 분노와 고난……을 그들에게 내려보내셨으며" 라고 말한다.[29]

나는 여기서 한 가지 사실을 더 지적하고 싶다. 그것은 복음 아래 있으면서 도덕적 성실함을 가질 수 있음에도 불구하고 경건하지 못한 사람들은 복음의 빛과 긍휼에 대하여 죄를 짓지 아니한 참된 이교도보다 더 나쁘고, 하나님의 더 큰 원수로 나타날 것이라는 것이다. 이것은 성경이 매우 강력히 제시하는 사실이다. 다음과 같은 본문을 보라. 아모스 3:2, 마태복음 10:13-14, 로마서 2:9, 베드로후서 2:21, 요한계시록 3:15-16.[30] □

2:10 "먼저는 유대인에게요 그리고 헬라인에게라." 로마서 1:16을 보라. "있는 자는 받을 것이요 없는 자는 그 있는 것까지도 빼앗기리라"(막 4:25). 신령한 하늘의 은사는 단지 사람이 자신이 갖고 있는 것의 증식에 비례하여 주어지는 것이 아니다. 따라서 적게 갖고 있는 자라도 자신이 갖고 있는 것에 비례하여 그것을 증식시킨다면, 많이 갖고 있는 자만큼 상을 크게 받을 수 있다. 그러므로 똑같은 이유로 처음에 두 달란트를 받은 자에게도 다섯 달란트를 받은 자와 똑같이 달란트가 추가되어야 한다(마 25:28). 그러나 그렇게 주어지지 않았고, 그 이유가 마태복음 25:29에서 주어진다. "무릇 있는 자는 받아 풍족하게 되고 없는 자는 그 있는 것까지 빼앗기리라." 그것은 이득 및 특권과 관련해서도 마찬가지다. 큰 이득을 남기는 자는 적은 이득을 남기는 자보다 더 큰 상을 받을 것이다. 그렇지 아니하면 이득이 전혀 없을 수도 있었다. 그러므로 "선을 행하는 각 사람에게는 영광과 존귀와 평강이 있으리니 먼저는 유대인에게"다(롬 2:10).[31]

따라서 우리는 구하는 자에게 영생이 보상으로 주어질 것이라는 약속에 따라 영광과 존귀와 썩지 아니함을 구하라는 권면을 받는다(롬 2:7).

그리고 영광과 존귀와 평강은 선을 행하는 자에게 약속된다(롬 2:10). 따라서 그리스도께서는 매우 자주 면류관과 나라, 자기 보좌에 자기와 함께 앉는 것, 세상을 심판하는 것, 아니 사실은 천사까지 심판하는 것에 대하여 약속하신다. 이런 큰 영예는 우리가 구해야 하는 것으로 선포된다. 그리고 우리는 이 영예를 지나치게 구하거나 이 영예의 너무 많은 부분을 구한다고 해서 비난받는 경우는 결코 찾아볼 수 없다.[32]

질문. 복음이 어떻게 "모든 믿는 자, 특히 먼저 유대인에게 구원을 주시는 하나님의 능력인가?" 로마서 2:10은 하나님께서 "선을 행하는 각 사람에게 특히 먼저 유대인에게 영광과 존귀와 평강"을 주실 것이라고 말한다. 답변. 하나님은 그리스도를 믿는 모든 자를 의롭게 하고 선을 행하는 모든 자에게 상을 베푸시지만, 특히 유대인에게 그렇게 하실 준비가 되어 있었다. 왜냐하면 로마서 11:28에서 말하는 것처럼 하나님은 유대인에게 그들의 조상으로 말미암아 특별한 호의를 가지고 계셨기 때문이고, 또 그들이 언약 안에서 태어났기 때문이다. 곧 그들이 혈통을 통해 자신의 언약 백성이 되었기 때문이다. 로마서 2:25에서 "할례가 유익하나"라는 말씀을 보라.[33] 📖

[12]무릇 율법 없이 범죄한 자는 또한 율법 없이 망하고 무릇 율법이 있고 범죄한 자는 율법으로 말미암아 심판을 받으리라 [13]하나님 앞에서는 율법을 듣는 자가 의인이 아니요 오직 율법을 행하는 자라야 의롭다 하심을 얻으리니

2:12 "무릇 율법 없이 범죄한 자는 또한 율법 없이 망하고[또는 그 말이 암시하는 것처럼, 파괴되고]"에서, 이 망함이 무엇을 가리키는지는 문맥에 묘사되어 있다. 곧 "진노와 분노, 환난과 곤고"를 가리킨다(롬 2:8-9).[34]

사람들이 개인적인 죄로 죽음에 처해지는 법은 존재하지 않는다는 사실을 가정하기 위하여, 모세 시대에 또는 모세 시대 이후에 하나님의 계

시된 율법이 존재하지 않은 곳이나 때가 있었다는 것은 바울이 제시하는 로마서의 교리와 모순된다. "무릇 율법[곧 계시된 율법] 없이 범죄한 자는 또한 율법 없이 망하고." 그러나 모세 율법 또는 계시된 어떤 율법도 갖고 있지 못한 그들이 어떻게 죽고 망할 수 있는지를 바울은 로마서 2:14-15 에서 우리에게 보여주었다. 즉 그들은 본성의 법을 갖고 있고, 따라서 그 본성의 법에 따라 이 처벌의 선고에 들어간다.[35]

로마서 앞부분에서 바울은 "율법"이라는 말이 나오는 곳은 어디서나 분명히 이 말을 주로 도덕법을 가리키는 뜻으로 사용한다. 로마서 2:12에 서 "무릇 율법 없이 범죄한 자는 또한 율법 없이 망하고"라고 말하는 것 도 마찬가지다.

"율법 아래에" 있는 자는 유대인을 가리키고, 율법이 없는 자는 이방인 을 가리킨다. 여기서 율법을 이해할 특별한 이유가 있는 것은, 이 말씀이 율법을 직접 수여받은 자에게 말하되, 또 그들에 대하여 말하고 있기 때 문이다. 그러므로 유대인이 자기들 자신을 심판에서 제외시키는 것은 불 합리한 판단이다. 그리고 이 본문들의 출처인 구약 본문들을 검토해 보 면, 분명히 이스라엘 민족에 속해 있는 사람들 각자의 죄악에 특별한 관 심을 두고 있다는 것을 확인하게 될 것이다. 따라서 율법은 유대인과 이 방인을 막론하고 모든 사람을 보편적이고 절망적인 죄악 속에 가두고, 그 들의 "모든 입을 막았다." 이방인의 입뿐만 아니라 이방인과 구별된 온갖 특권을 갖고 있었음에도 불구하고 유대인의 입도 막았다.[36]

여기서 바울은 이전 장에서 다루었던 논증을 재개한다. 곧 이방인뿐만 아니라 유대인과 할례도 하나님의 진노와 저주 아래 놓여 있다는 논증을 제시한다. 로마서 2:12에 나타나 있는 것처럼 "율법 없이" 사는 자는 이 방인을 의미하고, "율법 아래" 있는 자는 유대인을 가리킨다. 로마서 이전 구절들에서 인용된 구약 본문은 이스라엘 민족에 속해 있는 사람들에게 특별한 관심을 두고 있었고, 특별히 그리고 직접 그들에게 주어지는 말씀이라는 사실이 지적되어야 한다.[37]

2:13 "하나님 앞에서는 율법을 듣는 자가 의인이 아니요 오직 율법을 행하는 자라야 의롭다 하심을 얻으리니." 표현은 정반대로 보일지라도, 이 본문으로 사도 바울과 사도 야고보가 칭의 문제에 있어 동일한 생각을 갖고 있었다는 것이 드러난다. 여기서 사도 바울은 사람은 의롭다 함을 단지 믿음으로만이 아니라 말씀을 행함으로 얻는다고 말함으로써 사도 야고보가 말하는 것과 동일한 사실을 제시한다. 만약 우리가 바울에게 자신의 말을 설명하도록 한다면, 의심할 여지 없이 사도 야고보가 말한 것과 똑같은 사실을 설명할 것이다. 왜냐하면 야고보도 다른 곳에서 바울이 여기서 말하는 것과 거의 동일한 말을 제시하기 때문이다(약 1:22-23, 25).[38]

행위의 법은 어떤 사면이나 경감도 없이 완전한 순종을 요청하는 율법이다. 따라서 이 법에 따라 사람이 모든 조항을 정확히 지키지 아니하면 옳거나 의롭게 될 수 없다. 신약성경에서 이 완전한 순종은 '디카이오쉬네'(δικαιοσύνη)로 지칭되고, 이 말은 곧 '의'로 번역된다. 마지막으로 존 로크(John Locke)는 행위의 법을 의식법으로 이해하지 않고 행위 언약으로 이해한다는 것도 지적되어야 한다. 로크는 이어지는 문단에서 이것을 더 충분히 제시하는데, 한 곳에서 이렇게 말한다. 곧 신약성경에서 이 행위의 법이 발견되는 곳을 보면 이 법을 모세를 통해 전달된 율법으로 말한다. "율법은 모세로 말미암아 주어진 것이요 은혜와 진리는 예수 그리스도로 말미암아 온 것이라"(요 1:17). "모세가 너희에게 율법을 주지 아니하였느냐. 너희 중에 율법을 지키는 자가 없도다"(요 7:19). 그리고 이것은 누가복음 10:28에서 그리스도께서 "이를 행하라 그러면 살리라"고 말씀하시는 율법이자, 사도 바울이 그토록 자주 어떤 다른 구별 없이 율법으로 지칭하는 것이다. "하나님 앞에서는 율법을 듣는 자가 의인이 아니요 오직 율법을 행하는 자라야 의롭다 하심을 얻으리니"(롬 2:13). 바울 서신은 온통 이런 사실로 가득 차 있기 때문에 굳이 다른 곳을 더 인용할 필요가 없고, 로마서는 특히 더 그렇다.[39]

"시므온이라 하는 사람이 있으니 이 사람은 의롭고"(눅 2:25). "공회 의원으로 선하고 의로운 요셉이라 하는 사람이 있으니"(눅 23:50). "의인 중에서 악인을 갈라내어"(마 13:49). "요한을 의롭고 거룩한 사람으로 알고"(막 6:20). "저 옳은 사람에게 아무 상관도 하지 마옵소서"(마 27:19). "이 [의로운] 사람의 피에 대하여 나는 무죄하니"(마 27:24). "거스르는 자를 의인의 슬기에 돌아오게 하고"(눅 1:17). "의인들의 부활 시에"(눅 14:14). "의인 아흔아홉으로 말미암아"(눅 15:7). "그들로 스스로 의인인 체하며"(눅 20:20). "내 심판은 의로우니라"(요 5:30). "백부장 고넬료는 의인이요"(행 10:22). "곧 의인과 악인의 부활이 있으리라"(행 24:15). "율법을 듣는 자가 의인이 아니요 오직 율법을 행하는 자라야 의롭다 하심을 얻으리니"(롬 2:13). "계명도 거룩하고 의로우며"(롬 7:12). "상전들아, 의와 공평을 종들에게 베풀지니"(골 4:1). "감독은······의로우며"(딛 1:7-8). "온전하게 된 의인의 영들과"(히 12:23). "너희는 의인을 정죄하고 죽였으나"(약 5:6). "의인으로서 불의한 자를 대신하셨으니"(벧전 3:18). "의로운 롯을 건지셨으니"(벧후 2:7). "주의 길이 의롭고 참되시도다"(계 15:3). "너희가 거룩하고 의로운 이를 거부하고"(행 3:14). "의인이 오시리라 예고한"(행 7:52). "자기 뜻을 알게 하시며 그 의인을 보게 하시고"(행 22:14).

바울이 '의'와 '의롭다 함을 받음'이라는 말로 단순히 하나님의 긍휼과 호의의 수여, 큰 재앙에서의 건지심, 큰 특권을 누리는 지위로 이끄심을 가리키지 않는다는 것을 매우 분명히 하는 본문들이 많이 있다. 이 본문들에서 바울은 의를 분명히 정죄, 죄, 불순종과 대립시켜 제시한다. 바울은 죄인들의 칭의에 대하여 말할 때 의의 행위와 관련시켜 말한다. 로마서 2:13의 표현의 의미는 얼마나 명명백백한가! "하나님 앞에서는 율법을 듣는 자가 의인이 아니요 오직 율법을 행하는 자라야 의롭다 하심을 얻으리니." 이 말씀을 보면 의롭게 되는 것이 하나님 앞에서 의로운 자로 간주되거나 인정받는 것으로 분명히 나타난다. 이사야 53:11도 마찬가지다. "나의 의로운 종이 자기 지식으로 많은 사람을 의롭게 하며." '야체디크'(*Jatzik*, 의로운), '차디크'(*Tzaddik*, 의롭게 하며). 이 두 용어의 결합과 관련성은 분명히 그런 의미를 보여준다. "한 사람이 순종하심으로 많은 사람이 의인이 되리라"(롬 5:19). "육신을 따르지 않고 그 영을 따라 행하는 우리에게 율법의 요구[곧 의]가 이루어지게 하려 하심이니라"(롬 8:4). "만일 누가 죄를 범하여도 아버지 앞에서 우리에게 대언자가 있으니 곧 의로우신 예수 그리스도시라"(요일 2:1). "한 의로운 행위로 말미암아 많은 사람이 의롭다 하심을 받아 생명에 이르렀느니라"(롬 5:18).[40]

14(율법 없는 이방인이 본성으로 율법의 일을 행할 때에는 이 사람은 율법이 없어도 자기가 자기에게 율법이 되나니 **15**이런 이들은 그 양심이 증거가 되어 그 생각들이 서로 혹은 고발하며 혹은 변명하여 그 마음에 새긴 율법의 행위를 나타내느니라)

2:14 직전에 마음과 육신의 정욕에 대하여 말한 바울이 여기서 말하는 바는, 이런 정욕이 사람들에게 자연스러운 것이라는 것이다. 곧 이런 정욕은 그들의 본성의 참된 경향이며, 그들의 마음의 자연적 구조다.······그리고 바울은 다만 우리는 "본질상[본성으로] 진노의 자녀"라고 말하지만, 이 진노는 어떤 것에 대한 진노인 것이 틀림없다. 왜냐하면 하나님은 죄가 아닌 것에 대하여 우리에게 분노하시지 않기 때문이다. 그러므로 우리의 자연적 경향 곧 바울이 언급한 모든 정욕, 이 정욕들의 어머니인 육신

은 사람의 본성을 의미한다. "본성으로"는 사람이 본성에 맡겨져 있다는 뜻이다. 로마서 2:14에서 "이방인이 본성으로 율법의 일을 행한다"고 말하는데, 이것은 이방인이 자기들 속에 있는 본성의 법칙에 따라 행한다는 뜻이다.[41]

2:14-15 확실히 모든 사람의 마음속에는 양심과 같은 것이 존재한다. 지금까지 양심을 경험하지 못한 사람은 아무도 없었다. 사람은 양심을 갖고 세상에 태어난다. 이교도와 무신론자도 다른 사람들과 똑같이 양심을 갖고 있다. 로마서 2:14-15에서 바울이 이교도에 대하여 말하는 것을 보라. 어린 아기도 하나님의 말씀을 듣기 이전임에도 불구하고 자기 속에 양심이 있다는 것을 보여준다. 따라서 하나님이 우리 안에 심으신 이 양심 때문에 사람들은 자연스럽게 어떤 은밀한 죄를 저질렀을 때 두려워하게 된다. 세상에서 아무도 그 죄를 발견하지 못하더라도, 사람들은 극도로 완악한 자가 아니라면, 자연스럽게 처벌을 두려워하게 된다. 나는 여기 있는 모든 사람이 이것을 근래에 경험했을 것이라고 생각한다. 또한 마찬가지로 어떤 덕스러운 행위, 어떤 선한 행동을 행했을 때, 우리는 자연스럽게 그것 때문에 우리에게 더 좋은 일이 일어날 것을 기대하게 된다.[42]

자연인은 미덕의 아름다움과 따스함 혹은 악덕의 비열함과 가증함에 대한 의식을 갖고 있지 않다. 하지만 모든 사람이 자연스럽게 내면에 어떤 것은 옳고 다른 것은 그르다는 것을 자기에게 증언하는 의식을 갖고 있다. 따라서 누군가 도둑질을 하거나 살인을 저질렀을 때, 그의 내면에는 그가 나쁜 짓을 했다고 말하는 어떤 존재가 들어 있다. 그는 자신이 선을 행하지 못했다는 것을 알고 있다. "율법 없는 이방인이 본성으로 율법의 일을 행할 때에는 이 사람은 율법이 없어도 자기가 자기에게 율법이 되나니, 이런 이들은 그 양심이 증거가 되어 그 생각들이 서로 혹은 고

발하며 혹은 변명하여 그 마음에 새긴 율법의 행위를 나타내느니라"(롬 2:14-15).[43]

바울은 로마서 2:14-15에서 "율법 없는 이방인이 본성으로 율법의 일을 행할 때에는 이 사람은 율법이 없어도 자기가 자기에게 율법이 되나니 이런 이들은 그 양심이 증거가 되어"라고 말한다. 사람들이 본성의 빛을 통해 자기들에게 알려진 하나님의 율법을 갖기 위해서는 두 가지가 필수적이다. 즉 사람들은 본성의 빛을 통해 이런저런 일이 자기들의 의무라는 것 곧 그것들이 옳다는 것, 그 속에 공의와 평등이 있고 그 반대는 불의라는 것만 발견해서는 안 되고, 그것들을 행하는 것이 하나님의 뜻이고, 반대로 행하는 것은 하나님의 불쾌감을 일으킬 것이라는 것을 발견해야 한다. 왜냐하면 율법은 그 법을 어겼을 때 율법 수여자가 갖게 될 불쾌감의 결과가 초래할 위험과 함께 그분의 뜻의 표시이기 때문이다.[44]

나는 본성의 법, 곧 사물의 본질과 합목적성이 완전한 덕을 요청하는지 물어볼 것이다. 만약 완전한 덕을 요청하지 않는다면 덕은 무엇인가? 매우 저명한 사람들의 견해에 따르더라도, 내가 알기로 모든 아르미니우스주의 신학자에 따르더라도, 그렇게 되면 덕의 참된 정의, 덕의 본질, 다시 말해 덕의 사물의 본질과 진리와 이유와 합목적성에 대한 일치는 무너지고 만다. 만약 완전한 덕을 요청한다면 본성의 법은 사물의 본질과 진리와 이유와 합목적성이 요청하는 모든 것을 요청해야 한다. 왜냐하면 사물의 합목적성이 사물의 합목적성에 일치하는 모든 것을 요청하지 않는다고 말하는 것은 명백한 모순이기 때문이다. 그러나 만일 사물의 합목적성이 모든 것이 모든 면에서 합목적성에 일치할 것을 요청한다면, 그것은 완전한 덕과 거룩함을 요청한다. 따라서 나는 여기서 모든 인간이 본성의 법의 의무 아래 놓여 있지 않은지 여부를 물어볼 것이다. 만약 누군가 모든 인간이 이 의무 아래 놓여 있지 않다고 말한다면, 복음 아래 있는 그리스도인들은 본성의 법에서 해방되어 더 온건한 법 아래에 있을 것이다. 따라서 나는 복음에 대하여 들어 보지 못한 이교도와 세상 속에 널리 복음이 전파된 그리스도와 사도 시대 이전에 살았던 이교도가 본성의 법 아래에 있지 않았는지 물어볼 것이다. 나는 그들이 본성의 법 아래에 있었다고 믿는다. 바울은 분명히 로마서 2:14-15에서 그것을 가르치고, 아르미니우스주의 저술가들도 일반적으로 그것을 인정하고 주장한다. 따라서 마지막으로 나는 복음 아래에 있는 그리스도인들은 엄청난 비기독교적 어둠 속에서 사는 자들보다 의무와 거룩함이 덜 요구되는지, 그리고 그들만큼 높은 수준의 덕에서 나오는 완전함에 대하여 아무 의무가 없는지 물어볼 것이다.[45]

2:15 경건한 자는 경험이 있고, 그러므로 실상을 알고 있다. 곧 경건한 자는 성령의 다양한 은혜가 무엇인지 알고 있다. 그들은 믿음이 무엇인지 알고 있다. 그들은 하나님의 사랑이 무엇인지 알고 있다. 그들은 회개가 무엇인지 그리고 신령한 기쁨이 무엇인지 알고 있다. 그러므로 그들은 이런 일들에 대하여 읽거나 들을 때 하나님의 말씀을 이해한다. 그러므로 경건한 자는 "자기들의 마음에 새긴" 하나님의 율법을 갖고 있다고 말한다(롬 2:15). 왜냐하면 그들은 율법이 추천하는 이런 일들을 자기들의 마음속에 갖고 있기 때문이다. 그러므로 읽거나 들을 때 경건한 자는 원본과 정확한 사본 사이에서 일치를 본다.[46]

신명기 30:11, 14, 로마서 2:15, 10:8-9에서처럼 하나님은 분명히 자신의 뜻을 그들에게 알려 주셨고, 그래서 그들은 그것을 찾아내는 데 큰 어려움을 겪을 필요가 없었다. 따라서 여기서 그 결과 "이는 작은 자로부터 큰 자까지 다 나를 알기 때문이라"(렘 31:34)고 말한다. 히브리서 8:13도 보라.

하나님이 자세히 살피시는 것이 마음이라는 것은 사실이다. 경건은 마음의 태도 속에 있다. 하지만 경건은 하나님의 계명을 성취하려는 의도를 갖고 있는 마음에 있는 것이 아니라 실제로 계명을 성취하는 마음에 있다. 이스라엘 자손은 하나님의 모든 명령을 지킬 의도가 있는 마음을 갖고 있었다. 그들은 "여호와께서 말씀하신 모든 것을 우리가 듣고 행하겠나이다"라고 말한다. 그러나 하나님은 "다만 그들이 항상 이 같은 마음을 품어 나를 경외하며 내 모든 명령을 지키기를 원하노라"(신 5:29)고 말씀하신다. 따라서 이것이 하나님의 명령을 행할 의도와 의지가 있는 마음을 갖고 있는 것으로 그치지 않고 실제로 하나님의 명령을 행할 마음을 갖고 있는지에 대한 적절한 증거가 되어야 한다. 마음속에 새긴 하나님의 율법에 대한 진실한 경건의 표시(롬 2:15, 고후 3:2-3)도 비슷한 목적을 갖고 있고, 이것은 참된 경건이 하나님의 명령을 행하거나 하나님의 율법을 지키는 마음에 있다는 것을 의미한다.[47]

16곧 나의 복음에 이른 바와 같이 하나님이 예수 그리스도로 말미암아 사람들의 은밀한 것을 심판하시는 그 날이라 **17**유대인이라 불리는 네가 율법을 의지하며 하나님을 자랑하며 **18**율법의 교훈을 받아 하나님의 뜻을 알고 지극히 선한 것을 분간하며 **19**맹인의 길을 인도하는 자요 어둠에 있는 자의 빛이요 **20**율법에 있는 지식과 진리의 모본을 가진 자로서 어리석은 자의 교사요 어린 아이의 선생이라고 스스로 믿으니

2:16 심판 규칙은 복음이 될 것이고, 그래서 "믿고 세례를 받는 사람은 구원을 얻을 것이요 믿지 않는 사람은 정죄를 받으리라"(막 16:16)고 말한다. "곧 나의 복음에 이른 바와 같이 하나님이 예수 그리스도로 말미암아 사람들의 은밀한 것을 심판하시는 그날이라"(롬 2:16). 신자들이 자기들에게 할당된 영원한 복을 차지할 것은 복음 곧 은혜 언약에 의해서일 것

이다. 율법이 훼방하지 못한다는 것, 율법의 저주와 정죄가 자기들을 방해하지 못한다는 것을 발견했을 때, 신자들은 예수 그리스도의 영광스러운 복음에 따라 자기들에게 주어진 영생의 상을 받게 될 것이다. 이때 경건하지 못한 자들을 정죄하려고 율법이 나타난 것과 같이 복음도 나타날 것이다. 주 예수 그리스도의 이름을 믿지 않는 것으로 확인된 자들은 복음의 대의에 따라 정죄를 당할 것이다.[48]

따라서 로마서 2:16에서 바울은 반복해서 우리에게 이런 일들이 있을 때가 올 것이라고 말한다. 곧 사람들이 이런 차별이 있는 상태 속에서 그들의 행위와 상황에 따라 각자 보응을 받게 될 때가 있을 것이라는 것이다. 바울은 "나의 복음에 이른 바와 같이 하나님이……사람들의 은밀한 것을 심판하시는 그날이라"고 말하는데, 이것은 현세는 오로지 시험 상태라는 것과 모든 사람은 현세와 그날 사이에 있는 어떤 다른 시험 기간 곧 현세보다 훨씬 더 길고, (추정되는 것처럼) 그들을 회개로 이끄는 더 강력한 수단 아래 있게 되는 시기에 행한 자기들의 행위에 따라서가 아니라 (에드워즈는 여기서 가톨릭교회의 "연옥" 사상을 염두에 두고 있다—옮긴이) 현세에서 행한 자기들의 행위에 따라 이 세상이 끝날 때 심판받게 된다는 것을 보여준다.[49] □

2:17 많은 본문이 판단하는(곧 비판하는) 것을 금한다. "네가 스스로 지혜롭게 여기는 자를 보느냐. 그보다 미련한 자에게 오히려 희망이 있느니라"(잠 26:12). "스스로 지혜롭다 하며 스스로 명철하다 하는 자들은 화 있을진저"(사 5:21). "사람에게 이르기를 너는 네 자리에 서 있고 내게 가까이 하지 말라. 나는 너보다 거룩함이라"(사 65:5). 그리고 누가복음 18:9, 11을 보면, 바리새인들은 "자기를 의롭다고 믿고 다른 사람을 멸시하고", 또 "나는 다른 사람들과 같지 아니하다"고 하나님께 감사했다. 로마서

2:17-20도 보라.[50]

2:18 신적 계시를 받지 못한 자들의 마음속에 새겨져 있는 것은 의식법이 아니라 도덕법이다. 따라서 로마서 2:18에서 이렇게 말한다. "율법의 교훈을 받아 하나님의 뜻을 알고 지극히 선한 것을 분간하며." 우리에게 사물의 본질을 보여주고 훌륭한 것이 무엇인지 가르쳐 주는 것은 도덕법이다.[51]

2:19 여기서 첫 번째 사실은 바로 이것이다. 곧 이런 잘못된 상태에 빠져 있는 자는 자신을 다른 사람들과 비교하여 자신의 종교적 업적을 높이 평가하는 경향이 있다. 그는 자연스럽게 자신에 대한 생각에 빠져 자신이 유명한 성도라고, 자신이 성도들 가운데 매우 수준이 높고 특별히 선하고 경험도 많다고 착각한다. 그의 마음의 은밀한 말은 다음과 같다. "하나님이여, 나는 다른 사람들……과 같지 아니함을 감사하나이다"(눅 18:11). "나는 너보다 거룩함이라"(사 65:5). 따라서 이런 자는 하나님의 백성 가운데서 자기를 앞세우는 경향이 있고, 마치 그것이 자기에게 속해 있음을 추호도 의심할 것이 없는 것처럼 지체 없이 성도들 사이에서 높은 자리를 차지했다. 말하자면 그들은 자연스럽게 그리스도께서 비난하는 일을 하고(눅 14:7 등), 가장 높은 자리를 택한다. 그들은 앞장서서 우두머리의 자리와 임무 곧 인도하고 가르치고 지시하고 관리하는 일을 차지한다. 또한 자기들이 맹인의 길을 인도하는 자요, 어둠에 있는 자의 빛이요, 어리석은 자의 교사요, 어린아이의 선생이라고 스스로 믿는다(롬 2:19-20). 그들은 자연스럽게 종교 문제에 있어 지도자와 선생이 해야 할 일을 자기들의 차지로 당연히 여긴다. 따라서 그들은 은연중에 사람들에게, 바리새인들이 그런 것처럼, "선생"으로 번역되는 말인 "랍비"로 불리기를 좋아한다

(마 23:6-7). 즉 선생으로서 그들은 종교 문제에 있어 다른 사람들이 자기들을 존경하고, 자기들에게 복종하기를 기대하는 경향이 있다.[52]

2:20 바울은 "지식과 진리의 모본"이라고 말할 때 종교 문제에 대한 단순한 사변적 지식과 신령한 지식을 구분하고 있는 것으로 보인다. "율법에 있는 지식과 진리의 모본을 가진 자로서"(롬 2:20). 여기서 후자 곧 신령한 지식은 종종 먹거나 냄새 맡거나 맛보는 것으로 표현된다. "항상 우리를 그리스도 안에서 이기게 하시고 우리로 말미암아 각처에서 그리스도를 아는 냄새를 나타내시는 하나님께 감사하노라"(고후 2:14). "네가 하나님의 일을 생각하지[맛보지] 아니하고 도리어 사람의 일을 생각하는도다[맛보는도다]"(마 16:23). "갓난아기들같이 순전하고 신령한 젖을 사모하라. 이는 그로 말미암아 너희로 구원에 이르도록 자라게 하려 함이라. 너희가 주의 인자하심을 맛보았으면 그리하라"(벧전 2:2-3). "네 기름이 향기로워 아름답고 네 이름이 쏟은 향기름 같으므로 처녀들이 너를 사랑하는구나"(아 1:3). 요한일서 2:20과 비교해 보라. "너희는 거룩하신 자에게서 기름 부음을 받고 모든 것을 아느니라."[53]

우리에게 사물의 본질을 보여주고 훌륭한 것이 무엇인지 가르쳐 주는 것은 도덕법이다. "율법에 있는 지식과 진리의 모본을 가진 자로서"(롬 2:20). 이어지는 부분(롬 2:22)에서 증명되는 것처럼, 그것은 도덕법이다.[54]

[21]그러면 다른 사람을 가르치는 네가 네 자신은 가르치지 아니하느냐 도둑질하지 말라 선포하는 네가 도둑질하느냐 [22]간음하지 말라 말하는 네가 간음하느냐 우상을 가증히 여기는 네가 신전 물건을 도둑질하느냐

2:21 유대인, 특히 그들의 교사, 제사장, 서기관, 바리새인들이 그랬다. 따라서 유대인은 많은 것들을 보았으나 깨닫지는 못했다. 귀를 열었으나

로마서 2:21에서 다음과 같이 말하는 것처럼 듣지 못했다. "그러면 다른
사람을 가르치는 네가 네 자신은 가르치지 아니하느냐?" 이사야 43:3도
보라.[55]

2:21-22 이 본문에서 바울은 시편 50:16-18의 말씀을 인유하는 것으로
보인다. "그러면 다른 사람을 가르치는 네가 네 자신은 가르치지 아니하
느냐. 도둑질하지 말라 선포하는 네가 도둑질하느냐. 간음하지 말라 말하
는 네가 간음하느냐. 우상을 가증히 여기는 네가 신전 물건을 도둑질하느
냐." 그로티우스(Grotius)는 이 본문에서 요세푸스의 글을 근거로 다음과
같이 증명한다. "일부 유대교 제사장들은 다른 사람들의 십일조를 빼앗
고, 심지어는 그들을 굶겨 죽일 정도로 약탈하는 인생을 살았으며, 또 다
른 제사장들은 엄청난 부정의 죄를 저질렀다. 그리고 말라기 선지자 시대
초기에는 하나님과 하나님의 제단을 불경하게 강탈한 것에 대한 비난이
있었다(말 1:8, 12-13). 따라서 여기서 제시된 실례들은 큰 타당성을 갖고
있다."[56]

2:22 "우상을 가증히 여기는 네가 신전 물건을 도둑질하느냐?" 여기서
말하는 도둑질 곧 신성모독죄는 하나님의 성전을 욕되게 하고 크게 더럽
히는 것, 특히 성물을 훔쳐가는 것을 가리킨다. 그러나 명백히 신앙을 고
백하는 하나님의 백성은 자신의 몸과 영혼을 성전으로 간주하고, 자기 안
에 있는 모든 것을 하나님께 신성하게 바쳐진 하나님의 재산으로 간주해
야 했다. 그러므로 이런 식으로 악하게 인생을 살게 되면, 하나님의 성전
은 더럽혀지고 완전히 모독을 받는다. 하나님에게서 성전의 모든 거룩한
보물, 그릇, 기구를 도둑질하고, 이렇게 하나님에게서 탈취한 성물을 악
하게도 우상들에게 바치며, 우상들을 섬기는 데 사용하는 것과 같다. 우

리는 바울이 여기서 언급한 죄가 무엇을 가리키는지를 에스겔 16:15-19, 20:39, 고린도전서 3:16-17, 6:15-20에서 배울 수 있다. 신앙을 고백하는 자들의 악한 삶 속에는 이교도의 우상 숭배보다 훨씬 더 나쁜 신성모독죄가 들어 있다.[57]

[23]율법을 자랑하는 네가 율법을 범함으로 하나님을 욕되게 하느냐 [24]기록된 바와 같이 하나님의 이름이 너희 때문에 이방인 중에서 모독을 받는도다 [25]네가 율법을 행하면 할례가 유익하나 만일 율법을 범하면 네 할례는 무할례가 되느니라 [26] 그런즉 무할례자가 율법의 규례를 지키면 그 무할례를 할례와 같이 여길 것이 아니냐 [27]또한 본래 무할례자가 율법을 온전히 지키면 율법 조문과 할례를 가지고 율법을 범하는 너를 정죄하지 아니하겠느냐

2:23 신앙을 고백하는 자들의 악한 삶 속에는 이교도의 우상 숭배보다 훨씬 더 나쁜 신성모독죄가 들어 있다. 율법을 네 자신의 영예로 자랑하는 네가 율법을 어기고 율법 수여자를 욕되게 함으로써 네 자신과 그토록 모순된 자가 되느냐? 네가 그토록 자랑하는 것에 대한 경멸을 하나님께 보이느냐?[58]

사도 바울이 로마서 2:23에서 지적하는 것처럼 유대인은 자기들의 의를 자랑하는 것을 그만두어야 했다. 여기서 바울이 그들의 입을 막는 데 관심을 두고 있다는 것은 로마서 3:27의 "그런즉 자랑할 데가 어디냐. 있을 수가 없느니라"는 말로 드러난다. 율법은 우리가 생명, 하나님의 호의 또는 어떤 긍정적인 선의 구실을 만드는 것에 대하여, 또 우리 자신의 의에 대하여 우리의 입을 막아 버린다.[59]

2:25 "네가 율법을 행하면 할례가 유익하나." 만일 우리가 스스로 고백한 대로 산다면 신앙을 고백하거나 표명하는 것은 유익하다. 그렇지 않다

면 그것은 단지 우리의 정죄를 가속화시킬 뿐이다. 로마서 1:16에 대한 주석을 보라.

하나님은 그리스도를 믿는 모든 자를 의롭게 하고 선을 행하는 모든 자에게 상을 베푸시지만, 특히 유대인에게 그렇게 하실 준비가 되어 있었다. 왜냐하면 로마서 11:28에서 말하는 것처럼 하나님은 유대인에게 그들의 조상으로 말미암아 특별한 호의를 가지고 계셨기 때문이고, 또 그들이 언약 안에서 태어났기 때문이다. 곧 그들이 혈통을 통해 자신의 언약 백성이 되었기 때문이다. 로마서 2:25에서 "할례가 유익하나"라는 말씀을 보라.[60]

2:26 아브라함의 "믿음을 의로 여기시나니"(롬 4:5). 여기서 사도의 말은 아브라함의 믿음은 본질상 불완전한 의이지만, 하나님이 믿음 속에 있는 어떤 선이나 의에 관심을 갖고 계신 것처럼 완전한 의 대신 받아들여지는 것으로 이해할 필요가 없다. 다만 하나님을 믿는 그의 믿음으로 말미암아 하나님은 아브라함을 받아 주시고, 아브라함을 본질상 의인인 것처럼 다루셨다고 이해해야 한다. 그래서 바울은 로마서 2:26에서 다음과 같은 말을 사용한다. "그런즉 무할례자가 율법의 규례를 지키면 그 무할례를 할례와 같이 여길 것이 아니냐(에이스 페리토멘 로기스데세타이, εἰς περιτομὴν λογισθήσεται)." 아브라함의 무할례는 본질상 어떤 가치를 갖고 있는 것으로 존중되는 것이 아니라, 다만 아브라함이 할례를 받은 것보다 더 나쁜 것으로 간주되지 않으리라는 것이다.[61]

2:27 간음, 우상 숭배, 신성모독은 확실히 의식법이 아니라 도덕법을 어기는 것이다. 따라서 로마서 2:27에서는 "본래 무할례자가 율법을 온전히 지키면 율법 조문과 할례를 가지고 율법을 범하는 너를 정죄하지 아니

하겠느냐"라고 말한다. 즉 할례를 받지 않았기 때문에 네가 무시하는 이 방인이 도덕법에 순종하여 도덕적이고 거룩한 삶을 산다면, 할례를 받았지만 그렇지 못한 너를 정죄할 것이라는 뜻이다. 따라서 바울이 율법에 대하여 말하는 로마서 앞부분 어느 곳에서도 일차적으로 도덕법을 염두에 두지 않고 있는 경우는 결단코 없다. 그러나 바울은 이 동일한 강론을 계속하면서 우리는 율법의 행위로 의롭다 함을 받을 수 없다고 말할 때, 그가 의식법만을 염두에 두고 있다고 생각할 필요도 있다. 확실히 유대인도 이방인과 마찬가지로 율법을 어떻게 어겼는지를 보여주는 도덕법에 대한 이 모든 강론은, 분명히 율법의 행위로 의롭다 함을 받을 수 없다는 교리의 예비적·서론적 진술이다. 로마서 3:20에 따르면 율법의 행위로 의롭다 함을 얻을 수 있는 "육체는 없다." 곧 유대인이나 이방인을 막론하고 어떤 인간도 없다.[62]

"본래"는 그의 태생이 어떤 식으로든 이처럼 부패하게 된 그의 존재의 원인 또는 원천이라는 것을 의미한다. 로마서 2:27에서처럼 이방인은, "본래[부터] 무할례자"로 불린다. 이방인이 갖고 있지 못한 것은 그들의 본성적 체질과 관련된 것이 아니라 유대인이 태생적으로 갖게 된 특권과 관련된 것이다. 따라서 갈라디아서 2:15에서는 그것과는 반대로 "우리는 본래 유대인이요"라고 바울은 말한다. 곧 태생적으로 유대인의 특권을 갖고 있다는 뜻이다.[63]

28무릇 표면적 유대인이 유대인이 아니요 표면적 육신의 할례가 할례가 아니니라 **29**오직 이면적 유대인이 유대인이며 할례는 마음에 할지니 영에 있고 율법 조문에 있지 아니한 것이라 그 칭찬이 사람에게서가 아니요 다만 하나님에게서니라

2:28 "이스라엘에게는 평강이 있을지어다"(시 125:5). 로마서 9:6과 로마서 2:28을 보라.[64]

성경은 마음의 종교에 큰 비중을 두고 있다. 우리는 하나님이 마음을 살피고 계신다는 것, "표면적 유대인"은 "유대인이 아니라"는 것(롬 2:28), "사람 중에 높임을 받는 그것은 하나님 앞에 미움을 받는 것이니라"(눅 16:15)는 것과 같은 말씀을 종종 듣는다. 그리고 성경은 "네 마음을 다하고 목숨을 다하고 뜻을 다하고 힘을 다하여 주 너의 하나님을 사랑하라 하신 것이요"(막 12:30), 이것이 첫째 되고 가장 큰 계명이라고 우리에게 말한다. 그러나 성경은 하나님을 향한 마음의 종교 다음으로, 사람들을 향한 의와 사랑의 의무에 매우 큰 비중을 두고 있고, 그 의무를 외적 예배 행위보다 더 중시한다.[65]

2:28-29 증명되는 것처럼 그리고 고백되는 것처럼, 사람들은 거듭남을 통해 참 그리스도인의 성품을 갖게 된다. 마음의 할례도 마찬가지다. 왜냐하면 옛날 개종자들이 육신의 할례로 유대인이 된 것처럼 오늘날 사람들은 마음의 할례로 이면적 유대인 곧 영적·기독교적 의미의 유대인(참 그리스도인이 되는 것과 동일한 의미)이 되기 때문이다. "무릇 표면적 유대인이 유대인이 아니요 표면적 육신의 할례가 할례가 아니니라. 오직 이면적 유대인이 유대인이며 할례는 마음에 할지니 영에 있고 율법 조문에 있지 아니한 것이라. 그 칭찬이 사람에게서가 아니요 다만 하나님에게서니라"(롬 2:28-29).[66]

"그날에는 말이 다른 이방 백성 열 명이 유다 사람[로마서 2:28-29에서 바울이 말하는 유대인의 의미] 하나의 옷자락을 잡을 것이라. 곧 잡고 말하기를 하나님이 너희와 함께하심을 들었나니 우리가 너희와 함께 가려 하노라 하리라"(슥 8:23). 따라서 시편 65:2의 "기도를 들으시는 주여, 모든 육체가 주께 나아오리이다"가 이루어질 것이다.[67]

마찬가지로 바울도 빌립보 교회 교인들에 대하여 영적으로 할례를 받은 것으로(곧 신앙 고백과 표현에 있어) 언급하고, 그들에게 이 할례가 나타났다고 말한다. "하나님의 성령으로 봉사하며 그리스도 예수로 자랑하고 육체를 신뢰하지 아니하는 우리가 곧 할례파라"(빌 3:3). 그리고 로마서 2:28-29에서 바울은 이 기독교적 할례와 유대교적 할례를 함께 말하면서, 기독교적 할례를 마음의 할례로 부른다. "무릇 표면적 유대인이 유대인이 아니요 표면적 육신의 할례가 할례가 아니니라. 오직 이면적 유대인이 유대인이며 할례는 마음에 할지니 영에 있고 율법 조문에 있지 아니한 것이라. 그 칭찬이 사람에게서가 아니요 다만 하나님에게서니라." 반면에 에스겔의 이 예언에 따르면, 마음에 할례를 받고 육신에 할례를 받은 자 외에는 아무도 기독교의 성소나 교회에 들어가서는 안 된다. 따라서 여기에는 가시적으로 거듭나고, 외적 세례로 세례를 받은 자 외에는 아무도 들어가서는 안 된다는 것이 의도되어 있다고 나는 생각한다.[68]

2:29 그리고 그것은 요한계시록 2:17에서 "이기는 그에게는 내가 감추었던 만나를 주고 또 흰 돌을 줄 터인데, 그 돌 위에 새 이름을 기록한 것이 있나니 받는 자밖에는 그 이름을 알 사람이 없느니라"고 말하는 것처럼, 다른 사람들의 하나님을 향한 영혼의 상태는 우리에게 알려질 수 없다고 분명히 가르치는 성경 교리들과 반대된다. 로마서 2:29을 보라.[69]

생명은 성도들의 생명이 "감추어져 있다고" 말한다(골 3:3-4). 성도들의 양식은 "감추었던 만나"다(계 2:17). 성도들은 다른 이들은 알지 못하는 먹을 양식을 갖고 있다(요 4:32). 성도들의 즐거움에 다른 사람들은 참여하지 못한다(잠 14:10). 성도들이 하나님이 특별히 주신 훈장으로 갖고 있는 마음은 숨은 사람이고, 오직 하나님 앞에서만 값지다(벧전 3:4). 그리스도께서 성도들에게 주신 새 이름은 "그것을 받는 자밖에는 알 사람이 없다"(계 2:17). "마음에 할례를 받은" 참 이스라엘인을 칭찬하는 것은 사람에게서가 아니라 다만 하나님에게서 나온다(롬 2:29). 즉 그들은 확실히 이처럼 오직 하나님께만 속해 있는 존귀를 갖도록 이스라엘 사람으로 알려지고 식별될 수 있다. 이것은 바울이 비슷한 표현을 사용할 때 드러나는 것과 같다(고전 4:5). 바울은 거기서 정직한 그리스도인이 누구인지 판단하시는 하나님의 특권과 하나님이 심판 날에 행하실 일에 대하여 말하면서 이렇게 덧붙인다. "그때에 각 사람에게 하나님으로부터 칭찬이 있으리라."[70]

"오직 이면적 유대인이 유대인이며 할례는 마음에 할지니 영에 있고 율법 조문에 있지 아니한 것이라. 그 칭찬이 사람에게서가 아니요 다만 하나님에게서니라." 여기서 마지막 부분 "그 칭찬이 사람에게서가 아니요 다만 하나님에게서니라"에 따르면, 바울은 사람들이 누가 이면적 유대인인지의 여부를 판단하는 것(외적 표시로 표면적 유대인인지의 여부를 쉽게 확인할 수 있는 것처럼)은 불충분하다는 사실에 관심을 두고 있고, 이 문제에 있어 결정적 결론을 제공할 권리는 오직 하나님에게 속해 있음을 제시하고 있다는 것이 바울이 고린도전서 4:5에서 비슷한 말을 사용하는 것으로 확증된다. "그러므로 때가 이르기 전 곧 주께서 오시기까지 아무것도 판단하지 말라. 그가 어둠에 감추인 것들을 드러내고 마음의 뜻을 나타내시리니 그때에 각 사람에게 하나님으로부터 칭찬이 있으리라." 이전 두 구절에서 바울은 이렇게 말한다. "너희에게나 다른 사람에게나 판단받는 것이 내게는 매우 작은 일이라. 나도 나를 판단하지 아니하노니 내가 자책할 아무것도 깨닫지 못하나 이로 말미암아 의롭다 함을 얻지 못하노라. 다만 나를 심판하실 이는 주시니라"(고전 4:3-4). 다시 말하면 로마서 2장에서 바울은 특히 자기들 자신의 거룩함을 과대평가하고, 하나님에 대하여 자랑하고, 자기들 자신의 분별력에 자신만만한 태도를 갖고 있고, 자기들이 하나님의 뜻을 알고 지극히 선한 것을 분간한다고, 또는 난외주에 나오는 것처럼, "능히 같지 아니한 점을 분별"(롬 2:18)한다고 간주하고, 자기들이 맹인의 길을 인도하는 자요 어둠에 있는 자의 빛이요 어리석은 자의 교사요 어린아이의 선생이라고 믿고, 그리하여 자기들을 다른 사람들의 심판자로 만든 자들을 겨냥한다.[71]

바울은 단순히 할례를 받게 되면 그리스도가 사람에게 아무 유익이나 효력이 없게 된다고 가르칠 수 없었다. 왜냐하면 우리는 바울이 직접 디모데에게 그가 유대인이라는 이유로 할례를 베풀었다는 기사를 읽기 때문이다(행 16:3). 그러므로 어떤 특별한 판단이나 관념 아래 또는 어떤 관점을 갖고 할례를 받느냐에 따라 그것이 치명적인 것이 될 수 있다. 바울은 만약 자기들이 유대인이라는 것, 할례에 대하여 열심이 있었다는 것 그리고 자기들에게 할례가 필수적이었다고 주장하는 것과 같은 관념 아래 또는 그런 관점을 갖고 할례를 받는다면, 그리스도는 그들에게 아무런 유익이 되지 못한다는 것을 설명하는 것이 틀림없다. 그러나 그들은 할례가 자기들에게 큰 존엄성을 주는 것으로 알고 할례에 열심을 냈고, 그것 때문에 그들은 갈라디아서 6:3, 12-14, 5:26에서 말하는 것처럼 할례를 자랑하거나 영광이 될 정도로 하나님께 높은 평가를 받는 것으로 생각했다. 그들은 할례로 칭찬을 받고자 했다(롬 2:29).[72]

"또 새 영을 너희 속에 두고 새 마음을 너희에게 주되 너희 육신에서 굳은 마음을 제거하고 부드러운 마음을 줄 것이며 또 내 영을 너희 속에 두어 너희로 내 율례를 행하게 하리니 너희가 내 규례를 지켜 행할지라"(겔 36:26-27). "오직 이면적 유대인이 유대인이며 할례는 마음에 할지니 영에 있고 율법 조문에 있지 아니한 것이라"(롬 2:29). "몸을 상해하는 일을 삼가라. 하나님의 성령으로 봉사하며 그리스도 예수로 자랑하고 육체를 신뢰하지 아니하는 우리가 곧 할례파라"(빌 3:2-3). 즉 유대인의 할례와 같은 외적 의식을 하나님이 받으실 만한 예배가 되는 것으로 신뢰하

지 말라. 그것은 성령으로 하는 것이 아니기 때문이다.[73]

"오직 이면적 유대인이 유대인이며 할례는 마음에 할지니 영에 있고 율법 조문에 있지 아니한 것이라. 그 칭찬이 사람에게서가 아니요 다만 하나님에게서니라"(롬 2:29). 바울은 로마서 2:1에서 스스로 오만한 사람들에 대하여 다음과 같이 말한다. "그러므로 남을 판단하는 사람아, 누구를 막론하고 네가 핑계하지 못할 것은 남을 판단하는 것으로 네가 너를 정죄함이니 판단하는 네가 같은 일을 행함이니라." 로마서 2:17-20도 보라. "유대인이라 불리는 네가 율법을 의지하며 하나님을 자랑하며 율법의 교훈을 받아 하나님의 뜻을 알고 지극히 선한 것을 분간하며 맹인의 길을 인도하는 자요 어둠에 있는 자의 빛이요 율법에 있는 지식과 진리의 모본을 가진 자로서 어리석은 자의 교사요 어린아이의 선생이라고 스스로 믿으니." 게다가 성령의 역사를 이처럼 직통으로 아는 것이 하나님의 방법이 아닌 것은 하나님께서 우리가 다른 수단을 통해 판단하도록 하셨기 때문이다. 그것은 바로 열매로 아는 방법인데, 그 이유는 나무는 열매로 알려지기 때문이다. 그러기에 혹자는 열매를 통해 다른 사람들의 상태를 확실히 알 수 있다고 주장할 것이다. 그렇지만 하나님의 말씀은 이에 대해서도 확실한 지식을 암시하지 않는다. 다만 이 규칙에 따라 우리가 알고 구분할 수 있는 것은 통상적으로 우리 자신의 안전함을 충분히 아는 정도다.[74]

로마서 3장

¹그런즉 유대인의 나음이 무엇이며 할례의 유익이 무엇이냐

3:1 "그런즉 할례의 유익이 무엇이냐." 이 질문은 바울이 로마서 2:25에서 말한 것을 가리킨다.[1]

²범사에 많으니 우선은 그들이 하나님의 말씀을 맡았음이니라 ³어떤 자들이 믿지 아니하였으면 어찌하리요 그 믿지 아니함이 하나님의 미쁘심을 폐하겠느냐 ⁴그럴 수 없느니라 사람은 다 거짓되되 오직 하나님은 참되시다 할지어다 기록된 바 주께서 주의 말씀에 의롭다 함을 얻으시고 판단받으실 때에 이기려 하심이라 함과 같으니라

3:2-4 "범사에 많으니 우선은 그들이 하나님의 말씀을 맡았음이니라." 유대인은 믿음에 대하여 다른 민족들보다 큰 이점을 갖고 있었다. 왜냐하면 그들은 자기들 앞에 믿음의 근거인 하나님의 말씀 또는 진리를 더 충분히 그리고 더 분명히 두고 있었기 때문이다. 하나님의 말씀 또는 진리가 믿음의 정당한 근거일 수 있는 것은 그것이 하나님의 미쁘심에 의존하기 때문이다. 이 근거를 갖고 있는 것이 이점인 것은 이 근거의 힘 때문이다. 일부 사람들이 불신앙을 갖고 있다고 해서 이 근거가 아무 이점이 없을 정도로 헛되거나 불충분하다고 주장할 수 없다. 만일 "하나님의 말씀"

이 참되지 않다면, 이 말씀이 우리에게 맡겨진 것은 아무 이점이 없을 것이다. 그러나 어떤 이들이 불신앙 속에 있다고 해서 하나님의 말씀 곧 하나님의 계시가 효력이 없거나 헛되거나 아무 이점이 없다고, 또 그들에게 참되지 못하거나 믿음의 충분한 근거가 되지 못한다고 주장하지 못한다. 그렇지만 이 말씀을 충분히 누리고 있던 자들 가운데 어떤 자들이 불신앙 속에 있다면, 여기서 바울이 말하는 '타 로기아'(τά λόγια) 곧 "하나님의 말씀"은, 특별히 그리스도에 대한 약속과 예언 그리고 그리스도께서 아브라함과 다른 사람들에게 베푸신 구원을 가리킨다고 주장하지 못할 것이다.[2]

3:4 "그럴 수 없느니라." 사람의 불신앙은 하나님에 대한 믿음을 방해하기는커녕 오히려 추천하는 역할을 하게 될 것이다. 하나님의 진리는 사람들이 그것을 반대할 때 더 밝게 빛날 것이기 때문이다. 로마서 3:5, 7도 이 점을 언급하고 있다.[3]

[5]그러나 우리 불의가 하나님의 의를 드러나게 하면 무슨 말 하리요 [내가 사람의 말하는 대로 말하노니] 진노를 내리시는 하나님이 불의하시냐 [6]결코 그렇지 아니하니라 만일 그러하면 하나님께서 어찌 세상을 심판하시리요

3:5 "[내가 사람의 말하는 대로 말하노니]." 사람들은 이런 반론을 제기할 준비가 되어 있다.[4]

신약성경에서 "의"라는 말은 구원과 해방을 가리키는 말이 아니다. "우리가 이와 같이 하여 모든 의를 이루는 것이 합당하니라"(마 3:15). "요한이 의의 도로 너희에게 왔거늘"(마 21:32). "의에 주리고 목마른 자는 복이 있나니"(마 5:6). "너희 의가 서기관과 바리새인보다 더 낫지 못하면 결코 천국에 들어가지 못하리라"(마 5:20). "하나님을 경외하며 의를 행하는 사람은"(행 10:35). "바울이 의와 절제와 장차 오는 심판을 강론하니"(행

24:25). "그런즉 무할례자가 율법의 규례[의]를 지키면"(롬 2:26). "그러나 우리 불의가 하나님의 의를 드러나게 하면"(롬 3:5). "일한 것이 없이 하나님께 의로 여기심을 받는 사람의"(롬 4:6). "그들도 의로 여기심을 얻게 하려 하심이라"(롬 4:11). "한 범죄로 많은 사람이 정죄에 이른 것같이 한 의로운 행위로 말미암아 많은 사람이 의롭다 하심을 받아 생명에 이르렀느니라"(롬 5:18). "죄로부터 해방되어 의에게 종이 되었느니라"(롬 6:18). "너희 지체를 의의 무기로 하나님께 드리라"(롬 6:13). "너희 지체를 의에게 종으로 내주어 거룩함에 이르라"(롬 6:19). "의에 대하여 자유로웠느니라"(롬 6:20). "우리에게 율법의 요구[의]가 이루어지게 하려 하심이니라"(롬 8:4). "몸은 죄로 말미암아 죽은 것이나 영은 의로 말미암아 살아 있는 것이니라"(롬 8:10). "하나님의 나라는……의와 평강과 희락이라"(롬 14:17). "예수는 하나님으로부터 나와서 우리에게 지혜와 의로움과 거룩함과 구원함이 되셨으니"(고전 1:30). "깨어 의를 행하고"(고전 15:34). "의의 무기를 좌우에 가지고"(고후 6:7). "의와 불법이 어찌 함께하며"(고후 6:14). "너희 의의 열매를 더하게 하시리니"(고후 9:10). "의의 일꾼으로"(고후 11:15). "의의 호심경을 붙이고"(엡 6:14). "율법의 의로는 흠이 없는 자라"(빌 3:6). "의……를 따르며"(딤전 6:11). "의……를 따르라"(딤후 2:22). "의로운 행위로 말미암지 아니하고"(딛 3:5). "그들은 믿음으로……의를 행하기도 하며"(히 11:33). "사람이 성내는 것이 하나님의 의를 이루지 못함이라"(약 1:20). "화평으로 심어 의의 열매를 거두느니라"(약 3:18). "오직 의를 전파하는 노아와"(벧후 2:5). "의를 행하는 자마다 그[하나님]에게서 난 줄을 알리라"(요일 2:29). "의를 행하는 자는 그의 의로우심과 같이 의롭고"(요일 3:7). "무릇 의를 행하지 아니하는 자……는 하나님께 속하지 아니하니라"(요일 3:10). "이 세마포 옷은 성도들의 옳은 행실[성도들의 의]이로다 하더라"(계 19:8).[5]

존 로크는 이 말씀에 대하여 또 다른 해설을 제공했는데, 여기서 말하는 '의'를 유대 민족이 자신을 거역함에도 불구하고 그들에게 자신의 말씀을 지키시는 하나님의 의로 이해한다. 또는 로마서 3:5에 대한 주석에서 더 충분히 설명하는 것처럼 예수 그리스도를 믿는 믿음으로 말미암아 주어지는 의로, 이방인과 유대인을 막론하고 신자들을 구원하시는 것에 대한 자신의 약속을 지키시는 하나님의 '신실하심'(미쁘심)을 가리키는 것으로 이해한다. 그러나 이것은 그로티우스의 주석만큼이나 잘못된 해설로 보인다. 왜냐하면 나는 신약성경 전체에서 '디카이오쉬네스 데우'(δικαιοσυνης θευ, 하나님의 의)가 그런 의미로 사용되는 본문을 단 하나도 찾아낼 수 없기 때문이다. 거의 확실히 이 문맥 곧 로마서 3:21, 23에서 그리고 로마서 전체에서 이 말은 이와는 매우 다른 의미로 사용된다. 로마서에서 이 말은 항상 우리를 의롭게 하는 의를 가리키거나 이 의를 우리의 칭의에 필수적인 것으로 만드는 하나님의 속성을 가리킨다. 전자의 의미로는 로마서 9:30-31, 10:4에서 사용된다. 그리고 로마서 10:3에서는 이 두 가지 의미가 함께 나타나는 것으로 보인다. 거기 보면 이 말이 한 구절에서 두 번 사용된다. 그리고 로마서 3:5에 나오는 이 말의 의미에 대하여 말한다면, 이 구절은 존 로크가 자신의 견해를 지지하는 것으로 언급하는 유일한 본문이지만, 분명히 거기서 하나님의 의는 사람들의 죄와 불의를 처벌할 때 드러나고 나타나는 하나님의 속성으로 이해되어야 한다. 마찬가지로 이 본문에서 그 말이 갖고 있는 의미도 바로 그것이다. 바울이 여기서 말하는 것은 로크가 억지로 본문의 의미에 일관적으로 맞추려고 그렇게 이해하는 것처럼 유대 민족의 죄사함이 아니라 특정한 사람들, 심지어는 구약 시대에 믿음을 갖고 죽은 모든 자의 죄의 '사함'에 대해 말하는 것은 말할 것도 없다. 히브리서 9:15과 비교해 보라."[6]

[7]그러나 나의 거짓말로 하나님의 참되심이 더 풍성하여 그의 영광이 되었다면 어찌 내가 죄인처럼 심판을 받으리요 [8]또는 그러면 선을 이루기 위하여 악을 행하자 하지 않겠느냐 어떤 이들이 이렇게 비방하여 우리가 이런 말을 한다고 하니 그들은 정죄 받는 것이 마땅하니라 [9]그러면 어떠하냐 우리는 나으냐 결코 아니라 유대인이나 헬라인이나 다 죄 아래에 있다고 우리가 이미 선언하였느니라

3:7 도덕적 선이나 의의 궁극적 목적은 하나님의 영광이 이루어지는 것을 통해 달성된다. 이는 바울 또는 다른 사람이 제기한다고 볼 수 있는 로마서 3:7의 반문(反問)에 잘 드러난다. "나의 거짓말로 하나님의 참되심이 더 풍성하여 그의 영광이 되었다면 어찌 내가 죄인처럼 심판을 받으리요." 내 죄로 말미암아 하나님께 영광이 되는 의의 중대한 목적이 이루어졌는데, 왜 내 죄가 정죄되고 처벌받게 되는가? 왜 나의 악덕이 미덕과 동등한 가치를 갖고 있지 않을까?[7]

3:9 "우리가 알거니와……"(롬 3:19). 여기서 율법은 구약성경을 의미한다. 이것은 율법이 말하는 것의 한 부분으로 구약 본문을 인용하고 있는 이전 구절들과 관련되어 있다. 바울이 여기서 특별한 관심을 갖고 말하는 대상인 "율법 아래에 있는" 자들은 유대인을 가리킨다. 바울은 율법에서 인용하여 사람들의 죄악성을 묘사하는 이 본문들을 통해 유대인에게, 또 유대인에 대하여 "그들의 모든 입을 막아" 유대인도 이방인과 똑같이 입을 닫아야 하며, 유대인도 다른 민족들과 똑같이 죄책이 있고 또 죄인으로 나타날 것이라고 말한다고 주장하는데, 이것은 로마서 3:9의 내용과 그대로 일치된다. "우리는 나으냐. 결코 아니라. 유대인이나 헬라인이나 다 죄 아래에 있다고 우리가 이미 선언하였느니라." 여기서 바울은 이전 장에서 다루었던 논증을 재개한다. 곧 이방인뿐만 아니라 유대인과 할례도 하나님의 진노와 저주 아래 놓여 있다는 논증을 제시한다. 로마서

2:12에 나타나 있는 것처럼 "율법 없이" 사는 자는 이방인을 의미하고, "율법 아래" 있는 자는 유대인을 가리킨다. 로마서 이전 구절들에서 인용된 구약 본문은 이스라엘 민족에 속해 있는 사람들에게 특별한 관심을 두고 있었고, 특별히 그리고 직접 그들에게 주어지는 말씀이라는 사실이 지적되어야 한다.

"그러면 어떠하냐." 이 말은 로마서 3:2에서 말하는 것을 가리킨다.[8]

로마서 교리 부분의 핵심 주제는 예수 그리스도로 말미암아 주어지는 사람들의 구원 속에 나타나 있는 하나님의 값없는 은혜다. 그것은 특히 오직 믿음으로 얻는 칭의 교리에 나타나 있다. 그리고 바울은 이 교리를 더 분명히 제시하는데, 먼저 그 이유를 증명하고 살아 있는 어떤 육체도 율법의 행위로 의롭다 함을 받을 수 없다는 요점을 제시한다. 그리고 그것을 증명하기 위하여 바울은 이방인뿐만 아니라 유대인까지 포함하여 모든 인간이 죄 아래 있고, 따라서 모든 인간이 율법의 정죄 아래 있다는 사실을 매우 상세히 그리고 특별히 증명한다. 이것이 로마서 시작 부분에서 이 지점까지 바울이 주장하는 주제다. 바울은 먼저 이방인에 대하여 설명을 시작하고, 로마서 1장에서 이방인 세계에 만연되어 있는 심각한 부패와 끔찍한 죄악을 제시함으로써 이방인이 죄 아래 있음을 증명한다. 그리고 이어서 바울은 로마서 2-3장에서는 본문(롬 3:9)과 다음 구절까지 유대인에 대해서도 똑같이 진술한다. 곧 유대인 역시 이 점에 대해서는 이방인과 동일한 상황 속에 있다. 유대인은 자기들이 하나님의 언약 백성으로, 할례를 받고 아브라함의 자손이기 때문에 자기들 자신에 대하여 매우 교만한 생각을 갖고 있었다. 유대인은 이방인을 불결하고 정죄받고 저주받은 자로 멸시했다. 그러나 자기들의 외적 특권과 의식적·도덕적 의로 말미암아, 자기들 자신은 순전하고 거룩한 백성이자 하나님의 자녀라고 간주했다. 이것은 바울이 로마서 2장에서 지적하는 것과 같다. 따라서 유대인에게는, 유대인도 하나님 보시기에 부정하고 죄책이 있으며, 율법의 정죄와 저주 아래 있다는 것이 이상한 교리였다. 그러므로 바울은 이처럼 유대인의 강력한 편견 때문에 이 교리를 더 상세히 제시하고, 로마서 3:9에서 "그러면 어떠하냐. 우리는 나으냐. 결코 아니라. 유대인이나 헬라인이나 다 죄 아래에 있다고 우리가 이미 선언하였느니라"고 말하며 유대인이 이방인과 다를 것이 없음을 보여준다. 바울은 이 사실을 유대인에게 납득시키기 위하여 로마서 3:9 이후에서 그들의 율법 곧 구약성경(유대인이 그 권위를 크게 존중하는)에서 인용한 몇 개의 본문을 제시한다. 그것은 다음과 같이 지적될 수 있다. 첫 번째로, 바울은 로마서 3:10-12에서 인간은 누구나 부패한 존재라는 사실을 증명하는 본문을 인용한다. "기록된 바 의인은 없나니 하나도 없으며 깨닫는 자도 없고 하나님을 찾는 자도 없고 다 치우쳐 함께 무익하게 되고 선을 행하는 자는 없나니 하나도 없도다." 두 번째로, 로마서 3:13-15에서 바울은 그다음 본문을 인용하여, 모든 사람이 부패했을 뿐만 아니라 머리끝에서 발끝까지 온통 부정하기 때문에 각 사람은 전적으로 부패했음을 목구멍, 혀, 입술, 입, 발과 같은 여러 신체 부위들을 구체적으로 언급하며 증명한다. "그들의 목구멍은 열린 무덤이요, 그 혀로는 속임을 일삼으며 그 입술에는 독사의 독이 있고, 그 입에는 저주와 악독이 가득하고, 그 발은 피 흘리는 데 빠른지라." 그리고 세 번째로, 로마서 3:16-18에서 바울은 또 다른 본문을 인용하여 각 사람은 철저히 부패했을 뿐만 아니라 치명적으로 부패했다는 사실을 증명한다. 3:16-18에서 각 사람의 엄청난 부패의 실상이 적극적 관점과 소극적 관점을 통해 증명된다. 곧 로마서 3:16에서는 "파멸과 고생이 그 길에 있어"라고 지적함으로써 각 사람의 죄악의 매우 치명적인 본질과 경향을 적극적 관점에 따라 표현한다. 그리고 이어서 로마서 3:17-18에서는 "평강의 길을 알지 못하였고, 그들의 눈앞에 하나님을 두려워함이 없느니라"고 지적함으로써 각 사람의 선이나 경건을 철저히 부정하는 소극적 관점에서 그것을 표현한다. 따라서 바울은 유대인이 이 율법 본문들을 자기들에 관한 것이 아니고 다만 이방인만을 겨냥하고 있다고 생각하지 못하도록, 이어지는 구절(19절)에서 유대인도 거기서 면제되지 않고, 특별히 유대인은 "우리가 알거니와 무릇 율법이 말하는 바는 율법 아래에 있는 자들에게 말하는 것"으로 이해되어야 한다고 주장한다. 로마서 2:12에 나타나 있는 것처럼, "율법 아래에" 있는 자는 유대인을 가리키고, 율법이 없는 자는 이방인을 가리킨다. 여기서 율법을 이해할 특별한 이유가 있는 것은, 이 말씀이 율법을 직접 수여받은 자에게 말하되, 또 그들에 대하여 말하고 있기 때문이다. 그러므로 유대인이 자기들 자신을 심판에서 제외시키는 것은 불합리한 판단이다. 그리고 이 본문들의 출처인 구약 본문들을 검토해 보면, 분명히 이스라엘 민족에 속해 있는 사람들 각자의 죄악에 특별한 관심을 두고 있다는 것을 확인하게 될 것이다. 따라서 율법은 유대인과 이방인을 막론하고 모든 사람을 보편적이고 절망적인 죄악 속에 가두고, 그들의 "모든 입을 막았다." 이방인의 입뿐만 아니라 이방인과 구별된 온갖 특권을 갖고 있었음에도 불구하고 유대인의 입도 막았다.[9]

바울은 로마서 1장에서 이방인이 어떻게 죄 아래 있는지 증명했고, 로마서 2장에서 유대인이 어떻게 죄 아래 있는지를 증명한다. 바울은 로마서 3장 첫 부분에서 반론에 대하여 대답하고, 로마서 3:9에서 이 문제를 다음과 같이 정리한다. "그러면 어떠하냐. 우리는 나으냐. 결코 아니라. 유대인이나 헬라인이나 다 죄 아래에 있다고 우리가 이미 선언하였느니라." 이어서 바울은 구약성경 말씀을 인용하여 자신의 주장을 다음과 같이 증명한다. "기록된 바 의인은 없나니 하나도 없으며 깨닫는 자도 없고 하나님을 찾는 자도 없고 다 치우쳐 함께 무익하게 되고 선을 행하는 자는 없

나니 하나도 없도다"(롬 3:10-12).[10]

[10]기록된 바 의인은 없나니 하나도 없으며 [11]깨닫는 자도 없고 하나님을 찾는 자도 없고 [12]다 치우쳐 함께 무익하게 되고 선을 행하는 자는 없나니 하나도 없도다

3:10 이어지는 구절들을 보라. 여기서 구약성경에서 뽑은 인용 본문은 세 가지 사실을 증명하고 있다. 첫째, 인간은 보편적으로 죄인이다. 곧 모든 사람이 부패한 존재다. 이것은 로마서 3:10-12에서 설명하는 것이다. 둘째, 모든 사람이 부패할 뿐만 아니라 모든 사람이 모든 면에서 전적으로 부패한 존재다. 이것은 로마서 3:13-15에서 설명하는 것인데, 이 말씀을 보면 신체의 여러 부분이 언급되고 있다. 셋째, 모든 사람이 모든 면에서 부패할 뿐만 아니라 치명적으로 철저히 부패한 존재다. 이것은 3:16-18에서 설명하는 것이다.[11]

3:10-12 성경에서 마치 종(種)의 한 속성인 것처럼 인류 전체에게 속해 있는 것으로 종종 언급되는 죄악에서 우리는 인간은 본래부터 부패했다는 교리를 추론해 낼 수 있다. 시편 14:2-3이 한 실례다. "여호와께서 하늘에서 인생을 굽어살피사 지각이 있어 하나님을 찾는 자가 있는가 보려 하신즉 다 치우쳐 함께 더러운 자가 되고 선을 행하는 자가 없으니 하나도 없도다." 똑같은 사실이 시편 53:2-3에서도 발견된다. 테일러 박사는 이렇게 말한다. "성령은 모든 개인이 여기에 속해 있는 것으로 말씀하시지 않는다. 왜냐하면 또 다른 시편에서 저자는 의인에 대하여 말하기 때문이다. "하나님이 의인의 세대에 계심이로다(시 14:5)." 그러나 이런 지적은 목적과 얼마나 부합하지 못하는가? 시편 기자는 여기서 하나님에게서 태어나 하나님의 자녀가 되고, 의인의 세대가 되는 자가 아니라 부패한 인간

족속에게서 태어나 **사람들의 아들들이** 되는 자에 대하여 말하고 있다. 사도 바울은 로마서 3:10-12에서 이 본문을 인용하여 인간의 보편적 부패를 증명한다. 그러나 같은 장에서 바울은 여기서 악인이라 불리는 이 동일한 사람들이 하나님의 의와 은혜로 말미암아 의인이 될 수 있다고 주장한다.

테일러의 견해에 따르면, 바울이 구약성경에서 뽑은 인용 본문들에서 발견되는 보편적 용어들이 유대인이나 헬라인이나 대[온 세상이] 죄 아래에 있다는 것을 증명하는 것이 바울의 목적이 아니게 된다. 그렇지만 바울은 자신의 진술 속에서 보편적 용어를 사용하고, 결론에서 모두가 죄 아래 있고, 모든 입을 막고, 온 세상이 죄가 있고, 율법의 행위로 의롭다 하심을 얻을 육체가 없다고 지적한다. 그리고 바울은 다수의 보편적 어구나 어절을 구약성경에서 선택하여 이 보편성을 확증한다. "의인은 없나니 하나도 없으며 깨닫는 자도 없고 하나님을 찾는 자도 없고"(롬 3:10-11)와 같은 말씀이 그것이다. 그러나 테일러의 견해에 따르면, 이 표현들의 보편성은 바울의 목적과는 아무 상관이 없다. 왜냐하면 그 본문들 속에서 발견되는 보편적 용어들은 확실히 여기서 바울이 말하는 것과 같은 보편성을 가리키는 것도 아니고, 또 그것과 비슷한 어떤 것을 가리키는 것도 아니기 때문이다. 그 용어들은 집단적 의미에서나 개인적 의미에서나 보편성을 가리키는 것이 아니다. 세상 민족들이나 이 민족들 또는 세상의 어느 한 민족 속의 특수한 사람들의 보편성을 가리키는 것도 아니다. "그러나 사실 그들은 참된 자들 속에 속해 있는 자들일 뿐이다." 즉 "의인은 없고 하나도 없는 것은 사실은 그들 가운데 의로운 자가 하나도 없다는 것이다. 또 깨닫는 자도 없다는 것은 사실은 그들 가운데 깨닫는 자가 하나도 없다는 것이다. 또 다 치우쳐 함께 무익하게 되는 것도 사실은 그들 가운데 모두가 치우쳐 함께 무익하게 된다는 것이다." 또는 이 표현들은 이스라엘 안에 곧 다윗과 솔로몬 시대에 그리고 선지자 시대에 존재했던 다수의 집단에 대한 것으로 이해되어야 한다. 이 표현들의 보편성은 그들에 대한 것으로 이해되어야 한다. 그렇다면 이것은 바울의 목적에 대하여 어떤 의미가 있겠는가? 이와 같이 이런 죄악의 보편성, 곧 이스라엘 안에 있는 모든 사람이 악했다는 것 또는 모두가 악한 자로 구성된 특정 악의 집단이 있었다는 것이 바울이 증명하고자 한 보편성, 곧 모든 유대인과 이방인과 온 세상이 악하다는 것, 그리고 모든 입을 막고, 자기의 의로 의롭다 하심을 얻을 수 있는 육체는 없다는 것을 어떻게 확증하겠는가?[12] ▢

[13]그들의 목구멍은 열린 무덤이요 그 혀로는 속임을 일삼으며 그 입술에는 독사의 독이 있고 [14]그 입에는 저주와 악독이 가득하고 [15]그 발은 피 흘리는 데 빠른지라 [16]파멸과 고생이 그 길에 있어 [17]평강의 길을 알지 못하였고 [18]그들의 눈 앞에 하나님을 두려워함이 없느니라 함과 같으니라

3:10-18 아담의 타락으로 모든 인간의 마음은 똑같은 상태가 되었다. 따라서 바울은 로마서 3:10-18에서 본성, 마음, 사람들의 삶의 부패를 시편 기자가 당시의 악인에 대하여 말하는 것(시 5:9, 10:7, 14:1-3, 36:1, 140:3)에서, 예레미야가 당시의 악인에 대하여 말하는 것(렘 9:3)에서, 그리고 이사야가 당시에 살았던 자들에 대하여 말한 것(사 57:7-8)에서 취하여 증명하고, 그것에 대하여 로마서 3:19에서 다음과 같이 결론을 맺는다. "우리가 알거니와 무릇 율법이 말하는 바는 율법 아래에 있는 자들에게 말하는 것이니 이는 모든 입을 막고 온 세상으로 하나님의 심판 아래에 있게 하려 함이라."[13] ▢

3:13 이하 바울이 로마서 3:13과 이후 구절들에서 구약 본문을 선택하여 인용한 이유는 그 본문들이 말하는 대상의 절대적·전적 부패와 타락을

표현하기 때문인 것으로 보인다. 여기서 바울은 부패의 보편성을 증명하려는 목적을 갖고 있고, 그러기에 신체의 여러 부분 곧 목구멍, 혀, 입술, 입, 발을 언급하는 이 본문들을 선택한 것이다. 로마서 3:15-16은 17절과 함께 동일한 인용 본문의 한 부분이다. 그리고 이들 본문이 덧붙여진 것은 긍정과 부정의 방식을 통해 곧 로마서 3:16에서는 그들의 부패와 완악함을 긍정함으로써, 그리고 로마서 3:17에서는 그들의 의를 부정함으로써, 악인의 전적 부패를 표현하기 때문이다. 시편 36:1을 인용하는 것은 내용이 그들의 모든 경건이나 하나님에 대한 경외를 부정하고 있기 때문이다(롬 3:18).[14]

매우 치명적인 뱀 가운데 어떤 뱀은 혀를 무기로 갖고 있다. 그 뱀은 혀로 다른 것들을 물어 죽인다. 뱀은 대체로 혀로 상대를 위협하는데, 이것은 악인의 혀의 악독한 성격을 상징한다. 마음의 부패가 몸의 지체로 얼마나 크게 흘러나오는지, 그리고 그로 말미암아 그것이 얼마나 유해하고 치명적인 것으로 드러나는지 모른다. 그러므로 악인들에 대하여 독사의 독이 그들의 혀 아래 있다고 말하고(롬 3:13), 야고보 사도는 혀가 "죽이는 독이 가득하다"고 말한다(약 3:8). 또 혀는 곧 "불이요 불의의 세계"라고 말하는데, 이것을 종합하면 다음과 같다. "혀는 우리 지체 중에서 온몸을 더럽히고 삶의 수레바퀴를 불사르나니 그 사르는 것이 지옥 불에서 나느니라. 여러 종류의 짐승과 새와 벌레와 바다의 생물은 다 사람이 길들일 수 있고 길들여 왔거니와 혀는 능히 길들일 사람이 없나니 쉬지 아니하는 악이요 죽이는 독이 가득한 것이라"(약 3:6-8). 시편 140:3은 "뱀같이 그 혀를 날카롭게 하니"라고 말한다.[15] □

3:14 [테일러의 가정에 따르면] 여기서 바울이 다른 민족들과 마찬가지로 유대인도 악하다는 것을 그들에게 납득시키려고 한다는 것 외에 다른 의

미를 말할 수 있는 것은 아무것도 없다. 바울은 그것을 증명하기 위하여 천 년 전에 이스라엘 속에 악한 집단이 있었다는 것을 보여주는 구약 본문들을 언급한다. 이 본문들에 나타나 있는 보편적 용어들에 대하여 말한다면, 바울은 이 용어들에 대해서는 아무 관심이 없고, 그가 그 용어들을 열거하는 것은 우연적이므로, 그 용어들은 이스라엘 안의 악한 집단에 대하여 말하는 본문에서도 나타난다. 그래서 바울이 그 용어들을 있는 그대로 인용하는 것은, 그것들이 그 속에 나타나 있는 보편적 용어들에 대한 자신의 목적에 더 부합하기 때문이 아니다. 그러나 독자는 바울의 말들을 직시하고, 이 가정에서 벗어나 있음을 주목해야 한다. 특히 9-10절의 말, 그리고 두 구절의 연관성을 주목해야 한다. "다 죄 아래에 있다.……기록된 바 의인은 없나니 하나도 없으며." 바울이 자신의 이전 진술의 보편적 용어들을 확증하기 위하여 로마서 3:14에서 10절의 보편적 의미의 말을 인용하는 것은 얼마나 분명한가? 그러나 테일러 박사가 가정하는 사실에 따르면, 10절의 마지막 말 곧 "의인은 없나니 하나도 없으며"에 나타나 있는 용어들의 보편성은 바울이 이전 구절에서 말하는 보편성과 아무 관련이 없다는 결론이 나올 것이다. 그렇지만 이 말은 9절의 "다 죄 아래 있다"와 연계되어 있다. 그러므로 만약 그 말이 "이스라엘 안에 의롭지 않은 어떤 이들이 있거나 많은 이들이 있다"는 말로 되어 있다면, 그것은 이 말을 확증하는 것이 아니다.[16] □

3:15 잠언 1:16을 보면, 죄인들에 대하여 "대저 그 발은 악으로 달려가며 피를 흘리는 데 빠름이니라"고 말한다. 바울은 이 본문을 로마서 3:15에서 인용하여 자연인 전체에 대한 묘사에 적용시킨다. 또 악인들에 대하여 묘사하는 본문(잠 4:14-19)을 보면, "악을 행하지 못하면 자지 못하며", "강포의 술을 마심이니라" 등으로 말한다. 그러나 여기서 "악인"은 은혜

를 받지 못한 사람과 동일한 의미를 갖고 있고, 대조 관계로 드러나는 것처럼 악인과 의인 곧 "그 길이 돋는 햇살 같아서 크게 빛나 한낮의 광명에 이르는"(잠 4:18) 의로운 자 사이는 차이가 크다.[17] □

3:17 로마서 3:19-21까지 계속 이어질 강론의 이 시작 부분에서, 유대인과 이방인을 막론하고 온 세상의 악함에 대하여 제시하고, 로마서 3장 마지막 결론 부분에서, 모든 사람은 죄인이고 정죄 상태에 있으며, 그러므로 그들 자신의 의(자기 의)로는 절대로 구원받을 수 없고, 그리스도로 말미암는 하나님의 의를 오직 믿음으로 받아야만 구원받는다는 것을 보여주려는 자신의 의도를 충분히 제시한다. 바울은 여기서 곧 로마서 1:17에서 오직 믿음으로 받는 하나님의 의가 사람들이 의롭다 함을 얻는 유일한 길임을 천명하고, 이어서 로마서 1:18에서는 사람들이 의롭다 함을 받아야 하는 이유를 다음과 같이 제시한다. "하나님의 진노가 불의로 진리를 막는 사람들의 모든 경건하지 않음과 불의에 대하여 하늘로부터 나타나나니." 그리고 계속해서 1-3장 대부분의 내용을 통해 사람들의 경건하지 않음과 불의를 선포하고, 이어서 마지막으로 시작 부분에서와 같이, 모든 사람이 죄 아래 있으므로 "율법의 행위로 그의 앞에 의롭다 하심을 얻을 육체가 없고"(롬 3:20), "예수 그리스도를 믿음으로 말미암아 모든 믿는 자에게 미치는 하나님의 의"(롬 3:22)로만 의롭다 하심을 얻는다고 자신의 주장을 결론짓는다.[18] □

[19]우리가 알거니와 무릇 율법이 말하는 바는 율법 아래에 있는 자들에게 말하는 것이니 이는 모든 입을 막고 온 세상으로 하나님의 심판 아래에 있게 하려 함이라 [20]그러므로 율법의 행위로 그의 앞에 의롭다 하심을 얻을 육체가 없나니 율법으로는 죄를 깨달음이니라

3:19 이 본문에서 율법은 구약성경을 의미한다. 이것은 율법이 말하는 것의 한 부분으로 구약 본문을 인용하고 있는 이전 구절들과 관련되어 있다. 바울이 여기서 특별한 관심을 갖고 말하는 대상인 "율법 아래에 있는" 자들은 유대인을 가리킨다. 바울은 율법에서 인용하여 사람들의 죄악성을 묘사하는 이 본문들을 통해 유대인에게, 또 유대인에 대하여 "그들의 모든 입을 막아" 유대인도 이방인과 똑같이 그들의 입을 닫아야 하며, 유대인도 다른 민족들과 똑같이 죄책이 있고 또 죄인으로 나타날 것이라고 말한다고 주장하는데, 이 주장은 로마서 3:9의 내용과 그대로 일치된다. "우리는 나으냐. 결코 아니라 유대인이나 헬라인이나 다 죄 아래에 있다고 우리가 이미 선언하였느니라." 여기서 바울은 이전 장에서 다루었던 논증을 재개한다. 곧 이방인뿐만 아니라 유대인과 할례도 하나님의 진노와 저주 아래 놓여 있다는 논증을 제시한다. 로마서 2:12에 나타나 있는 것처럼 "율법 없이" 사는 자는 이방인을 의미하고, "율법 아래" 있는 자는 유대인을 가리킨다. 로마서 이전 구절들에서 인용된 구약 본문은 이스라엘 민족에 속해 있는 사람들에게 특별한 관심을 두고 있었고, 특별히 그리고 직접 그들에게 주어지는 말씀이라는 사실이 지적되어야 한다.[19]

죄인들이 양심의 큰 가책과 주목할 만한 율법 행위의 주체가 될 때, 그것은 다만 심판 날에 있을 일을 미리 양심 속에서 집행하는 것이다. 곧 하나님이 마지막 날에 하늘 구름을 타고 보좌에 앉아 계실 것처럼 그들의 양심의 보좌에 앉아 계신다. 말하자면 그때 죄인은 하나님의 심판대에서 심문을 받는다. 그리고 하나님은 마지막 날에 나타나실 때처럼 공의롭고 거룩하고 죄를 미워하고 죄에 대해 복수하시는 분으로 엄청난 위엄을 갖고 나타나신다. 마지막 날에 죄인의 죄악은 밝히 드러나고, 죄인의 죄는 차례대로 하나님 앞에 놓이며, 숨겨진 어둠의 일과 마음의 계획이 있는 그대로 드러난다. 그렇게 될 때, 심판 날에 많은 증인들이 악인을 반대할 것처럼, 양심의 가책 아래 많은 증인들이 죄인을 반대하여 일어난다. 그리고 책이 펼쳐지는데, 특히 하나님의 엄격하고 거룩한 율법의 책이 양심 속에 펼쳐지고, 율법의 규칙이 죄인을 정죄하는 데 적용된다. 이 책은 중대한 심판 규칙으로 심판 날에 펼쳐져서 이 율법 아래 살았던 모든 악인을 판결하고, 이 율법의 선고를 죄인에게 선포할 바로 그 책이다. 그리하여 심판 날에 이 선고의 공의가 드러난다. 심판 날에 있을 죄인의 죄에 대한 판결이 이 세상에서는 양심의 가책과 율법의 행위가 될 것이다. 그리고 확실히 지금은 율법의 행위(만일 그 행위가 단순히 법적 행위라면)가 심판 날 곧 율법의 행위가 완전하게 되어 죄인의 입을 완벽하게 막아 버릴 때보다 죄인들의 양심 속에 더 깊이 들어오지는 못할 것이다. "우리가 알거니와 무릇 율법이 말하는 바는 율법 아래에 있는 자들에게 말하는 것이니 이는 모든 입을 막고 온 세상으로 하나님의 심판 아래에 있게 하려 함이라"(롬 3:19). 모든 입은 지금이나 장래에 율법으로 말미암아 닫힐 것이고, 온 세상은 하나님 앞에서 죄책 곧 파멸을 당해 마땅한 죽음의 죄책을 예민하게 느끼게 될 것이다. 그러므로 만약 죄인들이 율법의 큰 행위의 주체였다면, 그래서 죄책이 있고 그들의 입이 막혔다면, 그들이 회심했다는 확실한 표시는 전혀 없는 것이다.[20]

수많은 성도를 대하며 목양을 하다 보면 목회자는 어떤 계기를 만나게 된다. 작년의 내 경우가 그랬다. 나는 염두에 두어야만 할 것이 있었다. 목회자가 성도들에게 강조하면서 반드시 알려 주어야 할 사항이 있었던 것이다. 하나님은 회심하지 않은 자연인이라면 누구든 자비를 베풀어야 할 의무가 없다. 또 사람은 절대적인 의로움을 내세워서든, 그렇게 하시겠다는 약속을 근거로든, 아직 예수 그리스도를 믿기 전에든, 또는 진정으로 회개하고 그리스도의 이름으로 행했든, 어떤 일을 내세워서 주장할 수 있는 것은 아무것도 없다. 나는 다음과 같이 생각한다. 곧 어떤 다른 교리 때문에 고민하며 나를 찾아온 자들을 가르칠 때 나는 단도직입적으로 그들의 고민을 타파해야 한다. 또 하나님의 영이 그들에게 분명히 제공하신 감동도 직접 주의를 환기해야 한다. 왜냐하면 그들이 내가 말한 대로 믿어 버리면, 그것이 그들을 자화자찬과 부주의에 빠뜨리고, 그로 말미암아 그들의 깨달음은 거기서 끝나 버릴 것이기 때문이다. 또 자신과 남에 대한 하나님의 다루심에 대하여 하나님과 논쟁하고 다투는 것을 중시하고, 생과 사의 주권적 감독자 앞에서 자기를 겸손하게 낮추는 길을 원천 봉쇄함으로써 하나님이 그들을 위하여 위안의 길을 따로 준비하시지 않으면 안 될 것이기 때문이다. 그러나 깨달은 자들도 종종 그리스도 안에서 하나님의 무한하고 충만하신 긍휼에 대한 말을 듣고 위로받아야 할 정도로 곤경 속에 있었다. 이로 말미암아 하나님은 게으름과 태만에 빠지기 쉽고 안일함으로 끝나는 자화자찬과 의기소침 사이에 적절한 수단을 제공하심으로써 그들의 마음을 보존할 필요가 있었고, 이렇게 깨달음과 자극, 두려움과 소망을 적절하게 혼합시켜 부지런함을 자극하시는 것이 하나님의 방법이다. 하나님은 죄인들의 구원에 대하여 절대 주권을 갖고 계시고, 기도에 응답하시거나 자연인들의 고통을 지속시키는 데 있어 정당한 자유를 갖고 계신다는 교리를 강론하는 것보다 더 큰 복을 제공하는 것은 없다고 나는 생각한다. 어쨌든 나는 교회에서 전한 어떤 강론보다 로마서 3:19의 "모든 입을 막고"라는 말씀에서 나오는 강론만큼 구원의 열매를 직접 맺게 하는 것이 없다는 것을 깨달았다. 곧 이 본문을 통해 하나님이 단순한 자연인들을 거부하고 버리시는 것은 영원히 하나님을 공의롭게 하시기 위함이라는 것을 증명하려고 애썼을 때 구원의 열매가 가장 많았다.[21] □   ·

3:19-20 모든 인간, 최소한 도덕적 행위자로 행동할 수 있는 자가 죄책

을 갖고 있다는 것(지금은 그들이 세상에 죄책을 가져온 것을 당연히 여기지 않지만)은 성경에서 매우 분명하게 그리고 충분히 증명되는 사실이다. "범죄하지 아니하는 사람이 없사오니 그들이 주께 범죄함으로"(왕상 8:46). "선을 행하고 전혀 죄를 범하지 아니하는 의인은 세상에 없기 때문이로다"(전 7:20). "진실로 내가 이 일이 그런 줄을 알거니와(곧 하나님은 순전한 사람을 버리지 아니하신다는 것 등과 같이) 인생이 어찌 하나님 앞에 의로우랴. 사람이 하나님께 변론하기를 좋아할지라도 천 마디에 한 마디도 대답하지 못하리라"(욥 9:2-3). 시편 143:2도 비슷한 의도를 갖고 있다. "주의 종에게 심판을 행하지 마소서. 주의 눈앞에는 의로운 인생이 하나도 없나이다." 또 (이 시편 기자의 말을 분명히 인용하고 있는) 로마서 3:19-20에서 바울의 말도 마찬가지다. "이는 모든 입을 막고 온 세상으로 하나님의 심판 아래에 있게 하려 함이라. 그러므로 율법의 행위로 그의 앞에 의롭다 하심을 얻을 육체가 없나니 율법으로는 죄를 깨달음이니라." 갈라디아서 2:16도 그렇다. 요한일서 1:7-10도 보라. "그가 빛 가운데 계신 것같이 우리도 빛 가운데 행하면 우리가 서로 사귐이 있고 그 아들 예수의 피가 우리를 모든 죄에서 깨끗하게 하실 것이요 만일 우리가 죄가 없다고 말하면 스스로 속이고 또 진리가 우리 속에 있지 아니할 것이요 만일 우리가 우리 죄를 자백하면 그는 미쁘시고 의로우사 우리 죄를 사하시며 우리를 모든 불의에서 깨끗하게 하실 것이요 만일 우리가 범죄하지 아니하였다 하면 하나님을 거짓말하는 이로 만드는 것이니 또한 그의 말씀이 우리 속에 있지 아니하니라." 이뿐만 아니라 성경의 무수히 많은 말씀 가운데서, 죄에 대한 고백과 회개는 모든 사람에게 요구되는 의무라고 말한다. 또한 죄사함을 위하여 하나님께 기도하는 것과 우리가 하나님의 용서를 받기 위한 동기에서 우리에게 상처를 준 사람들을 용서해 달라는 기도도 마찬가지다. 죄의 보편적인 죄책은 또한 성직 임명이나 고대 제사 제도의 공식적 용도 및 목적에서도 예증될 수 있다. 그리고 이스라엘 안에 있는 모든 사람이 자신의 영혼의 속죄를 위하여 지불하도록 되어 있던 속전으로도 예증될 수 있다(출 30:11-16). 모든 사람이 죄를 지은 자로 제시될 뿐만 아니라 크고 다양한 죄악을 갖고 있는 것으로 간주된다(욥 9:2-3, 약 3:1-12).[22]

사람들은 처음에 자기들이 처한 위험을 의식하게 되면 매우 통상적으로 하나님과 하나님의 다루심에 대하여 불평하는 데 먼저 입을 벌린다. 즉 그들의 마음은 불만으로 가득 차 있다. 그러나 위로하고 긍휼을 베풀고 그들을 사랑하기 전에, 그들의 입을 막고, 그들의 죄책을 시인하도록 만들며, 그래서 그들이 스스로 경고된 처벌을 당연히 받을 만하다는 사실을 받아들임으로써 자기들의 죄책을 인정하도록 만드는 것이 하나님의 방법이다. "우리가 알거니와 무릇 율법이 말하는 바는 율법 아래에 있는 자들에게 말하는 것이니 이는 모든 입을 막고 온 세상으로 하나님의 심판 아래에 있게 하려 함이라. 그러므로 율법의 행위로 그의 앞에 의롭다 하심을 얻을 육체가 없나니 율법으로는 죄를 깨달음이니라"(롬 3:19-20).[23] ☐

[21]이제는 율법 외에 하나님의 한 의가 나타났으니 율법과 선지자들에게 증거를 받은 것이라 [22]곧 예수 그리스도를 믿음으로 말미암아 모든 믿는 자에게 미치는 하나님의 의니 차별이 없느니라 [23]모든 사람이 죄를 범하였으매 하나님의 영광에 이르지 못하더니 [24]그리스도 예수 안에 있는 속량으로 말미암아 하나님의 은혜로 값 없이 의롭다 하심을 얻은 자 되었느니라

3:23 로마서 3장은, 바울이 우리가 도덕법을 어긴 죄책을 갖고 있다는 것을 우리가 율법의 행위로 의롭다 하심을 받을 수 없는 이유로 사용하고 있는 논증을 담고 있다. 바울은 로마서 3:9에서부터 구약 본문을 인용하여 모든 사람이 죄 아래에 있다는 것을 증명하기 시작한다. "의인은 없

나니 하나도 없으며.""그들의 목구멍은 열린 무덤이요 그 혀로는 속임을 일삼으며.""그 입술에는 독사의 독이 있고.""그 입에는 저주와 악독이 가득하고.""그 발은 피 흘리는 데 빠른지라." 따라서 바울은 계속해서 도덕법을 어기는 사실들을 언급하고, 그런 다음 3:19-20에서 결론을 제시한다. "우리가 알거니와 무릇 율법이 말하는 바는 율법 아래에 있는 자들에게 말하는 것이니 이는 모든 입을 막고 온 세상으로 하나님의 심판 아래에 있게 하려 함이라. 그러므로 율법의 행위로 그의 앞에 의롭다 하심을 얻을 육체가 없나니 율법으로는 죄를 깨달음이니라." 이것이 매우 명백한 바울의 논증인 것은 모든 사람이 죄를 범했고(로마서 3:9에서 말하는 것처럼), 도덕법을 어긴 죄책이 있다고 그가 언급하기 때문이다(이후에 로마서 3:23에서 이것이 다시 한 번 언급된다). "모든 사람이 죄를 범하였으매 하나님의 영광에 이르지 못하더니." 그러므로 어느 누구도 율법의 행위로는 의롭다 함을 받을 수 없다. 그런데 바울이 우리는 의식법의 행위로 의롭다 함을 받지 못한다는 것을 말하면서, "그 입에는 저주와 악독이 가득하고 그 발은 피 흘리는 데 빠른지라"고 말하는 이유는 무엇인가? 그것은 모세 율법의 행위로 우리는 의롭다 함을 받지 못한다는 뜻인가? 그들은 도덕법을 어긴 죄인이므로 의식법의 행위로는 의롭다 함을 받을 수 없다는 말인가? 아니다. 의심할 것 없이 바울의 논증은 그들이 어기고 죄를 범한 의식법으로는, 그것을 준수한다고 해도 그들을 의롭게 만들 수 없다는 것이다. 왜냐하면 모든 율법은 의롭게 할 수 없고 반드시 위반하는 자들을 정죄하기 때문이다. 그러므로 우리가 도덕법을 어긴 것은, 우리가 이미 어긴 그 법으로는 의롭다 함을 얻을 수 없다는 것 외에 다른 것을 주장하는 것이 아니다.[24]

3:24 성경에서 칭의에 대하여 말하는 본문이 이 외에는 없다고 해도, 이

본문 하나만으로도 우리는 우리 자신의 선, 덕, 의 또는 우리가 종교를 통해 행한 어떤 훌륭함이나 의로움으로 말미암아 의롭다 함을 얻을 수 없다는 것을 분명하고 확고하게 증명할 것이다. 왜냐하면 이 본문은 그것을 매우 충분히 그리고 강력하게 천명하고 있기 때문이다. 하지만 이 본문은 율법의 행위로 의롭다 함을 얻는 것을 부인하는 사도 바울의 다른 본문들을 충분히 확증하는 역할도 하고 있다. 바울이 여기서 하나님이 우리를 구원하시는 것은 "우리가 행한 바 의로운 행위"로 말미암지 아니하고(딛 3:5), 우리는 "그의 은혜를 힘입어 의롭다 하심"을 얻기(딛 3:7) 때문에 하나님은 자신의 긍휼하심을 따라 우리를 구원하신다고 증명할 때, 행위로 얻는 구원을 반대하고 은혜로 얻는 구원을 강조하고 있다는 것은 합리적으로 의심할 여지가 조금도 있을 수 없다. 여기서 말하는 행위는 행위를 반대하는 다른 본문들에서 말하는 것과 동일한 행위를 가리킨다. 예를 들면 로마서 11:6에서 다음과 같이 말하는 것도 동일한 행위다. "만일 은혜로 된 것이면 행위로 말미암지 않음이니 그렇지 않으면 은혜가 은혜 되지 못하느니라. 곧 만일 행위로 된 것이면 은혜로 말미암지 않음이니 그렇지 않으면 행위가 행위 되지 못하느니라." 또 로마서 4:4에서도 동일한 행위가 나타나 있다. "일하는 자에게는 그 삯이 은혜로 여겨지지 아니하고 보수로 여겨지거니와." 그리고 로마서 3:24의 문맥에서 말하는 것도 동일한 행위다. 거기서 바울은 율법의 행위를 "하나님의 은혜로 값없이 의롭다 하심을 얻은" 것으로 부른다. 그리고 로마서 4:16에서는 "그러므로 상속자가 되는 그것이 은혜에 속하기 위하여 믿음으로 되나니"라고 말한다. 이 문맥에서 믿음의 의는 율법의 의와 반대된다. 왜냐하면 여기서 하나님이 자신의 긍휼하심으로 우리를 구원하고 은혜로 우리를 의롭게 하시는 것은 우리가 행한 바 의로운 행위로 우리를 구원하는 것과는 반대되고, 이것은 그의 은혜로 우리를 의롭게 하시는 것은 율법의 행위로 우리를 의

롭게 하시는 것과 반대된다고 말하는 본문들과 마찬가지이기 때문이다.[25]

『베리 스트리트 설교집』(*The Berry Street Sermons*)에 실린 가이즈(J. Guyse) 박사의 설교는 이 점을 다음과 같이 예증한다. "바울은 칭의에 있어 은혜 관념을 이렇게 진술한다. '만일 은혜로 된 것이면 행위로 말미암지 않음이니 그렇지 않으면 은혜가 은혜 되지 못하느니라. [그러나 만일 행위로 된 것이면 은혜로 말미암지 않으니 그렇지 않으면 행위가 행위 되지 못하느니라]'(개역개정에는 이 부분이 없다—옮긴이)(롬 11:6). 그렇지만 우리가 칭의와 관련하여 은혜라는 말의 의미를 느슨하게 취해서는 안 되는데, 그것은 우리 안에 이 하나님의 호의가 주어질 만한 어떤 것이 있었던 것처럼 간주할 온갖 오만한 생각을 제거시키기 위하여 '하나님의 은혜로 값없이'(롬 3:24)라는 말을 추가로 하고 있기 때문이다. 그리고 다음 장(4장)에서 바울은 우리가 이 복을 요구할 어떤 근거로부터 우리의 행위를 철저하게 배제한다. 즉 '그 삯은 은혜로 주어진 것이지, 보수가 아니다.' 그리고 바울은 하나님께서 의롭게 하시기 전까지 의로운 모습이 전혀 없었던 경건하지 아니한 자들을 의롭게 하신다고 말한다(롬 4:4-5). 그리고 은혜 외에 무엇이 그런 성격을 가진 사람들을 의롭게 하도록 하나님을 움직일 수 있었겠는가? 따라서 다음 장(5장)에서 바울은 이 은혜의 값없음과 풍성함을 제시하기 위하여 언어 능력을 최대한 발휘하여 그것을 '하나님의 은혜'와 '많은 사람에게 넘친 은혜로 말미암은 선물' 그리고 '많은 범죄로 말미암아 의롭다 하심'에 이른 '값없는 선물'로 부른다(롬 5:15-16).[26]

3:9-24(심화 주석) 성경은 모든 인류가 근본적으로 악하다고 말한다. 즉 천성적으로 악하다는 것이다. 그리스도의 구속의 은혜를 받기 전에는 그 누구도 예외가 없다. 따라서 인간의 근본적인 상황은 그들의 천성일 수밖에 없고, 또 이런 모습으로 태어난다. 그래서 성경은 모든 인간이 악하다고

말한다.

나는 이를 밝히는 상세한 글을 쓰려고 하는데, 이 글을 읽는 사람이 아직 사리 분별이 없는 사람일 수도 있고, 또 자신의 의무와 지위를 어느 정도 이해할 만한 능력을 갖춘 사람일 수 있다. 하지만 논지가 바뀌는 것은 아무것도 없다. 이는 모든 인간이 처한 근본적인 상황이기 때문에 때가 되면 누구나 자신의 도덕적 상태, 곧 자신이 죄인이라는 사실을 깨닫고 알게 된다. 자신의 도덕적 상태가 천성적으로 죄인임을 말하기 때문이다. 조금 구분을 하자면, 악하게 태어났다고 할 수도 있고, 아니면 악한 성향을 지니고 태어나 기회가 되어 악해진다고 할 수도 있을 것이다. 하지만 이 두 가지 구분 가운데 어떤 것도 인간의 전적인 타락을 설명하지 못한다. 나는 앞에서 죄에 대한 본성적 경향은 확실히 성경에서 인간에 대하여 말하는 많은 본문들을 통해 확인할 수 있음을 증명했다. 하지만 지금 내가 의도하는 것은 이보다 더 직접적인데, 곧 모든 인간이 처음부터 실제로 악한 성품을 갖고 태어난다는 것에 대한 성경의 직접적 증언을 제시하는 것이다.

이 목적은 로마서 3:9에서 시작하여 24절까지 본문 속에 매우 충분히 표현되고 있고 충만하게 나타나 있다. 나는 여기서 매우 자주 반복되는 보편적 용어들을 전형적 특성에 따라 상세히 제시하고 구별할 것이다. 로마서 1:16-17에서 예수 그리스도를 믿는 믿음으로 얻는 하나님의 의를 통하는 것 외에 다른 방법으로는 아무도 구원을 얻을 수 없다는 진술을 제시한 바울은, 계속해서 모든 사람은 본질상 악하고 그들 자신의 의는 조금도 없다는 것을 특별히 보여줌으로써 다음과 같은 사실을 증명한다. 첫째, 바울은 1장에서 이방인의 죄악을 주장하고, 2장에서는 유대인의 죄악을 제시한다. 그리고 이어서 3장에서 바울은 이 문제를 정리하고 다음과 같은 말로 결론을 제시한다. "그러면 어떠하냐. 우리는 나으냐. 결코 아니라. 유대인이나 헬라인이나 다 죄 아래에 있다고 우리가 이미 선언하였느니라. 기록된 바 의인은 없나니 하나도 없으며 깨닫는 자도 없고 하나님을 찾는 자도 없고 다 치우쳐 함께 무익하게 되고 선을 행하는 자는 없나니 하나도 없도다. 그들의 목구멍은 열린 무덤이요 그 혀로는 속임을 일삼으며 그 입술에는 독사의 독이 있고 그 입에는 저주와 악독이 가득하고 그 발은 피 흘리는 데 빠른지라. 파멸과 고생이 그 길에 있어 평강의 길을 알지 못하였고 그들의 눈앞에 하나님을 두려워함이 없느니라 함과 같으니라. 우리가 알거니와 무릇 율법이 말하는 바는 율법 아래에 있는 자들에게 말하는 것이니 이는 모든 입을 막고 온 세상으로 하나님의 심판 아래에 있게 하려 함이라. 그러므로 율법의 행위로 그의 앞에 의롭다 하심을 얻을 육체가 없나니 율법으로는 죄를 깨달음이니라. 이제는 율법 외에 하나님의 한 의가 나타났으니 율법과 선지자들에게 증거를 받은 것이라. 곧 예수 그리스도를 믿음으로 말미암아 모든 믿는 자에게 미치는 하나님의 의니 차별이 없느니라. 모든 사람이 죄를 범하였으매 하나님의 영광에 이르지 못하더니 그리스도 예수 안에 있는 속량으로 말미암아 하나님의 은혜로 값없이 의롭다 하심을 얻은 자 되었느니라"(롬 3:9-24).

여기서 내가 증명하고자 하는 사실, 곧 인간은 그리스도의 구속의 유익에 참여하기 전에는 처음부터 보편적으로 악하다는 사실이 가장 충분히 그리고 가장 엄밀하게 선언되고 있다. 따라서 여기서 이 문제가 이보다 더 이상 명백하고 충분히 제시되지 못한다면, 그것은 그렇게 제시할 수 있는 말이 더 이상 없기 때문이고, 또 이 사실을 결정적으로 제시하기 위하여 아무리 궁리하고 거듭거듭 생각한다고 해도, 어떤 언어나 용어와 어구에도 그만한 힘이 없기 때문이다.

테일러 박사는 바울이 시편과 구약성경 다른 곳들에서 뽑아 온 인용문들은 모든 인간을 가리키는 것도 아니고 유대인 전체를 가리키는 것도 아니며, 진실한 자들 가운데 있는 악인을 가리킨다고 우리를 이해시키려고 하는데, 이것은 전체 논증의 효력을 박탈하는 것이다. 테일러 박사는 순전하고 의로운 자들이 다수였지만 그 가운데 악하고 부패한 자들도 많이 있었는데, 그들이 바로 이 본문들이 말하는 사람들로 간주된다고 지적한다. 그렇지만 나는 이에 반대하여 다음과 같이 지적하고자 한다.

1. 테일러의 견해에 따르면, 바울이 구약성경에서 뽑은 인용 본문들에서 발견되는 보편적 용어들이 유대인이나 헬라인이나 대[온 세상이] 죄 아래에 있다는 것을 증명하는 것이 바울의 목적이 아니게 된다. 그렇지만 바울은 자신의 진술 속에서 보편적 용어를 사용하고, 결론에서 모두가 죄 아래 있고, 모든 입을 막고, 온 세상이 죄가 있고, 율법의 행위로 의롭다 하심을 얻을 육체가 없다고 지적한다. 그리고 바울은 다수의 보편적 어구나 어절을 구약성경에서 선택하여 이 보편성을 확증한다. "의인은 없나니 하나도 없으며 깨닫는 자도 없고 하나님을 찾는 자도 없고"(롬 3:10-11)와 같은 말씀이 그것이다. 그러나 테일러의 견해에 따르면, 이 표현들의 보편성은 바울의 목적과는 아무 상관이 없다. 왜냐하면 그 본문들 속에서 발견되는 보편적 용어들은 확실히 여기서 바울이 말하는 것과 같은 보편성을 가리키는 것도 아니고, 또 그것과 비슷한 어떤 것을 가리키는 것도 아니기 때문이다. 그 용어들은 집단적 의미에서나 개인적 의미에서나 보편성을 가리키는 것이 아니다. 세상 민족들이나 이 민족들 또는 세상의 어느 한 민족 속의 특수한 사람들의 보편성을 가리키는 것도 아니다. "그러나 사실 그들은 참된 자들 속에 속해 있는 자들일 뿐이다." 즉 "의인은 없고 하나도 없는 것은 사실은 그들 가운데 의로운 자가 하나도 없다는 것이다. 또 깨닫는 자도 없다는 것은 사실은 그들 가운데 깨닫는 자가 하나도 없다는 것이다. 또 다 치우쳐 함께 무익하게 되는 것도 사실은 그들 가운데 모두가 치우쳐 함께 무익하게 된다는 것이다." 또는 이 표현들은 이스라엘 안

에 곧 다윗과 솔로몬 시대에 그리고 선지자 시대에 존재했던 다수의 집단에 대한 것으로 이해되어야 한다. 이 표현들의 보편성은 그들에 대한 것으로 이해되어야 한다. 그렇다면 이것은 바울의 목적에 대하여 어떤 의미가 있겠는가? 이와 같이 이런 죄악의 보편성, 곧 이스라엘 안에 있는 모든 사람이 악했다는 것 또는 모두가 악한 자로 구성된 특정 악의 집단이 있었다는 것이 바울이 증명하고자 한 보편성 곧 모든 유대인과 이방인과 온 세상이 악하다는 것, 그리고 모든 입을 막고, 자기의 의로 의롭다 하심을 얻을 수 있는 육체는 없다는 것을 어떻게 확증하겠는가?

[테일러의 가정에 따르면] 여기서 바울이 다른 민족들과 마찬가지로 유대인도 악하다는 것을 그들에게 납득시키려고 한다는 것 외에 다른 의미를 말할 수 있는 것은 아무것도 없다. 바울은 그것을 증명하기 위하여 천 년 전에 이스라엘 속에 악한 집단이 있었다는 것을 보여주는 구약 본문들을 언급한다. 이 본문들에 나타나 있는 보편적 용어들에 대하여 말한다면, 바울은 이 용어들에 대해서는 아무 관심이 없고, 그가 그 용어들을 열거하는 것은 우연적이므로, 그 용어들은 이스라엘 안의 악한 집단에 대하여 말하는 본문에서도 나타난다. 그래서 바울이 그 용어들을 있는 그대로 인용하는 것은, 그것들이 그 속에 나타나 있는 보편적 용어들에 대한 자신의 목적에 더 부합하기 때문이 아니다. 그러나 독자는 바울의 말을 직시하고, 이 가정에서 벗어나 있음을 주목해야 한다. 특히 9-10절의 말, 그리고 두 구절의 연관성을 주목해야 한다. "다 죄 아래에 있다……기록된 바 의인은 없나니 하나도 없으며." 바울이 자신의 이전 진술의 보편적 용어들을 확증하기 위하여 로마서 3:14에서 10절의 보편적 의미의 말을 인용하는 것은 얼마나 분명한가? 그러나 테일러 박사가 가정하는 사실에 따르면, 10절의 마지막 말 곧 "의인은 없나니 하나도 없으며"에 나타나 있는 용어들의 보편성은 바울이 이전 구절에서 말하는 보편성과 아무 관

련이 없다는 결론이 나올 것이다. 그렇지만 이 말은 9절의 "다 죄 아래 있다"와 연계되어 있다. 그러므로 만약 그 말이 "이스라엘 안에 의롭지 않은 어떤 이들이 있거나 많은 이들이 있다"는 말로 되어 있다면, 그것은 이 말을 확증하는 것이 아니다.

2. 구약성경 본문들을 인용할 때 바울의 의도가 단지 유대인에게 옛날에 그들 민족 속에 악인들이 상당히 많이 있었다는 것을 증명하는 데 있었다고 가정하는 것은 바울이 유대인 가운데 어느 누구도 부인하지 않았거나 최소한 의심하지 않았던 것을 증명하려고 했다고 가정하는 것과 같다. 심지어는 유대인 가운데 가장 자기 의가 강했던 분파, 곧 자기 민족이 거룩한 백성으로서 다른 민족과 구별되는 것을 최고의 자랑으로 여긴 바리새인도 그것을 알고 있었고 또한 인정했다. 그들은 자기들의 "조상이 선지자들을 죽인 것"을 공개적으로 고백했다(마 23:29-31). 그리고 바울의 의도가 단지 그들의 기억을 새롭게 하고, 자기 민족의 옛날 죄악을 염두에 두도록 하며, 그들의 비슷한 죄악에 대한 가책을 갖게 하여 그들을 반성시키기 위한 것(스데반이 사도행전 7장에서 그러는 것처럼)에 있다면, 바울이 이것을 증명하기 위하여 그렇게까지 할 필요가 어디 있었을까? 굳이 여기저기서 많은 문장을 끌어 모은 것이 구약성경이 어떤 이들을 악인으로 말한 것을 증명하기 위함이었을까? 또 "무릇 율법이 말하는 바는 율법 아래에 있는 자들에게 말하는 것"이라거나 구약성경 책들이 말한 것은 무엇이든 구약성경을 갖고 있었던 자들에게 적용되어 이해되어야 한다는 주장으로 여기서 언급되는 악인들이 유대 민족에 속한 자들을 가리킨다는 것을 증명하기 위함이었을까? 바울은 어떤 강력한 집단에 속해 있든지 전체 민족 집단에 속해 있든지 간에 구약성경이 이것을 분명히 천명하는 본문으로 가득 차 있는데, 고대 어느 시기에 유대 민족 속에 많은 악인이 있었다는 것을 유대인에게 증명하려고 굳이 이런 우회로

를 거치거나 이와 같은 기법을 사용해야 할 필요가 있었을까? 이런 목적을 위해서였다면, 금송아지를 숭배할 때 보여준 이스라엘 백성 전체의 죄악과, 스데반이 말하는 것처럼 광야 생활 40년 동안 이스라엘 전체 회중이 보여준 불신앙과 불평과 패역함을 인용하는 것 말고 무엇이 더 적절할까? 이런 목적을 위해서라면, 바울은 "우리가 알거니와 무릇 율법이 말하는 바는 율법 아래에 있는 자들에게 말하는 것이니"라는 것과 같은 간접적 주장으로 유대 민족에 대하여 말하는 것 말고 이런 식으로 굳이 증명할 필요가 없었을 것이다.

3. 테일러 박사가 여기서 이해하는 것처럼, 다윗과 솔로몬 시대와 선지자 시대에 강력한 악인 집단이 있었다는 것을 유대인에게 납득시키려는 것이 바울의 목적이라는 사실은 당연히 적절하지 않을 것이다. 왜냐하면 테일러 박사도 바울의 목적이 당시 곧 그리스도께서 세상에 오셨을 때에 유대인과 이방인이 크게 부패한 상태에 있었다는 것을 증명하는 데 있다고 보기 때문이다.

테일러 박사는 성경 이 부분에 담겨 있는 원죄 교리에 대한 분명하고 충분한 증언들을 어떻게든 피하기 위하여, 바울은 여기서 집단적 의미에서의 유대인과 이방인 곧 인류를 양분하는 두 큰 집단의 사람들에 대하여 말하고 있다고 지적한다. 특정 개인들과 관련해서가 아니라 대규모 집단과 관련하여 말하고 있다는 것이다. 테일러 박사에 따르면, 바울의 의도는 집단적 의미에서 이 큰 두 집단에 대하여 말하는 것으로, 이 두 집단이 모두 부패했으므로 율법에 의하여 의롭다 함을 얻을 수 없다는 것이다. 따라서 이 부분은 두 집단 전체가 악하다는 것 외에 다른 의미를 함축하고 있지 않다. 그러나 나는 이에 반대하여 다음과 같이 지적하고자 한다.

1) 테일러 박사가 추정한 의미는 여기서 바울이 사용하고 있는 용어 및 언어와 전연 부합하지 않는다. 왜냐하면 그의 견해에 따르면 우리는

그것을 다음 중에 어느 하나로 이해해야 하기 때문이다.

첫째, 바울은 보편성을 가리키는 것이 아니라 단지 개별성을 가리키고 있을 뿐이다. 그러나 바울이 사용하는 말들이 보편성을 매우 충분히 그리고 결정적으로 표시하지 않는다면, 성경에 사용된 어떤 말도 보편성을 표현하는 것으로 충분하지 못할 것이다. 그렇지만 나는 성경에서 누가 한 단락 안에서 처음부터 끝까지 가장 완전하고 절대적인 보편성을 표현하기 위하여 이처럼 매우 강하고 명확하고 세밀하게 이런 말들을 반복해서 그리고 누적시켜 사용하고 있는지, 또는 그것과 비교할 만한 어떤 다른 곳이 있는지 찾아보라고 이의를 제기하고 싶다. 성경 속에, 아니 사실은 다른 어떤 책 속에 대부분에 걸쳐 예외 없이 보편적이라는 것을 보여주기 위하여 "육체가 없나니……없나니……없고……없나니"와 같이 네 번에 걸쳐 부정적 용어가 덧붙여져 "그들은 다……다……함께……하나도……온 세상"과 같은 표현들을 반복함으로써, 이런 식으로 이 의미를 함축시키고 있는 이런 실례가 과연 있는가? 더군다나 여기에 "하나도 없으며……하나도 없도다"가 두 번이나 덧붙여진다!

둘째, 어떤 보편성이 허용된다고 해도 그것은 단지 집단에 대해서 말하는 것이고, 이 집단은 두 집단 곧 유대 민족과 이방인 세계를 가리킨다. 여기서 바울이 가정하는 것은 이 두 인류 집단을 악한 자로 간주하는 것이다. 그러나 이것이 오직 이런 종류의 두 집단에 대하여 이런 식으로 보편적 용어로 말할 때, 그리고 그 용어들을 써서 주장된 사실이 단지 그 두 집단 전체에 대하여 예언된다는 것 외에 다른 것을 의미하지 않을 때 사람들이 사용하는 언어 표현일까? 만일 자신의 두 발이 모두 절름발이여서 "내 발은 모두 절름발이다. 그것들은 다 절름발이다. 다 함께 약하다. 내 발은 강한 것이 하나도 없다. 그 가운데 온전한 것은 없다. 하나도 없다"고 말한다면, 그는 발뿐만 아니라 생각도 절름발이라고 여겨야 하는 것이 아닌가? 테일러의 가정에 따르면, 바울이 "모든 입을 막고"라고 말할 때 우리는 바울이 단지 입을 비유적으로 이 두 큰 집단 곧 그것들 각자에게 귀속시켜 말하고 있고, 그래서 두 개의 입을 막은 것을 의미한다고 상정해야 한다는 것이다!

게다가 테일러 박사의 해석에 따르면, 구약성경에서 뽑은 인용 본문들에 사용된 보편적 용어들은 이 두 큰 집단과는 관련이 없고, 또 확실히 두 집단 가운데 어느 하나와도 관련되어 있지 않다. 그러나 이스라엘 안의 어떤 이들 곧 그 한 민족 안에서 악한 자들로 구성된 한 특정 악인 집단과 관련되어 있다. 따라서 테일러의 해석은 모든 면에서 부조리하고 일관성이 없다.

2) 만일 바울이 어떤 큰 집단의 죄악이나 죄책에 대해서만 말하고 있다면, 그가 여기서 다루고 있는 칭의도 이런 집단의 칭의 외에 다른 것이 아니라는 결론이 따라 나올 것이다. 왜냐하면 바울은 그 집단들 역시 똑같이 죄가 있고 악하다고 말하고, 악한 탓에 율법의 행위로는 의롭다 함을 얻을 수 없다고 주장하기 때문이다. 그렇지 않으면 바울의 주장은 완전히 무효화되고 만다. 만일 바울이 말하는 죄가 단지 집단에 대한 것이라면 바울이 이 죄로부터 주장하는 것은 개별적인 사람들의 칭의와는 아무 상관이 없고, 단지 집단만 율법의 행위로 의롭다 함을 받을 수 없다는 것을 가리켜야 한다. 확실히 이것이 테일러 박사가 말하는 견해다. 테일러 박사는 여기와 다른 곳 또는 로마서에서 바울은 오직 집단적 의미의 사람들의 칭의에 대하여 말하고 있다고 주장한다. 그러나 진실은 정확히 이와 반대다. 로마서 3:26, 28은 결단코 개별적인 사람들의 칭의 말고 다른 의미로 이해될 수 없다. "자기의 의로우심을 나타내사 자기도 의로우시며 또한 예수 믿는 자를 의롭다 하려 하심이라.……그러므로 사람이 의롭다 하심을 얻는 것은 율법의 행위에 있지 않고 믿음으로 되는 줄 우리

가 인정하노라." 로마서 4:5도 마찬가지다. "일을 아니할지라도 경건하지 아니한 자를 의롭다 하시는 이를 믿는 자에게는 그의 믿음을 의로 여기시나니." 그리고 바울이 4:6-8에서 시편 본문을 인용하는 것은 분명히 그가 개별적인 사람들의 칭의에 대하여 말하고 있음을 증명한다. "일한 것이 없이 하나님께 의로 여기심을 받는 사람의 복에 대하여 다윗이 말한 바 불법이 사함을 받고 죄가 가리어짐을 받는 사람들은 복이 있고 주께서 그 죄를 인정하지 아니하실 사람은 복이 있도다 함과 같으니라." 다윗은 시편 32편에서 특별히 자기 자신의 경우와 관련시켜 이 사실들을 말한다. 거기 보면 시편 32:3-4에 나타나 있듯이, 자신의 개인적인 죄에 대한 죄책 의식 아래 그리고 하나님이 자신을 용서해 주신 데서 오는 큰 기쁨을 갖고 자신이 겪은 큰 고통을 표현하고 있다.

따라서 바울이 구약 본문을 인용하여 말하는 것은 개별적인 사람들의 칭의라는 것이 우리가 살펴본 3장 이 단락에 극명하게 나타나 있고, 그것을 바울은 로마서 3:20에서 이렇게 지적한다. "그러므로 율법의 행위로 그의 앞에 의롭다 하심을 얻을 육체가 없나니 율법으로는 죄를 깨달음이니라." 바울은 시편 143편에 나오는 다음 내용을 언급한다. "주의 종에게 심판을 행하지 마소서. 주의 눈앞에는 의로운 인생이 하나도 없나이다." 여기서 시편 기자는 하나의 집단으로서 민족이나 세상의 두 집단 가운데 한 집단의 칭의에 대하여 말하는 것이 아니라 개별적인 사람들의 칭의에 대하여 말하는 것이다. 그리고 바울이 여기서 개인의 칭의에 대하여 말하고 있다는 것은 이 부분이 명확히 갈라디아서 3:10-11과 평행을 이루고 있는 것으로 볼 때 더 명백히 드러난다. "무릇 율법 행위에 속한 자들은 저주 아래에 있나니 기록된 바 누구든지 율법 책에 기록된 대로 모든 일을 항상 행하지 아니하는 자는 저주 아래에 있는 자라 하였음이라. 또 하나님 앞에서 아무도 율법으로 말미암아 의롭게 되지 못할 것이 분명하니 이는 의인은 믿음으로 살리라 하였음이라." 이 본문이 로마서 3장 부분과 평행을 이루고 있다는 것은 천명된 사실이 동일하다는 것과 여기서 그것으로 증명된 논증, 곧 모든 사람이 죄가 있고 율법에 의하여 정죄받도록 되어 있다는 것이 거기서와 똑같은 것으로 보아 분명하다. 그러나 여기서 곧 갈라디아서의 이 강론 시작 부분에서 구약성경의 동일한 말씀이 인용된다(갈 1:16). 그리고 다른 많은 사실들이 바울이 이 두 곳에서 동일한 칭의에 대하여 말하고 있다는 것을 예증하는데, 논지가 복잡해지지 않도록 여기서는 언급을 생략할 것이다.

이 모든 사실 외에도, 테일러 박사의 해석은 바울의 논증을 완전히 공허한 다른 것으로 만들고 만다. 바울은 율법의 행위로 의롭다 함을 받을 수 없는 어떤 개인 주체에 대하여 말하고 있다. 그리고 바울의 논증은 이 개인 주체는 죄인이고 율법의 정죄 아래 있다는 것이다. 바울이 말하는 바가 어떤 주체, 어떤 총체적 집단이 율법의 정죄 아래 있다고 해서 어떤 다른 집단, 예를 들면 어떤 다른 총체적 집단이나 집단들이 율법으로 의롭게 될 수 없다는 것이라면 그 논증은 확실히 공허하고 당치 않을 것이다. 이제 테일러 박사의 해석을 역으로 이용해, 바울의 논증이 옳다는 것을 증명해 보이겠다. 테일러 박사가 가정하는 집단들, 곧 악하고 율법에 따라 정죄받는 것으로 전해지고 집단적 자격에 따라 고려되는 두 집단은 유대 민족과 이방 세계다. 그러나 바울이 율법의 행위가 없이 의롭게 된 것으로 말하는 것으로 테일러 박사가 가정하는 집단은 이 두 집단 가운데 한 집단이 아니고, 기독교 교회 곧 신자의 몸이다. 이것은 새 집단, 새 피조물 그리고 새 사람(테일러의 이 말들에 대한 이해에 따르면)이고, 그것은 의롭다 함을 얻기 이전에는 결코 존재하지 않았으며, 그러므로 그것은 악하거나 정죄받지 않았다. 이는 그것을 구성하는 개인들과 상관없다. 그리고 테일러 박사의 견해에 따르면, 이는 개인들이 모두 타락한 뒤에야 나타난다. 왜냐하면 그의 말에 따르면 유대인과 이방인 가운데 이전에 의로 웠던 자들이 많이 있었기 때문이다. 그리고 이 새 창조된 집단을 구성하고 있는 극히 소수에 불과한 유대인과 이방인이 각 집단을 대표한다고밖에 말할 수 없는데, 어떻게 이것이 나타날 수 있겠는가?

따라서 로마서 3장 이 본문에 대한 테일러 박사의 설명은 낱낱이 살펴볼 때 공허하고 부조리한 것으로 드러난다. 바울이 분명히 그리고 충분히 표현한 것은 의심할 것 없이 바울의 말에 그들의 구주를 제외하고 모든 인간, 심지어는 전체 인류의 모든 개인이 원래 처음 태어날 때부터 부패하고 악한 상태에 있다는 것을 함축하고 있다는 것 외에 다른 의미를 집어넣는 것이 불가능하다.

이 본문에 대한 설명을 마치기 전에 당연히 지적할 수 있는 한 가지 사실은, 이 본문은 인간의 본래적 부패에 대한 매우 분명하고 충분한 증언일 뿐만 아니라 전적이고 매우 심각한 본래적 부패를 명백히 선언하고 있다는 것이다. 구약성경에서 뽑은 인용문들에 나타나 있는 바울의 명백한 의도는 다음 세 가지 사실을 보여준다. 첫째, 모든 인간은 본질상 부패한 존재다. 둘째, 모든 사람은 전적으로 부패한 존재이고, 말하자면 모든 부분에서 부패한 존재다. 셋째, 모든 사람은 모든 부분에서 매우 심각하게 부패한 존재다. 이 가운데 두 번째 사실에 대하여 말한다면 모든 사람이 전적으로, 말하자면 모든 면에서 부패한 것이 명백한데, 바울은 영혼의 외적 행동의 주요 도구 또는 기관인 몸의 지체들을 주로 언급하는 구약성경의 특정 본문들을 선택하여 함께 묶어 인용한다. 그 표현들에서 (암묵적으로) 손에 대한 표현을 든다면, "다 치우쳐 함께 무익하게 되고 선을 행하는 자는 없다." 목구멍, 혀, 입술, 입은 언어 기관인데, 이 말들에 대한 표현은 다음과 같다. "그들의 목구멍은 열린 무덤이요 그 혀로는 속임을 일삼으며 그 입술에는 독사의 독이 있고 그 입에는 저주와 악독이 가득하고." 이 말들 가운데 발(롬 3:15)에 대한 표현은 이렇다. "그 발은 피 흘리는 데 빠르지라." 이것들은 함께 묶여 사람은 전적으로, 말하자면 모든 면에서 부패한 존재라는 것을 의미한다. 그리고 전적 부패는 이처럼 여러 부분들을 열거함으로써 암시하고 있을 뿐만 아니라 온갖 선을 부정함으로써 곧 어떤 참된 영적 이해나 신령한 지식, 어떤 덕스러운 행동 또는 진정으로 덕스러운 욕구 또는 하나님을 찾는 것 등을 부정하는 것으로도 암시되고 있다. "깨닫는 자도 없고 하나님을 찾는 자도 없고……선을 행하는 자는 없나니……평강의 길을 알지 못하였고." 그리고 일반적으로 본래부터 사람 속에 모든 참된 경건이나 종교가 있다는 것을 부정함으로써 전적 부패를 암시한다. "그들의 눈앞에 하나님을 두려워함이 없느니라"(롬 3:18). 이 표현들은 또한 분명히 매우 극단적이고 절망적인 마음의 죄악성을 암시하기 위하여 선택된 것이다. 그리고 심각한 부패성은 모든 부분에 적용된다. 목구멍 곧 열린 무덤, 혀와 입술 곧 속임과 독사의 독, 입 곧 저주와 악독. 그리고 발에 대해서는 피 흘리는 데 빠르다고 말한다. 모든 인간에 대해서는 파멸과 고생이 그 길에 있다고 말한다. 이것들 각각에 대하여 표현이 매우 강하다. 곧 모든 사람이 전적으로 그리고 완전히 부패했고, 또한 지독히 그리고 치명적으로 부패했다. 그리고 분명히 우리가 여기서 이런 일들을 크게 강조하여 제시하는 이처럼 강력한 표현들을 무더기로 갖고 있는 것은 결코 우연이 아니다. 그러나 바울은 자신의 목적을 직접적으로 그리고 충분히 제시하기 위하여 이런 표현들을 의도적으로 선택한 것이다. 바울의 목적은 3장 전체에 나오는 바울의 모든 강론에, 아니 사실은 로마서 처음부터 확실히 나타나 있다.[27]

[25]이 예수를 하나님이 그의 피로써 믿음으로 말미암는 화목제물로 세우셨으니 이는 하나님께서 길이 참으시는 중에 전에 지은 죄를 간과하심으로 자기의 의로우

심을 나타내려 하심이니 ²⁶곧 이때에 자기의 의로우심을 나타내사 자기도 의로우시며 또한 예수 믿는 자를 의롭다 하려 하심이라

3:25 우리는 로마서 3:25에서 그리스도가 '힐라스테리온'(ιλαστηριον, 화목제물)으로 불리는 것을 본다. 이것은 성전 뜰의 제단에서 어떤 제물이 바쳐지든 간에 그리고 성소의 향단에서 어떤 일이 행해지든 간에 제물이 유효하게 되고, 속죄가 진실로 이루어진 것은 지성소의 언약궤 덮개 위에서 있었던 것에 의해서였음을 의미했다. 그리고 우리는 그곳을 '시은소'(施恩所)로 번역하는데, 이 번역은 잘못된 관념을 전달한다. 이 번역에 따르면 하나님이 성전의 언약궤 위 그곳에 자신의 보좌를 갖고 계시며, 그곳에 앉아 제물을 받고 죄를 용서하시는 것처럼 제시된다. 하지만 이것은 성경의 제시와 일치되지 않는다. 오히려 '속죄소'라는 번역이 더 나은데, 그것은 그곳이 제물이 받아들여지고 은혜가 주어지는 곳이라기 보다는 오히려 속죄가 이루어지고 제물이 유효하게 바쳐지는 장소로 제시되기 때문이다. 하늘은 끊임없이 하나님의 보좌가 있는 곳으로 제시되고, 하나님은 그곳에 좌정하셔서 기도를 듣고 바쳐진 제물을 열납하신다. 이는 열왕기상 8장에서 솔로몬에 의해 얼마나 자주 반복되는가! 그때 솔로몬은 하나님이 자기 이름을 두신 성전을 향하여 기도하는 자들을 들으시고 열납하고 용서해 주실 것을 위하여 기도한다. 솔로몬은 "주께서 계신 곳 하늘에서 들으시고 들으시사 사하여 주옵소서"라고 간구한다(왕상 8:30, 32, 34, 36, 39, 43, 45, 49). 솔로몬은 "속죄소에서 들으소서" 또는 "그룹들 사이에서 들으소서"라고 기도하지 않는다.²⁸

3:25-26 그리스도께서 하나님의 종으로서 하나님에 대한 자신의 의와 순종으로, 곧 하나님께 철저히 순종하고 복종하는 종이 되어 행하신 자

신의 의로 사람들을 의롭게 하시는 것이 이사야 53:11에 함축되어 있다. "나의 의로운 종이 자기 지식으로 많은 사람을 의롭게 하며." 하나님께서 자신이 다른 사람들을 의로운 존재로 삼거나 다른 사람들에게 의로운 성품의 자격을 부여하는 것에 대하여 말씀하면서 의로운 종의 성품을 언급하시는 목적은, 오직 그들이 이 의로운 종의 의에 참여함으로써 의롭게 되거나 의롭다고 선포된다는 것을 지적하기 위함이다. 이에 대한 히브리어 표현은 메시아의 의로운 성품과 많은 사람들을 의롭게 하는 결과 사이에 의도적인 관계가 있음을 분명히 보여준다. "야베디 차디크 야체디크"(צַבְדִי צַדִּיק יַצְדִּיק) 곧 "나의 의로운 종이 의롭게 할 것이다"(*Justificabit justus servus meus*). 바울은 로마서 3:25-26에서 이와 같은 의미를 분명히 의도하고 있는 것으로 보인다. "하나님이 그의 피로써 믿음으로 말미암는 화목제물로 세우셨으니……자기의 의로우심을 나타내려 하심이니." 바울이 여기서 말하는 하나님의 의는 그리스도인들이 믿음으로 받는 의로, 바울은 종종 그것을 하나님의 의로 부르고, 우리의 의와 반대편에 둔다. 이 것은 문맥으로 보아 분명하다. 따라서 다음 구절에서 다음과 같은 말씀이 이어진다. "곧 이때에 자기의 의로우심을 나타내사 자기도 의로우시며[곧 예수의 인격 속에서] 또한 예수 믿는 자를 의롭다 하려 하심이라." 이 말씀은 하나님이 그리스도 안에서 그를 의롭게 하심으로써 자신의 공의로 의롭게 하시거나 자신의 의로 의인을 만드신다는 것을 암시한다.[29]

3:26 로마서 3:25에서 "전에 지은 죄"는, 히브리서 9:15처럼 과거 곧 그리스도가 죽기 전에 지은 죄를 가리킨다. 그러므로 로마서 3:26에서 "곧 이때에 자기의 의로우심을 나타내사"라는 말씀이 이어지는데, 여기서 "이때에"는 그리스도께서 나타나시는 때를 가리킨다. "전에"는 그리스도께서 나타나시기 전을 말한 것이다. 그때 저질러진 죄를 용서하시는 데

있어 하나님의 의가 충분히 나타난 것은 그때가 아니라 바로 이때다.

비록 그들 또한 큰 죄인이고 마땅히 영원한 사망에 처해졌다고 해도 그들이 그리스도 안에 있을 때 이처럼 의롭다 함을 얻은 것은 공의나 율법에 반하는 것이 아니었다. 오히려 그들의 무죄 방면은 공의의 행위가 될 것이다. 그것은 오직 그리스도의 의의 공로로 말미암아 주어진 상이기 때문이다. "자기도 의로우시며 또한 예수 믿는 자를 의롭다 하려 하심이라"(롬 3:26). 하나님은 모든 사람에게 그들의 적절한 몫을 제공하신다.[30]

의롭다 함을 받음, 죄로부터 씻음 받음, 죄책에서 건짐 받음, 죄사함, 호의와 하나님 보시기에 의의 영광스러운 유익 속에 들어감 등은 종종 하나님께 특별히 속해 있는 것으로 간주된다. "곧 이때에 자기의 의로우심을 나타내사 자기도 의로우시며 또한 예수 믿는 자를 의롭다 하려 하심이라"(롬 3:26). "의롭다 하실 하나님은 한 분이시니라"(롬 3:30). "부르신 그들을 또한 의롭다 하시고"(롬 8:30). "의롭다 하신 이는 하나님이시니"(롬 8:33). "나는 나를 위하여 네 허물을 도말하는 자니"(사 43:25). "나의 죄악을 말갛게 씻으시며 나의 죄를 깨끗이 제하소서.……내가 주께만 범죄하여 주의 목전에 악을 행하였사오니"(시 51:2, 4). "서기관과 바리새인들이 생각하여 이르되……오직 하나님 외에 누가 능히 죄를 사하겠느냐"(눅 5:21).[31]

[27]그런즉 자랑할 데가 어디냐 있을 수가 없느니라 무슨 법으로냐 행위로냐 아니라 오직 믿음의 법으로니라 [28]그러므로 사람이 의롭다 하심을 얻는 것은 율법의 행위에 있지 않고 믿음으로 되는 줄 우리가 인정하노라 [29]하나님은 다만 유대인의 하나님이시냐 또한 이방인의 하나님은 아니시냐 진실로 이방인의 하나님도 되시느니라 [30]할례자도 믿음으로 말미암아 또한 무할례자도 믿음으로 말미암아 의롭다 하실 하나님은 한 분이시니라 [31]그런즉 우리가 믿음으로 말미암아 율법을 파기하느냐 그럴 수 없느니라 도리어 율법을 굳게 세우느니라

3:27 그리스도의 의의 행위는 그분이 의를 행하실 때 지켰던 법들과 관련되어 있다. 그러나 여기서 일반적으로 확인될 수 있는 것은 그리스도께서 순종하신 모든 교훈들을 하나의 법으로 환원시킬 수 있다는 것인데, 바울은 그 법을 "행위의 법"이라고 부른다(롬 3:27). 그리스도께서 순종하신 모든 계명은 행위 언약 속에 포함되어 있는 크고 영원한 하나님의 법 곧 하나님이 자신과 인간 사이에 세우신 영원한 의의 준칙으로 환원시킬 수 있다.[32]

그리스도께서 낮아지심 상태에 있을 때 지키신 모든 계명은 하나의 법으로 환원될 수 있고, 그것은 바울이 "행위의 법"으로 부르는 것(롬 3:27)인데, 확실히 하나님의 모든 법이 적절히 그렇게 불릴 수 있다. 그러나 그리스도께서 지키신 계명은 세 가지 특수한 법으로 분류될 수 있다. 그리스도께서 단순히 사람으로서 복종하신 도덕법, 그리스도께서 유대인으로서 복종하신 의식법과 이스라엘 민족에게만 속해 있는 모든 적극적 규례, 그리고 그리스도께서 순전히 중보자로서 지키신 하나님의 명령을 포함하는 중보의 법으로, 여기에는 아버지께서 이런 이적을 행하고, 이런 교리를 가르치며, 또 공적 사역의 활동에서 수고하며, 이런 고난에 복종하도록 그리스도에게 주신 모든 계명이 포함되어 있다. 왜냐하면 그리스도는 우리에게 종종 그렇게 말씀하시는 것처럼 아버지의 계명에 순종하여 아버지의 지시에 일치되는 모든 일을 행하셨기 때문이다.[33]

또한 바울의 설명에 따르면 우리의 행위에서 나오는 공로는 자랑의 빌미가 되므로, 하나님은 우리의 구원이 우리의 행위가 아니라 단순한 은혜에 속하도록 계획하셨다(롬 3:27, 엡 2:9). 따라서 구원과 구원의 조건은 우리의 행위에 속한 것이 아니고, 우리는 우리의 행위에 앞서 하나님이 만드신 하나님의 작품이자 하나님의 피조물이다. 그리고 이 작품을 만드실 때 보여주신 하나님의 은혜와 능력, 이 작품에 대한 하나님의 결정 또는 목적은 모두 우리의 행위보다 앞서고, 우리의 행위의 원인이다. 로마서

11:4-6도 보라.[34]

사도 바울이 로마서 2:23에서 지적하는 것처럼 유대인은 자기들의 의를 자랑하는 것을 그만두어야 했다. 여기서 바울이 그들의 입을 막는 데 관심을 두고 있다는 것은 로마서 3:27의 "그런즉 자랑할 데가 어디냐. 있을 수가 없느니라"는 말로 드러난다. 율법은 우리가 생명, 하나님의 호의 또는 어떤 긍정적인 선의 구실을 만드는 것에 대하여, 또 우리 자신의 의에 대하여 우리의 입을 막아 버린다.[35]

3:28 다시 말해 우리는 종종 바울이 율법의 행위를 하나님의 값없는 은혜와 반대 개념으로 사용하는 것을 발견하는데, 그것으로 보아도 율법의 행위는 우리 자신의 훌륭한 덕을 가리키는 것이 틀림없다. 훌륭한 덕이 전혀 없고 가치와도 전연 거리가 먼, 매우 무가치한 그들에게 은혜가 주어진 것이 아니라면 어디서 은혜가 나타나겠는가? 로마서 3:20, 24, 27-28, 디도서 3:5에서 바울은 율법의 행위 대신 의의 행위에 대하여 말한다. 로마서 4:4, 11:6, 갈라디아서 5:4, 에베소서 2:8-9을 보라.[36]

3:30 의롭다 함을 받음, 죄로부터 씻음 받음, 죄책에서 건짐 받음, 죄사함, 호의와 하나님 보시기에 의의 영광스러운 유익 속에 들어감 등은 종종 하나님께 특별히 속해 있는 것으로 간주된다. "곧 이때에 자기의 의로우심을 나타내사 자기도 의로우시며 또한 예수 믿는 자를 의롭다 하려 하심이라"(롬 3:26). "의롭다 하실 하나님은 한 분이시니라"(롬 3:30). "부르신 그들을 또한 의롭다 하시고"(롬 8:30). "의롭다 하신 이는 하나님이시니"(롬 8:33). "나는 나를 위해서 네 허물을 도말하는 자니"(사 43:25). "나의 죄악을 말갛게 씻으시며 나의 죄를 깨끗이 제하소서.……내가 주께만 범죄하여 주의 목전에 악을 행하였사오니"(시 51:2, 4). "서기관과 바리새

인들이 생각하여 이르되……오직 하나님 외에 누가 능히 죄를 사하겠느냐"(눅 5:21).[37]

로마서 4장

로마서 4장을 보고 나는 히브리서가 바울의 작품이라는 것을 크게 확신하게 되었다. 주장의 방법, 태도, 방향이 매우 비슷한데, 이 점은 로마서 전체가 마찬가지다.[1]

[1]그런즉 육신으로 우리 조상인 아브라함이 무엇을 얻었다 하리요 [2]만일 아브라함이 행위로써 의롭다 하심을 받았으면 자랑할 것이 있으려니와 하나님 앞에서는 없느니라

4:1-2 바울은 우리에게 복음의 의도는 하나님 앞에서뿐만 아니라 사람들 앞에서 모든 자랑을 차단하는 데 있다는 것을 알려 준다(롬 4:1-2). 어떤 사람들은 매우 겸손한 척 하지만 그들의 태도와 행위는 매우 오만하고 무례하고 건방지다.[2]

4:2 사람이 스스로 구원을 추구하는 방법은 치명적인데, 의심할 것 없이 그 이유는 그것이 하나님의 구원 방법이나 하나님이 계획하신 구원 목적과 반대되기 때문이다. 참된 구원 방법은 철저히 그리스도로 말미암아 이루어지고, 오직 값없는 은혜만을 높이고, 자랑은 배제되며, 모든 영광을 우리가 아니라 하나님께만 돌리는 방법이어야 한다(롬 3:27; 4:2, 엡 2:19,

고전 1:29-31). 그러므로 말할 것 없이 율법의 행위로 의롭다 함을 추구하는 것은 그 안에 포함되어 있는 자랑으로 말미암아 치명적이다.[3]

　이것이 분명히 우리 신학자들이 다음과 같이 말하는 것의 의미다. 곧 믿음은 하나의 행위나 하나의 의로서 우리를 의롭게 하는 것이 아니다. 다시 말해, 믿음은 우리의 도덕적 선이나 훌륭함의 한 부분으로서 또는 한 행위로서 우리를 의롭게 하는 것이 아니다. 왜냐하면 사람은 사람의 행위에 대한 하나님의 즐거움 또는 사람의 순종의 내적 훌륭함과 미덕에 대한 하나님의 인정을 증명함으로써 영생에 대한 자격을 갖게 하는 행위 언약에 따라 자신의 행위로 의롭다 함을 얻지 못했기 때문이다. 그리고 이것이 확실히 사도 바울이 우리는 행위로 의롭다 함을 받지 못한다고 주장할 때, 곧 우리는 선행 또는 우리 행위의 어떤 선, 가치, 훌륭함 때문에 의롭게 되는 것이 아니라고 주장할 때 가리키는 의미다. 지금 내가 이에 대한 증거를 한 가지 언급하겠는데, 그것은 바울이 수시로 우리가 행위로 말미암아 의롭게 되지 않는 것을 우리의 모든 자랑을 배제해야 하는 일로 말하는 것이다(엡 2:9, 롬 3:27; 4:2).[4]

[3]성경이 무엇을 말하느냐 아브라함이 하나님을 믿으매 그것이 그에게 의로 여겨진 바 되었느니라 [4]일하는 자에게는 그 삯이 은혜로 여겨지지 아니하고 보수로 여겨지거니와 [5]일을 아니할지라도 경건하지 아니한 자를 의롭다 하시는 이를 믿는 자에게는 그의 믿음을 의로 여기시나니

4:3 성경은 아브라함과 노아의 경우에 대하여, 그들이 믿은 후에 그들에게 의인의 자격 곧 칭의가 주어진 것으로 말한다. 로마서 4:3, 히브리서 11:7을 보라.

　그리스도께서 자기 아버지의 사랑 안에 거하지 않는 것은 가능한 일이 아니었다. 그리스도께서 아버지에게 순종하심으로써 효과적으로 자신

을 유지하신 것은 아버지에게 이 도움과 원조를 받으셨기 때문이다. 그러나 사실은 그리스도께서 아버지의 계명을 지키지 아니하셨다면 아버지의 사랑 안에 거할 수 없었을 것이다. 그렇게 되면 그리스도는 은혜에서 벗어나 버림받으셨을 것이다. 창세기 15:6, 요한일서 2:24-28과 비교하여 로마서 4:3, 11:22, 골로새서 1:21-23, 디모데전서 2:15, 디모데후서 4:7-8을 보라.[5]

"그의 믿음을 의로 여기셨다"(롬 4:3, 5). "이것은 그의 믿음이 의를 대신하는 것으로 여겨지거나 돌려진다고 말하는 것이 아니다. 그렇게 되면 ['대신하여'를 뜻하는] '휘페르'(ὑπέρ)나 '아티'(ἀτί)라는 말이 요청되었을 것이다. 하지만 원문은 '에이스 디카이오쉬넨'(εἰς δικαιοσύνην)이다. 즉 믿음은 우리가 의롭다 함을 얻는 의를 갖도록 하는 데 중요 조건 또는 필수 조건으로서 우리의 계정으로 돌려지거나 여겨진다"(워츠 박사,『전집』).[6]

4:3-4 바울은 로마서 4:3에서 "여겨지다"나 "전가되다"라는 말을 강조한다. 만일 아브라함이 자신의 의를 갖고 있어서 보수가 적절한 삯으로 여겨졌다면, 이어지는 구절들에서 바울이 분명히 주장하는 것처럼 이렇게 표현되지는 않았을 것이다. 아브라함이 하나님을 믿은 것은 의가 아니라 다만 의로 여겨졌을 뿐이다. 그것은 하나님의 은혜에 속한 것으로, 의의 기회를 제공하는 것으로 간주되었다.[7]

4:4 하나님이 모든 사람이 보편적으로 죄로 멸망하도록 내버려 두신다고 해도 그것은 매우 정당하셨다. 그렇다면 하나님이 그들 가운데 얼마를 멸망에 두시는 것도 부당한 일일 수 없다. 하나님이 어느 누구에 대해서도 구원해야 할 의무를 갖고 계시지 않는다면, 어떤 사람들을 구원하신다고 해서 다른 사람들을 구원해야 할 의무를 갖고 계시는 것은 더더욱 아

니다. 구원받는 자들은 단순히 은혜로 말미암아 구원받을 따름이다. 만약 그렇다면 멸망하는 자들은 단순한 공의에 따라 멸망한다는 결론이 따라 나온다. 왜냐하면 사람을 멸망에서 구원하는 데 공의가 필수적으로 요구된다면 그것은 그에게 구원하는 은혜가 주어지지 않은 것이기 때문이다. 은혜와 삯은 상반된다(롬 4:4). 사람은 모두 죄인이고, 그러므로 사람은 모두가 마땅히 영원한 비참에 떨어져야 한다. 그리고 영원한 비참에 떨어지도록 정해져 있는 자들은 정당하게 그리고 공의에 따라 멸망의 운명이 정해져 있는 것이다. 만일 여러분이 하나님이 여러분을 죄인으로 정하셨고, 그래서 그것이 당연히 일어났다고 말한다면, 우리는 이미 하나님이 가장 정당하게 그리고 합리적으로 그렇게 하셨고, 그러므로 이 문제에 있어 처음부터 끝까지 하나님의 역사 속에서 정당하게 찾아낼 수 있는 잘못은 없다는 것을 증명한 것이다.[8]

성경에 따르면 영생에 대한 권리는 의 곧 율법에 대한 엄격한 순종에 있다고 주장하는 것처럼 보인다. 로마서 4:4에 따르면 "일하는 자에게는" 곧 율법의 행위를 행하는 자에게는 "그 삯이 은혜로 여겨지지 아니하고 보수로 여겨진다." 한편, 어떤 불의한 자 곧 율법을 어긴 죄책을 갖고 있는 자는 누구든 낙원에 있을 수 없고 죄의 삯이 아담에게 주어진 것과 똑같이 모든 사람에게도 주어지기 때문에, 모든 사람이 행복한 불멸의 상태에서 제외되고 죽음에 처해지는 것은 신적 공의의 절대 불변의 목적으로 보인다.[9]

존 테일러는 『사도저작의 열쇠』에서 우리의 충분하고 최종적인 칭의가 단순히 은혜가 아니라 행위에 속해 있다고 주장하지만, 성경은 이 최종적인 칭의를 은혜에 속해 있는 것으로 말한다(딤후 1:18, 유 1:21). 그러나 이런 견해가 어떻게 바울이 다음과 같이 말하는 것과 일치되겠는가? "일하는 자에게는 그 삯이 은혜로 여겨지지 아니하고 보수로 여겨지거니와"(롬 4:4). "만일 은혜로 된 것이면 행위로 말미암지 않음이니 그렇지 않으면 은혜가 은혜 되지 못하느니라. [그러나 만일 행위로 된 것이면 은혜로 말미암지 않음이니 그렇지 않으면 행위가 행위 되지 못하느니라]"(롬 11:6).[10]

"은혜로 여겨지지 아니하고 보수로 여겨지거니와"(롬 4:4). "라펠리우스는 '미스돈'(μισθόν, 삯)이 단순히 빚에 대한 보수를 의미할 뿐만 아니라 호의의 선물도 의미하고, 헤로도토스의 작품 속에서 '미스돈 도레안'(μισθόν δωρεάν, 선물의 삯)이라는 말이 발견되는 것을 확인했다. 따라서 은혜 또는 호의의 보수는 신학적 표현일 뿐만 아니라 고전적 표현이기도 하다"(도드리지).[11]

4:4-5 로마서 4장에서 바울은 우리의 어떤 행위도 "보수가 아니라 은혜로 여겨지는" 이런 복에 대한 자격을 우리에게 주지 못하고, 의롭다 함을 얻을 때까지 경건하지 아니한 자의 성품이 어떠했는가를 보여주기 위하여 하나님이 "경건하지 아니한 자를 의롭다 하신" 것에 대하여 말한다(롬 4:4-5). 그리고 하나님은 그런 성품을 가진 자를 의롭게 하기 위하여 정말 어떤 은혜를 베푸셨던가? 다음 장(5장)에서 바울은 그것을 "하나님의 은혜", "많은 사람에게 넘친 은혜의 선물", "많은 범죄로 말미암아 의롭다 하심에" 이른 "값없는 은사"로 부름으로써 최대한 언어 표현의 힘을 빌려 이 은혜의 값없음과 풍성함을 선포하고 있는 것으로 보인다(롬 5:15-16).[12] □

4:5 선 또는 사랑은 본질적 순서가 칭의보다 앞서지 않고, 또는 하나님의 칭의 사건의 역사 순서 및 방법에서도 칭의보다 앞서는 것으로 간주되지 않는다. 확실히 사람 속에는 진정으로 그리고 영적으로 선한 것이 들어 있고, 이 선한 것은 본질적 순서가 칭의 곧 믿음보다 앞서 있다. 그러나 이

선한 것은 칭의를 얻을 때까지 선으로 받아들여지지 않는다. 칭의를 얻기 전에는 본질적 순서가 칭의보다 앞서는 이 선이나 사랑의 이런 자격과 지위가 합당한 것으로 간주되지만, 칭의를 얻은 신자 속에서는 어떤 선이나 사랑이라도, 심지어는 믿음의 인정도 칭의보다 앞서지 못한다. 이 선은 그 사람이 의롭다 함을 얻을 때까지는 당연히 아무것도 아닌 것으로 간주된다. 그러므로 그 사람은 칭의를 얻기 전에는 본질상 경건하지 아니하고 완전히 혐오스러운 죄인으로 간주된다(롬 4:5).[13]

의롭다 함을 얻으려면 분명히 온전한 거룩함을 갖추어야 한다. 왜냐하면 조금이라도 죄가 있으면 그것은 무한한 악이고, 무한한 가증함을 가져오며, 그 사람을 부족한 자로 만들어 그가 가질 수 있는 모든 거룩함을 재거나 측량할 수 없기 때문이다. 따라서 전반적으로 그 사람은 여전히 어떤 도덕적 가치나 훌륭함을 갖고 있지 못한 자, 아니 오히려 무한히 가증한 자로 간주되어야 한다. 그러나 은혜의 복음의 길에서는 본질적 자격이 전혀 다르게 적용되고 작용한다. 주체의 어떤 공로도 하나님 앞에서 도덕적 가치가 있는 것으로 추천받지 못하고, 그것은 단지 자연적 능력이나 본성에 알맞은 능력으로 추천받을 뿐이다. 그리고 이 대신 하나님은 주체의 어떤 도덕적 가치나 보배로움을 배제하고 오직 그리스도 안에 있는 것들로만 공로를 구성하신 것으로 볼 수 있다. 비록 그 사람 안에 있는 것을 액면 그대로 함께 모아 평가한다고 해도, 그는 하나님 보시기에 완전히 가증하고 부적절하고 경건하지 못하며 죄책이 있다. 그래서 하나님은 경건하지 아니한 자를 의롭게 하시는 것이다(롬 4:5).[14]

"그의 믿음을 의로 여기시나니"(롬 4:5). 하나님이 믿음 속에서 철저히 어떤 선이나 의에 대하여 관심을 갖고 계시기 때문에 그의 믿음이, 본질상 불완전한 의이기는 해도, 완전한 의를 대신하는 것으로 받아들여진다고 바울의 말을 이해할 필요는 없다. 오히려 하나님이 하나님을 믿는 그의 믿음으로 말미암아 그를 받아들이고, 그를 마치 본질상 의롭게 된 자인 것처럼 대하신다고 이해해야 한다. 그래서 바울은 로마서 2:26 에서 다음과 같은 말을 사용한다. "그런즉 무할례자가 율법의 규례를 지키면 그 무할례를 할례와 같이 여길 것(에이스 페리토멘 로기스데세타이, εἰς περιτομὴν λογισθήσεται)이 아니냐." 그의 무할례는 자체로 어떤 가치를 갖고 있는 것으로 간주되는 것이 아니고, 단지 할례를 받은 것보다 더 나쁜 상태에 있지는 않다는 것이다.[15] □

⁶일한 것이 없이 하나님께 의로 여기심을 받는 사람의 복에 대하여 다윗이 말한 바 ⁷불법이 사함을 받고 죄가 가리어짐을 받는 사람들은 복이 있고 ⁸주께서 그 죄를 인정하지 아니하실 사람은 복이 있도다 함과 같으니라 ⁹그런즉 이 복이 할례자에게냐 혹은 무할례자에게도냐 무릇 우리가 말하기를 아브라함에게는 그 믿음이 의로 여겨졌다 하노라 ¹⁰그런즉 그것이 어떻게 여겨졌느냐 할례시냐 무할례시냐 할례시가 아니요 무할례시니라

4:6 이전 구절들의 표현의 효력이 분명히 여기에도 미치고 있다. 로마서 4:5에서 바울은 분명히 아브라함과 관련된 구약 본문을 인용하는 가운데, '여겨지다' 또는 '전가되다'라는 말로 하나님의 값없는 은혜에 대한 자신의 주장을 강조한다. 이것은 하나님이 아브라함을 다루실 때 자체로는 의가 아닌 어떤 것을 의로 여기심으로써 아브라함에게 자신의 은혜를 보여주신다고 가정한 사실이다. 그리고 이 본문 바로 직전 구절(롬 4:4)에는 "일하는 자에게는 그 삯이 은혜로 여겨지지 아니하고 보수로 여겨지거니와"라는 말씀이 있다. 거기서 '여겨지다'로 번역된 말은 다른 본문들에서 '전가되다'와 '계산되다'로 번역되는 것과 같은 말이다. 그것은 마치 바울이 다음과 같이 말한 것과 같다. "일하는 자에게는 그것을 어떤 은혜로 계산하거나 의로 간주하고, 또는 마치 그것이 의였던 것처럼 보상을

제공할 필요가 없다. 왜냐하면 그가 일을 갖고 있다면 그는 본질상 적절한 보상이 따르는 의를 갖고 있는 것이 되기 때문이다." 이것은 이어지는 말씀(롬 4:6)으로 더 명확히 증명된다. "일한 것이 없이 하나님께 의로 여기심을 받는 사람의 복에 대하여 다윗이 말한 바." 여기서 일한 것이 없이 의로 여기심을 받는다는 말이 가리킬 수 있는 의미는 그 자신에게 속하지 않은 의를 그에게 전가시키는 것 외에 무엇을 가리키겠는가?

바울은 단순히 우리가 율법의 행위로 의롭게 되지 않는다고 말하지 않고, 보편적 용어인 행위라는 말을 사용하여 행위(곧 일)로 의롭게 되지 않는다고 말한다. "일한 것이 없이 하나님께 의로 여기심을 받는"(롬 4:6).

로마서 4:6을 보라. 나는 여기서 그리스도의 의의 전가가 무엇을 의미하는지 설명하고자 한다. 때때로 신학자들은 이 표현을 넓은 의미로 취한다. 왜냐하면 신학자들은 그리스도의 의의 전가를 그리스도께서 우리의 구속을 위하여 행하고 겪으신 모든 것에 대한 전가로 보고, 이로 말미암아 우리가 죄책에서 해방되고 하나님 앞에서 의인으로 서게 된다는 의미로 취하고, 따라서 그리스도의 만족(곧 배상)과 순종의 전가를 모두 함축시키기 때문이다. 그러나 여기서 나는 그리스도의 의의 전가를 좁은 의미에 따라, 그리스도의 순종으로 말미암아 주어지는 그리스도의 의 또는 도덕적 선의 전가로만 볼 것이다. 따라서 그리스도의 의가 우리에게 전가된다는 것은 우리 자신 속에 존재해야 하는 완전한 내재적 의 대신에 그리스도의 의가 우리의 것으로 받아들여진다는 것 외에 다른 뜻이 아니다. 곧 그리스도의 완전한 순종이 우리의 순종으로 간주되고, 따라서 우리는 마치 우리가 그것을 행한 것처럼 그리스도의 완전한 순종의 유익을 취하게 될 것이다. 따라서 우리는 영생의 자격이 이 전가된 그리스도의 의에 대한 보상으로 우리에게 주어진다고 생각한다. 성경은 '여기다'(전가하다)는 말을 이런 의미 곧 어떤 사람에게 속해 있는 것을 다른 사람의 계정으로 계산하는 의미로 사용한다. 빌레몬의 경우가 그렇다. "그가 만일 네게 불의를 하였거나 네게 빚진 것이 있으면 그것을 내 앞으로 계산하라"(몬 1:18). 원문은 '투토 에모이 엘로가'(τούτο ἐμοί ἐλλόγα) 곧 "그것을 내 앞으로 계산하라"다. "일한 것이 없이 하나님께 의로 여기심을 받는"(롬 4:6).[16]

신약성경에서 "의"라는 말은 구원과 해방을 의미하지 않는다,

바울은 일한 것이 없이 의가 전가되는 것에 대하여 말한다(롬 4:6). "구원을 전가하다", "해방된 것으로 간주하다"라는 표현은 얼마나 부조리한가! 로마서 4:11을 보라. "그들도 의로 여기심을 얻게 하려 하심이라."[17]

4:9 "우리가 말하기를 아브라함에게는 그 믿음이 의로 여겨졌다 하노라"(롬 4:9). "이것을 그리스도의 의의 전가로 말미암아 우리가 의롭다 함을 얻게 된 것, 곧 하나님이 자신이 친히 행하고 겪으신 것으로 말미암아 우리의 존재를 의로운 존재로 다루신 것과 충분히 일치된다고 말할 수 있다고 이해하는 것보다 더 쉬운 것은 있을 수 없다고 나는 생각한다. 왜냐하면 이것이 우리가 하나님의 인정을 받게 된 공로적인 원인이지만, 믿음이 우리에게는 '우리가 의롭다 함을 받은 존재가 되도록' 또는 의로운 자가 되도록 '에이스 디카이오쉬넨'(εἰς δικαιοσυην) 곧 '의'로 여겨진다고 말할 수 있기 때문이다. 말하자면……우리는 하나님의 계산서에 채무자로 기재되어 있기에 그리스도께서 우리를 위하여 의를 이루실 때 행하신 것으로 이 계산서의 채무가 청산된다. 그러나 복음의 효력에 따라 우리는 이 유익을 얻을 자격이 있고, 또 하나님의 기록 책에 '우리는 신자'로 기재되어 있다. 그리고 이것이 드러나면 우리는 은혜로 석방되고, 아니 그뿐만 아니라 마치 우리 자신이 완전히 무죄하고 철저히 순종한 것처럼 상을 받는다"(필립 도드리지, 『가정 성경 강해』).[18]

¹¹그가 할례의 표를 받은 것은 무할례시에 믿음으로 된 의를 인친 것이니 이는 무할례자로서 믿는 모든 자의 조상이 되어 그들도 의로 여기심을 얻게 하려 하심이라 ¹²또한 할례자의 조상이 되었나니 곧 할례 받을 자에게뿐 아니라 우리 조상 아브라함이 무할례시에 가졌던 믿음의 자취를 따르는 자들에게도 그러하니라 ¹³ 아브라함이나 그 후손에게 세상의 상속자가 되리라고 하신 언약은 율법으로 말미암은 것이 아니요 오직 믿음의 의로 말미암은 것이니라

4:11 "[그가] 믿는 모든 자의 조상이 되어 그들도 의로 여기심을 얻게 하려 하심이라"(롬 4:11). 할례는 아브라함이 믿는 모든 자의 조상이라는 것을 보증하는 징표였다.¹⁹

할례는 우리가 창세기 17장의 관련 기사에서 보는 것처럼 은혜 언약의 보증으로 주어진 첫 번째 제도였다. 창세기 17:5과 17:9-10을 비교해 보면 드러나는 것처럼, 할례는 하나님께서 아브라함을 여러 민족의 아버지로 삼겠다고 약속하신 언약의 보증으로 나타난다. 그리고 우리는 분명히 그것을 믿음으로 된 의의 보증으로 배웠다(롬 4:11). 바울은 아브라함에 대하여 말하면서, 그가 "할례의 표를 받은 것은 믿음으로 된 의를 인친 것"이라고 말한다.²⁰

여기서 "의"는 죄인이 그리스도로 말미암아 의롭다 함(칭의)을 얻는 방법을 의미하는 것으로 보인다. 이것은 단순히 그리스도의 적극적 의를 의미하는 것으로 그치지 않는다. 이보다 훨씬 더 큰 의미가 내포되어 있다. 따라서 성경에서는 중보자와 관련하여 "의"라는 말이 사용될 때, 거의 항상 이처럼 넓은 의미를 취한다. 그리스도는 "주 우리의 의"로 불린다. 즉 그리스도는 우리가 자기 안에 있을 때 우리를 의롭게 하시는 분이다. 그러므로 우리는 주 여호와 안에서 의와 힘을 갖는다(사 12:2, 26:4). 말하자면, 그리스도 안에서 우리는 하나님께 의인으로 인정을 받는다. 로마서 4:11에서 우리는 할례가 믿음으로 된 의를 인친 것, 곧 믿음으로 말미암

아 얻는 칭의의 방법을 보증하는 것이라는 말씀을 읽는다. 4:13에서는 아브라함이 세상의 상속자가 될 것이라는 약속은 믿음의 의로 말미암은 것이라고 말한다. 따라서 로마서 1:17, 3:21-22도 반드시 그렇게 이해되어야 한다. 말하자면, 하나님의 의는 하나님의 본성의 거룩하심 또는 그리스도의 인격적 거룩하심이나 순전하심으로 이해되는 것이 아니라 사람을 의롭게 하시는 하나님의 방법으로 이해되어야 한다.[21]

아브라함은 그리스도를 충분히 표상할 수 있다. 왜냐하면 그리스도께서 아브라함의 자손이기 때문이다. 또 아브라함은 교회도 충분히 표상할 수 있다. 왜냐하면 바울이 증언하는 것처럼(롬 4:11), 아브라함은 교회의 조상 곧 믿는 모든 자의 조상이었기 때문이다. 게다가 아브라함과 그의 가족은 말하자면 하나님의 가시적 교회였고, 하나님은 그 목적을 위하여 곧 자신의 교회가 아브라함의 가족으로 존속되도록 아브라함을 나머지 세상과 분리시키셨다.[22]

"율법으로 말미암는 죄의 정욕이"(롬 7:5). "여기서 '타 디아 투 노무'(τὰ διὰ τοῦ νόμου)는 '율법 아래'나 '율법에도 불구하고'로 적절하게 번역될 수 있다. 로마서 4:11도 마찬가지다. '이는 무할례자로서 믿는 모든 자의 조상이 되어.' 여기서 '디 아크로뷔스티아'(δί ἀκροβυστία)는 '무할례 아래' 또는 '그들이 할례를 받지 않았음에도 불구하고'를 의미한다. 디모데전서 2:15도 그렇다. '소데세타이 데 디아 테스 테크노고니아스'(σωθήσεται δὲ διὰ τῆς τεκνογονίας)는 '그러나 여자들이 해산 아래' 또는 '해산의 상태에서' 또는 '해산에도 불구하고 구원을 얻으리라'는 의미다."[23]

바울은 로마서 4:11에서 우리에게 할례의 목적이 무엇인지를 분명히 말해 준다. "그가 할례의 표를 받은 것은 무할례 시에 믿음으로 된 의를 인친 것이니." 이 표현을 유의하자. 바울은 할례를 단순하게 "믿음으로 된 의를 인친 것"으로 말하지 않고, 먼저 자기 안에 있었던 믿음의 의 곧 할례를 받기 전에 "그가 받은 믿음으로 된 의를 인친 것"이라고 말한다. 다시 말해, 할례는 아브라함이 이전에 은혜 언약에 대한 이 보증을 받은 것에 대한 표지였다. 아브라함은 할례를 받기 전에 먼저 은혜 언약의 조건 곧 믿음, 곧 의롭다 함을 얻게 하는 믿음을 받아들였다. 그리고 할례는 믿음이 아브라함 안에 있기 때문에 이 믿음에 대한 보증이었다. 바울은 할례가 아브라함이 갖고 있는 도덕적 신실함에 대한 보증이라고 말하지 않고, 아브라함이 갖고 있는 믿음의 의에 대한 보증이라고 말한다. 바울은 이것을 할례 제도가 처음에 주어졌을 때 갖고 있던 본질과 목적을 선언하는 것으로 말한다. 왜냐하면 바울은 여기서 하나님이 이후에 할례를 받아야 하는 모든 사람의 본보기로서, 이후 모든 세대가 속하게 될 하나님의 교회의 공통 조상 곧 하나님의 모든 언약 백성의 조상인 아브라함과 은혜 언약을 맺으신 것에 대하여 말하고 있기 때문이다. 그것은 이어지는 구절들에서 다음과 같이 표현되어 있는 것과 같다. "그가 할례의 표를 받은 것은 무할례 시에 믿음으로 된 의를 인친 것이니 이는 무할례자로서 믿는 모든 자의 조상이 되어 그들도 의로 여기심을 얻게 하려 하심이라. 또한 할례자의 조상이 되었나니 곧 할례 받을 자에게뿐 아니라 우리 조상 아브라함이 무할례 시에 가졌던 믿음의 자취를 따르는 자들에게도 그러하니라"(롬 4:11-12). 이것으로 보아 이 언약과 언약의 보증 문제에 있어 아브라함은 세상 끝날까지 이어질 자신의 모든 후손의 중대한 본보기였던 것이 분명하다.[24]

4:12 11절에서 할례 받지 않은 자들이 아브라함의 믿음을 갖고 있을 때 어떻게 아브라함이 그들의 조상이 되는지에 대하여 제시한다면, 이 구절에서 바울은 아브라함이 할례 받은 자들 곧 단순히 또는 간신히 할례를 받은 자들뿐만 아니라 할례를 받고 그들의 조상 아브라함의 믿음의 발자

취를 따르는 자들의 조상이기도 하다는 사실을 선언한다. 따라서 이 두 구절의 내용을 합하면 바울이 선언하는 것은 다음과 같다. 즉 아브라함은 아직 할례를 받기 전에 갖고 있던 믿음의 의의 보증으로 할례를 받았고, 이 할례로 말미암아 하나님은 아브라함과 맺으신 약속을 인치셨으며, 그 결과 아브라함은 자신과 같이 믿는 모든 자의 조상이 되었고, 오직 그렇게 함으로써 할례를 받았든 받지 않았든 간에 자기와 같이 믿은 할례 받지 않은 이방인들의 조상 및 자기와 같이 믿은 할례 받은 유대인들의 조상이 되었다.[25]

아브라함이 "할례자의 조상"으로 불리는 것은 그의 할례가 그가 자신의 믿음의 발자취를 따르는 모든 자의 조상이라는 약속의 보증이었기 때문이다. 할례는 아브라함을 여러 민족 곧 그와 같이한 모든 자, 다시 말하면 믿는 자들의 아버지로 인쳤다. "할례자의 조상"이라는 표현은 단순히 할례로 말미암아 아브라함이 조상이 된 것 또는 할례로 말미암아 조상으로 인친 것 또는 조상이 할례로 말미암아 인쳐진 것을 가리키는 것 외에 다른 것이 아니다. 이것은 이전 구절과 충분히 일치된다. 또는 아브라함은 "할례자의 조상"이라고 말할 때, 그 의미는 아브라함이 믿는 모든 자의 할례 받은 조상이었다는 것이다. 왜냐하면 아브라함이 이후에 예수 그리스도를 배출한 이삭을 낳은 것은 할례를 받은 후였기 때문이다.[26]

4:13 아브라함은 세상의 주요 민족들과 왕들을 정복했고, 이것은 하나님이 그에게 "세상의 상속자가 되리라"고 약속하신 것에 대한 보증이었다(롬 4:13). 아브라함이 그들을 정복한 것은 용병 군대가 아니라 오직 자기 가족에게 속한 군대를 통해서였다. 세상을 정복하기 위하여 싸우려고 그리스도와 함께 출정하는 군대도 마찬가지이고(계 19:14), 이 군대는 그리스도의 교회 곧 그리스도의 가족이다. 아브라함은 땅과 땅의 군대와 하나

로 결탁한 그 군대의 모든 세력을 정복한다. 그때 아브라함의 승리는 나중에 있을 그리스도의 승리의 모형이었다.[27]

온 세상을 다스리실 권리를 갖고 계시고, 본래 만민의 왕이신 하나님의 적절한 상속자이자 하늘과 땅의 소유자이신 그리스도에게 온 세상에 주어지도록 되어 있다고 가정하는 것은 자연스럽고 합리적인 판단이다. 우리는 성경에서 성부 하나님은 신인(神人)으로서 자기 아들을 자신의 은혜의 나라 또는 중보의 나라에서 "세상의 상속자"로 삼아 그분이 이 나라에서 "이방인을 자신의 기업으로 삼고, 세상이 끝날 때 만물이 그의 소유가 되도록 하신다"는 것을 배운다(시 2:6-8, 히 1:2; 2:8). 따라서 아브라함은 자기 자신이 아니라 자신의 후손 곧 그리스도 안에서 "세상의 상속자"가 된다고 말한다(롬 4:13).[28]

"하나님이 아브라함에게 약속하실 때에 가리켜 맹세할 자가 자기보다 더 큰 이가 없으므로 자기를 가리켜 맹세하여 이르시되 내가 반드시 너에게 복 주고 복 주며 너를 번성하게 하고 번성하게 하리라 하셨더니"(히 6:13-14). 이 약속은 주로 메시아로 말미암아 하나님의 교회가 급격히 부흥하는 일로 성취되는데, 특별히 아브라함에게 그의 후손으로 말미암아 땅의 모든 족속이 복을 받게 될 것이라고 주신 약속에 따라 이방인이 부르심을 받는 일에서 성취된다(롬 4:11, 13, 16-17, 히 11:12).[29]

[14]만일 율법에 속한 자들이 상속자이면 믿음은 헛것이 되고 약속은 파기되었느니라 [15]율법은 진노를 이루게 하나니 율법이 없는 곳에는 범법도 없느니라

4:14 이스라엘 자손이 이 말씀의 인도를 받았다면(그들이 이 말씀을 적절히 고려했다면) 값없는 은혜에 대한 편견으로 자기들 자신의 의를 신뢰하는 위험에 빠지지는 않았을 것이다. 왜냐하면 여기서처럼 믿음이 이런 식

으로 약속되어 있는 것 곧 믿음이 그들의 의로 인정될 것이라는 것은, 분명히 믿음은 자체로는 의가 아니고, 따라서 믿음이 의가 되는 것은 하나님이 기꺼이 자신의 은혜로 믿음을 받아 주고, 그리하여 믿음을 그들에게 돌리겠다고 약속하시기 때문이다. 만일 믿음이 본래적인 의라면, 그래서 하나님께 자체로 인정해 달라고 당당히 요구할 수 있는 것이라면, 하나님이 믿음을 의로 여기실 것이므로, 또는 자신의 은혜로 믿음에 의의 가치를 두실 것이므로, 믿음이 마치 우리의 의인 것처럼 "믿음이 우리의 의가 될" 것이라는 특별한 약속을 주실 필요가 어디 있겠는가? "만일 그 유업이 율법에서 난 것이면 약속에서 난 것이 아니리라. 그러나 하나님이 약속으로 말미암아 아브라함에게 주신 것이라"(갈 3:18).[30]

비슷한 의도가 로마서 4:14과 고린도후서 3:6-9에도 나타나 있다. 여기서 고린도후서 본문을 보면 바울은 율법을 "죽이는 율법 조문, 죽게 하는 직분, 정죄의 직분"으로 부른다. 율법을 어기는 모든 자에게 경고되는 율법의 진노, 정죄, 죽음은 최종적 파멸, 둘째 사망, 영원한 멸망이다. 그것은 매우 명백하고 명확하다. 그리고 모든 죄에 대하여 율법이 경고하는 이 형벌은 정당한 처벌이다. 모든 죄가 진실로 마땅히 받아야 할 처벌이다. 하나님의 율법은 공의의 율법이고, 율법의 선고는 공의의 선고이기 때문이다.[31]

4:15 적절한 규칙이 있어야 일치나 불일치가 있는 법이다. 옳거나 그른 것과 관련하여 어떤 사실을 말할 때마다 그것은 어떤 규칙과 관련되어 있다. 만약 사실들을 규제하는 어떤 규칙이 없다면 옳거나 그른 것을 정할 수가 결코 없을 것이다. 왜냐하면 이런 경우에 규칙에 일치하는지 아니면 불일치하는지에 대하여 어떤 말도 할 수 없게 되기 때문이다. "율법이 없는 곳에는 범법도 없느니라"(롬 4:15).[32]

그러나 바울은 로마서 2:14-15에서 모세 율법을 갖고 있지 못하고, 계시된 어떤 법도 갖고 있지 못한 자들이 어떻게 죽음과 멸망에 처할 수 있는지를 우리에게 보여준다. 즉 그들은 본성의 법을 갖고 있기 때문에 이 본성의 법에 따라 이 처벌의 선고 아래 들어간다. "(율법 없는 이방인이 본성으로 율법의 일을 행할 때에는 이 사람은 율법이 없어도 자기가 자기에게 율법이 되나니 이런 이들은 그 양심이 증거가 되어 그 생각들이 서로 혹은 고발하며 혹은 변명하여 그 마음에 새긴 율법의 행위를 나타내느니라)". 그들의 양심은 이 율법이 규정하는 의무에 대하여 증언할 뿐만 아니라 앞에서 말한 처벌 곧 율법 없이 죄를 지은 자들이 겪도록 되어 있는 멸망에 대해서도 증언한다. 바울은 이것을 더 구체적으로 제시하는데(롬 1:32), 거기서 "이 같은 일을 행하는 자는 사형에 해당한다고 하나님께서 정하심을 알고 있는" 이교도에 대하여 특별히 말하고 있다. 테일러 박사는 종종 이 법을 정의의 규칙이라 불렀는데, 이 본문에 대한 그의 해석에 따르면 이 정의의 규칙은 모세 율법 아래 있지 않은 죄인들에게 죽음을 선고했다. 테일러는 이에 대하여 다음과 같이 말했다. "이교도는 이 정의의 규칙을 모르고 있지 않았다. 하나님은 이 규칙을 인간 본성 속에 심으셨다. 또한 이 규칙은 이런 일을 행하는 자들은 사형을 받아야 한다는 것을 보여준다." 그리고 테일러 박사는 로마서 4:15에 대한 자신의 『로마서 주석과 해설』에서, (아담과 모세 사이에 생존한) 아브라함은 정의의 규칙 아래 있었고, 은혜의 약속이 없었더라면 이 규칙에 의하여 소망 없이 처벌에 처해졌을 것이라고 가정한다.[33]

우리는 여기서 바울이 율법의 행위로 의롭다 함을 얻지 못한다고 말할 때 율법의 행위가 단순히 율법에 대한 외적 순종을 의미하는 것이 아님을 증명해야 한다. "율법의 의로는 흠이 없는 자"(빌 3:6), 곧 일반적으로 옛날부터 율법을 잘 알고 있던 바리새인과 유대인으로서 바울은 율법의 지

위에 대하여 호의적인 것처럼 보인다는 반론에 대하여 대답해 보자. 빌립
보서 3:15에서 말하는 것처럼, 바울은 자신이 "율법으로는 바리새인"이
라고 말한다. 즉 바울은 율법을 바리새인이 해석한 것과 똑같은 방식으로
해석했다. 그리고 이제 바울은 그 해석에 따라 자기는 율법의 의에 대하
여 흠이 없는 자라고 덧붙인다. 여기서 바울은 이것 외에 다른 사실을 가
리킬 수 없다. 왜냐하면 다른 곳에서 바울은 율법이 올바르게 이해되면,
"기록된 바 누구든지 율법 책에 기록된 대로 모든 일을 항상 행하지 아니
하는 자는 저주 아래에 있는 자라"(갈 3:10)고 말하는 것처럼, 모든 사람
을 정죄하고, 또 율법으로는 "죄를 깨달으며"(롬 3:20), "전에 율법을 깨닫
지 못했을 때에는 내가 살았더니 계명이 이르매 죄는 살아나고 나는 죽
었고"(롬 7:9), "율법은 진노를 이루게 하며"(롬 4:15), 다른 많은 언급들이
동일한 성격을 갖고 있다고 지적하기 때문이다.[34]

¹⁶그러므로 상속자가 되는 그것이 은혜에 속하기 위하여 믿음으로 되나니 이는
그 약속을 그 모든 후손에게 굳게 하려 하심이라 율법에 속한 자에게뿐만 아니
라 아브라함의 믿음에 속한 자에게도 그러하니 아브라함은 우리 모든 사람의 조
상이라 ¹⁷기록된 바 내가 너를 많은 민족의 조상으로 세웠다 하심과 같으니 그가
믿은 바 하나님은 죽은 자를 살리시며 없는 것을 있는 것으로 부르시는 이시니라

4:16 결국, 이것은 예수 그리스도로 말미암아 자신의 값없는 은혜를 높
이려는 하나님의 계획과 반대된다. 그것은 하나님이 영원부터 자신의 마
음속에 두고 계셨고, 일찍 나타내셨으며, 확실히 이 세상을 만드시고 만
물을 규제하고 통치하시는 역사에 복종시키는 계획이다. 이런 방법으로
하나님은 항상 자신과 자신의 아들을 영화롭게 할 의도를 갖고 계셨다.
그러므로 자기들 자신의 의(자기 의)로 구원받을 것이라고 생각하는 자
들은 자기들 속에 있는 것으로 이 전체 계획을 전복시킨다. "그러므로 상

속자가 되는 그것이 은혜에 속하기 위하여 믿음으로 되나니"(롬 4:16). "이는 아무 육체도 하나님 앞에서 자랑하지 못하게 하려 하심이라"(고전 1:29).[35]

　성경에서 칭의에 대하여 말하는 본문이 이 외에는 없다고 해도, 이 본문 하나만으로도 우리는 우리 자신의 선, 덕, 의 또는 우리가 종교를 통해 행한 어떤 훌륭함이나 의로움으로 말미암아 의롭다 함을 얻을 수 없다는 것을 분명하고 확고하게 증명할 것이다. 왜냐하면 이 본문은 그것을 매우 충분히 그리고 강력하게 천명하고 있기 때문이다. 하지만 이 본문은 율법의 행위로 의롭다 함을 얻는 것을 부인하는 사도 바울의 다른 본문들을 충분히 확증하는 역할도 하고 있다. 바울이 여기서 하나님이 우리를 구원하시는 것은 "우리가 행한 바 의로운 행위"로 말미암지 아니하고(딛 3:5), 우리는 "그의 은혜를 힘입어 의롭다 하심"을 얻기(딛 3:7) 때문에 하나님은 자신의 긍휼하심을 따라 우리를 구원하신다고 증명할 때, 행위로 얻는 구원을 반대하고 은혜로 얻는 구원을 강조하고 있다는 것은 합리적으로 의심할 여지가 조금도 있을 수 없다. 여기서 말하는 행위는 행위를 반대하는 다른 본문들에서 말하는 것과 동일한 행위를 가리킨다. 예를 들면 로마서 11:6에서 다음과 같이 말하는 것도 동일한 행위다. "만일 은혜로 된 것이면 행위로 말미암지 않음이니 그렇지 않으면 은혜가 은혜 되지 못하느니라. 곧 만일 행위로 된 것이면 은혜로 말미암지 않음이니 그렇지 않으면 행위가 행위 되지 못하느니라." 또 로마서 4:4에서도 동일한 행위가 나타나 있다. "일하는 자에게는 그 삯이 은혜로 여겨지지 아니하고 보수로 여겨지거니와." 그리고 로마서 3:24의 문맥에서 말하는 것도 동일한 행위다. 거기서 바울은 율법의 행위를 "하나님의 은혜로 값없이 의롭다 하심을 얻은" 것으로 부른다. 그리고 로마서 4:16에서는 "그러므로 상속자가 되는 그것이 은혜에 속하기 위하여 믿음으로 되나니"라고 말한다.

이 문맥에서 믿음의 의는 율법의 의와 반대된다. 왜냐하면 여기서 하나님이 자신의 긍휼하심으로 우리를 구원하고 은혜로 우리를 의롭게 하시는 것은 우리가 행한 바 의로운 행위로 우리를 구원하는 것과는 반대되고, 이것은 그의 은혜로 우리를 의롭게 하시는 것은 율법의 행위로 우리를 의롭게 하시는 것과 반대된다고 말하는 본문들과 마찬가지이기 때문이다.

명백히 하나님의 은혜를 떨어뜨리거나 감소시키는 이런 칭의 견해는 단호히 거부되어야 한다. 왜냐하면 죄인들을 의롭게 하시는 방법과 죄인들을 하나님의 호의와 그 호의의 복된 열매로 이끄는 방식으로 자신의 은혜의 값없음과 풍성함을 높이는 것이 복음 속에 나타나 있는 하나님의 공인된 계획이기 때문이다. 성경은 복음 언약 속에 규정되어 있는 칭의의 방법은, 말하자면 하나님의 값없는 은혜를 표현하고 높이는 목적을 위하여 정해진 것이라고 가르친다. "그러므로 상속자가 되는 그것이 은혜에 속하기 위하여 믿음으로 되나니"(롬 4:16). 복음의 주된 목적은 분명히 죄인들의 칭의와 구원에 대하여 복음 계획 속에 나타나 있는 하나님의 값없는 은혜를 행사하고 높이는 것에 있다. 그리고 이 복음의 은혜의 값없음과 풍성함은 성경 모든 곳에서 복음의 주된 영광으로 전해진다. 그러므로 죄인들을 의롭게 하시는 데 있어 하나님의 값없는 은혜의 가치를 떨어뜨리는 교리는, 하나님의 계획과 가장 크게 반대되는 것이므로, 하나님을 크게 모독하는 것이 틀림없다.

그러나 행위 언약과 은혜 언약 사이의 크고 매우 두드러진 차이는 우리는 은혜 언약 또는 은혜로 말미암아 우리 자신의 행위가 아니라 오직 예수 그리스도를 믿는 믿음으로 의롭다 함을 받는다는 것이다. 이 설명에 따르면, 로마서 4:16에서 분명히 하는 것처럼 대체로 새 언약은 은혜 언약이라는 이름으로 불릴 자격을 갖고 있다. 로마서 3:20, 24도 마찬가지다. "그러므로 율법의 행위로 그의 앞에 의롭다 하심을 얻을 육체가 없나니……그리스도 예수 안에 있는 속량으로 말미암아 하나님의 은혜로 값없이 의롭다 하심을 얻은 자 되었느니라."[36]

성경이 구원에 이르게 하는 믿음에 대하여 말하는 또 하나의 두드러진 지적은 아브라함의 믿음이 바로 그런 믿음이라는 것이다. "그러므로 상속자가 되는 그것이 은혜에 속하기 위하여 믿음으로 되나니 이는 그 약속을 그 모든 후손에게 굳게 하려 하심이라. 율법에 속한 자에게뿐만 아니라 아브라함의 믿음에 속한 자에게도 그러하니 아브라함은 우리 모든 사람의 조상이라"(롬 4:16). 따라서 "아브라함의 믿음"은 아브라함이 갖고 있었던 것과 같은 수준의 믿음일 수 없다. 의심할 것 없이 아브라함만한 믿음의 명성을 갖지 못한 사람들도 무수히 구원을 받은 상태에 있기 때문이다. 그러므로 아브라함의 믿음은 아브라함의 믿음과 동일한 성격과 종류에 속해 있는 믿음을 가리키는 것 말고 다른 것일 수 없다.[37]

"그가 믿은 바 하나님은 죽은 자를 살리시며 없는 것을 있는 것으로 부르시는 이시니라"(롬 4:17). 아브라함은 "죽은 자를 살리시는" 분을 믿었고, 그리하여 방해가 된 온갖 어려움에도 불구하고, 그리고 특히 자신의 몸과 사라의 태의 죽은 상태에도 불구하고 많은 민족의 조상이 될 수 있었다. 아브라함은 "없는 것을 있는 것으로 부르시는" 이를 믿었다. 그때 하나님은 아브라함에게 "내가 너를 여러 민족의 아버지가 되게 함이니라"(창 17:5)고 말씀하셨는데, 하나님이 그것을 약속하셨으므로 그렇게 될 것이 매우 확실했다는 점에서 이미 그 일이 일어난 것처럼, 곧 방해가 된 온갖 어려움에도 불구하고 이미 그 일이 있는 것처럼 하나님은 그렇게 말씀하셨다. "없는 것을 있는 것으로 부르시는 이시니라." "이것은 그분 앞에 이미 일어나 나타난 것처럼 그들을 부르시는 것으로 이해되어야 한다는 것을 여기서 아이즈너(Eisner)는 잘 증명했다."[38] ☐

¹⁸아브라함이 바랄 수 없는 중에 바라고 믿었으니 이는 네 후손이 이같으리라 하신 말씀대로 많은 민족의 조상이 되게 하려 하심이라 ¹⁹그가 백 세나 되어 자기 몸이 죽은 것 같고 사라의 태가 죽은 것 같음을 알고도 믿음이 약하여지지 아니하고 ²⁰믿음이 없어 하나님의 약속을 의심하지 않고 믿음으로 견고하여져서 하나님께 영광을 돌리며 ²¹약속하신 그것을 또한 능히 이루실 줄을 확신하였으니 ²² 그러므로 그것이 그에게 의로 여겨졌느니라 ²³그에게 의로 여겨졌다 기록된 것은 아브라함만 위한 것이 아니요 ²⁴의로 여기심을 받을 우리도 위함이니 곧 예수 우리 주를 죽은 자 가운데서 살리신 이를 믿는 자니라 ²⁵예수는 우리가 범죄한 것 때문에 내줌이 되고 또한 우리를 의롭다 하시기 위하여 살아나셨느니라

4:18 "아브라함이 바랄 수 없는 중에 바라고 믿었으니……많은 민족의 조상이 되게 하려 하심이라." 도드리지 박사는 이 말씀을 다음과 같이 번역한다. "바랄 수 없는 자가 자신이 많은 민족의 조상이 되리라는 소망을 갖고 믿었다."³⁹

4:19 "자기 몸이 죽은 것 같고"(롬 4:19). 반론. 그렇지만 아브라함은 이후에 그두라를 통해 많은 자녀를 두었다. 답변. 하나님은 아브라함이 자녀를 낳을 능력을 상실한 후에 기적적으로 자녀를 낳을 능력 또는 은사를 회복시키셨고, 이후로 그 능력은 오랫동안 지속되었으며, 그것은 하나님의 역사 방법과 일치한다. 하나님은 이적으로 은혜를 베푸실 때 그것은 대체로 오랫동안 지속되고 그림자처럼 사라지는 것이 아니다.⁴⁰

4:25 그리스도께서 한 개인이 아니라 택하심 받은 모든 교회의 머리로서 부활하셨다는 사실을 고려한다면, 그것은 그리스도께서 취득한 구속의 한 부분으로 간주할 수 있다. 말하자면 성도들은 그리스도 안에서 모두 부활한 것이다. 그리스도는 부활하심으로써 의롭다 함을 받게 되었다. 즉 그리스도는 부활을 통해 자신이 모든 택함 받은 자들의 죄를 위하여 충분

히 행하고 고난받으신 것을 입증하셨기 때문에 하나님은 그리스도에게 무죄를 선언하고 석방하셨다(롬 4:25).[41]

말하자면 그리스도께서 우리가 범죄한 것 때문에 내줌이 되고, 또한 우리를 의롭다 하시기 위하여 살아나신 것은, 우리의 칭의에 자신의 고난을 적용시키고, 우리가 의롭다는 사실에 그것들을 내세우기 위함이시다.[42]

그리스도께서 사람들의 죄를 위하여 완전히 희생당하지 아니하고 그래서 자신에게 전가된 죄책을 모조리 제거하지 아니하셨다면, 죄 없는 존재로 두 번째 나타나실 수 없었을 것이고, 항상 죄에 대한 하나님의 저주 아래 남아 있을 것이다. 그러나 심판 날에 그리스도는 무한히 먼 저곳에서 다시 나타나실 것이다. 그리스도께서 심판 날에 보여주실 영광은 모든 사람에게 그분이 죄를 충분히 배상하신 것을 가장 크고 가장 밝게 증명할 것이다. 그리스도의 부활은 그분의 "의"에 대한 영광스러운 증거이고, 그러므로 그분의 "의"로 불린다(롬 4:25).[43]

확실히 신자의 칭의는 모든 신자의 머리이자 대속물이신 분의 칭의에 대한 동참이나 참여가 허락되는 것 외에 다른 것이 아니다. 왜냐하면 그리스도께서 한 개인이 아니라 우리의 대속물로서 죄의 형벌을 받으신 것처럼, 이 고난 이후에 그분이 죽은 자 가운데서 다시 살아나셨을 때 그로 말미암아 그분은 한 개인이 아니라 자기를 믿는 모든 사람의 대속물과 대표로서 의롭다 함을 받으셨기 때문이다. 따라서 바울에 따르면, 그리스도는 자기 자신을 위해서만이 아니라 우리의 칭의를 위해서 다시 살아나셨다.

그리스도는 이전에 우리를 대표하고 우리의 율법 아래 자신을 두심으로써 하나님께 책임을 지셨을 때, 그 율법으로 말미암아 고난을 받아야 했고, 또 같은 율법으로 말미암아 순종의 의무를 짊어지셨다. 동일한 율법으로 말미암아 사람의 죄책을 자신에게 전가시키신 후에 우리의 대속물이 되신 그리스도는 고난을 겪으신 후에 비로소 석방되실 수 있었고,

순종하셨을 때 비로소 상을 받으셨다. 그러나 그리스도는 개인으로서가 아니라 우리의 머리로서 석방되셨고, 그래서 신자들은 그리스도의 방면(放免)에 따라 방면된다. 또 그리스도께서 순종으로 상을 받으신 것은 한 개인으로서가 아니라 우리의 머리로서 받으신 것이고, 그래서 우리는 그리스도께서 인정받으실 때 인정받는다. 성경은 우리에게 그리스도는 죽은 자 가운데서 살아나셨을 때 의롭다 함을 받으셨다고 가르친다. 내가 이미 확인한 것처럼 이 칭의는 그리스도께서 우리의 죄책에서 방면되신 것과 자신의 순종에 대한 상으로 높아지심과 영광 속에 들어가신 것을 함께 함축한다. 그러나 신자들은 믿는 순간 그리스도와 함께 그분의 칭의에 참여하는 것이 허락된다. 따라서 우리는 그리스도는 "우리를 의롭다 하시기 위하여 살아나셨다"는 말을 듣는다(롬 4:25).[44]

하나님이 우리의 소망을 위하여 주신 충분한 근거를 확인해 보면, 이 근거로 말미암아 우리는 "소망이 우리를 부끄럽게 하지 않는다는" 것을 확신할 수 있다. 여기서 바울은, 이 소망의 첫 번째 및 두 번째 사실과 함께, 로마서 4:25에서 증명되는 것처럼 영광의 소망을 우리가 그리스도의 피로 말미암아 갖고 있는 우리의 칭의 및 하나님과의 화평의 열매로 언급하고 있다. 또 로마서 4:25에서 말하는 것처럼 이 수단 곧 그리스도의 피로 말미암아 우리가 바라는 것을 얻을 것이고, 우리가 이미 의롭다 함을 얻었으며, 하나님과 화평을 누리고 있는 것이 얼마나 확실하고 충분한 증거인지를 보여주고 있다.[45]

로마서 5장

¹그러므로 우리가 믿음으로 의롭다 하심을 받았으니 우리 주 예수 그리스도로 말미암아 하나님과 화평을 누리자 ²또한 그로 말미암아 우리가 믿음으로 서 있는 이 은혜에 들어감을 얻었으며 하나님의 영광을 바라고 즐거워하느니라

5:1-2 신자의 칭의는 하나님의 진노로부터의 해방을 함축하고 있을 뿐만 아니라 영광 속에 들어갈 자격도 함께 함축하고 있다는 것이 로마서 5:1-2로 보아 증명된다. 거기서 바울은 이 두 가지 유익을 칭의에 함축되어 있는 공동의 유익으로 제시한다. "그러므로 우리가 믿음으로 의롭다 하심을 받았으니 우리 주 예수 그리스도로 말미암아 하나님과 화평을 누리자 또한 그로 말미암아 우리가 믿음으로 서 있는 이 은혜에 들어감을 얻었으며 하나님의 영광을 바라고 즐거워하느니라." 따라서 죄사함과 거룩하게 된 자들의 기업이 그리스도를 믿는 믿음으로 말미암아 공동으로 얻는 유익으로 함께 언급된다. "그 눈을 뜨게 하여 어둠에서 빛으로, 사탄의 권세에서 하나님께로 돌아오게 하고 죄사함과 나를 믿어 거룩하게 된 무리 가운데서 기업을 얻게 하리라"(행 26:18). 이 두 가지 유익은 의심할 것 없이 사망에서 생명으로 옮겨지는 역사 속에 함축되어 있고, 그리스도는 이 역사를 믿음의 열매로 말씀하고 정죄의 심판과 대비시키신다. "내가 진실로 진실로 너희에게 이르노니 내 말을 듣고 또 나 보내신 이를 믿는 자는

영생을 얻었고 심판에 이르지 아니하나니 사망에서 생명으로 옮겼느니라"(요 5:24).

이 두 구절(롬 5:1-2)에서 칭의의 세 가지 유익이 언급되고 있다. 첫째, 하나님과의 화평. 하나님과의 화평은 하나님의 불쾌감과 진노에서 해방될 때 주어진다. 둘째, 현세에서 우리에게 허락되는 하나님의 값없고 풍성한 은혜, 신령한 즐거움, 영적 선과 복. 이 유익은 2절 시작 부분에서 "또한 그로 말미암아 우리가 믿음으로 서 있는 이 은혜에 들어감을 얻었으며"라는 말씀에 나타나 있다. 셋째, 미래의 복 또는 내세에서 주어질 하나님의 은혜의 열매에 대한 우리의 소망. 이것은 "하나님의 영광을 바라고 즐거워하느니라"는 말씀에 나타나 있다.[1]

5:2 "또한 그로 말미암아 우리가 믿음으로 서 있는 이 은혜에 들어감을 얻었으며." "그로 말미암아 우리가 이 은혜에 들어감을 얻었다(텐 프로사고겐 에스케카멘, τὴν προσαγωγὴν ἐσχήκαμεν)." 헤로도투스의 글을 보면 라펠리우스는 다음과 같이 증명했다. '프로사고게'(προσαγωγή)는 종종 사제 용어로 사용되고, '사제가 신전에 있는 신의 직접적 임재 속에 매우 엄숙한 마음을 갖고 들어가는 것'을 의미하며, 추정된 해석에 따르면, 여기에서 '프로사고게우스'(προσαγωγεύς) 곧 안내자라는 말이 나왔는데, 이 안내자는 일종의 신과 협상을 갖는 사람이었다."[2]

바울이 표현하는 것처럼 성도들은 모든 교회 안에서 온갖 좋은 것을 누릴 위치에 있다. 성도들은 당연히 소망을 갖고 있는 자다. 바울은 로마에 있는 교인들에 대하여 그들이 "하나님의 영광을 바라고 즐거워하는 것"에 대하여 말하고(롬 5:2), 또 히브리 그리스도인들에 대해서도 영혼의 닻같이 소망을 갖고 있는 것으로 말한다(히 6:19). 우리는 이런 구절을 거의 모든 서신에서 발견한다.[3]

³다만 이뿐 아니라 우리가 환난 중에도 즐거워하나니 이는 환난은 인내를, ⁴인내
는 연단을, 연단은 소망을 이루는 줄 앎이로다

5:3 바울은 로마서 5:3에서 그리스도로 말미암아 고난을 겪는 그리스도
인들은 환난 중에도 즐거워할 이유가 있다고 가르친다. 고린도후서 6:10
에서는 자기 자신에 대하여 말하면서, 자기는 그리스도를 위하여 겪은 고
난으로 근심하는 자 같으나 항상 기뻐했다고 고백한다. 그리고 바울은 히
브리서 10:34에서 히브리 그리스도인들에게 그들이 하늘에서 더 낫고 영
구한 소유가 있는 줄로 알고 자기들의 소유를 빼앗기는 것도 기쁘게 당했
다고 칭찬한다.⁴

　"소망이 우리를 부끄럽게 하지 아니함"(롬 5:5). 즉 성경의 언어로 말
하면 우리의 소망은 우리를 낙심으로 이끌지 않는다. 그 이유는 "우리에
게 주신 성령으로 말미암아 하나님의 사랑이 우리 마음에 부은 바" 되기
때문이다. 이 말씀에서 바울의 주장은 바로 이것이다. 하나님의 영광에
대한 우리의 소망은 단순히 절망적인 근심을 일으키는 소망이 아니라 우
리가 달콤하게 맛보고 있으며, 우리는 우리 마음속에 주어지는 성령의 보
증으로 우리가 소망했던 것을 이미 어느 정도 얻었다(롬 8:23, 고후 1:20-
22; 5:5-6, 엡 1:13-14; 4:30). 우리는 이 소망을 우리 안에 "부어지는" 거
룩하고 달콤한 하나님의 사랑 안에서 느끼고, 이 소망은 성령의 호흡이자
성령의 적절하고 자연스러운 역사다. 그러므로 우리는 "환난 중에도 즐거
워할" 수 있다(롬 5:3).⁵

5:3-4 "칼빈이 생각하는 것처럼 나도 사람들의 온갖 다양한 시험은 사람
들 자신과 세상을 향해서는 그들이 허깨비가 아니라는 것을 보여주고, 성
도들에게는 자신이 고귀한 존재라는 사실을 알려 줄 것이라고 생각한다.

더욱이······'환난은 인내를, 인내는 연단을, 연단은 소망을 이루는 줄 앎이로다'(롬 5:3-4). 잠언 17:3도 보라. 만일 환난의 무게를 알고자 한다면, 연단이 그것을 말해 줄 것이다."

따라서 하나님이 광야에서 그들이 직면한 어려움들을 통해 그리고 가나안에서 원수들로 인해 맞이한 어려움들을 통해 이스라엘을 시험하신다고 말할 때, 이 시험은 하나님의 계명을 지키는 것과 관련하여 그들의 마음속에 무엇이 있는지를 알아내는 한 방법이었다. 이 시험은 그들의 마음속에 무엇이 있는지 알 수 있게 함으로써 그들 자신을 발견하도록 한 것으로 이해되어야 한다. 따라서 하나님이 아들을 바치라는 어려운 명령으로 아브라함을 시험하거나 연단하셨을 때 아브라함이 하나님을 경외하는지 여부를 알아보신 것은 하나님 자신의 만족을 위해서가 아니라 아브라함 자신의 더 큰 만족과 위로를 위해서였고, 그것은 아브라함에 대한 호의를 더 분명히 보여주었다. 아브라함이 이 시험에서 자신의 신실함을 증명했을 때 하나님은 아브라함에게 "네가 네 아들 네 독자까지도 내게 아끼지 아니하였으니 내가 이제야 네가 하나님을 경외하는 줄을 아노라"(창 22:12)고 말씀하신다.[6]

5:4 "인내는 연단을." 여기서 "연단"으로 번역된 말은 '도키메'(δοκιμή) 곧 시험 또는 증명이다. 은혜의 열매에 대한 최고의 증명은 시험을 통해 은혜의 역사를 연단하는 것이고, 그리하여 연단은 소망을 낳는다.[7]

[5]소망이 우리를 부끄럽게 하지 아니함은 우리에게 주신 성령으로 말미암아 하나님의 사랑이 우리 마음에 부은 바 됨이니 [6]우리가 아직 연약할 때에 기약대로 그리스도께서 경건하지 않은 자를 위하여 죽으셨도다

5:5 "우리에게 주신 성령으로 말미암아 하나님의 사랑이 우리 마음에 부은 바 됨이니." 이 표현으로 보아 하나님에 대한 사랑은 삶의 선택과 과정에 대한 단순한 어떤 판단 행위나 단순히 지성의 현명한 결정 외에 다른 어떤 것임이 분명하다. 그러나 말하자면 영혼 속에 발산되는 신적이고 달콤하며 거룩하고 강력한 감정이 있다. "소망이 우리를 부끄럽게 하지 아니함은"(롬 5:5). 즉 성경의 언어로 말하면 우리의 소망은 우리를 낙심으로 이끌지 않는다. 그 이유는 "우리에게 주신 성령으로 말미암아 하나님의 사랑이 우리 마음에 부은 바" 되기 때문이다. 이 말씀에서 바울의 주장은 바로 이것이다. 하나님의 영광에 대한 우리의 소망은 단순히 절망적인 근심을 일으키는 소망이 아니라 우리가 달콤하게 맛보고 있으며, 우리는 우리 마음속에 주어지는 성령의 보증으로 우리가 소망했던 것을 이미 어느 정도 얻었다(롬 8:23, 고후 1:20-22; 5:5-6, 엡 1:13-14; 4:30). 우리는 이 소망을 우리 안에 "부어지는" 거룩하고 달콤한 하나님의 사랑 안에서 느끼고, 이 소망은 성령의 호흡이자 성령의 적절하고 자연스러운 역사다. 그러므로 우리는 "환난 중에도 즐거워할" 수 있다(롬 5:3).

"하나님의 사랑이 우리 마음에 부은 바 됨이니"로 보면, 바울은 하나님에 대한 우리의 사랑뿐만 아니라 우리에 대한 하나님의 사랑(이어지는 구절들에 나타나 있는 것처럼, 그리스도를 주신 것에서 분명히 드러나는)에 대한 의식도 포함시키기를 바라는 것으로 보인다. 왜냐하면 "하나님에 대한"(to) 사랑이 아니라 "하나님의"(of) 사랑으로 말하고 있기 때문이다. 요약하면 바울이 사용하는 "하나님의 사랑"이라는 말은, 우리 마음속에 부어지고 거기서 발산되는 어떤 것에 적용될 때, 우리가 통상적으로 이해하는 것보다 더 포괄적인 의미를 가진 말이다. 이 말은 성령이 인침과 보증과 미래의 영광으로 그리스도인에게 주어지고, 그리하여 그리스도인의 영혼 속에서 하나님과 우리 사이의 상호 사랑에 대한 내적 영혼의 황홀한 의식을 자극할 때 그의 영혼 속에 존재하는 거룩하고 달콤한 감각 전체를 포함하는 말이다.

우리가 상에 대한 소망으로 말미암아 상을 기다리며 "환난" 중에도 "인내"를 갖고 있을 때, 우리의 인내는 여기 현세에서도 상의 보증에 대하여 이처럼 즐거운 "경험"(연단)을 일으킨다. 그리고 이것은 이전 두 구절(롬 5:3-4)에서 말하는 것처럼 계속해서 소망을 확증하고, 그리하여 우리는 소망으로 말미암아 "인내하면서" "환난"을 견디고, "환난" 아래에서도 "인내로" 상을 기다리며 절대로 좌절하지 않고 혼란에 빠지지 않는다. 왜냐하면 우리가 이처럼 인내하고 기다릴 때 하나님은, 로마서 5:11에 언급된 신적 사랑과 거룩하고 달콤한 즐거움으로 우리 마음속에 성령의 보증을 느끼도록 하심으로써, 그것에 대한 보증으로 우리에게 상을 주시고, 그리하여 우리는 환난 중에도 즐거워하기 때문이다. 따라서 성령은 곧 사랑과 즐거움 속에서 흘러나오는 신적 사랑 또는 하나님의 본질이라는 주장이 나올 수 있다. 즉 바울은 우리가 우리 마음속에서 느끼는 하나님의 사랑과 하나님 안에서 누리는 즐거움을 언급하고 있고, 그것으로 우리는 특별히 우리의 마음속에서 성령의 보증을 느낄 수 있는데, 그것이 가능한 것은 성령의 본질이 사랑과 즐거움에 있기 때문이다.

만약 이것을 이후 구절들과 비교해 본다면, 우리는 바울이 여기서 하나님이 우리에 대한 자신의 사랑을 우리에게 주시고 그 사랑으로 우리의 마음을 채우시는 것뿐만 아니라 하나님이 우리에게 자신에 대한 사랑을 전달하시는 것도 함께 언급하고 있음을 발견할 것이다. 바울은 "하나님의 사랑"이라는 말에, 이처럼 포괄적으로 우리가 "우리 마음에 부어진" 하나님의 사랑을 느낀 것처럼, 하나님에 대한 우리의 사랑뿐만 아니라 우리에 대한 하나님의 사랑도 함께 담고 있는 것으로 보인다. 이것은 우리에 대한 하나님의 사랑과 하나님에 대한 우리의 사랑이 동일한 원천에 속해 있기 때문일 것이다. 성령을 우리에게 주시는 것, 이것이야말로 본질적 의미에서 하나님의 사랑이다. 이 사랑은 무한한 샘이다. 그리고 우리에 대한 하나님의 사랑은 오직 그 샘을 우리에게 주신 것이고, 하나님에 대한 우리의 사랑은 오직 그 샘에서 우리의 마음속에 전해진 어떤 것이다. 그러므로 우리 마음에 자신의 사랑을 부어 주실 때, 하나님은 이어지는 구절들에서 말하는 것처럼 우리를 위하여 대신 죽도록 그리스도를 주실 때 우리에게 보여주신 그 사랑을 우리가 소유하도록 하신다.

사람들이 복음 진리에 대한 올바른 믿음을 경험할 때 이 믿음은 사랑을 동반한다. 그들은 자기들이 그리스도 곧 살아 계신 하나님의 아들로 믿는 분을 사랑한다. 복음의 영광스러운 교리와 약속들의 진리가 확인되면, 이 교리와 약속들은 끈과 같아서 하나님과 그리스도에 대한 사랑으로 마음을 끌어당겨 묶는다. 사람들은 그리스도에 대한 참된 신뢰와 의존을 경험할 때 사랑으로 그분을 의지하되, 영혼의 즐거움과 진지한 동의를 갖고 그렇게 한다. 사랑하는 자는 그리스도를 사랑하기 때문에 그분의 그늘 아래 앉아서 심히 기뻐하고 그분의 보호의 그늘 아래 편안히 쉰다(아 2:3). 사람들은 참된 위로와 영적 즐거움을 경험할 때 마음이 사랑으로 불타오른다. 그들의 즐거움은 믿음과 사랑의 즐거움이다. 그들은 자기들 자신을 즐거워하는 것이 아니라 하나님이 그들의 폭발적인 즐거움의 원천이다. 사람들이 참된 소망을 경험할 때 그들의 소망은 마음속에 부어지는 하나님의 사랑을 동반하고, 따라서 그들은 참되고 부끄럽지 않은 소망의 증거를 갖고 있다.

바울은 빈번하게 그리스도로 말미암아 겪는 고난을 사랑의 열매로 지칭한다. 그러므로 바울이 명백히 사랑이나 자비의 다양한 열매를 종합하고 있는 이 지점에서 이토록 큰 사랑의 열매를 생략할 것이라고 보는 것은 개연성이 없을 것이다. 바울은 다른 곳에서 통상적으로 믿음으로 말미암아 겪는 고난을 사랑 또는 자비의 열매로 언급한다. 고린도후서 5:14에서 그렇게 말한다. "그리스도의 사랑이 우리를 강권하시는도다. 우리가 생각하건대 한 사람이 모든 사람을 대신하여 죽었은즉 모든 사람이 죽은 것이라." 고린도후서 4-5장에서 바울은, 처음부터 다른 사람들이 그를 미친 자로 간주할 정도로 자신이 그리스도로 말미암아 겪은 고난에 대하여 말한다. 그러나 그는 자신의 고난에 대한 이유를 그리스도의 사랑이 자기를 강권했기 때문이라고 언급한다. 따라서 로마서 5:3-5에서 바울은 환난 중에도 즐거워하고, 부끄러워하지 않고 인내와 소망으로 환난을 견디는 이유로 성령으로 말미암아 하나님의 사랑이 자기들의 마음에 부어졌기 때문이라고 지적한다(롬 5:5). 또 로마서 8:35-37에서 바울은 환난, 곤고, 박해, 기근, 적신, 위험, 칼도 이겨 낼 수 있는 그리스도의 사랑에 대하여 말한다(롬 8:35). 그러므로 그리스도로 말미암아 겪는 고난은 매우 큰 사랑의 열매이고, 또 다른 곳에서도 종종 사랑의 열매로 말하는 것으로 보아, 바울이 명백히 사랑이나 자비의 다양한 열매를 종합하고 있는 이 지점에서 이토록 큰 사랑의 열매를 생략할 것이라고 보는 것은 가능해 보이지 않는다.[8]

성령은 곧 사랑이시다. "성령의 감화와 거짓이 없는 사랑과"(고후 6:6). "형제들아, 내가 우리 주 예수 그리스도와 성령의 사랑으로 말미암아 너희를 권하노니"(롬 15:30). "그러므로 그리스도 안에 무슨 권면이나 사랑의 무슨 위로나 성령의 무슨 교제나 긍휼이나 자비가 있거든 마음을 같이하여 같은 사랑을 가지고 뜻을 합하며 한마음을 품어"(빌 2:1-2). "우리에게 주신 성령으로 말미암아 하나님의 사랑이 우리 마음에 부은 바 됨이니"(롬 5:5). "오직 성령의 열매는 사랑과 희락과 화평과 오래 참음과 자비와 양선과 충성과 온유와 절제니"(갈 5:22-23). "빛[성령]의 열매는 모든 착함과 의로움과 진실함에 있느니라"(엡 5:9). "성령 안에서 너희 사랑을 우리에게 알린 자니라"(골 1:8). "또 너희는 많은 환난 가운데서 성령의 기쁨으로 말씀을 받아 우리와 주를 본받은 자가 되었으니"(살전 1:6). "하나님의 나라는 먹는 것과 마시는 것이 아니요 오직 성령 안에 있는 의와 평강과 희락이라"(롬 14:17).[9]

그리스도인들 속에 하나님의 영이 함께하고 있고, 아니 최소한 그들의 영혼 속에 근본적이고 매우 자연스러운 성령의 감화와 활동이 있기 때문에, 성경은 여러 곳에서 그리스도인들 속에 존재하는 사랑에 대하여 말하는 것으로 보인다. "그러므로 그리스도 안에 무슨 권면이나 사랑의 무슨 위로나 성령의 무슨 교제나 긍휼이나 자비가 있거든 마음을 같이하여 같은 사랑을 가지고 뜻을 합하며 한마음을 품어"(빌 2:1-2). "성령의 감화와 거짓이 없는 사랑과"(고후 6:6). "형제들아, 내가 우리 주 예수 그리스도와 성령의 사랑으로 말미암아 너희를 권하노니"(롬 15:30). "성령 안에서 너희 사랑을 우리에게 알린 자니라"(골 1:8). "우리에게 주신 성령으로 말미암아 하나님의 사랑이 우리 마음에 부은 바 됨이니"(롬 5:5). "너희가 자유를 위하여 부르심을 입었으나 그러나 그 자유로 육체의 기회를 삼지 말고 오직 사랑으로 서로 종 노릇 하라. 온 율법은 네 이웃 사랑하기를 네 자신같이 하라 하신 한 말씀에서 이루어졌나니 만일 서로 물고 먹으면 피차 멸망할까 조심하라. 내가 이르노니 너희는 성령을 따라 행하라. 그리하면 육체의 욕심을 이루지 아니하리라"(갈 5:13-16). 바울은 그리스도인의 자유는 서로 헐뜯고 잡아먹는 육체의 욕심을 이루기 위한 것이 아니라고 주장한다. 왜냐하면 율법의 완성이었던 사랑의 원리가 육체의 욕심을 방해할 것이기 때문이다. 갈라디아서 5:16에서 바울은 동일한 사실을 다른 말로 이렇게 천명한다. "내가 이르노니 너희는 성령을 따라 행하라. 그리하면 육체의 욕심을 이루지 아니하리라."[10]

이 구원 사역에서 마음은 곡조를 맞추어 진실로 그리고 진정으로 하나님을 찬양하고, 신적 사랑과 신적 기쁨의 신적 원리들을 실천하여 이 새 노래를 노래할 때 천상의 선율을 만들 능력과 경향을 갖고 있다. 마음속에는 성령으로 말미암아 "하나님의 사랑이 부어진다"(롬 5:5). 그리고 영적 즐거움은 "성령 안에 있는 희락"으로 불린다(롬 14:17). 마음속에서 행하시는 하나님의 이 구원 사역은 능력으로 말미암은 구속이고, 다른 면에서 보면 취득으로 말미암은 구속이다. 상황이 이렇기 때문에 노래해야 할 사실들에 대한 이 지식과 이 노래의 곡조를 만드는 능력은 성령의 구원 사역 외에 다른 것으로는 주어지지 않으며, 성령의 구원 사역을 통해 영혼은 능력으로 구속받는다. 따라서 우리는 여기서 구속받은 자 외에는 어떤 사람도 이 새 노래를 배울 수 없는 또 다른 이유를 확인할 수 있다. 다른 사람들은 이와 같은 하늘의 역사에 대하여 철저히 우둔하고 무감각하다. 그들은 자기들의 우상은 높일 수 있을지 모르지만 하나님은 높일 수 없다. 그들은 자기들의 정욕의 대상, 자기들의 세속화, 자기들의 육신적 쾌락은 즐거워할 수 있으나 그리스도 예수는 즐거워할 수 없다. 그들은 악을 쓰며 말할 수 있으나 새 노래로 노래할 수 없다.[11]

5:6-10 바울은 이 본문에서 두 가지 목적을 말하고 있는 것으로 보인다. 첫째, 로마서 5:5에 언급된 "하나님의 사랑이 우리 마음에 부어진" 것의 근거를 보여주기 위함이다. 즉 그 근거는 우리를 위하여 그리스도를 죽음에 내놓으신 하나님의 우리에 대한 놀라우신 사랑이다. 왜냐하면 사도 요한이 요한일서 4:10의 "사랑은 여기 있으니 우리가 하나님을 사랑한 것이 아니요"(그리고 요일 4:19의 "우리가 사랑함은 그가 먼저 우리를 사랑하셨음이라") 등으로 말하기 때문이다. 이것이 주로 로마서 5:6-8에서 말하는 내용의 목적이다. 둘째, "소망이 우리를 부끄럽게 하지 않는다"는 것을 확신할 수 있도록 우리의 소망을 위하여 하나님이 우리에게 주신 풍성한 근

거를 보여주기 위함이다. 여기서 바울은, 이 소망의 두 가지 사실과 함께, 로마서 4:25에서 증명되는 것처럼 영광의 소망을 우리가 그리스도의 피로 말미암아 갖고 있는 우리의 칭의 및 하나님과의 화평의 열매로 말하고 있다. 또 로마서 4:25에서 말하는 것처럼 이 수단으로 말미암아 곧 그리스도의 피로 말미암아 우리가 바라는 것을 얻을 것이고, 우리가 이미 의롭다 함을 얻었으며, 하나님과 화평을 누리고 있는 것이 얼마나 확실하고 충분한 증거인지를 보여주고 있다.[12] ▢

[7]의인을 위하여 죽는 자가 쉽지 않고 선인을 위하여 용감히 죽는 자가 혹 있거니와 [8]우리가 아직 죄인 되었을 때에 그리스도께서 우리를 위하여 죽으심으로 하나님께서 우리에 대한 자기의 사랑을 확증하셨느니라 [9]그러면 이제 우리가 그의 피로 말미암아 의롭다 하심을 받았으니 더욱 그로 말미암아 진노하심에서 구원을 받을 것이니

5:7 여기서 "선인"과 "의인"은 동일한 사실을 의미한다. 이 두 용어는 동의어로 보인다.[13] ▢

5:9 성경에서 그리스도의 죽음과 그리스도의 피는 구원, 의, 공로, 하나님의 거룩하심에 향기롭고 합당한 것으로 매우 자주 언급되는데, 아마 화목제물도 이것들 못지않게 빈번하게 언급될 것이다. 따라서 이사야 53장을 보면 앞부분에서 그리스도의 죽음을 죄를 위한 화목제물로 제시한다. 하지만 이사야 53:12을 보면 그리스도의 죽음을 적극적으로 공로로 언급한다. "그러므로 내가 그에게 존귀한 자와 함께 몫을 받게 하며 강한 자와 함께 탈취한 것을 나누게 하리니 이는 그가 자기 영혼을 버려 사망에 이르게 하며 범죄자 중 하나로 헤아림을 받았음이니라." 요한복음 10:17-18도 마찬가지다. "내가 내 목숨을 버리는 것은 그것을 내가 다시 얻기

위함이니 이로 말미암아 아버지께서 나를 사랑하시느니라. 이를 내게서 빼앗는 자가 있는 것이 아니라 내가 스스로 버리노라. 나는 버릴 권세도 있고 다시 얻을 권세도 있으니 이 계명은 내 아버지에게서 받았노라." 만약 아버지께서 그리스도가 자기 목숨을 내놓았기 때문에 그분을 사랑하신다면, 의심할 것 없이 동일한 이유로 그리스도에게 속한 자들도 사랑하실 것이다. 사도행전 20:28을 보면 하나님이 자기 피로 교회를 값 주고 사셨다고 말한다. 하지만 이것은 확실히 지옥에서 해방된 것 이상의 사실을 의미한다. 그것은 또한 그들이 하나님의 소유로서 하나님과 관계 곧 언약 관계 속에 들어가게 된 것을 의미하고, 이 본문에 다음과 같이 나타나 있는 것처럼 이로 말미암아 하나님은 그들의 하나님이시고 그들은 하나님의 백성이 된다. "[여러분은] 삼가라.……하나님이 자기 피로 사신 교회를 보살피게 하셨느니라." 로마서 5:9에도 그렇게 나타나 있다. 거기서 우리는 "그의 피로 말미암아 의롭다 하심을 받았다"는 말씀을 본다. 그리고 에베소서 2:13에서는 "그리스도의 피로 가까워졌느니라"고 말한다. 또 에베소서 5:2에서도 그리스도는 "우리를 위하여 자신을 버리사 향기로운 제물과 희생제물로 하나님께 드리셨다"고 곧 하나님께 적극적으로 기쁘고 호의적이고 즐거운 것을 드리셨다고 말하고, 그러므로 그리스도는 하나님에게서 적극적 이익을 얻어 내려고 그만한 대가를 치르신 것이다. 따라서 이 대표 제물은 매우 빈번하게 하나님께 감미로운 향기가 된다고 전해진다. 이 사실을 언급하는 본문들은 참으로 많다. 그리스도의 죽음에 대해서는, 그분이 하나님의 뜻을 따르는 종으로서 즐겁게 그리고 기꺼이 하나님의 명령에 순종하여 행하신 일이라고 말한다(시 40:6-8, 히 10:5-7). 그리스도의 찢겨진 몸과 그리스도의 흘리신 피는 단지 우리를 영원한 비참에서 건져 내기만 한 것이 아니고, 요한복음 6:51-55에서 매우 분명히 제시하는 것처럼 우리를 위하여 영생을 취득한 것이기도 하다.

또 그리스도의 피는 우리의 질병과 고통을 진정시킬 뿐만 아니라 포도주처럼 사람의 마음을 새롭게 하고 기쁘게 하는 음료다. 그래서 그리스도는 "내 피는 참된 음료"라고 말씀하고, 다른 곳에서는 "내가 포도나무에서 난 것을 이제부터 내 아버지의 나라에서 새것으로 너희와 함께 마시는 날까지 마시지 아니하리라"(마 26:29)고 말씀하신다. 신자들은 그리스도의 피로 말미암아 지옥에서 벗어날 뿐만 아니라 또한 천국에 들어간다. 왜냐하면 그리스도께서 신자들의 머리로서 자신의 피로 말미암아 천국에 앞서 들어가셨고(히 6:20), 따라서 우리도 그리스도의 피로 말미암아 성소에 들어가기 때문이다(히 10:19-20). 그러므로 우리는 그리스도께서 자신이 흘리신 피로 말미암아 단순히 자기 자신의 의나 순종만 갖고 성소에 들어가셨다는 말씀이 아니라, 자신이 흘리신 피로 말미암아 우리를 위하여 하나님 앞에 나타나시려고 성소에 들어가셨다는 말씀을 읽는다. 그리스도의 구속은 그분의 화목제물 못지않게 그분의 적극적인 의에도 있지만, 그분은 자신의 온전한 속전 또는 대속물의 값을 갖고 성소 안으로 들어가셨다. 그렇지만 이것의 절반은 그분의 순종에 있었다. 그런데 이 가정에 따르면 그 이유는 명백하다. 곧 그리스도의 피도 그분의 화목제물과 똑같이 그분의 의를 보여주고, 그분의 피도 그분의 화목제물이 나타낸 것을 똑같이 나타냈기 때문이다. 따라서 그리스도의 중대한 모형인 구약 시대 모든 속죄 제물에서 하나님께 바치려고 갖고 나왔던 것은 이 제물들의 피였다. 안에 생명이 있는 부분 외에 다른 부분들은 불에 태워져 바쳐진 것 말고는 아무것도 바쳐지지 않았다. 마음의 사랑과 순종을 상징한 내장의 지방(기름과 지방은 성령을 상징했다)은 불에 태워져 바쳐졌고, 불 속에서 그 향기가 바쳐졌다. 그리스도께서 주로 하나님의 진노를 진정시키고 적극적으로 하나님의 호의를 얻기 위하여 사람의 구속을 위한 값으로 하나님께 바쳐진 것을 보여주는 모든 것이 그리스도의 고난, 특히 마지막 수난에서 제공되었다.[14]

¹⁰곧 우리가 원수 되었을 때에 그의 아들의 죽으심으로 말미암아 하나님과 화목하게 되었은즉 화목하게 된 자로서는 더욱 그의 살아나심으로 말미암아 구원을 받을 것이니라 ¹¹그뿐 아니라 이제 우리로 화목하게 하신 우리 주 예수 그리스도로 말미암아 하나님 안에서 또한 즐거워하느니라

5:10 참 그리스도인이 갖고 있는 영적 생명은 그리스도께서 죽기 전에 가졌던 생명에 참여하는 것이 아니라 그리스도와 함께 그분의 부활 생명 곧 그분이 죽은 자 가운데서 살아나실 때 받은 생명에 참여하는 것이라는 점에서 그들의 견인이 확실하다는 것을 보여준다. 왜냐하면 참 그리스도인은 자기들 속에서 사시는 그리스도로 말미암아 살기 때문이다(갈 2:20). 이 삶은 부활 이후에 그리스도께서 받으신 생명으로 말미암아 그리고 그리스도께서 죽은 자 가운데서 부활하실 때 받은 생명이 그들에게 충분히 전달됨으로써 이루어진다. 그리스도는 부활하셨을 때 아버지에게 생명의 영을 그지없이 받아 그것을 신자들에게 부어 주실 것이라는 약속을 받으셨다. 부활하신 머리에 부어진 기름이 그분의 옷깃까지 흘러내렸다(시 133:2). 따라서 그리스도는 신자들 속에 내주하시는 자신의 영을 통해 그들 속에서 사신다. 회심할 때 신자들은 그리스도와 함께 살아났다고 전한다. "너희가 세례로 그리스도와 함께 장사되고 또 죽은 자들 가운데서 그를 일으키신 하나님의 역사를 믿음으로 말미암아 그 안에서 함께 일으키심을 받았느니라. 또 범죄와 육체의 무할례로 죽었던 너희를 하나님이 그와 함께 살리시고"(골 2:12-13). "그러므로 너희가 그리스도와 함께 다시 살리심을 받았으면 위의 것을 찾으라. 거기는 그리스도께서 하나님 우편에 앉아 계시느니라"(골 3:1). "허물로 죽은 우리를 그리스도와 함께 살리셨고……또 함께 일으키사"(엡 2:5-6). "곧 우리가 원수 되었을 때에 그의 아들의 죽으심으로 말미암아 하나님과 화목하게 되었은즉 화목하게 된 자로서는 더욱 그의 살아나심으로 말미암아 구원을 받을 것이니라"(롬

5:10). "내가 그리스도와 그 부활의 권능과 그 고난에 참여함을 알고자 하여"(빌 3:10). "그러므로 우리가 그의 죽으심과 합하여 세례를 받음으로 그와 함께 장사되었나니 이는 아버지의 영광으로 말미암아 그리스도를 죽은 자 가운데서 살리심과 같이 우리로 또한 새 생명 가운데서 행하게 하려 함이라"(롬 6:4). 그리고 이에 대한 말씀이 로마서 6장 전체에서 등장한다.[15]

그리스도는 죽으심 행위 외에 다른 어떤 행위로 하나님에 대한 사랑을 그토록 크게 드러내신 적이 없었고, 또 죽으심 행위에서와 같이 하나님의 원수가 되었던 자들에 대한 자신의 사랑을 그토록 크게 드러내신 적도 없었다. 그리스도는 이루 형언할 수 없는 고난 속에서 아버지의 명령에 순종하여, 아버지의 권세와 위엄의 영예를 입증하기 위하여 자신의 목숨을 내놓으심으로, 아버지에 대한 자신의 사랑을 그토록 현저하게 드러내시며 아무도 할 수 없는 일을 행하셨다. 또한 지금까지 어떤 피조물도 그리스도의 죽으심의 행위만큼 하나님에 대한 사랑을 증언한 적이 없었다. 그러나 그리스도의 죽으심의 행위는 하나님의 원수였던 죄인들에 대한 그분의 사랑의 최고의 표현이었다. "곧 우리가 원수 되었을 때에 그의 아들의 죽으심으로 말미암아 하나님과 화목하게 되었은즉"(롬 5:10). 이런 자들에 대한 그리스도의 크신 사랑이 그분의 죽으심을 통해 드러난 것만큼 크게 나타난 적이 없었다. 고통 속에서 땀같이 땅에 뚝뚝 떨어진 그리스도의 피는 하나님의 원수들과 자신의 소유에 속한 자들에 대한 사랑 때문에 흘리신 것이었다. 그리스도께서 치욕과 침 뱉음, 육체의 고통 그리고 가눌 수 없는 슬픔, 아니 심지어는 영혼의 죽음의 고통까지 겪으신 것은 하나님을 거역한 자들에 대한 사랑 때문이었다. 곧 그들을 지옥에서 구원하고 그들을 위하여 영원한 영광을 취득하기 위해서였다. 하나님의 존귀를 입증하기 위하여 자신을 복수하는 공의의 희생물로 제공하신 일에서처럼, 그리스도께서 하나님의 존귀를 존중하신다는 것을 그토록 현저하게 보여주신 적은 없었다. 그러나 무엇보다 여기서 그리스도는 자신의 피가 하나님을 욕되게 한 자들의 죄책을 충분히 속할 수 있도록 그들에게 임할 죄책을 스스로 취하심으로써 그들에 대한 자신의 사랑을 보여주셨다.[16] □

5:11 이 구절은 로마서 5:5과 관련되어 있다. 거기서 우리의 미래의 영광의 보증 곧 하나님의 영이 부어졌다는 한 가지 사실이 언급되었고, 우리는 이 보증으로 말미암아 우리의 소망이 우리를 부끄럽게 할 것이 아니라는 점을 발견했다. 이제 바울은 또 다른 사실 곧 즐거움에 대하여 언급한다. 로마서 5:5에 대한 주석을 보라.

우리가 상에 대한 소망으로 말미암아 상을 기다리며 "환난" 중에도 "인내"를 갖고 있을 때, 우리의 인내는 현세에서도 상의 보증에 대하여 이처럼 즐거운 "경험"(연단)을 일으킨다. 그리고 이것은 로마서 5:3-4에서 말하는 것처럼 계속해서 소망을 확증하고, 그리하여 우리는 소망으로 말미암아 "인내하면서" "환난"을 견디고, "환난" 아래에서도 "인내로" 상을 기다리며 절대로 좌절하지 않고 혼란에 빠지지 않는다. 왜냐하면 우리가 이처럼 인내하고 기다릴 때 하나님은 로마서 5:11에 언급된 신적 사랑과 거룩하고 달콤한 즐거움으로 우리 마음속에 성령의 보증을 느끼도록 하심으로써, 그것에 대한 보증으로 우리에게 상을 주시고, 그리하여 우리는 환난 중에도 즐거워하기 때문이다. 따라서 성령은 곧 사랑과 즐거움 속에서 흘러나오는 신적 사랑 또는 하나님의 본질이라는 주장이 나올 수 있다. 말하자면 바울은 우리가 우리 마음속에서 느끼는 하나님의 사랑과 하나님 안에서 누리는 즐거움을 언급하고 있고, 그것으로 우리는 특별히 마음속에서 성령의 보증을 느낄 수 있는데, 그것이 가능한 것은 성령의 본질이 사랑과 즐거움에 있기 때문이다.[17]

¹²그러므로 한 사람으로 말미암아 죄가 세상에 들어오고 죄로 말미암아 사망이 들어왔나니 이와 같이 모든 사람이 죄를 지었으므로 사망이 모든 사람에게 이르렀느니라

5:12 따라서 전체적으로 판단하자면, 이 단락(롬 5:12 이하)에는 두세 가지 표현이 있을 뿐이지만 그 의미를 따지는 데는 약간의 어려움과 애매함이 수반된다는 사실을 지적하고 싶다. 이는 13-14절도 마찬가지다. 그러나 강론 전체의 범주와 의미는 애매하지 않고 오히려 반대로 매우 명확하고 명백하며, 이 단락에서 주로 가르치는 특정 교리 역시 마찬가지다. 바울은 심혈을 기울여 그것을 분명히 하고, 엄밀히 말해 자신의 요점을 확고히 하고 확실히 한다. 그리고 이 강론은 매우 체계적이어서 일부 내용은 매우 명확하고, 다른 부분들의 의미를 확고히 한다. 강론 전체는 로마서 다른 부분들과 맺고 있는 명백한 관련성에 따라 그리고 이전 부분 전체의 명백한 취지에 따라 결정된다.¹⁸

"그러므로 한 사람으로 말미암아 죄가 세상에 들어오고"(롬 5:12). 여기서 바울은 로마서 1-4장에서 자신이 언급한 주제를 다시 제시한다. 그 주제는 유대인이나 이방인을 막론하고 모든 사람이 죄와 정죄 아래 있다는 것과 칭의는 오직 그리스도로 말미암아 주어지고, 유대인이나 이방인을 막론하고 모든 인간에게 동등하다는 것이다. 바울은 여기서부터 5장 마지막 부분까지 유대인이나 이방인을 막론하고 모든 사람이 첫 조상의 후손이라는 것과 모든 사람이 첫 조상 아담의 범죄로 말미암아 똑같이 아담 안에서 타락하고 정죄 아래 있다는 점을 지적함으로써 이 사실을 증명한다. 따라서 그리스도 안에 있으면 누구나 똑같이 그리스도로 말미암아 구원을 받고 똑같이 둘째 아담의 의의 유익에 참여한다.¹⁹

여기서 원죄 교리가 언급되고 있는데, 그것도 매우 분명하고 명백하게 그리고 풍성하게 드러나고 있다. 원죄 교리는 거의 모든 구절에서 명시적

으로 또는 묵시적으로 주장되고, 일부 구절에서는 여러 번에 걸쳐 천명된다. 우선, 로마서 5:12의 첫 번째 표현인 "그러므로 한 사람으로 말미암아 죄가 세상에 들어오고"에서 충분히 암시된다. 이 말씀이 함축하고 있는 사실은 죄가 세상에서 보편화되었다는 것이다. 바울은 원죄 교리가 무엇인지 강조하기 전에 이런 사실을 지적한다. 하지만 이 지적은 단순히 최초로 지음 받은 한 사람이 다른 사람들이 죄를 범하기 전에 최초로 죄를 범했다는 것 또는 많은 사람들이 동일한 순간에 함께 처음으로 죄를 범한 일이 일어났다는 것으로 그치는 것이 아니었다(이것은 사소하고 무의미한 지적이 될 것이다). 로마서 5:12의 후반부의 "죄로 말미암아 사망이 들어왔나니 이와 같이 모든 사람이 죄를 지었으므로"라는 말씀은 세상의 심판자는 아담의 최초의 죄 안에서 모든 사람이 죄를 지었다고 보신다는 것을 보여준다. 단지 어떤 종류의 죄가 아니라 모든 사람이 사망과 최후의 멸망에 처해져야 할 죄를 지었고, 이것이 죄의 적절한 삯이다. 동일한 원죄 교리가 14절에서 다시 한 번 언급된다. 거기 보면 "아담의 범죄와 같은 죄를 짓지 아니한 자들까지도[곧 자기들의 개인적 행위로 죄를 짓지 아니한 자들까지도] 사망이 왕 노릇 하였다"고 말하는데, 이것도 원죄 교리의 한 증거로 확인된다. 그러므로 아담의 죄의 결과로 오직 그에게서 파생된 죄책과 오염 때문에, 모든 인간이 죽음에 처해지게 된 것이다. 또 원죄 교리는 "아담은 오실 자의 모형이라"는 말씀 속에서 다시 암시된다. 이 상황 속에는 아담과 그리스도 사이에 매우 큰 유사점이 놓여 있다. 즉 우리가 그리스도의 순종으로 말미암아 의, 칭의, 생명의 상을 얻는 것처럼 아담의 죄로 말미암아 우리에게 파생된 죄, 죄책과 형벌을 받는다는 사실이 놓여 있다. 그래서 바울은 그렇게 설명하는 것이다. 또 동일한 원죄 교리가 15절에서 다시 암시된다. "한 사람의 범죄를 인하여 많은 사람이 죽었은즉." 원죄 교리는 16절에서도 반복된다. "범죄한 한 사람으로 말미암아" 곧 아담으로 말미암아 죄책과 형벌(앞에서 언급된)이 인류에게 미쳤다는 것이다. 원죄 교리는 "심판은 한 사람으로 말미암아 정죄에 이르렀으나"라는 말씀 속에도 나타나 있다. 원죄 교리는 17절에서 다시 명백히 그리고 충분히 제시된다. "한 사람의 범죄로 말미암아 사망이 그 한 사람을 통하여 왕 노릇 하였은즉." 18절도 마찬가지다. "그런즉 한 범죄로 많은 사람이 정죄에 이른 것같이." 19절에서도 매우 분명히 제시된다. "한 사람이 순종하지 아니함으로 많은 사람이 죄인 된 것같이."[20]

그러나 우리는 원죄 교리에 대하여 더 확실한 사실을 담고 있는 본문들을 갖고 있고, 그러므로 그 본문들을 주목하면 원죄 교리를 더 깊이 파악할 수 있다. "그러므로 한 사람으로 말미암아 죄가 세상에 들어오고 죄로 말미암아 사망이 들어왔나니 이와 같이 모든 사람이 죄를 지었으므로 사망이 모든 사람에게 이르렀느니라"(롬 5:12). "한 사람의 범죄를 인하여 많은 사람이 죽었은즉"(롬 5:15). "심판은 한 사람으로 말미암아 정죄에 이르렀으나"(롬 5:16). "한 사람의 범죄로 말미암아 사망이 그 한 사람을 통하여 왕 노릇 하였은즉"(롬 5:17). "그런즉 한 범죄로 많은 사람이 정죄에 이른 것같이"(롬 5:18). "한 사람이 순종하지 아니함으로 많은 사람이 죄인 된 것같이"(롬 5:19). 또 고린도전서 15:21-22도 보라. "사망이 한 사람으로 말미암았으니 죽은 자의 부활도 한 사람으로 말미암는도다. 아담 안에서 모든 사람이 죽은 것같이 그리스도 안에서 모든 사람이 삶을 얻으리라."[21]

만약 하나님이 우리의 첫 조상의 범죄로 말미암아 우리에게 죄책을 부여하시는 것이 매우 합리적으로 우리를 다루시는 것이라면, 아담의 후손은 누구든 아담 안에서 죄를 범하고 아담의 죄로 말미암아 정당하게 사망, 아니 영원한 사망에 처해지므로 모든 사람이 구주의 필요성을 알고 인정해야 한다. 만약 우리가 오직 아담 안에서 죄를 짓고 하나님을 거역했다면 우리의 모든 의는 영원히 헛되고 아무 소용이 없을 것이다. 아무리 눈물의 바다를 이룬다고 해도, 오직 그 죄를 만족시키기에는 충분하지 못할 것이다. 그리고 첫 언약이 요구한 그대로 완전하게 또는 하늘에서 거룩한 천사들이 행하는 것처럼 우리가 완전한 순종을 행할 수 있다고 해도, 그 죄에 대한 하나님의 공의를 절대로 만족시키지 못할 것이다. 그럼에도 불구하고 어쨌든 우리는 구주를 필요로 하는 상태에 있을 것이다.[22]

이로써 바울은 자신이 이 말들을 통해 증명하고자 하는 두 번째 사실로 나아간다. 말하자면 앞에서(롬 5:12) 언급했었고, 이제 증명에 주된 목표를 두고 있는 사실, 곧 모든 인간은 아담 안에서 죄를 짓고 타락했다는 사실을 증명한다. 이것은 첫 번째 사실에서 암시된 아담이 인간의 법적 머리라는 것으로 증명된다. 왜냐하면 단수형으로 아담에게 말씀하실 때 하나님이 아담을 그의 후손을 대표하는 자로 삼아 말씀하셨다면, 경고하실 때에도 똑같이 아담을 그의 후손을 대표하는 자로 삼아 그에게 말씀하셨다는 결론이 따라 나오기 때문이다. 그리고 이것은 사망이 아담으로부터 모세까지 왕 노릇 했을 뿐만 아니라 아담이 위반한 것처럼 아담의 법을 실제로 위반하지 않은 자들에 대해서도 왕 노릇 했다는 것으로 증명된다.

"그런즉 한 범죄로……"(롬 5:18). "여기서 '그런즉'은 직전 구절들에서 뽑아낸 결론을 소개하는 추론으로 사용되는 말이 아니라 로마서 5:12에서 시작된 '그러므로'(또는 그런즉)와 같은 말로, 첫 부분에 대한 증명이 끼어들어 연속성이 방해를 받아 불완전 상태로 남아 있었던 추론의 한 부분이 여기서 다시 반복된 것이다. '그러므로' 직후에 나오는 '같이'(롬 5:12)는 이에 대한 확실한 증거로, 거기서나 이후 구절들에서 그에 대한 답변이 전혀 나오지 않고, 따라서 동일한 추론이 다시 취해지고, 동일한 조건절 또는 비교의 전반부가 반복되는 이 구절(롬 5:18)에 이를 때까지 의미가 미완성으로 남아 있고 정지된 상태에 있다. 따라서 귀결 절 또는 후반부가 그것에 추가되어야 전체 문장이 완결되고, 그것을 올바르게 취하면 다음과 같이 이해되어야 한다. '그러므로 한 사람으로 말미암아 죄가 세상에 들어오고 죄로 말미암아 사망이 들어왔으니 사망이 모든 사람에게 이르렀고······'(12절). 그리고 18절은 이렇게 되어야 한다. '그런즉(그러므로) 한 범죄로 많은 사람이 정죄에 이른 것같이 한 의로운 행위로 말미암아 많은 사람이 의롭다 하심을 받아 생명에 이르렀느니라.' 바울이 말하기 시작한 것을 이런 식으로 비슷하게 방해하는 것이 고린도후서 12:14에서도 확인되고, 여덟 구절에 걸친 방해가 있은 후에 동일한 강론이 다시 시작되는데(고후 13:1), 내가 생각할 때 이런 사례는 바울 서신 다른 본문들에서도 발견할 수 있다"(로크).[23]

"바울의 전체 논증이 모든 사람은 자기들 자신의 죄로 말미암아서가 아니라 한 사람 아담의 범죄로 말미암아 죽는다는 요점에 초점을 맞추고 있는 것으로 보면, 누가 '모든 사람이 죄를 지었으므로'(롬 5:12)라는 말을, 아무리 특수한 표현법에 따라 설명한다고 해도, 모든 사람이 죄인이 된다는 것과 같은 의미로 이해된다는 것을 의심할 수 있겠는가?" 테일러는 『로마서 주석과 해설』에서 이렇게 설명한다. "이것은 이 세상의 어떤 사람도 율법 곧 행위 언약 아래 또는 깨어진 행위의 법 아래에 있지 않다는 것을 예증한다. 우리가 지금, 아니 언제든 깨어진 행위의 법 아래에 있다면, 우리는 아무런 소망이나 대책이 없이 최종적이고 영원한 파멸 상태에 있는 것이다. 왜냐하면 지금은 더 이상 속죄 제사가 없기 때문이다(히 10:26). 그러나 우리가 율법 아래 있지 않고 은혜 아래 있다는 것이 복음의 첫째 되고 중대한 원리다(롬 6:14)."[24]

[13]죄가 율법 있기 전에도 세상에 있었으나 율법이 없었을 때에는 죄를 죄로 여기지 아니하였느니라 [14]그러나 아담으로부터 모세까지 아담의 범죄와 같은 죄를 짓

지 아니한 자들까지도 사망이 왕 노릇 하였나니 아담은 오실 자의 모형이라

5:13 나는 여기서 그리스도의 의의 전가가 무엇을 의미하는지 설명하고자 한다. 때때로 신학자들은 이 표현을 넓은 의미로 취한다. 왜냐하면 신학자들은 그리스도의 의의 전가를 그리스도께서 우리의 구속을 위하여 행하고 겪으신 모든 것에 대한 전가로 보고, 이로 말미암아 우리가 죄책에서 해방되고 하나님 앞에서 의인으로 서게 된다는 의미로 취하고, 따라서 그리스도의 만족(곧 배상)과 순종의 전가를 모두 함축시키기 때문이다. 그러나 여기서 나는 그리스도의 의의 전가를 좁은 의미에 따라, 그리스도의 순종으로 말미암아 주어지는 그리스도의 의 또는 도덕적 선의 전가로만 볼 것이다. 따라서 그리스도의 의가 우리에게 전가된다는 것은 우리 자신 속에 존재해야 하는 완전한 내재적 의 대신에 그리스도의 의가 우리의 것으로 받아들여진다는 것 외에 다른 뜻이 아니다. 곧 그리스도의 완전한 순종이 우리의 순종으로 간주되고, 따라서 우리는 마치 우리가 그것을 행한 것처럼 그리스도의 완전한 순종의 유익을 취하게 될 것이다. 따라서 우리는 영생의 자격이 이 전가된 그리스도의 의에 대한 보상으로 우리에게 주어진다고 생각한다. 성경은 '여기다'(전가하다)는 말을 이런 의미 곧 어떤 사람에게 속해 있는 것을 다른 사람의 계정으로 계산하는 의미로 사용한다. 빌레몬의 경우가 그렇다. "그가 만일 네게 불의를 하였거나 네게 빚진 것이 있으면 그것을 내 앞으로 계산하라"(몬 1:18). 원문은 '투토 에모이 엘로가'(τοῦτο ἐμοί ἐλλόγα) 곧 "그것을 내 앞으로 계산하라"다. "일한 것이 없이 하나님께 의로 여기심을 받는"(롬 4:6).[25]

5:13-14 "죄가 율법 있기 전에도 세상에 있었으나 율법이 없었을 때에는 죄를 죄로 여기지 아니하였느니라. 그러나 아담으로부터 모세까지 아

담의 범죄와 같은 죄를 짓지 아니한 자들까지도 사망이 왕 노릇 하였나니." 이 말씀에는 바울이 증명하고자 하는 두 가지 사실이 들어 있는데, 이 두 가지 사실은 서로를 보완하는 역할을 하고 있다. 첫째, 바울은 모든 인간이 하나님께서 아담에게 주신 율법 곧 사망을 죄의 삯으로 계시한 율법 아래 있다는 사실을 증명하려고 했다. 이것은 사망을 가져오는 죄가 아담에게 주어진 것 말고 인간에게 다른 어떤 법규나 엄숙한 율법이 주어지기 전 시기 곧 아담에서 모세까지의 시기에도 세상 속에 있었기 때문에 분명하다. 그러므로 모세 율법이 주어지기 전 시기에도 사망을 가져오는 죄가 세상 속에 있었다는 것은 그 이전에도 사망을 경고하는 하나님의 율법이 있었고, 사람들은 이 율법 아래 있었으며, 이것은 하나님이 아담에게 주신 율법 외에 다른 것일 수 없다는 것을 증명한다. 이것은 아담이 인류의 법적 머리였다는 것과 인류는 아담에게 주어진 율법 아래 있었고, 그 율법 안에서 하나님은 범죄에 대하여 사망을 경고하셨다는 것, 그리고 하나님이 아담에게 주신 율법 안에서 "죄를 범하면 죽을 것"이라고 말씀하시는 것은, 비록 단수형으로 말씀하시더라도 단순히 아담에게만 말씀하시는 것이 아니라 그의 후손에게도 말씀하신 것이라는 것을 증명한다.

이로써 바울은 자신이 이 말들을 통해 증명하고자 하는 두 번째 사실로 나아간다. 말하자면 앞에서(롬 5:12) 언급했었고, 이제 증명에 주된 목표를 두고 있는 사실 곧 모든 인간은 아담 안에서 죄를 짓고 타락했다는 사실을 증명한다. 이것은 첫 번째 사실에서 암시된 아담이 인간의 법적 머리라는 것으로 증명된다. 왜냐하면 단수형으로 아담에게 말씀하실 때 하나님이 아담을 그의 후손을 대표하는 자로 삼아 말씀하셨다면, 경고하실 때에도 똑같이 아담을 그의 후손을 대표하는 자로 삼아 그에게 말씀하셨다는 결론이 따라 나오기 때문이다. 그리고 이것은 사망이 아담으로부터 모세까지 왕 노릇 했을 뿐만 아니라 아담이 위반한 것처럼 아담의 법을

실제로 위반하지 않은 자들에 대해서도 왕 노릇 했다는 것으로 증명된다.[26]

5:14 "아담은 오실 자의 모형이라." 이 말의 뜻은 타락 이전에 있었던 일들이 그리스도의 구속과 관련된 일들의 모형이라는 것으로 보인다. 왜냐하면 내가 보기에 인간의 창조는 그리스도의 구속과 같고, 생명나무는 그리스도의 모형이기 때문이다. 여기서 바울은 죄의 삯인 사망이 율법이 있기 전 모든 사람에게 왕 노릇 했다는 점에서 모든 사람은 율법이 있기 전에도 죄책이 있었다고 주장한다. 그러므로 똑같은 추론에 따르면, 유아도 사망이 그들에게 왕 노릇 한다는 점에서 죄책이 있는 것으로 증명된다. 사망에 매여 있는 사람에게 사망이 죄의 증거가 아니라면, 바울의 추론은 공허한 것이 되고 말 것이다.

기독교 모형론의 이론과 용어는 성경 본문들을 해석하는 방법으로 사용될 때 최초의 교회 시대까지 거슬러 올라간다. 모형론적인 해석 개념은 부분적으로 구약성경에 언급된 특정 인물, 제도, 사건들을 그리스도에 대한 비유, 예표 또는 예시로 간주하는 신약 본문들에서 기원한다. 예를 들면 로마서 5:14에서 사도 바울은 아담이 "오실 자" 곧 그리스도의 "모형"이었다고 진술한다. 이 본문들은 그리스도인들에게 구약성경을 신약성경에 비추어 해석하는 방법을 제공해 주었다. 유대 역사에 속한 것으로 앞에 언급되거나 묘사된 사건들은 유대 민족의 실제적·역사적 현실을 넘어선 의미를 갖고 있었다. 이 사건들은 앞으로 일어날 일 곧 하나님을 그리스도의 인격 속에 자신을 충분히 계시하신 것의 예언적 표상으로 세우기 위하여 하나님이 정하신 것이다.[27]

바울은 비록 교회가 유아 상태에 있었지만 당시 그리스도인들이 풍성한 지식으로 채워지기를 기대했다. "내 형제들아, 너희가 스스로 선함이 가득하고 모든 지식이 차서 능히 서로 권하는 자임을 나도 확신하노라"(롬 15:14). 바울은 고린도 교회 교인들을 지식으로 충만하다고 칭찬한다. "오직 너희는 믿음과 말과 지식과 모든 간절함과 우리를 사랑하는 이 모든 일에 풍성한 것같이"(고후 8:7). 우리는 덕, 지식을 더하도록 권면 받는다(벧후 1:5).[28]

창조되었을 때 또는 지음 받은 상태에서 아담은 주목할 만한 그리스도의 모형이었다. "아담의 범죄와 같은 죄를 짓지 아니한 자들까지도……아담은 오실 자의 모형이라"(롬 5:14). 아담은 여러 가지 면에서 그리스도의 모형이었다. 아담은 흙으로 지음 받은 첫 사람이었다. 마찬가지로 그리스도도 죽은 자 가운데서 부활하신 첫 사람이셨다. 곧 무덤 또는 흙에서 처음으로 부활하신 분이었다. 또 그리스도는 사람의 죄의 열매들인 비천하고 낮은 상황, 연약함, 치욕과 비참에서 일으킴을 받은 첫 사람이었다. 아담은 모든 인간 가운데 처음으로 지음 받은 존재였다. 마찬가지로 그리스도도 모든 피조물 가운데 처음으로 나신 분이었다. 아담이 깊이 잠들었을 때 그의 가슴에서, 그의 뼈 중의 뼈와 살 중의 살이 취해져 여자가 만들어졌다. 마찬가지로 그리스도도 그분의 죽음의 깊은 잠에 계셨을 때, 말하자면 그분의 초월적인 사랑에서 교회가 만들어졌다. 아담은 모든 인간의 자연적 조상이었다. 마찬가지로 그리스도도 새 창조 속에 있는 모든 사람의 영적 조상이시다. 아담은 자기의 모든 후손의 연합적 머리가 되었다. 마찬가지로 그리스도도 자신의 모든 후손의 연합적 머리가 되신다. 아담이 자신과 자신의 후손을 위하여 굳게 서 있었다면 얻었을 복은, 그리스도께서 자신과 자신의 후손을 위하여 순종으로 얻으신 복의 모형이었다. 그러므로 아담이 그 복의 보증으로서 먹을 수 있었던 생명나무는 오직 그리스도의 순종으로 말미암아 교회가 먹게 되는 복의 모형이었다(계 2:7). "아담 위는 하나님이시니라"(눅 3:38). 그리스도는 남자의 씨가 없이 하나님의 영으로 말미암아 동정녀의 태를 통해 직접 형성되셨다. 그런 것처럼 아담도 그의 어머니인 땅의 내부에 있는 것으로 직접 형성되었고, 성경은 이것을 태에서 몸이 형성되는 것을 표상하는 데 사용한다(시 139:15). 말하자면 아담은 땅이 처녀지였을 때, 곧 순결하고 더럽혀지지 않은 상태 속에 있을 때 그 땅의 태에서 형성되었다. 그리고 아담은, 그리스도께서 동정녀의 태에서 형성되신 것처럼 성령으로 말미암아 지음 받았다. 왜냐하면 성령께서 아담 안에 생기를 불어넣으셨기 때문이다. 아담은 땅의 천한 흙으로 지음 받았지만 하나님의 형상으로 지음 받았다. 그래서 창세기 1:27은 "하나님이 자기 형상 곧 하나님의 형상대로 사람을 창조하시되 남자와 여자를 창조하시고"라고 특별히 지적했다. 이상으로 보아 다음 네 가지 사실이 예표 관계에 있다. 첫째, 아담의 대형(對型)이신 그리스도의 하나님의 영광의 광채와 그분의 인격의 명백한 형상. 둘째, 신적 인간이 되시기 위하여 신성과 연합하게 되는 사람이신 그리스도 예수. 그리스도는 하나님의 본질적 형상이신 인격으로 지음 받으셨다. 셋째, 신인(神人)으로서 하나님의 형상을 가지신 그리스도. 이것은 세상을 통치하고 심판하시는 대리인으로서 성부 하나님의 인격을 대표한다. 넷째, 하나님과 사람들 간의 연합의 획기적인 진전. 이것을 통해 사람들은 영원하신 하나님의 아들의 아름다움, 생명, 존귀, 기쁨 속에 참여하고, 따라서 그분의 영과의 친교를 통해 신들이 됨으로써 신성에 참여하는 자가 된다.[29]

모든 사람은 아담의 죄로 말미암아 고난을 겪고 정죄를 당하고 죽는 것으로 선언된다. 바울은 로마서 5:14에서 이렇게 말한다. "아담으로부터 모세까지 아담의 범죄와 같은 죄를 짓지 아니한 자들까지도 사망이 왕 노릇 하였나니." 말하자면 실제로 죄를 범하지 않은 유아들이나 모세 율법이 주어지기 전 대다수 인간의 경우에 그랬던 것처럼, 그들 자신의 인격으로 율법을 범하지 않은 자들에게도 사망의 형벌이 부과된다. 그리고 하나님의 절대적인 기쁨에서 나오는 것이 아니라 죄와 죄를 범하는 것에서 나오는 것이 그때나 이후에나 모든 사람을 얼마나 지배하는가! 바울은 앞에서 부분적으로 이 사실을 보여주었고, 이어지는 구절들에서는 다음과 같이 더 충분히 표현하고 있다. "한 사람의 범죄를 인하여 많은 사람이 죽었은즉"(15절). "심판은 한 사람으로 말미암아 정죄에 이르렀으나"(16절). "한 범죄로 많은 사람이 정죄에 이른 것같이"(18절). "한 사람의 범죄로 말미암아 사망이 그 한 사람을 통하여 왕 노릇 하였은즉"(17절). 분명히 여기서 모든 사람이 죽은 것을 단순히 자연적 결과가 아니라 첫 범죄에 대한 사법적 선고로 말미암아 야기된 형벌의 결과로 제시하고 있다.[30]

[15]그러나 이 은사는 그 범죄와 같지 아니하니 곧 한 사람의 범죄를 인하여 많은 사람이 죽었은즉 더욱 하나님의 은혜와 또한 한 사람 예수 그리스도의 은혜로 말미암은 선물은 많은 사람에게 넘쳤느니라 [16]또 이 선물은 범죄한 한 사람으로 말미암은 것과 같지 아니하니 심판은 한 사람으로 말미암아 정죄에 이르렀으나 은사는 많은 범죄로 말미암아 의롭다 하심에 이름이니라

5:15 은사가 범죄보다 더 충만하다. 왜냐하면 만일 동등하게 충만하다면 은사는 범죄가 가져온 죽음과 비참을 제거하고, 사람을 이전 상태로 회복시키는 것으로 그칠 것이기 때문이다. 그러나 은사는 그 이상이다. "그러나 이 은사는 그 범죄와 같지 아니하니"(15절). 여기서 접속사 "그러나"는 이전 구절의 "아담은 오실 자의 모형이라"는 마지막 어구를 가리키고, 이것은 "아담은 그리스도의 모형이지만 그리스도로 말미암아 받은 은사나 유익은 정확히 아담의 타락으로 받은 손실의 범주에 정확히 일치하거나 한정되는 것은 아니다"라고 말하는 것과 같다.[31]

5:16 말하자면 우리는 아담의 죄로 말미암아 갖게 된 비참보다 그리스도 안에서 하나님의 은혜로 말미암아 훨씬 더 큰 유익을 얻고, 이와 관련하

여 말한다면 아담의 죄는 우리에게 한 가지 죄에 대해서만 죄책을 가져왔지만 그리스도의 만족과 그로 말미암은 하나님의 은혜는 우리에게서 많은 죄의 죄책을 제거한다.[32]

[17]한 사람의 범죄로 말미암아 사망이 그 한 사람을 통하여 왕 노릇 하였은즉 더욱 은혜와 의의 선물을 넘치게 받는 자들은 한 분 예수 그리스도를 통하여 생명 안에서 왕 노릇 하리로다 [18]그런즉 한 범죄로 많은 사람이 정죄에 이른 것 같이 한 의로운 행위로 말미암아 많은 사람이 의롭다 하심을 받아 생명에 이르렀느니라 [19]한 사람이 순종하지 아니함으로 많은 사람이 죄인 된 것 같이 한 사람이 순종하심으로 많은 사람이 의인이 되리라

5:17-19 이 본문은 분명히 아담의 범죄가 불순종의 성격을 갖고 있었기 때문에 그에게 죽음을 가져온 것처럼, 그리스도의 행위는 속죄제물의 성격뿐만 아니라 순종의 성격을 갖고 있었기 때문에 생명을 가져왔다는 것을 보여준다. 『잡문』에서 나는 아담의 순종과 그리스도의 순종의 성격을 다루었다. 각기 주목해야 했던 "적극적 교훈"은 달랐지만, 나는 이 부분들에서 율법은 그럼에도 불구하고 동일했다고 주장한다.[33]

5:18 "여기서 '그런즉'은 직전 구절들에서 뽑아낸 결론을 소개하는 추론으로 사용되는 말이 아니라 로마서 5:12에서 시작된 '그러므로'(또는 그런즉)와 같은 말로, 첫 부분에 대한 증명이 끼어들어 연속성이 방해를 받아 불완전 상태로 남아 있었던 추론의 한 부분이 여기서 다시 반복된 것이다. '그러므로' 직후에 나오는 '같이'(롬 5:12)는 이에 대한 확실한 증거로, 거기서나 이후 구절들에서 그에 대한 답변이 전혀 나오지 않고, 따라서 동일한 추론이 다시 취해지고, 동일한 조건 절 또는 비교의 전반부가 반복되는 이 구절(롬 5:18)에 이를 때까지 의미가 미완성으로 남아 있고 정

지된 상태에 있다. 따라서 귀결 절 또는 후반부가 그것에 추가되어야 전체 문장이 완결되고, 그것을 올바르게 취하면 다음과 같이 이해되어야 한다. '그러므로 한 사람으로 말미암아 죄가 세상에 들어오고 죄로 말미암아 사망이 들어왔으니 사망이 모든 사람에게 이르렀고……'(12절). 그리고 18절은 이렇게 되어야 한다. '그런즉(그러므로) 한 범죄로 많은 사람이 정죄에 이른 것같이 한 의로운 행위로 말미암아 많은 사람이 의롭다 하심을 받아 생명에 이르렀느니라.' 바울이 말하기 시작한 것을 이런 식으로 비슷하게 방해하는 것이 고린도후서 12:14에서도 확인되고, 여덟 구절에 걸친 방해가 있은 후에 동일한 강론이 다시 시작되는데(고후 13:1), 내가 생각할 때 이런 사례는 바울 서신 다른 본문들에서도 발견할 수 있다"(로크).

한 자연적 머리의 범죄로 말미암아 정죄가 그의 모든 자연적 후손에게 임한 것처럼, 우리의 신령한 머리(또는 아담, 고전 15:46)의 의로 말미암아 칭의가 그의 모든 신령한 후손에게 이르렀다. 아담의 죄가 아담의 후손 곧 아담에게 속해 있는 모든 자에게 이어지는 것처럼 그리스도의 의도 그리스도에게 속해 있는 모든 자에게 주어진다.

또는 바울은 "값없는 선물이 모든 사람에게 임했다"고 말할 때 "그것이 모든 사람에게 전파되어 제공되고" 예외 없이 유대인과 이방인 모두에게 주어진다는 것을 가리켰을 것이다.[34]

바울이 '의'와 '의롭다 함을 받음'이라는 말로 단순히 하나님의 긍휼과 호의의 수여, 큰 재앙에서의 건지심, 큰 특권을 누리는 지위로 이끄심을 가리키지 않는다는 것을 매우 분명히 하는 본문들이 많이 있다. 이 본문들에서 바울은 의를 분명히 정죄, 죄, 불순종과 대립시켜 제시한다. 바울은 죄인들의 칭의에 대하여 말할 때 의의 행위와 관련시켜 말한다. 로마서 2:13의 표현의 의미는 얼마나 명명백백한가! "하나님 앞에서는 율법을 듣는 자가 의인이 아니요 오직 율법을 행하는 자라야 의롭다 하심을

얼으리니." 이 말씀을 보면 의롭게 되는 것이 하나님 앞에서 의로운 자로
간주되거나 인정받는 것으로 분명히 나타난다. 이사야 53:11도 마찬가지
다. "나의 의로운 종이 자기 지식으로 많은 사람을 의롭게 하며." '야체디
크'(*Jatzik*, 의로운), '차디크'(*Tzaddik*, 의롭게 하며). 이 두 용어의 결합과 관
련성은 분명히 그런 의미를 보여준다. "한 사람이 순종하심으로 많은 사
람이 의인이 되리라"(롬 5:19). "육신을 따르지 않고 그 영을 따라 행하는
우리에게 율법의 요구[곧 의]가 이루어지게 하려 하심이니라"(롬 8:4). "만
일 누가 죄를 범하여도 아버지 앞에서 우리에게 대언자가 있으니 곧 의로
우신 예수 그리스도시라"(요일 2:1). "한 의로운 행위로 말미암아 많은 사
람이 의롭다 하심을 받아 생명에 이르렀느니라"(롬 5:18).[35]

20율법이 들어온 것은 범죄를 더하게 하려 함이라 그러나 죄가 더한 곳에 은혜가
더욱 넘쳤나니 **21**이는 죄가 사망 안에서 왕 노릇 한 것 같이 은혜도 또한 의로 말
미암아 왕 노릇 하여 우리 주 예수 그리스도로 말미암아 영생에 이르게 하려 함
이라

5:20 테일러 박사는 하나님의 율법은 완전한 순종을 요청한다고 말한다.
"하나님은 불완전한 순종을 요청하실 수 없고, 또는 자신의 거룩한 율법
으로 말미암아 아무리 작더라도 어떤 죄에 대한 죄책을 우리에게 부과하
셔야 한다. 그리고 어쨌든 의무 규칙으로서의 율법이 폐지되었다면, 우리
는 어떤 면에서 율법을 범하더라도 그에 대한 죄책을 갖지 않게 될 것이
다. 그런데 도덕법 곧 본성의 법은 영속적이고 불변적인 진리이며, 그러
므로 이 법 자체는 결코 폐지될 수 없다. 오히려 반대로 우리 주 예수 그
리스도는 모세 율법 제도 아래 또는 다른 어떤 곳에서보다 복음 아래에서
그것을 더 충분히 그리고 더 명확히 새롭게 공포하셨다.……그 교훈들을
자기 자신의 신적 권위로 비준하셨다." 그리고 테일러가 말하는 많은 내

용을 보면, 모든 인간은 어떤 식으로든 율법을 어긴다는 것을 암시한다. 로마서 7-8장에서 확인할 수 있는 내용에 대하여 말하는 가운데, 테일러 는 이렇게 지적한다. "우리는 유혹으로 가득 차 있는 세상 속에서 속임을 당하기 십상이고, 육체의 정욕으로 말미암아 죄에 끌리기 마련이다. 그리 고 모든 죄에 대하여 죽음을 경고하는 율법 아래 있는 자들의 경우에는, 만약 그들이 율법 수여자의 긍휼에서 구원을 받지 못한다면, 매우 통탄할 만한 것이 되고 말 것이다." 그러나 이것은 테일러가 로마서 5:20에 관해 『로마서 주석과 해설』에서 말하는 내용 속에 상세히 언급되어 있다. 테일 러의 말은 다음과 같다. "확실히 우리의 의무를 규정하는 행동 규칙으로 서 그것[율법]은 항상 생명을 얻기 위하여 규정된 법칙이었고, 또 항상 그 런 법칙이어야 한다. 그러나 율법은 이제 칭의의 법칙도 아니고, 따라서 모든 범죄를 죽음에 예속시키는 것도 아니다. 왜냐하면 만약 율법이 매우 엄격하게 우리에게 생명을 줄 수 있었다면, 바울이 주장하는 것처럼 그 것은 하나님의 약속에 반하는 것이 되기 때문이다. 또 만약 엄밀하고 엄 격한 의미에서 우리에게 **생명**을 줄 수 있는 율법이 있다면, 진실로 칭의는 율법을 통해 이루어질 것이다." 그러나 테일러는 이런 율법은 주어진 적 이 없고, 그러므로 은혜의 약속에 대한 필요성과 여지가 충분히 존재한다 고 가정한다. 또는 테일러가 (갈라디아서 2:21에 대하여) 주장하는 것처럼, 그것은 하나님의 은혜를 좌절시키거나 무익한 것으로 만들 것이다. 왜냐 하면 칭의가 율법을 통해 주어진다면, 진실로 그리스도는 헛되이 죽은 것 이고, 그것은 그리스도는 율법 자체를 통해 성취되었고, 또는 **성취될 수 있** 었던 것을 이루시기 위하여 죽으신 것이기 때문이다. 확실히 율법은 유대 인에게 칭의 법칙으로 주어진 것이 아니었다. 또는 그들을 죽음 상태에서 회복시키고, 율법에 대한 그들의 무죄한 순종으로 생명을 얻도록 하기 위 하여 주어진 것도 아니었다. 왜냐하면 이 점에서나 다른 면에서나 율법은 본질상 약해서가 아니라 우리의 육체의 연약함 때문에 약했기 때문이다 (롬 8:3). 나는 율법이 우리의 현재 상태의 인간 본성의 연약함에 알맞은 제도가 아니라고 생각한다. 또는 우리에게 율법 외에 다른 구원의 길을 제공하지 않는 것은 하나님의 인자하심과도 일치하는 것으로 보이지 않는다. 율법은 일단 어기기만 하면, 우리는 영원히 파멸당한다.[36]

그리고 하나님의 백성들의 죄책은 얼마나 크고, 그들이 하나님을 거역하고 거스르고 하나님의 불만을 초래하는 일은 얼마나 많은가! 그렇다고 해도 율법은 하나님의 백성들이 아무리 훌륭한 선을 원하더라도 하나님이 어떤 선을 베푸시는 데 아무런 방해가 되지 않는다. 왜냐하면 율법 역시 그토록 무가치한 자들에게 은혜를 베푸실 정도로 하나님의 은혜의 엄청난 풍성함을 확대시키기 위하여 하나님이 마련하신 하나의 방법이기 때문이다. "죄가 더한 곳에 은혜가 더욱 넘쳤나니"(롬 5:20).[37]

로마서 6장

¹그런즉 우리가 무슨 말을 하리요 은혜를 더하게 하려고 죄에 거하겠느냐 ²그럴 수 없느니라 죄에 대하여 죽은 우리가 어찌 그 가운데 더 살리요 ³무릇 그리스도 예수와 합하여 세례를 받은 우리는 그의 죽으심과 합하여 세례를 받은 줄을 알지 못하느냐

6:1 죄에 거하지 말고 새 생명의 삶을 살며, 죄를 섬기지 말고 하나님께 순종하며, 의의 종이 되어 의의 열매를 맺는 삶을 살도록 하라. 로마서 6장에서 바울은 행해야 할 외적 행위에 대하여 특별한 관심을 갖고 있는데, 그 이유는 그가 특별히 이 외적 행위를 죄가 우리의 썩을 몸을 지배하지 못하게 하고, 우리의 지체를 "하나님을 위한 의의 도구"로 복종시키는 것으로 설명하고 있기 때문이다(롬 6:1, 3, 6, 12-13, 16, 18-19을 보라).¹

6:2 그러므로 참 그리스도인은 그리스도를 위하여 살기 전에 먼저 죄에 대하여 죽어야 한다. 이 죽음에 대하여, 바울은 로마서 6:2에서 "죄에 대하여 죽은 우리가 어찌 그 가운데 더 살리요"라고 말하고, 베드로는 베드로전서 2:24에서 다음과 같이 말한다. "친히 나무에 달려 그 몸으로 우리 죄를 담당하셨으니 이는 우리로 죄에 대하여 죽고 의에 대하여 살게 하려 하심이라. 그가 채찍에 맞음으로 너희는 나음을 얻었나니." 이 죄에 대한

죽음은 죄에 대한 진실하고 경건한 회개와 죄에 대한 미움이다. 회개를
통해 죄는 치명상을 입고, 이 상처는 결코 고침 받지 못한다. 이 상처는 죄
의 몸이 완전히 생명을 박탈당할 때까지 계속 커진다. 참된 회개는 죄에
대하여 죽는 것으로 지칭되는 것이 매우 적절하다. 왜냐하면 죄를 슬퍼하
고 통회할 때 그리고 마음이 전환될 때 죄의 권능과 활동이 죽기 때문이
다. 곧 죄인의 죄의 성향, 죄에 대한 사랑, 죄를 경험할 때 갖는 달콤하고
맛있는 거짓 즐거움이 사라지고 죽는다. 그리고 죄인은 죽은 사람이 음식
을 맛보는 것만큼 죄에 대하여 맛을 느끼지 못하고, 따라서 죄에 대하여
죽었다고 말할 수 있다. 생명은 활동에 있고, 죄의 생명은 죄의 활동에 있
다. 하지만 회개와 경건한 슬픔을 통해 죄 곧 죄의 성향은 이전과 같이 활
동을 하지 못하고 시체처럼 된다. 물론 얼마간 잔존하는 죄의 활동이 있
기는 하지만 죽어 가고 있는 죄의 투쟁과 같은 것이 있을 뿐이고, 그 안에
서 온전한 생명력을 갖고 활동하는 것은 아니다.[2]

6:3 "또 그 안에서 너희가 손으로 하지 아니한 할례를 받았으니……너희
가 세례로 그리스도와 함께 장사되고……그 안에서 함께 일으키심을 받
았느니라. 또 범죄와 육체의 무할례로 죽었던 너희를 하나님이 그와 함께
살리시고 우리의 모든 죄를 사하시고"(골 2:11-13). 이와 동일한 사상이
로마서 6:3-4에도 나타난다. "무릇 그리스도 예수와 합하여 세례를 받은
우리는 그의 죽으심과 합하여 세례를 받은 줄을 알지 못하느냐. 그러므로
우리가 그의 죽으심과 합하여 세례를 받음으로 그와 함께 장사되었나니
이는 아버지의 영광으로 말미암아 그리스도를 죽은 자 가운데서 살리심
과 같이 우리로 또한 새 생명 가운데서 행하게 하려 함이라."[3]

[4]그러므로 우리가 그의 죽으심과 합하여 세례를 받음으로 그와 함께 장사되었나

니 이는 아버지의 영광으로 말미암아 그리스도를 죽은 자 가운데서 살리심과 같이 우리로 또한 새 생명 가운데서 행하게 하려 함이라 ⁵만일 우리가 그의 죽으심과 같은 모양으로 연합한 자가 되었으면 또한 그의 부활과 같은 모양으로 연합한 자도 되리라

6:4 한마디로 사람의 본성은 태어날 때부터 파괴되고 죽고 장사되고, 그래서 다시는 살아나서는 안 되는 죄의 몸이라고 보아야 한다. 왜냐하면 사람들이 영적 부활의 주체가 될 때 옛 사람은 십자가에 못 박아 죽은 것으로 제시되기 때문이다(롬 6:4-6).[4]

최초로 회심한 자들은 세례를 통해 교회에 입문했다. 이때 세례는 그들이 거듭나고, 죄에 대하여 죽고, 하나님에 대하여 살고, 옛 사람을 십자가에 못 박고, 죄의 지배적 권능에서 해방되고, 죄에서 해방되고, 의의 종이 된 것 곧 영원한 생명에 목적을 두고 있는 거룩함의 열매를 맺는 하나님의 종이 된 것에 대한 가시적인 공표와 증거로 사용되었다. 이것은 로마서 6장 전체에 걸쳐 증명된다. 로마서 6장 전반부(롬 6:4-6)에서 바울은 로마 지역의 그리스도인들을 자기들의 옛 사람을 그리스도와 함께 십자가에 못 박고, "세례를 받음으로 그리스도와 함께 장사된" "죄에 대하여 죽은 자"로 언급한다.[5]

"엘리사가 나뭇가지를 베어 물에 던져 쇠도끼를 떠오르게 하고"(왕하 6:6). 물에 떨어진 쇠도끼(왕하 6:5)는 철과 같이 무거운 영혼 곧 죄와 죄책으로 너무 무거워 멸망을 향해 가라앉기 쉽고 종종 깊은 물(심연)로 비유되는 비참에 빠져 있는 사람의 영혼을 상징한다. 여기서 던져진 나뭇가지는 가벼워서 물속에 가라앉지 않고 떠오르는 정반대 본성을 갖고 계시는 그리스도를 상징한다. 신적이고 완전히 거룩한 본성을 갖고 계시는 그리스도는, 고통과 비참과 죽음 속에 뛰어들기는 하셨지만 자연스럽게 그곳에서 떠오르는 경향이 있었다. 그리스도께서 그곳에 붙잡혀 계시는 것

은 불가능했다. 그리스도는 우리가 마땅히 받아야 할 우리의 고통, 비참,
죽음에 던져져서 그곳에서 우리를 떠오르게 하셨다. 나뭇가지는 떠오르
면서 쇠도끼를 떠오르게 했다. 마찬가지로 그리스도도 떠오르셨을 때 곧
부활하셨을 때 자신과 함께 신자들을 데리고 떠오르셨다. 곧 부활하셨다.
신자들은 그리스도와 함께 부활함으로써 새 생명 가운데서 행할 수 있게
된다(롬 6:4). "먼저는 첫 열매인 그리스도요 다음에는 그가 강림하실 때
에 그리스도에게 속한 자요"(고전 15:23). 그리스도는 우리의 의롭다 하심
을 위하여 다시 살아나셨고, 그로 말미암아 우리는 거듭나게 되어 산 소
망을 갖게 되었다(벧전 1:3).

출애굽기 2:5 이하를 보라. 바로의 딸은 모세가 던져진 강으로 목욕하
러 왔다. 따라서 우리가 그리스도를 찾아내 그리스도의 영적 어머니가 되
려면, 그리스도와 함께 죽어 "그의 죽으심을 본받고"(빌 3:10), "세례를 받
음으로 그와 함께 장사되고"(롬 6:4), 율법에 대하여 죽으며, 그리스도와
함께 기꺼이 고난과 박해를 받아야 한다. 이런 죄 죽이기와 낮아짐을 통
해 영혼은 그리스도께서 던져지신 강에서 씻긴다.[6]

새 창조(새로운 피조물)의 시작인 그리스도의 부활은 특별히 아버지께
서 주신 것이다. 이것은 말하자면 그리스도의 새 탄생이었고, 이때 그리
스도는 새 생명을 받으셨다. 그리고 그리스도는 첫 탄생에서 동정녀의 태
에서 잉태되어 그녀에게서 태어나셨고, 그리하여 그녀에게서 태어난 거
룩하신 분이 하나님의 아들로 불리신 것처럼, 땅(성경에서 종종 우리의 어
머니로 상징되는)의 태에서 태어나신 두 번째 탄생에서도 그리스도는 하
나님에게서 태어나셨다. 따라서 성부 하나님은 그리스도에게 그분의 부
활과 관련하여 사도행전 13:33과 그 문맥에서 증명되는 것처럼 "너는 내
아들이라. 오늘 너를 낳았다"(시 2:7)고 말씀하신다. 그리고 히브리서 5:5
을 보면 그리스도께서 대제사장이 되신 것은 자기 자신을 높이기 위함이

아니고, 하나님은 그리스도에게 "너는 내 아들이니 내가 오늘 너를 낳았다"고 말씀하신다. 그리스도는 아버지의 영광으로 말미암아 살리심을 받았다고 말한다(롬 6:4).[7]

"우리가 그의 죽으심과 합하여 세례를 받음으로 그와 함께 장사되었나니." 이 본문에 따라 재세례파는 세례 받는 사람은 물속에 던져져 물로 덮여야 한다고 주장한다. 그러나 영어 단어 "장사되다"(buried)는 말 속에는 허점이 있다. 곧 이 말은 무덤이나 묘에 넣어지는 것을 의미할 뿐만 아니라 흔히 "완전히 뒤덮다"와 같은 의미를 갖고 있는 것으로 사용된다. 그러나 원래 이 말은 오직 시체를 매장하는 것하고만 관련되어 있다. 이 말은 무덤에 묻거나 묘에 매장하는 것을 가리킨다. 완전히 뒤덮는 것은 영어로는 "buried"이지만, 헬라어에서는 아니다. 그러나 사람들이 물속에 뛰어드는 것이 당시의 관습이었기 때문에 그리고 뛰어드는 것과 장사지내는 것 간의 모종의 유사성 때문에 바울이 이 말을 사용했다고 해도, 세례 받을 때 물속에 뛰어드는 것이 필수 조건이라는 결론이 따라 나오는 것은 아니다. 왜냐하면 물속에 뛰어드는 일 없이 씻기만 하는 세례는 그리스도와 함께 죽거나 장사지내는 것과 종종 비교되는 것 곧 우리가 죄에서 깨끗하게 되는 것 또는 이전 구절에서 표현되는 것처럼 "죄에 대하여 죽는" 것을 표상하기 때문이다.[8]

6:5 그리스도께서 그들의 영혼에 구원과 위로의 역사를 펼치도록 자신의 영을 주신 자들은 낮아짐과 죄 죽임을 통해 죽어야 한다. 그리스도의 구원의 유익에 참여하고 그리스도로 말미암아 사는 자들은 일종의 죽음의 대상이 되어야 한다. 그들은 그리스도와 함께 살기 위하여 그리스도와 함께 죽어야 한다.[9]

6우리가 알거니와 우리의 옛 사람이 예수와 함께 십자가에 못 박힌 것은 죄의 몸이 죽어 다시는 우리가 죄에게 종 노릇 하지 아니하려 함이니 **7**이는 죽은 자가 죄에서 벗어나 의롭다 하심을 얻었음이라 **8**만일 우리가 그리스도와 함께 죽었으면 또한 그와 함께 살 줄을 믿노니 **9**이는 그리스도께서 죽은 자 가운데서 살아나셨으매 다시 죽지 아니하시고 사망이 다시 그를 주장하지 못할 줄을 앎이로라 **10** 그가 죽으심은 죄에 대하여 단번에 죽으심이요 그가 살아 계심은 하나님께 대하여 살아 계심이니

6:6 분명히 영적 할례, 영적 세례, 영적 부활은 모두 옛 사람을 벗어 버리고 새 사람을 입는 것과 같다. 여기서 영적 할례, 세례, 부활은 모두 영적 변화를 의미하고, 그때 사람들은 명백히 육신에 속한 죄의 몸을 벗는다. 그러나 그것은 바울이 "옛 사람을 벗어 버리는 것"으로 말하는 것과 동일하다. 이것이 로마서 6:6에서는 "우리의 옛 사람이 예수와 함께 십자가에 못 박힌 것은 죄의 몸이 죽어"로 나타난다. 그리고 옛 사람을 벗는 것이 죄의 몸을 벗는 것과 동일하다는 것은 에베소서 4:22-24과 골로새서 3:8-10에서도 나타난다.[10]

따라서 우리가 어떤 말을 할 때 다른 사람이 믿어 줄 만하다면(그리고 선한 지식과 건전한 지성과 정직함을 구비한 사람들이 자기들의 관찰과 경험 속에 들어가 있는 사실들에 대하여 이웃에게 말할 때 믿게 만드는 권리를 갖고 있다면), 뉴잉글랜드 사람들은 최근에 복음 사실들의 진리성과 확실성에 대하여 새롭고 큰 확신을 갖게 되었다. 말하자면 그리스도 예수가 하나님의 아들이고 세상의 크고 유일하신 구주라는 것, 그리스도의 피로 말미암아 화목이 주어지고 그리스도의 의로 받아들여지며 그리스도로 말미암아 영생과 구원을 얻는다는 복음의 중대한 교리들은 의심할 여지가 없는 진리라는 것, 이 구주의 탁월성과 충분성과 이 구원의 길에서 빛나는 하나님의 영광스러운 지혜와 은혜에 대한 매우 절실한 의식, 죽음을 통한 그리스도의 사랑의 기적과 복음의 초대에 나타나 있는 그리스도의 신실하

심과 그 결과 영광스러운 구주이자 굳건한 반석과 높은 탑이신 그리스도 안에 있는 영혼의 신뢰와 달콤한 안식 그리고 여기에 신적 속성들 곧 하나님의 위엄, 거룩하심, 주권적 은혜 등의 영광에 대한 찬미와 감사가 더해지고, 하나님에 대한 민감하고 강력한 사랑, 온갖 세속적 즐거움이나 육신적 쾌락을 크게 능가하는 하나님 안에서의 즐거움, 그리고 모든 선의 분깃이자 원천으로서 하나님 안에서 누리는 영혼의 안식과 죄를 싫어함과 죄에 대한 자기혐오, 하나님에 대한 거룩함과 복종을 추구하는 영혼의 간절한 열망, 삶의 거룩함을 위하여 하나님의 도우심을 바라는 절실한 필요 의식, 하나님의 자녀로 간주되는 모든 사람에 대한 극진한 사랑과 인류 전체에 대한 사랑 그리고 죄인들의 영혼에 대한 매우 민감하고 부드러운 연민과 세상에서 그리스도의 나라를 확장시키는 것에 대한 간절한 소원과 같은 사실들이 견고한 확신이 되었다. 그리고 이 사실들은 그들 가운데 많은 사람에게서 지금까지 여러 달 동안, 아니 1년 반 이상 지속적으로 나타났다. 거룩한 삶에 대한 지속적인 관심과 남아 있는 부패에 대한 큰 불만, 어떻게든 죄와 사망의 몸에서 벗어나려는 갈망도 함께 나타났다 (참조. 롬 6:6, 7:24, 8:2).[11]

6:6-8 죄에 대하여 상한 마음이 되는 것은 다음과 같다. 제물은 바쳐지기 전에 상처를 입고 죽임을 당해야 한다. 참 그리스도인의 마음은 먼저 죄 의식으로 그리고 죄의 큰 악과 위험에 대하여 상처를 입고, 이어서 경건한 슬픔과 참된 회개로 죽임을 당한다. 마음은 진실로 회개할 때 죄에 대하여 죽는다. 회개는 하나님의 말씀에서 죽음으로 비유된다. "우리가 알거니와……그와 함께 살 줄을 믿노니"(롬 6:6-8). "이와 같이 너희도 너희 자신을 죄에 대하여는 죽은 자요 그리스도 예수 안에서 하나님께 대하여는 살아 있는 자로 여길지어다"(롬 6:11). 갈라디아서 2:20도 보라. 그리

스도께서 자신을 바쳤을 때 십자가에 상한 상태로 바쳐진 것처럼, 영혼이 회심할 때의 과정도 어느 정도 이와 비슷하다. 마음은 죽임을 당하고 상한 상태로 하나님께 바쳐진다. "하나님께서 구하시는 제사는 상한 심령이라. 하나님이여, 상하고 통회하는 마음을 주께서 멸시하지 아니하시리이다"(시 51:17).[12]

6:8-9 이 두 구절과 문맥은 확실히 견인을 증명하는 것으로 보인다.[13]

6:9 신자는 썩지 아니하고 영원한 생명인 그리스도의 부활의 생명에 참여하는 자로서 은혜와 영적 생명을 갖고 있다고 성경은 가르친다. "너희가……그 안에서 함께 일으키심을 받았느니라"(골 2:12). "너희를 하나님이 그와 함께 살리시고"(골 2:13). "허물로 죽은 우리를 그리스도와 함께 살리셨고……또 함께 일으키사"(엡 2:5-6). "그런즉 이제는 내가 사는 것이 아니요 오직 내 안에 그리스도께서 사시는 것이라"(갈 2:20). 이것은 신자의 영적 삶은 실패할 수 없다는 것을 보여준다. 다음 본문도 이것을 증명한다. "곧 살아 있는 자라. 내가 전에 죽었었노라. 볼지어다. 이제 세세토록 살아 있어"(계 1:18). "이는 그리스도께서……주장하지 못할 줄을 앎이로라"(롬 6:9).[14]

왜냐하면 그리스도께서 죽은 자 가운데서 부활하셨을 때 그때가 그분 안에서 영생이 시작된 때였기 때문이다. 그리스도의 생명은 죽기 전에는 죽을 수밖에 없는 한시적 생명이었으나 부활하신 후에는 영원하고 결코 죽지 않는 생명이 되었다. "이는 그리스도께서……주장하지 못할 줄을 앎이로라"(롬 6:9). "곧 살아 있는 자라. 내가 전에 죽었었노라. 볼지어다. 이제 세세토록 살아 있어"(계 1:18). 그러나 그리스도는 육체의 머리로서 이 영생의 소유자가 되셨고, 자신뿐만 아니라 자기를 믿는 모든 사람에게 주려고 영생을 소유하셨다. 따라서 온 교회가 말하자면 그리스도 안에서 살아난다. 그리고 이제 그때까지 크게 고난을 받으신 그리스도는 이후로는 다시는 영원히 고난받지 아니하고, 영원한 영광을 누리게 될 것이다. 하나님 아버지는 더 이상 그리스도께서 고난받는 것을 기대하거나 바라지 않으신다.[15]

따라서 성도들은 영적 삶 속에서 그리고 의롭다 함을 받은 지위에 있어 확실히 견인하게 될 것이라는 결론이 따라 나온다. 그래서 바울은 로마서 6장에서 신자는 결국 죄에서 해방되고 영원히 그리스도와 함께 살 것이며, 죄는 더 이상 신자를 주관하지 못할 것이라고 주장한다. "이는 그리스도께서……주장하지 못할 줄을 앎이로라"(롬 6:9).[16]

[11]이와 같이 너희도 너희 자신을 죄에 대하여는 죽은 자요 그리스도 예수 안에서 하나님께 대하여는 살아 있는 자로 여길지어다 [12]그러므로 너희는 죄가 너희 죽을 몸을 지배하지 못하게 하여 몸의 사욕에 순종하지 말고 [13]또한 너희 지체를 불의의 무기로 죄에게 내주지 말고 오직 너희 자신을 죽은 자 가운데서 다시 살아난 자 같이 하나님께 드리며 너희 지체를 의의 무기로 하나님께 드리라

6:11 제물은 바쳐지기 전에 상처를 입고 죽임을 당해야 한다. 참 그리스도인의 마음은 먼저 죄의식으로 그리고 죄의 큰 악과 위험에 대하여 상처를 입고, 이어서 경건한 슬픔과 참된 회개로 죽임을 당한다. 마음은 진실로 회개할 때 죄에 대하여 죽는다. 회개는 하나님의 말씀에서 죽음으로 비유된다. "우리가 알거니와 우리의 옛 사람이 예수와 함께 십자가에 못 박힌 것은 죄의 몸이 죽어 다시는 우리가 죄에게 종 노릇 하지 아니하려 함이니 이는 죽은 자가 죄에서 벗어나 의롭다 하심을 얻었음이라. 만일 우리가 그리스도와 함께 죽었으면 또한 그와 함께 살 줄을 믿노니"(롬 6:6-8). "이와 같이 너희도 너희 자신을 죄에 대하여는 죽은 자요 그리스

도 예수 안에서 하나님께 대하여는 살아 있는 자로 여길지어다"(롬 6:11).
갈라디아서 2:20도 보라. 그리스도께서 자신을 바쳤을 때 십자가에 상한
상태로 바쳐진 것처럼, 영혼이 회심할 때의 과정도 어느 정도 이와 비슷
하다. 마음은 죽임을 당하고 상한 상태로 하나님께 바쳐진다. "하나님께
서 구하시는 제사는 상한 심령이라. 하나님이여, 상하고 통회하는 마음을
주께서 멸시하지 아니하시리이다"(시 51:17).[17]

6:13 그리스도인은 자기 마음을 하나님께 제물로 바친다. 하나님께 자기
자신을 봉헌한다. "오직 너희 자신을 죽은 자 가운데서 다시 살아난 자같
이 하나님께 드리며"(롬 6:13). 그리스도인은 오직 자신을 극상품으로 하
나님께 바친다. 충심으로 그렇게 바친다. 그리스도인은 다른 어떤 것에는
속하지 않고 오직 하나님의 소유가 되기를 바란다. 자신의 영혼의 모든
기능을 하나님께 드린다. 그리스도인은 자신의 마음을 하나님께 드리고,
그는 그렇게 하나님께 제물로 바쳐진다…….[18]

"그리스도 예수와 합하여 세례를 받은 우리는 그의 죽으심과 합하여
세례를 받았다"(롬 6:3). 여기서 바울은 세례를 받은 모든 자에 대하여 말
한다. 계속 이어지는 강론(롬 6:11-18)에서 설명하는 가운데, 바울은 그들
이 죄에 대하여 죽은 것을 언급한다. 곧 그들이 더 이상 "법 아래에 있지
않고 은혜 아래에" 있는 것, "죄로부터 해방되고" "의에게 종"이 되어 "교
훈의 본"을 마음으로 순종하는 것 등에 대하여 말한다. "우리 중에 누구
든지 자기를 위하여 사는 자가 없고 자기를 위하여 죽는 자도 없도다"(롬
14:7, 문맥을 고려하여 함께 이해할 것). "우리가……거울을 보는 것같이 주
의 영광을 보매"(고후 3:18). "너희가 다 믿음으로 말미암아 그리스도 예
수 안에서 하나님의 아들이 되었으니"(갈 3:26).[19]

14죄가 너희를 주장하지 못하리니 이는 너희가 법 아래에 있지 아니하고 은혜 아래에 있음이라 **15**그런즉 어찌하리요 우리가 법 아래에 있지 아니하고 은혜 아래에 있으니 죄를 지으리요 그럴 수 없느니라 **16**너희 자신을 종으로 내주어 누구에게 순종하든지 그 순종함을 받는 자의 종이 되는 줄을 너희가 알지 못하느냐 혹은 죄의 종으로 사망에 이르고 혹은 순종의 종으로 의에 이르느니라

6:14 최초로 회심한 자들은 세례를 통해 교회에 입문했다. 이때 세례는 그들이 거듭나고, 죄에 대하여 죽고, 하나님에 대하여 살고, 옛 사람을 십자가에 못 박고, 죄의 지배적 권능에서 해방되고, 죄에서 해방되고, 의의 종이 된 것 곧 영원한 생명에 목적을 두고 있는 거룩함의 열매를 맺는 하나님의 종이 된 것에 대한 가시적인 공표와 증거로 사용되었다. 이것은 로마서 6장 전체에 걸쳐 증명된다. 로마서 6장 전반부(롬 6:4-6)에서 바울은 로마 지역의 그리스도인들을 자기들의 옛 사람을 그리스도와 함께 십자가에 못 박고, "세례를 받음으로 그리스도와 함께 장사된" "죄에 대하여 죽은 자"로 언급한다. 바울은 단지 그들은 세례를 통해 특별히 이 의무 아래 놓여 있었고, 따라서 이후로 그들이 그렇게 하겠다고 서약하는 표지와 증거였다는 것을 말하는 것이 아니고, 이미 명백하게 그렇게 하고 있음을 보여주는 표지와 증거와 공표로 마련된 것이라고 말하는 것이다. 바울이 6장 이어지는 부분에서 자신의 논증을 개진하는 것을 보면, 이것이 매우 명백히 드러난다. "죄가 너희를 주장하지 못하리니 이는 너희가 법 아래에 있지 아니하고 은혜 아래에 있음이라"(롬 6:14). "하나님께 감사하리로다. 너희가 본래 죄의 종이더니 너희에게 전하여 준 바 교훈의 본을 마음으로 순종하여 죄로부터 해방되어 의에게 종이 되었느니라"(롬 6:17-18). "그러나 이제는 너희가 죄로부터 해방되고 하나님께 종이 되어 거룩함에 이르는 열매를 맺었으니 그 마지막은 영생이라"(롬 6:22).[20]

"죄가 너희를 주장하지 못하리니 이는 너희가 법 아래에 있지 아니하

고 은혜 아래에 있음이라." 율법 곧 행위 언약은 타락한 피조물에게는 하나님을 섬기도록 이끄는 적절한 수단이 못 된다. 율법은 무구(無垢) 상태에 있던 인간에게는 매우 적절한 수단이었지만, 현재와 같이 연약하고 죄악 된 상태에 있는 우리에게는 이 목적을 성취할 수 있는 힘을 갖고 있지 못하다. 오히려 반대로 율법 아래에서 지켜졌던 것이 도리어 율법을 방해하는 경향을 갖고 있고 실제로 율법을 가로막았는데, 거기에는 두 가지 이유가 있었다. 첫째, 율법은 하나님을 섬기려고 할 때 오히려 사람들을 낙담시키는 경향이 있고, 그리하여 이 제도 아래에서 율법은 반드시 하나님이 인정하실 만큼 하나님을 기쁘시게 하거나 섬기는 것이 불가능하다고 간주하게 만들었기 때문이다. 그리고 이에 대하여 절망하는 자는 하나님을 즐겁게 섬길 능력을 갖고 있지 못하고, 오히려 어떻게든 하나님을 섬기려고 노력하기는커녕 도리어 악에 빠질 것이다. 이런 절망으로 말미암아 죄가 치명적으로 지배권을 갖게 되고, 그는 지옥에 떨어진 것처럼 완전히 죄에 굴복하게 된다. 둘째, 율법은 하나님에게서 내쫓고 하나님에 대한 증오를 자극하는 경향이 있어 하나님을 원수로 간주하게 만들었기 때문이다. 행위 언약 아래 있는 타락한 피조물은 하나님을 아버지와 친구로 생각할 수 없고, 반드시 원수로 간주하기 마련이다. 왜냐하면 그는 과거나 미래에서나 그 상태에서 하나라도 율법에 순종하지 못하면 하나님과 원수가 되기 때문이다. 그러나 이렇게 되면 마음속에 하나님에 대한 죄나 증오가 지배권을 갖게 될 것이다. 확실히 악인이 하나님을 미워하도록 만드는 것은 오로지 율법이다. 악인은 자기들의 죄를 반대하는 율법으로 말미암아 그리고 하나님에 대한 미움을 조장하는 경향이 있는 율법으로 말미암아 하나님이 율법의 수여자나 심판자로 행하시는 바로 그 점 때문에 하나님을 미워한다. 따라서 하나님에 대한 즐거운 섬김을 위해서는 율법의 지배 아래에서 벗어나는 것이 필수적이다.[21] □

6:16 죄에 거하지 말고 새 생명의 삶을 살며, 죄를 섬기지 말고 하나님께 순종하며, 의의 종이 되어 의의 열매를 맺는 삶을 살도록 하라. 로마서 6장에서 바울은 행해야 할 외적 행위에 대하여 특별한 관심을 갖고 있는데, 그 이유는 그가 특별히 이 외적 행위를 죄가 우리의 썩을 몸을 지배하지 못하게 하고, 우리의 지체를 "하나님을 위한 의의 도구"로 복종시키는 것으로 설명하고 있기 때문이다(롬 6:1, 3, 6, 12-13, 16, 18-19을 보라).[22]

[17]하나님께 감사하리로다 너희가 본래 죄의 종이더니 너희에게 전하여 준 바 교훈의 본을 마음으로 순종하여 [18]죄로부터 해방되어 의에게 종이 되었느니라

6:17 오웬(Owen) 박사는 『성령론』에서, 성령의 통상 사역에 대하여 말하는 가운데 이렇게 진술한다. "이 사역이 영향을 미치는 첫 번째 대상인 지성에 미치는 효력은 지성에 계시된 사실들의 매우 영적인 성격과 속성들에 있어 지성에 즐거움과 안심과 만족을 주기 때문에 한정 없이 진행된다. 성령의 구원에 대한 조명의 참된 성격은 바로 이것이다. 곧 성령의 이 조명은 영적 사실들이 자체의 영적 본질에 따라 지성에 적합하고, 지성을 즐겁게 하고, 지성을 만족시키도록 지성에 이 사실들에 대한 직접적인 직관적 통찰력과 관점을 제공한다. 이 결과 지성은 영적 사실들에 맞게 바뀌고, 이 사실들의 틀에 맞추어지며, 이 사실들에 의존하게 된다(롬 6:17; 12:2, 고전 2:13-14, 고후 3:18; 4:6).[23]

마음은 진리를 묵묵히 따른다. 그리하여 마음은 다른 길을 필요로 하거나 바라지 않게 된다. 영혼과 복음 사이에는 이제 달콤한 조화가 있다. 영혼은 역동적으로 복음에 일치되고 복음에 동조하며 복음을 붙든다. 따라서 우리는 사랑으로 진리를 받거나 진리의 사랑을 받는다는 말씀을 읽고(살후 2:10), 또 마음으로 진리(교훈의 본)에 순종한다는 말씀도 본다(롬

6:17). 이것은 전해진 복음을 기꺼이 받아들이는 것이다(행 2:41). 우리는 하나님이 루디아의 마음을 여셨고, 루디아가 바울을 통해 주어진 사실들을 주목했다고 말할 때 바로 이것을 의미한다는 것(행 16:14)을 이해할 수 있다.[24]

"그때에 예수께서 대답하여 이르시되 천지의 주재이신 아버지여, 이것을 지혜롭고 슬기 있는 자들에게는 숨기시고 어린아이들에게는 나타내심을 감사하나이다. 옳소이다. 이렇게 된 것이 아버지의 뜻이니이다"(마 11:25-26). 여기서 그리스도는 하나님이 위엄이나 위대하심, 주권이나 공의 또는 어떤 속성이나 영광스러운 사역에 대하여 찬양을 받거나 영광을 받으셔야 하기 때문에 단순히 하나님을 찬양하시는 것이 아니다. 그리스도는, 마치 그것이 하나님의 사역이고, 그로 말미암아 자신이 유익을 얻으신 것처럼 관련 당사자로서 하나님께 감사를 드린다. 아버지께서 이 사실들을 계시하신 사람들은 그것들을 그들에게 계시하시기 전부터 그리스도의 것이었다. 왜냐하면 그들은 영원 전에 그리스도에게 주어졌고, 그리스도는 창세전부터 자신의 사랑을 그들에게 두셨고, 그들을 위하여 세상에 오셨으며, 그들을 전부 이름으로 알고 계셨기 때문이다. 그들의 이름은 그리스도의 마음속에 새겨져 있었고, 그리스도는 그들을 자기처럼 여기셨다. 그러므로 그리스도는 자기에게 속한 자들 곧 비록 가난하고 연약하고 도움 받을 데 없고 멸시받는 피조물에 불과하지만, 다른 사람들보다 더 고상하고 더 지혜롭고 더 총명하게 하실 정도로 자신이 크게 사랑하고 각별히 관심을 갖고 있는 자들에게 이 사실들을 계시한 것에 대하여 아버지께 감사를 드린다. 그리스도는 본질상 매우 비천하고 하찮은 존재에 불과한 다수의 가난한 자녀를 두었지만, 하나님이 부유하고 고상하고 유능하고 학식 있는 자들을 그냥 지나치고 자신의 가난한 자녀를 주목하여 그들에게 무한한 복을 베푸신다면, 사랑이 많은 아버지처럼 하나님의 인자하심에 크게 감동하고, 자신의 마음을 감사로 채우실 것이다. 자기 자신을 매우 연약하고 특별히 하찮은 자로 보는 사람들은 자기들이 자기들보다 훨씬 더 중요하고 유력한 많은 자들과 얼마나 구별되는지 생각할 때, 자기들에게 구원의 긍휼을 베푸신 것에 대하여 하나님께 그만큼 더 크게 감사할 것이다. 따라서 그리스도는 이런 경우와 똑같이 감사의 이유를 갖고 계시는 것으로 간주하셨다. 왜냐하면 그들은 영원부터 자기에게 주어진 자들이고, 그들을 자기 자신처럼 그리고 자기 자신을 그들과 똑같이 여기셨기 때문이다. 택함 받은 교회의 머리이신 그리스도는 여기서, 누가가 우리에게 말하는 것처럼(눅 10:21) 아버지께 성령으로 기뻐하며 감사하는데, 그것이야말로 영원까지 교회의 가장 큰 감사 제목이 될 것이다. 여기서 그리스도는 하나님의 인자하심을 감사하며 인정하는데, 그 이유는 하나님께서 자원하여 그렇게 하셨기 때문이다. "옳소이다. 이렇게 된 것이 아버지의 뜻이니이다"(마 11:26). 즉 하나님은 그들의 비천함이나 다른 사람들의 위대함과 상관없이 그렇게 하셨다. 이 본문을 로마서 6:17과 비교해 보라.[25]

믿음은 그리스도를 영접하는 것이다(요 1:12, 히 11:19, 골 2:5-7).

믿음은 그리스도를 마음속에 모시는 것이다(롬 10:6-10).

믿음을 복음을 받아들이는 것이다(고후 11:4, 딤전 1:14-15). 참된 믿음은 단순히 그것을 믿는 것 이상을 포함한다. 참된 믿음은 모든 받아들임을 포함한다(딤전 1:15).

믿음은 단순히 지성적 동의 이상의 것이다. 왜냐하면 믿음은 "복음을 순종하는 것"으로 불리기 때문이다(롬 10:16; 15:18, 벧전 2:7-8;3:1; 4:17, "교훈의 본을 마음으로 순종하여"[롬 6:17]). 복음을 순종한다는 이 표현은 복음이 우리에게 요청하는 것에 따라 마음이 복음에 복종하는 것을 의미하는 것으로 보인다.[26]

"너희에게 전하여 준 바." 헬라어는 (난외주에서처럼) "너희를 맡은 바"로 되어 있다. "만약 우리가 사도 바울이 여기서 두 주인으로 보는 죄와 복음에 대하여 하는 말, 그리고 전자(죄)의 손에서 빠져나와 그들이 마음으로 순종하는 후자(복음)의 손에 맡겨졌다고 바울이 쓰고 있는 자들 곧 로마서 6:16에 나오는 것처럼 그들이 지배를 받아 진실로 주인으로 순종했던 죄의 종이 더 이상 아니라는 말을 주목하면, 이는 전혀 귀에 거슬리지 않고 매우 우아한 표현이다"(존 로크).[27]

6:17-18 최초로 회심한 자들은 세례를 통해 교회에 입문했다. 이때 세례는 그들이 거듭나고, 죄에 대하여 죽고, 하나님에 대하여 살고, 옛 사람을 십자가에 못 박고, 죄의 지배적 권능에서 해방되고, 죄에서 해방되고, 의의 종이 된 것 곧 영원한 생명에 목적을 두고 있는 거룩함의 열매를 맺는 하나님의 종이 된 것에 대한 가시적인 공표와 증거로 사용되었다. 이것은 로마서 6장 전체에 걸쳐 증명된다. 로마서 6장 전반부(롬 6:4-6)에서 바울은 로마 지역의 그리스도인들을 자기들의 옛 사람을 그리스도와 함께 십자가에 못 박고, "세례를 받음으로 그리스도와 함께 장사된" "죄에 대하여 죽은 자"로 언급한다. 바울은 단지 그들은 세례를 통해 특별히 이 의무 아래 놓여 있었고, 따라서 이후로 그들이 그렇게 하겠다고 서약하는 표지와 증거였다는 것을 말하는 것이 아니고, 이미 명백하게 그렇게 하고 있음을 보여주는 표지와 증거와 공표로 마련된 것이라고 말하는 것이다. 바울이 6장 이어지는 부분에서 자신의 논증을 개진하는 것을 보면, 이것이 매우 명백히 드러난다. "죄가 너희를 주장하지 못하리니 이는 너희가 법 아래에 있지 아니하고 은혜 아래에 있음이라"(롬 6:14). "하나님께 감사하리로다. 너희가 본래 죄의 종이더니 너희에게 전하여 준 바 교훈의 본을 마음으로 순종하여, 죄로부터 해방되어 의에게 종이 되었느니라"(롬

6:17-18). "그러나 이제는 너희가 죄로부터 해방되고 하나님께 종이 되어 거룩함에 이르는 열매를 맺었으니 그 마지막은 영생이라"(롬 6:22).

신약성경에 나오는 "믿다"라는 말은 구약성경에 나오는 "신뢰하다"라는 말과 대응을 이루고 있다. 그러므로 온 마음을 다해 믿는 것에 대하여 빌립이 사용한 말은 잠언 3장에 나오는 말씀과 평행을 이룬다. "너는 마음을 다하여 여호와를 신뢰하고"(잠 3:5). 그리고 마음으로 믿는 것은 신약성경에서 구원에 이르게 하는 믿음을 가리키기 위하여 사용된 말이다. "네가 만일 네 입으로 예수를 주로 시인하며 또 하나님께서 그를 죽은 자 가운데서 살리신 것을 네 마음에 믿으면 구원을 받으리라. 사람이 마음으로 믿어 의에 이르고 입으로 시인하여 구원에 이르느니라"(롬 10:9-10). 교훈의 본을 마음으로 순종한다는 것도 같은 의미를 갖고 있다. "하나님께 감사하리로다. 너희가 본래 죄의 종이더니 너희에게 전하여 준 바 교훈의 본을 마음으로 순종하여 죄로부터 해방되어 의에게 종이 되었느니라"(롬 6:17-18). 여기서 구원에 이르게 하는 믿음이 교훈의 본을 마음으로 순종한다는 말에 분명히 내포되어 있다.

사도들은 자기들이 쓴 서신에서 수신자에게 말하거나 수신자에 대하여 말할 때 그들을 은혜를 받은 사람으로 가정하고 판단하는 기준을 갖고 말한다. 따라서 사도 바울은 로마서 1:7에서 로마 지역의 교인들을 "하나님의 사랑하심을 받은 자"로 지칭한다. 로마서 6:17-18에서 바울은 "그들이 자기들에게 전하여 준 바 교훈의 본을 마음으로 순종하여 죄로부터 해방되어 의에게 종이 된 것에 대하여 하나님께 감사한다." 이에 대하여 하나님께 감사할 때 바울은 그들 자신이 은혜 받은 자라는 것을 모르고 있고, 그래서 그런 사실을 알기를 사랑으로 바라기(우리가 말하는 것처럼) 때문에 그들에 대하여 일종의 부정적 방식의 사랑을 갖고 있는 것이 틀림없고, 또 그들이 그런 자라는 긍정적 방식의 판단도 이미 하고 있는 것처럼 보인다. 그러므로 바울의 감사는 적어도 합리적 개연성에 기초가 놓여 있다. 왜냐하면 확실하게 믿는 이유가 무엇인지도 모른 채 긍휼을 베푸신 것에 대하여 감사하는 것은 하나님을 조롱하는 것에 불과하기 때문이다.[28]

6:18 이스라엘 자손이 하나님을 섬기도록 애굽에서 구원받은 것처럼, 우리가 예수 그리스도로 말미암아 구속을 받은 것은 죄를 위하여 자유를 누리도록 하기 위함이 아니라 죄로부터 자유를 누리고, 그리하여 그 자유로 하나님을 섬기도록 하기 위함이다. 이스라엘 자손은 그들의 옛 주인인 애굽 사람에게서 해방되어 하나님을 섬길 수 있게 되었다. 마찬가지로 우리도 죄를 섬기는 종에서 구속받아 이후로 하나님을 섬길 수 있게 되었다. "죄로부터 해방된" 우리는 이제 "의의 종이 되었다"(롬 6:18). 이 사상은 로마서 6장 전체에 망라되어 있다.[29]

죄에 거하지 말고 새 생명의 삶을 살며, 죄를 섬기지 말고 하나님께 순종하며, 의의 종이 되어 의의 열매를 맺는 삶을 살도록 하라. 로마서 6장에서 바울은 행해야 할 외적 행위에 대하여 특별한 관심을 갖고 있는데, 그 이유는 그가 특별히 이 외적 행위를 죄가 우리의 썩을 몸을 지배하지 못하게 하고, 우리의 지체를 "하나님을 위한 의의 도구"로 복종시키는 것으로 설명하고 있기 때문이다(롬 6:1, 3, 6, 12-13, 16, 18-19을 보라). 또 바울은 로마서 12:1에서도 그것을 주장한다. 선을 행하는 것, 하나님의 계명을 지키는 것, 열매를 맺는 것을 신실함의 표지로 말할 때는 주로 자발적인 행위를 염두에 두고 말한다. 왜냐하면 하나님 앞에서 행하는 것과 온전하게 되는 것, 하나님 앞에서 진실하게 사는 것과 온전한 마음을 갖고 사는 것, 경주를 하는 것, 선한 싸움을 싸우는 것이 동일한 의미를 갖고 표현되기 때문이다.[30]

¹⁹너희 육신이 연약하므로 내가 사람의 예대로 말하노니 전에 너희가 너희 지체를 부정과 불법에 내주어 불법에 이른 것 같이 이제는 너희 지체를 의에게 종으로 내주어 거룩함에 이르라 ²⁰너희가 죄의 종이 되었을 때에는 의에 대하여 자유로웠느니라 ²¹너희가 그 때에 무슨 열매를 얻었느냐 이제는 너희가 그 일을 부끄러워하나니 이는 그 마지막이 사망임이라 ²²그러나 이제는 너희가 죄로부터 해방되고 하나님께 종이 되어 거룩함에 이르는 열매를 맺었으니 그 마지막은 영생이라 ²³죄의 삯은 사망이요 하나님의 은사는 그리스도 예수 우리 주 안에 있는 영생이니라

6:19 악인은 몸도 죄에 예속되어 있다. 악인은 자기 몸으로 무엇을 행하든 간에 죄를 섬기게 된다. "악인이 형통한 것은 다 죄니라"(잠 21:4). 악인의 손, 발, 혀, 눈, 귀 그리고 모든 지체가 마귀의 일을 한다. "전에 너희가 너희 지체를 부정과 불법에 내주어 불법에 이른 것같이"(롬 6:19). 따라서 죄는 영혼과 몸 곧 전 인간을 지배하고, 몸과 영혼의 모든 행동을 지배한다.³¹

"너희 육신이 연약하므로 내가 사람의 예대로 말하노니." 즉 "내가 너희 로마 사람들에게 잘 알려져 있는 한 주인의 종에서 다른 주인의 종으로 옮긴 것에 대한 이 은유를 사용하여 영적 사실들보다 육체적 사실들에 더 익숙하고, 이 문제들에 있어 여전히 빈약한 상태에 있는 너희의 이성에 나의 뜻을 더 깊이 납득시키고자 하니"(존 로크).³²

6:23 "죄의 삯은 사망이요." 여기서 "죄의 삯"은 죄를 지은 것에 대하여 지불하는 대가를 가리키는 것이 아니라 죄가 지불하는 대가를 가리킨다. 이것은 이 본문에서 "죄의 삯"과 "하나님의 은사"를 대비시키는 것으로도 분명하고, 또 죄를 종을 부리고 섬김과 순종을 받는 한 인물과 주인으로 묘사하는 바울 강론의 전체 취지를 보아도 드러난다. 따라서 여기서 한 인물의 삯이 되는 "죄의 삯"은 죄가 지불하는 것이 되어야 한다.³³

이제 우리는 성경이 인간의 죄의 당연한 삯으로 말하고, 기록된 계시

가 처음 주어지고 또 그 계시가 끝날 때까지 모든 시대 교회의 하나님의 성도들이 그렇게 말한 이 사망이 무엇인지 살펴보아야 한다. 나는 신약성경과 함께 설명을 시작할 것이다. 사도 바울이 "죄의 삯은 사망"(롬 6:23)이라고 말할 때, 테일러 박사는 우리에게 "이것은 영원한 죽음 곧 둘째 사망으로, 우리가 현재 죽는 죽음과 크게 다른 죽음을 의미한다"고 말한다. 또 바울은 사망을 죄에 대하여 주어지는 마땅한 처벌이라 말한다(롬 7:5; 8:13, 고전 15:56, 고후 3:7). 테일러 박사는 이 모든 본문에서 바울은 영원한 죽음을 염두에 두고 있다고 가정한다. 그리고 야고보 사도가 사망에 대하여 말할 때, 죄의 적절한 보응 곧 죄의 열매와 결말로 "죄가 장성한즉 사망을 낳느니라"(약 1:15)고 말한다. 여기서 테일러는 사망을 영원한 멸망을 뜻하는 것으로 보고 있는 것이 분명하다.[34]

여러분의 섬김에 대하여 여러분이 받을 삯이 얼마나 적을지 생각해 보라. 사망 곧 영원한 죽음이 여러분이 죄를 섬긴 것에 대하여 받을 삯의 전부다. "죄의 삯은 사망이요"(롬 6:23). 여러분이 마귀를 즐겁게 하는 데 온갖 수고를 다한 후에, 죄의 계명을 순종하면서 열심히 힘쓰고 온갖 어려움을 겪은 후에, 여러분의 이성과 지식과 무구함을 포기하고 스스로 야비한 주인인 죄를 섬기는 짐승과 바보가 된 후에, 여러분이 받을 죄의 삯은 사망이다.

죄의 종으로 한평생과 영혼을 바친 후에, 사망에 대한 두려움으로 괴로움을 겪고 양심의 가책으로 애간장이 타고 죄의 감옥과 사탄의 사슬에 묶여 시달린 후에, 여러분이 그 수고에 대하여 가질 삯은 단지 불 못과 지옥 불의 가장 주된—곧 가장 깊고 가장 뜨거운—장소 가운데 하나가 전부일 것이다.

이것이 여러분의 고된 섬김과 잔혹한 예속에 대하여 여러분이 받아야 할 삯이다. 사탄은 그런 여러분을 기꺼이 받아들일 만반의 준비가 되어 있다. 사탄은 그런 여러분에게 투덜거리지 아니할 것이다. 그리고 하나님은 결코 부당하게 지불하지 아니하실 것이다. 여러분이 죄를 위하여 더 열심히 수고하고 일할수록 여러분의 삯도 그만큼 더 커질 것이다. 여러분은 여러분과 비교하여 거의 죄를 범하지 아니한 다른 자들보다 더 큰 복수의 잔을 받고, 더 뜨거운 곳으로 떨어질 것이다. 하나님은 모든 사람을 공정하게 다루시고, 그들의 행위에 따라 모든 것을 처리하실 것이다. 그리고 죄를 위하여 가장 힘쓰는 자들은 그에 따른 보상과 비례하는 보응을 받을 것이다.[35]

악인들이 받을 보응에 대하여 나는 이렇게 주장하고 싶다. 곧 아무리 작은 죄라도 영원한 멸망을 받을 만하다. 하나님의 율법에 따라 그리고 사물의 이치와 본성에 따라 율법은 모든 죄의 삯으로 사망을 고정시킨다. "네가 먹는 날에는 반드시 죽으리라"(창 2:17). 그것은 한 가지 특수 죄를 가리키는 것일 뿐만 아니라 하나님이 금하신 다른 모든 죄도 가리킨다. "죄의 삯은 사망이요"(롬 6:23). 그러나 여기서 사망은 피조물의 완전한 영원한 멸망 외에 다른 것을 의미하지 않는다. 곧 단순히 육체의 죽음이 아니라 영혼의 죽음, 단순히 일시적인 죽음이 아니라 지속적인 영원한 죽음을 가리킨다. 다시 말하면 신명기 27:26에는 이렇게 기록되어 있다. "이 율법의 말씀을 실행하지 아니하는 자는 저주를 받을 것이라 할 것이요." 따라서 어떤 사람이 단 한 가지 죄만 범하고 한 조항에서만 하나님께 불순종한다고 해도, 마땅히 하나님의 저주를 받아야 한다. 그것으로 영원한 멸망에 충분히 처해질 만하다.[36]

로마서 6:23에서 우리는 "죄의 삯은 사망"이라는 말씀을 듣고, 에스겔 18:20에서는 "범죄하는 그 영혼은 죽을지라"는 말씀을 듣는데, 이것은 의심할 것 없이 영원한 멸망을 의미했다. 성경은 이 문제를 충분히 설명했다. 성경이 영원한 멸망이 죄의 삯이라고 말할 때, 그 의미는 마땅히 받아야 할 보응 그리고 정해지거나 지정된 보응이라는 것이다. 또한 이것이 악한 삶 또는 죄악의 전체 과정의 삯이라는 것이 의도되어 있을 뿐만 아니라, 한 가지 죄 곧 죄나 하나님의 율법을 어기는 어떤 한 행위의 삯이라는 점도 의도되어 있다는 것이 다음 본문들로 보아 분명하다. "네가 먹는 날에는 반드시 죽으리라"(창 2:17). "누구든지 온 율법을 지키다가 그 하나를 범하면 모두 범한 자가 되나니"(약 2:10). "누구든지 율법 책에 기록된 대로 모든 일을 항상 행하지 아니하는 자는 저주 아래에 있는 자라"(갈 3:10).

말할 것 없이 인간이 맨 처음 죄를 범했을 때 경고로 주어진 사망은 어쨌든 간에 성경이 적절하고 경고적인 죄의 형벌 또는 죄의 삯으로 선언하는 사망과 같은 것이고, 우리는 이 사망을 죄에 대한 적절하고 지정된 보응 외에 다른 어떤 것으로 이해할 수 없다. 그렇지만 이 삯은 사망으로 불린다. "죄의 삯은 사망이요 하나님의 은사는 그리스도 예수 우리 주 안에 있는 영생이니라"(롬 6:23). 따라서 적절하고 지정된 죄의 삯이 무엇인지 알기 위하여 우리는 적절한 심판자가 적절한 심판 시기에 적절한 심판을 행하실 때 지정된 삯이 무엇인지 주목해야 한다. 따라서 이 심판자가 종들과 함께 회계하러 오실 때 의심할 것 없이 모든 사람에게 적절한 삯을 할당하실 것이다. 이 심판자는 모든 사람에게 회계를 촉구하실 때 의심할 것 없이 그들 모두에게 적절하고 지정된 보응을 제공하실 것이다. 그리고 우리 또한 그리스도께서 겪으신 죽음으로 말미암아 심판자가 될 수 있다. 그리스도는 자신의 몸의 체질의 해체를 겪으셨을 뿐만 아니라 자신의 영혼의 극도의 고뇌도 겪으셨는데, 이것 때문에 그리스도는 "내 마음이 매우 고민하여 죽게 되었다"(마 26:38)고 말씀하셨다. 또한 죄의 삯인 이 죽음이 육체의 죽음이 아니라는 것은 분명하다. 왜냐하면 의심할 것 없이 이것은 그리스도께서 자기를 믿는 자는 죽지 않고 영원히 살 것이라고 말

씀하실 때 관심을 두신 것과 같은 죽음이기 때문이다(요 6:49-51, 58).[37]

생명나무에 대하여 언급되는 것은 순종에 따라 생명이 주어진다는 약속이 있었다는 것을 보여주는 것처럼 보인다(창 3:22). 또한 순종에 따라 영광스러운 생명이 주어질 것에 대한 약속이 있었다는 것은 로마서 3:23에서도 증명된다. "모든 사람이 죄를 범하였으매 하나님의 영광에 이르지 못하더니." 이 말씀은 사람이 죄를 범하지 않았을 경우에 하나님이 제공하신 영광이 있었다는 것을 암시한다. 레위기 18:5, 에스겔 20:11, 마태복음 19:17, 로마서 6:23도 보라. 그리고 말할 것 없이 이 약속을 주신 것이 언약의 조건이었다. 이것은 생명에 대한 약속이 주어진 것으로 보아 분명하다. 그러므로 생명에 대한 암묵적 약속이 유일한 조건이 아니었다면, 금지된 나무의 열매를 먹는 것을 참는 것, 그것이 그 언약의 전체 조건이 아니라는 결론이 따라 나온다.[38]

여기서 누구든 그것은 특수한 상황이었고, 당시에 더 많은 교인들이 사랑의 판단에 따라 진실로 경건한 삶을 살 수 있었다고 말하는 것은 아무 소용이 없다. 그러나 그것은 통상적인 상황에서 그래야 한다는 주장이다. 왜냐하면 사도들은 더 많은 사람들에 대하여 말하는 것이 아니라 보편적으로 그 관념 아래 있는 것으로 인정되는 자들 전부에 대하여 말하기 때문이다. 사도들은 보편적 용어를 사용한다. "너희가 다 믿음으로 말미암아 그리스도 예수 안에서 하나님의 아들이 되었으니 누구든지 그리스도와 합하기 위하여 세례를 받은 자는 그리스도로 옷 입었느니라"(갈 3:26-27). 바울은 모두가 명백하게 하늘에 속해 있는 것으로 말한다. "오직 위에 있는 예루살렘은 자유자니 곧 우리 어머니라"(갈 4:26). 빌립보 교회 교인들도 똑같이 말한다. "너희 안에서 착한 일을 시작하신 이가 그리스도 예수의 날까지 이루실 줄을 우리는 확신하노라. 내가 너희 무리를 위하여 이와 같이 생각하는 것이 마땅하니"(빌 1:6-7). "죄의 삯은 사망이요, 하나

님의 은사는 그리스도 예수 우리 주 안에 있는 영생이니라"(롬 6:23).[39]

하나님은 자신의 공의에 따라 모든 면에서 죄가 없는 피조물에게 어떤 처벌도 가할 수 없고 또는 형벌에 속하는 어떤 악이나 비참을 제공하실 수 없는 것이 당연하다. 그러나 확실히 사망은 형벌로 간주되어야 하는 악 또는 재앙이다. 사망은 형벌로 주어지는 것으로 계시된다. 우리는 사망이 처벌의 한 방식으로 인간에게 임한다는 가르침을 받는다. 사망은 처음에 아담의 죄에 수반된 저주의 한 부분으로 통보되었다. 그리고 바울은 죄의 삯은 사망이라고 말하고(롬 6:23), 다른 곳에서는 모든 사람이 아담 안에서 죽었다고 말한다. 따라서 사망이 형벌에 속하는 악으로 아담에게 임하는 것처럼 나머지 인간들에게도 똑같이 형벌로 임한다. 사망은 단순히 형벌로서 임했고, 사법적 절차나 공의의 힘에 의하여 처벌의 한 방식으로 세상 모든 사람에게 임했다. 바울이 다음과 같이 지적하는 것과 같다. "죄로 말미암아 사망이 들어왔나니 이와 같이 모든 사람이 죄를 지었으므로 사망이 모든 사람에게 이르렀느니라"(롬 5:12). 그러므로 사망은 세상 속에서 결코 미덕이 아니라 공의의 처벌로 임하는 것이다. 사망이 사람에게 임하는 것은 어떤 다른 이유 때문이 아니다.[40]

로마서 7장

¹형제들아 내가 법 아는 자들에게 말하노니 너희는 그 법이 사람이 살 동안만 그를 주관하는 줄 알지 못하느냐 ²남편 있는 여인이 그 남편 생전에는 법으로 그에게 매인 바 되나 만일 그 남편이 죽으면 남편의 법에서 벗어나느니라 ³그러므로 만일 그 남편 생전에 다른 남자에게 가면 음녀라 그러나 만일 남편이 죽으면 그 법에서 자유롭게 되나니 다른 남자에게 갈지라도 음녀가 되지 아니하느니라 ⁴그러므로 내 형제들아 너희도 그리스도의 몸으로 말미암아 율법에 대하여 죽임을 당하였으니 이는 다른 이 곧 죽은 자 가운데서 살아나신 이에게 가서 우리가 하나님을 위하여 열매를 맺게 하려 함이라

7:1 "너희는 이날을 기념하여 여호와의 절기를 삼아 영원한 규례로 대대로 지킬지니라"(출 12:14). 이 표현과 이와 비슷한 표현들이 로마서 7:1에서 다음과 같이 제시되는 것을 볼 수 있다. "형제들아, 내가 법 아는 자들에게 말하노니 너희는 그 법이 사람이 살 동안만 그를 주관하는 줄 알지 못하느냐." 구약 시대 교회는 그리스도의 몸이 죽었을 때 그분 안에서 죽었고, 구약 시대의 규례는 그분의 십자가에 못 박혔다.[1]

7:1-4 "그 법은 사람이 살 동안만 그를 주관한다." 곧 상대방이 "살" 동안만 그에 대한 명령이 유효하다는 것이고, 바울이 "사람이 살 동안만"이라고 표현하는 것은 이와 같이 이해되어야 한다. 왜냐하면 바울이 말하는

방식에 따르면, 이전에 사람을 관계와 의무 속에 둔 상대방이 죽으면 상대방은 더 이상 그 사람에 대해서는 살지 못하고 그 사람에 대하여 죽은 자가 되기 때문이다. 바울은 로마서 7:4에서 이런 식으로 말한다. 거기서 우리는 우리의 전 남편인 "율법에 대하여 죽임을 당했다"는 말을 듣는다. 바울이 로마서 7:6에서 "이제는 우리가 얽매였던 것에 대하여 죽었으므로"라고 설명하는 것처럼, 우리의 남편 곧 율법은 죽었다. 그러므로 우리는 다른 사람과 결혼할 자유가 있다.

따라서 우리는 이 본문과 다음 구절 사이의 관련성을 이해할 수 있다. 율법은 살아 있는 동안 한 여인을 주관했고, 그녀의 남편과 관련된 명령은 남편이 살아 있는 동안만 유효하다. 왜냐하면 남편이 죽으면 그 여인은 그녀와 남편 사이의 관계와 관련된 율법 부분에 있어서는 남편에 대하여 죽기 때문이다. 그 여인이 죽은 것은 이 교훈들과 관련하여 그녀의 삶이 둘 사이의 관계에서 나오는 삶 속에 있기 때문이다. 남편이 죽으면 그 여인은 남편과 관련된 율법 부분에서 해방되는데, 그것은 관련 율법 자체가 폐지되었거나 무효화되었기 때문이 아니라 그녀가 그 문제에 있어서 죽었고, 그래서 관련 율법의 효력이 더 이상 그녀에게 미치지 못하기 때문이다. 따라서 행위 언약으로서의 율법은 우리와 관련해서는 죽었고, 우리는 그리스도의 몸으로 말미암아 곧 율법을 만족시키고 성취시킨 그리스도의 몸의 죽음으로 말미암아 율법에 대하여 죽었다. 말하자면 율법은 그리스도께서 죽으셨을 때 그리스도의 백성들과 관련된 행위 언약으로서는 죽었다. 도드리지와 테일러가 "그것[곧 율법]이 살아 있는 동안만"으로 번역하는 것을 주목하라.[2]

7:4 "[네] 허리는 백합화로 두른 밀단 같구나"(아 7:2). 즉 네 태는 자식을 많이 낳을 것이다. 네가 맺는 선한 열매는 풍성함 면에서 볼 때 밀단의 풍

부한 곡물과 비교될 수 있다. 네 태의 열매는 네 남편에게 양식 곧 곡식과 같고, 아름다운 백합화와 같이 상쾌하고 즐겁다. "그러므로 내 형제들아……열매를 맺게 하려 함이라"(롬 7:4). 여기서 바울은 분명히 그리스도인들이 그리스도와 영적 결혼을 통해 맺는 선한 열매를 여인이 남편과 결혼을 통하여 맺는 태의 열매로 비유하고 있다.[3]

회심 이전에는 선행이 없고 그리스도와의 실제적 연합도 없다는 것은 로마서 7:4의 말씀으로 보아 분명하다. "그러므로 내 형제들아, 너희도 그리스도의 몸으로 말미암아 율법에 대하여 죽임을 당하였으니 이는 다른 이 곧 죽은 자 가운데서 살아나신 이에게 가서 우리가 하나님을 위하여 열매를 맺게 하려 함이라." 따라서 우리는 그 결혼이 있기 전에는 어떤 합법적인 자녀를 낳는 일이 없다고 주장할 수 있다. 이전에 보여준 외관적인 미덕과 선행은 확실히 그런 자녀가 아니다. 그것들은 서출로, 자녀가 아니라 사생아다. 그것이 통상적 은혜와 구원 은혜 사이의 본질적 차이다.[4]

교회는 여기서 두 남편과 결혼한 것으로 표현된다. 곧 이 두 남편은 그리스도의 죽음이 있기 전의 한 남편과 그리스도의 부활이 있은 후의 다른 남편이다. 전자는 지상의 지위 속에 있는 그리스도로, 죽기 전의 육체와 같은 몸을 갖고 계신다. 후자는 천상의 지위 속에 있는 그리스도로, 부활하신 후의 신령한 몸을 갖고 계신다. 여기서 그리스도는 두 남편으로 표상된다. 그리스도가 죽으셨을 때 여인은 이 남편에게서 해방되어 다른 남자, 아니 사실은 죽은 자 가운데서 부활하신 그리스도와 결혼할 수 있고, 이때 이 남편에 대하여 여인은 하나님을 위한 열매를 잉태하고 맺을 수 있다.

"너희도……율법에 대하여 죽임을 당하였으니." "율법 조문은 너희에 대하여 죽임을 당했다. 이것은 사도 바울의 강론의 한 실례다. 율법이 죽었다고 말한 것은 유대인에게 충격이었을 것이다. 그러므로 바울은 '너희도 율법에 대하여 죽임을 당했다'라고 지혜롭게 말한다. 결국 이것은 같은 말이다. 왜냐하면 당사자가 누구든 간에 죽으면 관계가 해소되기 때문이다"(테일러, 『원죄론』). 바울이 이어지는 로마서 7:6에서 그것을 명시적으로 직접 언급하지 않고 에둘러 완곡어법으로 표현하기는 하지만, 율법이 죽었다고 말하고 있음을 분명히 보여준다.[5]

[5]우리가 육신에 있을 때에는 율법으로 말미암는 죄의 정욕이 우리 지체 중에 역사하여 우리로 사망을 위하여 열매를 맺게 하였더니

7:5 이 구절과 이후 구절들에서 말하는 것에 대하여 서론 역할을 주로 하는 것은 로마서 7:4 마지막 부분의 "우리가 하나님을 위하여 열매를 맺게 하려 함이라"는 말이다. "율법으로 말미암는 죄의 정욕이"(롬 7:5). "여기서 '타 디아 투 노무'(τὰ διὰ τοῦ νόμου)는 '율법 아래'나 '율법에도 불구하고'로 적절하게 번역될 수 있다. 로마서 4:11도 마찬가지다. '이는 무할례자로서 믿는 모든 자의 조상이 되어.' 여기서 '디 아크로뷔스티아'(δι ἀκροβυστία)는 '무할례 아래' 또는 '그들이 할례를 받지 않았음에도 불구하고'를 의미한다. 디모데전서 2:15도 그렇다. '소데세타이 데 디아 테스 테크노고니아스'(σωθήσεται δὲ διὰ τῆς τεκνογονίας)는 '그러나 여자들이 해산 아래' 또는 '해산의 상태에서' 또는 '해산에도 불구하고 구원을 얻으리라'는 의미다.

이제 우리는 성경이 인간의 죄의 당연한 삯으로 말하고, 기록된 계시가 처음 주어지고 또 그 계시가 끝날 때까지 모든 시대 교회의 하나님의 성도들이 그렇게 말한 이 사망이 무엇인지 살펴보아야 한다. 나는 신약성경과 함께 설명을 시작할 것이다. 사도 바울이 "죄의 삯은 사망"(롬 6:23)이라고 말할 때, 테일러 박사는 우리에게 "이것은 영원한 죽음 곧 둘째 사

망으로, 우리가 현재 죽는 죽음과 크게 다른 죽음을 의미한다"고 말한다. 또 바울은 사망을 죄에 대하여 주어지는 마땅한 처벌이라 말한다(롬 7:5; 8:13, 고전 15:56, 고후 3:7). 테일러 박사는 이 모든 본문에서 바울은 영원한 죽음을 염두에 두고 있다고 가정한다. 그리고 야고보 사도가 사망에 대하여 말할 때, 죄의 적절한 보응 곧 죄의 열매와 결말로, "죄가 장성한즉 사망을 낳느니라"(약 1:15)고 말한다. 여기서 테일러는 사망을 영원한 멸망을 뜻하는 것으로 보고 있는 것이 분명하다. 그리고 사도 요한은 테일러 박사가 동의하는 것과 같이, 회개하지 않은 죄는 모든 사람을 결국 둘째 사망으로 이끌 것이라고 말한다(계 2:11, 20:6, 14, 21:8). 사도 요한은 요한일서에서도 이 말을 동일한 의미로 사용한다. "우리는 형제를 사랑함으로 사망에서 옮겨 생명으로 들어간 줄을 알거니와 사랑하지 아니하는 자는 사망에 머물러 있느니라"(요일 3:14). 마찬가지로 그리스도께서도 지상에 계셨을 때 죄의 처벌과 결말에 대하여 말씀하면서, 수시로 사망이라는 말을 사용하셨다. "내 말을 듣고 또……믿는 자는 영생을 얻었고 심판에 이르지 아니하나니 사망에서 생명으로 옮겼느니라"(요 5:24). 테일러 박사의 논증에 따르면 그리스도께서 말씀하는 것은 우리가 지금 죽는 죽음일 수가 없고 영원한 죽음을 가리킨다. 왜냐하면 이 사망은 영생 곧 영원한 생명과 대립 관계 속에 있는 것으로 제시되기 때문이다. "이는 하늘에서 내려오는 떡이니 사람으로 하여금 먹고 죽지 아니하게 하는 것이니라"(요 6:50). "진실로 진실로 너희에게 이르노니 사람이 내 말을 지키면 영원히 죽음을 보지 아니하리라"(요 8:51). "무릇 살아서 나를 믿는 자는 영원히 죽지 아니하리니"(요 11:26). 이런 본문들에서 그리스도께서 신자들은 현세적 죽음을 맛보지 아니할 것이라고 말씀하는 것이 아님이 분명하다(마 10:29, 눅 10:28도 보라). 마찬가지로 구약 시대 선지자들도 이 말을 흔하게 사용했는데, 그때 그들은 사망을 죄의 적절한 결말과 보응으로 간주했다. 특히 선지자 에스겔이 풍성하게 언급한다. "내가 악인에게 말하기를 너는 꼭 죽으리라"(겔 3:18). 원문을 보면, "너는 꼭 죽으리라"는 말씀은 하나님이 아담에게 경고하실 때 주신 말씀과 동일한 표현이다. 우리는 에스겔서에서도 같은 말을 본다(겔 33:18). 에스겔 18:4을 보면 "범죄하는 그 영혼은 죽으리라"고 말한다. 동일한 의도가 에스겔 3:19-20, 18:4-5, 10, 14, 17-21, 24, 26, 28, 33:8-9, 12-14, 19-20에도 나타나 있다. 그리고 이 본문들에서 의미하는 바가 현세적 죽음이 아니라는 것은 분명하다. 왜냐하면 의인은 이 죽음을 당하지 않을 것이라는 사실이 거의 절대적으로 약속되기 때문이다. "반드시 살고 죽지 아니할 것이라"(겔 3:21, 18:9, 17, 19, 21, 22도 마찬가지다). 그리고 예레미야 선지자도 이 말을 동일한 의미로 사용하고 있음이 분명하다. "누구나 자기의 죄악으로 말미암아 죽으리라"(렘 31:30). 이사야 선지자도 동일한 죽음에 대하여 말하고 있다. "그의 입술의 기운으로 악인을 죽일 것이며"(사 11:4, 66:16, 24도 보라). 솔로몬은 지혜자와 고대인들이 이 말을 사용할 때 가리킨 의미에 매우 익숙해 있었던 것으로 생각되는데, 그는 계속해서 사망을 죄의 적절한 열매, 결말, 보응으로 언급하고, 이 말을 오직 이런 의미로만 사용한다. "공의를 굳게 지키는 자는 생명에 이르고 악을 따르는 자는 사망에 이르느니라"(잠 11:19, 시 69:28의 "의인들과 함께 기록되지 말게 하소서"도 보라). 또한 우리는 오경 곧 모세의 책에서도 "사망"이라는 말이 사용된 것을 발견한다. 우리는 오경에서 아담에게 죽음을 경고하는 기사를 확인한다. 오경에서 사망에 대해 죄의 적절한 열매이자 지정된 보응이라고 말할 때, 그것은 영원한 죽음의 의미로 이해되어야 한다. 신명기 30:15이 그렇게 되어 있다. "보라 내가 오늘 생명과 복과 사망과 화를 네 앞에 두었나니." 19절도 마찬가지다. "내가 오늘 하늘과 땅을 불러 너희에게 증거를 삼노라. 내가 생명과 사망과 복과 저주를 네 앞에 두었은즉." 여기서 말하는 생명은 의심할 것 없이 레위기 18:5에서 다음과 같이 말하는 것과 같은 의미다. "너희는 내 규례와 법도를 지키라. 사람이 이를 행하면 그로 말미암아 살리라." 로마서 10:5과 갈라디아서 3:12에서 분명히 하는 것처럼, 바울은 이 생명을 영원한 생명으로 이해한다. 그러나 모세 율법에서 죄에 대하여 경고한 사망은 영원한 죽음을 의미한다는 것을 테일러 박사가 충분히 증명하고 있다. 따라서 로마서 5:20에 대한 주석에서 테일러 박사는 이렇게 말한다. "모세 율법의 이런 규정은 모든 위반에 대하여 율법 아래에 있는 자들을 사망에 종속시킨다. 여기서 사망의 의미는 **영원한 죽음**이다." 다른 많은 곳에서도 테일러는 이와 비슷하게 주장한다. 방금 언급된 본문에서 "내가 생명과 사망과 복과 저주를 네 앞에 두었은즉"이라고 말할 때, 의심할 것 없이 신명기 27-28장에서 이미 하나님이 그토록 엄숙하게 그들 앞에 두신 동일한 복과 저주를 가리킨다. 신명기 27장 마지막 부분의 말씀에서 우리는 저주를 다음과 같이 종합하는 것을 본다. "이 율법의 말씀을 실행하지 아니하는 자는 저주를 받을 것이라"(신 27:26). 바울은 이것을 영원한 죽음에 대한 경고로 말하는데, 테일러 박사의 말과 일치한다. 또한 이런 의미에서 기록된 계시가 있기 전에 생존하고, 그들의 종교와 종교 사실들에 대한 그들의 말을 고대인들에게서 가져온 욥과 그의 친구들도 사망을 죄의 삯과 결말로 제시한다.[6]

[6]이제는 우리가 얽매였던 것에 대하여 죽었으므로 율법에서 벗어났으니 이러므로 우리가 영의 새로운 것으로 섬길 것이요 율법 조문의 묵은 것으로 아니할지니라 [7]그런즉 우리가 무슨 말을 하리요 율법이 죄냐 그럴 수 없느니라 율법으로 말미암지 않고는 내가 죄를 알지 못하였으니 곧 율법이 탐내지 말라 하지 아니하였더라면 내가 탐심을 알지 못하였으리라

7:6 만약 어떤 사람이 율법의 속박 아래 있을 때 겉으로 섬김을 수행한

다면, 그것은 참된 섬김이 아니고 단순히 위협과 두려움에 기인한 섬김에 불과하다. 그것은 자유롭게 그리고 충심으로 행해지는 것이 아니고, 생명이 없는 죽은 순종이다. 그러나 율법에서 해방되어 은혜 아래 들어가게 되면 사람들은 사랑으로 그리고 온전한 마음으로 하나님을 섬길 수 있다. "이제는 우리가……묵은 것으로 아니할지니라"(롬 7:6).[7]

7:7 바울은 율법의 행위로는 의롭다 함을 얻을 수 없다고 말할 때, 여기서 말하는 율법이 도덕법과 의식법을 모두 망라한다고 보고 있는 것이 분명하다. 왜냐하면 바울은 그 이유를 로마서 3:20에서처럼 "율법으로는 죄를 깨달음이니라"고 말하기 때문이다. "그러므로 율법의 행위로 그의 앞에 의롭다 하심을 얻을 육체가 없나니 율법으로는 죄를 깨달음이니라." 우리로 하여금 죄를 깨닫게 하는 율법은 주로 그리고 일차적으로 도덕법이다. 만약 율법은 죄를 깨닫게 하는 것이므로 우리가 율법의 행위로 의롭다 함을 얻을 수 없다는 바울의 이 논증이 유효하다면, 그것은 우리가 도덕법이나 기독교의 교훈들의 행위로 의롭다 함을 얻을 수 없다는 것을 증명할 것이다. 왜냐하면 그것들로는 죄를 깨닫는 것에 불과하기 때문이다. 만약 그 이유가 충분하다면, 그 이유가 지켜지는 곳에서 진리도 지켜진다. 죄의 제거 방법을 상징하는 할례는 사람들에게 죄를 상기시키는 역할을 하므로 할례의 법이 죄를 깨닫게 하는 것을 의미한다고 말하는 것은, 그 말의 의미를 유감스럽게 변경시키고 그 말에 억지 의미를 집어넣는 것이다. 바울이 염두에 둔 명확한 의미는 율법은 매우 엄격하게 죄를 금하기 때문에 우리에게 죄를 깨닫게 하고, 우리를 의롭게 하기는커녕 양심을 통해 우리 자신을 정죄하는 경향이 있다는 것이다. 곧 율법의 용도는 우리에게 우리 자신의 죄책과 무가치함을 선언하는 것이고, 이것은 우리를 의롭게 하거나 우리를 덕이 있거나 가치 있는 존재로 인정하는 것과

는 정반대다. 우리가 바울이 여기서 자기 자신에 대하여 설명하고 있음을 인정한다면, 바로 이것이 바울이 가리키는 의미다. 왜냐하면 바울은 바로 이 로마서에서 우리는 율법으로 죄를 깨닫는데, 그것은 율법이 죄를 금하기 때문이라고 설명하고 있기 때문이다. "율법으로 말미암지 않고는 내가 죄를 알지 못하였으니 곧 율법이 탐내지 말라 하지 아니하였더라면 내가 탐심을 알지 못하였으리라"(롬 7:7). 이 본문에서 바울은 두 가지 사실을 판단한다. 첫째, "율법이 죄를 깨닫게 하는" 방법은 죄를 금하는 것을 통한 방법이라고 판단한다. 둘째, 이 목적에 대하여 무엇이 더 직접적인지를 판단한다. 곧 바울은 우리로 하여금 죄를 깨닫게 하는 것은 도덕법이라고 판단한다. 왜냐하면 바울은 "율법이 탐내지 말라 하지 아니하였더라면 내가 탐심을 알지 못하였으리라"고 말하기 때문이다. 여기서 너희는 탐내지 말라고 말하는 것은 의식법이 아니라 도덕법이다. 그러므로 바울이 율법은 죄를 깨닫게 하는 것이므로 율법의 행위로 의롭다 하심을 얻을 육체가 없다고 주장할 때, 그의 주장은 도덕법의 행위로 의롭다 함을 얻을 수 없음을 증명하는 것이다(바울이 자신의 논증의 힘에 대하여 착각하지 않았다면).[8]

[8]그러나 죄가 기회를 타서 계명으로 말미암아 내 속에서 온갖 탐심을 이루었나니 이는 율법이 없으면 죄가 죽은 것임이라 [9]전에 율법을 깨닫지 못했을 때에는 내가 살았더니 계명이 이르매 죄는 살아나고 나는 죽었도다[10]생명에 이르게 할 그 계명이 내게 대하여 도리어 사망에 이르게 하는 것이 되었도다 [11]죄가 기회를 타서 계명으로 말미암아 나를 속이고 그것으로 나를 죽였는지라

7:8 사람이 도덕적 악에 대하여 하지 말라고 할 때 더 강한 집착을 보이는 이유는 순종은 복속과 종속이고 계명은 의무이기 때문이다. 그러나 부패한 본성은 종속과 의무를 반대하고 가장 수준이 낮은 자유를 자신이 추

구하는 확고한 선 가운데 하나로 사랑한다. 부패한 본성은 불순종할 때 자신이 의무를 위반했다고 생각한다. 이런 탐심을 범죄로 생각하고, 철저히 이 생각에 매여 자신이 얼마나 엄격하게 금지된 파멸의 고통에 처해질지, 그래서 자신이 얼마나 불안한 상태가 될지 상상하고, 부패한 본성은 이 상상에 크게 질색한다. 이때 부패한 본성은 이런 불안감 때문에 생각의 자유를 완전히 박탈당하고, 그의 지성은 반대로 자신이 추구하는 선 곧 자유 외에 다른 것은 생각하지 못하며, 거기서 오는 즐거움을 상상함으로써 이 자유를 다른 것보다 훨씬 더 크게 본다.[9]

본성적 죄뿐만 아니라 본성의 부패도 당연히 죄다. 바울은 영혼의 타락한 성향 곧 우리의 본성의 부패를 죄로 부른다. "그러나 죄가 기회를 타서 계명으로 말미암아 내 속에서 온갖 탐심을 이루었나니 이는 율법이 없으면 죄가 죽은 것이라.……죄가 기회를 타서 계명으로 말미암아 나를 속이고 그것으로 나를 죽였는지라.……오직 죄가 죄로 드러나기 위하여 선한 그것으로 말미암아 나를 죽게 만들었으니……내 속에 거하는 죄니라"(롬 7:8, 11, 13, 17). 다른 본문들에서 바울은 이것을 육신, 지체의 법, 죄의 법, 죄의 몸, 사망의 몸으로 부른다. "이제는 그것을 행하는 자가 내가 아니요 내 속에 거하는 죄니라"(롬 7:17, 20, 『구원을 위한 교리문답』).[10]

7:9 말하자면 죄는 죄인들이 알아차리지 못하고 있는 동안에는 숨겨져 있다. 죄인들은 죄를 알아차리지 못한다. 하지만 하나님은 율법을 효력 있게 하셔서 사람이 자신의 마음과 삶의 죄를 반성하고 주목하게 하신다. "전에 율법을 깨닫지 못했을 때에는 내가 살았더니 계명이 이르매 죄는 살아나고"(롬 7:9). 그렇게 이전에는 관찰되지 않았던 죄가 나타나고 드러났다. 요셉이 자기 형제들에게 자신을 드러낸 것은 아마 그리스도께서 죄인의 영혼에 자신을 드러내신 것의 한 모형일 것이다. 이때 죄인은 자

신의 사랑과 자신의 영혼의 형제이자 구속자이신 분과의 가까운 관계 속에서 자신을 알게 된다. 그러나 요셉이 형들에게 자신의 정체를 드러내기 전에 형들은 자기들 자신을 반성하고, "우리가……범죄하였도다"(창 42:21)라고 말하게 되었다.[11]

"죄는 살아나고 나는 죽었도다." 바울은 여기서 죽었다는 말을, 어떤 이들이 그렇게 말한 것처럼, 자신의 의로 말미암아 자신의 죽음과 비참 또는 삶의 절망에 대하여 무감각한 것을 가리키는 것으로 이해한다.[12]

7:10 테일러 박사는 이렇게 지적한다. "사도 바울이 갈라디아서 3:12에서 '율법을 행하는 자는 그 가운데서 살리라'고 인용하고, 또 로마서 10:5에서도 이 말을 인용한 것은, 모세의 책에 표현된 것처럼, 행위 언약과 그 언약의 조건이다. 이것은 '율법의 의'로 불린다. 즉 사람에게 생명의 약속에 대한 권리를 부여하는 것으로 불린다. 그리고 로마서 7:10의 '생명에 이르게 할 그 계명'은 생명과 썩지 아니함이 율법에 대한 순종의 보상이었다는 것을 보여준다."[13]

[12]이로 보건대 율법은 거룩하고 계명도 거룩하고 의로우며 선하도다 [13]그런즉 선한 것이 내게 사망이 되었느냐 그럴 수 없느니라 오직 죄가 죄로 드러나기 위하여 선한 그것으로 말미암아 나를 죽게 만들었으니 이는 계명으로 말미암아 죄로 심히 죄 되게 하려 함이라

7:12 "시므온이라 하는 사람이 있으니 이 사람은 의롭고"(눅 2:25). "공회 의원으로 선하고 의로운 요셉이라 하는 사람이 있으니"(눅 23:50). "의인 중에서 악인을 갈라내어"(마 13:49). "요한을 의롭고 거룩한 사람으로 알고"(막 6:20). "저 옳은 사람에게 아무 상관도 하지 마옵소서"(마 27:19). "이 [의로운] 사람의 피에 대하여 나는 무죄하니"(마 27:24). "거스르는

자를 의인의 슬기에 돌아오게 하고"(눅 1:17). "의인들의 부활 시에"(눅 14:14). "의인 아흔아홉으로 말미암아"(눅 15:7). "그들로 스스로 의인인 체하며"(눅 20:20). "내 심판은 의로우니라"(요 5:30). "백부장 고넬료는 의인이요"(행 10:22). "곧 의인과 악인의 부활이 있으리라"(행 24:15). "율법을 듣는 자가 의인이 아니요 오직 율법을 행하는 자라야 의롭다 하심을 얻으리니"(롬 2:13). "계명도 거룩하고 의로우며"(롬 7:12). "상전들아, 의와 공평을 종들에게 베풀지니"(골 4:1). "감독은……의로우며"(딛 1:7-8). "온전하게 된 의인의 영들과"(히 12:23). "너희는 의인을 정죄하고 죽였으나"(약 5:6). "의인으로서 불의한 자를 대신하셨으니"(벧전 3:18). "의로운 롯을 건지셨으니"(벧후 2:7). "주의 길이 의롭고 참되시도다"(계 15:3). "너희가 거룩하고 의로운 이를 거부하고"(행 3:14). "의인이 오시리라 예고한"(행 7:52). "자기 뜻을 알게 하시며 그 의인을 보게 하시고"(행 22:14).[14]

7:13 "나를 죽게 만들었으니." 이것은 로마서 7:11의 "그것으로"(곧 율법으로) "나를 죽였느니라"는 말과 연관되어 있고, 따라서 로마서 7:10의 "그 계명이 내게 대하여 도리어 사망에 이르게 하는 것이 되었도다"는 말과 9절의 "계명이 이르매 죄는 살아나고 나는 죽었도다"라는 말, 그리고 5절의 "율법으로 말미암는 죄의 정욕이 우리 지체 중에 역사하여 우리로 사망을 위하여 열매를 맺게 하였더니"라는 말과도 연관되어 있다.[15]

테일러 박사는 또한 모든 죄, 아니 심지어는 아주 작은 죄와 모든 아주 사소한 죄 그리고 잠재적인 죄의 원리에 따라 사람들을 그토록 끔찍한 형벌에 회부시키는 율법의 선고는, 진리와 사물의 본질에 일치되고 또는 자연적이고 적절한 죄과에도 부합하기 때문에 옳고 의롭다고 주장한다. 그는 이것을 매우 충분히 설명한다. "죄는 율법으로 말미암아 사망에 이르게 되고, 따라서 율법은 정당하게 죄를 사망으로 경고한다. 어떤 율법이 우리에게 주어지면 죄가 드러날 것이다. 죄의 적절한 색깔이 드러날 것이다. 우리가, 죄가 율법으로 말미암아 우리를 사망에 이르게 한 것을 보았을 때 율법은 완전히 거룩하고 의롭고 선하다. 계명 곧 율법으로 말미암아 죄가 진정 무엇인지 정체를 드러내는데, 그 정체는 정말 심각하고 치명적인 악이다." 또 『로마서 5:20에 대한 주석』에서 그는 다음과 같이 말한다. "율법 곧 사망의 조력자는 모든 범죄에 대하여 사망에 이르게 하기 때문에 여전히 자연적이고 적절한 죄과를 보여주는 데 유효하다." 앞의 책에서는 또한 이렇게 말한다. "네가 죽으리라고 말하는 율법의 말은 범죄에 대한 죄과로 이해되어야 하고, 그러므로 마땅히 받아야 할 것이다.……존 로크는 말하기를 율법이 그곳에 덧붙여진 것은 아브라함의 후손인 이스라엘 백성들도 다른 사람들과 똑같이 범죄자로, 그들에게 그들의 죄와 형벌과 사망을 보여주기 위해서였고, 그것은 엄격한 공의에 따라 그들이 당해야 할 일이었다. 그리고 이것이 로마서 7:13에 대한 참된 설명으로 제시된다.……죄는 율법으로 말미암아 이런저런 죄에 대하여 여러분을 사망으로 이끌고, 이때 우리 안에 사망을 일으키는 율법은 거룩하고 의롭고 선하다." 곧 영속적인 진리 및 의와 완전히 부합한다.……따라서 모든 죄는 엄격한 공의에 따라 당연히 진노와 형벌을 받아야 하고, 율법은 엄격히 유대인에게 그들의 양심에 이 두려운 진실을 각인시키기 위하여, 그들에게 악하고 치명적인 죄의 본성을 보여주기 위하여 주어졌다. 그리고 그들이 의식적으로 하나님의 율법을 어겼기 때문에 이에 대하여 율법 수여자의 특별한 호의를 필요로 한다는 것과, 그들이 용서와 구원을 위하여 믿음으로 그분의 자비하심을 구하고 그분의 인자하심에 의존해야 한다는 것을 그들에게 납득시켰다.[16]

바울이 여기서 단지 의식법만을 염두에 두고 있는 것이 아님이 분명하다. 왜냐하면 바울은, 율법이 진노를 이루므로 우리는 율법이 아니라 믿음으로 의와 하나님의 자녀의 특권에 대한 자격을 갖고 있다고 이유를 제시하기 때문이다. "아브라함이나 그 후손에게 세상의 상속자가 되리라고 하신 언약은 율법으로 말미암은 것이 아니요 오직 믿음의 의로 말미암은 것이니라. 만일 율법에 속한 자들이 상속자이면 믿음은 헛것이 되고 약속은 파기되었느니라. 율법은 진노를 이루게 하나니 율법이 없는 곳에는 범법도 없느니라. 그러므로 상속자가 되는 그것이 은혜에 속하기 위하여 믿음으로 되나니"(롬 4:13-16). 따라서 바울 자신이 이유를 덧붙일 때 제시한 설명에 따르면, 율법이 진노를 이루는 방법은 죄를 금하고 범법의 죄책을 심화시키는 것이다. 바울은 "율법이 없는 곳에는 범법도 없느니라"고 말한다. 따라서 "이는 계명으로 말미암아 죄로 심히 죄 되게 하려 함이다"(롬 7:13). 그러므로 바울의 이 이유가 유효하다면, 그것은 의식법에 의한 칭의보다 도덕법에 의한 칭의를 훨씬 더 강하게 반대하는 것이다. 왜냐하면 진노를 이루는 것은 주로 도덕법에 대한 범법이기 때문이다. 또 도덕법에 대한 범법을 매우 엄격히 금지하고 두렵게 경고하기 때문이다.[17]

14우리가 율법은 신령한 줄 알거니와 나는 육신에 속하여 죄 아래에 팔렸도다 **15** 내가 행하는 것을 내가 알지 못하노니 곧 내가 원하는 것은 행하지 아니하고 도리어 미워하는 것을 행함이라 **16**만일 내가 원하지 아니하는 그것을 행하면 내가 이로써 율법이 선한 것을 시인하노니 **17**이제는 그것을 행하는 자가 내가 아니요 내 속에 거하는 죄니라

7:14 하나님은 사람들이 죄의 지배 아래 있는 것을 찾아내시기 때문에 그들이 매우 비참한 상태에 있다는 것을 알고 계신다. 사람들은 자기들의 장점과 영광이었던 온갖 거룩함을 상실했다. 죄의 누더기와 오물로 더럽고 역겨운 존재가 되었다. 자기들의 자유를 상실하고 죄와 사탄의 종이 되고 말았다. 사람들은 "죄 아래에 팔렸다"(롬 7:14). 사람들은 매우 불결

하고 치명적인 병을 앓고 있고, 이 병으로 말미암아 눈이 멀고 귀가 먹고 절뚝거리고 불구가 되었다.[18]

로마서 7:14의 "나는 육신에 속하여 죄 아래에 팔렸도다"는 말씀을 주목해 보라. 심지어 테일러가 이 본문을 이해하는 의미를 보아도 원죄나 본성의 부패는 증명될 것이다.[19] □

7:14-15 "나는 육신에 속하여 죄 아래에 팔렸도다. 내가 행하는 것을 내가 알지 못하노니." 바울은 이 부분(롬 7:14-15)과 7장 마지막 부분에서 하나님의 교회 또는 성도의 이름으로 매우 율법적인 모세 제도 아래 있었을 때 교회가 가졌던 불이익에 대하여 말한다. 그때 교회는 종으로 취급되었고, 복음 은혜에 대하여 불투명한 계시를 갖고 있었으며, 복음의 자유를 별로 누리지 못했다. 율법 아래 크게 예속되어 있으면 율법의 권세가 마음과 실천을 지배하거나 사람을 정죄하기 때문에, 이 상태에서 벗어나도록 하는 데 아무 힘이 없는 율법의 연약함과 불충분함이 충분히 증명되었다. 이것이 바울이 로마서 7:4에서 제시한 논증이고, 로마서 8:2-4에서 다시 말하는 사실이다. 그리고 바울이 여기서 자기 자신에 대하여 말하는 이 사실들은 복음을 분명히 계시받기 전 유대인 성도들의 상황이고, 그러므로 그들이 참된 대책으로 나아가지 못한 것을 제시한다. 따라서 이 사실들은 율법 체제 아래에 있는 모든 시대의 성도들의 상태 곧 복음의 은혜를 크게 망각하고 유일하게 구원을 제공하실 그리스도를 전폭적으로 의지하지 못한 채 자기들 자신의 힘으로 죄에 맞서 악전고투하는 상태를 표상한다. 그리고 이것은 그대로 로마서 7:24의 통탄과 일치된다. 로마서 7:20, 25에 대한 주석을 보라. "나는 육신에 속하여 죄 아래에 팔렸도다"(롬 7:14). 아합은 자신을 팔아 "악을 행하였다"(왕상 21:20). 그는 악을 골라서 저질렀다. 기꺼이 죄의 종이 되어 죄에게 자발적으로 복종하고

이 주인의 지배권을 따랐다. 그러나 사도 바울은, 문맥이 그를 그렇게 이해하도록 만드는 것처럼, 자신의 뜻과는 반대로 불쌍한 포로로서 "죄 아래에 팔렸다."

"나는 육신에 속하여 죄 아래에 팔렸도다." "이것은 바울이 악인의 인격으로 말하고 있고, 자신을 팔아먹고 악을 행하는 일부 사악한 사람들을 묘사하고 있는 열왕기상 21:20과 열왕기하 17:17과 평행을 이루고 있는 말로 제시되고 있다는 주장이 종종 제기되기도 한다. 그러나 이 표현은 분명히 다양한 의미를 함축할 수 있다. 그렇다고 해도 이 사람이 자신이 스스로 죄 아래에 팔린 것을 통탄하는 것은 과거의 죄책을 회한하는 후회의 고백으로 이해될 수 있고, 이것은 선한 사람의 인격과 매우 잘 부합된다. 그리고 매우 훌륭한 인물들이 자기들의 인격의 불완전한 모습에 대하여 이와 같은 말을 택하여 자신의 마음의 괴로움을 고백하는 사례들이 많은 것은, 분명히 여기서 바울이 자신을 버림받은 죄인이 아니라 참된 경건의 모든 원리를 결여하고 있는 사람으로 말하고 있다는 것을 보여준다."[20] □

7:15 "내가 행하는 것을 내가 인정하지 못하노니." 원문에는 "내가 인정하지 못하노니"라는 말이 '우 기노스코'(οὐ γινώσκω) 곧 "내가 알지 못하노니"(개역개정은 "내가 알지 못하노니"로 되어 있다—옮긴이)이고, 이것은 여기서 바울이 악인의 이름으로 말하는 것이 아니라 참된 성도의 이름으로 말하고 있다는 것을 확증한다. 확실히 악인은 자신의 죄를 "알고" 있기 때문이다. "안다"는 말은 성경에서 통상 "인정하다", "자인하다"는 의미로 사용된다. 이는 자기와 가깝고 자기에게 속해 있는 것을 지칭할 때 쓴다. 그러나 여기서 바울은 이런 의미에서 자신이 알고 있지 못하는 죄에 대하여 말하고 있다. 바울은 그것을 인정하지 않고 부인한다. 바울은 자

신이 그것과 어떤 관계가 있는 것으로 인정하지 않고, 따라서 그것은 하나님의 눈에 그에게 속한 것으로 계산되지 않는다. 이것이 그런 의미라는 것은 로마서 7:17, 20로 입증된다. 로마서 7:25에 대한 주석을 보라.[21]

[18]내 속 곧 내 육신에 선한 것이 거하지 아니하는 줄을 아노니 원함은 내게 있으나 선을 행하는 것은 없노라 **[19]**내가 원하는 바 선은 행하지 아니하고 도리어 원하지 아니하는 바 악을 행하는도다 **[20]**만일 내가 원하지 아니하는 그것을 하면 이를 행하는 자는 내가 아니요 내 속에 거하는 죄니라 **[21]**그러므로 내가 한 법을 깨달았노니 곧 선을 행하기 원하는 나에게 악이 함께 있는 것이로다

7:18 만일 신약성경에서 "육신"과 "영"이라는 말이 언급될 때 그리고 구원의 필수 조건에 대한 설명에서 이 두 용어가 서로 대립되어 사용될 때, 이 두 용어의 의미에 따라 우리가 지금 가정한 사실을 이해한다면, 사람들은 본성상 부패했다는 결론이 따라 나올 뿐만 아니라 어떤 선한 것도 없이 전적으로 부패했다는 결론도 따라 나올 것이다. 만약 "육신"이 처음 태어날 때 받은 사람의 본성을 의미한다면, 로마서 7:18에 나타나 있는 것처럼 "그 속에 선한 것이 거하지 아니한다." 로마서 8:7-8에 나타나 있는 것처럼, 육신은 하나님을 완전히 반대하고 하나님의 법에 굴복하지 않는다. 갈라디아서 5:17에 나타나 있는 것처럼, 육신은 참된 거룩함과 직접 대립하고, 참된 거룩함을 완전히 반대하며, 거룩함은 육신과 반대된다. 또 로마서 8:7에 나타나 있는 것처럼 태어날 때부터 갖고 온 그들의 본성 속에는 하나님에 대한 어떤 참된 복종을 일으킬 수 있는 것이 아무것도 없다. 만약 육신 속에 또는 사람의 본성이나 자연적 기질 속에 진실로 도덕적으로 어떤 선한 것이 들어 있다면, 그것은 교정되어야 된다. 그러나 지적한 것처럼 성경은 마치 우리가 육신에 대하여 원수인 것처럼 그리고 육신의 완전한 파멸을 추구한 자인 것처럼 설명한다. 또한 다른 곳

에서 바울은 옛 사람을 교정할 자로 제시하는 것이 아니라 옛 사람을 벗어 버리고 새 사람을 입으라고 명령한다. 사망의 몸을 더 나은 상태로 만들라고 말하지 않고 아예 거기서 벗어나라고 주장한다. 그리고 고린도후서 5:17에서 "그런즉 누구든지 그리스도 안에 있으면 새로운 피조물(의심할 것 없이 이것은 사람이 새로 태어난 것과 같은 의미다)이라. 이전 것은 지나갔으니(교정되지 않고) 보라 [모든 것이] 새것이 되었도다"라고 말한다.[22]

각양각색의 죄악이 있다. 매우 심각하고 매우 사악한 범죄의 불씨들이 있다. 사람들을 거역하는 부지기수의 죄악의 원리가 있다. 그리고 하나님을 거역하는 별의별 죄악이 있다. 교만이 있다. 증오가 있다. 모욕이 있다. 다툼이 있다. 무신론이 있다. 신성모독이 있다. 탁월한 힘 속에 이런 악한 것들이 있다. 마음은 이런 악한 것들의 권세 아래 있고 죄 아래에 팔리고 죄의 완전한 종이다. 바위나 단단한 돌보다 더 완고하고 완악한 마음이 있다. 경고나 약속, 각성이나 격려, 심판이나 자비로도 극복되지 못하고, 이런 악한 것들을 두려워하지도 않고 자극을 받지 않는 옹고집과 쇠고집, 죄에 대한 고질적 습관과 강팍한 태도가 있다. 곧 하나님의 참된 피로도 악인의 마음을 이끌지 못한다.[23]

7:19 "내가 원하는 바 선은 행하지 아니하고 도리어 원하지 아니하는 바 악을 행하는도다." "만일 이와 같은 표현들이 대체로 자신의 양심의 자각과 지시에 반하여 상습적으로 죄를 저지르는 일을 계속 고집하는 것을 의미한다면, 우리는 여기서 바울이 매우 엄중하게 이 사람을 비난하고 이처럼 헛되고 위선적인 핑계에 답변하는 것으로 상상할 수 있을 것이다. 하지만 바울은 이후에 기쁘게 복음을 받아들이고, 그래서 거기서 죄사함의 은혜를 충분히 표명할 정도로 큰 힘을 얻은 자로 이 사람을 제시한다."[24]

7:20 "사탄아 내 뒤로 물러가라"(마 16:23). 우리는 그리스도께서 여기서 베드로를 왜 "사탄"으로 부르시는지 이해하지 못한다. 아니 그리스도는 사탄에게 말하고, 이 문제에서 사탄이 주도권을 쥐고 있으며, 사탄이 베드로에게 생각하고 말하도록 영향을 미쳤다고 보신다. 사탄은 베드로의 내재하는 죄에게 말하고, 그렇게 한 것은 베드로 안에 있는 마귀였다. 그리스도께서 이같이 말씀하는 것은 베드로를 가혹하게 대하시는 한 실례가 아니라, 오히려 베드로가 말하는 것을 베드로 자신이 아니라 사탄에게 귀속시키려는 사랑과 은혜의 한 실례였다. 그리스도는 은혜로 자신의 제자 베드로와 그의 안에 내재하는 죄를 구분하신다. 바울이 로마서 7:20에서 "이를 행하는 자는 내가 아니요 내 속에 거하는 죄니라"고 말하는 것과 같다.[25]

²²내 속사람으로는 하나님의 법을 즐거워하되 ²³내 지체 속에서 한 다른 법이 내 마음의 법과 싸워 내 지체 속에 있는 죄의 법으로 나를 사로잡는 것을 보는도다

7:22 "내 속사람으로는 하나님의 법을 즐거워하되." 이것은 성경에 나타나 있는 것처럼 이 관점에서 매우 결정적이므로, 참된 경건의 확실한 표지이고, 만약 그것이 참된 성품의 표시로 가정된다면 아무리 통탄할 만한 불완전함이 수반된다고 하더라도 진실로 선한 사람의 표지로 확실히 인정해야 한다.[26]

그리고 이처럼 옛 사람을 벗어 버리는 것은 마음과 영을 새롭게 하는 것과 동일한 일이다. 그것은 자체로 보아도 분명하다. 바울의 언어를 보면 영은 "사람"으로 불린다. 또 그것은 "속사람", "숨은 사람"으로 불린다(롬 7:22, 고후 4:16, 벧전 3:4). 그러므로 옛 사람을 벗어 버리는 것은 옛 마음을 제거하는 것과 동일한 일이고, 새 사람을 입는 것은 새 마음과 새 영을 받

는 것과 동일한 일이다. 그뿐 아니라 새 사람을 입는 것은 분명히 새 영을
받거나 영이 새롭게 되는 것과 같은 일로 여긴다. "옛 사람을 벗어 버리
고, 오직 너희의 심령이 새롭게 되어……새 사람을 입으라"(엡 4:22-24).[27]

7:23 사람들이 속박 속에 있고, 거기서 벗어나기 위하여 일종의 회심 사
역을 필요로 하는 위치에 있는 것은 그들이 죄와 사망의 몸을 갖고 있다
는 명백한 증거다. 매우 훌륭한 성도지만 사도 바울은 자신도 그것을 크
게 필요로 하고 있다는 것을 민감하게 느꼈고, 그러므로 그것에 대하여
다음과 같이 부르짖는다. "오호라, 나는 곤고한 사람이로다. 이 사망의 몸
에서 누가 나를 건져 내랴"(롬 7:24). 그러므로 바울은 진지하게, 마치 자
신이 아직 그것에 이르지 못한 것처럼, 회심이나 영적 부활을 구한다(빌
3:11-12). 또 매우 유명한 성도지만 욥도 똑같이 그렇게 한다. 이 세상에
서 이미 완전한 상태로 회심한 자는 한 사람도 없고, 하나님은 여전히 은
혜로 그들 속에 새로운 변화를 일으키고, 따라서 괄목상대할 정도로 그들
을 새 사람으로 만들며, 어떤 면에서 이전에 자연인으로 있을 때 갖고 있
었던 모습에서뿐만 아니라 지금 갖고 있는 모습에서도 그들을 새로운 피
조물로 만드실 수 있다. 따라서 사도들은, 그들 가운데 일부는 그리스도
의 부활 이전에 저명한 성도가 된 것처럼 보이기는 해도(우리는 특히 사도
요한에 대하여 이렇게 생각할 이유가 충분히 있다), 그리스도의 부활 이후에
곧 하나님의 영이 오순절에 매우 현저하게 부어지신 후에 이런 괄목할 만
한 변화를 보여주었고, 그때 그들은 마치 처음부터 다시 시작했거나 이전
의 그들과 같은 사람이 아닌 것처럼 완전히 새로운 사람으로 나타나고 말
하고 행동했다.[28]

[24]오호라 나는 곤고한 사람이로다 이 사망의 몸에서 누가 나를 건져 내랴 [25]우리

주 예수 그리스도로 말미암아 하나님께 감사하리로다 그런즉 내 자신이 마음으로는 하나님의 법을 육신으로는 죄의 법을 섬기노라

7:24 여러분이 받은 은혜가 여러분이 실천하지 못한 거룩한 일들을 혐오하고 근심하고, 또 여러분을 겸손하게 만드는 영향력을 갖고 있는지 검토해 보라. 여러분이 받은 은혜가 여러분의 마음속에 영향을 미쳐 여러분의 눈에 과거의 잘못된 습관들을 증오하도록 만들고, 그 습관들에 대하여 슬퍼하도록 하는가? 그리고 여러분이 받은 은혜가 기독교적 실천에 반하는 여러분의 죄를 자각시키기 때문에 여러분 속에 있던 것들을 여러분의 눈에 가증한 것으로 만들고 있는가? 여러분이 받은 은혜가 여러분을 진정으로 근심하게 만들고, 그리하여 때때로 욥의 본보기를 따라 자신을 싫어할 준비가 되어 있는가? "그러므로 내가 스스로 거두어들이고 티끌과 재 가운데에서 회개하나이다"(욥 42:6). 사도 바울은 이렇게 부르짖는다. "오호라, 나는 곤고한 사람이로다. 이 사망의 몸에서 누가 나를 건져 내랴"(롬 7:24).[29]

"그[존 로크]가 묘사한 상태는 인간의 연약함, 아니 심지어는 율법에도 불구하고 곧 율법 아래 있으며 율법에 진실하게 순종하려고 애썼음에도 불구하고, 자기들의 육적 성향 때문에 율법을 자주 어긴 자들의 연약함이었다. 로크는 이 세상에서는 사람들이 이 연약한 상태에서 벗어날 수 없다고 알고 있었다.

다시 한 번 그[로크]의 로마서 7:25의 '둘류오'(δουλεύω)라는 말에 대한 주석을 보자. "이 말은 '나는 섬기다 또는 나 자신을 종으로 만들다' 즉 '나는 나의 온전한 순종을 의도하고 바치다'라는 뜻이다. 사도 바울이 로마서 6장에서 우리에게 상세히 말하는 은혜 아래에 있는 자의 삶의 조건은 '둘로데나이 테 디카이오쉬네'(δουλωθῆναι τῇ δικαιοσύνῃ) 곧 '의와

하나님의 종이 되는 것'이다. 이와 일치되게, 바울은 여기서 '아우토스 에고'(αύτὸς ἐγὼ) 곧 '내 자신이[내가 그 사람이니]"라고 말하는데, 이것은 나는 지금 그리스도인이고, 더 이상 율법이 아니라 은혜 아래에 있으며, 이 은혜 상태에서 내게 요구되는 것을 행한다는 것이다. '둘류오' 곧 나는 하나님의 법의 종이 되는 것은 곧 진실한 순종의 노력으로 하나님의 법을 섬기는 데 나 자신을 바치는 것이고, 따라서 '아우토스 에고' 곧 내가 사망에서 건짐 받을 그 사람이다. 왜냐하면 은혜 아래에서 진실한 순종을 확고한 목표로 삼고 자신을 하나님의 종으로 만드는 자는, 비록 죄의 본성을 제거할 수 없고, 그래서 때때로 죄를 범하며, 율법 아래 있었더라면 자기를 사망에 이르게 할 육체의 소욕을 여전히 갖고 있다고 할지라도, 영생의 선물을 받게 될 것이기 때문이다. 바울은 로마서 7:25에서 자신의 육신은 "죄의 법"을 섬기지만 자기 자신은 "하나님의 법"을 섬긴다고, 또는 존 로크가 해석하는 것처럼, 자기 자신을 하나님의 법의 종으로 만들었다거나 자신의 온전한 순종을 의도하고 바쳤다고 말한다. 따라서 로마서 8:5에서 바울의 증언에 따르면, 악인 곧 육신을 따르는 자는 그렇게 하지 않는다. "육신을 따르는 자는 육신의 일을, 영을 따르는 자는 영의 일을 생각하나니." '프로누신 타 테스 사르코스'(φρονοῦσιν τὰ τῆς σαρκός) 곧 "육신의 일을 생각하나니"는, 존 로크가 지적하는 것처럼 "자기들의 생각의 경향"에 치우치는 것 또는 생각을 완전히 육체의 정욕을 이루는 데 종속시키는 것을 의미한다. 이것은 그들이 자기 자신을 하나님의 법의 종으로 바치는 것, 속사람이 하나님의 법을 즐거워하는 것, 바울이 이 문맥에서 표현하는 것에 반하는 일들을 허용하지 않고 미워하는 것과 일치하지 않는다. 로마서 8:5에 대한 주석을 보라.

동일한 강론이 계속되는 다음 장(8장) 첫 부분은 이 사실을 매우 명백하게 표현한다. "그러므로 이제 그리스도 예수 안에 있는 자에게는 결코 정죄함이 없나니 이는 그리스도 예수 안에 있는 생명의 성령의 법이 죄와 사망의 법에서 너를 해방하였음이라"(롬 8:1-2). 로마서 7:14-15에 대한 주석을 보라.[30]

지금 우리 영혼은 죄의 잔재로 말미암아 계속 부담을 느끼고 있는 본성을 갖고 있는가? 그리고 우리가 제거하기를 갈망하는 것이 죄인가? 우리는 바울처럼 "오호라, 나는 곤고한 사람이로다. 이 사망의 몸에서 누가 나를 건져 내랴"(롬 7:24)고 외칠 준비가 되어 있는가? 우리 안에 있는 어떤 죄를 발견할 때 안심하거나 편안할 수 없고, 거기서 벗어나기 위하여 더욱 계속 힘쓸 수 있는가? 죄를 더욱 죽이는 것, 그것이 우리가 갈망하는 것인가?[31]

7:25 "그런즉 내 자신이 마음으로는 하나님의 법을, 육신으로는 죄의 법을 섬기노라." 존 로크는 이것을 다음과 같이 의역한다. "그러므로 나는 사망에서 구원받을 필요가 있기 때문에 나 자신을 위로하기 위하여 마음속에 충분한 뜻을 갖고 진지한 노력을 하며, 비록 나의 육신의 경향은 죄에 예속되어 있고 지속적으로 죄를 짓는 성향을 갖고 있더라도 하나님의 법을 섬기는 데 나 자신을 바치고 있다. 이것이 내가 할 수 있는 것의 전부이고, 이것이 은혜 아래에 있는 내게 요구되는 것의 전부이며, 이런 나는 그리스도로 말미암아 인정받게 될 것이다." 그리고 자신의 주석에서 로크는 이렇게 말한다. "'내 자신이'의 원문은 온 마음으로 충분히 결심한 '아우토스 에고'(αὐτὸς ἐγὼ) 곧 '내가 그 사람'이다(로크의 말에 따르면). 여기서 '아우토스'(αὐτὸς)와 '에고'(ἐγὼ)가 '둘류오'(δουλεύω) 곧 '섬기다'의 주체 외에 다른 것을 의미하지 않는다면, 이렇게 두 말이 함께 사용되지는 않았을 것이다. 로마서 7:20에 대한 주석을 보라." 그리고 로마서 7:20에 대한 주석에서 로크는 헬라어 본문 "'우 델로 에고'(οὐ θέλω ἐγω)

곧 '내가 원하지 아니하는'에서 헬라어 '에고' 곧 '내가'는 분명히 드러나는 것처럼 극단적인 강조 용법이고, 주로 자기 자신을 가리키는 부분에서 그 사람을 뜻하며, 그러므로 동일한 강조 용법에 따라 로마서 7:25도 '아우토스 에고' 곧 '내 자신이'로 불린다. 바울은 의심할 것 없이 하나님의 법을 섬겼을 때에는 성도로서 자기 자신이었고, 그때 자신은 성도로서 행했고, 죄의 법을 섬겼을 때에는 말하자면 자기 자신이 아니라 원수에게 포로로 끌려갔다는 것을 암시한다. 이것은 로마서 7:17, 20, 22의 내용과 일치한다. 이 사실들은 분명히 바울이 악인의 이름으로 말하는 것이 아니라 성도의 이름으로 말하고 있음을 증명한다.[32]

우리는 참 성도 곧 하나님의 영으로 말미암아 성결하게 된 자는 신약 성경에서 신령한 자로 불린다는 것을 확인한다. 그리고 그들의 신령함은 그들의 특수한 성품이고, 그 점에서 그들은 성결하게 되지 않은 자들과 구별된다. 이것은 신령한 자가 자연인 곧 육에 속한 자와 대립되어 제시되고 있는 것으로 보아 분명하다. 따라서 신령한 자와 자연인은 서로 대립 관계 속에 있다. "육에 속한 사람(자연인)은 하나님의 성령의 일들을 받지 아니하나니 이는 그것들이 그에게는 어리석게 보임이요 또 그는 그것들을 알 수도 없나니 그러한 일은 영적으로 분별되기 때문이라. 신령한 자는 모든 것을 판단하나 자기는 아무에게도 판단을 받지 아니하느니라"(고전 2:14-15). 성경은 자연인을 경건하지 않은 자 곧 은혜를 갖고 있지 못한 자로 설명한다. 따라서 사도 유다는 유다서 1:4에서 어떤 경건하지 않은 자에 대하여 그들이 모르는 사이에 성도들 사이에 끼어들었다고 지적하면서 1:19에서 이렇게 말한다. "이 사람들은……육에 속한 자며 성령이 없는 자니라." 유다는 이것을 그들이 그가 묘사한 대로 이처럼 악한 방법으로 행동하는 이유로 제시한다. 여기서 "육에 속한 자"의 원문은 '프쉬키코이'(psuchikoi)다. 이 말은 고린도전서 2장 본문에서 "자연인"(개역개정은 "육에 속한 사람"으로 번역했다—옮긴이)으로 번역된 바로 그 말이다. 또한 동일한 강론을 계속하는 바로 다음 구절(고전 2:15)에서, 신령한 자가 육에 속한 사람과 대립 관계에 있다. 이 관계는 이 두 말이 분명히 이전 구절들의 신령한 자 및 자연인과 동일한 의미를 갖고 있다는 것을 보여준다. "형제들아, 내가 신령한 자들을 대함과 같이 너희에게 말할 수 없어서 육신에 속한 자……를 대함과 같이 하노라"(고전 3:1). 즉 크게 성결하지 못한 자를 대함과 같이 한다는 뜻이다. 바울이 육에 속한 자라는 말을 부패하고 성결하지 못한 자를 가리키는 의미로 사용하고 있다는 것은 로마서 7:25, 8:1, 4-9, 12-13, 갈라디아서 5:16-26, 골로새서 2:18로 보아 충분히 증명된다. 그러므로 만약 이 본문들에서 자연인 곧 육에 속한 자가 "성결하지 못한 자"를 의미한다면, 의심할 것 없이 이와 정반대 개념인 신령한 자는 "성결하고" 은혜 아래에 있는 자를 가리킬 것이다.[33]

다시 한 번 그[로크]의 로마서 7:25의 '둘류오'(δουλεύω)라는 말에 대한 주석을 보자. "이 말은 '나는 섬기다 또는 나 자신을 종으로 만들다,' 곧 '나는 나의 온전한 순종을 의도하고 바치다'라는 뜻이다. 사도 바울이 로마서 6장에서 우리에게 상세히 말하는 은혜 아래에 있는 자의 삶의 조건은 '둘로데나이 테 디카이오쉬네'(δουλωθῆναι τῇ δικαιοσύνῃ) 곧 '의와 하나님의 종이 되는 것'이다. 이와 일치되게, 바울은 여기서 '아우토스 에고'(αὐτὸς ἐγώ) 곧 '내 자신이[내가 그 사람이니]'라고 말하는데, 이것은 나는 지금 그리스도인이고, 더 이상 율법이 아니라 은혜 아래에 있으며, 이 은혜 상태에서 내게 요구되는 것을 행한다는 것이다. '둘류오' 곧 나는 하나님의 법의 종이 되는 것은 곧 진실한 순종의 노력으로 하나님의 법을 섬기는 데 나 자신을 바치는 것이고, 따라서 '아우토스 에고' 곧 내가 사망에서 건짐 받을 그 사람이다. 왜냐하면 은혜 아래에서 진실한 순종을 확고한 목표로 삼고 자신을 하나님의 종으로 만드는 자는, 비록 죄의 본성을 제거할 수 없고, 그래서 때때로 죄를 범하며, 율법 아래 있었더라면 자기를 사망에 이르게 할 육체의 소욕을 여전히 갖고 있다고 할지라도, 영생의 선물을 받게 될 것이기 때문이다. 바울은 로마서 7:25에서 자신의 육신은 "죄의 법"을 섬기지만 자기 자신은 "하나님의 법"을 섬긴다고, 또는 존 로크가 해석하는 것처럼, 자기 자신을 하나님의 법의 종으로 만들었다거나 자신의 온전한 순종을 의도하고 바쳤다고 말한다. 따라서 로마서 8:5에서 바울의 증언에 따르면, 악인 곧 육신을 따르는 자는 그렇게 하지 않는다. "육신을 따르는 자는 육신의 일을, 영을 따르는 자는 영의 일을 생각하나니." '프로누신 타 테스 사르코스'(φρονοῦσιν τὰ τῆς σαρκός) 곧 "육신의 일을 생각하나니"는, 존 로크가 지적하는 것처럼 "자기들의 생각의 경향"에 치우치는 것 또는 생각을 완전히 육체의 정욕을 이루는 데 종속시키는 것을 의미한다. 이것은 그들이 자기들 자신을 하나님의 법의 종으로 바치는 것, 속사람이 하나님의 법을 즐거워하는 것, 바울이 이 문맥에서 표현하는 것에 반하는 일들을 허용하지 않고 미워하는 것과 일치하지 않는다. 로마서 8:5에 대한 주석을 보라.[34]

로마서 8장

"그러므로 이제 그리스도 예수 안에 있는 자에게는 결코 정죄함이 없나니"(롬 8:1). 이것이 여기서 언급되는 것은 로마서 7:24-25에 해방시키시는 분이 그리스도라는 사실이 암시되어 있었기 때문이다. "육신을 따르지 않고 영을 따라 행하는"(롬 8:4). 바울은 여기서 "영을 갖고 있는"이라고 말하지 않고 "육신을 따르지 않고 영을 따라 행하는"이라고 말하는데, 그 이유는 "영을 따라" 행하는 것은 영을 갖고 있는 것에 대한 가장 적절한 증거이기 때문이다. 이로써 바울은 거룩하고 신령한 행함을 강조한다.

여기서 바울이 염두에 두고 있는 것은 바로 이것이다. 곧 "성령으로 사는" 자는 또한 "성령으로 행해야" 하고(갈 5:25), 육신에 속하고 경건하지 아니한 습관을 가진 자가 성령을 소유하여 정죄에서 해방되는 소망을 누리지 못하도록, 그리하여 아무도 기독교를 고백하고 세례를 받았다는 것을 이유로 자기들이 정죄에서 해방되었다고 생각할 수 없도록 경계하는 것이다. 그리고 바울은 다음 구절(롬 8:2)에서 계속해서 "예수 그리스도 안에서 육신을 따르지 않고 영을 따라 행하는 자에게 결코 정죄함이 없는" 이유를 증명한다. 그 이유는 그리스도 예수 안에 있는 생명의 성령의 법 또는 그리스도인들 안에서 생명의 원리가 되시는 성령이 자연스럽게 신령하고 영원한 생명을 낳음으로써(요 4:14) 그들이 영을 따라 행하고, 또 그 안에서 그리스도 예수로 말미암아 "죄와 사망의 법에서 해방되었기" 때문이다. 즉 그리스도인들이 죄의 지배권과 권능 또는 그들의 원수로서 그들을 정죄하고 멸망시키는 권세 속에 들어 있는 "죄의 법"(롬 7:23)에서 벗어났기 때문이다. 그리고 바울이 우리가 죄와 사망의 법에서 해방되었다고 말할 때 관심을 두고 있는 것이 이런 종류의 죄의 권능과 지배권이라는 것은 그가 여기서 언급하는 죄, 곧 하나의 법으로 "죄와 사망의 법"으로 불리는 죄를 언급하는 관념과 잘 일치된다. 그래서 바울은 앞장(7장) 후반부에서 죄를 법으로 불렀다. 율법이 원수로서 우리를 지배하는 권능과 지배권은 우리를 정죄하는 율법의 힘에 있다. 따라서 여기서 바울이 이끌어 내는 추론은 이것이다. "그리스도 예수 안에 있는 자에게는 결코 정죄함이 없나니." 왜냐하면 그리스도 예수 안에서 갖게 된 성령은 그들 속에 생명의 원리로 내주하고, 생명을 포함하고, 생명을 돌봄으로써 그들이 사망에 대한 정죄를 일으키는 죄의 권능에서 벗어나도록 역사하시기 때문이다. 생명과 행동의 원리로, 또는 따라 행해야 할 영으로 신자들 속에 내주하시는 성령은 그들을 정죄로 이끌고 죽이는 것으로 그들을 지배하는 죄의 권능에서 해방시키신다. 이 해방은 다음과 같이 두 가지 면으로 진행된다. 첫째, 생명의 성령의 법은 신자들을 그리스도와 연합시키고(왜냐하면 성령은 연합의 끈이기 때문이다. 롬 8:9-10에서 말하는 것처럼, 이로 말미암아 그리스도는 그들 속에 거하신다), 따라서 율법의 정죄 선고 아래 그들을 억압하는 권능에서 해방시킨다. 죄는 율법으로 말미암아 이 지배권을 유지한다. "죄의 권능은 율법이라"(고전 15:56). 그러나 이 영적 원리 곧 생명의 성령의 법은 그리스도에게 연합시키는 끈이기 때문에 신자들을 율법에서 해방시킨다. 성령은 그리스도와의 연합의 끈이시므로 우리를 정죄에서 해방시키시는데, 그때 우리는 그리스도께서 율법을 만족시키셨기 때문에 율법의 정죄를 받아야 할 의무에서 벗어날 뿐만 아니라 율법의 정죄를 받는 것이 아예 불가능하게 된다. 왜냐하면 신자들은 그로 말미암아 하나님의 아들이자 생명의 샘이신 예수 그리스도와 연합되고, 그러므로 살도록 되어 있기 때문이다. 그리스도는 부활하셔서 항상 살아 계시고, 만약 그분이 살아 계신다면 신자들도 살도록 되어 있다. 그리스도의 영은 생명의 영이다. 신자들은 그리스도의 영에게 참여함으로써 당연히 그리스도의 생명에 참여하게 되고, 그러므로 반드시 죽음에서 해방된다. 신자들은 이로 말미암아 썩지 아니할 본성인 하나님의 아들의 본성에 참여한다. 반드시 "영의 생각은 생명과 평안이다"(롬 8:6). 그리고 우리가 "영으로써 몸의 행실을 죽이면" 우리는 반드시 살 것이다(롬 8:6, 13).

또 우리가 아들의 영에 참여하면 우리는 본질상 하나님의 자녀다. 즉 로마서 8:14-16에서 언급하는 것처럼 우리는 자녀의 본성을 갖고 있다. 그러므로 우리가 정죄를 받는 것은 전혀 합당한 일이 아니다. 만약 우리가 아들이라면, 로마서 8:17에서 말하는 것처럼 우리는 생명의 상속자이고, 아들의 본성에 참여함으로써 그분과 함께한 아들이며, 그분과 동일한 생명을 소유한 공동 상속자이기 때문이다.

둘째, 생명의 성령의 법은 신자들을 강제로 정죄로 이끌고 또는 정죄나 정죄의 결과인 사망을 일으키거나 낳는 죄의 권능을 파괴함으로써 신자들을 해방시킨다. 로마서 8:1-2에서 그렇게 말하는 것처럼 이 모든 일은 "그리스도 예수 안에서" 일어난다. 신자들은 그리스도 안에 있게 됨으로써 성령을 생명과 행동의 원리로 소유하거나 "육신을 따르지 않고 영을 따라 행하게 된다." 우리가 그리스도 예수 안에서 성령을 소유하게 되면 성령은 생명의 성령이 되는데, 그리스도로 말미암아 성령은 정죄하고 죽이는 죄의 권능에서 우리를 해방시키는 능력을 갖고 계신다. 만일 우리가 성령을 소유하고 있으나 그리스도에게 연합되어 그리스도 예수 안에 있지 않다면, 그리스도의 영이신 생명의 성령의 법은 이런 능력을 갖지 못할 것이다. 그러므로 바울은 계속해서 로마서 3-4장에서 이렇게 말한다. "율법이 육신으로 말미암아 연약하여 할 수 없는 그것을 하나님은 하시나니 곧 죄로 말미암아 자기 아들을 죄 있는 육신의 모양으로 보내어 육신에 죄를 정하사, 육신을 따르지 않고 그 영을 따라 행하는 우리에게 율법의 요구가 이루어지게 하려 하심이니라." 이 말씀을 통해 바울은 어떻게 그리스도 안에 있는 우리에게 결코 정죄함이 없는지, 어떻게 그리스도로 말미암아 우리가 성령을 받는지(갈 3:13-14), 그리고 어떻게 그로 말미암아 그리스도 안에서 우리가 죄의 정죄 권능에서 해방되는지를 증명한다.

하나님은 자기 아들을 보내어 죄 곧 우리를 지배해 왔던 죄와 사망의 법을 정죄하셨다. 그러므로 그리스도 안에 있는 우리에게 결코 정죄함은 없다. 죄는 더 이상 우리를 정죄하는 권능을 갖고 있지 않다. 하나님께서 (우리가 그 안에 있는) 그리스도로 말미암아 죄를 정죄하셨기 때문이다. 그리고 바울은 우리에게 하나님이 어떻게 죄를 정죄하셨는지를 말해 준다. 다시 말해 하나님은 자기 아들을 죄로 삼고, 죄 있는 육신의 모양으로 죄를 위하여 보내 정죄하심으로써, 곧 하나님은 죄 있는 육신을 대표하고 죄를 대신하도록 자기 아들을 보내 정죄하심으로써 죄를 정죄하셨다. 따라서 자기 아들을 정죄하심으로써 또는 자기 아들에게 정죄를 두심으로써 하나님은 "율법의 의가 우리 안에서 이루어지고, 우리가 육신을 따르지 않고 그 영을 따라 행하도록" 죄를 정죄하거나 폐지시키셨다. 곧 앞에서 말한 죄의 권능과 지배권을 폐지시키셨다. 그리스도는 두 가지 면에서 죄를 정죄하셨다. 즉 자신의 속죄를 통하여 죄의 죄책을 폐지시키심으로써, 그리고 율법의 의를 실제로 이루심으로써 육신 안에 있는 죄를 정죄하셨다. 그리스도께서 이렇게 하신 것은 "육신을 따르지 않고 그 영을 따라 행하는 우리에게 율법의 요구가 이루어지게 하려 하심이었다." 따라서

전가되지 않고, (어떤 의미에서는) 그 반대도 마찬가지다. 율법이 없는 곳
이나 율법 아래에 있지 않은 사람에게 죄는 전가되지 않는다.[3]

그러나 이 파멸 또는 정죄는 시간적 죽음이 아니다. 왜냐하면 우리는
성경에서 그것이 신자들에게 임할 것이 아니라는 것을 거기서와 마태복
음 12:37, 요한복음 3:17-18, 로마서 8:1, 34, 고린도전서 11:31-32, 34,
고린도후서 3:9, 야고보서 3:1, 5:12 등에서 충분히 배우기 때문이다. 죄
인들에게 예상되는 정죄가 하나님이 죄로 말미암아 경고하신 사망을 가
져오는 정죄와 동일한 의미라는 것은 특별히 요한복음 5:24을 보면 분명
하다. "내가 진실로 진실로 너희에게 이르노니 내 말을 듣고 또 나 보내신
이를 믿는 자는 영생을 얻었고 심판에 이르지 아니하나니 사망에서 생명
으로 옮겼느니라."[4]

그리스도와의 연합이 남아 있어야 하는 것이 필수적인 이유도 그것이
시작된 이유, 그것이 계속 존재해야 되는 이유 그리고 그것이 이전에 존
재해야 하는 이유와 똑같다. 곧 만약 그리스도와의 연합이 시작되고 남아
있지 않다면 이 시작은 헛된 것이 되고 말 것이다. 영혼이 지금 의롭다 함
을 받은 상태에 있으려면 그리고 지금 정죄에서 해방된 상태에 있으려면,
이전에 그리스도 안에 있었어야 할 뿐만 아니라 지금도 그리스도 안에 있
는 것이 필수적이다. "그리스도 예수 안에 있는 자에게는 결코 정죄함이
없나니"(롬 8:1). 영혼이 그리스도 안에서 구원받는 것은 영혼이 이전에
그리스도 안에 있었던 것을 기억하기 때문이 아니라 구원이 주어지는 때
인 지금 그리스도 안에 있기 때문이다.[5]

"그러므로 이제 [육신을 따르지 않고 성령을 따라 행하는] 그리스도 예수
안에 있는 자에게는 결코 정죄함이 없나니"(롬 8:1). 여기서 바울은 분명
히 한 원리가 앞장(7장) 마지막 부분에서 말했던 다른 원리와 맞서 싸우
고 있는 두 대립 원리를 언급하는 것이다. 바울은 여기서 갈라디아서에서

그렇게 부르는 것과 똑같이 이 두 대립 원리를 육신과 영으로 부른다.[6]

"그러므로 이제 그리스도 예수 안에 있는 자에게는 결코 정죄함이 없나니" 왜 그런가? 그 이유는 이전 장에 언급된 이유들 때문이다. 그들은 자기들의 죄 때문에 정죄함을 받지 않는데, 그 이유는 "그것을 행하는 자가 그들이 아니라 그들 속에 거하는 죄이기" 때문이다. 그들은 원하는 것을 행하지 아니하고 도리어 미워하는 것을 행한다.

그리스도께서 "죄를 정죄하셨고" 따라서 신자에게는 결코 정죄함이 없다.

로마서 8:1에서 바울은 만약 우리가 육신을 따라 행한다면 정죄함이 있다는 사실을 암시했다. 그러나 거기서와 로마서 8:2에서는 성령을 따라 행하는 자는 정죄함이 없고, 육신 또는 "죄의 법"의 정죄 권능에서 해방될 것이라고 말했다.[7]

8:2 이전 구절에서 육신과 영으로 불리는 두 가지 사실이 이 구절에서 "생명의 성령의 법"과 "죄와 사망의 법"으로 불리는데, 이것은 분명히 로마서 7:25에서 우리의 마음의 법과 죄의 법으로 부르는 것과 동일한 개념을 말하는 것이다. 바울은 로마서 8장에서 계속 썩어짐과 은혜를 육신과 영이라는 이름으로 부른다(롬 8:4-9, 12-13). 이 두 원리는 마태복음 26:41에서 동일한 이름으로 불린다. "시험에 들지 않게 깨어 기도하라. 마음[spirit]에는 원이로되 육신[flesh]이 약하도다." 여기서도 로마서 7-8장과 갈라디아서 5장과 마찬가지로, 육신과 영이 동일한 사실을 의도하고 있는 것은 추호도 의심의 여지가 있을 수 없다(이 부분들에서 육신과 영에 대하여 말하는 사실을 비교해 보라). 또 이 두 원리는 갈라디아서 6:8에서도 동일한 말로 언급된다(육체와 성령). 그리고 이것을 갈라디아서 5:18, 로마서 8:6, 13과 비교해 본다면 동일한 의미를 갖고 있다는 사실을 아무

도 의심할 수 없을 것이다.

그러므로 하나님의 영은 영혼 속에서 생명 원리 또는 새 생명의 원리로 거하기 때문에 생명의 성령(롬 8:2)과 "살리는" 영(요 6:63)으로 불린다.[8]

"생명의 성령의 법이 죄와 사망의 법에서 너를 해방하였음이라." "앞에서 말한 동일한 사람이 여기서 자신의 강론을 계속하는 것으로 나타나고, 자신을 매우 쓰라린 종 노릇에서 해방된 자로 말한다는 사실이 주목되어야 한다"(도드리지). 이것은 로마서 8장 첫 부분은 로마서 7장 후반부의 강론의 지속이라는 것을 증명하고, 아울러 로마서 7:25의 마지막 부분은 바울이 거기서 육에 속한 자 곧 악인의 인격으로 말하는 것이 아님을 보여준다.[9]

[3]율법이 육신으로 말미암아 연약하여 할 수 없는 그것을 하나님은 하시나니 곧 죄로 말미암아 자기 아들을 죄 있는 육신의 모양으로 보내어 육신에 죄를 정하사 [4]육신을 따르지 않고 그 영을 따라 행하는 우리에게 율법의 요구가 이루어지게 하려 하심이니라

8:3 그러나 테일러 박사는 이런 율법은 주어진 적이 없었다고 가정한다. 그러므로 은혜의 약속들의 필요성과 여지가 충분히 존재한다. 또는 테일러 박사가 주장하는 것처럼(갈 2:21), 이런 율법은 하나님의 은혜를 좌절시키거나 무효화시킬 것이다. 왜냐하면 칭의가 율법으로 말미암아 온다면 진실로 그리스도는 헛되이 죽으신 것이기 때문이다. 곧 그리스도는 자신의 죽음이 없어도 율법이 자체로 효력을 일으킨 것 또는 효력을 일으킬 수 있었던 것을 이루려고 죽으신 것이 되고 말기 때문이다. 확실히 율법은 유대인 속에서 칭의의 규칙으로 또는 그들을 죽음의 상태에서 회복시키고 율법에 대한 그들의 무죄한 순종을 통해 생명을 얻게 만들 용도로 주어진 것이 아니다. 왜냐하면 이 점과 다른 점에 있어 율법은 본질상 약한

것이 아니라 우리 육신의 연약함으로 말미암아 약한 것이었기 때문이다 (롬 8:3). 그러므로 나는 율법은 현재 상태의 인간 본성의 연약함에 알맞은 제도가 아니라고 생각한다. 또는 율법 외에 다른 구원의 길을 우리에게 제공하지 않으시는 것은 하나님의 인자하심에 일치하는 것으로 보이지 않는다. 그럴 때 우리는 한 번만 죄를 범해도 영원히 파멸할 것이기 때문이다.

로마서 7-8장의 바울의 강론에서 특별히 주목해야 할 한 가지 사실은, 바울이 "육신"이라는 말을 "영"과 반대 개념으로 매우 자주 사용한다는 것이다. 바울은 자신의 강론에서 다른 많은 사실들과 함께 육신이 본질상 부패하고 죄 있는 어떤 것을 가리킨다는 것을 분명히 한다. 즉 바울은 분명히 육신을 "죄 있는 육신"으로 부른다(롬 8:3). 바울은 "죄 있는 육신"을 직전과 직후 구절들 그리고 전체 문맥에서 육신과 같은 의미로 사용하고 있는 것이 분명하다. 그리고 그리스도께서 죄 있는 육신의 모양으로 보내심을 받았다고 말할 때 그 표현은 그리스도를 죄로 삼고 우리의 저주가 되신다고 말씀하는 표현과 같은 효력을 갖고 있다.[10]

그리스도께서 "죄를 정죄하셨고" 따라서 신자에게는 결코 정죄함이 없다. 로마서 8:1을 보라.

로마서 8:3에서 율법이 육신으로 말미암아 우리에게 생명을 줄 수 없었다고 말하는 것은, 만약 우리가 율법 아래에 있었다면 정죄함이 있을 것이라는 뜻이다.

갈라디아서 4:9을 보라. 로마서 8:3에서 율법은 "연약한" 것으로 불리는데, 그 이유는 율법이 의와 생명을 줄 수 없었기 때문이다. 로마서 8:3과 갈라디아서 2:21을 보라.[11]

"주께서 의를 사랑하시고……"(히 1:9). 그리스도께서 죄를 위한 화목제물이 되심으로써 자신의 속죄를 통해 제공하신 것은, 도덕적 정직함을

사랑하는 것에 대하여 어떤 합리적 행위자가 의를 사랑하고 죄를 미워함
으로써 행한 어떤 행위와도 비견할 수 없는 한 본보기를 보여준다. 로마
서 8:3을 보라.[12]

그리스도의 아름다움과 사랑은 그분이 죽으실 때 우리를 위하여 겪으
신 고난 속에서 가장 위대하고 가장 감동적으로 표현되었다. 그 안에는
무엇보다 그리스도의 거룩하심, 죄에 대한 미움, 하나님에 대한 사랑이
나타나 있었다. 그 이유는 그리스도께서 엄격한 공의에 따라 죄의 정죄
와 처벌로 자신의 영혼을 죽기까지 복종시키신 것이 그분이 죄를 참지 못
하신다는 것을 증언하는 데 이유가 있었던 것이 아니라 죄인들의 구원을
갈망하신 것에 이유가 있었기 때문이다(롬 8:3). 그리고 그리스도는 자신
이 바라는 행복을 위하여 하나님의 존귀를 손상시키기보다는 죄의 제물
로 자신을 바치심으로써 하나님의 존귀를 존중하셨다. 따라서 동일한 한
행위를 통해 그리스도는 죄에 대한 무한한 미움과 죄인들에 대한 무한한
은혜와 사랑을 생각할 수 있는 한 최대한 동시에 나타내신다. 그리스도의
거룩하심은 죄를 반대하는 무한한 격정으로 타오르는 불과 같이 나타났
고, 아울러 죄인들에 대한 사랑도 자비에 대한 무한한 열정 속에서 타오
르는 감미로운 불길처럼 나타났다.[13]

8:3-4 우리는 행위 언약의 모든 적극적 교훈들을 지켜야 할 의무가 있다.
유대인은 행위 언약으로 주어진 의식법을 준수할 의무가 있었다. 그러므
로 의식법을 어기면 그들은 그 위반으로 율법 곧 행위 언약의 형벌인 영
원한 죽음에 처해졌다. 그리고 "반드시 죽으리라"고 경고하는 율법 외에
다른 것으로는 사망이나 파멸에 처해지지 않는다. 율법은 하나님과 사람
사이의 영원하고 불변적인 의의 규칙이고, 그러므로 모든 사람이 의롭다
함을 받거나 정죄를 받거나 둘 중 하나가 될 심판의 규칙이다. 그리고 어

떤 죄도 율법이 아니면 파멸에 처해지지 않는다. 따라서 이제 신약성경의 성례에 대한 참여를 요청하는 규례들에 순종하지 않는 자는 율법 곧 행위 언약에 따르면 파멸에 처해진다. 율법 곧 행위 언약을 위반하는 죄는 무엇이든 간에 모든 죄에 대하여 이렇게 주장될 수 있다. 곧 모든 죄 곧 적극적 규례뿐만 아니라 다른 모든 규례를 위반하는 것도 그리스도의 죽음으로 말미암아 속죄가 이루어진다. 그러나 그리스도는 오직 우리를 위하여 율법을 만족시키려고 또는 율법의 저주를 감당하려고 죽으셨다(롬 8:3-4, 갈 3:10-13).[14]

증명되는 것처럼 불신앙이 영원한 파멸을 초래하는 죄라는 것은 복음의 규정이 아니라 율법의 규정이다. 그 이유는 우리가 그리스도의 죽음으로 말미암아 불신앙의 죄를 사함 받기 때문이다. 이것은 그리스도께서 불신앙의 죄뿐만 아니라 다른 심각한 죄들을 만족시키기(배상하기) 위하여 죽으신 것을 증명한다. 그러나 그리스도는 율법의 요구에 부응하고 율법을 만족시키셨다. 그리스도는 자신의 죽음으로 율법의 저주를 감당하셨다(롬 8:3-4, 갈 3:10-13). 그러므로 그리스도께서 복음을 만족시키기 위하여 죽으셨다거나 복음의 처벌을 감당하셨다고 말하는 것은 부조리하다.[15]

율법이 육신으로 말미암아 연약하여 할 수 없는 그것을 그리스도께서 행하셨다. "율법이 육신으로 말미암아……이루어지게 하려 하심이니라"(롬 8:3-4). 따라서 옛 하늘과 옛 땅도 결함으로 말미암아 파괴되고, 새 하늘과 새 땅이 임하여 영원히 존속할 것이다.[16]

8:4 은혜 언약 방식에 따라 칭의 조건을 충족시킨 자는 어떤 면에서 율법의 의를 이룬다. 이때 그들은 "육신을 따르지 않고 그 영을 따라 행하고"(롬 8:4), 그리하여 동일한 사도가 같은 서신에서 "남을 사랑하는 자는 율법을 다 이루었느니라"(롬 13:8)고 말하는 것과 같은 의미에서 "우리에

게 율법의 요구[의]가 이루어지게" 된다.[17]

로마서 8:4에는 육신을 따르면 칭의와 의의 보상이 "우리에게 이루어질" 수 없으나 성령을 따라 행하면 이루어질 수 있다는 사실이 함축되어 있다. 이 사실들 각각의 본질과 취지는 동일하다. 즉 만약 육신을 따르거나 육신을 따라 행하면 우리는 반드시 정죄에 이르게 된다. 그렇지만 오히려 반대로 성령을 따르거나 성령을 따라 행하면 우리는 반드시 의의 보상으로 생명을 얻을 것이다.[18]

[5]육신을 따르는 자는 육신의 일을, 영을 따르는 자는 영의 일을 생각하나니 [6]육신의 생각은 사망이요 영의 생각은 생명과 평안이니라 [7]육신의 생각은 하나님과 원수가 되나니 이는 하나님의 법에 굴복하지 아니할 뿐 아니라 할 수도 없음이라 [8]육신에 있는 자들은 하나님을 기쁘시게 할 수 없느니라

8:5 "육신을 따르는 자는 육신의 일을……생각하나니." 바울은 이 말씀에서 아마 이전 장(7장)에서 신자 곧 정죄함이 없는 자에 대하여 말한 사실, 다시 말해 신자는 때때로 연약함으로 말미암아 육신의 뜻이나 법에 굴복하지만 이런 일들을 인정하지 않고 미워하고, 따라서 그것은 그들이 행한 것이 아니라 그들 안에 거하는 죄가 행한 것이었다는 점을 염두에 두고 있을 것이다. 그러나 여기서 바울은 "육신을 따라" 살거나 행하는 자들은 "육신의 일을 생각한다"고 지적한다. 그들은 육신의 일을 즐거워하고, 그들의 마음에 팽배해 있는 경향에 따라 육신의 일을 추구한다. 그러므로 그들에게는 정죄함이 있고, 다음 구절(롬 8:6)에서 말하는 것처럼 그들은 사망을 초래할 것이다.

로마서 8:5에서 사도 바울의 말은 우리 구주의 말씀의 참된 의미를 확증한다. "육신을 따르는 자는 육신의 일을 영을 따르는 자는 영의 일을 생각하나니." 바울은 "육신을 따르는 자"와 "영을 따르는 자"라는 말을 갈

라디아서 4:29에 나오는 "육체를 따라 난 자"와 "성령을 따라 난 자"와 동일한 의미로 사용한다. 원문을 보면 이 갈라디아서 본문의 마지막 표현 "성령을 따라 난 자"는 로마서 8:5의 "영을 따르는 자"와 똑같다.

바울은 로마서 7:25에서 자신의 육신은 "죄의 법"을 섬기지만 자기 자신은 "하나님의 법"을 섬긴다고, 또는 존 로크가 해석하는 것처럼 자기 자신을 하나님의 법의 종으로 만들었다거나 자신의 온전한 순종을 의도하고 바쳤다고 말한다. 따라서 로마서 8:5에서 바울의 증언에 따르면 악인 곧 육신을 따르는 자는 그렇게 하지 않는다. "육신을 따르는 자는 육신의 일을 영을 따르는 자는 영의 일을 생각하나니." '프로누신 타 테스 사르코스'(φρονοῦσιν τὰ τῆς σαρκός) 곧 "육신의 일을 생각하나니"는, 로크가 지적하는 것처럼 "자기들의 생각의 경향"에 치우치는 것 또는 생각을 완전히 육체의 정욕을 이루는 데 종속시키는 것을 의미한다. 이것은 그들이 자기들 자신을 하나님의 법의 종으로 바치는 것, 속사람이 하나님의 법을 즐거워하는 것, 바울이 이 문맥에서 표현하는 것에 반하는 일들을 허용하지 않고 미워하는 것과 일치되지 않는다.[19]

이 경험적 지식을 갖고 있는 경건한 자는 복음을 놀랍게 이해하고 신령하고 참된 성경적 의미를 파악하게 된다. 왜냐하면 경건한 자는 자신이 읽은 것과 동일한 사실을 자신의 마음속에서 발견하기 때문이다. 경건한 자는 그것을 스스로 느끼기 때문에 그것이 그러한 연유를 알고 있다. 그리고 이로 인해 그는 성경과 다른 경건한 책들을 읽을 때, 다른 일반 서적들을 읽을 때보다 훨씬 더 큰 즐거움을 누린다. 이로 인해 그는 영적인 강론과 책과 설교에서 훨씬 더 큰 즐거움을 누리고 다른 일들에서는 거의 즐거움을 맛보지 못한다. "육신을 따르는 자는 육신의 일을, 영을 따르는 자는 영의 일을 생각하나니"(롬 8:5).[20]

8:5-8 그렇지만 오히려 반대로 성령을 따르거나 성령을 따라 행하면 우리는 반드시 의의 보상으로 생명을 얻을 것이다. 이제 로마서 8:5-8에서 바울은 계속해서 그 이유를 제시한다. 즉 만약 우리가 육신을 따르면 육신의 일을 생각할 것이라고 말한다. 그렇게 되면 우리 영혼의 본성은 육신적이 되고 반드시 우리를 사망으로 끌고 갈 것이다. 왜냐하면 육신의 일을 생각하는 것은 "하나님과 원수"가 되고(롬 8:7), 하나님의 법에 굴복하지 아니할 뿐만 아니라 굴복할 수 없고, 하나님을 기쁘시게 할 수도 없으며, 그러므로 우리를 정죄로 이끌 것이기 때문이다. 그러나 반면에 "영을 따르는 자"(롬 8:5)는 "'타 투 프뉴마토스 프로누신'(τὰ τοῦ πβεύματος φρονοῦσιν) 곧 영의 일을 생각한다." 성령이 그들의 본성의 원리가 된다. 그들의 영혼의 본성은 영적 본성으로 자연스럽게 그리고 반드시 생명에 이바지하고, '토 프로네마 투 프뉴마토스'(τὸ φρόνημα τοῦ πνεύματος) 곧 영의 생각은 "생명과 평안이다"(롬 8:6).[21]

8:6 "우리가 이것을 말하거니와 사람의 지혜가 가르친 말로 아니하고 오직 성령께서 가르치신 것으로 하니 영적인 일은 영적인 것으로 분별하느니라. 육에 속한 사람은 하나님의 성령의 일들을 받지 아니하나니"(고전 2:13-14). 여기서 바울은 영적인 일은 하나님의 영의 일 곧 성령이 가르치시는 일을 의미한다는 것을 명백하게 직접 제시한다. 이 본문의 전체 문맥을 살펴보면 동일한 사실이 더 충분히 드러난다. 로마서 8:6도 보라. "육신의 생각은 사망이요 영의 생각은 생명과 평안이니라."

그리고 여기서 주목되어야 할 사실은, 비록 그것이 하나님의 영이나 하나님의 영의 감화와 관련되어 있기는 해도, 사람과 일들에 "신령한"이라는 말을 붙여 부른다는 것이다. 그러나 신약성경에서 어떤 것이든 하나님의 영의 감화에 종속되어 있다고 해서 모두가 통상적으로 신령한 사람으로 불리는 것은 아니다. 단지 하나님의 영의 통상적인 감화를 받는 자들은 위에서 인용된 본문들에서 그렇게 불리지 않고, 다만 하나님의 영의 특별하고 은혜롭고 구원에 이르는 감화를 받은 자들만이 신령한 사람으로 불린다. 이미 증명된 것처럼 신령한 사람은 자연인, 육에 속한 자, 거룩하지 못한 자와 반대로 경건한 사람을 의미한다. 그리고 로마서 8:6에서 바울이 말하는 영의 생각은 은혜의 생각을 의미한다.[22]

"영은 의로 말미암아 살아 있는 것이니라 예수를 죽은 자 가운데서 살리신 이의 영이"(롬 8:10-11). 이렇게 말할 때 바울은 로마서 8:6에서 "영의 생각은 생명과 평안이니라"고 자신이 말한 것을 염두에 두고 있는 것으로 보인다.

"육신의 생각은 사망이요 영의 생각은 생명과 평안이니라." 바울은 이어지는 9절에서 육신의 생각과 영의 생각이 무엇을 의미하는지 설명하고, 영의 생각은 마음속에 하나님의 영의 내주와 거룩한 감화를 갖고 있음을 의미한다는 것을 보여준다.[23]

8:7 로마서 8:7에 나타나 있는 것처럼 태어날 때부터 갖고 온 그들의 본성 속에는 하나님에 대한 어떤 참된 복종을 일으킬 수 있는 것이 아무것도 없다. 만약 육신 속에 또는 사람의 본성이나 자연적 기질 속에 진실로 도덕적으로 어떤 선한 것이 들어 있다면, 그것은 교정되어야 된다. 그러나 지적한 것처럼 성경은 마치 우리가 육신에 대하여 원수인 것처럼 그리고 육신의 완전한 파멸을 추구한 자인 것처럼 설명한다. 그리고 다른 곳에서 바울은 옛 사람을 교정할 자로 제시하는 것이 아니라 옛 사람을 벗어 버리고 새 사람을 입으라고 명령한다. 사망의 몸을 더 나은 상태로 만들라고 말하지 않고 아예 거기서 벗어나라고 주장한다.[24]

"하나님의 법에 굴복하지 아니할 뿐 아니라." 이것은 "육신의 생각이 사망"(롬 8:6)인 이유를 증명하는 것이다. 왜냐하면 율법은 율법에 굴복하지 않는 자들을 사망으로 정죄하기 때문이다.[25]

8:8 사람들은 자연인 상태에 있는 동안 선한 것을 갖고 있지 못할 뿐만 아니라 로마서 8:8에 나타나 있는 것처럼 어떤 선한 일을 갖고 있거나 행하는 것이 불가능하다.[26]

[9]만일 너희 속에 하나님의 영이 거하시면 너희가 육신에 있지 아니하고 영에 있나니 누구든지 그리스도의 영이 없으면 그리스도의 사람이 아니라

8:9 삼위 하나님의 세 인격들의 순서 및 존재 방식에 합당한 설명은 다음과 같다. 곧 성부는 자존하신다. 성부는 나시거나 나오신 분이 아니다. 그러므로 성부는 구속 사역을 행하시는 것과 관련하여 첫째가 되시고, 첫 번째 명령자와 제공자 등이 되시는 것이 합당하다. 성자는 성부에게서 나신다. 성자는 성부에게서 보내심을 받는 것이 합당하다. 성령은 성부 및 성자에게서 나오신다. 성령은 성부와 성자에게서 나오시고, 따라서 두 분에게 보내심을 받는다. 성령은 "아들의 영"으로 칭함을 받으시므로 "하나님이 자기 아들의 영을 우리 마음 가운데 보내신" 것이 분명하다(갈 4:6). 성령은 "그리스도의 영"으로 불린다(롬 8:9).[27]

그리스도는 자신의 영이 사람들의 마음속에 구원의 힘을 발휘할 때 하늘에서 임하신다. 택함 받은 자의 마음을 성결하게 하고 위로하시는 성령은 그리스도의 영이다.……그리스도는 직접 자신의 영이 사람들의 마음속에 거하도록 역사하신다.[28]

우리는 성령의 열매로 우리가 그리스도의 영을 소유하고 있다는 것을 알게 되고, 그러므로 그리스도의 영의 이런 열매를 갖고 있지 못한 자는 그 영을 소유하고 있지 않다고 충분히 주장할 수 있다. 그러나 성경은 그

리스도의 영을 갖고 있지 못한 자는 결코 그리스도의 사람이 아니라고 분
명히 말한다. "누구든지 그리스도의 영이 없으면 그리스도의 사람이 아니
라"(롬 8:9). 만일 그리스도의 사람이 아니라면, 확실히 그들은 구원받은
상태에 있지 않다.[29]

자연인 곧 회심하지 못해 구원을 받지 못한 자는 은혜로운 모든 행위
가 흘러나오는 원리인 하나님의 영 또는 그리스도의 영을 전혀 갖고 있지
못하다. 증명되는 것처럼 성경은 그리스도의 영이 없는 자는 그리스도의
사람이 아니라는 것(롬 8:9)과 그리스도의 영이 있는 자는 그리스도의 사
람이라는 것을 함께 천명하기 때문이다.[30]

[10]또 그리스도께서 너희 안에 계시면 몸은 죄로 말미암아 죽은 것이나 영은 의로
말미암아 살아 있는 것이니라 [11]예수를 죽은 자 가운데서 살리신 이의 영이 너희
안에 거하시면 그리스도 예수를 죽은 자 가운데서 살리신 이가 너희 안에 거하시
는 그의 영으로 말미암아 너희 죽을 몸도 살리시리라

8:10 따라서 사람들은 자기들 안에 내주하시는 하나님의 영을 갖고 있
기 때문에 신령한 사람으로 불릴 뿐만 아니라 성령이 그들 속에서 일으키
시는 자격, 감정, 경험들 역시 신령한 일로 불린다. 그리고 이 신령한 일은
자연인이 자연적 상태에 머물러 있을 때 가질 수 있는 모든 것 그리고 사
람들이나 마귀들이 저자가 되어 만들어 낼 수 있는 모든 것과는 본질과
종류가 완전히 다르다. 성도들 안에서 일어나는 사역은 고결한 영적 사역
이고, 그러므로 다른 모든 사역보다 하나님의 영의 일로 특별히 귀속된
다. 이보다 고상하고 훌륭한 사역은 없다. 왜냐하면 하나님이 친히 그토
록 크게 소통을 행하시고, 단순한 피조물이 그토록 높은 차원에서 하나님
께 참여하는 사역은 없기 때문이다. 따라서 성경을 보면 성도들이 다음과
같은 존재로 묘사된다. "신성한 성품에 참여하는 자"(벧후 1:4), 하나님이

거하시고 하나님 안에 있는 자(요일 3:21, 4:12, 15-16), 그리스도가 계시는 자(요 17:21, 롬 8:10), 살아 계신 하나님의 성전(고후 6:16), 그리스도의 생명으로 사는 자(갈 2:20), 하나님의 거룩하심에 참여하는 자(히 12:10), 그리스도의 사랑이 거하는 자(요 17:26), 그리스도의 기쁨을 충만히 가진 자(요 17:13), 하나님의 빛에 따라 빛을 보는 자, 하나님의 복락의 강물을 마시도록 되어 있는 자(시 36:8-9), 하나님과 교제하는 자 또는 하나님과 친교와 사귐을 갖는 자(요일 1:3에 이 말의 의미가 나타나 있는 것처럼).[31]

그러나 우리 자신에 대하여 죽는 것은 오직 우리 자신을 즐겁게 하는 일을 추구하고, 무엇보다 우리의 미래 상태에 대한 성찰이 없이 눈앞의 쾌락에만 집착하게 만드는 거짓되고 무절제하고 불규칙하고 잘못된 자기 사랑을 죽이는 것을 의미한다. 따라서 우리 자신을 즐겁게 하고 방자하게 행하는 이 강력한 성향을 우리 안에서 죽여야 한다. 우리는 이 성향에 대하여 죽어야 한다. 곧 우리는 죄 죽이기와 깊은 겸손 그리고 우리 자신에 대한 낮고 겸허한 생각을 통해 우리의 정욕과 우리 본성적 부패에 대하여 죽어야 한다. 이렇게 우리 자신에 대하여 죽는 것을 하나님의 말씀은 매우 자주 언급한다.

"자기 목숨을 얻는 자는 잃을 것이요 나를 위하여 자기 목숨을 잃는 자는 얻으리라"(마 10:39). "무릇 내게 오는 자가 자기 부모와 처자와 형제와 자매와 더욱이 자기 목숨까지 미워하지 아니하면 능히 내 제자가 되지 못하고"(눅 14:26). "또 그리스도께서 너희 안에 계시면 몸은 죄로 말미암아 죽은 것이나 영은 의로 말미암아 살아 있는 것이니라"(롬 8:10).[32]

여기서 바울은 매우 자주 성도들의 마음속에 있는 이 거룩한 원리를 "영"이라는 이름으로 부를 때 이 말이 무슨 뜻인지를 충분히 설명한다. 바울은 이 말을 성도들 안에 내주하며 행하시는 하나님의 영 자체를 가리키는 의미로 사용한다. 바울은 이 말을 로마서 8:9에서는 하나님의 영으

로 부르고, 로마서 8:10에서는 그리스도의 영으로 부른다.[33]

동일한 생명 곧 동일한 영이 그리스도를 살리셨고, 또 우리를 살리신다(롬 8:10). 만일 우리가 진실로 살아났다면, 그리스도를 살리신 동일한 생명과 함께 살 것이다.[34]

그리스도는 두 가지 면에서 죄를 정죄하셨다. 즉 자신의 속죄를 통하여 죄의 죄책을 폐지시키심으로써 그리고 율법의 의를 실제로 이루심으로써 육신 안에 있는 죄를 정죄하셨다. 그리고 그리스도께서 이렇게 하신 것은 "육신을 따르지 않고 그 영을 따라 행하는 우리에게 율법의 요구가 이루어지게 하려 하심이었다." 따라서 율법의 의가 우리 안에서 이루어지는 것은 다음 두 가지가 공동으로 또는 하나씩 작용하기 때문으로 보인다. 즉 그리스도께서 육신 안에 있는 죄를 정죄하시는 것 또는 그리스도의 만족과 의 그리고 우리가 성령을 소유하고 성령을 따라 행하는 것이 작용하기 때문이다. 여기서 우리가 성령을 소유하고 성령을 따라 행하는 것은 다음과 같이 여러 가지 방법이 있다. 첫째, 그리스도는 육신 안에 있는 죄를 정죄하심으로써 우리가 성령을 소유하는 길을 준비하셨다. 그리스도는 우리를 위하여 성령을 취득하셨다. 둘째, 우리 안에서 성령은 우리를 그리스도와 연합시키신다. 왜냐하면 우리 안에 거하시는 그리스도의 영으로 말미암아 우리는 우리 안에 그리스도를 소유하고(롬 8:10), 그 결과 우리는 그리스도의 의도 소유하며, 그리스도의 의는 율법의 의를 우리의 것으로 만들기 때문이다. 그러므로 율법의 의가 우리 안에서 이루어진다. 셋째, 우리 안에 그리스도의 영을 소유함으로써 우리는 그리스도와 연합하고 그리스도의 본성에 참여하게 된다.

"몸은……죽은 것이나." 즉 몸은 죽을 것이다. 몸은 죄로 말미암아 죽을 수밖에 없다. 그러나 그리스도께서 너희 안에 계시면 영은 죽지 않고 영원히 살 것이다.[35]

8:11 그의 어머니의 태에서 그리스도를 낳으신 동일한 영이 그분을 무덤 속에서 일으키셨다(어머니의 태는 시편 139:15에서 땅의 깊은 곳과 비유되고, 그리스도의 부활이 요한계시록 1:5에서 그분이 나신 것으로 표현된다). 그리고 의심할 것 없이 이 두 낳음은 동일한 영을 통해서 일어났다. 그러므로 그로 말미암아 그리스도가 일으키심을 받은 것으로 전해지는 영은 의심할 것 없이 성령이셨고, 일반적으로 추정되는 것처럼 신적 로고스가 아니었다. 로마서 8:11에서 그리스도를 죽은 자 가운데서 일으키신 분의 영이 신자들 안에 거한다는 것이 그들이 죽은 자 가운데서 일으킴을 받는 이유로 제시된다. 신자들 안에는 죽지 아니하고 살려 주시는 영이 내주하고 계신다. 하나님이 그들의 죽을 몸을 그들 안에 거하시는 그의 영으로 말미암아 살리실 것이라고 말한다. 그리고 의심할 것 없이 하나님은 동일한 영으로 그리스도도 살리셨다. 그리고 이것이 또한 그리스도께서 부활하신 이유였고, 무덤 속에 묻혀 있는 것이 불가능한 이유였다. 그것 때문에 하나님의 영은 이런 식으로, 곧 그리스도와 신격 사이의 인격적 연합을 일으키기 위하여 그리스도의 인성 속에 거하셨다.[36]

[12]그러므로 형제들아 우리가 빚진 자로되 육신에게 져서 육신대로 살 것이 아니니라 [13]너희가 육신대로 살면 반드시 죽을 것이로되 영으로써 몸의 행실을 죽이면 살리니

8:12-13 바울은 로마서 8:15-16에서 하나님의 영의 증언에 대하여 말할 때, 주로 그리고 매우 직접적으로 이 사랑의 효과적인 역사를 그리스도인들이 시련 속에서 자기를 부인하는 역사와 관련시킨다. 이것은 거기서 내용을 소개하는 바울의 방식에 의하여 드러나고, 이 내용은 로마서 8:12-13에서 확인된다. "그러므로 형제들아, 우리가 빚진 자로되 육신에게 져서 육신대로 살 것이 아니니라. 너희가 육신대로 살면 반드시 죽

을 것이로되 영으로써 몸의 행실을 죽이면 살리니." 그리고 이것은 로마
서 8:17-18에서 다음과 같이 곧바로 이어지는 내용에 의해서도 드러난
다. "자녀이면 또한 상속자 곧 하나님의 상속자요 그리스도와 함께한 상
속자니 우리가 그와 함께 영광을 받기 위하여 고난도 함께 받아야 할 것
이니라. 생각하건대 현재의 고난은 장차 우리에게 나타날 영광과 비교할
수 없도다." 바울이 여기서 소망의 최고의 근거로 말하는 이 사랑의 역사
곧 양자의 영은 그리스도인들이 하나님을 위하여 환난을 겪을 때 경험하
는 하나님의 사랑의 역사와 다른 것이 아니다.[37]

8:13 따라서 우리는 사도 바울이 이것을 크게 강조하는 이유를 배울 수
있다. 바울은 만약 어떤 사람이 하나님 나라에 속해 있다고 주장하고 하
나님의 계명을 지키지 않았다면, 그것은 헛된 말에 불과하다는 것을 편지
의 수신자들에게 넌지시 가르쳐 준다. "너희도 정녕 이것을 알거니와 음
행하는 자나 더러운 자나 탐하는 자 곧 우상 숭배자는 다 그리스도와 하
나님의 나라에서 기업을 얻지 못하리니 누구든지 헛된 말로 너희를 속이
지 못하게 하라"(엡 5:5-6). "스스로 속이지 말라"(갈 6:7). "불의한 자가 하
나님의 나라를 유업으로 받지 못할 줄을 알지 못하느냐. 미혹을 받지 말
라. 음행하는 자나 우상 숭배하는 자나 간음하는 자나 탐색하는 자나 남
색하는 자나 도적이나 탐욕을 부리는 자나 술 취하는 자나 모욕하는 자나
속여 빼앗는 자들은 하나님의 나라를 유업으로 받지 못하리라"(고전 6:9-
10). 그리고 바울은 "그리스도 예수의 사람들은 육체와 함께 그 정욕과 탐
심을 십자가에 못 박은" 자라고 우리에게 말한다(갈 5:24). 또 바울은 육
신대로 살면 반드시 죽을 것이라고 우리에게 말한다(롬 8:13). 그리고 이
는 이것이 그토록 강조되어야할 이유를 가르쳐 준다. 특히 야고보 사도는
우리가 종종 읽고 말씀으로 듣는 야고보서에서 이를 강조한다. 여기서 나

는 구체적인 야고보서의 장절을 언급하진 않겠다. 사도 요한도 자신의 서신들에서 지금 여기에서 언급하기에는 너무 많은 구절들을 통해 차고 넘칠 정도로 이를 강조한다.[38]

우리는 육욕적이고 육신적인 정욕을 죽여야 한다. "만일 네 오른 눈이 너로 실족하게 하거든 빼어 내버리라. 네 백체 중 하나가 없어지고 온몸이 지옥에 던져지지 않는 것이 유익하며"(마 5:29). "너희가 육신대로 살면 반드시 죽을 것이로되 영으로써 몸의 행실을 죽이면 살리니"(롬 8:13).[39]

옛 사람은 정죄받고 죽임을 당하지만 새 사람은 하나님에 대하여 산다. 이것은 사도 바울이 "너희가 육신대로 살면" 곧 육신을 따라 살면 "반드시 죽을 것이로되 영으로써 몸의 행실을 죽이면 살리니"(롬 8:13)라고 말하는 것과 같다. 여기서 "대로"(according to)라는 말은 에베소서 4:22과 4:24에 나오는 "따라"라는 말과 같은 의미로 사용된다. 이 구절은 베드로전서 4:1-4과 연관되어 있다. 이 베드로전서 본문은 우리가 육체를 따를 때 육체에 대하여 죽는 것과 영적으로 하나님에 대하여 사는 것을 언급하는데, 이 구절은 베드로전서 3장, 특히 18-20절에서 말하는 것과도 관련되어 있다. 이 베드로전서 본문을 보면 옛날에 홍수가 있기 전에 옛 세상에 복음을 전하는 것을 여기서 지금 사람들에게 복음을 전하는 것과 평행을 이루고 있는 사례로 제시한다. 왜냐하면 그때 홍수로 옛 세상의 종말이 임했던 것처럼 지금도 다음 구절 곧 베드로전서 4:7과 이전 구절 곧 4:5에서와 같이, "만물의 마지막이 가까이 왔기" 때문이다.[40]

[14]무릇 하나님의 영으로 인도함을 받는 사람은 곧 하나님의 아들이라 [15]너희는 다시 무서워하는 종의 영을 받지 아니하고 양자의 영을 받았으므로 우리가 아빠 아버지라고 부르짖느니라

8:14 선지서 다른 곳들을 보면 영에 대한 중대한 약속이 이따금 하나님

의 백성인 이스라엘에게 또는 이스라엘과 아브라함의 후손에게 주어진
다. 그리므로 로마서 8:14에서 말하는 것처럼 바울은 영을 받는 것을 "하
나님의 아들"이 되는 것, 곧 "아브라함의 후손"이 되는 것의 한 증거로 제
시한다.[41]

　앞에서 말한 바와 같이, 사람들이 하나님의 뜻으로 자기들의 지성에 직
접 제시되었다는 것을 이유로 어떤 외적 행동이나 행위들을 자기들의 의
무로 알고 있는 것은 확실히 신령한 지식이 아니다. 만약 우리가 직접적
인 내적 암시들을 통해 자기 백성들에게 직통으로 자신의 뜻을 알리시는
것이 진실로 하나님의 방법이라고 가정한다면, 이런 암시들은 신령한 빛
의 본질과 아무 관계가 없다. 이런 종류의 지식은 단순히 교리적인 지식
의 한 종류에 불과할 것이다. 하나님의 뜻의 진술은 하나님의 본성 또는
하나님의 사역에 대한 진술처럼 당연히 신앙적 교리로 작용한다. 그리고
말이나 내적 암시를 통해 사람에게 선언된 이런 종류의 진술이나 어떤 다
른 진술은 영혼에게 제공된 신적 사실들이 갖고 있는 거룩한 특징과는 크
게 다르다. 이 후자의 지식이 가장 본질적으로 신령한 지식을 구성한다.
따라서 발람 안에는 신령한 빛이 없었다. 그러나 발람은 어떻게 해야 할
지에 대하여 그리고 무엇을 하고 말할지에 대하여 수시로 하나님의 영으
로 말미암아 직접 주어진 하나님의 뜻을 갖고 있었다. 그러므로 이런 식
으로 인도를 받고 지시를 받는 것은 하나님의 자녀의 구별된 표지 가운데
하나로 성도들에게만 주어지는 거룩하고 신령한 하나님의 영의 인도가 아
니다. 하나님의 자녀에게는 다음과 같이 말한다. "무릇 하나님의 영으로
인도함을 받는 사람은 곧 하나님의 아들이라"(롬 8:14). "너희가 만일 성
령의 인도하시는 바가 되면 율법 아래에 있지 아니하리라"(갈 5:18).[42]

　어떤 이들은 하나님의 자녀는 하나님의 영의 인도함을 받는 자라고 말
하는 성경 본문들을 이런 식으로 충동을 통해 인도함을 받는 것을 옹호하

는 본문으로 간주했다. 이런 본문으로는 특히 다음과 같은 것들이 있다. "무릇 하나님의 영으로 인도함을 받는 사람은 곧 하나님의 아들이라"(롬 8:14). "너희가 만일 성령의 인도하시는 바가 되면 율법 아래에 있지 아니하리라"(갈 5:18). 그러나 이 본문들은 자체로 그런 주장을 하는 자들을 오히려 논박한다. 왜냐하면 바울이 말하는 영의 인도함은 은혜로운 인도함 곧 하나님의 자녀에게만 특유한 인도함으로, 자연인은 가질 수 없는 것이기 때문이다. 또 바울은 이 인도함을 그들이 율법 아래 있지 않고 하나님의 아들이라는 것을 보여주는 확실한 증거로 말하기 때문이다. 그러나 그가 어디로 가야 할지 또는 이후에 어떤 일이 일어날지 또는 요즘에 어떤 일이 있다면 이런 일의 미래의 결과가 어떻게 될지를 그에게 직접 계시함으로써 사람을 인도하거나 지시하는 것은 하나님의 자녀에게만 특유한 하나님의 영의 은혜로운 인도함의 본질에 속하는 것이 아니다. 그것은 단순히 일반 은사에 불과하다. 그 안에는 자연인이 가질 수 있는 것 외에 다른 것은 전혀 없었고, 그 가운데 많은 것이 성령의 일반 감화로 주어진 것이었다. 어떤 사람은 하나님의 영으로 이런 계시와 지시를 천 개나 가질 수 있지만 그의 마음속에 은혜는 조금도 갖고 있지 않다. 그것은 이후로 일어나고 일어나야 할 일을 직접 계시하는 예언의 은사에 불과하다. 그러나 바울이 고린도전서 13:2, 8에서 분명히 보여주는 것처럼 이것은 정말 일반 은사일 따름이다. 만약 어떤 사람이 하나님이 자기에게 계시하신 어떤 사실을 갖고 있거나 하늘에서 음성으로 어떤 사실을 지시받거나 그의 마음속에 직접 암시되고 심겨지는 어떤 속삭임이나 말로 어떤 사실을 지시받는다면, 그 안에 은혜의 성격에 속하는 것은 아무것도 없다. 그것은 영의 일반 감화의 성격을 갖고 있는 것에 불과하고, 성도들이 갖고 있는 은혜로운 영의 인도함의 순수함과 비교하면 찌꺼기와 배설물에 지나지 않는다. 어디로 가야 할지, 어떻게 해야 할지를 지시받는 이런 방법은 발람이 하나님에게서 수시로 어떻게 해야 할지, 언제 해야 할지 그리고 다음에 무엇을 해야 할지를 지시받은 것과 다를 것이 없다. 그때 발람은 상당히 오랫동안 이런 식으로 영의 인도를 받았다(민 22장).[43]

바울은 성령을, 성도들 속에 내주하시는 "예수를 죽은 자 가운데서 살리신 이의 영"(롬 8:11)으로 부르고, 로마서 8:14에서는 하나님의 영으로 부른다.[44]

선지서 다른 곳들을 보면, 영에 대한 중대한 약속이 이따금 하나님의 백성인 이스라엘에게 또는 이스라엘과 아브라함의 후손에게 주어진다. 그러므로 로마서 8:14에서 말하는 것처럼 바울은 영을 받는 것을 "하나님의 아들"이 되는 것, 곧 "아브라함의 후손"이 되는 것의 한 증거로 제시한다.[45]

8:15 바울은 로마서 8:15-17에서 성령의 증언에 대하여 말할 때 그것을 그리스도인들이 하나님에 대한 사랑을 보여줄 때, 또 박해를 겪을 때 경험한 것과 직접 관련시켜 말한다. 문맥을 보면 그것이 분명하다. 이전 구절들에서 바울은 고난 속에 있는 로마 지역의 그리스도인들에게 그들의 몸은 죄로 말미암아 죽지만 다시 살아나게 될 것이라고 격려하고 있다.

"아빠 아버지"라고 부르짖는 것(롬 8:15)은 주님을 자기 아버지로 믿는 믿음이고, 이처럼 사람이 자신의 선한 지위를 확신할 수 있는 것은 믿음과 분리시킬 수 없는, 아니 오히려 믿음을 둘러싸고 있는 것이 틀림없다. 나는 내가 언급한 이 말이 "믿음과 사람—자기들이 믿음을 갖고 있다고 믿는—은 동일한 것이 아니다"라고 여러분이 말하는 것과 매우 일치된다고 생각한다. 왜냐하면 사람이 자신이 믿음을 갖고 있다고 믿는 것은 신적 증언(곧 하나님의 말씀)을 대상으로 갖고 있는 것이 아니라 단순히 그리고 다만 그 사람의 내면 구조 또는 그의 영의 활동과 행사를 대상으로 갖고 있기 때문이다. 이것은 신적 믿음이 아니다. 그러나 내가 문제를 제기한 것처럼 사람이 자신의 선한 지위를 확신하는 것은 궁극적으로 하나님의 말씀에 기초를 두고 있다(히 13:5 등). 그렇지만 궁극적으로 이것은 최소한 믿음을 행사하는 한 방법 또는 믿음을 행사하는 한 가지 사례다.

그렇지만 "여호와의 말씀이니라. 배역한 자식들아 돌아오라. 나는 너희 남편임이라. 내가 너희를 성읍에서 하나와 족속 중에서 둘을 택하여 너희를 시온으로 데려오겠고"(렘 3:14)라고 말한다. 확실히 히브리어 본문에서 "나는 너희 남편임이라"는 과거완료 시제다. 그러나 여러분도 알다시피 예언 언어에서 과거완료 시제는 매우 통상적으로 미래를 가리킨다. 그렇지만 다음 구절에서 이렇게 말한다. "내가 말하기를, 내가 어떻게 하든지 너를 자녀들 중에 두며……내가 다시 말하기를 너희가 나를 나의 아버지라 하고"(렘 3:19). 나는 여기서 "나의 아버지라"는 표현과 로마서 8:15의 표현이 신앙의 언어라고 보는데, 두 가지 면에서 그렇다. 첫째, 그 것은 살아 있는 믿음의 직접적 결과로 주어지는 영혼의 언어다. 나는 신앙의 활력적인 행사는 자연스럽게 직접적 결과로서 자신의 선한 지위에 대한 만족을 가져온다고 본다.[46]

모든 은혜로운 소망은 믿음에서 나오는 것이고, 소망은 신앙 행위를 자극하고 이끌어 낸다. 또 사랑도 소망을 자극한다. 사랑의 영은 자녀의 영(또는 양자의 영)이기 때문이다. 사람이 자기 안에서 이 자녀의 영을 강하게 느낄수록 그만큼 더 자연스럽게 그것은 그가 하나님을 바라보고 자기 아버지인 하나님께로 나아가도록 만들 것이다. 이 자녀의 영은 종의 영 곧 무서워하는 영을 퇴치시킨다. "너희는 다시 무서워하는 종의 영을 받지 아니하고 양자의 영을 받았으므로 우리가 아빠 아버지라고 부르짖느니라"(롬 8:15). 사도 요한은 온전한 사랑이 두려움을 내쫓는다고 말한다. "사랑 안에 두려움이 없고 온전한 사랑이 두려움을 내쫓나니"(요일

4:18).[47]

로마서 7:4-6에서 바울은 신자들을 이전에는 육신 속에 있었고 율법 아래에 있었지만 지금은 율법에서 해방되고 율법에 대하여 죽은 자라고 말한다. 로마서 8:15과 이후 구절들에서 바울은 신자들에게 그들이 "양자의 영"을 받았다고 말하고, 그들을 "하나님의 자녀 곧 하나님의 상속자"라는 성령의 증언을 갖고 있는 자로 언급한다.

따라서 초대 기독교 교회의 교인들이 자기들이 실제로 경건한 사람이자 영생의 상속자라는 것과 같은 관념 아래 있음을 인정받지 못하고, 또 그들에게 나타나는 이런 성품을 조금도 존중받지 못한 것이 사실이라면, 이런 일들은 얼마나 이상한 일이 되고 말까! 그리고 그들이 자기들 자신에 대하여 이런 관념을 갖고 있지 않았더라면, 아무런 가식 없이 이 교회들에 참여한 것도 마찬가지로 이상한 일이 되고 말았을 것이다! 그러나 사도들이 그들의 서신에서 말하는 많은 사실들로 보면, 초대 기독교 교회 교인들은 자기들 자신에 대하여, 자기들의 사도들과 마찬가지로 이런 관념을 갖고 있었던 것이 매우 분명하다. 따라서 로마서 8:15-16에서 바울은 그들이 "양자의 영을 받은" 것에 대하여 말한다. 곧 그들이 그들의 영과 더불어 그들이 "하나님의 자녀"인 것을 증언하시는 하나님의 영을 받았다고 말한다.[48]

로마서 8:15은 너희는 속박에 대한 두려움을 일으키는 종과 노예의 영을 갖고 있지 않고 자녀의 영을 갖고 있으므로 무서워하지 말고, 거룩한 담대함을 갖고 하나님께 기꺼이 나아가는 자녀로서 "아빠 아버지"라고 부르짖으라는 뜻이다. 여기서 말하는 영은 각기 다르다. 곧 한 영은 하나님의 영이고, 다른 영은 하나님의 영이 아니다.

자녀의 영 또는 아들의 영 또는 양자의 영은 성도들의 마음을 지배하기만 하면, 그들에게서 두려움이나 율법적 원리나 무서워하는 영을 배제하고 제외시킨다. "온전한 사랑이 두려움을 내쫓나니"(요일 4:18). 자녀의 영은, 우리가 갈라디아서 4:30에서 읽은 것과 같이, 사라와 이삭이 여종과 그 아들을 내쫓은 것처럼 두려움을 내쫓는다. 자녀의 영은 갈라디아서 4:6에서 "아빠 아버지"라 부르는 것처럼 그리스도인들 안에서 사랑의 원리 곧 어린아이와 같은 확신과 소망의 원리로 작용한다. 자녀의 영은 그들에게 그들이 하나님의 자녀라는 것을 증명하고, 그들 속에 율법적 원리를 무력화시킬 수 있는 신뢰와 확신을 낳는다. "너희는 다시 무서워하는 종의 영을 받지 아니하고……우리가 하나님의 자녀인 것을 증언하시나니"(롬 8:15-16).[49]

성령 곧 양자의 영의 이 증언은, 무서워하는 영 곧 두려움의 영과는 반대로, 어린아이와 같은 영인 사랑의 영을 실천할 때 경험하는 것이 틀림없다. 그러나 그리스도의 명령을 지키는 것은 주로 마음속에서 은혜를 실천하는 것에 있다는 것과 이런 종류의 사랑의 실천 곧 양자의 영의 사랑에 대한 이런 실천적 역사와 효과적인 행사는 사랑의 역사 가운데 가장 고상하고 본질적이고 두드러진 역사라는 것은 이미 지적되었다. 그러므로 그들 속에서 사랑의 영의 이 증언과 보증과 증거는 매우 명확하고 가장 충분하게 주어진다. 그리고 바울은 로마서 8:15-16에서 하나님의 영의 증언에 대하여 말할 때, 주로 그리고 매우 직접적으로 이런 사랑의 효과적인 역사를 그리스도인들이 시련 속에 있을 때 자기를 부인하는 역사로 간주한다.[50]

"자원하는 심령[spirit]을 주사 나를 붙드소서"(시 51:12). 이 영은 신약 성경에서 "양자의 영"으로 불리고 "종의 영"과 대립된다(롬 8:15). 다윗은 죄를 범하고 종의 영 아래에 들어갔다.

"너희는 다시 무서워하는 종의 영을 받지 아니하고." 즉 너희가 지금 아래에 있는 제도는 두려움으로 이끄는 모세의 제도와 같은 것이 아니다.

우리는 우리 자신 속에 하나님을 향한 자녀다운 영, 곧 양자의 영이 있음을 의식하고 있고, 이 영은 자연스럽게 우리가 기꺼이 우리 아버지인 하나님께 나아가도록 이끌며, 하나님을 위하여 행동하도록 만든다. 우리가 느끼고, 우리 자신의 영 또는 의식이 증언하는 이 자녀의 영을 통해 우리는 자연스럽게 우리 자신을 하나님의 자녀라고 결론짓게 된다. 양자의 영은 자연스럽게 아빠 아버지라고 부르짖고 하나님을 아버지로 부른다(롬 8:15).

고린도후서 3:17-18을 보면 "주는 영이시니 주의 영이 계신 곳에는 자유가 있다." 왜냐하면 주는 하나님의 아들이시고, 따라서 "주의 영"이 있는 자들은 자녀의 영, 곧 자원하는 영, "양자의 영"을 갖고 있으며, 이 영은 "종의 영"과 반대되기 때문이다(롬 8:15). 만약 하나님의 아들이 자신의 영을 우리에게 주신다면 우리는 확실히 자원하는 영을 갖게 될 것이다. 그렇게 하나님의 아들은 자유롭게 할 자들을 확실히 자유롭게 하실 것이다.

그리스도는 자신의 죽음으로 죄인들의 죄책을 제거하고, 적절하고 온전한 속죄와 죄에 대한 충분한 배상을 치르신 것을 세상에 선포하셨다. 이것은 옛날 율법 제도가 교회에서 유지되는 것이 더 이상 적합하지 않거나 충분하지 않다는 것을 의미한다. 그래서 더 큰 자유의 제도가 율법 제도를 계승하는 것이 합당했다. 하나님이 자신의 교회에게 주신 율법제도의 토대에는 확실한 속죄 방법이 아주 알 수 없도록 감추어져 있거나, 아주 희미하게 계시되어 있었다. 그래서 그들은 종의 멍에를 지고 있을 수밖에 없었다. 그래서 종과 다를 바 없는 적은 무리의 교회는 지도와 다스림을 받았다. 그리고 그들이 받은 것은 무서워하는 종의 영이었다(롬 8:15). 그들의 속죄 제사와 율법적 정결 의식은 죄책 의식을 새롭게 하고 지속시켰다. 그러므로 모든 사람이 넘겨졌다. 물론 그리스도께서 십자가에 못 박혀 죽으셨을 때 큰 속죄 제사와 죄책에 대한 온전한 속죄가 계시되었다. 의식법의 목적은 모든 사람이 자기를 정죄하는 자리에 설 수 있도록 하고, 이후에 계시되도록 되어 있는 은혜에 대해 마음이 닫히도록 하는 데 있었다. 따라서 그리스도는 "우리를 거스르고 불리하게 하는 법 조문으로 쓴 증서를 지우시고 제하여 버리사 십자가에 못 박으셨다"(골 2:14).[51]

반 마스트리히트(van Mastricht)는 실제 믿음과 회개를 준비하는 세 가지 사실이 있다고 가정한다. 첫째, 깊은 회한. 이것은 바울이 "무서워하는 종의 영"으로 부르는 것이고, 시편 기자가 죄를 뉘우치는 마음에 대하여 말할 때 그리고 그리스도께서 수고하고 무거운 짐 진 자들에 대하여 말씀하실 때 의미하는 것이다. 따라서 이것은 죄인이 자신의 죄의 불결함과 하나님의 분노와 형벌에 대한 두려움에 대하여 갖는 의식과, 이 의식에 동반된 큰 근심 및 슬픔과 하나님과 사람 앞에서 갖는 죄에 대한 고백과 자신에 대한 분개를 갖는 것이다. 둘째, 겸비(낮아짐). 깊은 회한을 가진 사람은 겸비를 통해 자신의 죄와 자신이 위험 속에 있는 데서 나오는 비참에 대한 생각을 갖고, 그 결과 자신의 눈에 자기를 비천하고 절망적인 존재로 보며, 자신을 정죄하고 자신이 마땅히 영원한 파멸을 겪게 될 것을 인정하고, 수치심으로 충만하며, 자신은 어떤 자비에도 절대로 무가치하다는 사실을 인정한다. 셋째, 구원에 대한 절망. 이 절망으로 사람은 자신이 자신의 구원을 위하여 지불할 것이 아무것도 없다는 것을 의식하고, 영적으로 가난하게 되며, 우리 자신의 구원을 위하여 아무것도 할 수 없다는 것을 깨닫게 된다.[52]

[16]성령이 친히 우리의 영과 더불어 우리가 하나님의 자녀인 것을 증언하시나니

8:16 성도들은 우주 통치의 주인으로서, 큰 권력자이신 예수 그리스도의 보석이다. 이 보석 위에는 그리스도의 옥쇄이신 성령으로 말미암아 그분의 형상이 새겨져 있다. 그리고 이것은 의심할 것 없이 성경이 성령의 보증이라는 말을 사용할 때 가리키는 의미다. 성령으로 말미암아 그리스도의 형상은 특별히 양심의 눈에 분명히 드러나도록 매우 명확하고 더 분명하게 새겨진다. 이 양심은 성경이 우리의 영으로 부르는 것이다(롬 8:16).

확실히 바울은 로마서 8:16에서 성령이 우리의 영과 더불어 증언하는 것에 대하여 말할 때, 우리가 하나님의 자녀라는 것을 자신의 말을 주목하기만 하면 알 수 있도록 충분히 설명한다. 여기서 표현되는 것은 이전 두 구절과 관련되어 있다. 왜냐하면 독자라면 누구나 확인할 수 있는 것처럼 이 표현은 바울이 거기서 말한 것에서 나왔기 때문이다. 이 세 구절(롬 8:14-16)을 함께 묶으면 다음과 같다. "무릇 하나님의 영으로 인도함을 받는 사람은 곧 하나님의 아들이라. 너희는 다시 무서워하는 종의 영을 받지 아니하고 양자의 영을 받았으므로 우리가 아빠 아버지라고 부르짖느니라. 성령이 친히 우리의 영과 더불어 우리가 하나님의 자녀인 것을 증언하시나니." 본문을 종합하면 바울이 말하는 것이 무엇인지 분명히 드러난다. 말하자면 성령이 우리가 하나님의 자녀라는 것을 우리에게 증언하거나 증명하는 것에 대하여 말할 때 바울이 염두에 두고 있는 것은, 성령이 양자의 영 또는 자녀의 영으로서 우리 안에 거하시고, 우리를 인도하고, 우리가 육체의 아버지에게 하는 대로 하나님께 행하도록 우리를 이끄시는 것에 있다는 것이다. 우리가 자녀라는 것, 우리가 자녀의 영 또는 양자의 영을 갖고 있다는 것, 이것이 바울이 말하는 증언 또는 증명이다. 그리고 양자의 영은 사랑의 영 말고 무엇이겠는가?

그렇지만 바울은 "성령이 친히 우리의 영과 더불어 우리가 하나님의 자녀인 것을 증언하시나니"(롬 8:16)라고 말한다. 여기서 "우리의 영"은 우리의 양심을 의미하고, 이것은 사람의 영으로 불린다. "사람의 영혼은 여호와의 등불이라. 사람의 깊은 속을 살피느니라"(잠 20:27). 우리는 다른 곳에서 우리 자신의 영의 증언을 본다. "우리 양심이 증언하는 바니 이 것이 우리의 자랑이라"(고후 1:12). "이로써 우리가 진리에 속한 줄을 알고 또 우리 마음을 주 앞에서 굳세게 하리니, 이는 우리 마음이 혹 우리를 책망할 일이 있어도 하나님은 우리 마음보다 크시고 모든 것을 아시기 때문이라. 사랑하는 자들아, 만일 우리 마음이 우리를 책망할 것이 없으면 하나님 앞에서 담대함을 얻고"(요일 3:19-21). 사도 바울은 우리의 영과 더불어 증언하는 하나님의 영에 대하여 말할 때, 이 두 영을 분리되고 평행적이고 독립적인 두 증인으로 이해하지 않는다. 그러나 우리는 한 영을 통해 다른 영의 증언을 받는다. 곧 하나님의 영은 자녀의 영으로서 신자의 마음속에 하나님의 사랑을 널리 주입하고 홀리심으로써 증언을 제공하신다. 그리고 우리의 영 곧 우리의 양심은 이 증언을 우리의 즐거움으로 받고 선언한다.[53]

만일 하나님이 죄인들을 정죄 상태에 두시고 그들을 미움과 진노의 대상으로 보신다면, 그들이 하나님의 영을 갖는 것은 완전히 불합리할 것이다. 죄인인 어떤 사람이 마음의 거룩하고 부드럽고 겸손한 기질과 움직임을 조금이라도 갖고 있다는 것은 완전히 부적합하고 조화롭지 못하다. 하나님의 철저한 불쾌감과 혐오감의 대상으로 존재하는 동안 그가 신적 본성에 참여한다는 것은 어불성설이다. 그러므로 어떤 사람이 경건한 태도와 행실 속에서 하나님의 영을 느낄 때, 하나님이 자기를 원수로 대하시지 않고, 자신이 하나님과 우호적인 상태 속에 있다고 확신하기 마련이다. 왜냐하면 그는 이런 움직임을 느낄 때 그것이 무엇인지 알고 있고, 만약 하나님이 자신을 인정하지 않았다면 그것을 주셔서 자신이 그것을 갖고 있는 것이 완전히 불합리하다는 것을 깨닫고 있기 때문이다. 이것이 우리가 성경에서 읽는 성령의 인(印)과 보증이다. 이것이 받은 자밖에는 알 사람이 아무도 없는 흰 돌과 새 이름이다(계 2:17). 따라서 하나님의 영은 우리의 영과 더불어 우리가 하나님의 자녀인 것을 증언하신다(롬 8:16).[54]

때때로 하나님에 대한 강력하고 활력적인 사랑은 영혼의 하나님과의 관계에 대하여 일종의 직접적이고 직관적인 증거를 제공한다. 신적 사랑은 성도의 영혼을 하나님과 연합시키는 끈이고, 때때로 이 신적 사랑이 강력하고 활력적일 때 이 연합의 끈은 말하자면 직관적으로 확인될 수 있다. 성도는 자신이 하나님과 연합되어 있고, 따라서 자신이 하나님의 것이라는 것을 알고 있다. 왜냐하면 성도는 하나님과 자신의 영혼 간의 연합을 보고 느끼기 때문이다. 성도는 온갖 모순이나 예외를 뛰어넘어 명확히 자신의 영혼을 하나님과 연합시키는 것이 신적 사랑이라는 것을 분명히 그리고 확실히 알고 있다. 성도는 추호도 의심이나 의혹을 가질 수 없을 정도로 매우 강하게 이 연합을 보거나 느끼기 때문에 이 연합이 있다는 것을 알고 있다. "사랑 안에 두려움이 없고 온전한 사랑이 두려움을 내쫓나니"(요일 4:18). 성도가 하나님과 그의 영혼 간의 자녀다운 연합을 분명히 볼 때 자신이 하나님과 자녀다운 관계 속에 있다는 것을 어떻게 의심할 수 있겠는가? 하나님을 향한 영적이고 거룩한 사랑을 강하게 행사하는 자는 동시에 그것이 자신에게서 나오는 것이 아니라는 것도 알고 있다. 성도가 이 사랑을 자신의 마음속에서 매우 강하게 느낄 때 그것이 하나님에게서 나오는 것임을 자체로 증명한다. 하나님이 친히 제공하시는 것은 그의 마음과 하나님 간의 자녀다운 연합이고, 그러므로 이 연합을 보고 느낄 때 성도는 하나님이 자신의 영혼을 취하여 자녀로 자신에게 연합시키신 것을 보고 느끼며, 그렇기 때문에 그는 자신이 하나님의 자녀라는 것을 알게 된다. 이것은 성경에서 우리의 영 안에서 우리가 하나님의 자녀임을 증언하는 하나님의 영(롬 8:16), 또는 이전 구절(15절)에서처럼 "우리가 아빠 아버지라고 부르짖는 양자의 영"으로 불리는 것으로 보인다. 하나님의 영은 자연스럽게 우리의 마음속에서 우리가 하나님을 자기 아버지로 보도록 이끌고, 따라서 하나님을 위하여 행동하는 하나님에 대한 자녀로서의 사랑의 움직임과 행사를 우리 마음속에 제공한다. 이렇게 하실 때 하나님은 우리에게 우리 아버지로 자신을 드러내신다. 이때 영혼은 말하자면 스스로 자신을 하나님의 자녀로 느끼기 때문이다. 영혼은 의심 없이 마음속에 하나님과 자녀다운 연합이 있다는 것을 느낀다.[55]

하나님을 향한 영적이고 거룩한 사랑을 강하게 행사하는 자는 동시에 그것이 자신에게서 나오는 것이 아니라는 것도 알고 있다. 성도가 이 사랑을 자신의 마음속에서 매우 강하게 느낄 때 그것이 하나님에게서 나오는 것임을 자체로 증명한다. 하나님이 친히 제공하시는 것은 그의 마음과 하나님 간의 자녀다운 연합이고, 그러므로 이 연합을 보고 느낄 때 성도는 하나님이 자신의 영혼을 취하여 자녀로 자신에게 연합시키신 것을 보고 느끼며, 그렇기 때문에 그는 자신이 하나님의 자녀라는 것을 알게 된다. 이것은 우리의 영 안에서 우리가 하나님의 자녀임을 증언하는 하나님의 영(롬 8:16)으로 보이고, 성경에서 "하나님의 영"으로 불린다. 하나님은 영은 자연스럽게 우리의 마음속에서 우리가 하나님을 자기 아버지로 보도록 이끌고, 따라서 하나님을 위하여 행동하는 하나님에 대한 자녀로서의 사랑의 움직임과 행사를 우리 마음속에 제공한다. 하나님의 영은 이전 구절(15절)에서 "우리가 아빠 아버지라고 부르짖는 양자의 영"으로 불린다. 이렇게 하실 때 하나님은 우리에게 우리 아버지로 자신을 드러내신다. 이때 영혼은 말하자면 스스로 자신을 하나님의 자녀로 느끼기 때문에 의심 없이 마음속에 하나님에 대한 자녀로서의 연합이 있다는 것도 느낀다.[56]

사람들은 자기들이 경건하다고 믿는다고 해서 자기들이 경건하다는 것을 아는 것이 아니다. 물론 우리는 많은 사실을 믿음으로 알고 있다. "믿음으로 모든 세계가 하나님의 말씀으로 지어진 줄을 우리가 아나니 보이는 것은 나타난 것으로 말미암아 된 것이 아니니라"(히 11:3). "믿음은……보이지 않는 것들의 증거니"(히 11:1). 따라서 사람들은 신격 안에 위격의 삼위일체가 있다는 것, 예수께서 하나님의 아들이라는 것, 그분을 믿는 자는 영생과 죽은 자 가운데서 부활을 얻을 것이라는 것을 믿음으로 알고 있다. 그리고 만일 하나님이 성도에게 그가 은혜를 갖고 있다는 것을 말하신다면, 그는 하나님의 말씀을 믿음으로써 그것을 알 수 있다. 그러나 경건한 자들이 자신이 은혜를 갖고 있음을 아는 것은 이런 식으로 아는 것이 아니다. 그것은 말씀 속에 계시된 것도 아니고, 하나님의 영이 특정 개인들에게 그것을 증언하시는 것도 아니다. 어떤 이들은 하나님의 영이 일부 사람들에게 그것을 증언한다고 생각하는데, 그 근거를 로마서 8:16의 "성령이 친히 우리의 영과 더불어 우리가 하나님의 자녀인 것을 증언하시나니"에 둔다. 그들은 하나님의 영이 그것에 대한 내적 증언을 주심으로써 그것을 계시하신다고 생각한다. 또 어떤 경건한 사람들은 자기들이 그것에 대한 경험을 갖고 있다고 생각하지만 그들은 그것을 쉽게 착각할 수 있다. 하나님의 영이 마음속에 믿음의 영을 두드러지게 각성시키고 하나님의 사랑을 널리 파급시킬 때 우리는 그것을 증언으로 착각하기가 쉽다. 그것은 여기서 바울이 전하는 말의 의미가 아니다. 하나님의 영은 그리스도 안에서 하나님의 은혜를 발견하고, 그로 말미암아 믿음과 사랑의 특별한 행위를 이끌어 낸다. 이것은 분명한 역사지만 증언의 한 방법으로 일어나는 역사는 아니다. 만약 하나님이 오직 말씀 속에 나타나 있는 계시를 받아들이도록 우리를 도우신다면, 우리는 새로운 계시가 없어도 충분히 위로를 받을 수 있을 것이다.[57]

"성령이 친히 우리의 영과 더불어……증언하시나니"(롬 8:16) 하나님의 영과 우리의 영은 여기서 별개의 독립적인 두 증인으로 간주되는 것이 아니다. 그러나 우리는 한 영을 통하여 다른 영의 증언을 받는다. 우리 자신의 영을 통해 우리는 하나님의 영의 증언을 받는다. 우리는 우리 자신속에 하나님을 향한 자녀다운 영, 곧 양자의 영이 있음을 의식하고 있고, 이 영은 자연스럽게 우리가 기꺼이 우리 아버지로 하나님께 나아가도록 이끌고, 하나님을 위하여 행동하도록 만든다. 우리가 느끼고, 우리 자신의 영 또는 의식이 증언하는 이 자녀의 영을 통해 우리는 자연스럽게 우리가 하나님의 자녀라고 결론짓게 된다. 양자의 영은 자연스럽게 아빠 아버지라고 부르짖고 하나님을 아버지로 부른다(롬 8:15). "성령이 친히 우리의 영과 더불어⋯⋯증언하시나니"(롬 8:16). 또 로마서 9:1-2에서 "내 양심이 성령 안에서 나와 더불어 증언하노니"라고 말하는 것도 여기서 바울의 의미를 확증하는 데 도움을 줄 것이다. 왜냐하면 바울은 여기서 일반적으로 증언하는 것과 같이, 거기서는 특별히 하나님의 은혜 또는 신적 공로를 증언하기 때문이다. 그리고 똑같은 두 가지 사실 곧 성령의 증언과 자기 자신의 영 곧 양심의 증언이 관심사로 언급된다.[58]

[17]자녀이면 또한 상속자 곧 하나님의 상속자요 그리스도와 함께 한 상속자니 우리가 그와 함께 영광을 받기 위하여 고난도 함께 받아야 할 것이니라

8:17 하나님이 자기 자녀 곧 자신의 장자로 부르시는 이스라엘 민족은 하나님의 땅으로 젖과 꿀이 흐르는 가나안 땅, 다시 말하면 하나님이 자신을 위하여 따로 구별해 놓으신 땅의 상속자였다. 마찬가지로 하나님의 자녀로 구성되고 "하나님의 상속자요 그리스도와 함께한 상속자인"(롬 8:17) 하나님의 교회도 그리스도께서 세상의 상속자이므로 세상의 상속자다. 그러므로 하나님은, 이 사실을 인정하는 자는 모든 것을 상속받을 것이고, 자신은 그의 하나님이 되고, 그는 자기 아들이 될 것이라고 약속

하신다.[59]

그리스도를 위하여 기꺼이 고난을 받은 자들에게 내세에서 주어질 것으로 약속되는 영광스러운 보상을 생각해 보자. 성경은 그들이 생명의 면류관을 받을 것이라고 말한다(약 1:12). 그리스도는 자신의 이름을 위하여 집이나 땅, 아버지나 어머니, 아내나 자녀를 포기하는 자들은 여러 배를 받고 영생을 상속받을 것이라고 약속하신다(마 19:29). 또 우리는 이 고난은 하나님의 나라에 합당한 자격으로 계산될 것이라는 말을 듣는다(살후 1:5). 이와 비슷한 목적에 대하여 동일한 사도 곧 바울은 디모데후서 2:11-12에서 이렇게 말한다. "미쁘다 이 말이여. 우리가 주와 함께 죽었으면 또한 함께 살 것이요 참으면 또한 함께 왕 노릇 할 것이요 우리가 주를 부인하면 주도 우리를 부인하실 것이라." 로마서 8:17도 마찬가지다. "우리가 그와 함께 영광을 받기 위하여 고난도 함께 받아야 할 것이니라"[60]

따라서 그리스도께서 세상을 다스리기 때문에 그리스도에게 시집간 영혼들도 그리스도와 함께 세상을 다스리게 될 것이다. 이것은 자주 약속되는 사실이다. 성도들은 그리스도께서 아버지의 보좌에 앉아 계시므로 그분의 보좌에 함께 앉게 될 것이다(계 3:21). 요한계시록 2:26-27에서 그리스도께서 말씀하시는 것처럼, 그분은 만국을 지배할 권세를 갖고 계시고 철장을 갖고 만국을 다스려 그들을 질그릇 깨뜨리는 것과 같이 하실 것이다. 그러므로 성도들 역시 만국을 지배할 권세를 갖고, "철장을 갖고 만국을 다스리며" 질그릇 깨뜨리는 것과 같이 만국을 깨뜨릴 것이다. 그리스도는 하나님의 아들이자 하나님의 모든 재산의 상속자이시므로, 신자들도 하나님의 아들이 되고 하나님의 모든 재산의 상속자가 될 것이다(롬 8:17). 예수 그리스도께서 하늘과 땅과 바다, 해와 달과 별의 소유자이시므로 신자들도 하늘과 땅과 바다, 해와 달과 별의 소유자가 될 것이다(고후 6:10, 계 21:7). 그리고 다른 곳에 나오는 이런 본문들을 언급한다면

50개도 더 제시할 수 있다. 또 그리스도는 죽은 자에게서 살아나셨고, 이 것이 그분의 영광의 큰 부분을 차지하기 때문에 성도들도 죽은 자에게서 부활하고, 이것 역시 그들의 영광의 큰 부분을 차지할 것이다.[61]

바울이 로마서 8:17-18에서 소망의 최고 근거로 말하는 사랑의 역사 또는 자녀의 영은, 그리스도인들이 그리스도를 위하여 환난을 겪을 때 경험하는 하나님의 사랑의 역사와 동일한 것이다.[62]

"일렀으되 둘이 한 육체가 된다 하셨나니 주와 합하는 자는 한 영이니라"(고전 6:16-17). 그들은 하나님 아버지와 자녀 관계 또는 가족 관계 그리고 "하나님의 권속"(엡 2:19)으로 받아들여졌고, 하나님의 자녀의 모든 특권에 대한 권리를 갖고 있다. 그들은 "하나님의 상속자요 그리스도와 함께한 상속자다"(롬 8:17). 그들에게 약속되는 선은 최고의 선이다. 하나님이 세우신 것은 대저택 곧 하늘에서 최고의 기업, 피조물의 가장 귀하고 가장 영광스러운 부분, 하늘에서 가장 영광스러운 궁전이다. 따라서 그들에게 약속되는 행복은 시원한 꿀물을 마시듯 하나님을 제한 없이 담대하게 그리고 넘치도록 충분히 즐거워하는 것이다.[63]

따라서 우리가 아들의 영에 참여한다면 우리는 본질상 하나님의 자녀다. 즉 로마서 8:14-16에서 말하는 것처럼 우리는 자녀의 본성을 갖고 있다. 그러므로 우리가 정죄받는 것은 전혀 합당한 일이 아니다. 왜냐하면 우리가 아들이라면 우리는 로마서 8:17에서 말하는 것처럼 생명의 상속자이자 아들의 본성에 참여하는 자이고, 그리스도와 함께하는 자녀이자 그리스도와 동일한 생명을 가진 공동 상속자이기 때문이다.

우리 안에 그리스도의 영을 소유할 때 우리는 그리스도와 함께 연합하고 그리스도의 본성에 참여하게 된다. 따라서 아들의 영을 통해 우리는 본성상 하나님의 아들이 되고, 그리하여 로마서 8:17에서 말하는 것처럼 상속자로서 반드시 생명을 가진 자가 된다. 그러므로 하나님의 아들의 본성과 지위를 가진 자가 정죄받는다는 것은 전혀 합당한 일이 아니고, 오히려 그들은 칭의와 생명을 가져야 한다.[64]

놀랍게도 여러분은 양자됨을 통해 영적 세대로 다시 태어날 것이다(요 1:12-13, 요일 5:1). 여러분의 성도로서의 본성은, 여러분이 복된 인척 관계로 말미암아 태어난 하나님의 복된 자녀이기 때문에 하나님에게게서 직접 주어질 것이다. 하나님의 자녀로서 아버지의 극진한 사랑과 위안을 받는다는 것, 이것은 다른 무엇보다 구속받은 자가 누리는 특권이 얼마나 엄청난 것인지를 보여준다. 여러분은 가르침을 받고 보호를 받고 조언을 받고 공급을 받으며, 하나님과 함께 거하도록 하나님의 집에 받아들여질 정도로 하나님의 사랑과 연민의 대상이 될 것이다. 또 그리스도의 상속자가 되어 그분과 교제를 가질 것이다. "자녀이면 또한 상속자 곧 하나님의 상속자요 그리스도와 함께한 상속자니"(롬 8:17). 요한계시록 21:7도 보라.

따라서 그리스도께서 승천하여 그곳에서 큰 영광을 받으신 것 또한 공적 인간으로서 그렇게 하신 것이다. 그리스도는 단지 자신만 위해서가 아니라 자기 백성의 선구자와 머리로서 그들을 위해서도 하늘을 차지하셨다. 그러므로 그들 역시 하늘로 올라가 "그리스도 예수 안에서 함께 하늘에 앉을" 것이다(엡 2:5-6). 그리스도는 "자신의 새 이름을 그들 위에 기록하실" 것이다(계 3:12). 즉 그리스도는 하늘에서 그들을 자신의 영광과 높아지심에 참여시키실 것이다. 그리스도의 "새 이름"은 아버지 보좌 우편에 앉으셨을 때 아버지께서 주신 새로운 존귀와 영광이다. 곧 왕자로서 어떤 사람에게 자신의 나라의 새로운 존엄성을 부여하실 때 그리스도는 그에게 새로운 이름을 주신다. 그렇게 그리스도와 성도들은 함께 영광을 받을 것이다(롬 8:17).

성도들은 지상에 사는 동안 그리스도께서 수고하신 것과 똑같은 일 곧 사람들 속에서 하나님의 나라를 확장하는 것과 이 세상 속에 시온의 번성과 신앙의 부흥을 촉진시키는 것을 위하여 기도하고 수고하였으며, 그들 가운데 대부분은 그리스도께서 그러신 것처럼 그 목적 때문에 고난을 받았다. 그들은 그리스도의 고난에 죽기까지 동참하고, (바울이 그렇게 표현하는 것처럼) "그리스도의 남은 고난을 자기 육체에 채웠다"(골 1:24). 그러므로 그들은 그리스도와 함께 이루어진 그 목적의 영광과 기쁨에 참여할 것이다. "그리스도와 함께한 상속자니 우리가 그와 함께 영광을 받기 위하여 고난도 함께 받아야 할 것이니라"(롬 8:17). "참으면 또한 함께 왕 노릇 할 것이요"(딤후 2:12).

"하나님이 너희 아버지였으면 너희가 나를 사랑하였으리니"(요 8:42). 이것은 확실히 하나님의 자녀는 누구든 그리스도를 사랑하기 마련이라는 사실을 함축하고 있다. 그러나 하나님의 자녀가 아닌 자는 누구도 구원을 받은 상태 속에 있지 못하고, 또는 영생에 대한 어떤 자격도 갖고 있지 못하다. 왜냐하면 영생의 자격을 얻게 하는 복음의 방법은 상속을 통해서 받고, 자녀 외에는 어느 누구도 상속자가 아니기 때문이다. 바울은 "자녀이면 또한 상속자"(롬 8:17)라고 말한다. 하지만 자녀가 아니라면 우리는 상속자가 아니다. 그리고 상속 외에 다른 어떤 방법으로 이 자격을 얻는 길은 절대로 없다고 증언하는 본문들은 매우 많이 존재한다.[65]

[18]생각하건대 현재의 고난은 장차 우리에게 나타날 영광과 비교할 수 없도다 [19]피조물이 고대하는 바는 하나님의 아들들이 나타나는 것이니 [20]피조물이 허무한 데 굴복하는 것은 자기 뜻이 아니요 오직 굴복하게 하시는 이로 말미암음이라

8:18 피조물이 겪고 있는 종 노릇은 그리스도께서 오셔서 복음이 세상 속에 전파될 때 부분적으로 풀렸고, 우리가 말하고 있는 영광의 날이 시작되면 더 충분히 풀릴 것이며, 심판 날이 되면 완전히 풀릴 것이다. 이것은 문맥과 일치한다. 왜냐하면 이 문맥에서 바울은 교회의 현재의 고난

상태에 대하여 말하고 있기 때문이다(롬 8:18). 이 세상에서 교회가 고난
받는 상태에 있는 이유는 이 세상이 인간의 죄와 부패에 예속되어 있기
때문이다.[66]

8:19 의심할 것 없이 세상은 이 모든 수고가 끝나면 곧 이 피곤한 변화와
전복이 끝나면 안식을 누리도록 되어 있다. 이때 세상은 성도들의 평화로
운 통치 아래 안식을 누릴 것이다. 모든 예언은 긴박하게 우리에게 이것
을 강조하고 있는 것으로 보인다. 피조물은 고통으로 신음하고 있고, 하
나님의 아들들이 나타나 교회를 위하여 남아 있는 이 안식이 주어지기를
고대하고 있다(롬 8:19, 22).

　말하자면 "피조물이 다" 그날을 간절히 기다리고 있고, 끊임없이 그날
의 행복과 영광이 나타나기를 고통 속에서 갈망하고 있다(롬 8:22). 왜냐
하면 그날은 심판의 날이라는 것을 제외하면 무엇보다 "하나님의 아들들
이 나타나는" 날이고, 그들의 "영광스러운 해방"의 날이기 때문이다. 그
러므로 바울이 로마서 8:19-22에서 피조물의 간절한 염원과 탄식에 대
하여 이처럼 격조 있게 표현하는 것은 이날의 영광스러운 사건들에 적용
시킬 수 있다.[67]

　피조물("하나님의 아들들이 나타나는 것을 고대하는"[롬 8:19])이 특별히 고
통 가운데 신음하고 있다면, 하나님의 교회도 동시에 해산할 때 부르짖으
며 고통을 호소하는 여인처럼 특별히 여겨질 것이다. 그때 하나님의 교회
는 기도로 약속된 복을 위하여 하나님과 씨름하고 고뇌하며 해방을 갈망
한다. 하나님의 교회는 만국을 다스릴 남자아이가 태어나는 그때가 임하
기를 소망하는 충분한 이유를 갖고 있다.[68]

　성경은 피조물이 다 택함 받은 자의 이 온전한 구속이 이루어지도록
탄식하며 고통을 겪고 있었던 것처럼 제시한다. "피조물이 고대하는 바는

하나님의 아들들이 나타나는 것이니"(롬 8:19).[69]

바울은 이전 구절들에서, 전체 피조물이 말하자면 하나님의 자녀가 해방, 행복, 영광의 상태 속에 들어가는 탄생을 위하여 고통 속에 있었다고 표현했다. 로마서 8:19에서 바울은 이 사실을 "하나님의 아들들이 나타나는 것"으로 부른다. 그런데 이것은 그들이 무덤에서 일어나 매우 공개적으로 하나님의 자녀의 적절한 영광 속에 들어가고, 또 하나님 아버지의 사랑에 대하여 가장 공개적인 증언을 듣게 될 때 곧 전체 부활이 있을 때 벌어질 최고의 성취를 가리키는 것으로 보인다.[70]

성령이 엄청나게 부어졌다(행 2:4, 13-17). 기도의 핵심 주제는 하나님의 영이고, 하나님의 영은 그리스도께서 취득하고 약속하신 것이다. 우리는 다른 어떤 것보다 이것을 위하여 기도하는 데 힘써야 한다. 바로 이것이 주의 기도의 절반을 차지하는 기도 제목이다. 하나님의 교회는 고통 속에 있다(계 12:2). 전체 피조물은 탄식하는 것으로 제시된다(롬 8:19 등). 또 전체 피조물은 기뻐할 것이다(사 44:23, 49:13). 따라서 이에 대하여 기도가 핵심 수단으로 제시된다(계 8:2-3).[71]

8:20 이 세상에서 교회가 고난을 받는 이유는 세상이 인간의 죄와 부패에 예속되어 있기 때문이다. 성경에서 "허무한 데"(롬 8:20)는 매우 흔하게 죄와 죄악성을 의미하고, 또 "썩어짐"(롬 8:21)은 매우 많은 곳에서 그렇게 확인되는 것처럼 덧없이 짧은 것을 가리킬 것이다.[72]

태양은 우주 전체에서 생명 없는 피조물 가운데 하나님에 대한 가장 중요한 심상인데(최소한 우리에게는 그렇다), 그것은 두 가지 면에서 그렇다. 즉 빛과 생명과 상쾌한 기운의 원천이라는 점과 무한히 맹렬하고 뜨거운 열의 엄청난 원천인 소멸하는 불이라는 점에서 그렇다. 여기서 악인들은 전자의 영향력을 악용하기 때문에 후자로 인해 고통을 겪게 될 것

이다. 태양이 죄로 말미암아 주로 악용되는 피조물이 되는 것처럼 그리고
나머지 모든 피조물도 그렇게 악용되는 원천이 되는 것처럼 주로 썩어짐
의 종 노릇으로 신음하고 있고, 또 죄를 처벌하는 핵심 도구가 될 것이다.
만약 죄인들이 결국 태양이 주는 유익을 악용하고, 그로 말미암아 무한
히 밝고 무한히 탁월하시고 또 동시에 무한히 두렵고 소멸하는 불이신 태
양의 창조주를 악용하게 된다면, 태양의 창조주는 무수히 더 많은 기회에
태양을 자신의 진노의 도구로 삼으실 것이다. 가시적인 피조물은 허무한
데 굴복하고 사람들의 죄 아래에서 악용되고 신음하고 있고(롬 8:20, 22),
그러므로 만물은 모든 면에서 연합 세력과 함께 그들을 반대하고, 그들에
대한 하나님의 복수를 집행할 것이다.[73]

　피조물은 사람의 죄로 말미암아 본성의 썩어짐과 부패 속에 들어가
"허무한 데 굴복하고"(롬 8:20), 이로 말미암아 우리가 살고 있는 세상은
이전 모습을 잃고 파괴되었다. 뿐만 아니라 어떤 식으로든 죄에 예속되어
있고, 또 피조물의 지배권을 갖고 있는 사람은 피조물을 악용하여 죄의
종으로 만들었다. 사람들이 태양의 빛과 다른 유용한 힘을 악용하여 자기
들의 정욕과 악한 목적에 예속시킴으로써 태양은 온갖 죄악의 종이 되고
만다. 비와 땅의 열매와 짐승들 그리고 이 다른 가시적인 모든 피조물이
그렇게 악용되었다. 이렇게 피조물은 모두 사람들의 부패에 이용되고, 사
람들의 사악한 뜻에 굴복한다. 하나님이 피조물을 사람들의 뜻에 굴복시
키는 것은, 선한 목적에 사용될 때 사람들의 명령에 복종하도록 되어 있
는 동일한 자연 법칙에 따라 피조물에게 복종할 힘과 능력을 계속 행사하
시기 때문이다.[74]

[21]그 바라는 것은 피조물도 썩어짐의 종 노릇 한 데서 해방되어 하나님의 자녀들
의 영광의 자유에 이르는 것이니라 [22]피조물이 다 이제까지 함께 탄식하며 함께

고통을 겪고 있는 것을 우리가 아느니라

8:21 그러나 지금 하나님의 자녀들은 크게 잘못되어 있다. 하나님을 섬기는 것은 그들이 상상하는 것처럼 종이 되는 것이 아니다. 그들은 하나님의 종으로 가장 악하고 가장 비참한 종이 아니다. 대신 그들은 거룩한 해방을 최대한 그리고 매우 바람직하게 누린다. 그들은 "하나님의 자녀들의 영광의 자유"를 갖고 있다(롬 8:21). 그들은 확실히 자유하다. "그러므로 아들이 너희를 자유롭게 하면 너희가 참으로 자유로우리라"(요 8:36). 하나님의 법은 자유롭게 하는 온전한 율법이다. "자유롭게 하는 온전한 율법을 들여다보고 있는 자는 듣고 잊어버리는 자가 아니요 실천하는 자니 이 사람은 그 행하는 일에 복을 받으리라"(약 1:25).[75]

따라서 이 세상에서 우리는 여러 가지 면에서 "하나님의 자녀들의 영광의 자유"(롬 8:21)를 누리지 못하고 여전히 종 노릇 하면서 고통을 겪고 있다. 구약 시대 교회는 신약 시대 교회와 비교하여 종으로 다루어졌지만 신약 시대 교회도 부활 이후에 일어날 일과 비교하여 여전히 종으로 다루어진다.[76]

8:22 피조물은 이처럼 허무한 데 굴복하지만 이 굴복에 안주하지 않고 끊임없이 우리가 지금 말하고 있는 때에 일어날 일로 하나님이 정하신 영광스러운 해방을 위하여 행하고 실천하고, 말하자면 그때를 향하여 나아가고 있다. 대대로 세상 속에서 일어나고 있는 모든 변화는 무한한 지혜 속에서 최종적으로 진리와 의가 지배하고, 그분이 자신의 권리로 갖고 있는 나라를 취하실 때에 임하도록 되어 있는 영광스러운 사건들을 예비하는 역할을 하고 있다. 모든 피조물은 모든 작용과 움직임을 통해 이 목적을 향해 지속적으로 나아간다. 시계처럼 전체 체계의 회전과 운동의 모든

움직임이 정해진 시간에 일어나도록 되어 있다. 날마다, 해마다, 시대마다 태양과 다른 천체들의 모든 순환과 끊임없는 운행은 지속적으로 이때를 향해 나아가고 있다. 여행할 때 수없이 회전하는 마차의 수레바퀴는 정해진 여행 목적지를 향해 나아간다. 시대를 거치며 대대로 세상에서 일어나는 민족들의 강력한 투쟁과 다툼, 나라들의 동요 그리고 나라들과 제국들 속에서 일어나는 매우 방대한 연속적 변화들은, 말하자면 이 영광스러운 사건을 낳기 위한 피조물의 해산의 고통이다. 그리고 성경은 이 사건 직전에 일어날 마지막 투쟁과 변화들이, 여인이 해산할 때 마지막 순간의 고통이 가장 격심한 것처럼 가장 심할 것이라고 제시한다(롬 8:22).[77]

태양은 우주 전체에서 생명 없는 피조물 가운데 하나님에 대한 가장 중요한 심상인데(최소한 우리에게는 그렇다), 그것은 두 가지 면에서 그렇다. 즉 빛과 생명과 상쾌한 기운의 원천이라는 점과 무한히 맹렬하고 뜨거운 열의 엄청난 원천인 소멸하는 불이라는 점에서 그렇다. 여기서 악인들은 전자의 영향력을 악용하기 때문에 후자로 인해 고통을 겪게 될 것이다. 태양이 죄로 말미암아 주로 악용되는 피조물이 되는 것처럼 그리고 나머지 모든 피조물도 그렇게 악용되는 원천이 되는 것처럼 주로 썩어짐의 종 노릇으로 신음하고 있고, 또 죄를 처벌하는 핵심 도구가 될 것이다. 만약 죄인들이 결국 태양이 주는 유익을 악용하고, 그로 말미암아 무한히 밝고 무한히 탁월하고 또 동시에 무한히 두렵고 소멸하는 불이신 태양의 창조주를 악용하게 된다면, 태양의 창조자는 무수히 더 많은 기회에 태양을 자신의 진노의 도구로 삼으실 것이다. 가시적인 피조물은 허무한데 굴복하고 사람들의 죄 아래에서 악용되고 신음하고 있고(롬 8:20, 22), 그러므로 만물은 모든 면에서 연합 세력과 함께 그들을 반대하고, 그들에 대한 하나님의 복수를 집행할 것이다.[78]

이 일은 오랫동안 진행되고, 완료될 때까지 무수히 많은 강력한 변화와 사건들을 겪는다. 이미 6천 년 가운데 많은 세월이 흘렀고, 그동안 크고 많은 전복 사건들이 일어났지만 끝은 아직 임하지 않았다. 그리고 아직도 큰 변화들이 남아 있다. 그것은 예언되었다. 하나님이 약속하셨다. 하나님의 백성들은 오랫동안 기다리고 소망하고 갈망했다. 전체 자연은 신음하는 상태에 있고, 말하자면 그 일을 낳기 위하여 산고를 겪고 있다. "피조물이 다 이제까지 함께 탄식하며 함께 고통을 겪고 있는 것을 우리가 아느니라"(롬 8:22). 하나님의 목적은 이미 이루어졌지만 작은 부분에서만 이루어졌다. 성경은 엄청나게 많은 일어날 일들에 대하여 말하고 있다.[79] ☐

²³그뿐 아니라 또한 우리 곧 성령의 처음 익은 열매를 받은 우리까지도 속으로 탄식하여 양자될 것 곧 우리 몸의 속량을 기다리느니라 ²⁴우리가 소망으로 구원을 얻었으매 보이는 소망이 소망이 아니니 보는 것을 누가 바라리요 ²⁵만일 우리가 보지 못하는 것을 바라면 참음으로 기다릴지니라

8:23 이처럼 매우 작게 그리고 작은 시작으로 성도들 속에 성령이 필수적으로 내주하시는 것은 "성령의 보증"(고후 1:22), "미래의 기업의 보증"(엡 1:14) 그리고 바울이 그렇게 부르는 것처럼 "성령의 처음 익은 열매"(롬 8:23)다. 여기서 바울이 가리키는 성령의 처음 익은 열매는 의심할 것 없이, 바울이 로마서 8장 앞부분 전체에서 말하고 있는 동일한 결정적인 은혜의 원리 곧 그가 육신이나 썩어짐과 대립시켜 영으로 부르는 것을 의미한다. 그러므로 이 성령의 보증과 성령의 처음 익은 열매는 성령의 인(印)치심과 동일한 것으로 확인되고, 영을 통해 사실들을 직접 암시하거나 계시하는 것이 아니라 성령의 활력적이고 은혜롭고 성결케 하는 교통과 영향을 가리킨다.[80]

성도들의 영광스러운 부활이 있을 때는 종종 성도들의 구원의 때 곧 그들의 구속의 날, 그들의 양자와 영광과 보응의 시기로 전해진다(눅 14:14;

21:38, 롬 8:23, 엡 4:30, 골 3:4, 살전 1:7, 딤후 4:1, 9, 히 9:23, 벧전 1:13; 5:4, 요일 3:2).[81]

하나님의 영들이 신령한 기쁨과 즐거움이라는 사실은 성령이 우리의 미래의 기업의 "보증"(엡 1:14)과 "처음 익은 열매"(롬 8:23)라는 말이 나오는 본문들을 통해 확증된다. 이 보증은 기업의 한 부분이다. 이 보증은 우리의 미래의 기업으로, 하나님이 자기 성도들에게 주실 것이라 말하는 행복은 오직 하나님의 영의 충만함 외에 다른 것이 아니라는 것을 보여준다. 이것은 하나님과 어린양의 보좌에서 나오는 "생명수의 강"이다(계 22:1).[82]

성도들의 몸의 속량은 구속 사역의 한 부분이다. 그래서 생명의 부활이 그들의 몸의 속량으로 불린다(롬 8:23).[83]

구속 사역은 하나님의 다른 모든 사역의 목적이므로, 어떤 의미에서 하나님의 사역의 마지막 사역이 될 것이다. 구속 사역은 만물이 완성될 때 실제적인 성취와 달성이 있을 것이다. 그때 이루어질 일은 택함 받은 교회의 놀라운 구속이 될 것이다. "일어나 머리를 들라. 너희 속량이 가까웠느니라"(눅 21:28). "너희가 구원의 날까지 인치심을 받았느니라"(엡 4:30). "그 얻으신 것을 속량하시고"(엡 1:14). "양자될 것 곧 우리 몸의 속량을 기다리느니라"(롬 8:23). 그때가 바로 교회의 실제 구속이 이루어지는 시기다.[84]

그리스도인이라면 누구나 그리스도의 영을 소유하고 있다. "만일 너희 속에 하나님의 영이 거하시면 너희가 육신에 있지 아니하고 영에 있나니 누구든지 그리스도의 영이 없으면 그리스도의 사람이 아니라"(롬 8:9). "무릇 하나님의 영으로 인도함을 받는 사람은 곧 하나님의 아들이라"(롬 8:14). "우리에게 주신 성령으로 말미암아 그가 우리 안에 거하시는 줄을 우리가 아느니라"(요일 3:24). "그의 성령을 우리에게 주시므로 우리가 그 안에 거하고 그가 우리 안에 거하시는 줄을 아느니라"(요일 4:13). 그러므로 신자들은 성령으로 인치심을 받았고 성령의 보증을 갖고 있다고 전한다. "그가 또한 우리에게 인치시고 보증으로 우리 마음에 성령을 주셨느니라"(고후 1:22). "곧 이것을 우리에게 이루게 하시고 보증으로 성령을 우리에게 주신 이는 하나님이시니라"(고후 5:5). "그 안에서 너희도 진리의 말씀 곧 너희의 구원의 복음을 듣고 그 안에서 또한 믿어 약속의 성령으로 인치심을 받았으니, 이는 우리 기업의 보증이 되사"(엡 1:13-14). "하나님의 성령을 근심하게 하지 말라. 그 안에서 너희가 구원의 날까지 인치심을 받았느니라"(엡 4:30). 성령은 처음 익은 열매로 불린다(롬 8:23).[85]

하나님의 영광에 대한 우리의 소망은 단순히 절망적인 근심을 일으키는 소망이 아니라 우리가 달콤하게 맛보고 있고, 우리는 우리 마음속에 주어지는 성령의 보증으로 우리가 소망했던 것을 이미 어느 정도 얻었다(롬 8:23, 고후 1:20-22; 5:5-6, 엡 1:13-14; 4:30). 우리는 이 소망을 우리 안에 "부어지는" 거룩하고 달콤한 하나님의 사랑 안에서 느끼는데, 이 소망은 성령의 호흡이자 성령의 적절하고 자연스러운 역사다.

"양자될 것 곧 우리 몸의 속량을 기다리느니라." 따라서 하나님은 양자의 영을 주시고, 이로 말미암아 우리는 내세에서 자녀로서의 자유, 모든 특권, 복을 누리게 될 것이라는 소망을 갖게 된다. 그러나 이것은 부활할 때에 문자적으로 이루어질 것이다. 따라서 이 세상에서 우리는 여러 가지 면에서 "하나님의 자녀들의 영광의 자유"(롬 8:21)를 누리지 못하고 여전히 종 노릇 하면서 고통을 겪고 있다. 구약 시대 교회는 신약 시대 교회와 비교하여 종으로 다루어졌지만, 신약 시대 교회도 부활 이후에 일어날 일과 비교하여 여전히 종으로 다루어진다. 그러므로 성도들의 영광의 완성이 그들의 "양자됨"으로 불린다. 왜냐하면 양자됨은 자녀로서 갖는 자유와 특권과 기업에 대한 온전한 누림을 인정받는 것이기 때문이다. 그렇지만 여기서 양자됨으로 불리는 것은 그 이상이다. 왜냐하면 바울은 로마서 8:17에서 그리고 그 이전부터 성도가 하나님의 자녀가 된다는 사실에 대하여 말하고 있었기 때문이다. "우리 몸의 속량을 기다리느니라." 여기서 바울은 성도들의 부활을 "몸의 속량"으로 부르는데, 그것은 아마 바울이 호세아 13:14의 "내가 그들을 스올의 권세에서 속량하며 사망에서 구속하리니 사망아, 네 재앙이 어디 있느냐. 스올아, 네 멸망이 어디 있느냐"를 염두에 두고 있었기 때문일 것이다.[86]

8:24 소망은 참된 종교에서 큰 부분을 차지하고, 그래서 바울은 우리가 소망으로 구원을 얻었다고 말한다.[87]

믿음은 전복될 수 없도록 우리를 견고한 반석 위에 세우는 것이다. 또 믿음은 우리를 견고하게 유지시키는 닻과 같고, 그래서 우리가 바람과 폭풍이 아무리 세차게 불어도 앞뒤로 흔들리고 파선하고 침몰할 수 없도록 만든다. 여기서 "소망"으로 칭하는 것은 다른 곳에서 "믿음"으로 칭하는 것과 똑같다. 로마서 8:24-25에서처럼 구원하고 의롭게 하는 믿음은 종종 신약성경에서 소망이라는 이름으로 불린다.[88]

[26]이와 같이 성령도 우리의 연약함을 도우시나니 우리는 마땅히 기도할 바를 알지 못하나 오직 성령이 말할 수 없는 탄식으로 우리를 위하여 친히 간구하시느니라

8:26 그러나 오늘날 우리 가운데 회심했다고 생각되는 자들에 대하여 말한다면, 그들은 일반적으로 지속적인 변화가 있었던 사람들로 나타난다. 나는 그들 가운데 많은 이들을 특별히 잘 알고 있는데, 그것은 그들이 사물들에 대한 새로운 의식과 하나님, 하나님의 속성, 예수 그리스도, 복음의 큰일들에 대하여 새로운 안목과 관점을 갖고 살아가기 때문이다. 그들

은 이상의 진리들에 대하여 새로운 의식을 갖고 새롭게 반응한다. 이상의
진리들에 대하여 항상 같은 마음을 갖는 것이 불가능하기는 하지만 그들
은 원하는 대로 사물에 대한 의식을 되돌릴 수 없다. 그들의 마음은 종종
감동을 받고, 때로는 새로운 감미로움과 즐거움으로 충만하다. 그들은 내
적 열정과 마음의 열렬함을 표현하는데, 이런 것은 과거에는 경험하지 못
한 것이다. 또 때때로 그리스도의 이름이나 신적 속성 가운데 어느 하나
를 언급할 기회가 있을 때에도 마찬가지다. 새로운 의욕이 있고, 마음의
새로운 호흡과 고동이 있으며, 말할 수 없는 탄식이 있다(롬 8:26). 천국과
거룩함을 향한 영혼의 새로운 수고와 투쟁이 있다.[89]

성도들 안에 있는 영(성령)이 믿음과 기도로 하나님의 복을 구하신다.
그때 성령은 바울이 말하는 것처럼 말할 수 없는 탄식으로 간구하신다(롬
8:26). 또한 성령은 우리의 연약함을 도우신다. 우리는 마땅히 기도해야
할 것을 기도하는 법을 모르고 있고, 성령께서 친히 우리를 위하여 말할
수 없는 탄식으로 간구하시기 때문이다.[90]

바울이 말하는 것 가운데 "말할 수 없는 탄식"이라는 말(롬 8:26)과 시
편 기자가 말하는 것 가운데 "주의 규례들을 사모함으로 마음이 상한다"
는 말(시 119:20)을 발견했을 때, 나는 내 힘이 닿는 한 탄식을 가속시키
고, 내 사모함을 드러내는 데 열심히 노력하며, 이런 열심을 반복하는 것
에 대하여 싫증 내지 않겠다고 결심했다.[91]

종종 그들(성도들)은 기도할 때 표현력이 부족해서 어쩔 수 없이 "말할
수 없는 탄식"(롬 8:26)에 맡겨야 할 경우가 있다. 그러나 하늘에서는 절
대로 이런 방해를 받지 아니할 것이다. 하늘에서 성도들은 둔감함이나 무
기력함, 하나님의 사랑에 맞서고 알맞은 표현을 방해하는 마음의 부패
함, 무거운 진흙 덩이의 장애물 또는 내적 경건의 불길에 합당치 못한 기
관 등이 없을 것이다. 사랑으로 불타오르는 불길과 같은 성도들의 영혼은

간혀 있는 불과 같지 않고 완전히 해방되어 있을 것이다. 자기들의 사랑의 대상을 찬양하는 데 힘이나 활동 또는 말의 부족함이 없을 것이다. 자기들의 사랑이 이끄는 대로 하나님을 찬양하거나 보는 데 방해하는 것을 조금도 찾지 못할 것이다. 사랑은 자연스럽게 사랑 자체를 표현하고 싶어 한다. 하늘에서 성도들의 사랑은 하나님을 향해서나 서로를 향해서 원하는 대로 마음껏 표현할 자유를 가질 것이다.[92]

27마음을 살피시는 이가 성령의 생각을 아시나니 이는 성령이 하나님의 뜻대로 성도를 위하여 간구하심이니라 **28**우리가 알거니와 하나님을 사랑하는 자 곧 그의 뜻대로 부르심을 입은 자들에게는 모든 것이 합력하여 선을 이루느니라

8:27 우리 자신의 연약함, 우리 자신의 마음의 기만성, 매우 엄숙한 맹세를 망각하고 작심삼일이 되고 마는 우리의 습성에 민감하게 되면, 우리는 특히 성찬식에 참여하기 전에 종종 이 약속들에 비추어 자기 자신을 엄격히 검토하겠다고 다짐한다. 그리스도를 위하여 이 엄숙한 맹세를 악의적으로 지키지 않는 일이 없도록 해달라고 하나님께 간구한다. 그리고 우리의 마음을 살피시고(롬 8:27) 우리의 발이 행할 길을 깊이 들여다보시는(잠 4:26) 하나님이 수시로 이 언약에 따라 우리를 시험하실 때 우리를 도우시고, 언약을 지키도록 역사하시며, 우리를 우리 자신의 미련한 악하고 불충한 마음에 맡겨 두지 말도록 기도한다.[93]

8:28 바울은 앞에서 모든 피조물이 "하나님의 아들들이 나타나는 것"을 갈망하며 신음하고 있고(롬 8:19), 또 하나님의 영은 "말할 수 없는 탄식으로 우리를 위하여 친히 간구하시며"(롬 8:26), 우리가 탄식하며 똑같은 일 곧 양자됨이나 우리 몸의 속량 그리고 우리 구원의 완성을 기다릴 때 우리의 연약함을 도우신다고 지적했다. 그리고 이로 말미암아 바울은 이 문

제에 있어 모든 것이 성도들에게 유리하게 작용하고, 모든 것이 성도들을
완성된 구원으로 이끌기 위하여 합력한다고 지적한다. 그리고 성도들이
그렇게 하게 되는 이유가 이어지는 구절들에서 주어진다. 즉 이것은 하나
님이 영원히 작정하신 것이기 때문이다. 따라서 성도들은 이 목적을 위하
여 부르심을 받고, 굳건하게 이 목적을 향해 나아가도록 되어 있다. 그리
고 하나님은 로마서 8:31에서 말하는 것처럼 이 목적이 성취되도록 다른
모든 것이 합력하도록 만드신다.[94]

로마서 8:28의 바울의 말의 진실성에도 불구하고 성도들은 자기들의
허약함과 무익함을 탄식하고, 자기들은 하나님을 욕되게 한 죄뿐만 아니
라 자기들 자신의 영원한 상실 및 재앙을 이끌 것으로 볼 정도로 많은 죄
에 대한 죄책이 있는 것을 통탄하게 된다.[95]

성도들은 하나님에 대한 사랑 때문에 자기들이 받는 손해를 기꺼이 감
수한다. 왜냐하면 하나님에 대한 사랑이 사람들에게 받는 손해보다 훨씬
더 소중하기 때문이다. 하나님에 대한 사랑 때문에 성도들은 다른 사람들
에게 받는 손해를 염두에 두지 않는다. 그러므로 아무도 하나님을 진실
로 사랑하는 자들을 해칠 수 없다. 그들의 생명은 그리스도와 함께 하나
님 안에 감추어져 있기 때문이다(골 3:3). 하나님은 그들의 아버지이자 보
호자이고, 그들을 독수리 날개 위로 높이 데리고 간다. "하나님을 사랑하
는 자 곧 그의 뜻대로 부르심을 입은 자들에게는 모든 것이 합력하여 선
을 이루느니라"(롬 8:28).[96]

여기서 살펴볼 수 있는 또 다른 사실은, 만약 롬 8:28의 바울의 말이 다
음과 같은 의미에서, 곧 사람이 하나님의 사랑 안에 계속 거할 때 하나님
의 사랑이 모든 경우에 있어 온갖 시련과 반대를 그의 유익으로 바꾸는
기회가 되리라는 의미에서 참이라면, 이 탁월한 신적 원리는 매우 건전하
고 유익할 것이다. 따라서 이 원리에 따라 성도들은 모든 일 속에서, 심지

어는 성도들을 직접 반대하는 경향이 있는 일들에서도, 감미로움과 행복을 빨아들일 것이다.

로마서 8:28의 약속에서 뽑아낼 수 있는 추론은, 영원한 세계에서 고귀하고 탁월한 영광을 얻기 위하여 온갖 죄를 피하고 거룩함을 증가시키고 선행이 충만한 삶을 살려는 진실한 노력을 자극하는 동기들의 영향력을 피하거나 감소시키는 일은 결코 없다는 것이다.[97]

왜냐하면 회심은 점진적으로가 아니라 즉각적으로 일어나는 일이기 때문이다. 만약 구원의 은혜가 이전과 정도에 있어서만 차이가 있었다면, 사람을 선한 사람으로 만드는 것은 점진적 사역이 될 것이다. 그때 구원의 은혜는 구원받는 수준에 이를 때까지 그가 갖고 있는 은혜를 증가시키는 일이 될 것이다. 적어도 자주 그래야 될 것이다. 그러나 마음의 회심은 이처럼 점진적으로가 아니고 즉각적으로 일어나고, 이것은 그리스도께서 영혼을 자신의 부르심에 맞게 변화시키기 때문에 일어나는 것이다. 로마서 8:28-30을 보라.

모든 피조물은 온갖 운동, 작용, 변화에 있어 이 목적 곧 택함 받은 자의 온전한 구속을 고대하고 있고, 성도들의 영광스럽고 영원한 통치가 이루어질 때까지 안식하지 못할 것이다. 그러므로 로마서 8:28-30 문맥에서 그렇게 말한다.[98]

29하나님이 미리 아신 자들을 또한 그 아들의 형상을 본받게 하기 위하여 미리 정하셨으니 이는 그로 많은 형제 중에서 맏아들이 되게 하려 하심이니라

8:29 만약 하나님이 도덕적 행위자의 의지를 미리 아시지 못한다면 인간의 타락이나 천사의 타락을 미리 아시지 못했을 것이고, 따라서 타락으로 인해 야기되는 결과인 다음과 같은 중대한 일들도 미리 아실 수 없었

을 것이다. 죄인들을 위하여 죽도록 자기 아들을 세상에 보내시는 것, 중대한 구속 사역과 관련된 모든 일, 그리스도께서 오시기 4천 년 전에 구속 사역을 준비하기 위하여 행하신 모든 일, 그리스도의 성육신과 생애와 죽음과 부활과 승천, 그리스도를 우주의 머리 곧 하늘과 땅, 천사들과 사람들의 왕으로 세우시는 일, 이 세상에 그리스도의 교회와 나라를 세우고 그리스도를 세상의 심판자로 정하시는 일, 사탄이 세상 속에서 그리스도의 나라를 반대할 때 행하는 일 그리고 사람들과 마귀들이 예속되어 있고 천사들이 관련되어 있는 심판 날의 중대한 일 처리와 같은 일들 말이다. 이 일들이 모두 타락하기 전에는 하나님이 모르셨던 것이 되고 만다. 만약 그렇다면, 다음과 같은 성경 본문과 이와 비슷한 다른 본문들은 아무 의미가 없거나 진실과 반대되는 것이 되고 말 것이다. "곧 창세전에 그리스도 안에서 우리를 택하사"(엡 1:4). "그는 창세전부터 미리 알린 바 되신 이나"(벧전 1:20). "하나님이 우리를 구원하사 거룩하신 소명으로 부르심은 우리의 행위대로 하심이 아니요 오직 자기의 뜻과 영원 전부터 그리스도 예수 안에서 우리에게 주신 은혜대로 하심이라"(딤후 1:9). 또 (구속 사역에 나타나 있는 하나님의 지혜에 대하여 말하는) 에베소서 3:11도 마찬가지다. "곧 영원부터 우리 주 그리스도 예수 안에서 예정하신 뜻대로 하신 것이라." 이 외에 다음 본문들도 보라. "영생의 소망을 위함이라. 이 영생은 거짓이 없으신 하나님이 영원 전부터 약속하신 것인데"(딛 1:2). "하나님이 미리 아신 자들을 또한 그 아들의 형상을 본받게 하기 위하여 미리 정하셨으니"(롬 8:29). "곧 하나님 아버지의 미리 아심을 따라······택하심을 받은"(벧전 1:2).[99]

택함 받은 자는 모두 "그로 많은 형제 중에서 맏아들이 되게 하려 하신 그 아들의 형상을 본받게 하기 위하여 미리 정하신" 자들이다(롬 8:29). "첫 사람은 땅에서 났으니 흙에 속한 자이거니와 둘째 사람은 하늘에서

나셨느니라. 무릇 흙에 속한 자들은 저 흙에 속한 자와 같고 무릇 하늘에
속한 자들은 저 하늘에 속한 이와 같으니, 우리가 흙에 속한 자의 형상을
입은 것같이 또한 하늘에 속한 이의 형상을 입으리라"(고전 15:47-49). 그
리스도는 은혜로 충만하고, "모두 그분의 충만하심과 은혜 위의 은혜를
받는다." 즉 그리스도인들 안에는 그리스도 안에 있는 은혜에 대응하는
은혜가 있고, 이 대응은 인주와 도장 사이의 대응 관계와 같다. 다시 말해
그리스도인들 안에는 그리스도의 인격에 대응하는 인격이 있다. 말하자
면 그리스도의 인격에 속해 있는 것과 동일한 종류의 은혜, 영과 기질이
그리스도인들에게도 속해 있다. 특별히 그리스도의 인격 안에 있는 경향
이 그리스도의 형상을 특별히 입은 자들 속에 들어 있다. 의의 태양의 빛
을 반사하여 빛을 비추는 그리스도인들은 그리스도와 동일한 종류의 밝
음으로 곧 동일하게 온화하고 감미롭고 상쾌한 광채로 빛을 비춘다. 하늘
에서 나오는 불로 점화되는 신령한 성전의 이 등불들은 동일한 종류의 불
꽃을 갖고 타오른다. 그 가지는 동일한 속성의 줄기와 뿌리를 갖고 있고,
동일한 수액을 갖고 있으며, 동일한 종류의 열매를 맺는다. 지체들은 머
리와 동일한 종류의 생명을 갖고 있다. 만약 그리스도인들이 그리스도가
갖고 계시는 것과 동일한 기질과 영을 갖고 있지 않다면, 그건 정말 이상
한 일일 것이다.[100]

　하나님이 자기 성도들에 대하여 갖고 계시는 영원한 사랑은 하나님
이 영원부터 성도들을 곧 그들의 성품을 사랑하셨기 때문에 단순히 보편
적인 사랑으로만 멈추는 게 아니다. 하나님은 성도들의 모습을 원래부터
즐거워하셨다. 그래서 개별적인 사람들에 대한 하나님의 사랑은 영원부
터 주어졌다. 하나님은 말하자면 그들을 이름으로 알고 계셨고, 이 개별
적인 성도들에게 자신의 사랑을 두셨다. 그러므로 하나님은 자기 성도들
을 미리 아셨다고 말한다. 즉 하나님은 영원부터 그들을 특별히 주목하

셨고, 그들을 자기 자신의 것으로 아셨다. "하나님이 미리 아신 자들을 또한……미리 정하셨으니"(롬 8:29).[101]

"하나님이 미리 아신 자들을 또한 그 아들의 형상을 본받게 하기 위하여 미리 정하셨으니"(롬 8:29). "자기 아들의 영향을 본받게 하는 것" 다시 말해 자기 아들을 닮고, 자기 아들의 거룩하심과 행복 안에서 자기 아들과 교제를 갖도록 하는 것, 이것이 하나님이 택함 받은 자를 예정하신 목적이다. 택함 받은 성도들은 그리스도의 죽음에서 곧 그분의 죄와 세상에 대한 죽으심에서 그리고 허물과 죄로 죽은 자 가운데서 살아나신 그리스도의 부활, 그리고 또한 첫 열매인 그리스도 다음으로 그리스도가 강림하실 때에 그분에게 속한 자들의 부활한 몸에서 하나님의 아들의 형상을 본받도록 하려고 예정된다. 또 성도들은 그리스도께서 의롭다 함을 얻으신 것에서 그분의 형상을 본받는다. 그리스도는 부활하셨을 때 의롭게 되셨다. 그리고 성도들은 의롭다 함을 얻을 때, 로마서 8:34에서 말하는 것처럼, 오직 그리스도의 의로우심 속에 그분과 함께 참여하게 된다. 성도들은 그리스도께서 아버지를 계시하시는 것에서 또는 그리스도의 아들 되심 속에서 그리스도의 형상을 본받게 되고, 또한 하나님의 자녀가 됨으로써 그들은 그리스도의 형제이며, 바울이 이 본문에서 지적하는 것처럼 오직 그리스도는 그들 가운데 맏아들이 되신다. 성도들은 아버지의 그리스도에 대한 사랑에서 그리스도의 형상을 본받게 되고, 그 안에서 성도들은 지체로 그리스도와 함께 참여하게 된다. 성도들은 그리스도께서 세상의 상속자가 되시는 것에서 그리스도의 형상을 본받게 되고, 그리하여 그리스도와 함께 공동 상속자가 된다. 성도들은 그리스도의 높아지심과 영화롭게 되시는 것에서 그리스도의 형상을 본받게 된다. 왜냐하면 그리스도와 그들은 함께 영광 속에 들어갈 것이기 때문이다. 성도들은 그리스도의 승천하심에서 그분의 형상을 본받게 되고, 따라서 그들도 승천할 것이다. 성도들은 그리스도의 몸의 영광에서 그분의 형상을 본받게 된다. 왜냐하면 그들의 몸은 그리스도의 영광스러운 몸과 같이 될 것이기 때문이다. 성도들은 그리스도께서 천국에서 아버지를 즐거워하는 것에서 그분의 형상을 본받게 된다. 성도들은 그리스도의 지체가 됨으로써 아버지의 무한하신 사랑을 즐거워하는 일에 그리고 아버지 안에서 기쁨을 찾는 일에 그분과 함께 참여할 것이기 때문이다. 그리스도의 기쁨은 성도들 속에서 성취되고, 그리스도는 아버지께서 자기에게 주신 영광을 그들에게 주셨다. 성도들은 그리스도께서 세상을 다스리시는 일에서 그분의 형상을 본받게 된다. 성도들은 그리스도께서 아버지에게 받으신 것에 따라 그리스도와 함께 그분의 보좌에 앉아 만국에 대한 권세를 갖고 있으며, 만국을 철장으로 다스리며 만국을 질그릇 깨뜨리는 것처럼 깨뜨릴 것이다. 성도들은 그리스도께서 세상을 심판하시는 것에서 그분의 형상을 본받게 될 것이다. 왜냐하면 그들도 세상을 심판하게 될 것이기 때문이다. 아니 한 걸음 더 나아가 성도들은 그리스도와 함께 앉아 천사들도 심판할 것이다. 성도들이 그리스도의 형상을 본받게 될 때 주어지는 이 영광, 이 특권과 행복은 그들이 예정을 받게 된 목적이고, 여기서 바울이 염두에 두고 있는 것은 성도들이 단순히 회심과 성화에 있어서만 그리스도를 본받는 것이 아니라 그리스도의 형상을 전체적으로 본받는 것이다. "하나님이 미리 아신 자들을 또한……." 이 표현의 힘을 제대로 판단하려면 신명기 33:9, 시편 31:7, 마태복음 25:12, 요한복음 9:21을 보라. 출애굽기 2:25의 "하나님이 그들을 기억하셨더라"는 원문이 "하나님이 그들을 아셨더라[knew]"로 되어 있다. 따라서 히브리어에서 '모다'는 친족이나 가까운 친구를 의미하고, '모다아트'는 친척과 인척을 의미하는데, 모두 '야다' 곧 "알다"에서 나온 말이다. 욥기 9:21와 잠언 12:10의 "자기의 가축의 생명을 돌보나"를 보라. 잠언 본문의 원문은 "자기 가축의 생명을 알고 있으

나"로 되어 있다.[102] ☐

³⁰또 미리 정하신 그들을 또한 부르시고 부르신 그들을 또한 의롭다 하시고 의롭
다 하신 그들을 또한 영화롭게 하셨느니라 ³¹그런즉 이 일에 대하여 우리가 무슨
말 하리요 만일 하나님이 우리를 위하시면 누가 우리를 대적하리요 ³²자기 아들
을 아끼지 아니하시고 우리 모든 사람을 위하여 내주신 이가 어찌 그 아들과 함
께 모든 것을 우리에게 주시지 아니하겠느냐

8:30 하나님은 모든 시대에 걸쳐 타락한 인간들의 영혼을 회심시키는 사
역을 수행하시는 것처럼, 또한 그리스도의 공의로 말미암아 그들의 모든
죄를 제거하고 자신의 눈에 그들을 의로운 자로 받아들이고, 사탄의 자녀
였던 그들을 양자로 삼아 자신의 자녀로 만드심으로써 그들을 의롭게 하
신다. 또한 하나님은 그들 속에 시작하신 은혜의 사역을 지속하심으로써
그들을 거룩하게 하시고, 자신의 영의 안위로 그들을 위로하시며, 그들의
육체가 죽었을 때 그들에게 그리스도의 대속의 열매인 영원한 영광을 주
셔서 그들을 영화롭게 하신다. 이것이 로마서 8:30의 내용이다. "또 미리
정하신 그들을 또한 부르시고 부르신 그들을 또한 의롭다 하시고 의롭다
하신 그들을 또한 영화롭게 하셨느니라."[103]

하나님은 기쁘게 변화시켜 예수 그리스도께 나아오도록 부르시는 자
들을 또한 의롭게 하셨다. "부르신 그들을 또한 의롭다 하시고"(롬 8:30).
예수 그리스도를 영접하고 그분에게 나아올 때 그들의 죄는 완전히 제거
된다. 그들에게 죄책을 주는 죄악이 무엇이든 간에 하나님은 그 죄책을
더 이상 기억하지 않으시고 그들은 처벌에서 해방된다. 그런데 그뿐만이
아니다. 그들은 호의 속에 들어가고 영생을 선고받는다. 그들은 그리스도
께서 취득하신 영광스러운 모든 복을 받는 권리를 갖고 있다.[104]

하나님은 사람들이 그리스도를 믿고 그분에게 나아올 것이라는 것을

예견하신 결과 그들을 택하신 것이 아니었다. 믿음은 선택의 원인이 아니라 선택의 결과다. "영생을 주시기로 작정된 자는 다 믿더라"(행 13:48). 하나님이 사람들을 그리스도에게 부르시고 그분에게 나아오도록 이끄시는 것은 하나님이 그들을 먼저 택하셨기 때문이다. 선택이 믿음에 대한 예견에서 나오는 것으로 가정하는 것은 부르심을 선택보다 먼저 두는 것이고, 이것은 성경이 제시하는 구원 순서와 반대된다. "미리 정하신 그들을 또한 부르시고"(롬 8:30).[105]

이 본문은 견인을 두 가지로 증명한다. 첫째, 우리는 "미리 정하신 그들을 또한 부르시고"라는 말을 듣는다. 우리는 미리 정해진 자들 곧 오직 그런 자들만이 부르심을 받는 것으로 이해해야 한다. 따라서 부르심 받은 자는 모두 예정되거나 택함 받은 자들이다. 그리고 택함 받은 자들은 최종적으로 멸망할 수 없다(마 24:24). 둘째, 우리는 부르심 받은 자는 모두 의롭게 되고 영화롭게 된다는 말을 듣는다. 따라서 부르심 받은 자는 모두 천국에 갈 것이다.[106] □

8:31 우리가 하나님이 어떤 사람들을 선을 많이 행하는 도구로 삼으셔서 그들에게 성공을 베푸실 때, 그것을 하나님이 그 사람들과 그들이 취하는 모든 과정을 인정하셨다는 증거로 보는 것은 잘못이다. "하나님이 그들에게 미소를 짓고, 그들에게 복을 베푸셨고, 그들에게 큰 성공을 허락하셨으며, 아무리 많은 잘못된 일로 죄를 범했다고 그들을 비난하더라도 하나님이 그들과 함께하시는 것이 분명한데, 누가 그들을 비난할 수 있겠는가"(롬 8:31)라는 주장은 무분별하고 불법적인 행위로 비난을 받는 일부 사역자들이 자신의 행위를 변명하기 위하여 사용하는 핵심적인 구실이다. 그들은 이런 수단을 통해 자기들의 비행을 깨닫도록 주어지는 모든 말에 귀를 막아 버렸다. 섭리의 사건들을 따라 하나님의 생각과 뜻을 판

단할 때 사람들이 잘못된 판단을 할 수 있는 길은 무수히 많다. 사람의 성
공이, 하나님이 그 사람 안에서 보시는 인정할 만한 어떤 것에 대한 보상
이라고 해도, 그것이 하나님이 그 사람 안에 있는 모든 것을 인정하신다
는 증거는 아니다.[107]

성도들은 하나님에 대한 사랑 때문에 자기들이 받는 손해를 기꺼이 감
수한다. 왜냐하면 하나님에 대한 사랑이 사람들에게 받는 손해보다 훨씬
더 소중하기 때문이다. 하나님에 대한 사랑 때문에 성도들은 다른 사람들
에게 받는 손해를 염두에 두지 않는다. 그러므로 아무도 하나님을 진실로
사랑하는 자들을 해칠 수 없다. 그들의 생명은 그리스도와 함께 하나님
안에 감추어져 있기 때문이다(골 3:3). 하나님은 그들의 아버지이자 보호
자이고, 그들을 독수리 날개 위로 높이 데리고 간다. "하나님을 사랑하는
자 곧 그의 뜻대로 부르심을 입은 자들에게는 모든 것이 합력하여 선을
이루느니라"(롬 8:28). "만일 하나님이 우리를 위하시면 누가 우리를 대적
하리요"(롬 8:31).[108]

개혁파 기독교의 후손들 가운데 이런 행동주의에 대한 추진력이 충만
하게 된 것은 하나님의 주권에 대한 칼빈주의의 고상한 교리에서 주로 근
원한다. 역사 속에서 결코 좌절될 수 없는 하나님의 목적에 순종하도록
하나님의 종으로 부르심을 받은 자는 불굴의 용기를 갖고 모든 원수와 맞
서도록 준비된다. "만일 하나님이 우리를 위하시면 누가 우리를 대적하리
요"(롬 8:31). 나아가 칼빈주의자는 하나님의 부르심의 확신에 대하여 질
문할 때 반드시 "내가 택함 받은 자라는 것을 어떻게 알 수 있는가?"라는
질문을 던졌다. 칼빈은 이 질문에 대하여 일률적인 대답이 불가능하다고
주장했다. 왜냐하면 이런 문제는 하나님의 측량할 수 없는 경륜에 매여
있기 때문이다. 그러나 칼빈은 그럼에도 불구하고 선택에 대하여 몇 가지
가시적인 증거들이 있다고 주장했다. 그 가운데 하나가 하나님의 뜻에 엄

밀하게 순종하는 정직한 삶이었다.[109]

8:32 우리가 로마서 8장의 바울의 강론을 충분히 파악하게 되면, 바울의 말이 함축하거나 의도하지 않는 것이 무엇인지 분명하게 드러날 것이다. 우리는 문맥을 통해 삼위 하나님 곧 신격의 각 위격이 성도들을 위하시고, 성도들을 위하여 일하시는 것을 깨닫게 된다. 성부 하나님은 "자기 아들을 아끼지 아니하시고"(롬 8:32), 성도들을 의롭게 하시며(롬 8:33).[110]

이 행복이 얼마나 큰지 생각할 때 나는 때때로 그 복이 거의 믿을 수 없는 것처럼 보인다. 그러나 그리스도의 죽음과 고난은 이 복에 속해 있는 모든 것을 믿을 수 있는 것으로 만든다. 왜냐하면 하나님이 우리가 행복을 얻는 방법과 수단 속에 자신의 사랑을 보여주도록 정하셨다면, 목적인 행복 자체를 믿을 수 없게 만드는 것은 아무것도 없을 것이기 때문이다. 만약 하나님이 우리가 행복을 얻는 방법과 수단에 대하여 이같이 역사하신다면, 성도들의 행복과 영광을 크게 만들기 위한 일에 대해서도 무한한 지혜를 사용하실 것이다. 만약 하나님이 자기 아들을 아끼지 아니하시고 우리 모든 사람을 위하여 내주셨다면, 어찌 그 아들과 함께 모든 것을 우리에게 주시지 아니하겠는가(롬 8:32). 이것만큼 성도들이 갖고 있는 복을 확증하는 것은 절대로 없을 것이다. 만약 사람이 행복을 얻는 수단 속에 사람에게 주어지고 사람을 위하여 행해진 것이 너무 커서 더 행해질 역사가 없다면, 사람에게 목적으로 주어지는 것도 너무 커서 더 행해질 역사가 아무것도 없고, 사람이 누릴 행복도 그보다 더 크지 아니할 것이다.[111]

"여호와께 부르짖어 이르되 주께서 종의 손을 통하여 이 큰 구원을 베푸셨사오나 내가 이제 목말라 죽어서 할례 받지 못한 자들의 손에 떨어지겠나이다"(삿 15:18). 삼손이 행한 대부분의 이적 행위는 확실히 그리스도께서 행하는 이적의 모형으로 의도되었고, 또 삼손이 원수들에 맞서 기적적으로 승리한 것은 그리스도께서 흑암의 세력과 큰 투쟁 속에 들어가 승리한 것의 그림자로 의도되었던 것처럼, 우리가 지금 설명하고 있는 말씀도 그리스도의 중보를 표상할 것이다. 말하자면 이 중보로 말미암아 그리스도는 고난 받으신 후에 성령을 받으시고, 그리스도의 지체 또는 자신의 몸인 교회를 이루고 있는 신자들을 위하여 겪으신 고난 곧 큰 싸움과 승리와 기도를 하나님께 내세우시며, 그렇게 하나님은 그리스도의 싸움과 승리를 통해 우리의 큰 구속을 이루셨다. 그러므로 신자들은 하나님이 자비로 자기들이 목말라 죽지 않고, 자기들의 영혼이 치명적인 원수의 손에 떨어지지 않도록 성령 곧 생명수를 충분히 제공하신 것을 명심하지 않을 수 없는데, 이것은 로마서 5:6-10, 8:32에 나타나 있는 것과 동일한 주장이다. 그리스도께서 하늘에서 이런 변론을 펼치시는 것은 자신의 택함 받은 자들이 목말라 멸망하면 마치 자신이 목말라 멸망한 것처럼 보시는 것이 자신의 관점이자 하나님의 관점이기 때문이다. 그리고 그리스도는 이 변론을 자신의 영(곧 성도들 속에 있는 믿음과 기도의 영)을 통해 펼치신다.[112]

하늘에 있는 성도들은 자기들에게 영광을 주신 것에 대하여 하나님을 찬양할 것이다. 그러나 그것이 그리스도의 피로 말미암아 취득된 후에 그들에게 주어진 실제 영광은 그리스도의 피로 말미암아 취득된 것만큼 큰 것이 결코 아니다. 영원하신 하나님의 아들 그리스도가 사람이 되셔서 자기 목숨을 내놓으신 것은 태초부터 세상 끝 날까지, 지금까지 영화롭게 되거나 앞으로 영화롭게 될 모든 성도가 받는 영광보다 훨씬 더 큰일이었다. 그리스도를 죽음에 내놓으신 것은 다른 모든 자비를 초월한다. 왜냐하면 다른 모든 것이 그리스도의 죽음을 통해 나오기 때문이다. 그러므로 그리스도를 주신 것은 그리스도를 위하여 다른 모든 것을 주시는 것보다 더 큰일이다. 이것은 로마서 8:32로 보아 분명히 드러난다. "자기 아들을 아끼지 아니하시고 우리 모든 사람을 위하여 내주신 이가 어찌 그 아들과 함께 모든 것을 우리에게 주시지 아니하겠느냐."

만약 우리가 하나님이 자기 백성을 위하여 기꺼이 무엇을 하시는지 또는 하나님의 마음속에서 하나님이 그들을 위하여 무엇을 하실 수 있는지 판단하려면, 우리는 하나님이 실제로 행하신 일이 무엇인지 살펴보아야 한다. 하나님은 그들을 위하여 죽도록 자신의 유일하신 독생자를 주셨다. 이 크고 놀라운 하나님의 행위와 선물을 살펴보는 것으로 증명은 충분하다. 이 경우에 이 하나의 증명은 완벽한 증명이나 다름없다. 하나님은 하나님이셨던 분인 자기 아들을 주셔서 우리를 위하여 죽고 저주가 되게 하셨다.[113]

33누가 능히 하나님께서 택하신 자들을 고발하리요 의롭다 하신 이는 하나님이시니 **34**누가 정죄하리요 죽으실 뿐 아니라 다시 살아나신 이는 그리스도 예수시니 그는 하나님 우편에 계신 자요 우리를 위하여 간구하시는 자시니라

8:33 나아가 여러분이 사람들에게 정죄를 받거나 고난을 당한 것은 의심할 것 없이 하나님께 인정을 받을 것이다. 나는 여러분이 하나님에게서 영광스러운 보상을 받을 것이라고 믿는다. 왜냐하면 여러분이 고난 받는 것은 분명히 하나님이 원인이기 때문이다. 만일 하나님이 우리를 위하시면 누가 우리를 대적할 수 있겠는가(롬 8:31). 의롭다 하신 이는 하나님이시니, 누가 능히 우리를 고발할 수 있겠는가(롬 8:33).[114]

8:34 그리스도의 높아지심, 곧 그리스도께서 죽은 자에게서 살아나고 하늘로 올라가신 것은 종종 복음의 충분함의 한 증거로 주장된다. 말하자면 그리스도께서 행하고 고난 받으신 것이 우리를 위한 충분한 역사였다는 것을 증명하는 큰 증거이다. 로마서 8:34에서 그렇게 말한다. "누가 정

죄하리요. 죽으실 뿐 아니라 다시 살아나신 이는 그리스도 예수시니 그는
하나님 우편에 계신 자요 우리를 위하여 간구하시는 자시니라." 또 이렇
게도 말한다. "그는 육신으로 나타난 바 되시고 영으로 의롭다 하심을 받
으시고"(딤전 3:16). 즉 하나님은 그리스도를 중보자로 의롭게 하시고, 그
분의 옥문을 열어 그분이 행하신 일이 충분하다고 선언하셨다. 주어질 수
있는 최고의 예증은 바로 이것이다. 그리스도는 우리를 대신하여 우리의
죄를 자신이 짊어지고, 모든 책임을 감당하셨다.[115]

우리는 문맥을 통해 삼위 하나님 곧 신격의 각 위격이 성도들을 위하
고, 성도들을 위하여 일하시는 것을 깨닫게 된다. 성부 하나님은 "자기 아
들을 아끼지 아니하시고"(롬 8:32), 성도들을 의롭게 하시며(롬 8:33), 성
도들의 아버지가 되신다(롬 8:14 이하). 성자 하나님은 성도들을 위하여
죽고 부활하고 하나님 우편으로 승천하셨고, 또 성도들을 위하여 지속적
으로 간구하신다(롬 8:34). 그리고 성령 하나님은 성도들의 영과 함께 성
도들이 하나님의 자녀인 것을 증언하고, 성도들의 연약함을 도우시며, 성
도들을 인도하고 지도하신다(롬 8:14-16, 23, 26-27).[116]

확실히 신자의 칭의는 신자가 모든 신자의 머리 및 대속물이 되시는
분과 교제 속에 들어가고, 또는 그분의 칭의에 참여하게 된 것 외에 다른
것이 아니다. 왜냐하면 그리스도는 단순히 개인으로서가 아니라 우리의
대속물로서 죄의 형벌을 받으신 것처럼, 이 고난 이후에 죽은 자 가운데
서 부활하셨을 때에도 단순히 개인으로서가 아니라 자기를 믿는 모든 자
의 대속물과 대표로서 의롭다 함을 얻으셨기 때문이다. 따라서 바울에 따
르면, 그리스도는 자기 자신을 위해서뿐만 아니라 우리의 칭의를 위해서
도 부활하셨다. "예수는 우리가 범죄한 것 때문에 내줌이 되고 또한 우리
를 의롭다 하시기 위하여 살아나셨느니라"(롬 4:25). 바로 이런 이유로 바
울은 로마서 8:34에서 "누가 정죄하리요. 죽으실 뿐 아니라 다시 살아나

신 이는 그리스도 예수시니"라고 말한다.[117]

이처럼 예수 그리스도는 정복자로 다스리신다. 곧 죄와 사망과 모든 원수를 파멸시키고, 몸을 대속하고, 몸과 영혼을 함께 묶고, 마지막으로 최후의 판결을 선언하신다. 그리고 이런 의미에서 성경은 통상적으로 그리스도께서 하나님 우편에 앉아 우리를 위하여 중보하고(로마서 8:34에서처럼. 그리고 거기에 앉아 계시는 것은 다스리는 것을 의미한다), 원수들을 멸망시키며, 사망과 정죄의 위험에서 우리를 벗어나게 하신다고 말한다.[118]

그들은 그의 아들이 사망하셨음을, 곧 죄와 세상에 대해 그 아들이 죽으셨음을, 허물과 죄로 죽었다 다시 살아남으로 그 아들이 부활하셨음을, 그리고 또 자신들의 몸이 부활할 것을, 곧 첫 열매로 그리스도가 부활하고 그 후에 그리스도가 재림할 때 그들도 부활할 것을 확신하도록 예정되어져 있다. 그들은 그리스도가 의로우심을 확신한다. 그리스도는 부활하심으로 의롭게 되셨다. 그리고 로마서 8:34의 말씀과 같이 자신이 의롭다는 것을 믿는 자들은 그와 함께 의로움에 참여한다.[119]

이 수단을 통해 참 성도들은 하나님의 율법의 정죄와 모든 저주에서의 자유를 누리는 상태에 들어간다. "누가 정죄하리요"(롬 8:34). 그리고 이 수단을 통해 참 성도들은 자연스럽게 그들을 엄습하는 두렵고 영원한 비참에서 안전하게 되고, 그들의 모든 원수의 세력에서 크게 벗어나며, 따라서 지옥문과 흑암의 세력은 결코 그들을 파괴할 수 없다. 또 악인들도, 비록 참 성도들을 박해하기는 해도, 영원히 해칠 수는 없다.[120]

로마서 8:33-34을 보라. 도드리지 박사는 이 본문을 이렇게 번역한다. "누가 하나님의 선택을 감히 비난할 수 있는가. 그는 하나님 아니신가. 의롭게 하는 자는 그분이 아니신가. 정죄하는 그분이 누구시겠는가. 그는 그리스도가 아니신가. 죽으신 분은 그가 아니신가. 그뿐만 아니라 그는 다시 산 자이고, 지금 하나님 오른편에 앉아 있고, 또 우리를 위하여 간구하는 분이 아니신가." 그런 다음 도드리지 박사는 이렇게 주석을 덧붙인다. "나는 여기서 학식 있고 천재적인 새뮤얼 해리스 박사의 『구약 묵상』이 제시한 요점을 따르고 있다. 그 책은 본문의 정신을 잘 예증하고, 저자가 고대 그리스 웅변가 데모스테네스의 웅장한 수사학에서 두드러지게 나타나는 표현 방식을 덧붙이는 것이 얼마나 정당한지를 증명한다."[121]

³⁵누가 우리를 그리스도의 사랑에서 끊으리요 환난이나 곤고나 박해나 기근이나 적신이나 위험이나 칼이랴 ³⁶기록된 바 우리가 종일 주를 위하여 죽임을 당하게 되며 도살 당할 양 같이 여김을 받았나이다 함과 같으니라

8:35 다시 한 번 로마서 8:35-37에서 바울은 환난, 곤고, 박해, 기근, 적신, 위험, 칼도 끊을 수 없는(롬 8:35) 그리스도의 사랑에 대하여 말한다. 그리스도로 말미암아 받는 고난이 사랑의 열매를 크게 맺느다는 점에서, 바울이 다른 곳에서 종종 사랑의 열매로 말하는 것을 사랑의 다양한 열매를 공개적으로 언급하는 여기서 빠뜨릴 것이라고 보는 것은 가능하지 않을 것이다.[122]

"하나님을 사랑하는 자에게는 모든 것이 합력하여 선을 이룬다"는 바울의 말은 어떤 면에서는 모든 성도에게 항상 그리고 모든 상황 속에서 이루어지는 것이다. 그렇지만 더 특별히 그리고 더 두드러지게, 고난의 때에 하나님의 사랑을 행사하거나 하나님의 사랑의 열매를 맺음으로써 하나님에 대한 사랑을 계속 실천하는 성도들에게서 이루어진다. 따라서 이때 시험, 원수, 고난은 가장 좋은 선이 될 것이다. 이것들이 성도들에게 최고의 선이 되어 모든 면에서 그들의 선에 가장 합당한 일을 이룰 것이다. 그리고 성도들은 환난, 곤고, 박해, 기근, 적신, 위험, 칼을 이기는 정복자 이상의 존재가 될 것이다(롬 8:35-37).[123]

그러나 이런 변화는 성도들에 대한 하나님의 사랑을 바꾸거나 변경시

291

키지 못한다. 성도들도 변화를 일으키기 쉬운 존재다. 성도들은 정말 지독한 고통을 겪을 수 있고, 일반적으로 사람들의 미움과 멸시를 받을 정도로 크게 타락할 수도 있다. 성도들은 세속적 번성에서 나락으로 떨어질 수 있고, 사람들의 모욕의 대상, 아니 심지어는 미움을 받고 박해를 받아 죽음에 이를 수도 있다. 욥의 경우가 바로 그랬다. "그러나 이제는 나보다 젊은 자들이 나를 비웃는구나. 그들의 아비들은 내가 보기에 내 양 떼를 지키는 개 중에도 둘 만하지 못한 자들이니라"(욥 30:1). 헤만의 경우도 마찬가지였다. "주는 내게서 사랑하는 자와 친구를 멀리 떠나게 하시며 내가 아는 자를 흑암에 두셨나이다"(시 88:18). 그럴지라도 성도들에 대한 하나님의 사랑은 절대로 실패가 없다. "누가 우리를 그리스도의 사랑에서 끊으리요. 환난이나 곤고나 박해나 기근이나 적신이나 위험이나 칼이라"(롬 8:35).[124]

로마서 8:35-39을 보라. 바울은 로마서 8:35에서 성도들의 그리스도에 대한 사랑에 대하여 말하고, 이것은 이어지는 두 구절(36-37절)에서 증명된다. 이 두 구절에서 바울은 성도들의 사랑의 견인성을 강조한다. 그리고 로마서 8:38-39에서 바울은 그리스도의 성도들에 대한 사랑의 항구성과 불변성에 대하여 말한다. 이때 바울은 후자를 전자의 근거로 제시한다. 성도들의 그리스도에 대한 사랑은 절대로 실패가 없을 것인데, 그 이유는 그리스도의 성도들에 대한 사랑이 실패가 없을 것이기 때문이다. 따라서 로마서 8:37-38과 관련되어 있는 방식이 증명하는 것처럼, 그리스도는 성도들의 사랑이 실패하지 않도록 하실 것이다.[125]

[37]그러나 이 모든 일에 우리를 사랑하시는 이로 말미암아 우리가 넉넉히 이기느니라 [38]내가 확신하노니 사망이나 생명이나 천사들이나 권세자들이나 현재 일이나 장래 일이나 능력이나 [39]높음이나 깊음이나 다른 어떤 피조물이라도 우리를

우리 주 그리스도 예수 안에 있는 하나님의 사랑에서 끊을 수 없으리라

8:37 우리는 참 신자가 세상을 이긴다는 말을 듣는다. "무릇 하나님께로
부터 난 자마다 세상을 이기느니라. 세상을 이기는 승리는 이것이니 우리
의 믿음이니라"(요일 5:4). 참 신자는 세상의 아첨과 불쾌함을 모두 이긴
다. 세상의 무기는 고난과 어려움이다. 만약 신자들이 그리스도를 위하여
맞설 영을 갖고 있지 않은 채 이것들에 직면한다면, 이 무기와 고난을 통
해 세상은 그들을 굴복시키고 승리를 취한다. 그러나 그리스도는 자기 군
사들에게 세상을 이기는 승리를 주신다. 나아가 신자들은 그들을 사랑하
시는 그리스도로 말미암아 정복자 이상의 존재다(롬 8:37). 우리는 이기는
자들에게 약속이 주어지는 것을 가끔 본다. 그러나 두려워하는 자들 곧
이 싸움에서 용기가 없는 자들은 그리스도의 겁쟁이 군사이고, 따라서 승
리하지 못하고, 요한계시록 21:8에서 보는 것처럼 경고가 주어진다. "그
러나 두려워하는 자들과 믿지 아니하는 자들과 흉악한 자들과 살인자들
과 음행하는 자들과 점술가들과 우상 숭배자들과 거짓말하는 모든 자들
은 불과 유황으로 타는 못에 던져지리니 이것이 둘째 사망이라."[126]

8:38 우리가 로마서 8장의 바울의 강론을 충분히 파악하게 되면, 바울의
말이 함축하거나 의도하지 않는 것이 무엇인지 분명하게 드러날 것이다.
우리는 문맥을 통해 삼위 하나님 곧 신격의 각 위격이 성도들을 위하고,
성도들을 위하여 일하시는 것을 깨닫게 된다. 성부 하나님은 "자기 아들
을 아끼지 아니하시고"(롬 8:32), 성도들을 의롭게 하시며(롬 8:33), 성도
들의 아버지가 되신다(롬 8:14 이하). 성자 하나님은 성도들을 위하여 죽
고 부활하고 하나님 우편으로 승천하셨고, 또 성도들을 위하여 지속적으
로 간구하신다(롬 8:34). 그리고 성령 하나님은 성도들의 영과 함께 성도

들이 하나님의 자녀인 것을 증언하고, 성도들의 연약함을 도우시며, 성도
들을 인도하고 지도하신다(롬 8:14-16, 23, 26-27). 그리고 하나님의 모든
피조물 곧 고통으로 신음하고 탄식하는 전체 피조물은 "하나님의 아들들
의 나타나는 것"을 고대하고(롬 8:19-22), 심지어는 그들의 박해하는 원
수들(롬 8:33-37), 이 세상과 다가올 세상에 있는 것들뿐만 아니라 천사와
마귀들(롬 8:38)까지 그리고 번성 속에 있거나 역경과 징벌 속에 있거나
(롬 8:35-37) 또는 생명을 주거나 사망을 이끌거나(롬 8:38) 막론하고, 섭
리의 모든 통치 등 모든 것이 성도들 편이 되고, 성도들의 선을 위하여 합
력할 것이다. 그러나 문맥 전체에는 단순히 부정적인 섭리의 모든 통치와
은혜를 억제시키거나 수단과 이점을 억제시키는 이 통치의 부정적인 결
과를 가정하도록 이끌고, 따라서 가능한 이점을 더 축소시키거나 더 높은
수준의 거룩함과 행복으로 이끌지 못하도록(또한 선을 행하지 못하도록) 만
들 수 있는 것이 조금도 들어 있지 않다.[127]

로마서 9장

1-2내가 그리스도 안에서 참말을 하고 거짓말을 아니하노라 나에게 큰 근심이 있는 것과 마음에 그치지 않는 고통이 있는 것을 내 양심이 성령 안에서 나와 더불어 증언하노니 **3**나의 형제 곧 골육의 친척을 위하여 내 자신이 저주를 받아 그리스도에게서 끊어질지라도 원하는 바로라 **4**그들은 이스라엘 사람이라 그들에게는 양자됨과 영광과 언약들과 율법을 세우신 것과 예배와 약속들이 있고 **5**조상들도 그들의 것이요 육신으로 하면 그리스도가 그들에게서 나셨으니 그는 만물 위에 계셔서 세세에 찬양을 받으실 하나님이시니라 아멘

9:1 "성령이 친히 우리의 영과 더불어······증언하시나니"(롬 8:16). 또 로마서 9:1-2에서 "내 양심이 성령 안에서 나와 더불어 증언하노니"라고 말하는 것도 여기서 바울의 의미를 확증하는 데 도움을 줄 것이다. 왜냐하면 바울은 여기서 일반적으로 증언하는 것과 같이, 거기서는 특별하게 하나님의 은혜 또는 신적 공로를 증언하기 때문이다. 그리고 똑같은 두 가지 사실, 곧 성령의 증언과 자기 자신의 영 곧 양심의 증언이 관심사로 언급된다.[1]

9:1-3 사도 바울은 지금까지 살았던 어떤 사람보다 하나님을 헌신적으로 따랐으며 하나님의 사랑의 능력 아래 있었던 사람이었지만 동포 유대인에 대하여 각별한 관심을 갖고 있었다. 그 이유는 그들이 자신의 형제

곧 골육의 친척이었기 때문이다. 바울은 우리에게 자신이 유대인에 대하여 큰 근심과 마음에 그치지 않는 고통이 있고, 그들을 위하여 자신이 그리스도에게서 끊어지는 저주를 받을 수도 있다고 말하는 것으로 보아(롬 9:1-3), 그들에 대하여 사랑에서 나오는 매우 깊은 슬픔을 갖고 있었던 것을 알 수 있다.[2]

9:3 "내 자신이 저주를 받아 그리스도에게서 끊어질지라도 원하는 바로라." 원문을 보면, "내 자신이 그리스도에게서 저주가 있어"로 되어 있다. "저주"를 의미하는 헬라어 '아나데마'(*anathema*)는 '아나티데미'(*anatithemi*)에서 나오고, 라틴어 '세포노'(*sepono*)는 '세오리심 포노'(*seorsim pono*)에서 나온 말이다. 바울의 의미는 아마 다음과 같았을 것이다. 곧 그리스도께서 이 세상에서 자신의 가시적인 백성들의 교제와 특권에서 축출된 사람으로 끊어지고, 죽음 곧 마지막에 있을 죽음의 저주를 받으신 것처럼, 다시 말해 그리스도께서 하나님의 얼굴이 감추어진 상태 아래 있고, 한동안 하나님의 불쾌감 아래 있는 두려운 결과 아래 죽음으로써 땅에서 끊어지고, 따라서 우리를 위하여 저주가 되고, 아버지 하나님에게서 고난을 받고, 사람들에게서 멸시와 거부를 당하고, 생전에 저주받은 자로 회당에서 쫓겨나고, 결국 우리를 위하여 저주받은 죽음을 겪으신 것처럼, 자기도 유대인을 위하여 그리스도에게서 고난을 받을 용의가 있다는 것이다. 그리스도께서 우리를 사랑하신 것처럼 바울도 자기 형제를 지극히 사랑했다.

"내 자신이 저주를 받아 그리스도에게서 끊어질지라도 원하는 바로라." 도드리지 박사는 이 말을 이렇게 번역한다. "내 자신이 그리스도의 본보기를 따라 저주가 되기를 원하는 바로라." 즉 바울은 그리스도처럼 격노한 사람들의 온갖 저주에, 아니 심지어는 십자가에 못 박히는 수치스럽고 저주받은 죽음에 처해지기를 바란다는 것이다. "박사는 이렇게 주석을 덧붙인다." 이 의미는 학식 있는 워터랜드(Waterland) 박사가 제시하는 것이다. 박사는 여기서 전치사 '아포'(ἀπό)의 용법을 강조한다. 디모데후서 1:3의 '아포 톤 프로고논'(ἀπὸ τῶν προγόνων) 곧 "조상 적부터[조상의 본보기를 따라]"가 한 실례다. 요한일서 3:16과 비교해 보라. "그가 우리를 위하여 목숨을 버리셨으니 우리가 이로써 사랑을 알고 우리도 형제들을 위하여 목숨을 버리는 것이 마땅하니라."[3]

그리스도의 영으로 충만한 자들이, 영혼들에 대한 하나님의 진노의 잔을 기꺼이 찌꺼기까지 들이마실 정도로 그토록 강력한 사랑과 관심을 갖고 그리스도께서 자기들에게 보여주신 사랑에 걸맞게, 영혼들에 대한 사랑을 보여주는 것이 왜 이상하게 생각되어야 하겠는가? 그리고 그리스도는 영혼들을 위하여 자신의 피를 제공하신 것과 함께 그들의 대제사장으로서 극도의 고뇌와 함께 "심한 통곡과 눈물"(히 5:7)을 보여주셨고, 이때 그리스도의 영혼은 말하자면 택함 받은 자의 영혼을 위한 산고(産苦) 속에 있었다. 그러므로 영혼들을 구원하실 때 그리스도는 "자기 영혼의 수고한 것을 보았다"(사 53:11)고 말한다. 영혼들을 사랑하고 염려하는 이런 영이 바로 그리스도의 영이었던 것처럼 교회의 영도 마찬가지다. 그러므로 그리스도께서 세상에서 그리고 사람들의 영혼 속에서 일으키셨던 소원과 추구를 갖고 있는 교회는 "아이를 배어 해산하게 되매 아파서 애를 쓰며 부르짖는" 여자(계 12:2)로 상징된다. 다른 사람들의 영혼을 위하여 고통 속에 있던 자들의 영은, 내가 확인할 수 있는 한, 영혼들을 위하여 고통을 겪고 다른 사람들을 위하여 기꺼이 "저주를 받아 그리스도에게서 끊어지기를" 바란(롬 9:3) 바울의 영과 차이가 없는 것으로 보인다. 시편 기자의 영도 마찬가지다. "주의 율법을 버린 악인들로 말미암아 내가 맹렬한 분노에 사로잡혔나이다"(시 119:53). "그들이 주의 법을 지키지 아니하므로 내 눈물이 시냇물같이 흐르나이다"(시 119:136). 그리고 선지자 예레미야의 영도 마찬가지다. "슬프고 아프다. 내 마음속이 아프고 내 마음이 답답하여 잠잠할 수 없으니 이는 나의 심령이 나팔 소리와 전쟁의 경보를 들음이로다"(렘 4:19). 이것은 이사야 22:4, 예레미야 9:1, 13:17, 14:17에도 나타나 있다. 우리는 모르드개가 자기 백성들이 세속적 파괴로 멸망당할 위험 속에 있음을 알고, "자기의 옷을 찢고 굵은 베 옷을 입고 재를 뒤집어쓰고 성중에 나가서 대성통곡했다"(에 4:1)는 기사를 읽는다. 그렇다면 왜 사람들은 영원한 파멸을 향해 나아가고 있는 자들의 비참한 운명을 생각하고 부르짖는 것을 참을 수 없을 때 혼란스럽다고 생각되어야 하겠는가?[4]

9:3-5 종종 하나님의 백성으로 불리는 이스라엘 민족은 가시적 성도들과는 다른 어떤 특성을 갖고 있고, 어떤 도덕적·종교적 자격과 관련된 집단이 아니라, "골육의 친척에 따른 이스라엘" 사람은 어떤 의미에서 하나님의 택하심을 받은, 하나님의 특수한 언약 백성으로 의도된 민족인 것이 명백하다. 그것은 로마서 9:3-5로 보아 분명하다. "나의 형제 곧 골육의 친척을 위하여 내 자신이 저주를 받아 그리스도에게서 끊어질지라도 원하는 바로라. 그들은 이스라엘 사람이라 그들에게는 양자됨과 영광과 언약들과 율법을 세우신 것과 예배와 약속들이 있고 조상들도 그들의 것이요." 나는 여기서 언급된 이 특권들이 다음과 같이 유대인에게 속해 있는 것으로 전하고 있다고 지적했다. 곧 이 특권들은 "현재의 가시적 성도들도 아니고, 참된 신앙을 고백하는 자들도 아니고, 그리스도의 가시적 교회의 지체들(이들은 거기에 속하지 않았다)도 아니며, 오직 그들의 조상인 족장들과 관련된 이 민족, 이 혈통, 이 외적 혈연관계 속에 있는 사람들, 다시 말해 '골육의 친척에 따른' 이스라엘 사람에게 속해 있다. 바울이

여기서 비신자를 자처하는 믿지 않는 유대인에 대하여 말하고 있다는 점에서 보면, 그들은 기독교 교회 밖에 있고, 기독교 교회의 공개적인 가시적 원수들이었다. 그리고 그들은 그리스도의 백성의 외적 특권들에 대해서는 아무런 권리를 갖고 있지 않았다." 더 나아가 나는 또한 다음과 같이 지적했다. "로마서 11:28-29에서 바울은 똑같이 믿지 않는 유대인에 대하여, 그들은 어떤 면에서 택함 받은 자로서 하나님이 과거에 그들의 조상에게 주신 부르심, 약속과 언약들에 관심이 있고, 여전히 조상들로 말미암아 사랑을 받고 있지만 복음의 원수였다고 말한다. '복음으로 하면 그들이 너희로 말미암아 원수 된 자요 택하심으로 하면 조상들로 말미암아 사랑을 입은 자라. 하나님의 은사와 부르심에는 후회하심이 없느니라.'"[5]

9:4 "그들에게는 양자됨과 영광……이 있고." 의심할 것 없이 여기서 말하는 영광은 이스라엘 백성들이 언약궤를 빼앗기자 이스라엘의 참 친구들이 "영광이 이스라엘에서 떠났다"(삼상 4:21)고 부르짖으며 떠났다고 통탄했던 것과 동일한 영광이었고, 이때 영광은 하나님이 그 위에 나타나셨던 언약궤와 영광의 구름을 가리켰으며, 또는 오히려 그분의 친근한 임재를 이 표지들과 관련시키면 영광은 곧 예수 그리스도를 의미했다.[6]

9:5 "그는 만물 위에[또는 만물 '너머에'] 계셔서." 이것은 이전 구절들에서 언급된 그들의 조상 곧 훌륭한 인물로 명망이 드높았던 아브라함, 이삭, 야곱과 관련된 언급이다. 그러나 그리스도는 그들보다 훨씬 더 뛰어나시다.[7]

하나님이 이스라엘 민족에 대하여 그렇게 하신 것처럼, 한 특정 민족을 다른 모든 민족과 구별하는 중대하고 핵심적인 목적은 그 혈통에서 나오도록 되어 있던 장차 오실 메시아의 길을 준비시키기 위함이었다. 하나님이 아브라함 및 다른 족장들과 맺으신 언약은 메시아가 그들의 혈통 곧 골육의 친척에 따라 그들의 후손에 속한 자가 되리라는 것을 의미했다. 그러므로 골육의 친척에 따른 그들의 자손이 타민족과 구별의 담을 쌓고 하나님의 백성이 되는 것은 필수적이었다. 만약 메시아가 다른 민족에 속해 있지만 아브라함의 신앙을 고백하는 자들 속에서 태어났다면, 대대로 이스라엘 민족이 계승해 온 그 신앙은 지금 복음 아래 있는 것과 같이 아브라함과 맺은 언약의 성취를 이루지 못했을 것이다. 왜냐하면 오직 이런 의미에서만 메시아는 아브라함의 후손으로 태어나도록 되어 있었기 때문이다. 메시아가 언약으로 말미암아 혈통적인 야곱의 후손과 관련되어 있었기 때문에, 하나님은 기꺼이 이 언약의 본질에 일치되게, 이 외적 혈연관계 속에 있는 민족을 크게 존중하셨다. 그러므로 바울은 혈통적 이스라엘 민족에게서 그리스도가 나온 것을 하나의 큰 특권으로 언급한다(롬 9:5). 메시아와 메시아의 구원 및 나라를 임하게 하는 것이 그 백성에 대한 하나님의 모든 다루심의 특별한 계획이자 특수한 통치였기 때문에, 그들에 대한 하나님의 언약에 따라 그것들이 이스라엘 민족에게 큰 특권이 된 것은 이 다루심의 자연적 결과였다.[8]

[6]그러나 하나님의 말씀이 폐하여진 것 같지 않도다 이스라엘에게서 난 그들이 다 이스라엘이 아니요 [7]또한 아브라함의 씨가 다 그의 자녀가 아니라 오직 이삭으로부터 난 자라야 네 씨라 불리리라 하셨으니 [8]곧 육신의 자녀가 하나님의 자녀가 아니요 오직 약속의 자녀가 씨로 여기심을 받느니라 [9]약속의 말씀은 이것이니 명년 이때에 내가 이르리니 사라에게 아들이 있으리라 하심이라 [10]그뿐 아니라 또한 리브가가 우리 조상 이삭 한 사람으로 말미암아 임신하였는데

9:6 "그러나 하나님의 말씀이 폐하여진 것 같지 않도다." 이것은 로마서 9:4에서 언급된 언약들 및 약속들과 관련되어 주어진 말이다. "그들이 다 이스라엘이 아니요." 시편 125:5을 보라.[9]

최초로 기독교 교회를 구성한 유대인들은 참 이스라엘인으로 이루어진 백성의 전체 집단이었다. 그들이 하나님의 이스라엘의 전체 집단을 구성했다. 나머지 사람들은 하나님의 백성의 범주에서 제외되었다. 그것은 이스라엘 열 지파가 하나님의 시야에서 벗어난 것과 같았다. 그들은 이스라엘을 버리고 떠나갔다. 그들은 불신앙으로 줄기에서 꺾였고, 대신 이방인이 접붙임을 받게 되었다. 그들은 이스라엘의 하나님, 이스라엘의 왕, 제사장 지위, 성전 예배, 이스라엘의 규례를 포기했다. 그리고 하나님은 그들 속에서 자신의 임재의 표지들을 거두고, 열 지파에게 하신 것처럼 그들을 포로로 보내심으로써 자신의 시야에서 그들을 제외시키셨다. 바울의 지적에 따르면 "이스라엘에게서 난 그들이 다 이스라엘이 아니다"(롬 9:6). 따라서 기독교 개종자가 된 자들은 이스라엘의 남은 자 곧 아직 버림받지 않고 남아 있고, 이스라엘 곧 하나님의 백성의 지위를 거부당하지 않은 이스라엘 민족의 사람들로 존속했다. 하나님은 이스라엘 전체 회중을 쳐서 멸하고 모세를 큰 민족으로 만들겠다고 경고하셨다(민 14:12). 만약 하나님이 그렇게 하셨다면, 모세의 후손에 참여한 개종자들은 무수히 많은 사람들 가운데 하나에 불과할지라도, 이스라엘 사람이 되었다.[10]

9:7 누구든 아브라함이나 이스라엘과 맺은 자연적 관계가 영적으로 아브라함이나 이스라엘의 공식적 자손이 되는 핵심 원천은 아니고, 더 영적인 어떤 관계가 있어야 한다. 이것은 창세기 21:12에서 "이삭에게서 나는 자라야 네 씨라 부를 것임이니라"고 말하는 것과 같다. 즉 이삭과 그의 후손은 너의 씨로 간주되고, 어떤 다른 후손도 너의 자손이 되지 못할 것이다. 따라서 여종의 아들인 이스마엘과 합법적인 아내 그두라에게서 낳은 자녀들은 배제되었다. 바울은 여기서부터 "아브라함의 씨가 다 그의 자녀가

아니라. 오직 이삭으로부터 난 자라야 네 씨라 불리리라"고 주장한다(롬 9:7). 에서와 야곱의 경우도 마찬가지다. 에서와 야곱은 한 여자에게서 같은 태를 통해 태어난 이삭의 아들들이었고 에서가 장자였지만 야곱이 이삭의 후손이 되었다.[11]

[11]그 자식들이 아직 나지도 아니하고 무슨 선이나 악을 행하지 아니한 때에 택하심을 따라 되는 하나님의 뜻이 행위로 말미암지 않고 오직 부르시는 이로 말미암아 서게 하려 하사 [12]리브가에게 이르시되 큰 자가 어린 자를 섬기리라 하셨나니 [13]기록된 바 내가 야곱은 사랑하고 에서는 미워하였다 하심과 같으니라 [14]그런즉 우리가 무슨 말을 하리요 하나님께 불의가 있느냐 그럴 수 없느니라

9:11 바울은 행위를 의식법의 행위만 가리키는 것도 아니고 온전한 순종만을 가리키는 것도 아니라 무엇이든 간에 모든 선행을 가리킨다는 것은 로마서 9:11으로 보아 분명하다. "그 자식들이 아직 나지도 아니하고 무슨 선이나 악을 행하지 아니한 때에, 택하심을 따라 되는 하나님의 뜻이 행위로 말미암지 않고 오직 부르시는 이로 말미암아 서게 하려 하사."[12]

9:11-13 "그 자식들이 아직 나지도 아니하고 무슨 선이나 악을 행하지 아니한 때에……내가 야곱은 사랑하고 에서는 미워하였다." 즉 둘 다 부패 속에 있는 존재이므로 편애하지 않고 그들이 어떤 실제 죄에 대한 죄책을 갖고 있지 아니한 때에 야곱은 사랑하고 에서는 미워하였다. 에서는 부패한 자로 미움을 받았다. 왜냐하면 바울의 취지와 논증을 통해 우리는 분명히 그것이 그들 가운데 어느 하나가 이전에 실제로 어떤 선이나 악을 행했고, 그러므로 그들은 선이나 악을 행하는 것으로 서로 구별되거나 구별될 수 있었던 것이 아님을 깨닫게 되기 때문이다. 따라서 그들은 둘 다 동일한 상태에 있는 것으로 간주되었고, 거기서 그들을 구별시키는 것은

택하심을 따라 되는 하나님의 뜻에 있고, 그들이 어떤 선이나 악을 행함으로써 이루어진 것이 아닌 것으로 나타난다.[13]

9:13 하나님은 택하심에 따라 자신이 택하신 자들에게 사랑을 베푸신다. "내가 야곱은 사랑하고 에서는 미워하였다"(롬 9:13). "내가 영원한 사랑으로 너를 사랑하기에 인자함으로 너를 이끌었다 하였노라"(렘 31:3). 앞에서 언급한 본문 가운데 다음과 같은 것도 있다. "우리가 사랑함은 그가 먼저 우리를 사랑하셨음이라"(요일 4:19). 하나님은 무한하신 인자하심과 자비하심을 갖고 계시므로 공로나 매력을 인정할 만한 어떤 훌륭함을 갖고 있지 못한 자들을 사랑하실 수 있다. 인간의 사랑은 대상 속에서 어떤 좋은 점을 본 것의 결과이지만, 하나님의 사랑은 어떤 좋은 점에 끌린 결과가 아니라 오히려 그것의 원인이다.[14]

[15]모세에게 이르시되 내가 긍휼히 여길 자를 긍휼히 여기고 불쌍히 여길 자를 불쌍히 여기리라 하셨으니 [16]그런즉 원하는 자로 말미암음도 아니요 달음박질하는 자로 말미암음도 아니요 오직 긍휼히 여기시는 하나님으로 말미암음이니라

9:15 "로마서 9장에서 분명히 바울은 민족들이나 공적 집단에 대한 선택 및 유기를 염두에 두고 있는 것이 아니다. 왜냐하면 바울이 예증하기 위하여 제시하고 자신이 말하는 것을 확증하는 한 가지 실례가 로마서 9:17에서 언급하는 한 특정 인물 곧 바로의 유기이기 때문이다. 따라서 하나님이 모세에게 "내가 긍휼히 여길 자를 긍휼히 여기고 불쌍히 여길 자를 불쌍히 여기리라"고 말씀하시는 것도, 한 특정 인물, 심지어는 모세에게 보여주시는 하나님의 긍휼의 한 본보기다.[15]

9:15-16 다음과 같은 본문들에서 증명되는 것처럼, 선택은 행위에 대한

예견에서 나오는 것이 아니고, 또한 조건적 선택 곧 사람들의 뜻의 조건에 의존하는 것이 아니다. "하나님이 우리를 구원하사 거룩하신 소명으로 부르심은 우리의 행위대로 하심이 아니요 오직 자기의 뜻과 영원 전부터 그리스도 예수 안에서 우리에게 주신 은혜대로 하심이라"(딤후 1:9). "너희 안에서 행하시는 이는 하나님이시니 자기의 기쁘신 뜻을 위하여 너희에게 소원을 두고 행하게 하시나니"(빌 2:13). "내가 긍휼히 여길 자를 긍휼히 여기고……그런즉 원하는 자로 말미암음도 아니요 달음박질하는 자로 말미암음도 아니요 오직 긍휼히 여기시는 하나님으로 말미암음이니라"(롬 9:15-16).[16]

9:16 하나님이 이 큰 긍휼을 어떤 사람에게는 베푸시고 다른 사람에게는 베푸시지 않는 것은, 그들이 다른 사람들보다 그것을 받을 자격이 더 있기 때문이 아니고, 그들이 본성적으로 더 좋은 기질을 갖고 있기 때문도 아니며, 그들이 삶 속에서 다른 사람들보다 더 많은 선을 행하고 악을 덜 행했기 때문도 아니다. 회심한 자들도 이전에 다른 사람들과 똑같이 동일한 죄의 권능 아래 죄악 된 삶을 살았다. 바울이 디도서 3:3에서 "우리도 전에는 어리석은 자요 순종하지 아니한 자요 속은 자요 여러 가지 정욕과 행락에 종 노릇 한 자요 악독과 투기를 일삼은 자요 가증스러운 자요 피차 미워한 자였으나"라고 말하는 것과 같다. 하나님은 그들을 죄의 와중에서 꺼내 신성에 참여하는 자로 만드신다. "원하는 자로 말미암음도 아니요 달음박질하는 자로 말미암음도 아니요 오직 긍휼히 여기시는 하나님으로 말미암음이니라"(롬 9:16).[17]

하나님이 사람들을 택하시는 것은 어떤 것 곧 도덕적 능력이나 자연적 능력 또는 어떤 상황에 대한 예견에서 나오는 것이 아니다. 하나님이 어떤 사람들을 더 호감 있게 보시는 것은 그들의 더 나은 본성적 기질이나 재능 때문도 아니고, 하나님이 어떤 사람들은 다른 사람들보다 더 좋은 능력과 더 나은 지혜를 갖고 다른 사람들보다 하나님을 더 잘 섬길 수 있을 것으로 예견하거나 그들이 부요하게 되어 자기를 섬기는 데 더 큰 이점을 가질 것이라고 예견하시기 때문도 아니다. "그러나 하나님께서 세상의 미련한 것들을 택하사 지혜 있는 자들을 부끄럽게 하려 하시고 세상의 약한 것들을 택하사 강한 것들을 부끄럽게 하려 하시며 하나님께서 세상의 천한 것들과 멸시받는 것들과 없는 것들을 택하사 있는 것들을 폐하려 하시나니"(고전 1:27-28). 또 그것은 하나님이 택하시는 어떤 이들이 다른 사람들보다 천국을 얻기에 훨씬 더 합당하리라고 보고, 그들이 회심한 후에 보여줄 어떤 수고를 예견하시는 것에서 나오는 것도 아니다. 그럼에도 불구하고 하나님은 그들을 택하시고, 택하심에 따라 그들을 일깨우며, 회심을 위하여 힘쓰도록 그들을 자극하신다. "원하는 자로 말미암음도 아니요……오직 긍휼히 여기시는 하나님으로 말미암음이니라"(롬 9:16).[18]

바울의 말에 종종 등장하는 로마서 9:16의 표현은 사람들이 얻고자 하는 유익을 추구할 때 사용하는 수고의 수단을 의미한다. 따라서 여기서 바울이 말하는 것은 로마서 11:4-7에서 그가 말하는 것과 일치된다. 거기서 바울은 특별히 하나님께서 남은 자를 보존하시는데, 그것은 그들의 행위로 말미암아서가 아니라 그들의 행위에 속해 있는 것과는 완전히 상관없는 자유의 방법으로 하나님의 은혜와 값없는 인자하심의 택하심을 따라 이루어진다는 것을 보여준다. 로마서 11:7을 보면 결정적인 요소는 그들의 구함이 아니라 하나님의 택하심이다. 테일러 박사가 말하는 것처럼, 만약 바울이 여기서 사람들의 집단 곧 에서와 야곱의 후손을 염두에 두고 있다면, 바울은 이것을 오늘날 복음 시대에 이루어지는 구별에 적용시키는 것이고, 이 구별은 기독교 교회와 기독교 교회가 아닌 자—특히 기독교 교회에 속한 일부 유대인과 기독교 교회에 속하지 않은 다른 유대인—간에 이루어지는 것이 되고 말 것이다. 말하자면 이것은 믿고 그리스도를 받아들이는 자들과 그렇지 않고 거부를 당한 다른 자들 간의 구별이며, 온 마음을 다해 믿음을 고백하고 그 믿음을 긍휼과 미덕으로 갖고 있는 자들과 바울이 "하나님이 어찌하여 허물하시느냐"(롬 9:19)고 가정적 질문을 통해 믿음이 없다고 비난받는 자들 곧 이 믿음이 없어 마음이 완악하다고 주장되고(롬 9:18), 죄의 형벌로 진노와 멸망에 노출되어 있으며(롬 9:22), 소돔과 고모라 거민들과 같은 자로 드러나는(롬 9:29) 자들 간의 구별이 될 것이다.[19]

[17]성경이 바로에게 이르시되 내가 이 일을 위하여 너를 세웠으니 곧 너로 말미암아 내 능력을 보이고 내 이름이 온 땅에 전파되게 하려 함이라 하셨으니 [18]그런즉 하나님께서 하고자 하시는 자를 긍휼히 여기시고 하고자 하시는 자를 완악하게 하시느니라 [19]혹 네가 내게 말하기를 그러면 하나님이 어찌하여 허물하시느냐 누가 그 뜻을 대적하느냐 하리니

9:17 "내가 이 일을 위하여 너를 세웠으니 곧 너로 말미암아 내 능력을 보이고 내 이름이 온 땅에 전파되게 하려 함이라." 바로 이 목적을 위하여 하나님은, 로마서 9:21에 언급된 대로 인류의 부패한 집단 속에서 바로를 뽑아내 세우셨다(로마서 9:21에 대한 주석을 보라). 이 본문은 하나님이 이 목적을 이루시려고 곧 그들의 멸망 속에서 자신이 영광을 받으시려고 버림받은 자들을 세우신다는 우리의 주장을 직접 정당화하는 것은 아닐 것이다. 그러나 여기서 사용된 표현으로 볼 때 우리는 하나님이 이같이 행하실 때, 곧 바로를 세워 멸망시킴으로써 자신을 영화롭게 하실 때, 바로를 부패한 인류의 통상적 집단에 포함시키고, 미래의 모든 인류가 자연적 출생에 따라 아담 안에서 아담이 타락했을 때 함께 타락했기 때문에, 바로 역시 아담의 후손으로서 아담 안에 있는 자라는 것을 염두에 두고 계

셨다고 가정해야 할 것이다.[20]

9:18 이 구절 전반부 곧 "하나님께서 하고자 하시는 자를 긍휼히 여기시고"에서, 바울은 로마서 9:15에서 하나님이 모세에게 이르신 것을 염두에 두고 있다. 이 구절 후반부("하고자 하시는 자를 완악하게 하시느니라")에서는 직전 구절에서 언급된 바로의 경우로 시선을 돌리고 있고, 이때 하나님은 바로의 마음을 매우 자주 완고하게 하셔서 결국은 그를 파멸시키신다.

아르미니우스주의자들은 우리가 하나님의 은밀한 뜻과 하나님의 계시된 뜻, 아니 더 적절하게 말하면, 하나님의 작정과 하나님의 율법을 구분하는 것을 비웃는다. 왜냐하면 우리가 하나님이 어떤 사실을 작정하고 이와 다른 사실을 명령하실 수 있다고 말한다고 보기 때문이다. 따라서 그들은 우리가 마치 하나님의 한 뜻이 다른 뜻과 모순되고 직접 반대된 것처럼 하나님 안에 모순과 불일치를 조장한다고 말한다. 그러나 만약 아르미니우스주의자들이 이것을 '뜻의 모순'(contradiction of wills)으로 부른다면, 우리는 확실히 그리고 절대로 이런 뜻의 모순이 있다는 것을 알고 있기 때문에 이 모순에 대하여 논쟁하는 것은 완전히 부조리한 일이다. 우리와 아르미니우스주의자 모두 아브라함이 자기 아들을 제물로 바치지 않는 것이 하나님의 은밀한 뜻이었지만 하나님의 명령은 제물로 바치라는 것이었다는 것을 알고 있다. 우리는 확실히 하나님은 하고자 하시는 대로 바로의 마음을 완악하게 하셨지만 바로의 마음의 완악함은 자기 자신의 죄라는 것을 알고 있다. 우리는 하나님께서 자신이 하고자 하시는 대로 애굽 사람들이 하나님의 백성을 미워하도록 하신 것을 알고 있다. "그 대적들의 마음이 변하게 하여 그의 백성을 미워하게 하시며 그의 종들에게 교활하게 행하게 하셨도다"(시 105:25). 우리는 압살롬이 다윗의 아내들과 동침하는 것이 하나님의 뜻이었음을 잘 알고 있다. "여호와께서 또 이와 같이 이르시기를 보라. 내가 너와 네 집에 재앙을 일으키고 내가 네 눈앞에서 네 아내를 빼앗아 네 이웃들에게 주리니, 그 사람들이 네 아내들과 더불어 백주에 동침하리라. 너는 은밀히 행하였으나 나는 온 이스라엘 앞에서 백주에 이 일을 행하리라 하셨나이다 하니"(삼하 12:11-12). 우리는 또 분명히 하나님이 하고자 하시는 대로 여로보암과 열 지파가 반역을 일으키도록 하신 것도 알고 있다. 바벨론의 약탈에 대해서도 똑같이 말할 수 있음을 우리는 알고 있다. 이 외에도 다른 실례들을 제시할 수 있다. 성경은 분명히 하나님이 어떤 사람들의 마음을 완악하게 하신다는 것(롬 9:18)과 그리스도께서 사람들에게 죽임을 당하게 되실 것이라는 것 등에 대하여 말한다.[21]

9:19 이 본문은 신적 계시의 어떤 사실—그것이 무엇이든 간에—에 대한 어떤 이들의 반론으로 언급되는데, 그 반론은 자기들은 그것이 어떻게 하나님의 도덕적 속성과 일치되는지 알 수가 없었다는 것이다. 그러나 바울은 그 반론이 매우 주제넘은 뻔뻔한 억설에 불과하다고 날카롭게 비난한다. 바울은 이렇게 말한다. "이 사람아, 네가 누구이기에 감히 하나님께 반문하느냐. 지음을 받은 물건이 지은 자에게 어찌 나를 이같이 만들었느냐 말하겠느냐"(롬 9:20).[22]

[20]이 사람아 네가 누구이기에 감히 하나님께 반문하느냐 지음을 받은 물건이 지은 자에게 어찌 나를 이같이 만들었느냐 말하겠느냐 [21]토기장이가 진흙 한 덩이로 하나는 귀히 쓸 그릇을, 하나는 천히 쓸 그릇을 만들 권한이 없느냐

9:20 여러분 가운데 어떤 이는 얼마나 크게 하나님을 거역하고, 여러분의 마음은 하나님의 주권적 통치를 얼마나 크게 반대하는가! 그리고 그런 이유로 하나님이 여러분을 반대하고, 여러분에게서 등을 돌리시는 것

은 얼마나 정당한가! 여러분은 하나님께 복종한 적이 없었을 것이다. 하나님이 자신의 지혜를 따라 자신의 영광을 위하여 세상에 대한 지배권을 갖고 계시고, 세상을 다스리신다는 것을 기꺼이 인정한 적이 없었을 것이다. 불쌍한 벌레, 질그릇 조각, 깨진 토기 조각인 여러분이 감히 하나님께 힐문하고 하나님과 다툰다. "질그릇 조각 중 한 조각 같은 자가 자기를 지으신 이와 더불어 다툴진대 화 있을진저 진흙이 토기장이에게 너는 무엇을 만드느냐 또는 네가 만든 것이 그는 손이 없다 말할 수 있겠느냐"(사 45:9). 그런데도 여러분은 감히 그렇게 했다. "이 사람아, 네가 누구이기에 감히 하나님께 반문하느냐"(롬 9:20). 그런데도 여러분은 여러분 자신이 매우 충분하다고 생각했다. 여러분은 하나님이 왜 이렇게 저렇게 하시는지 이유에 대하여 하나님께 감히 대답을 요구했다. 여러분은 감히 여호와께 "당신 무엇하느냐?"고 물었다.

경건한 사람들이라도 현세에서는 사실상 완전한 거룩함에 이르지 못하고, 항상 완전한 거룩함과는 거리가 매우 멀다. 아무리 거룩한 사람들이라도 자기들의 마음속에 엄청난 부패성이 남아 있는 것을 발견하고 탄식하기 마련이다. 사도 바울도 로마서 7:24에서 "오호라, 나는 곤고한 사람이로다"라고 탄식한다. 욥은 온전하고 정직한 사람으로 평가받지만 자신에 대하여 이렇게 말한다. "가령 내가 의로울지라도 내 입이 나를 정죄하리니 가령 내가 온전할지라도 나를 정죄하시리라"(욥 9:20). 또 욥기 9:30(그리고 31절)에서는 자기가 눈 녹은 물로 몸을 씻고 잿물로 손을 깨끗하게 할지라도, 하나님께서 자기를 개천에 빠지게 하시고, 자기의 옷도 자기를 싫어할 것이라고 말한다. 우리는 하나님이 욥을 어떻게 책망하셨는지, 욥이 어떻게 자신의 죄를 깨닫고 겸손해졌는지 그리고 자신을 혐오한다고 어떻게 부르짖는지 잘 알고 있다.[23]

9:20-21 "누가 여호와의 영을 지도하였으며 그의 모사가 되어 그를 가르쳤으랴. 그가 누구와 더불어 의논하셨으며 누가 그를 교훈하였으며 그에게 정의의 길로 가르쳤으며 지식을 가르쳤으며 통달의 도를 보여주었느냐"(사 40:13-14). "바람이 임의로 불매 네가 그 소리는 들어도 어디서 와서 어디로 가는지 알지 못하나니"(요 3:8). 우리는 바람 소리를 듣고 그 결과를 인식하며, 그것으로 바람이 확실히 부는지를 판단한다. 그런데 우리는 이런 판단을 하기 전에 기다리지 않고, 하늘의 한 지점에서 바람이 불어오는 원인이 무엇인지, 바람이 어떻게 이런 때에 이런 방법으로 부는지를 먼저 만족시키려고 한다. 그렇지만 이렇게 선험적으로 판단하는 것은 하나님의 어떤 역사를 판단하는 올바른 방법이 아니다. 우리는 하나님의 사역을 인정하고 그것에 대하여 하나님께 영광을 돌리기 전에, 하나님이 어떻게 이런 또는 저런 결과를 일으키시는지 그리고 하나님이 왜 그것을 이렇게 하시는지 또는 왜 기꺼이 이런 과정을 취하고 이런저런 수단을 사용하시는지에 대하여 먼저 만족하게 될 것이라고 판단해서는 안 된다. 이것이 진흙이 지나치게 토기장이에게 그것에 대하여 의문을 제기하는 것이다(참조. 렘 18:6, 롬 9:20-21). "하나님은 자신의 문제들에 대하여 설명을 제공하지 않으신다. 하나님의 판단은 깊은 바다다. 하나님은 바다에 자신의 길이 있고 큰물에도 자신의 길이 있다. 하나님의 발자취는 알 수 없다. 누가 능히 하나님께 지식을 가르치느냐고, 하나님께 그의 길을 정하였느냐고, 또는 하나님께 감히 당신 무엇하느냐고 말하겠는가? 우리는 성령의 방법이 무엇인지 또는 아이를 가진 여자의 태에서 뼈가 어떻게 자라는지 알지 못한다. 말할 것도 없이 우리는 모든 것을 만드시는 하나님의 역사를 모른다." 그러므로 이 금지된 길을 가는 자들이 현재의 놀라운 역사를 판단할 때 당혹스러워하고 혼동에 빠지는 것은 당연하다. 우리는 하나님의 궤가 이스라엘을 떠난 후에 하나님이 은혜로 이스라엘로 돌

아오도록 하실 때, 하나님의 궤 안을 들여다본 자들에게 임한 재앙에 우리가 노출되어 있는 것은 아닌지 주의해야 한다(삼상 6:19).[24]

9:21 "토기장이가 진흙 한 덩이로 하나는 귀히 쓸 그릇을, 하나는 천히 쓸 그릇을 만들 권한이 없느냐." 이 덩이 또는 덩어리는 확실히 부패 덩어리 인간을 이해하는 방법으로 아주 자연스럽고 매우 적합하다. 이 덩이는 귀히 쓸 그릇과 천히 쓸 그릇이 구별되지 않은 상태에 있고, 구별된 이 두 그릇은 먼저 토기장이의 손에서 구별될 때 만들어졌다. 그러나 이 덩이 안에서는 택함 받은 자와 거부당한 자가 구별되지 않은 상태에 있고, 이 덩이는 타락한 인간의 부패한 덩어리로, 여기서 토기장이이신 하나님의 손에 의하여 이 두 그릇의 구별이 처음 시작된다. 그들은 모두 부패한 상태에서 발견된다. 죄와 비참의 상태가 그들 모두에게 공통적이고, 하나님이 세상에서 얼마를 불러내고 또 얼마는 세상에 그대로 남겨 두실 때까지 그들은 거기서 구별되지 않은 상태로 존재한다. 따라서 이 덩이에서 나온 두 그릇은 여기서 긍휼의 그릇과 진노의 그릇으로 불린다. 따라서 긍휼과 진노는 모두 관념상 죄를 전제로 한다.[25]

9:21(심화 주석) 하나님은 사람을 각기 다르게 쓰신다. 어떤 이들은 천히 쓸 그릇처럼 비천한 용도로 예정되어 있다. 다른 이들은 매우 고상한 용도를 위하여, 곧 하나님을 섬기고 영광스럽게 하기 위하여 택함 받는다. 그때 하나님은 그들에게 신적 은혜의 영광을 보여주실 것이다. 하나님이 진실로 경건한 사람들을 택하시는 이 택하심과 관련하여 살펴보아야 할 여러 가지 사실은 다음과 같다.

첫째, 이 택하심은 택함 받은 자가 다른 사람들 사이에서 발견된다는 것을 전제로 한다. "택하심"이라는 말이 이것을 내포하고 있다. 이 말은 선별해 낸다는 사실을 함축한다. 택함 받은 자는 나머지 인간들 사이에서 정결하게 하는 은혜를 받은 자로 발견된다. 그들은 택함 받은 자들의 집단을 구성했다. 그들은 사람들 사이에서 거하는 자—알곡 및 가라지와 같이 택함 받은 자 및 유기된 자가 함께 섞여 있다—로서뿐만 아니라 동일한 인간성을 가진 자로서 사람들 속에서 발견되었다. 곧 그들은 다른 사람들과 같이 동일한 첫 조상의 후손이고, 동일한 외적 조건을 갖고 있다.

택함 받은 자도 동일한 죄악성과 동일한 비참 속에 있는 자들 속에서 발견된다. 그들은 원래의 부패에 똑같이 참여하는 자들이다. 그들은 첫 범죄의 죄책을 갖고 있는 자들 속에 있다. 선한 것은 조금도 갖고 있지 못한 자들 속에 있다. 하나님을 증오하고 사탄을 섬기며 사탄에게 종 노릇하는 자들 속에 있다. 영원한 멸망의 정죄를 받은 자들 속에 있다. 의가 없는 자들 속에 있다. 그리고 그들은 모든 면에서 이 택하심이 만드는 구별 이전에는 그들 사이에 아무 구별이 없는 자들 속에 있다. 택함 받은 자가 보통의 인간 무리 속에 있지 않는 경우는 없다. 그들이 보통의 인간 무리 속에서 택함 받고, 이 택하심이 구별을 만든다. "누가 너를 남달리 구별하였느냐"(고전 4:7). "너희 중에 이와 같은 자들이 있더니"(고전 6:11).

둘째, 택함 받은 자의 훌륭함이나 수고에 대한 예견은 하나님이 그들을 선택하는 데 영향을 미치는 동기가 결단코 아니다. 택하심은 오직 하나님의 선하신 기쁨에서 나오는 것이다. 하나님의 택하심이 어떤 구별을 가져오는 첫 번째 동기이므로, 이미 과거 사실로 고려되는 예견에 따른 구별은 그들을 선택하도록 하나님께 영향을 미칠 수 없다.

하나님이 나머지 다른 사람들이 아니라 하필이면 그들을 선택하시는 것은 나머지 사람들보다 그들에게서 어떤 호의적인 면을 보기 때문이 아니다. 하나님은 사람들을 택하시는 것은 그들이 훌륭하기 때문이 아니다. 하나님은 그들을 택하셨기 때문에 그들을 훌륭하게 만드신다. 하나님이 그들을 택하시는 것은 그들이 거룩하다고 판단하시기 때문이 아니다. 하나님은 그들을 거룩하게 하시려고 그들을 택하신다. "곧 창세전에 그리스도 안에서 우리를 택하사 우리로 사랑 안에서 그 앞에 거룩하고 흠이 없게 하시려고 그 기쁘신 뜻대로 우리를 예정하사 예수 그리스도로 말미암아 자기의 아들들이 되게 하셨으니"(엡 1:4-5).

하나님은 다른 사람들보다 그들에게서 어떤 존중할 만한 점을 미리 보셨기 때문에 그들을 택하시는 것이 아니다. 하나님은 사람들이 자기를 사랑하기 때문에 그들을 택하고 그들에게 자신의 사랑을 두시는 것이 아니다. 왜냐하면 하나님이 먼저 우리를 사랑하셨기 때문이다. "우리가 하나님을 사랑한 것이 아니요 하나님이 우리를 사랑하사"(요일 4:10). "그가 먼저 우리를 사랑하셨음이라"(요일 4:19).

하나님이 사람들을 택하시는 것은 회심 이전이나 이후에 그들에게 어떤 선행이 있거나 그들의 선행을 미리 보시기 때문이 아니다. 오히려 반대로 사람들은 하나님이 그들을 택하셨기 때문에 선행을 행하는 자가 된다. "너희가 나를 택한 것이 아니요 내가 너희를 택하여 세웠나니 이는 너희로 가서 열매를 맺게 하고 또 너희 열매가 항상 있게 하여"(요 15:16).

하나님은 사람들이 그리스도를 믿고 그분에게 나아올 것이라고 예견했기 때문에 그들을 택하신 것이 아니다. 믿음은 선택의 원인이 아니라 선택의 결과다. "영생을 주시기로 작정된 자는 다 믿더라"(행 13:48). 하나님이 사람들을 그리스도에게 부르시고 그분에게 나아오도록 이끄시는 것은 하나님이 그들을 먼저 택하셨기 때문이다. 택하심을 믿음에 대한 예견에서 나오는 것으로 가정하는 것은 부르심을 택하심보다 먼저 두는 것이고, 이것은 성경이 제시하는 구원 순서와 반대된다. "미리 정하신 그들을 또한 부르시고"(롬 8:30).

하나님이 사람들을 택하시는 것은 어떤 것 곧 도덕적 능력이나 자연적 능력 또는 어떤 상황에 대한 예견에서 나오는 것이 아니다. 하나님이 어떤 사람들을 더 호감 있게 보시는 것은 그들의 더 나은 본성적 기질이나 재능 때문도 아니고, 하나님이 어떤 사람들은 다른 사람들보다 더 좋은 능력과 더 나은 지혜를 갖고 다른 사람들보다 하나님을 더 잘 섬길 수 있을 것으로 예견하거나 그들이 부요하게 되어 자기를 섬기는 데 더 큰 이점을 가질 것이라고 예견하시기 때문도 아니다. "그러나 하나님께서 세상의 미련한 것들을 택하사 지혜 있는 자들을 부끄럽게 하려 하시고 세상의 약한 것들을 택하사 강한 것들을 부끄럽게 하려 하시며 하나님께서 세상의 천한 것들과 멸시받는 것들과 없는 것들을 택하사 있는 것들을 폐하려 하시나니"(고전 1:27-28). 또 그것은 하나님이 택하시는 어떤 이들이 다른 사람들보다 천국을 얻기에 훨씬 더 합당하리라고 보고, 그들이 회심한 후에 보여줄 어떤 수고를 예견하시는 것에서 나오는 것도 아니다. 그럼에도 불구하고 하나님은 그들을 택하시고, 택하심에 따라 그들을 일깨우며, 회심을 위하여 힘쓰도록 그들을 자극하신다. "원하는 자로 말미암음도 아니요……오직 긍휼히 여기시는 하나님으로 말미암음이니라"(롬 9:16).

성경에서 택하심은 모든 곳에서 단순히 하나님의 선하신 뜻에 의한 것으로 언급된다. "옳소이다 이렇게 된 것이 아버지의 뜻이니이다"(눅 10:21). "우리의 행위대로 하심이 아니요 오직 자기의 뜻과 영원 전부터 그리스도 예수 안에서 우리에게 주신 은혜대로 하심이라"(딤후 1:9).

셋째, 참된 그리스도인은 그들이 태어나기 전뿐만 아니라 세상이 창조되기 전에, 아니 사실은 영원 전에, 하나님의 택하심을 받는다. 그들은 하나님이 미리 아신 자들로 하나님이 세상에서 불러내 택하신 자들이었다. "곧 창세전에 그리스도 안에서 우리를 택하사"(엡 1:4). "오직 자기의 뜻과 영원 전부터 그리스도 예수 안에서 우리에게 주신 은혜대로 하심이라"(딤후 1:9).

넷째, 하나님은 택하심에 따라 자신이 택하신 자들에게 사랑을 베푸신다. "내가 야곱은 사랑하고 에서는 미워하였다"(롬 9:13). "내가 영원한 사랑으로 너를 사랑하기에 인자함으로 너를 이끌었다 하였노라"(렘 31:3). 앞에서 언급한 본문 가운데 다음과 같은 것도 있다. "우리가 사랑함은 그가 먼저 우리를 사랑하셨음이라"(요일 4:19). 하나님은 무한하신 인자하심과 자비하심을 갖고 계시므로 공로나 매력을 인정할 만한 어떤 훌륭함을 갖고 있지 못한 자들을 사랑하실 수 있다. 인간의 사랑은 대상 속에서 어떤 좋은 점을 본 것의 결과이지만, 하나님의 사랑은 어떤 좋은 점에 끌린 결과가 아니라 오히려 그것의 원인이다.

신자들은 영원부터 성부와 성자의 사랑을 받았다. 성부 하나님의 영원하신 사랑은 바로 하나님이 영원부터 그들의 구원의 길을 계획하고, 그들의 구원자로 예수 그리스도를 택하시며, 예수 그리스도를 의지하도록 하신 것에서 나타난다. 하나님이 자기 아들을 죽으라고 세상에 보내신 것은 이 택하심의 결과다. 어떤 사람들이 하나님의 택하심을 받은 것은 구속하기 위해서였다. 하나님은 택함 받은 자들을 이처럼 사랑하셨다. "사랑은 여기 있으니 우리가 하나님을 사랑한 것이 아니요 하나님이 우리를 사랑하사 우리 죄를 속하기 위하여 화목제물로 그 아들을 보내셨음이라"(요일 4:10). 예수 그리스도께서 기꺼이 세상에 오셔서 죄인들을 위하여 죽기로 하신 것 그리고 실제로 오셔서 죽으신 것은 그분의 영원한 택하심의 사랑의 결실이다. "나를 사랑하사 나를 위하여 자기 자신을 버리신 하나님의 아들"(갈 2:20).

따라서 회심, 영화 그리고 처음부터 끝까지 신자에게 행해지는 모든 것이 택하심의 사랑의 결실이다.

다섯째, 하나님의 이 택하심의 사랑은 개별적인 모든 사람에게 개인적으로 속해 있다. 어떤 이들은 개별적인 선택 개념을 부인하고, 선택은 없다고 말한다. 그들에 따르면, 다만 믿고 순종하는 모든 자는 구원을 받을 것이라는 일반적인 결정이 있을 뿐이다. 또 어떤 이들은 단지 민족들의 절대적인 선택만을 인정한다. 그러나 하나님은 모든 사람에게서 영원히, 개별적으로 그리고 구별되게 선택하여 믿는 모든 개인적인 사람에게 자신의 사랑을 베푸신다. 이것은 갈라디아서 2:20의 "나를 사랑하사 나를 위하여 자기 자신을 버리신"이라는 말씀으로 증명된다. 하나님은 영원부터, 마치 그 사람 외에 다른 사람은 전혀 택하시지 않은 것처럼, 특별히 이 신자와 저 신자에게 자신의 사랑을 제공하신다. 그러므로 그것은 마치 그들이 이름으로 언급된 것처럼 표현된다. 그들의 이름은 생명책에 기록되어 있다. "너희 이름이 하늘에 기록된 것으로 기뻐하라"(눅 10:20). "죽임을 당한 어린양의 생명책에 창세 이후로 이름이 기록되지 못하고 이 땅에 사는 자들은 다 그 짐승에게 경배하리라"(계 13:8).

여섯째, 택하심에 따라 신자들은 영원부터 예수 그리스도에게 주어졌다. 신자들이 영원부터 택함 받은 것처럼 그리스도도 영원부터 그들의 구속자로 택하심 받고 지정되셨으며, 그에 따라 그들을 구속하는 사역을 감당하셨다. 그러나 성부와 성자 사이에 구속에 대한 언약이 있었다. 이미 지적한 것처럼 그리스도는 택함 받은 자들을 사랑하셨다. 이것이 그리스도께서 자신을 내놓으시는 근거이고, 그리스도께서 사람이 사는 땅에서 즐거워하고, 그분의 즐거움이 인자들과 함께했던 것(잠 8:31)은 창세전에 그분에게 이미 있었던 한 가지 사실이다. 그리고 그리스도는 택함 받은 자들을 위하여 행하셨을 때 자신이 반드시 성공하리라는 것을 알고 계셨다. 하나님은 그리스도에게 얼마의 택함 받은 자를 약속하셨고, 말하자면 그들의 이름을 생명책에 기록하셨으며, 그러므로 생명책은 어린양의 책으로 불렸다. "오직 어린양의 생명책에 기록된 자들만 들어가리라"(계 21:27). 그리스도는 그들의 이름을 자기 마음에 새겨 놓으시는데, 이것은 옛날에 대제사장이 자신의 흉패에 이스라엘 자손의 열두 지파의 이름을 붙였던 것(출 28:29)과 같다. 그리스도는 종종 택함 받은 자들을 하나님이 자기에게 주신 자들로 말한다. "아버지께서 아들에게 주신 모든 사람에게 영생을 주게 하시려고 만민을 다스리는 권세를 아들에게 주셨음이로소이다"(요 17:2). "내가 그들을 위하여 비옵나니 내가 비옵는 것은 세상을 위함이 아니요 내게 주신 자들을 위함이니이다"(요 17:9). "내게 주신 아버지의 이름으로 그들을 보전하사"(요 17:11).[26]

22만일 하나님이 그의 진노를 보이시고 그의 능력을 알게 하고자 하사 멸하기로 준비된 진노의 그릇을 오래 참으심으로 관용하시고 **23**또한 영광 받기로 예비하신 바 긍휼의 그릇에 대하여 그 영광의 풍성함을 알게 하고자 하셨을지라도 무슨 말을 하리요

9:22 "그의 능력을 알게 하고자 하사." 이 말에서 바울은 로마서 9:17에서 바로에 대하여 말한 것 곧 하나님이 바로를 세워 그로 말미암아 자신의 능력을 보여주신 것을 가리킨다. 이사야 33:13을 보라. "멸하기로 준비된." 여기서 바울은 "멸하기 위하여 지음 받은"이라고 말하는 것처럼 그들의 창조에 대하여 언급하는 것이 아니다. 다만 로마서 9:18에 언급된 것처럼 그들을 완악하게 하신 것을 가리키고, 이 일은 직후 말씀에서처럼 하나님이 "오래 참으심으로" 그들을 관용하실 때에 일어난다. 로마서 9:11-13, 17, 21에 대한 주석을 보라. 이사야 32:13과 42:13을 보라.[27]

로마서 9장 본문에서 우리는 하나님이 악인들을 멸하시는 두 가지 목적에 대한 말을 듣는다. 하나는 하나님께서 자신의 진노를 보이시고, 그들의 멸망을 통해 자신의 능력을 알리시기 위함이다(롬 9:22). 또 하나는 로마서 9:23에서 "긍휼의 그릇에 대하여 그 영광의 풍성함을 알게 하고자 하셨을지라도"에 나타나 있는 것과 같다. 말하자면 하나님은 경건한

자들 앞에서 악인들을 멸하실 때 자신의 위엄과 진노의 두려움을 보여주시고, 그로 말미암아 경건한 자들은 하나님의 영광의 풍성함을 더 깊이 알게 됨으로써 더 행복하게 될 것이다. 왜냐하면 경건한 자들은 하나님의 진노가 얼마나 두려운지 볼 때 하나님의 호의의 가치를 더 크게 느끼고, 하나님의 호의가 자기들에게 주어진 것을 더욱 소중하게 여길 것이기 때문이다.[28]

이로써 하나님은 자신의 진노의 두려움을 더욱 크게 보여주실 것이다. 하나님이 마음속에 두고 계시는 한 가지 계획은 자신의 진노를 보이시는 것이다. 하나님은 기꺼이 자신의 진노를 보여주시고, 그리하여 자신의 능력을 알게 하시는 계획을 갖고 계신다(롬 9:22). 하나님의 말씀이 사람들에게 존중되지 않으면 그들 죄의 잔은 채워지고, 따라서 그들 심판의 잔이 채워지는 셈이다. 가혹하게도 그들은 진노의 포도주 틀에 밟힐 포도 신세이고, 지옥의 불쏘시개가 될 처지이다.

하나님의 말씀은 그들이 파멸할 때 하나님의 공의를 더욱 크게 부각시킨다. 따라서 하나님은 그들을 멸망시키실 때 자신의 공의를 더 잘 보여주신다. 왜냐하면 그때 그들의 죄책은 더 커지고 더 악명이 높아지고, 그들은 더 핑계할 수 없는 상태가 되고, 그들의 양심은 그들을 더 강하게 정죄하며, 그들에게 언도한 선고를 통해 심판자가 정당화될 것이기 때문이다. 이런 사람들의 죄악은 복수를 크게 부르짖고, 하나님의 말씀을 거부한 죄로 이런 사람들을 파멸시키실 때 하나님의 공의는 사람들과 천사들이 보는 앞에서 특별히 더 분명하고 명확해질 것이다. 따라서 하나님은 좌절당하지 아니하신다. 하나님의 말씀은 하나님께 공허하게 되돌아오지 않는다.[29] □

9:22-23 하늘에 있는 성도와 천사들은 악인들이 처벌받기 전에 의심할 것 없이 죄를 범한 자들에 대한 하나님의 무한한 위대하심과 두려운 위

318

엄을 적나라하게 목격하고, 따라서 죄인들이 거부하는 영광스러운 구주의 탁월하심과 그분의 죽으심을 통한 사랑도 생생히 목격할 것이다. 그러므로 이런 하나님과 이런 구주에 대하여 범하는 끔찍한 죄악 곧 하나님이 예레미야 2:12-13에서 말씀하는 것에 일치되는 악에 대한 의식을 갖게 될 것이다. 또 그들이 보는 처벌이 그들이 하나님의 영광과 죄의 악함에 대하여 갖고 있는 이런 시각 및 의식과 일치되지 않는다면, 그들이 하나씩 보는 일들 속에 가시적인 결함 곧 부조화와 불일치가 있게 될 것이다. 그렇게 되면 그들이 바라보는 어떤 일은 하나님의 위엄의 관념을 약화시킬 것이고, 다른 어떤 일은 반대로 그 관념을 높일 것이다. 그렇지만 이 처벌은 그들에게 하나님의 능력과 위엄 관념을 높이고, 큰 힘과 활력을 갖고 그것을 그들의 마음속에 새기도록, 그리하여 그들에 대한 하나님의 사랑의 풍성함과 순결함에 대한 의식을 높이도록 마련된 것이다.[30]

"만일 하나님이 그의 진노를 보이시고 그의 능력을 알게 하고자 하사……그 영광의 풍성함을 알게 하고자 하셨을지라도." 바울은 여기서 "그의 공의나 의를 보이시고"라고 말하지 않는다. 왜냐하면 그것은 하나님의 영광 속에서 그리고 성도들을 행복하게 하는 것 속에서 더 드러나고, 어떤 면에서는 훨씬 더 충분히 드러나기 때문이다. 하나님의 공의는 악인들을 파멸시키는 것에서보다 택함 받은 자를 위한 그리스도의 고난 속에서 더 영광스럽게 드러난다.

나는 지옥의 고통은 그것이 의도하는 한 가지 중대하고 선한 하나님의 지혜로 보아 영원할 것이라고 확신한다. 곧 지옥의 고통을 보는 것은 천사들과 구원받은 자들의 행복, 사랑, 즐거운 감사를 높이도록 되어 있다. 충분히 그렇게 하도록 되어 있다. 나는 멸망당할 자에게 속해 있는 자들의 심각한 비참을 바라보게 되면, 택함 받은 천사와 사람들의 사랑의 열정과 충만한 기쁨은 배가될 것이라고 당연히 생각한다. 그것은 여러 가지 면에서 그럴 것이다. 죄인들을 처벌하실 때 드러나는 하나님의 놀라운 능력, 크고 두려운 위엄과 권세 그리고 엄청난 공의와 거룩하심을 보는 것은, 하나님이 자기들을 나머지 다른 사람들에게서 선택하여 이처럼 행복한 상태에 두신 것과 하나님이 자기들을 이런 진노의 그릇으로 만들지 아니하신 것 때문에, 하나님에 대한 매우 열렬한 사랑과 감사를 크게 높일 것이다. 이것은 로마서 9:22-23에 나타나 있는 것과 같다. "만일 하나님이 그의 진노를 보이시고……긍휼의 그릇에 대하여 그 영광의 풍성함을 알게 하고자 하셨을지라도." 따라서 정반대 비참에 대한 생생한 의식을 갖게 되면, 그렇게 될 때 자신의 모습이 어떻게 되었을지 생각해 보고 행복과 즐거움이 배가될 것이다. 그러므로 복을 받은 자들의 행복은 영원할 것이라는 것으로 보면, 정죄받은 자들의 비참도 영원할 것이다.[31] ☐

9:23 하나님이나 그리스도에게 적용되는 "영광"이라는 말은 때때로 분명히 하나님의 충만하심의 선포를 함축하고, 하나님의 충만하고 지극한 인자하심 및 은혜와 똑같은 것을 의미한다. 에베소서 3:16이 그렇게 말한다. "그의 영광의 풍성함을 따라 그의 성령으로 말미암아 너희 속사람을 능력으로 강건하게 하시오며." 여기서 "그의 영광의 풍성함을 따라"라는 표현은 분명히 같은 서신 1:7의 "그의 은혜의 풍성함을 따라"라는 표현과 동등한 의미를 갖고 있다. 그리고 에베소서 2:7에서는 이렇게 말한다. "그리스도 예수 안에서 우리에게 자비하심으로써 그 은혜의 지극히 풍성함을." 빌립보서 4:19에서 사용되는 "영광"이라는 말도 마찬가지다. "나의 하나님이 그리스도 예수 안에서 영광 가운데 그 풍성한 대로 너희 모든 쓸 것을 채우시리라." 로마서 9:23에서는 이렇게 말한다. "긍휼의 그릇에 대하여 그 영광의 풍성함을 알게 하고자 하셨을지라도." 이 본문(롬 9:23)과 직전 본문에서, 바울은 하나님이 알리시고자 하는 두 가지 사실 곧 하

나님의 크신 진노와 하나님의 풍성한 은혜에 대하여 말한다. 여기서 전자 곧 하나님의 진노는 진노의 그릇에게 주어진다(롬 9:22). 후자 곧 바울이 "그 영광의 풍성함"으로 부르는 것은 긍휼의 그릇에게 주어진다(롬 9:23). 따라서 모세가 "원하건대 주의 영광을 내게 보이소서"라고 말할 때 하나님은 그의 간청을 들으시고, "내가 내 모든 선한 것을 네 앞으로 지나가게 하고"라고 대답하신다(출 33:18-19).[32]

하나님은 순전한 마음을 주시는 분이고, 바로 이 목적 곧 보는 복을 준비시키려고 그런 마음을 주신다. 우리는 이것을 하나님의 말씀을 통해 배운다. 토기장이가 자신이 의도하는 용도를 위하여 그릇을 준비하는 것처럼 하나님의 백성들은 성결하게 되고 마음이 순전하게 됨으로써 영광의 길을 준비할 수 있다. 그들은 영원부터 영생을 소유하도록 택함 받고, 택함 받은 목적에 합당하도록 마음의 순결함이 그들에게 주어진다. "또한 영광 받기로 예비하신 바 긍휼의 그릇에 대하여 그 영광의 풍성함을 알게 하고자 하셨을지라도 무슨 말을 하리요"(롬 9:23). 우리는 깨끗하고 흰 빛나는 세마포로 치장된 교회에 대하여 읽는데, 이것은 교회의 순결함을 상징한다. 교회는 그리스도의 즐거움을 위하여 준비된 것이었다(계 19:7-8). 요한계시록 21:2에서는 이처럼 순결한 교회에 대하여 "신부가 남편을 위하여 단장한 것 같더라"고 말한다.[33]

그러나 이 웅대한 사실이 선언하고 있는 하나님의 목표는 자신의 은혜의 무한한 풍성하심을 높이는 것에 있다. "긍휼의 그릇에 대하여 그 영광의 풍성함을 알게 하고자 하셨을지라도"(롬 9:23). "그 기쁘신 뜻대로 우리를 예정하사 예수 그리스도로 말미암아 자기의 아들들이 되게 하셨으니 이는 그가 사랑하시는 자 안에서 우리에게 거저 주시는 바 그의 은혜의 영광을 찬송하게 하려는 것이라. 우리는 그리스도 안에서 그의 은혜의 풍성함을 따라 그의 피로 말미암아 속량 곧 죄사함을 받았느니라"(엡 1:5-

7). "긍휼이 풍성하신 하나님이 우리를 사랑하신 그 큰 사랑을 인하여 허물로 죽은 우리를 그리스도와 함께 살리셨고 [너희는 은혜로 구원을 받은 것이라] 또 함께 일으키사 그리스도 예수 안에서 함께 하늘에 앉히시니 이는 그리스도 예수 안에서 우리에게 자비하심으로써 그 은혜의 지극히 풍성함을 오는 여러 세대에 나타내려 하심이라"(엡 2:4-7).[34]

24이 그릇은 우리니 곧 유대인 중에서뿐 아니라 이방인 중에서도 부르신 자니라 **25**호세아의 글에도 이르기를 내가 내 백성 아닌 자를 내 백성이라, 사랑하지 아니한 자를 사랑한 자라 부르리라 **26**너희는 내 백성이 아니라 한 그 곳에서 그들이 살아 계신 하나님의 아들이라 일컬음을 받으리라 함과 같으니라

9:24 사람들을 그리스도와의 교제와 나라로 부르시는 것과 관련하여 말한다면, 이것 역시 하나님의 사역으로 귀속된다. "미리 정하신 그들을 또한 부르시고"(엡 8:30). "주 우리 하나님이 얼마든지 부르시는 자들에게 하신 것이라"(행 2:39). "너희를 불러 그의 아들 예수 그리스도 우리 주와 더불어 교제하게 하시는 하나님은 미쁘시도다"(고전 1:9). "이는 너희를 부르사 자기 나라와 영광에 이르게 하시는 하나님께 합당히 행하게 하려 함이라"(살전 2:12). "하나님이 처음부터 너희를 택하사……구원을 받게 하심이니 이를 위하여 우리의 복음으로 너희를 부르사"(살후 2:13-14). "오직 하나님의 능력을 따라 복음과 함께 고난을 받으라. 하나님이 우리를 구원하사 거룩하신 소명으로 부르심은 우리의 행위대로 하심이 아니요 오직 자기의 뜻과 영원 전부터 그리스도 예수 안에서 우리에게 주신 은혜대로 하심이라"(딤후 1:8-9). "모든 은혜의 하나님 곧 그리스도 안에서 너희를 부르사 자기의 영원한 영광에 들어가게 하신 이가"(벧전 5:10). 로마서 9:24, 베드로전서 1:15을 보라.[35]

²⁷또 이사야가 이스라엘에 관하여 외치되 이스라엘 자손들의 수가 비록 바다의 모래 같을지라도 남은 자만 구원을 받으리니 ²⁸주께서 땅 위에서 그 말씀을 이루고 속히 시행하시리라 하셨느니라 ²⁹또한 이사야가 미리 말한 바 만일 만군의 주께서 우리에게 씨를 남겨 두지 아니하셨더라면 우리가 소돔과 같이 되고 고모라와 같았으리로다 함과 같으니라

9:27 여기서 유대인 속에 복음의 효력이 나타난 사실이 주목되어야 한다. 왜냐하면 하나님은 복음의 역사를 유대인에게 먼저 시작하셨기 때문이다. 이스라엘 백성을 전체적으로 거부하셨던 하나님은 그들을 포기하고 이방인에게 향하기 전에, 유대인 가운데 택하심 받은 자들을 먼저 부르신다. 그 전에 유대 민족은 심각하고 두려운 심판 속에 있었다. 그들 대다수는 멸망당하고 오직 소수의 남은 자만 구원을 받고 변화되었다. 여로보암 시대에 그들은 하나님에 대한 참된 경배에서 떠남으로써 열 지파 대부분이 거부를 당했고, 그 후 아합 시대에는 훨씬 더 심각한 거부를 당했다. 그렇지만 그럼에도 불구하고 그들 중에는 하나님께서 보존하신 자들이 있었다. 그 남은 자는 소속 지파들 속에 자기들의 소유를 그대로 남겨둔 채 유다와 베냐민 지파로 올라가 정착했다. 그리고 아합 시대에는 바알에게 무릎을 꿇지 않은 칠천 명이 있었다. 바벨론에 포로로 잡혀갔을 때도 그들 가운데 남은 자는 귀환을 했다. 그리고 또다시 백성 대다수가 거부당했으나 그중에 얼마는 구원을 받았다. 그러므로 성령께서는 사도들의 설교를 듣고 회심한 사람들의 수를 과거의 남은 자와 비교하신다. "또 이사야가 이스라엘에 관하여 외치되 이스라엘 자손들의 수가 비록 바다의 모래 같을지라도 남은 자만 구원을 받으리니"(롬 9:27).³⁶

9:27-29 우리는 여기서 유대인의 거부와 흩어짐의 때만을 보아서는 안 된다. 왜냐하면 유대인이 꺾이고 그곳에 이방인이 접붙여졌고, 그로 말미

암아 그들의 후손에 대한 아브라함, 이삭, 야곱에게 주어진 약속의 성취가 정지된 것 또는 그들에게 약속된 긍휼과 복의 수여의 중단이 끝났기 때문이다. 이 약속들은 이전에 유대 교회에 주어졌던 하나님의 긍휼에서 성취되었을 뿐만 아니라 이제는 기독교 교회에 주어진 긍휼로 실제로 성취되고 있는데, 그것도 훨씬 더 충분하고 영광스럽게 성취되고 있다. 하나님은 지금 복음 시대에도 아브라함의 후손과 이스라엘을 팽개치지 아니하셨고, 그들을 자신에게 더 가까이 이끄셨다. 복음 시대의 빈번한 예언들에 따르면 이스라엘의 복과 이스라엘에 대한 하나님의 호의의 표시는 크게 증가했다. 유대 민족 대부분의 사람들이 불신앙으로 꺾였을 때 이스라엘의 후손은, 이스라엘과 유다가 앗수르와 바벨론에 포로로 잡혀 갔을 때보다 더 팽개쳐진 것은 아니었다. 또한 이스라엘 민족의 대다수는 영원히 하나님의 백성이 되는 것에서 제외되었고, 보존받아 되돌아온 자는 오직 남은 자뿐이었다. 따라서 하나님이 복음을 받아들이고 그리스도를 믿은 자기 백성이 되도록 보존하신 민족의 남은 자에게 복음의 시작이 있었다. 믿는 자가 예루살렘 한 도시 안에 수만 명이 있었다(행 21:20). 우리가 그런 기사를 보는 것처럼, 의심할 것 없이 유대의 다른 지역들과 갈릴리의 많은 무리와 흩어진 유대인이 들어간 세상의 다른 지역들의 많은 무리가 믿었다. 그리고 이 남은 자는, 앗수르와 바벨론에 포로로 잡혀간 후에 하나님의 백성으로 계속 생존하고 믿음을 고백한 남은 자처럼, 아마 이스라엘 전체 민족에 비례하여 꽤 많았을 것이다. 로마서 11장 시작 부분을 보라. "그러므로 내가 말하노니 하나님이 자기 백성을 버리셨느냐. 그럴 수 없느니라. 나도 이스라엘인이요 아브라함의 씨에서 난 자요 베냐민 지파라. 하나님이 그 미리 아신 자기 백성을 버리지 아니하셨나니 너희가 성경이 엘리야를 가리켜 말한 것을 알지 못하느냐. 그가 이스라엘을 하나님께 고발하되 주여 그들이 주의 선지자들을 죽였으며 주의 제단들을 헐어 버렸고 나만 남았는데 내 목숨도 찾나이다 하니 그에게 하신 대답이 무엇이냐. 내가 나를 위하여 바알에게 무릎을 꿇지 아니한 사람 칠천 명을 남겨 두었다 하셨으니 그런즉 이와 같이 지금도 은혜로 택하심을 따라 남은 자가 있느니라"(롬 11:1-5). 선지자들은 매우 자주, 오직 남은 자만 하나님께 자기 백성으로 인정받는다는 것과 남은 자는 전체 백성에 비례하면 소수에 불과할 것이라고 말한다. "그중에 십분의 일이 아직 남아 있을지라도 이것도 황폐하게 될 것이나 밤나무와 상수리나무가 베임을 당하여도 그 그루터기는 남아 있는 것같이 거룩한 씨가 이 땅의 그루터기니라"(사 6:13). 이사야 24:13을 보라. "이스라엘이여, 네 백성이 바다의 모래 같을지라도 남은 자만 돌아오리니"(사 10:22). "만군의 여호와께서 우리를 위하여 생존자를 조금 남겨 두지 아니하셨더면 우리가 소돔 같고 고모라 같았으리로다"(사 1:9). 바울은 로마서 9:27-29에서 이 목적을 위하여 방금 언급한 이사야 본문들 가운데 뒤의 두 본문을 인용한다. 믿지 않는 유대인은 아브라함의 자손이 아니라 이스마엘과 에돔의 자손이다. 그들은 상속권을 박탈당하기 때문이다. 하나님은 광야에서 이스라엘 전체 회중과 의절하고, 모세를 큰 나라가 되게 하리라고 경고하셨다. 만약 하나님이 그렇게 하셨다면 그들의 후손에 대하여 조상들에게 주신 약속은 단지 모세의 후손에게서만 성취되었을 것이다. 열 지파는 멸망당했을 때 대다수 백성들이 상속권을 빼앗기고 이스라엘 백성에서 제외되었다. 마찬가지로 복음 시대에도 믿지 않는 유대인은 상속권을 박탈당한다. 그리고 아브라함의 자손과 이스라엘이 되는 자는 오직 은혜로 택하심을 따라 된 남은 자뿐이다. 하지만 남은 자는 고대의 예언과 일치되게, 이방인에게서 아들과 딸들이 무수히 불어날 것이다. 그리고 이 이스라엘의 남은 자는 리브가에게 주어진 복(창 24:60)과 일치되게, 천만인의 어머니가 되었다. 이방인은 선지자들의 표현에 따르면 그들의 자손이고, 그러므로 아브라함과 이스라엘의 후손이다. 옛날 곧 그리스도께서 오시기 전에 그랬던 것처럼, 이스라엘 백성은 자연적 혈통에 입각한 이스라엘 출신이었기 때문에 이스라엘 백성이 아니라 그리스도에게서 나온 백성이기에 이스라엘 백성이었다. 그것은 지금도 마찬가지다.[37]

30그런즉 우리가 무슨 말을 하리요 의를 따르지 아니한 이방인들이 의를 얻었으니 곧 믿음에서 난 의요 **31**의의 법을 따라간 이스라엘은 율법에 이르지 못하였으니 **32**어찌 그러하냐 이는 그들이 믿음을 의지하지 않고 행위를 의지함이라 부딪칠 돌에 부딪쳤느니라

9:30-31 "존 로크는 이 말씀에 대하여 또 다른 해설을 제공했는데, 여기서 말하는 '의'를 유대 민족이 자신을 거역함에도 불구하고 그들에 대하여 자신의 말씀을 지키시는 것으로 나타나는 하나님의 의로 이해한다. 또는 로마서 3:5에 대한 주석에서 더 충분히 설명하는 것처럼 예수 그리스도를 믿는 믿음으로 말미암아 주어지는 의로, 이방인과 유대인을 막론하고 신자들의 구원에 대하여 자신의 약속을 지키시는 하나님의 '신실하심'(미쁘심)을 가리키는 것으로 이해한다. 그러나 이것은 그로티우스의 주석만큼이나 잘못된 해설로 보인다. 왜냐하면 나는 신약성경 전체에서 '디카이오쉬네스 데우'(δικαιοσυνης θευ, 하나님의 의)가 그런 의미로 사용되는 본문을 단 하나도 찾아낼 수 없기 때문이다. 이 문맥 곧 로마서 3:21, 23에서 그리고 로마서 전체에서 이 말은 거의 확실히 매우 다른 의미로 사용된다. 로마서에서 이 말은 항상 우리를 의롭다 함을 받게 하는 의나 이 의를 우리의 칭의에 필수적인 것으로 만드는 하나님의 속성을 가리킨다. 전자의 의미로는 로마서 9:30-31, 10:4에서 사용된다. 그리고 로마서 10:3에서는 이 두 가지 의미가 함께 나타나는 것으로 보인다. 거기 보면 이 말이 한 구절에서 두 번 사용된다. 그리고 로마서 3:5에 나오는 이 말

의 의미에 대하여 말한다면, 이 구절은 존 로크가 자신의 견해를 뒷받침한다고 언급하는 유일한 본문인데, 분명히 거기서 말하는 하나님의 의는 사람들의 죄와 불의를 처벌할 때 드러나고 나타나는 하나님의 속성으로 이해되어야 한다. 마찬가지로 이 본문에서 그 말이 갖고 있는 의미도 그것이다. 바울이 여기서 말하는 것은 로크가 억지로 본문의 의미에 일관적으로 맞추려고 그렇게 이해하는 것처럼 유대 민족의 죄사함이 아니라 특정한 사람들, 심지어는 구약 시대에 믿음을 갖고 죽은 모든 자의 죄의 '사함'에 대한 것이라는 것은 말할 것도 없다. 히브리서 9:15과 비교해 보라."[38] □

9:31-32(심화 주석) 칭의를 위하여 또는 하나님의 인정을 받기 위하여 우리 자신의 의(자기 의)를 의지하거나 하나님의 호의를 기대하는 근거를 우리 자신의 훌륭함에 대한 과장되고 거짓된 판단에 두고 있는 것은 영혼에 치명적이고 구원을 방해할 것이다. 이것은 로마서 9:31-32로 증명된다. "의의 법을 따라간 이스라엘은 율법에 이르지 못하였으니 어찌 그러하냐. 이는 그들이 믿음을 의지하지 않고 행위를 의지함이라. 부딪칠 돌에 부딪쳤느니라." 여기서 다음과 같은 사실이 증명되고 있다.

첫째, 여기서 말하는 이스라엘이 행한 일, 곧 의의 법을 따라간 것은 치명적이다. 왜냐하면 이스라엘이 행위를 의지한 이유로 의의 법에 이르지 못했다고 말하기 때문이다. 행위를 의지한 것이 이스라엘이 의를 결여하고 있는 핵심 이유로 제시된다. 그리고 그것은 문맥으로 증명된다. 왜냐하면 바울은 문맥에서 이스라엘 민족의 대부분이 어떻게 구원을 상실하고 진노의 그릇이 될 것인지를 말하고 있기 때문이다. 그리고 확실히 그것이 바울이 로마서 9장 전체에서 다루고 있는 것이다.

둘째, 율법의 행위로 의의 법을 구하거나 따라가는 것은 율법의 행위로 칭의를 구하는 것을 의미한다. 왜냐하면 여기서 의의 법을 따라가는 것으로 표현되는 것이 이전 구절에서 언급되고 있기 때문이다. 거기서 바울은 분명히 동일한 사실을 의를 따르는 것으로 불렀고, 이것은 의심할 것 없이 하나님 보시기에 적합한 의를 얻거나 하나님의 인정하심을 얻는 수단을 가리킨다. 이스라엘이 율법의 행위로 의의 법을 추구하거나 따라갔다고 말할 때, 그 말은 이스라엘이 율법의 행위를 수행하는 것으로 하나님이 정하신 칭의의 길에서 발견되기를 구하거나 기대했다고 말하는 것과 같다.

셋째, 여기서 말하는 율법의 행위는 유대교의 예배 규례를 준수하는 것만 의미하는 것이 아니라, 도덕적 규범이나 의식적 규례를 막론하고 우리가 하나님의 율법 전체에 대하여 순종할 때 나타나는 우리 자신의 도덕적 의나 훌륭한 덕을 의미하는 것이 분명하다. 왜냐하면 여기서 율법의 행위로 불리는 것이 로마서 10:3에서는 그들 자신의 의(자기 의)로 불리기 때문이다. 말하자면 바울은 거기서(롬 10:3) 언급하는 것과 여기서(롬 9:31-32) 언급하는 것이 분명히 동일한 사실을 가리키도록 하려는 의도를 갖고 있기 때문이다. 그리고 의심할 것 없이 율법의 행위는 바울이 로마서 10:5에서 말하는 율법으로 말미암는 의가 가리키는 것과 동일한 사실을 의미한다. 로마서 10:5에서 이 표현은 분명히 자기 의(롬 10:3)와 동의어로 사용되고 있고, 따라서 그것들은 동의어로 사용되고 있음을 알 수 있다(빌 3:6, 9). 그러나 의심할 것 없이 여기서 자기 의는 단순히 의식법을 준수할 때에 나타나는 자기 의만 말하는 것이 아니라, 그들 자신의 선 또는 도덕적 미덕도 똑같이 의미한다. 다시 말해 우리는 종종 바울이 율법의 행위를 하나님의 값없는 은혜와 반대 개념으로 사용하는 것을 발견하는데, 그것만 보아도 율법의 행위가 우리 자신의 훌륭한 덕을 가리키는 것이 틀림없다. 훌륭한 덕이 전혀 없고 가치와도 전혀 거리가 먼 매우 무가치한 그들에게 은혜가 주어진 것이 아니라면 어디서 은혜가 나타나겠는가? 로마서 3:20, 24, 27-28, 디도서 3:5에서 바울은 율법의 행위 대신 의의 행위에 대하여 말한다. 로마서 4:4, 11:6, 갈라디아서 5:4, 에베소서 2:8-9을 보라.

따라서 바울은 율법의 행위를 다루는 곳에서 이 칭의 문제를 말하는 가운데 분명히 의식법의 행위뿐만 아니라 도덕법의 행위도 가리킨다. 이 것은 로마서 3:20과 그 문맥 그리고 이 문제를 다루고 있는 다른 본문들 을 통해서 증명되는데, 그것은 언급할 필요조차 없을 정도로 명백하다.

넷째, 율법의 행위로 또는 우리 자신의 의(자기 의)로 칭의를 추구하거 나 따라가는 것은 치명적이다. 왜냐하면 그것은 자기 높임에 불과하고, 자기 높임 안에 스며들어 있는 우리 자신의 훌륭함에 대한 높은 평가와 의존에 기반을 두고 있기 때문이다. 말할 것 없이 우리의 구원의 길에 대한 하나님의 계획과 특히 반대되는, 자기 높임 안에 있는 것에 의존하는 것은 우리의 구원에 치명적이다. 사람이 자기 힘으로 구원을 추구하는 이 길은 사람에게 치명적이고, 그것은 의심할 것 없이 그 안에 있는 것이 하나님의 길 또는 하나님이 정하신 그 길에서 이루시고자 하는 목표와 반대되기 때문이다. 하나님이 정하신 길은 구원이 전적으로 그리스도로 말미암아 이루어지도록 하는 것이고, 따라서 오직 값없는 은혜만 존중되고 자랑은 배제되어야 하며, 모든 영광은 하나님에게 주어지고 우리에게는 조금이라도 주어져서는 안 된다(롬 3:27; 4:2, 고전 1:29-31, 엡 2:19). 그러므로 말할 것 없이 율법의 행위로 칭의를 추구하는 것은 율법의 행위 안에 포함되어 있는 자랑으로 말미암아 치명적이다. 율법의 목적은 사람들이 자기 자신은 내세울 것이 아무것도 없다는 것을 깨달을 수 있도록 하는 것이다. "이는 모든 입을 막고"(롬 3:19).

따라서 우리가 그들에 대하여 갖고 있는 판단근거로 보아 여기서 언급되고 있는 자들 곧 유대인의 잘못은 분명히 그들이 자기들 자신의 의에 대하여 높은 오만을 갖고 있고, 자기들 자신을 하나님 앞에서 충분히 인정받고 매우 높은 가치를 가질 수 있는 자로 간주했다는 것에 있다. 이런 종류의 교만과 자기 의존은 유대인 속에서 주도적 당파였고, 유대인 가운데 복음을 반대한 주모자이자 주도자였던 바리새인들이 특히 자주 비난받았던 잘못이다(마 6:2, 5, 16; 7:3-5, 눅 16:15; 18:9-12). 그리고 이것은 유대인 전체의 잘못으로 언급된다(롬 2:17-23). 또 이것은 유대인이 거부당하고 대신 이방인이 부르심 받는 이유로 예언된다(사 65:6, 이 본문의 문맥도 보라).[39] □

[33]기록된 바 보라 내가 걸림돌과 거치는 바위를 시온에 두노니 그를 믿는 자는 부끄러움을 당하지 아니하리라 함과 같으니라

9:33 로마서 9:33에서 증명되는 것처럼 믿음의 본질 속에는 그리스도를 신뢰하는 것이 함축되어 있다. "기록된 바 보라. 내가 걸림돌과 거치는 바위를 시온에 두노니 그를 믿는 자는 부끄러움을 당하지 아니하리라 함과 같으니라." 이 본문의 문맥에서 바울은 의롭다 함을 얻게 하는 믿음에 대하여 말하고 있다. 그리고 분명히 "믿다"는 말의 의미 속에는 그리스도를 신뢰하는 것이 함축되어 있다. 왜냐하면 성경에서 그렇게 사용되는 것처럼, 부끄러움을 당하는 것은 신뢰나 확신의 좌절을 일으키는 감정이기 때문이다.[40]

"주를 향하여 이 소망을 가진 자마다"(요일 3:3). 즉 여기서 "주를 향하여"(in him)는 "하나님 안에서" 또는 "그리스도 안에서"를 의미한다. 이전 및 이후 절에서 가리키는 인물은 '에프 아우토'(ἐπ᾽ αὐτῷ, 그를)다. 전치사 '에피'(ἐπί)는, 신약성경 많은 곳에서 그렇게 나타나는 것처럼, 주체가 아니라 대상에 대한 소망의 관계를 표현한다. 그것은 다음과 같은 본문들에

서처럼 대상에 대한 믿음, 신뢰, 소망을 의미한다. "그가 하나님을 신뢰하니"(마 27:43). "그가 믿던 무장을 빼앗고"(눅 11:22). "자기를 의롭다고 믿고"(눅 18:9). "선지자들이 말한 모든 것을 마음에 더디 믿는 자들이여"(눅 24:25). "많은 사람이 주를 믿더라"(행 9:42). "우리가 주 예수 그리스도를 믿을 때에"(행 11:17). "주 예수를 믿으라"(행 16:31). "예수 우리 주를 죽은 자 가운데서 살리신 이를 믿는 자니라"(롬 4:24). "그를 믿는 자는"(롬 9:33). "누구든지 그를 믿는 자는"(롬 10:11). "열방이 그에게 소망을 두리라"(롬 15:12). "이는 우리로 자기를 의지하지 말고 오직 죽은 자를 다시 살리시는 하나님만 의지하게 하심이라"(고후 1:9). "너희 모두의 기쁨인 줄 확신함이로라"(고후 2:3). "주를 믿어"(딤전 1:16). "우리 소망을 살아 계신 하나님께 둠이니"(딤전 4:10). "하나님께 소망을 두어"(딤전 5:5). "정함이 없는 재물에 소망을 두지 말고"(딤전 6:17). "내가 그를 의지하리라"(히 2:13). "하나님께 대한 신앙과"(히 6:1). "그를 믿는 자는"(벧전 2:6). "하나님께 소망을 두었던"(벧전 3:5).[41]

로마서 10장

¹형제들아 내 마음에 원하는 바와 하나님께 구하는 바는 이스라엘을 위함이니 곧 그들로 구원을 받게 함이라 ²내가 증언하노니 그들이 하나님께 열심이 있으나 올바른 지식을 따른 것이 아니니라 ³하나님의 의를 모르고 자기 의를 세우려고 힘써 하나님의 의에 복종하지 아니하였느니라 ⁴그리스도는 모든 믿는 자에게 의를 이루기 위하여 율법의 마침이 되시니라 ⁵모세가 기록하되 율법으로 말미암는 의를 행하는 사람은 그 의로 살리라 하였거니와

10:2 여러분은 지식이 많으면 삶 속에서 분별력과 판단력을 갖고 행하는 데 큰 이점을 갖게 되고, 그리하여 하나님에 대한 공경과 신앙의 수준을 훨씬 더 높이는 삶을 살 수 있을 것이다. 많은 그리스도인이 선한 뜻을 품고 있고 좋은 영으로 충만해 있지만 분별력이 결여된 탓에 상처가 많은 신앙생활을 한다. 많은 그리스도인이 하나님에 대하여 열심을 갖고 있지만 그들에게 열심이 바람직하지 않고 해로운 이유는, 열심이 "올바른 지식을 따른" 것이 아니기 때문이다(롬 10:2). 선량한 많은 그리스도인이 여러 가지 경우에 좋지 않은 행동을 하는 이유는 그들이 은혜를 결여하고 있기 때문이 아니라 지식을 결여하고 있기 때문이다.[1]

온갖 은혜로운 감정들 가운데는 속이는 가짜가 분명히 들어 있다. 방금 지적한 것처럼 하나님에 대한 사랑과 형제에 대한 사랑에 이처럼 속

이는 가짜가 있다. 또 바로와 사울과 아합 그리고 광야의 이스라엘 자손의 경우에서 보는 것처럼, 죄에 대한 경건한 슬픔에도 이처럼 속이는 가짜가 있다(출 9:27, 민 14:39-40, 삼상 24:16-17; 26:21, 왕상 21:27). 그리고 여호와를 경외했지만 동시에 자기들 자신의 신을 섬긴 사마리아 사람들의 경우(왕하 17:32-33)와, 시편 66:3에서 읽는 하나님의 원수 곧 하나님의 크신 권능으로 말미암아 하나님께 복종하지만, 히브리서에 나오는 것처럼 하나님을 속이는 자들, 곧 거짓 존경심과 복종심을 갖고 굴복하는 척하는 자들의 경우와 같이, 하나님을 경외하는 감정에도 이처럼 똑같이 속이는 가짜가 있다. 또한 홍해에서 하나님을 찬양했던 이스라엘 자손(시 106:12), 나병을 기적적으로 고침 받은 수리아 사람 나아만(왕하 5:15 등)의 경우와 같이 하나님의 은혜에 감사하는 것에도 속이는 가짜가 있다. 돌밭과 같은 마음을 가진 청자들(마 13:20)과 특히 세례 요한의 많은 청자들(요 5:35)의 경우와 같이, 신령한 기쁨에도 속이는 가짜의 실례가 존재한다. 예후(왕하 10:16), 회심하기 전의 바울(갈 1:14, 빌 3:6), 믿지 않는 유대인(행 22:3, 롬 10:2)의 경우와 같이 열심이 넘치는 감정에도 똑같이 속이는 가짜가 들어 있다.

거룩한 감정은 빛이 없는 열이 아니다. 그러나 거룩한 감정은 항상 이성의 어떤 지식, 지성이 받아들이는 어떤 신령한 교훈, 어떤 밝은 또는 실제적인 지식에서 나온다. 하나님의 자녀는 은혜의 영향을 받는데, 그 이유는 그가 이전과 달리 영적 사실들 곧 하나님이나 그리스도에 대한 사실 및 복음 속에 나타나 있는 영광스러운 사실에 대하여 더 많은 것을 보고 깨닫기 때문이다. 하나님의 자녀는 이전에 은혜의 영향을 받지 않았던 때에 갖고 있던 관점보다 더 분명하고 더 나은 관점을 갖고 있다. 하나님의 자녀는 이전에 갖고 있던 관점이 붕괴된 후에는 자기에게 새로운 영적 사실들에 대한 지식을 받아들이거나 새로운 관점에 따라 이전에 갖고 있었던 지식을 새롭게 하거나 한다. "사랑하는 자마다……하나님을 알고"(요일 4:7). "내가 기도하노라. 너희 사랑을 지식과 모든 총명으로 점점 더 풍성하게 하사"(빌 1:9). "그들이 하나님께 열심이 있으나 올바른 지식을 따른 것이 아니니라"(롬 10:2).[2]

열심이 있는 모든 사람이 참된 그리스도인인 것은 아니다. 종교적 열심을 갖고 열심을 낸다고 해서 그들이 참된 그리스도인인 것도 아니다. 그리스도와 사도들의 원수로 행한 유대인은, 사도 바울이 그들에 대하여 기록하고 있는 것처럼 "하나님께 열심" 곧 종교적 열심을 갖고 있었다(롬 10:2). 그리고 바울 자신도 회심하기 전 박해자였을 때, 다음과 같이 자신에 대하여 말하는 것처럼 이런 열심을 갖고 있었다. "나는 유대인으로 길리기아 다소에서 났고 이 성에서 자라 가말리엘의 문하에서 우리 조상들의 율법의 엄한 교훈을 받았고 오늘 너희 모든 사람처럼 하나님께 대하여 열심이 있는 자라"(행 22:3).[3]

10:3 로마서 10:3-4에서도 하나님의 의가 무엇인지 극명하게 제시된다. "하나님의 의를 모르고 자기 의를 세우려고 힘써 하나님의 의에 복종하지 아니하였느니라. 그리스도는 모든 믿는 자에게 의를 이루기 위하여 율법의 마침이 되시니라." 여기에 나타나 있는 대립 관계로 보아 분명히 "하나님의 의"는 우리가 그것을 갖고 있을 때 우리를 의롭게 만드는 의를 의미한다.[4]

다른 사람의 의로 말미암아 구원을 받는다는 것은 사람들이 타당한 개념으로 자연스럽게 받아들일 수 있는 사실이 아니다. 사람들은 하나님의 의에 대하여 무지하고, 어떻게 다른 어떤 방법으로 구원받을 수 있는지 알 수 없다. 사람들은 믿음이 없고 하나님의 영의 가르침을 받지 않는다. 사람들이 의로 말미암아 구원받는다고 생각하는 점은 올바르다. 그러나 하나님의 영의 조명을 받지 못하기 때문에 자기들 자신의 의(자기 의) 외에 다른 의는 전혀 볼 수 없다. 그리고 이것 때문에 사람들은 자기들 자신의 의를 확보하려고 애를 쓴다. "하나님의 의를 모르고 자기 의를 세우려고 힘써 하나님의 의에 복종하지 아니하였느니라"(롬 10:3).[5]

여기서 말하는 율법의 행위는 유대교의 예배 규례를 준수하는 것만 의미하는 것이 아니라, 도덕적 규범이나 의식적 규례를 막론하고 우리가 하나님의 율법 전체에 대하여 순종할 때 나타나는 우리 자신의 도덕적 의나 훌륭한 덕을 의미하는 것이 분명하다. 왜냐하면 여기서 율법의 행위로 불리는 것이 로마서 10:3에서는 그들 자신의 의(자기 의)로 불리기 때문이다. 말하자면 바울은 "거기서"(롬 10:3) 언급하는 것과 "여기서"(롬 9:31-32) 언급하는 것이 분명히 동일한 사실을 가리키도록 하려는 의도를 갖고 있기 때문이다.

다시 말해 로마서 10:3의 "하나님의 의를 모르고 자기 의를 세우려고 힘써 하나님의 의에 복종하지 아니하였느니라"는 말씀에 따르면, 자기 자신의 의를 신뢰하는 것은 영혼에 치명적이다. 바울이 이 사실을 유대인에게 소개하는 방식으로 보아 이것은 분명히 유대인에게 치명적인 사실로 받아들여진다. 말하자면 바울은 동족인 유대인이 구원받는 것이 자신의 마음의 열망이자 기도라고 말하고, 이어서 구원에 이르지 못하는 유대인의 잘못된 방법을 증명하는데, 이것을 보아도 자기 의를 의지하는 것은 유대인에게 치명적인 사실이다.[6]

바울이 율법의 행위로 의롭다 함을 얻는 것을 반박하는 것은 우리 자신의 의로 의롭다 함을 얻는 것을 똑같이 반박하는 것이다. 왜냐하면 바울은 분명히 "자기 의"와 "율법의 행위"라는 표현을 차별 없이 동일한 사실을 가리키는 의미로 사용하기 때문이다. 그것은 특히 로마서 10:3에서 "하나님의 의를 모르고 자기 의를 세우려고 힘써 하나님의 의에 복종하지 아니하였느니라"고 말하는 것으로 분명하다.

그러므로 바울은 믿음으로 얻는 칭의의 반대 개념으로 율법의 행위로 얻는 칭의에 대하여 말할 때, 의식법만이 아니라 도덕법의 행위도 율법의 행위 속에 포함시키는데, 이것이 바로 모세가 "율법으로 말미암는 의를 행하는 사람은 그 의로 살리라"고 말했을 때(롬 10:5) 의미하는 사실이다. 또 이것이 이 부분에서 바울이 율법의 행위로는 우리가 의롭다 함을 받을 수 없다고 주장하고 있는 사실이다. 이것은 앞장(롬 9장)의 마지막 구절들의 문맥으로도 증명된다. "의의 법을 따라간 이스라엘은 율법에 이르지 못하였으니 어찌 그러하냐. 이는 그들이 믿음을 의지하지 않고 행위를 의지함이라"(롬 9:31-32). 그리고 로마서 10:3에서는 이렇게 말한다. "하나님의 의를 모르고 자기 의를 세우려고 힘써 하나님의 의에 복종하지 아니하였느니라."

바울은 거기서 특별히 할례에 대하여 말하지만 (내가 이미 확인한 것처럼) 바울이 염두에 두고 있는 것은 단순히 할례를 받는 것이 아니라 할례를 의로 신뢰하는 것이다. 따라서 바울은 단순히 할례를 받게 되면 그리스도가 사람에게 아무 유익이나 효력이 없게 된다고 가르칠 수 없었다. 왜냐하면 우리는 바울이 직접 디모데에게 그가 유대인이라는 이유로 할례를 베풀었다는 기사를 읽기 때문이다(행 16:3). 그것은 이 문맥으로도 증명되고, 로마서 나머지 부분으로도 증명된다. 바울은 유대인에 대하여 말할 때 그들이 자기 의를 신뢰하는 것은 치명적이라고 지적한다. "의의 법을 따라간 이스라엘은 율법에 이르지 못하였으니 어찌 그러하냐. 이는 그들이 믿음을 의지하지 않고 행위를 의지함이라. 부딪칠 돌에 부딪쳤느니라"(롬 9:31-32). 로마서 10:3도 마찬가지다. "하나님의 의를 모르고 자기 의를 세우려고 힘써 하나님의 의에 복종하지 아니하였느니라." 그리고 '바리새인과 세리 비유'에서 그리스도께서 바리새인들을 책망하실 때 그

들이 자기들 자신을 신뢰하여 자기들은 의롭다고 본 것도 치명적이라고 전한다.[7]

　사람은 회심하기 전에 자신의 무화과나무 잎으로 자신을 가리려고 애쓰고(빌 3:6-7), 자신의 의무를 철저히 이행하는 데 주력한다(미 6:6-7). 사람은 자기 자신을 신뢰하고(눅 16:15, 18:9), 자신의 의를 내세우고, 이득을 위하여 계산하며, 하나님의 의에는 복종하지 않는(롬 10:3) 경향이 있다. 그러나 회심하면 그의 이런 마음은 변화된다. 이제 그는 자신의 더러운 누더기를 벗어던지고 자기 의를 단순히 생리천처럼 취급한다. 그는 그것을 더러운 거지의 불결한 넝마로 알고 벗어던진다(사 64:7). 이제 그는 심령의 가난함을 일으켜 세우고(마 5:3), 자신에 대하여 불만을 갖고 정죄하며(롬 7장), 자신의 모든 것은 곤고하고 가련하고 가난하고 눈멀고 벌거벗었다고 생각한다(계 3:17). 그는 자신의 거룩한 일 속에서 범죄의 세계를 보고, 이전에 우상화시켰던 자기 의를 단지 육신, 낭비, 하찮은 것으로 부른다. 그리고 자기 자신 속에서 합당치 못한 것을 천 가지나 찾아낸다.[8]

10:4 단지 율법만 선포되어서는 안 된다고 나는 생각한다. 사역자들은 율법 외에 다른 사실들을 거의 전하지 않을 수 있다. 하지만 복음도 율법과 함께 선포되어야 한다. 율법은 다만 복음의 길을 예비하기 위하여 그리고 복음을 효과적으로 전달하기 위하여 선포되어야 한다. 복음 사역자들의 주요 사역은 복음을 선포하는 데 있다. 율법을 선포하는 목적은 바로 복음을 선포하기 위해서다. 그리스도는 의를 위하여 율법의 마침이 되신다(롬 10:4). 따라서 사역자가 율법의 목적을 망각하고 복음을 선포하는 것을 등한시함으로써 율법의 두려움만을 지나치게 강조하게 되면 큰 잘못이다. 그렇지만 율법은 크게 강조되어야 하고, 복음 선포는 율법이 없으면 헛된 것이 되고 말 것이다.[9]

의인과 악인을 막론하고 모든 사람은 율법이 자신을 반대하는지의 여부와 자신은 율법의 성취를 보여주고 있는지 여부에 대하여 질문해 보아야 한다. 의인이 되려면 그들은 심판자 자신이 그들을 위하여 율법을 이루신 것 곧 그분이 자기들의 죄를 만족시켰을 뿐만 아니라 자기들을 위하여 율법을 이루셨다는 것을 변론으로 내세워야 한다. "그리스도는 모든 믿는 자에게 의를 이루기 위하여 율법의 마침이 되시니라"(롬 10:4). 그리고 악인에 대하여 말한다면, 율법을 어기고 그들을 변론할 만한 율법의 성취를 갖고 있지 않는 것이 하나님의 기록 책으로 확인될 때 그들에게 율법의 선고가 선포될 것이다.[10]

여기에 나타나 있는 대립 관계로 보아 분명히 "하나님의 의"는 우리가 그것을 갖고 있을 때 우리를 의롭게 만드는 의를 의미한다. 로마서 10:4은 그리스도께서 율법에 복종하셨기 때문에 그분으로 말미암아 모든 신자가 의롭게 만드는 의를 얻었다는 것을 보여준다. "그리스도는……율법의 마침이 되시니라"는 말씀의 자연적 의미는, 율법 수여자는 율법을 만들어 택함 받은 자 곧 믿는 자의 규범으로 세우셨을 때 오직 율법의 해답인 그리스도를 염두에 두고 계셨다는 것이다. 의를 요구하는 율법은 요구되는 의를 낳기 위하여 오직 하나님의 의가 되시고 "여호와 우리의 공의"이신(렘 23:6) 그리스도만을 바라본다.[11]

그리스도의 의는 왜 "그 안에서 하나님의 의"(고후 5:21)로 불리고, 또 다른 곳에서도 "하나님의 의"로 불리는가? 그것은 그리스도의 의가 주로 하나님의 의의 무한한 가치와 훌륭함과 장점을 보여주는 신적 인격의 의이기 때문이고, 또 우리의 모든 행복을 위하여 우리가 은혜 언약의 본질에 따라 하나님을 직접적이고 보편적으로 의존하고 있음을 증명하기 때문이다. 그리스도의 의는, 우리가 참으로 공허하고 무익한 존재라는 것과 하나님은 만유 중의 만유가 되신다는 것을 보여준다.[12]

"그리스도는 모든 믿는 자에게 의를 이루기 위하여 율법의 마침이 되시니라"(롬 10:4). "이 사람을 힘입어 믿는 자마다 의롭다 하심을 얻는 이것이라"(행 13:39). 여기와 다른 곳에서 구원의 지위는 믿는 또는 믿음을 갖고 있는 모든 사람에게 적용된다. 믿고 책임 있게 행하는 모든 자에게나 믿고 순종하겠다고 책임 있는 결단을 행하는 자에게 적용된다고 말하지 않는다. 그것은 그 진술을 제한하고 예외를 허용하는 것이며, 마치 믿는 모든 자가 아니라 믿으면서 동시에 순종하는 신자들에게 적용되는 것처럼 말하는 것이다. 그러나 이것은 다음과 같은 보편적 표현들과 일치되지 않는다. "이 복음은 모든 믿는 자에게 구원을 주시는 하나님의 능력이 됨이라"(롬 1:16). "모든 믿는 자에게 미치는 하나님의 의니"(롬 3:22). "그리스도는 모든 믿는 자에게 의를 이루기 위하여 율법의 마침이 되시니라"(롬 10:4). 그리고 추정해 보면 구원에 이르게 하는 믿음을 갖고 있지 못한 자는 누구나 정죄 상태에 있다. 그것은 성경에서 "믿지 않는 사람은 정죄를 받으리라"(막 16:16)와 같이 말하는 것으로 보아 분명하다.[13]

10:5 "보라 내가 오늘 생명과 복과 사망과 화를 네 앞에 두었나니"(신 30:15). "내가 오늘 하늘과 땅을 불러 너희에게 증거를 삼노라. 내가 생명과 사망과 복과 저주를 네 앞에 두었은즉"(신 30:19). 여기서 말하는 생명은 의심할 것 없이 레위기 18:5에서 말하는 것과 같은 의미의 생명이다. "너희는 내 규례와 법도를 지키라. 사람이 이를 행하면 그로 말미암아 살리라." 바울은 이것을 영생으로 이해한다. 이것은 로마서 10:5과 갈라디아서 3:12로 보아 분명하다. 그러나 모세 율법에서 죄로 말미암아 경고하는 사망이 영원한 죽음을 의미한다는 것은 테일러 박사가 충분히 제시하는 것이다. 로마서 5:20에 대한 주석에서 그는 다음과 같이 말한다. "모세 율법이 갖고 있는 이런 본질에 따라 율법 아래에 있던 자들은 모든 범죄

에 대하여 사망에 처해졌다. 여기서 사망은 **영원한 죽음**을 의미한다."[14]

에스겔 선지자의 반론에 대하여 말해 보자. 에스겔 18:24의 하나님의 말씀 곧 "만일 의인이 돌이켜 그 공의에서 떠나 범죄하고 악인이 행하는 모든 가증한 일대로 행하면 살겠느냐. 그가 행한 공의로운 일은 하나도 기억함이 되지 아니하리니 그가 그 범한 허물과 그 지은 죄로 죽으리라" 등은 참된 의인이 하나님의 의에서 떠나는 것이 가능하다는 가정을 증명하는 것이 결코 아니다. 레위기 18:4-5의 하나님의 말씀도 마찬가지다. "너희는 내 법도를 따르며 내 규례를 지켜 그대로 행하라. 나는 너희의 하나님 여호와이니라. 너희는 내 규례와 법도를 지키라. 사람이 이를 행하면 그로 말미암아 살리라. 나는 여호와이니라." 에스겔 20:11에서는 "사람이 준행하면 그로 말미암아 삶을 얻을 내 율례를 주며 내 규례를 알게 하였고"라고 말하고, 에스겔 20:13, 21도 마찬가지다. 에스겔 18:22도 같은 목적을 갖고 있지만 다음 구절과는 달리 바로 앞에서 "그가 행한 공의로 살리라"고 반론을 제기한다. 이 두 주장은 에스겔 33:18-19에서 하나로 결합되어 다시 나타난다. 말하자면 앞에서 말한 본문에서 말하는 것은 참된 의인이 범죄로 죽음에 처해질 정도로 의에서 떨어지는 것이 가능하다는 것을 증명하는 것이 아니다. 오히려 이 본문들은 사람이 그 안에서 살도록 또는 의를 행하도록, 그리하여 그가 행한 의로 말미암아 살 수 있도록 하나님의 법령과 판단에서 요구되는 일들을 행하는 것이 가능하다는 것을 증명한다. 그러나 여기서 마지막으로 언급된 본문들은, 로마서 10:5과 갈라디아서 3:12에서 이 구약 본문들을 인용하여 말할 때 바울의 명확한 판단으로 보면, 사람이 그가 행한 의로 말미암아 살 수 있을 정도로 의와 하나님의 법령 안에서 요구되는 일을 행하는 것이 가능하다는 것을 증명하지 않는다. 이 구약 본문들의 이 두 주장에 대한 진리는 그것들이 다양한 용도에 따라 우리에게 적용하도록 다양한 진리를 함축하고 포

함하고 있는 것으로 우리에게 제시되고 있는 것처럼 보인다.[15]

⁶믿음으로 말미암는 의는 이같이 말하되 네 마음에 누가 하늘에 올라가겠느냐 하지 말라 하니 올라가겠느냐 함은 그리스도를 모셔 내리려는 것이요 **⁷**혹은 누가 무저갱에 내려가겠느냐 하지 말라 하니 내려가겠느냐 함은 그리스도를 죽은 자 가운데서 모셔 올리려는 것이라 **⁸**그러면 무엇을 말하느냐 말씀이 네게 가까워 네 입에 있으며 네 마음에 있다 하였으니 곧 우리가 전파하는 믿음의 말씀이라

10:6 이제 다음 사실을 생각해 보자. 정통 기독교 지역에서 그리고 이와 같은 빛의 땅에서 이것이 과연 누구의 역사인지, 하나님의 역사인지 아니면 마귀의 역사인지 모르는 사람이 이토록 많은 것은 이상한 일이 아닌가? 이런 역사가 여기서 이토록 의심받고 있다는 것은 뉴잉글랜드의 수치가 아닌가? 우리는 이전에 열광주의자 사이에서 발견되었던 어떤 상황과 외적 현상이 이 역사에 수반되어 있는지 확인하기 위하여 과거 모든 시대의 역사를 주목할 필요가 있지 않을까? 몬타누스주의자들은 기쁨에 크게 도취되고, 프랑스 예언자들은 몸을 뒤흔드는 일이 없었는가? 하나님을 찬양하라! 하나님은 우리가 이런 문제로 고민하지 않게 하신다. 우리는 이 역사가 어떻게 된 일인지 알아보도록 "누가 하늘에 올라가겠느냐"(롬 10:6)라고 말할 필요가 없다. 하나님은 결정하고 우리를 만족시킬 법칙을 얻게 하려고 바다 저편으로, 과거 어느 시대로 보내시지 않는다. 그러나 우리는 법칙을 가까이 두고 있다. 그것은 하나님이 친히 우리 손에 쥐어 주신 거룩한 책이다. 이 책은 명확하고 틀림이 없는 지침을 갖고 있고, 우리가 이 문제를 해결하기에 충분하다. 내가 생각하기에, 만약 지금 설명되고 있는 것과 같은 역사를 하나님의 역사가 아닌 것으로 거부한다면, 우리는 이 책의 어떤 특정 본문만이 아니라 그 전체 내용도 거부해야 할 것이다. 복음의 전체 취지가 그것을 증명한다. 성경이 우리에게 제

공하는 모든 종교 관념이 그것을 확증한다.[16]

그러나 여기서 우리는 해마다 영혼이 신음하고, 영적 양식이 심각할 정도로 부족한 상황에 놓여 있다. 그렇지만 그런 현실에 대한 전반적인 관심은 거의 나타나지 않고 있다. 양식이 가까이 준비되어 있지만 우리는 그것을 취하는 데 별로 관심이 없다. 하나님은 우리가 자기에게 양식을 구할 마음을 갖고 있으면 언제든 주실 준비를 하고 계셨다. "네 마음에 누가 하늘에 올라가겠느냐 하지 말라 하니 올라가겠느냐 함은 그리스도를 모셔 내리려는 것이요 혹은 누가 무저갱에 내려가겠느냐 하지 말라 하니 내려가겠느냐 함은 그리스도를 죽은 자 가운데서 모셔 올리려는 것이라. 그러면 무엇을 말하느냐. 말씀이 네게 가까워 네 입에 있으며 네 마음에 있다 하였으니 곧 우리가 전파하는 믿음의 말씀이라"(롬 10:6-8). 그럼에도 불구하고 우리는 다른 일들에 분주하고 큰 부산을 떨었다. 가축을 거래하는 일에 바빴고, 일상사에 바빴으며, 어떤 다른 일들에 무척 분주했다. 그러나 하나님을 붙드는 일은 등한시하고, 죄에서 벗어나 하나님의 거룩하신 영에게 돌아가는 일은 진지하게 추구하지 못했다.[17]

10:8 따라서 바울은 이것이 모세가 백성들에게 의를 얻기 위한 길을 제시한 궁극적 계시가 아니었다고 지적한다. 그러나 바울은 이후에, 다음과 같은 그의 특유의 표현이 암시하는 것처럼, 불가능하지 않고 쉬운 다른 길을 제시한다. "믿음으로 말미암는 의는 이같이 말하되 네 마음에 누가 하늘에 올라가겠느냐[곧 생명의 조건이 불가능한 것처럼] 하지 말라 하니"(롬 10:6). "그러면 무엇을 말하느냐. 말씀이 네게 가까워"(롬 10:8). 이것은 그리스도로 말미암은 길이다. 또는 "우리가 전파하는 믿음의 말씀이다." 따라서 이것이 모세가 전한 궁극적 계시다. 불가능한 길을 제시한 전자의 계시는 오직 이 길을 준비하는 것에 의도가 있었다. 그러므로 "그리

스도는 모든 믿는 자에게 의를 이루기 위하여 율법의 마침이 되신다"(롬 10:4).

이 문맥에서 바울이 제시하는 두 언약 간의 차이는 한 언약은 다른 언약과 달리 칭의를 이루기 위하여 하나님의 말씀을 실제로 충분하고 온전하게 준수할 것을 요구한다는 것이다. 반면에 다른 언약은 우리의 자비로 우신 하나님과 아버지로 자신을 계시하시는 하나님의 말씀을 우리의 입이나 고백 속에 또는 우리의 마음속에 두는 것 외에 다른 것을 요청하지 않는다. 이것으로 우리의 고백은 진실하게 되고, 진정으로 하나님의 말씀에 복종하게 된다.[18]

"그러면 무엇을 말하느냐. 말씀이 네게 가까워 네 입에 있으며 네 마음에 있다 하였으니 곧 우리가 전파하는 믿음의 말씀이라"(롬 10:8). "누가 우리를 위하여 바다를 건너가서 그의 명령을 우리에게로 가지고 와서 우리에게 들려 행하게 하랴"(신 30:13). 따라서 그렇게 하면 문맥에서 분명하게 드러나는 것처럼, 그것의 유익 곧 그것을 통해 얻도록 되어 있는 해방과 구원을 받는다. 왜냐하면 이것은 포로로 잡혀가 재난에서 구원받기를 바라는 백성들에게 예상되는 질문이기 때문이다. 그들이 구하는 것은 말씀 곧 복음 속에 포함되어 있는 해방 또는 구원이다. 그러므로 바울은 "우리가 전파하는 믿음의 말씀"(롬 10:8)이라고 말하는데, 이것은 만약 그들이 말씀 또는 "명령"(신 30:11에서 말하는 것처럼)을 얻고 받을 수 있었다면, 그것으로 구원을 받았을 것이라는 가정을 함축하고 있다. 그 안에서 그들은 율법 수여자이신 하나님을 그들의 구주로 받았다. 그들이 명령에 대하여 질문하는 것은 곧 구주에 대하여 질문하는 것이다. 그리고 하나님은 그들에게, 말씀이 그들 가까이에 있고, 따라서 그들이 말씀을 마음과 입을 통해 실제로 받아들이기만 하면 그것으로 구원의 유익을 얻도록 되어 있다고 말씀하신다. 그때 율법 수여자는 그들의 구주가 되실 것이다.

율법을 받아들일 때 그들은 다음과 같은 말 속에 표현되어 있는 것처럼 생명을 얻을 것이다. "내가 네 앞에 생명과 사망을 두었다. 말씀의 구원이 네 가까이 있다. 하나님은 말씀을 네 마음과 네 입에 보내신다. 만약 네가 오직 말씀을 받아들인다면 너는 구원을 받고 생명을 얻을 것이다. 네가 인정받으려면 말씀을 갖고 있어야 할 것이다." 따라서 순종은 여기서 구주를 받아들이는 것, 또는 영접하는 것 곧 말씀의 저자를 생명의 복음의 창시자로 받아들이는 것 등의 관념 아래 언급된다. 입과 마음에 있다는 것은 받아들였다는 것을 의미한다. "오직 그 말씀이 네게 매우 가까워서 네 입에 있으며 네 마음에 있은즉 네가 이를 행할 수 있느니라"(신 30:14). 즉 네 마음의 동의 또는 네 진실한 영접 외에 다른 필요가 없을 정도로 네 가까이에 있으니, 너는 그것을 네 마음과 실천 속에 두면 그 유익을 얻을 것이라는 것이다.[19]

[9]네가 만일 네 입으로 예수를 주로 시인하며 또 하나님께서 그를 죽은 자 가운데서 살리신 것을 네 마음에 믿으면 구원을 받으리라 [10]사람이 마음으로 믿어 의에 이르고 입으로 시인하여 구원에 이르느니라 [11]성경에 이르되 누구든지 그를 믿는 자는 부끄러움을 당하지 아니하리라 하니 [12]유대인이나 헬라인이나 차별이 없음이라 한 분이신 주께서 모든 사람의 주가 되사 그를 부르는 모든 사람에게 부요하시도다

10:9 "네가 만일 네 입으로 예수를 주로 시인하며……구원에 이르느니라"(롬 10:9-10). 여기서 입으로 시인하는 공적 신앙 고백을 그리스도의 모든 백성과 그리스도를 믿는 모든 자의 중대한 의무로 간주한다. 이 구두 신앙 고백은 통상적으로 구원에 필수적이다. 그렇지만 믿음만큼 필수적이지는 않고 세례만큼 필수적이다. 여기서 믿음과 구두 신앙 고백은 공동으로 구원에 필수적인 것으로 전해진다. 이것은 마가복음 16:16에서

믿음과 세례가 그런 것과 마찬가지다.

그리스도를 믿는 우리의 믿음의 고백을 모든 그리스도인이 구원을 추구할 때 수행해야 하는 하나의 의무로 말할 때, 바울이 말하는 것은 구원에 이르게 하는 믿음에 대한 고백이다. 바울의 말은 그것을 명백히 함축하고 있다. "네가 만일 네 입으로 예수를 주로 시인하며 또 하나님께서 그를 죽은 자 가운데서 살리신 것을 네 마음에 믿으면 구원을 받으리라"(롬 10:9). 입으로 시인되어야 했던 믿음은 바울이 마음에 믿는 것으로 말하는 것과 같은 것이지만 그것은 곧 구원에 이르게 하는 믿음이다.

그런데 여기서 내가 지적하고 싶은 것은 윌리엄스가 내 책에서 언급된, 이 모순된 것처럼 보이는 진술을 수용할 능력이 있었더라면 어려움을 겪지 않았을 것이라는 점이다. 나는 책에 이렇게 썼다. "사람은 마음으로 믿어 의에 이르고." 사람들이 하나님께서 그리스도를 죽은 자 가운데서 살리신 것을 마음으로 믿는다면 구원을 받을 것이다. 이것은 로마서 10:9-10과 일치된다. 그러나 사람들이 이것을 마음으로, 아니 사실은 온 마음으로 믿을 수 있지만 여전히 의를 믿지 못한다면 구원을 받지 못할 것이다. 따라서 요한일서 4:15에서처럼 "누구든지 예수를 하나님의 아들이라 시인하면 하나님이 그의 안에 거하시고 그도 하나님 안에 거하느니라"도 마찬가지다. 그리고 "예수께서 그리스도이심을 믿는 자마다 하나님께로부터 난 자니"(요일 5:1)도 마찬가지다. 그러나 사람들이 이 참된 사실을 아무리 온 마음을 다해 믿고 입으로 시인할 수 있다고 해도, 또 이것이 사도들과 초대 교회 사역자들의 말이긴 하지만, 여전히 하나님께로부터 난 자가 아니고, 그 안에 은혜의 불꽃을 갖고 있지 않다.[20]

10:10 "사람이 마음으로 믿어 의에 이르고 입으로 시인하여 구원에 이르느니라"(롬 10:10). 믿어 의에 이르는 것은 구원에 이르게 하는 믿음이다.

그러나 같은 문장 다음 어구에서 입으로 시인하는 것으로 말하는 것도 분명히 같은 믿음이다. 그리고 이방인들이 기독교 신앙을 고백하거나 그리스도를 시인할 때 그들이 구원에 이르게 하는 믿음을 고백하게 되리라는 것이 이사야 45:23-24에 함축되어 있다. "모든 혀가 맹세하리라.……내게 대한 어떤 자의 말에 공의와 힘은 여호와께만 있나니." 말하자면 그리스도의 공의와 힘에 전적으로 의존하는 것을 고백한다는 것이다.[21]

그리스도는 자신의 왕의 직분에 따라 구원을 베푸신다. 그러므로 우리는 모든 것을 팔아 처분함으로써 그리스도의 왕의 직분을 받아들이고, 그리스도에 대한 모든 의무를 감당하며, 그리스도에 대한 적절한 존경과 공경을 드려야 한다. 이것이 합당한 구원의 조건이다. 이것은 히브리서 5:9에 분명히 나타나 있다. "온전하게 되셨은즉 자기에게 순종하는 모든 자에게 영원한 구원의 근원이 되시고." 또 로마서 10:10에도 나타나 있다. "사람이 마음으로 믿어 의에 이르고 입으로 시인하여 구원에 이르느니라." 바울은 이처럼 그리스도를 시인하는 것 또는 우리가 그리스도에 대한 존중을 외적으로 및 공개적으로 증언하는 것 그리고 고난과 비난과 박해가 있을지라도 그리스도에 대한 우리의 의무를 준수하는 것에 대하여 말한다.[22]

만약 베드로가 넘어진 후에 변화를 받아 다시 일어나지 못했다면, 그리스도에 대한 믿음과 고백 안에서 견인하지 못했을 것이다. 베드로는 다음과 같은 경고 아래 넘어진 것이다. "사람 앞에서 나를 부인하는 자는 하나님의 사자들 앞에서 부인을 당하리라"(눅 12:9). 우리가 입으로 그리스도를 시인하는 것은 우리의 구원에 필수적이다(롬 10:10). 멸망할 자는 영혼의 구원을 믿지 못하고 뒤로 물러갔다. "나의 의인은 믿음으로 말미암아 살리라. 또한 뒤로 물러가면 내 마음이 그를 기뻐하지 아니하리라.……우리는 뒤로 물러가 멸망할 자가 아니요"(히 10:38-39).[23]

내가 여러분에게 구원에 이르게 하는 믿음에 의존하고 일반적인 믿음에 의존하지 않도록 주의하라고 권면하고 싶은 그다음 사실은 믿음의 자리에 대한 것이다. 믿음은 단순히 여러분의 이해나 사색에 자리 잡고 있지 않고, 여러분의 전 영혼, 특히 여러분의 마음속에 자리 잡고 있다는 것을 유념하라. 말하자면 믿음은 여러분의 성향과 의지 속에 자리를 잡고 있다. 이것은 보통 성경에서 마음으로 표시된다. "사람이 마음으로 믿어 의에 이르고"(롬 10:10). 여러분은 단순히 진리에 동의하는 것으로 그치지 않고 진리를 사랑으로 받아들이도록 유의해야 한다. 곧 진리에 대하여 납득할 뿐만 아니라 진리를 받아들이도록 하라. 또 진실로 여러분의 마음의 문을 열고 그리스도를 여러분의 마음으로 영접하도록 하라. 여러분의 마음이 바로 그리스도께서 찾으시는 곳이다. "내 아들아, 네 마음을 내게 주며"(잠 23:26). 그리스도는 구애자이시다. 그리스도는 마음을 얻으려고 애쓰신다. 그리고 여러분은 마귀가 믿는 것처럼 단순히 여러분의 이성의 동의로 믿지 않도록 주의해야 한다. 여러분은 거룩한 믿음을 갖도록 하라. 거룩한 믿음은 택함 받은 자의 보배로운 믿음으로, 훌륭한 도덕적 미덕이다.[24]

10:11 이사야 28:16과 로마서 9:33, 10:11 본문들은 하나님을 기다리는 것이 하나님을 믿는 것과 동일한 의미를 갖고 있음을 보여준다. 그리고 하나님을 기다리는 것이 하나님을 신뢰하는 것과 동일한 사실을 의미한다는 것은 앞에서 지적된 사실로 보아 분명하다.[25]

10:12 "유대인이나 헬라인이나 차별이 없음이라. 한 분이신 주께서 모든 사람의 주가 되사 그를 부르는 모든 사람에게 부요하시도다"(롬 10:12). 다음 본문들을 비교해 보라.[26]

열왕기상 8:39	요한복음 2:24, 16:30, 사도행전 1:24
예레미야 17:10	요한계시록 2:3
이사야 44:6	요한계시록 1:17
요한계시록 1:8	요한계시록 22:13
디모데전서 6:15	요한계시록 17:14, 19:16
이사야 10:21	이사야 9:6
로마서 10:12	사도행전 10:36, 로마서 9:5
시편 90:2	잠언 8:22 이하
느헤미야 9:6	요한복음 1:3, 골로새서 1:16-17
창세기 1:1	히브리서 1:10
출애굽기 20:3	누가복음 24:25, 히브리서 1:6
마태복음 4:10	요한복음 5:23

[13]누구든지 주의 이름을 부르는 자는 구원을 받으리라 [14]그런즉 그들이 믿지 아니하는 이를 어찌 부르리요 듣지도 못한 이를 어찌 믿으리요 전파하는 자가 없이 어찌 들으리요 [15]보내심을 받지 아니하였으면 어찌 전파하리요 기록된 바 아름답도다 좋은 소식을 전하는 자들의 발이여 함과 같으니라 [16]그러나 그들이 다 복음을 순종하지 아니하였도다 이사야가 이르되 주여 우리가 전한 것을 누가 믿었나이까 하였으니

10:13 그리스도는 로마서 10:13에서 다음과 같이 언급되는 주님이시다. "누구든지 주의 이름을 부르는 자는 구원을 받으리라." 여기서 말하는 "주"가 그리스도라는 것은, 이전 두 구절(롬 10:11-12)과 다음 구절 곧 14절로 보아 분명하다. 그러나 그 말씀은 요엘 2:32에서 인용된 것이고, 거기 보면 "주"로 번역된 말이 "여호와"다. 고린도전서 1:2도 보라.[27]

10:14 그러나 하나님은 더 특별히 영혼을 조명하기 위하여 말씀을 효과적으로 선포하셨다. 그러므로 믿음은 들음에서 나며 들음은 선포된 말씀

으로 말미암는다. "그런즉 그들이 믿지 아니하는 이를 어찌 부르리요 듣지도 못한 이를 어찌 믿으리요 전파하는 자가 없이 어찌 들으리요"(롬 10:14).[28]

말은 지식을 전달해야만 은혜의 수단이 될 수 있다. 그렇지 않으면 말은 마치 그곳에 아무도 없어 단지 말한 사람이 허공에 말한 것처럼 사실상 사라지고 만다. 이것이 고린도전서 14:6-10에서 나오는 결론이다. 하나님은 사람을 합리적 피조물로 다루시기 때문에 이해하지 못하는 자는 믿음도 받을 수 없고, 또 어떤 다른 은혜도 받을 수 없다. 그리고 믿음이 행사될 때 그 믿음은 내용을 모르는 어떤 것에 대한 것이 아니다. 그러므로 들음이 믿음에 절대로 필수적이다. 들음이 이해에 필수적이기 때문이다. "듣지도 못한 이를 어찌 믿으리요"(롬 10:14).[29]

그렇지만 복음 사역자들은 그리스도 아래 있는 그리스도의 종과 봉사자로, 그리스도의 위대한 사역 곧 구원 사역의 목적을 진전시키는 일을 담당하도록 지정된 자다. 이 일이 사역자들이 헌신하는 사역이고, 그런 의미에서 그들은 그리스도의 동역자로 나타난다. "우리가 하나님과 함께 일하는 자로서 너희를 권하노니 하나님의 은혜를 헛되이 받지 말라"(고후 6:1). 그리스도는 사람들의 영혼의 구주이시다. 사역자들도 성경에서 사람들의 영혼을 구원하는 자로 전한다. "이것을 행함으로 네 자신과 네게 듣는 자를 구원하리라"(딤전 4:16). "이는 혹 내 골육을 아무쪼록 시기하게 하여 그들 중에서 얼마를 구원하려 함이라"(롬 11:14). "아무쪼록 몇 사람이라도 구원하고자 함이니"(고전 9:22). 한편, 이렇게 말하기도 한다. "구원받는 자들[구원하는 자들(Saviors)]이 시온 산에 올라와서"(옵 1:21). 복음 사역자들은 그곳에 있을 것으로 간주된다.[30]

하나님은 사람을 합리적 피조물로 다루신다. 그리고 사람이 믿음을 행사할 때 그 믿음은 내용을 모르는 어떤 것에 대한 것이 아니다. 그러므로 들음이 믿음에 절대로 필수적이다. 왜냐하면 들음은 이해에 필수적이기 때문이다. "듣지도 못한 이를 어찌 믿으리요"(롬 10:14). 마찬가지로 지식이 없으면 사랑도 있을 수 없다. 전혀 모르는 대상을 사랑하는 것은 인간 영혼의 본질에 합당한 일이 아니기 때문이다. 마음은 이해에 아무 관념이 없는 것을 대상으로 삼을 수 없다. 마음에 합리적인 영향을 미치려면, 영혼을 사랑으로 이끄는 이유들이 먼저 이해되어야 한다.[31]

10:15 어떤 이들은 순회하며 다른 사람들을 경고하고 권면하는 목사나 교사의 사역을 자기들의 사역으로 취한다. 나는 이렇게 하지 않으면 적절한 부르심의 사역을 등한시하는 것이라고 권면하지 않을 것이다. 누구든 이 사역을 자신에게 적용시키려면 적절한 지명이 있어야 하고, 그렇지 않으면 질서를 깨뜨리고 주제넘은 짓이 되고 말 것이다. "보내심을 받지 아니하였으면 어찌 전파하리요"(롬 10:15). "이 존귀는 아무도 스스로 취하지 못하고 오직……하나님의 부르심을 받은 자라야 할 것이니라"(히 5:4).[32]

10:16 로마서 10:16-18을 보라. 그리스도는 그때까지 한 민족으로 제한되었지만 이제는 땅 끝까지 자신의 빛과 진리를 선포하고, 자신의 은혜의 나라에서 모든 민족을 다스리기 위하여 무덤에서 다시 살아나셨다. 따라서 시편 19:3-4을 보면 "언어도 없고 말씀도 없으며 들리는 소리도 없으나"(시 19:3) 그의 소리가 온 땅에 통하고, 그의 말씀이 세상 끝까지 이를 것이라고 예언하는데, 바울은 여기서 이전 두 구절에서 해와 천체의 소리와 음성이 전한 것에 대하여 말하고, 그것을 예수 그리스도의 복음으로 해석한다. "그러나 그들이 다 복음을 순종하지 아니하였도다. 이사야가 이르되 주여 우리가 전한 것을 누가 믿었나이까 하였으니 그러므로 믿음은 들음에서 나며 들음은 그리스도의 말씀으로 말미암았느니라. 그러나

내가 말하노니 그들이 듣지 아니하였느냐. 그렇지 아니하니 그 소리가 온 땅에 퍼졌고 그 말씀이 땅끝까지 이르렀도다 하였느니라"(롬 10:16-18).[33]

[17]그러므로 믿음은 들음에서 나며 들음은 그리스도의 말씀으로 말미암았느니라 [18]그러나 내가 말하노니 그들이 듣지 아니하였느냐 그렇지 아니하니 그 소리가 온 땅에 퍼졌고 그 말씀이 땅 끝까지 이르렀도다 하였느니라 [19]그러나 내가 말하노니 이스라엘이 알지 못하였느냐 먼저 모세가 이르되 내가 백성 아닌 자로써 너희를 시기하게 하며 미련한 백성으로써 너희를 노엽게 하리라 하였고 [20]이사야는 매우 담대하여 내가 나를 찾지 아니한 자들에게 찾은 바 되고 내게 묻지 아니한 자들에게 나타났노라 말하였고 [21]이스라엘에 대하여 이르되 순종하지 아니하고 거슬러 말하는 백성에게 내가 종일 내 손을 벌렸노라 하였느니라

10:17 믿음의 적절한 근거가 하나님의 말씀이라는 것을 증언하는 본문은 "믿음은 들음에서 나며 들음은 그리스도의 말씀으로 말미암았"다(롬 10:17)는 구절이다. 하나님의 말씀은 믿는 자가 구원을 얻을 것이라고 우리에게 증언한다. 그러나 하나님의 말씀 속에는 스코틀랜드나 뉴잉글랜드의 어떤 마을에서 어떤 개개의 사람이 믿는다는 것과 같은 증언은 없다. 성경에는 "그리스도가 자기를 사랑하는 자를 사랑하신다"와 같은 진술이 있고, 그러므로 모든 사람은 반드시 믿어야 하는데, 신적 증언에 따라 그것을 굳게 믿는 것은 당연히 믿음의 본질에 속하는 것이다. 그리고 어떤 사람이 그것을 의심하는 것은 당연히 불신앙의 가증한 죄를 범하는 것이다. 그러나 노샘프턴의 이 개개의 사람이 그리스도를 사랑한다는 것과 같은 진술이 성경에는 없고 또는 그것이 그리스도의 복음의 한 부분도 아니다. 만일 내가 그리스도 안에서 만족을 누리고 있다는 것을 안다면, 그것은 내가 내 아내와 자녀들 안에서 만족을 누리고 있다고 알고 있는 것과 똑같은 방법으로 그것을 아는 것이다. 곧 나 자신의 마음 또는 내적 의식의 증언으로 아는 것이다. 복음적 믿음은 그리스도의 복음을 기초로 삼고 있

다. 그러나 나는 그리스도를 사랑한다는 것은 그리스도의 복음 속에 포함되어 있지 않는 진술이다.[34]

10:19 유대인이 메시아를 거부하리라는 사실이 구약성경과 신약성경에 모두 예언되어 있었던 것처럼 이방인이 메시아를 받아들이고, 그리하여 하나님의 백성의 특권을 부여받게 될 것이라는 사실도 똑같이 두 성경에 모두 예언되었다. 이 사실은 지금 참으로 많은 곳에서 특별히 언급되고 있다. 유대인은 이로 말미암아 이방인을 시기하게 될 것이라는 사실이 예언되었다(신 32:21과 롬 10:19을 비교해 보라). 그리스도는 종종 이방인이 참 믿음을 받아들이고 자기를 따르는 자와 백성들이 될 것이라는 사실을 직접 예언하셨다.[35]

10:20 그러므로 선지자 이사야는 당당하게 "복음의 선지자"로 불린다. 이사야는 그리스도가 실제로 오신 후에 복음을 전한 사도들처럼, 아주 명백하게 영광의 복음에 관한 교훈들을 가르치는 것처럼 보인다. 그러므로 사도 바울은 "이사야는 매우 담대하다"(롬 10:20)고 지적한다. 즉 신약성경에서 아주 명백하게 그 말의 의미로 사용된 것과 같이 이사야는 아주 분명히 그리고 충분히 말하는데, 그런 의미에서 "매우 담대하다"는 말이 사용된다. 고린도후서 3:12에서도 "담대히"라는 말이 사용된다. 선지자 이사야는 이사야 53장에서 그리스도의 고난과 희생의 방법과 상황, 본질과 목적을 얼마나 분명하고 충분히 묘사하는지 모른다. 신약성경에도 그것을 한 장에 걸쳐 매우 충분히 다루고 있는 책은 없다. 그리고 참으로 자주 그리고 매우 은혜롭게 이사야 선지자는 수시로 그리스도의 영광스러운 유익 곧 그의 구속으로 말미암아 교회에 주어질 형언할 수 없는 복에 대하여 말했다. 이사야 선지자가 그토록 자주 언급한 예수 그리스도는 예

전에 한 번 이사야에게 인간의 본성 곧 그분이 나중에 취해야 할 형태를 지닌 모습으로 나타나신 적이 있었다. 우리는 이사야 6장 첫 부분에서 관련 기사를 본다. "내가 본즉 주께서 높이 들린 보좌에 앉으셨는데 그의 옷자락은 성전에 가득하였고"(1절). 이사야가 당시 보았던 분은, 신약성경의 요한복음 12:39-41에 분명히 언급되어 있는 것처럼, 그리스도 바로 그분이셨다. "곧 이사야가 다시 일렀으되 그들의 눈을 멀게 하시고……이사야가 이렇게 말한 것은 주의 영광을 보고 주를 가리켜 말한 것이라."[36]

로마서 10:16-21을 보라. 다시 말해 로마서 10:3의 "하나님의 의를 모르고 자기 의를 세우려고 힘써 하나님의 의에 복종하지 아니하였느니라"는 말씀에 따르면, 자기 자신의 의를 신뢰하는 것은 영혼에 치명적이다. 바울이 이 사실을 유대인에게 소개하는 방식으로 보아 이것은 분명히 유대인에게 치명적인 사실로 받아들여진다. 말하자면 바울은 동족인 유대인이 구원받는 것이 자신의 마음의 열망이자 기도라고 말하고 이어서 구원에 이르지 못하는 유대인의 잘못된 방법을 증명하는데, 이것을 보아도 자기 의를 의지하는 것은 유대인에게 치명적인 사실이다. 이것은 또 이전 장(9장)의 마지막 부분 구절들로 보아도 분명하다. 거기서 바울은 앞에서 전한 말들로 동일한 사실을 제시하고 있고, 그것이 이 본문들에 영향을 미치고 있다. 이것은 또한 로마서 10:16-21로도 증명된다.[37]

로마서 11장

¹그러므로 내가 말하노니 하나님이 자기 백성을 버리셨느냐 그럴 수 없느니라 나도 이스라엘인이요 아브라함의 씨에서 난 자요 베냐민 지파라 ²하나님이 그 미리 아신 자기 백성을 버리지 아니하셨나니 너희가 성경이 엘리야를 가리켜 말한 것을 알지 못하느냐 그가 이스라엘을 하나님께 고발하되 ³주여 그들이 주의 선지자들을 죽였으며 주의 제단들을 헐어 버렸고 나만 남았는데 내 목숨도 찾나이다 하니 ⁴그에게 하신 대답이 무엇이냐 내가 나를 위하여 바알에게 무릎을 꿇지 아니한 사람 칠천 명을 남겨 두었다 하셨으니 ⁵그런즉 이와 같이 지금도 은혜로 택하심을 따라 남은 자가 있느니라

11:1 "그러므로 내가 말하노니 하나님이 자기 백성을 버리셨느냐." 도드리지 박사는 이 말씀을 이렇게 번역한다. "그러므로 내가 하나님이 자기 백성을 버리셨다고 말하겠느냐."¹

11:4 여기서 유대인 속에 복음의 효력이 나타난 사실이 주목되어야 한다. 왜냐하면 하나님은 복음의 역사를 유대인에게 먼저 시작하셨기 때문이다. 이스라엘 백성을 전체적으로 거부하셨던 하나님은 그들을 포기하고 이방인에게 향하기 전에, 유대인 가운데 택하심 받은 자들을 먼저 부르신다. 그 전에 유대 민족은 심각하고 두려운 심판 속에 있었다. 그들 대다수는 멸망당하고 오직 소수의 남은 자만 구원을 받고 변화되었다. 여

로보암 시대에 그들은 하나님에 대한 참된 경배에서 떠남으로써 열 지파 대부분이 거부를 당했고, 그 후 아합 시대에는 훨씬 더 심각한 거부를 당했다. 그렇지만 그럼에도 불구하고 그들 중에는 하나님께서 보존하신 자들이 있었다. 그 남은 자는 소속 지파들 속에 자기들의 소유를 그대로 남겨둔 채 유다와 베냐민 지파로 올라가 정착했다. 그리고 아합 시대에는 바알에게 무릎을 꿇지 않은 칠천 명이 있었다. 바벨론에 포로로 잡혀갔을 때도 그들 가운데 남은 자는 귀환을 했다. 그리고 또다시 백성 대다수가 거부당했으나 그중에 얼마는 구원을 받았다. 그러므로 성령께서는 사도들의 설교를 듣고 회심한 사람들의 수를 과거의 남은 자와 비교하신다. "또 이사야가 이스라엘에 관하여 외치되 이스라엘 자손들의 수가 비록 바다의 모래 같을지라도 남은 자만 구원을 받으리니"(롬 9:27).[2]

11:5 특별히 칼빈주의 선택 교리가 얼마나 확고한 증거를 갖고 있는 교리인지를 보여주는 본문은 로마서 11:5이다. "그런즉 이와 같이 지금도 은혜로 택하심을 따라 남은 자가 있느니라." 도드리지 박사는 이에 대하여 어떤 이들은 이것을 은혜 곧 복음을 선택한 것으로 설명한다고 지적한다. 그러나 이런 설명은 매우 부자연스럽고 어구에 적합하지 않으며, 또 이전 어절이나 바울이 자신의 말로 해석하는 다음 구절과의 연관성도 없다.

택하심이 행위에 속해 있지 않는 것으로 전하는 논증은 다음과 같이 더 깊이 전개된다. "택하심을 따라 되는 하나님의 뜻이 행위로 말미암지 않고 오직 부르시는 이로 말미암아 서게 하려 하사"(롬 9:11). "그 자식들이……무슨 선이나 악을 행하지 아니한 때에"(롬 9:11). "그런즉 이와 같이 지금도 은혜로 택하심을 따라 남은 자가 있느니라. 만일 은혜로 된 것이면 행위로 말미암지 않음이니 그렇지 않으면 은혜가 은혜 되지 못하느니라 [그러나 만일 행위로 된 것이면 은혜로 말미암지 않음이니 그렇지 않으면 행위가

행위 되지 못하느니라]"(롬 11:5-6). "하나님이 우리를 구원하사 거룩하신 소
명으로 부르심은 우리의 행위대로 하심이 아니요 오직 자기의 뜻과 영원 전
부터 그리스도 예수 안에서 우리에게 주신 은혜대로 하심이라"(딤후 1:9).[3]

"로마서 11:5에 언급된 사실 곧 은혜로 말미암은 택하심은 회심한 유
대인 전체 집단, 아니 심지어는 편견과 불신앙으로 완악하게 되지 않고,
또는 눈멀지 않고 회심한 모든 자가 기독교 신앙을 받아들이는 것을 의미
한다. 7절의 이어지는 말씀에서 그것이 분명히 확인된다. '오직 택하심을
입은 자가 얻었고 그 남은 자들은 우둔하여졌느니라.'"[4]

[6]만일 은혜로 된 것이면 행위로 말미암지 않음이니 그렇지 않으면 은혜가 은혜
되지 못하느니라 [7]그런즉 어떠하냐 이스라엘이 구하는 그것을 얻지 못하고 오직
택하심을 입은 자가 얻었고 그 남은 자들은 우둔하여졌느니라 [8]기록된 바 하나님
이 오늘까지 그들에게 혼미한 심령과 보지 못할 눈과 듣지 못할 귀를 주셨다 함
과 같으니라

11:6 바울은 우리가 율법의 행위로 의롭다 함을 얻지 못한다고 말하지
않고, 일반적인 용어를 사용하여 행위로 의롭다 함을 얻지 못한다고 말한
다. 우리의 문맥에서 보듯이 "일을 아니할지라도 경건하지 아니한 자를
의롭다 하시는 이를 믿는 자에게는"(롬 4:5)이라고 말한다. 그리고 이어서
로마서 4:6에서는 "일한 것이 없이 하나님께 의로 여기심을 받는다"라고
말한다. 또한 로마서 11:6은 이렇게 말한다. "만일 은혜로 된 것이면 행위
로 말미암지 않음이니 그렇지 않으면 은혜가 은혜 되지 못하느니라." 에
베소서 2:8-9도 마찬가지다. "너희는 그 은혜에 의하여 믿음으로 말미암
아 구원을 받았으니 이것은……행위에서 난 것이 아니니." 이것으로 보
아 바울이 보상, 선행, 덕과 의의 행위와 같은 말로 바꿔 쓸 수 있는 행위
일반이 아닌 다른 어떤 것을 말한다고 이해할 하등의 이유는 없다. 바울

이 "율법"과 같은 첨가 용어 또는 그 표현을 제한하는 어떤 다른 첨부 사실 없이, 단순히 우리는 행위로 의롭다 함을 얻거나 구원받는 것이 아니라고 말하면서 어떤 개별적인 법이나, 기관, 그 밖의 행위를 배제하는 것은 정당한 것인가? 결국 이는 다른 신적 율법의 행위를 허용하는 것이 아닌가? 아르미니우스주의 신학자들은 자신들의 신학 체계와 그에 따른 여러 가지 해석을 통해, 그 어떤 것도 덧붙이지 않고 오로지 행위만을 말하는 이 본문에서 바울은 우리 자신의 선행 일반도 말한다고 보는 것을 허용하는 것처럼 보인다. 즉 그들은 바울이 이 행위들로부터 그 어떤 일말의 공로든, 그것을 철저하게 배제하는 데만 오로지 관심이 있을 뿐이라고 주장한다. 그러나 바울이 우리는 행위로 의롭다 함을 얻지 못한다고 말할 때는 이것을 가리키고, 우리가 율법의 행위로 의롭다 함을 얻지 못한다고 말할 때는 저것을 가리킨다고 말한다는 것은 전혀 이치에 맞지 않다. 같은 논의 안에서 두 가지 표현이 섞여 사용되고 있는 것이 발견되고, 또 바울이 주장하는 바가 일관되게 분명함에도 다른 것을 가리킨다고 할 때도 그렇다. 이는 마음을 열고 몰두해서 성경을 연구하게 하기 보다는 오히려 교묘하게 빠져나가게 하는 것이고 성경으로부터 달아나게 하는 것이다.[5]

여기서 말하는 율법의 행위는 유대교의 예배 규례를 준수하는 것만 의미하는 것이 아니라, 도덕적 규범이나 의식적 규례를 막론하고 우리가 하나님의 율법 전체에 대하여 순종할 때 나타나는 우리 자신의 도덕적 의나 훌륭한 덕을 의미하는 것이 분명하다. 왜냐하면 여기서 율법의 행위로 불리는 것이 로마서 10:3에서는 그들 자신의 의(자기 의)로 불리기 때문이다. 말하자면 바울은 로마서 10:3에서 언급하는 것과 로마서 9:31-32에서 언급하는 것이 분명히 동일한 사실을 가리키도록 하려는 의도를 갖고 있기 때문이다. 그리고 의심할 것 없이 율법의 행위는 바울이 로마서 10:5에서 말하는 율법으로 말미암는 의가 가리키는 것과 동일한 사실

을 의미한다. 로마서 10:5에서 이 표현은 분명히 자기 의(롬 10:3)와 동의
어로 사용되고 있고, 따라서 그것들은 동의어로 사용되고 있음을 알 수
있다(빌 3:6, 9). 그러나 의심할 것 없이 여기서 자기 의는 단순히 의식법
을 준수할 때에 나타나는 자기 의만 말하는 것이 아니라, 그들 자신의 선
또는 도덕적 미덕도 똑같이 의미한다. 다시 말해 우리는 종종 바울이 율
법의 행위를 하나님의 값없는 은혜와 반대 개념으로 사용하는 것을 발견
하는데, 그것만 보아도 율법의 행위가 우리 자신의 훌륭한 덕을 가리키는
것이 틀림없다. 훌륭한 덕이 전혀 없고 가치와도 전혀 거리가 먼 매우 무
가치한 그들에게 은혜가 주어진 것이 아니라면 어디서 은혜가 나타나겠
는가? 로마서 3:20, 24, 27-28, 디도서 3:5에서 바울은 율법의 행위 대신
의의 행위에 대하여 말한다. 로마서 4:4, 11:6, 갈라디아서 5:4, 에베소서
2:8-9을 보라.[6]

그러나 행위 언약과 은혜 언약 사이의 매우 크고 두드러진 차이는, 우
리는 은혜 언약 또는 은혜로 말미암아 우리 자신의 행위가 아니라 오직
예수 그리스도를 믿는 믿음으로 의롭다 함을 받는다는 것이다. 이 설명
에 따르면 로마서 4:16에서 분명히 하는 것처럼 대체로 새 언약은 은혜
언약이라는 이름으로 불릴 자격을 갖고 있다. 로마서 3:20, 24도 마찬가
지다. "그러므로 율법의 행위로 그의 앞에 의롭다 하심을 얻을 육체가 없
나니……그리스도 예수 안에 있는 속량으로 말미암아 하나님의 은혜로
값없이 의롭다 하심을 얻은 자 되었느니라." 이에 대하여 다음과 같은 본
문들도 있다. "만일 은혜로 된 것이면 행위로 말미암지 않음이니 그렇지
않으면 은혜가 은혜 되지 못하느니라"(롬 11:6). "율법 안에서 의롭다 함
을 얻으려 하는 너희는 그리스도에게서 끊어지고 은혜에서 떨어진 자로
다"(갈 5:4). 그러므로 바울은 같은 갈라디아서에서 행위로 말미암은 칭의
교리를 다른 복음으로 말하면서, "다른 복음은 없나니"라는 말을 덧붙인

다(갈 1:6-7). 그것은 전혀 복음이 아니다. 그것은 율법이다. 그것은 행위 언약이지 은혜 언약이 아니다. 그것은 복음적 교리가 아니라 율법적 교리다. 확실히 은혜 언약과 첫 언약 간의 매우 크고 극히 본질적인 차이를 안에 담고 있는 그 교리는 매우 중대한 교리임이 틀림없다. 복음에 대한 이 교리는 다른 어떤 것보다 복음의 이름으로 불리기에 합당하고, 의심할 것 없이 복음에 대한 매우 중요한 교리다.[7]

『베리 스트리트 설교집』(The Berry Street Sermons)에 실린 가이즈(J. Guyse) 박사의 설교는 이 점을 다음과 같이 예증한다. "바울은 칭의에 있어 은혜 관념을 이렇게 진술한다. '만일 은혜로 된 것이면 행위로 말미암지 않음이니 그렇지 않으면 은혜가 은혜 되지 못하느니라. [그러나 만일 행위로 된 것이면 은혜로 말미암지 않음이니 그렇지 않으면 행위가 행위 되지 못하느니라]'(개역개정에는 이 부분이 없다—옮긴이)(롬 11:6). 그렇지만 우리가 칭의와 관련하여 은혜라는 말의 의미를 느슨하게 취해서는 안 되는데, 그것은 우리 안에 이 하나님의 호의가 주어질 만한 어떤 것이 있었던 것처럼 간주할 온갖 오만한 생각을 제거시키기 위하여 '하나님의 은혜로 값없이'(롬 3:24)라는 말을 추가로 하고 있기 때문이다. 그리고 다음 장(4장)에서 바울은 우리가 이 복을 요구할 어떤 근거로부터 우리의 행위를 철저하게 배제한다. 즉 '그 삯은 은혜로 주어진 것이지, 보수가 아니다.' 그리고 바울은 하나님께서 의롭게 하시기 전까지 의로운 모습이 전혀 없었던 경건하지 아니한 자들을 의롭게 하신다고 말한다(롬 4:4-5). 그리고 은혜 외에 무엇이 그런 성격을 가진 사람들을 의롭게 하도록 하나님을 움직일 수 있었겠는가? 따라서 다음 장(5장)에서 바울은 이 은혜의 값없음과 풍성함을 제시하기 위하여 언어 능력을 최대한 발휘하여 그것을 '하나님의 은혜'와 '많은 사람에게 넘친 은혜로 말미암은 선물' 그리고 '많은 범죄로 말미암아 의롭다 하심'에 이른 '값없는 선물'로 부른다(롬 5:15-16)."[8]

존 테일러는 『사도저작의 열쇠』에서 우리의 충분하고 최종적인 칭의는 단순히 은혜가 아니라 행위에 속해 있다고 주장하지만, 성경은 이 최종적인 칭의를 은혜에 속해 있는 것으로 말한다(딤후 1:18, 유 1:21). 그러나 이런 견해가 어떻게 바울이 다음과 같이 말하는 것과 일치되겠는가? "일하는 자에게는 그 삯이 은혜로 여겨지지 아니하고 보수로 여겨지거니와"(롬 4:4). "만일 은혜로 된 것이면 행위로 말미암지 않음이니 그렇지 않으면 은혜가 은혜 되지 못하느니라. [그러나 만일 행위로 된 것이면 은혜로 말미암지 않음이니 그렇지 않으면 행위가 행위 되지 못하느니라]"(롬 11:6).[9]

11:7 추구하기는 하나 결코 얻지 못하는 구원을 추구하는 사람들이 많이 있다.

수단 아래 사는 자들은 일반적으로 구원을 추구하고 바라지만, 그 구원은 오직 택하심을 입은 자만 얻었고 남은 자들은 우둔하여졌다.[10]

테일러 박사가 말하는 것처럼, 바울은 여기서 사람들의 집단, 곧 에서의 자손과 야곱의 자손을 상정하고 이것을 오늘날 복음 시대에 이루어지는 구별에 적용한다. 이는 기독교 교회 안에 있는 자들과 기독교 교회 안에 있지 않는 자들의 구별이다. 특히 기독교 교회에 속한 일부 유대인과 기독교 교회에 속하지 않은 다른 유대인의 구별이다. 말하자면 이것은 그리스도를 믿고 받아들이는 자들과 그렇지 않고 거부한 다른 자들의 구별이며, 온 마음을 다해 믿음을 고백하고 그 믿음을 긍휼과 미덕으로 갖고 있는 자들과 바울이 "하나님이 어찌하여 허물하시느냐"(롬 9:19)는 주장을 거부하며 오류로 여기며, 마음이 완악해져서(롬 9:18), 죄의 형벌로 진노와 멸망에 노출되어 있으며(롬 9:22) 소돔과 고모라 거민들과 같은 자로 드러나는(롬 9:29) 자들의 구별이다.[11]

"오직 택하심을 입은 자가 얻었고 그 남은 자들은 우둔하여졌느니라."

여기서 "택하심"은 문맥으로 보아 이방인을 가리키는 것이 아니라 유대인 가운데 택함 받은 자를 가리키는 것이 매우 분명하다.[12] □

11:8 따라서 하나님은 악한 유대인들에게 "혼미한 심령"(롬 11:8)을, 거짓 선지자들에게 "거짓말하는 영"(왕상 22:23)을, 교회의 원수들에게 "땅에서 화평을 제하여 버리는" 징벌(계 6:4, 8)을, 그리고 짐승에게 신성모독을 말하는 입(계 13:5)을 주셨다고 말한다. 그리고 이런 말씀과 이와 비슷한 성격을 가진 모든 말씀에 대하여, 바울은 다음과 같이 일반적 설명을 제공한다. 곧 하나님이 그 능력들을 주시는 것은 우리로 하여금 그 능력들이 적절한 행동 수행을 일으키는 데 충분한 일과 수단과 동기들을 얻을 수 있게 하려는 데 있다. 또 하나님은 재산을 주시고, 우리의 일용할 양식을 주시고, 모든 사람에게 모든 것을 주신다. 그러나 그들은 이 능력들을 사용하여 그것들을 얻어야 한다. 따라서 베드로가 이방인에게 설교하고 동기를 자극하자 그들이 회개하고 믿었을 때, 유대인은 하나님이 이방인에게도 회개를 주셨다고 말한다(행 10:36, 43). 이처럼 믿음은 하나님의 선물이다. 왜냐하면 우리의 믿음의 대상들은 오직 신적 계시로 말미암고, 또 하나님이 주신 증거로만 우리에게 확증되고, 우리가 신뢰할 수 있는 것이 되기 때문이다.[13]

⁹또 다윗이 이르되 그들의 밥상이 올무와 덫과 거치는 것과 보응이 되게 하시옵고 ¹⁰그들의 눈은 흐려 보지 못하고 그들의 등은 항상 굽게 하옵소서 하였느니라 ¹¹그러므로 내가 말하노니 그들이 넘어지기까지 실족하였느냐 그럴 수 없느니라 그들이 넘어짐으로 구원이 이방인에게 이르러 이스라엘로 시기나게 함이니라 ¹²그들의 넘어짐이 세상의 풍성함이 되며 그들의 실패가 이방인의 풍성함이 되거든 하물며 그들의 충만함이리요 ¹³내가 이방인인 너희에게 말하노라 내가 이방인의 사도인 만큼 내 직분을 영광스럽게 여기노니

11:9-10 그리스도께서 진실로 자신에게 전가된 죄의 충분한 처벌을 감당하셨다는 것 또는 우리의 죄에 대한 신적 공의로 우리가 지불해야 했던 것에 충분히 그리고 완전히 동등한 것을 하나님께 제공하셨다는 것은 시편 69:5로 증명된다. "하나님이여 주는 나의 우매함을 아시오니 나의 죄[히브리어 본문에서는, 나의 죄책]가 주 앞에서 숨김이 없나이다." 이 시편의 주체이자 여기서 말하는 당사자가 메시아라는 것은 신약성경 여러 본문에서 증명된다(요 2:17; 15:25; 19:28-30, 롬 15:3, 고후 6:2) 그리고 마태복음 27:34, 48, 마가복음 15:23, 사도행전 1:20, 로마서 11:9-10과 같은 본문들을 보면, 그것이 그리스도에게 적용된다. 그리고 이 시편 자체, 특히 다른 시편들과 구약성경의 예언들과 비교해 볼 때도 그렇게 나타난다. 분명히 이 시편에서 다윗은 자신의 이름으로 말하지 않고, 메시아의 이름으로 말했다.[14] □

11:12 그리스도의 구속과 구원은 주로 영혼과 관련되지만 그리스도로 말미암은 사람들의 회복이 모든 면에서 완결될 때에는 몸도 드디어 부활하고 회복될 것이다. 따라서 그리스도의 구속과 이스라엘에게 주어지는 그리스도의 구속의 복된 열매에 대한 영광스러운 예언들은 주로 영적 이스라엘과 관련되어 있다. 그렇지만 하나님의 충만하신 은혜로 모든 것이 때가 되어 그리스도로 말미암아 회복되면 외적 이스라엘 곧 문자적 이스라엘이 그리스도로 말미암아 회복될 것이다. 따라서 몸의 회복과 동등한 사실로서 유대인의 영적 상태는 장차 회복될 뿐만 아니라 그들 자신의 땅을 가진 한 민족으로서 그들의 외적 상태도 역시 회복될 것이다.[15]

신약성경의 예언들은 복음이 보편적으로 전파되고 그리스도의 나라가 거주 가능한 땅 전체로 확대될 때가 임하리라는 것을 극명하게 보여주었다. 그리스도는 이렇게 말씀하신다. "내가 땅에서 들리면 모든 사람을 내게로 이끌겠노라"(요 12:32). 하나님의 아들이 사람이 되실 때 온 인간에 대하여 지배권을 가지시는 것이 합당하다. 그분은 땅의 거민이 되고 땅에 자신의 피를 흘리셨으므로 온 땅을 소유하시는 것이 합당하다. 그분은 이 땅에서 종이 되고, 사람들에게 복종하고, 사람들에게 심문과 재판과 정죄 와 처형을 당하고, 사방에서 몰려든 수많은 목격자들이 있었던 매우 공적 인 시간에, 인구 밀집 지역인 예루살렘 성 근처 언덕 위에서 십자가를 보 도록 높이 들려짐으로써 유대인과 이방인 앞에서 매우 공개적으로 치욕 과 죽음을 당하셨기 때문에, 인류에 대한 우주적 지배권을 상으로 받으시 는 것이 합당하다. 그리고 그분이 그렇게 되실 것이라고 여기서 선언된 다. 로마서 11장에서 바울은, 그때에 놀랍게 성령이 부어지는 것과 영혼 들이 그리스도의 나라에 들어가는 것이 처음에는 유대인에게, 다음에는 이방인에게 일어나 오직 유대인과 이방인 모두가 예정된 추수의 "첫 열 매"가 되게 된 것을 주목하도록, 그리고 이렇게 첫 열매로 거두는 것을 유 대인과 이방인의 모든 남은 자가 때가 되면 거두게 될 것의 표지로 주목 하도록 가르친다(롬 11:16). "제사하는 처음 익은 곡식 가루가 거룩한즉 떡 덩이도 그러하고 뿌리가 거룩한즉 가지도 그러하니라." 그리고 그 문 맥에서 바울은 유대인과 이방인 모두의 충만함을 장차 일어날 일 곧 유대 인과 이방인이 함께 그리스도의 나라에 들어간 이 초기 기독교 시대에 있 었던 일과 구별되는 일로 말한다. 로마서 11:12에서 우리는 "유대인의 충 만함"에 대하여 보고, 로마서 11:25에서는 "이방인의 충만함"에 대하여 본다. 그리고 로마서 11:30-32에서 바울은, 불신앙과 흑암이 그리스도께 서 오시기 전에는 모든 이방 족속에 만연해 있었고, 이어서 그리스도께서 오신 후에는 유대인에게 만연하게 되었는데, 이것은 하나님이 지혜로 허 용하신 일로, 이 일은 장차 때가 되면 유대인과 이방인이 망라된 온 세상 에 하나님의 긍휼의 영광이 나타나는 것을 준비하는 일로 주목하도록 우리를 가르친다. "하나님이 모든 사람을 순종하지 아니하는 가운데 가두어 두심은 모든 사람에게 긍휼을 베풀려 하심이로다"(롬 11:32). 이런 일들은 분명히 기독교 교회의 첫 시대에 있었던 것처럼 첫 열매로서의 유대인 일부와 이방인 일부뿐만 아니라 유대인 전체 덩이 곧 온 민족과 온 이방 세계의 충만함이 모두 포함된 온 인간 세상이 그리스도의 교회로 바뀌게 될 때가 온다는 것을 증명했다.[16]

우리는 이스라엘 민족의 이 회심이 언제 일어날지 알 수 없지만, 그 일이 이방인으로 이루어진 교회의 영광이 충분히 성취되기 이전에 일어날 것이라는 것을 성경을 통해 충분히 판단할 수 있다. 왜냐하면 로마서 11:12, 15에서 "그들의 넘어짐이 세상의 풍성함이 되며……하물며 그들의 충만함이리요……그들을 버리는 것이 세상의 화목이 되거든 그 받아들이는 것이 죽은 자 가운데서 살아나는 것이 아니면 무엇이리요"라고 말하는 것처럼, 이스라엘 민족이 들어오는 것이 이방인에게 죽은 자 가운데서 살아나는 것이 된다고 말하기 때문이다.[17]

이 구절 뒷부분에 나오는 "충만함"이라는 말은 의심할 것 없이 앞부분에 나오는 "풍성함"과 같은 의미로 이해되어야 한다. 그리스도께서 "만물"을 충만하게 하시는 것은 에베소서 4:10에서처럼 분명히 하늘과 땅의 모든 피조물, 천사들, 선한 영들 그리고 사람들에게 온갖 좋은 것을 제공하신다는 의미로 보인다. "내리셨던 그가 곧 모든 하늘 위에 오르신 자니 이는 만물을 충만하게 하려 하심이라." 곧 하늘과 땅에 있는 모든 지성적 피조물에게 좋은 것을 제공하신다는 것이다. 또 에베소서 3:19에서는 이렇게 말한다. "하나님의 모든 충만하신 것으로 너희에게 충만하게 하시기를 구하노라." 여기서 의미는 네 영혼을 하나님의 선 곧 하나님의 아름다움과 기쁨에 참여하는 것으로 만족시킬 것으로 보인다. "우리의 사귐은 아버지와 그의 아들 예수 그리스도와 더불어 누림이라"(요일 1:3). 또 바울은 빌립보서 2:7에서 그리스도께서 자기를 비우셨다고 말하는데, 이것은 그리스도께서 이전에 갖고 계셨던 영광과 누림을 내려놓고 세상에 나타나신 것을 의미한다. 요한복음 17:5을 보라. 따라서 여기서 바울은 만물 곧 하늘과 땅의 택함 받은 모든 피조물을 충만하게 하시는 그리스도는 교회를 통해 자기 자신을 충만하게 하신다고 가르친다. 천사와 사람들에게 그들을 온전하고 행복하게 만드는 온갖 좋은 것을 공급하시는 그리스도는 자기 자신을 행복하게 하는 것으로 교회를 받으신다. 모든 천사와 성도들을 자기로 말미암아 그리고 자기 안에서 아름답게 꾸미고 또 온전하게 하신 그리스도는, 덕 있는 아내가 남편의 면류관인 것처럼 교회를 영광스럽고 아름다운 자신의 훈장으로 받으신다. 교회는 그리스도의 옷이고, 특히 다양한 교인들의 연합을 함축하고 있는 "호지 아니하고 통으로 짠" 그분의 옷(요 19:23)으로 상징되었고, 그리고 시편 133:2로 증명되는 것처럼 "영화롭고 아름답게" 만들어진(출 28:2) 대제사장의 옷으로 상징되었으며, 특별히 이스라엘 자손들의 이름이 새겨진 대제사장의 흉패의 보석으로 상징되었다. "너는 또 여호와의 손의 아름다운 관 네 하나님의 손의 왕관이 될 것이라"(사 62:3). 말하자면 하나님의 소유가 될 것이라는 것이다. 또 스가랴서 9:16-17도 보라. "이날에 그들의 하나님 여호와께서 그들을 자기 백성의 양 떼같이 구원하시리니 그들이 왕관의 보석같이 여호와의 땅에 빛나리로다. 그의 형통함과 그의 아름다움이 어찌 그리 큰지." 만물이 즐거움과 행복으로 채워지는 것이 그리스도에게서 비롯되고, 또 그리스도 안에 있는 것처럼 그리스도도 교회를 받아 교회 안에서 충만하고 만족스러운 즐거움과 기쁨을 얻으신다. "마치 청년이 처녀와 결혼함같이 네 아들들이 너를 취하겠고 신랑이 신부를 기뻐함같이 네 하나님이 너를 기뻐하시리라"(사 62:5). 이것이 그리스도께서 세상을 창조하실 때 찾으셨던 선으로 보이고, 그리스도는 만물이 그분으로 말미암아 그리고 그분을 위하여 지음 받았을 때 하나님의 창조의 시작이시다. 말하자면 그리스도는 신부를 얻어 그녀에게 자신을 바치고, 그녀를 위하여 자신을 제공하신다. 곧 신부에게 자신의 사랑을 쏟아붓고, 자기 안에서 신부의 영혼을 영원히 즐거워하실 것이다. 그리스도는 이것을 얻으실 때까지 자신을 온전한 존재로 보기를 기뻐하지 않고, 아담이 하와를 얻을 때까지 온전하지 않았던 것처럼(창 2:20) 뭔가 얻기를 원하셨다.[18]

이 세상에서 교회와 하나님의 나라의 영광스러운 발전은 아직 미래의 일로 남아 있다. 다음 본문들을 보라. "물을 주며"(사 44:3), "마침내 위에서부터 영을 우리에게 부어 주시리니"(사 32:15), "하늘이여, 위로부터 공의를 뿌리며"(사 45:8), "내가 다시는 내 얼굴을 그들에게 가리지 아니하리니 이는 내가 내 영을 이스라엘 족속에게 쏟았음이라. 주 여호와의 말씀이니라"(겔 39:29). 적그리스도가 멸망한 후에 "그들이 다른 민족과 서로 섞일 것이나 그들이 피차에 합하지 아니함이 쇠와 진흙이 합하지 않음과 같으리이다"(단 2:43). "지극히 높으신 이의 성도들이 나라를 얻으리니 그 누림이 영원하고 영원하고 영원하리라"(단 7:18). 로마서 11:12에서 우리는 유대인의 부르심이 있은 후에 있을 유대인의 "충만함"에 대하여 읽는다. "죽은 자 가운데서 살아나는 것이"(롬 11:15). 또한 로마서 11:24-26에서는 "이방인의 충만한 수가 들어오기까지……그리하여 온 이스라엘이 구원을 받으리라"고 말한다. 또 이교 사상의 철저한 소멸이 있을 것이다. "천지를 짓지 아니한 신들은 땅 위에서 이 하늘 아래에서 망하리라"(렘 10:11).[19]

[14]이는 혹 내 골육을 아무쪼록 시기하게 하여 그들 중에서 얼마를 구원하려 함이라 [15]그들을 버리는 것이 세상의 화목이 되거든 그 받아들이는 것이 죽은 자 가운데서 살아나는 것이 아니면 무엇이리요 [16]제사하는 처음 익은 곡식 가루가 거

룩한즉 떡덩이도 그러하고 뿌리가 거룩한즉 가지도 그러하니라

11:14 사역자들을 통해 이 금 기름 곧 자신이 베푸시는 매우 훌륭하고 보배로운 유익을 전달하는 것이 그리스도의 뜻이다. 따라서 그리스도께서 친히 영원한 구원의 창시자가 되시는 것처럼 사역자들은 일종의 이차 구원자가 된다. 따라서 바울은 독자들에게 자신이 구원한다고 말한다(롬 11:14, 고전 9:22). 그리고 디모데전서에서는 디모데에게 권면할 때 "네 자신과 네게 듣는 자"를 구원할 것이라고 말한다(딤전 4:16). 또 선지서에서도 사역자들이 구원하는 자로 불린다(옵 1:21). 이런 점에서 우리는 이 기름 부음을 통해 이 세상에서 가장 명예로운 직분을 받을 뿐만 아니라 영원한 제사장 직분을 위해서도 기름 부음을 받을 것이다. 그뿐만이 아니다. 하늘에서 영원한 왕의 직분을 위해서도 기름 부음을 받고, 따라서 우리는 하나님, 바로 아버지를 위하여 왕과 제사장이 될 것이다. 이런 점에서 우리는 이 세상에서 땅의 하나님에 의해 세움을 받고, 하나님과 거룩하고 감미로운 교제를 풍성하게 누릴 것이다. 또 이런 점에서 우리는 하늘에서 하나님의 보좌 가까이 나아가게 될 것이다. 곧 신실하고 거룩한 사역자로서 우리는 하늘에서 그리스도 다음에 자리할 자들이 될 것이다. 하늘 하나님의 영광에 대한 요한의 환상(계 5장)에서처럼 이십사 장로는 보좌 다음에 자기들의 자리를 차지한 것으로 묘사되었다.[20]

11:15 이 본문에 따르면, 말하자면 이 일 후에 이방인의 세계가 죽은 자 가운데서 살아나게 될 것으로 보인다. 그리고 신앙과 그리스도의 나라의 진보를 위한 매우 큰 사건들이 유대인의 부르심 이후에 있는 것으로 보인다. 이 사건들은 매우 광범하고, 그래서 이방인의 세계가 죽은 자 가운데서 살아나는 것으로 이야기할 것이다. 그리고 이 마지막 사건은 말할 것

없이 천년왕국이 시작되기 전에 일어나는 것이 틀림없다. 아마 다음과 같이 될 것이다. 첫째, 유럽의 터키 제국이 전복되고, 참 종교가 튀르크 족이 지배했던 유럽 그 지역에 세워질 것인데, 이것은 여섯째 대접이 쏟아 부어질 때 일어날 것이다. 둘째, 적그리스도는 타도되고, 참종교가 이전에 적그리스도가 지배했던 민족들을 지배할 것이다. 아마 이교도 사이에서 참된 신앙이 은혜롭게 전파되기 시작할 것이다. 셋째, 유대인이 부르심을 받을 것이다. 넷째, 이 유대인의 부르심에 이어 오랜 세월에 걸쳐 무지와 어둠으로 둘러싸여 있었고, 말하자면 이교와 마호메트교의 야만성과 야수성으로 죽어 있었던 방대한 이방인 지역에서 신앙이 보편적으로 전파되고(이 지역들은 이 유대인 부르심 이후에 죽은 자 가운데서 살아나도록 되어 있다), 이 일은 적그리스도, 마호메트교, 이교 사상의 잔재들이 연합하여 싸우다 정복될 마지막 큰 전쟁으로 가능해질 것이다. 이 승리는 세계를 죽은 자 가운데서 살아나게 하는 사건이 되는데, 이 사건이 요한계시록 20장에서 말하는 첫째 부활이다. 그리고 이어서 천년왕국이 시작될 것이다(에드워즈는 후 천년왕국설 지지자이기 때문에 이렇게 주장한다—옮긴이).[21]

우리는 이스라엘 민족의 이 회심이 언제 일어날지 알 수 없지만, 그 일이 이방인으로 이루어진 교회의 영광이 충분히 성취되기 이전에 일어날 것이라는 것을 성경을 통해 충분히 판단할 수 있다. 왜냐하면 로마서 11:12, 15에서 "그들의 넘어짐이 세상의 풍성함이 되며……하물며 그들의 충만함이리요……그들을 버리는 것이 세상의 화목이 되거든 그 받아들이는 것이 죽은 자 가운데서 살아나는 것이 아니면 무엇이리요"라고 말하는 것처럼, 이스라엘 민족이 들어오는 것이 이방인에게 죽은 자 가운데서 살아나는 것이 된다고 말하기 때문이다.[22]

11:16 로마서 11장에서 바울은, 그때에 놀랍게 성령이 부어지는 것과 영

혼들이 그리스도의 나라에 들어가는 것이 처음에는 유대인에게, 다음에
는 이방인에게 일어나 오직 유대인과 이방인 모두가 예정된 추수의 "첫
열매"가 되게 된 것을 주목하도록, 그리고 이렇게 첫 열매로 거두는 것을
유대인과 이방인의 모든 남은 자가 때가 되면 거두게 될 것의 표지로 주
목하도록 가르친다(롬 11:16). "제사하는 처음 익은 곡식 가루가 거룩한즉
떡 덩이도 그러하고 뿌리가 거룩한즉 가지도 그러하니라." 그리고 그 문
맥에서 바울은 유대인과 이방인 모두의 충만함을 장차 일어날 일 곧 유대
인과 이방인이 함께 그리스도의 나라에 들어간 이 초기 기독교 시대에 있
었던 일과 구별되는 일로 말한다. 로마서 11:12에서 우리는 "유대인의 충
만함"에 대하여 보고, 로마서 11:25에서는 "이방인의 충만함"에 대하여
본다. 그리고 로마서 11:30-32에서 바울은, 불신앙과 흑암이 그리스도께
서 오시기 전에는 모든 이방 족속에 만연해 있었고, 이어서 그리스도께서
오신 후에는 유대인에게 만연하게 되었는데, 이것은 하나님이 지혜로 허
용하신 일로, 이 일은 장차 때가 되면 유대인과 이방인이 망라된 온 세상
에 하나님의 긍휼의 영광이 나타나는 것을 준비하는 일로 주목하도록 우
리를 가르친다. "하나님이 모든 사람을 순종하지 아니하는 가운데 가두어
두심은 모든 사람에게 긍휼을 베풀려 하심이로다"(롬 11:32). 이런 일들은
분명히 기독교 교회의 첫 시대에 있었던 것처럼 첫 열매로서의 유대인 일
부와 이방인 일부뿐만 아니라 유대인 전체 덩이 곧 온 민족과 온 이방 세
계의 충만함이 모두 포함된 온 인간 세상이 그리스도의 교회로 바뀌게 될
때가 온다는 것을 증명했다.[23]

"그러나 이제 그리스도께서 죽은 자 가운데서 다시 살아나사 잠자는
자들의 첫 열매가 되셨도다"(고전 15:20). "첫 열매에 대한 규례에 따르면,
곡식을 거둘 때 이스라엘 자손은 요제로 첫 이삭 한 단을 가지고 와서 번
제와 함께 바치도록 되어 있었다(레 23:9-11). 이스라엘 자손은 첫 이삭을

바치기 전에는 떡이든 볶은 곡식이든 생이삭이든 먹을 수 없었다. 그러나 율법이 요청하는 대로 이 일을 행하면 추수한 곡물과 물질 전체가 거룩하게 되고, 이렇게 첫 이삭을 바치는 것은 나머지 전체를 바치는 것을 대신한다는 사실을 바울은 암시하고 있다. '제사하는 처음 익은 곡식 가루가 거룩한즉 떡 덩이도 그러하고 뿌리가 거룩한즉 가지도 그러하니라'(롬 11:16). 따라서 이와 관련하여 바울은 그리스도의 부활을 '첫 열매'로 부른다. 말하자면 그리스도의 부활은 성도들의 죽은 몸을 거룩하게 하고, 그들을 새 생명으로 성별시켰다. 그리스도는 순서상 가장 먼저 부활하셨을 뿐만 아니라 그리스도의 부활은 우리의 부활의 표상이자 상징이었다. 그리스도의 부활은 성도들의 부활이 그렇게 될 수 있고, 또 그렇게 되어야 한다는 것을 보여주었다. 그리스도는 우리의 머리로서 부활하셨다. 그리스도의 자연적인 몸이 부활하셨을 때 신비적인 몸도 부활하셨다. 교부들 가운데 하나는 '그리스도는 자신의 부활로 사망의 학정을 종식시켰고, 온 세상 또는 교회를 부활시켰다'고 말했다. 이것은 바울이 '함께 일으키사 그리스도 예수 안에서 함께 하늘에 앉히시니'(엡 2:6)라는 말로 암시하는 것 외에 다른 것이 아니다. 그리스도는 우리의 '선구자'로서 우리를 위하여 다시 살아나셨고 우리를 위하여 하늘로 들어가셨다(히 6:20)." 이사야 26:19을 보라.[24]

[17]또한 가지 얼마가 꺾이었는데 돌감람나무인 네가 그들 중에 접붙임이 되어 참감람나무 뿌리의 진액을 함께 받는 자가 되었은즉 [18]그 가지들을 향하여 자랑하지 말라 자랑할지라도 네가 뿌리를 보전하는 것이 아니요 뿌리가 너를 보전하는 것이니라 [19]그러면 네 말이 가지들이 꺾인 것은 나로 접붙임을 받게 하려 함이라 하리니

11:17 만약 우리가 로마서 9장 첫 부분에서 시작된 이 강론 전체를 살

펴본다면, 결론으로서 이 본문의 말씀은 주목할 만하고 매우 중대할 것이다. 하나님께 바치는 것이 아니라 만물이 하나님에게서 나오고, 하나님으로 말미암고, 하나님 안에 완전히 있다는 것은 이 일들 곧 앞에서 언급된 이 큰 유익들이 이처럼 우리에게서가 아니라 또는 우리를 통하지 않고 하나님에게서 나온다는 것을 뜻한다. 유대인 가운데 얼마가 그리스도인의 특권을 누리는 데 있어 다른 유대인들과 구별된 것은 그들 자신에게 원인이 있는 것이 아니다. "원하는 자로 말미암음도 아니요 달음박질하는 자로 말미암음도 아니요 오직 긍휼히 여기시는 하나님으로 말미암음이니라"(롬 9:16). 진흙 한 덩이로 귀히 쓸 그릇과 천히 쓸 그릇을 만드는 것은 하나님께 속해 있는 일이다. 그것은 우리나 우리의 행위에 속한 것이 아니고, 하나님의 부르심 또는 "부르시는 이이신 분"에게 속해 있다(롬 9:11, 16, 21). 또한 우리 자신의 선택이 먼저가 아니라 하나님의 선택이 먼저다(롬 9:11, 27, 11:5). 하나님의 모든 은혜는 이처럼 우리의 행위에 속해 있는 것이 아니다. 아니 사실은 우리의 행위와는 완전히 부합하지 않는다(롬 11:5-7). 이처럼 그것들을 추구하는 것이 먼저가 아니다. 그것들은 추구하는 것으로 결정되는 것이 아니라 하나님의 선택으로 결정된다(롬 11:7). 얼마가 본질상 돌감람나무인 그들 중에 접붙임이 된 것은 사람이 아니라 하나님이 하신 일이고, 본질상 그들이 다른 이들보다 가지가 될 만한 것을 더 갖고 있기 때문이 결코 아니었다(롬 11:17). 그들이 접붙여진 것은 하나님의 특별하신 인자하심에 기인한 것으로, 하나님은 다른 가지들을 기꺼이 잘라 내고 그렇게 하셨다(롬 11:22). 나아가 하나님은 모든 사람의 구원이 단순히 긍휼에 의지한다는 것을 보다 가시적으로 보여 주기 위하여, 모든 사람이 불신앙에 갇혀 있고 죄악 된 상태에 남겨져 있다는 것과 자신이 모든 사람에게 긍휼을 갖고 계신다는 것을 의도적으로 제시하셨다. 따라서 바울은 이 모든 강론을 다음과 같이 적절하게 결론짓는다. "누가 주께 먼저 드려서 갚으심을 받겠느냐. 이는 만물이 주에게서 나오고 주로 말미암고 주에게로 돌아감이라. 그에게 영광이 세세에 있을 지어다. 아멘"(롬 11:35-36).[25]

전체 유대 민족이 메시아를 완강히 거부해서 꺾여 나갔다는 주장보다도 이방인 그리스도인이, 신약성경의 진정한 성도 개념으로 보자면, 분명히 성도라는 주장이 훨씬 더 심한 반대에 부딪혔다. 하지만 이방인 그리스도인들은 같은 감람나무에 접붙임을 받은 것으로 드러났으며, 유대인들은 불신앙 때문에 거기에서 꺾여 나갔다(롬 11:17 등).

윌리엄이 강력하게 주장하는 것처럼, 분명한 신앙고백, 명백성, 도덕적 증거, 도덕적 진실성뿐만 아니라 티 없는 거룩함이 없는 사람들은 진정한 성도가 아니라고 한다면 우상 숭배를 일삼고 엄청나게 많은 대담하고 공공연한 악독을 행하는 까닭에 그 어떤 거룩함도 찾아볼 수 없는 데도 이스라엘의 자손들은 분명한 성도였음이 확실하다고 말하는 것은 전적으로 무의미하고 헛될 뿐이다. 하지만 그들은 여전히 하나님의 백성으로 불리고 있다. 그리고 이런 사정은 유사하다. 초기 그리스도인 교회의 구성원들은 같은 감람나무에 접붙임을 받았다는 사실 하나만으로 성도의 확실성이 입증되었다(롬 11:17). 그리고 윌리엄이 지적했던 사실, 곧 초기 교회 구성원의 다수는 많은 악행을 저질렀다는 점도 분명하다.[26]

11:18 "자랑할지라도 네가 뿌리를 보전하는 것이 아니요 뿌리가 너를 보전하는 것이니라"에서 "자랑할지라도"를 주목해 보자. 꺾어진 가지를 앞에 두고, 네가 뿌리와의 관계를 자랑하거나 뿌리에서 나온 가지가 된 것을 자랑하는 것은 불합리한 것이다. 왜냐하면 뿌리와 너의 현재 관계는 네게서 근원하는 것이 아니라 뿌리에서 근원하는 것이기 때문이다. 가지와 뿌리의 연합 또는 관계는 가지에서 시작되는 것이 아니라 뿌리에서 시작

되는 것이며, 가지에서 기인하는 것이 아니라 뿌리에서 기인하는 것이다.
뿌리가 가지를 보전하는 것이지 가지가 뿌리를 보전하는 것이 아니다.[27]

[20]옳도다 그들은 믿지 아니하므로 꺾이고 너는 믿으므로 섰느니라 높은 마음을 품지 말고 도리어 두려워하라 [21]하나님이 원 가지들도 아끼지 아니하셨은즉 너도 아끼지 아니하시리라

11:20 따라서 견인이 구원의 필수 조건일 뿐만 아니라 이런 영향력과 의존성을 갖고 있다는 점에서 구원에 필연적이라는 것은 성경에서, 특히 다음과 같은 본문들로 보아 명백한 것처럼 보인다. "나의 의인은 믿음으로 말미암아 살리라. 또한 뒤로 물러가면 내 마음이 그를 기뻐하지 아니하리라 하셨느니라. 우리는 뒤로 물러가 멸망할 자가 아니요 오직 영혼을 구원함에 이르는 믿음을 가진 자니라"(히 10:38-39). "옳도다. 그들은 믿지 아니하므로 꺾이고 너는 믿으므로 섰느니라. 높은 마음을 품지 말고 도리어 두려워하라"(롬 11:20). "너희가 내 안에 거하고 내 말이 너희 안에 거하면 무엇이든지 원하는 대로 구하라. 그리하면 이루리라"(요 15:7). "우리가 시작할 때에 확신한 것을 끝까지 견고히 잡고 있으면 그리스도와 함께 참여한 자가 되리라"(히 3:14). "게으르지 아니하고 믿음과 오래 참음으로 말미암아 약속들을 기업으로 받는 자들을 본받는 자 되게 하려는 것이니라"(히 6:12).[28]

따라서 사람들은 은혜로운 감정을 갖고 있을 때 대담해지고 돌진하고 시끄러워지고 떠들썩해지는 것이 아니라 오히려 떨며 말하고("에브라임이 말을 하면 사람들이 떨었도다. 그가 이스라엘 중에서 자기를 높이더니 바알로 말미암아 범죄하므로 망하였거늘"[호 13:1]), 하나님과 사람에 대한 모든 행동에 있어 일종의 거룩한 두려움에 사로잡히는 경향이 있다. 이것은 시편 2:11, 로마서 11:20, 고린도후서 7:15, 에베소서 6:5, 베드로전서 3:2, 15

에서 확인된다.[29]

따라서 믿음 안에서의 견인은 구원의 필수 조건으로서 또는 구원의 보편적 동반자로서뿐만 아니라 이런 영향력과 의존성을 갖고 있다는 점에서도 구원에 필연적이라는 것은 많은 성경 본문으로 보아 분명해 보인다. 여기서 서너 개의 본문을 언급하겠다. "우리가 소망의 확신과 자랑을 끝까지 굳게 잡고 있으면 우리는 그의 집이라"(히 3:6). "우리가 시작할 때에 확신한 것을 끝까지 견고히 잡고 있으면 그리스도와 함께 참여한 자가 되리라"(히 3:14). "게으르지 아니하고 믿음과 오래 참음으로 말미암아 약속들을 기업으로 받는 자들을 본받는 자 되게 하려는 것이니라"(히 6:12). "옳도다. 그들은 믿지 아니하므로 꺾이고 너는 믿으므로 섰느니라. 높은 마음을 품지 말고 도리어 두려워하라"(롬 11:20).[30]

내가 잘 기억하고 있는 것처럼 여러분 가운데 많은 사람이 약 16년 전에 이 부패한 원리들이 성행할 위험성을 깨닫고 매우 불안한 마음을 가졌었다. 그러나 그때의 위험성은 지금 나타나는 것과 비교하면 비교적 작은 것이다. 오늘날 이 교리들은 그때보다 훨씬 더 크게 만연되어 있다. 그들이 이처럼 7년 동안 그 땅에서 이룬 진보는 이전 어느 시기에 비슷하게 이루었던 진보보다 훨씬 더 컸던 것으로 보인다. 그리고 그 교리들은 여전히 그 땅 거의 모든 지역에 퍼져 스며들고 있고, 복음의 특별한 영광과 생명적 경건의 관심사인 이 교리들의 신용을 완전히 파괴시킬 것을 경고한다. 그리고 나는 최근에 여러분이 이 위험에서 결코 벗어나 있지 않고, 오히려 반대로 특별히 노출되어 있음을 보여주는 몇 가지 사실을 깨달았다. 연장자들은 아마 자기 자신이 감염되지 않도록 충분히 요새화되어 있다고 생각할 것이다. 그러나 모든 사람이 자기 신뢰와 육체적 안전을 조심하고, 성경에서 다음과 같이 경고하는 것을 필수적으로 기억하는 것이 합당하다. "높은 마음을 품지 말고 도리어 두려워하라"(롬 11:20). "선 줄로 생각하는 자는 넘어질까 조심하라"(고전 10:12). 그러나 연장자들의 경우는 당연히 그래야 하고, 젊은 세대는 의심할 것 없이 이런 위험에 크게 노출되어 있다. 이 원리들은 부패한 본성을 크게 좋아하고, 젊은이들, 최소한 그들의 마음이 은혜로 세워져 있지 않은 젊은이들이 쉽게 취하는 것이다.[31]

[22]그러므로 하나님의 인자하심과 준엄하심을 보라 넘어지는 자들에게는 준엄하심이 있으니 너희가 만일 하나님의 인자하심에 머물러 있으면 그 인자가 너희에게 있으리라 그렇지 않으면 너도 찍히는 바 되리라 [23]그들도 믿지 아니하는 데 머무르지 아니하면 접붙임을 받으리니 이는 그들을 접붙이실 능력이 하나님께 있음이라 [24]네가 원 돌감람나무에서 찍힘을 받고 본성을 거슬러 좋은 감람나무에 접붙임을 받았으니 원 가지인 이 사람들이야 얼마나 더 자기 감람나무에 접붙이심을 받으랴

11:22 믿음이 무너져 내리거나 그리스도의 음성을 듣지 못하고 그리스도를 따르지 못하는 신자들은 그리스도의 손에서 빼앗기는 것으로 불리는데, 여기에는 그 결과가 그들의 멸망이라는 것이 암시되어 있다. 또한 그리스도의 선물로 주어지는 그들의 영생의 소유가 그들의 견인에 따라 좌우된다는 것이 함축되어 있는 것으로 보인다. "내 양은 내 음성을 들으며 나는 그들을 알며 그들은 나를 따르느니라. 내가 그들에게 영생을 주노니 영원히 멸망하지 아니할 것이요 또 그들을 내 손에서 빼앗을 자가 없느니라"(요 10:27-28). 그리스도를 믿는 믿음 안에서 견인하거나 그리스도 안에 거하는 신자들은 그리스도와 신자들 간에 이루어지는 구원의 연합과 관계가 지속되고, 그들 안에서 그리스도가 거하는 것이 필수적인 것이라고 요한복음 15장은 전한다. 그것은 요한복음 15:4-5에서 나타나 있는 것과 같다. "내 안에 거하라. 나도 너희 안에 거하리라. 가지가 포도나무에 붙어 있지 아니하면 스스로 열매를 맺을 수 없음같이 너희도 내 안에 있지 아니하면 그러하리라. 나는 포도나무요 너희는 가지라. 그가

내 안에 내가 그 안에 거하면 사람이 열매를 많이 맺나니 나를 떠나서는 너희가 아무것도 할 수 없음이라." 그리고 요한복음 15:6에서는, 만약 그리스도와 신자들 간의 연합이 완전히 끊어지는 것과 그 결과로 파멸이 주어지는 것이 가능하다면, 그것은 신자들이 그리스도 안에 거하지 않는 것의 당연한 결과로 받아들여진다. "사람이 내 안에 거하지 아니하면 가지처럼 밖에 버려져 마르나니 사람들이 그것을 모아다가 불에 던져 사르느니라." 또 요한복음 15:7에서는 이 믿음의 견인이 믿음을 이루는 필수 수단이라고 말한다. 이는 믿음의 소리로서 기도하는 사람을 통해 표현되며, 믿음과 기도하는 사람이 구하는 좋은 것들을 얻는 데 필수적이다. "너희가 내 안에 거하고 내 말이 너희 안에 거하면 무엇이든지 원하는 대로 구하라. 그리하면 이루리라." 또 요한복음 15:9-10에는 그리스도께서 우리를 자신의 것으로 받아 주고 호의를 베푸시는 것은 우리의 견인에 달려 있다는 것이 함축되어 있다. "아버지께서 나를 사랑하신 것같이 나도 너희를 사랑하였으니 나의 사랑 안에 거하라. 내가 아버지의 계명을 지켜 그의 사랑 안에 거하는 것같이 너희도 내 계명을 지키면 내 사랑 안에 거하리라." 또 동일한 견인이 우리가 하나님의 호의와 은혜를 지속하는 것의 필수 조건으로 제시된다. "회당의 모임이 끝난 후에 유대인과 유대교에 입교한 경건한 사람들이 많이 바울과 바나바를 따르니 두 사도가 더불어 말하고 항상 하나님의 은혜 가운데 있으라 권하니라"(행 13:43). 따라서 견인은 하나님의 인자하심을 지속시키는 필수 조건이고, 찍히는 것은 이와 반대되는 결과이다. "그러므로 하나님의 인자하심과 준엄하심을 보라. 넘어지는 자들에게는 준엄하심이 있으니 너희가 만일 하나님의 인자하심에 머물러 있으면 그 인자가 너희에게 있으리라. 그렇지 않으면 너도 찍히는 바 되리라"(롬 11:22). 주 안에 굳게 서 있다는 표현(살전 3:8, 빌 4:1)은 견인이 그리스도 안에 계속 거하는 것 또는 그리스도와의 구원 관계를 지속하는 것이 필수적이라는 것을 함축한다. 이것이 요한일서 2:24에서는 더 분명히 제시된다. "너희는 처음부터 들은 것을 너희 안에 거하게 하라. 처음부터 들은 것이 너희 안에 거하면 너희가 아들과 아버지 안에 거하리라." 고린도전서 15:2, 디모데후서 4:7-8, 히브리서 12:28을 보라. 또 예레미야 3:19도 보라.[32]

이때에 주어지는 충분한 개선의 유익과 이득은 참으로 크다. 따라서 개선을 등한시하고 소홀히 할 때 위험성도 그만큼 크다. 성령의 놀라운 부어지심의 때는, 이 복에 참여하는 자에게는 큰 호의가 베풀어지는 때이지만 다른 사람들에게는 항상 두려운 보복의 시기라는 것이 성경에서 충분히 증명된다. 이사야 61:2을 보면 "여호와의 은혜의 해"로 불리는 날이 동시에 "우리 하나님의 보복의 날"로도 불린다. 또 이는 사도들의 시대에도 유대인들 가운데 존속했다. 고린도후서 6:2에서 바울은 지금이 "은혜 받을 만한 때"와 "구원의 날"이라고 말한다. 그리고 그리스도께서도 똑같이 말씀하신다. "이날들은 기록된 모든 것을 이루는 징벌의 날이니라"(눅 21:22). 천국의 복이 어떤 사람들에게 주어진 것과 동시에, 좋은 열매를 맺지 아니하는 나무들이 "찍혀 불에 던져지도록" 나무뿌리에 도끼가 놓여 있었다(마 3:9-11). 그때 하나님의 인자하심과 준엄하심이 동시에 두드러지게 나타나도록 되어 있었다(롬 11:22). 추수와 보복은 함께 간다. 땅이 추수를 거두고 하나님의 택하심 받은 자는 하나님의 곳간 속에 들어가는 것과 동시에, 불의 권세를 갖고 있는 천사는 낫을 땅에 휘둘러 포도송이를 거두어 하나님의 진노의 큰 포도주 틀에 던져 넣는다(계 14:19-20). 또 기독교 교회의 영광스러운 시기가 시작되면, 여호와의 손이 주의 종들에게 나타나는 것과 동시에 원수들에게는 여호와의 진노가 더해질 것이다(사 66:14). 또 "공의로운 해가 떠올라서" 택함 받은 자에게 "치료하는 광선을 비추는" 영광스러운 아침이 임할 때, 그날은 동시에 악인을 "용광로 불같이" 불태우는 날이 될 것이다(말 4:1-3). 이런 날과 같이 사람들의 죄책이 증가하고, 진노와 마음의 극단적인 완고함을 쌓는 날은 없다. 그날은 가장 두려운 심판과 신적 진노의 열매를 맺는 날로, 어떤 가멸적(可滅的)인 존재에게든 고통이 임할 수 있을 것이다. 따라서 커다란 은혜와 성령의 부어지심 그리고 신적 긍휼의 열매가 임하는 이때는, 항상 다른 어떤 일 곧 이때를 등한시하고 소홀히 하는 자들에 대한 신적 보복이 엄청나게 쏟아지는 일이 일어나는 때가 될 것이다.[33]

그리스도는 지금 그들을 받아 주시고 그들을 자녀로 다루시지만, 만약 그날의 광선이 그들의 모든 휘장을 통과하여 비출 때 그들이 거짓되고 교활하고 속이는 자로 드러나면, 그들을 쫓아내실 것이다. 만약 그들이 그날의 불이 모든 덮개와 가면을 태워 버릴 때 그들이 주장하는 대로 드러나면, 그리스도는 그들을 인정하고 내쫓지 아니하실 것이다. 그러나 이 시험의 때에 어떻게든 선행으로 견인하라는 것이 이 언약의 핵심 조건이다(롬 11:22, 요일 2:24-26). 그러므로 그들은 심판 날에 이것으로 심판을 받게 될 것이다. 왜냐하면 모든 사람이 자기 행위에 따라 심판을 받도록 되어 있기 때문이다.[34]

여기서 하나님의 구원의 은총을 누리는 것이 하나님이 인자하심을 지속시키신 것의 결과로 언급되고, 찍히는 것은 여기서 떨어져 나간 것의 어떤 결과로 언급된다. 다른 곳들에서도 그렇게 언급될 것이다. 여기서 나는 간략히 그것이 어떻게 구원에 필수적인지 보여줄 것이다.[35]

"너희가 내 말에 거하면 참으로 내 제자가 되고"(요 8:31). "참고 선을 행하여 영광과 존귀와 썩지 아니함을 구하는 자에게는 영생으로 하시고"(롬 2:7). "그러므로 하나님의 인자하심과 준엄하심을 보라. 넘어지는 자들에게는 준엄하심이 있으니 너희가 만일 하나님의 인자하심에 머물러 있으면 그 인자가 너희에게 있으리라. 그렇지 않으면 너도 찍히는 바 되리라"(롬 11:22). "너희를……화목하게 하사 너희를 거룩하고 흠 없고 책망할 것이 없는 자로 그 앞에 세우고자 하셨으니 만일 너희가 믿음에 거하고 터 위에 굳게 서서 너희 들은 바 복음의 소망에서 흔들리지 아니하면 그리하리라"(골 1:21-23). "우리가……포기하지 아니하면 때가 이르매 거두리라"(갈 6:9).

바울의 설명을 보면, 우리가 자랑해서는 안 되는 적절한 동기는 우리를 다른 사람들과 구별시키는 것이 우리 자신에게 있는 것이 아니고, 또한 그 구별이 더 나은 은사와 더 좋은 사역자를 갖고 있는 것에 있는 것도 아니라는 것에 있다. 우리는 그리스도에게 접붙여지고 그 감람나무의 합당한 목적에 참여하게 될 때, 비로소 그리스도인의 중대한 특권들에 참여하게 된다. "또한 가지 얼마가 꺾이었는데 돌감람나무인 네가 그들 중에 접붙임이 되어 참감람나무 뿌리의 진액을 함께 받는 자가 되었은즉 그 가지들을 향하여 자랑하지 말라"(롬 11:17-18). 여기서 어떤 사람들과 다른 사람들 간의 구별이 명백해지는데, 이것이 바로 바울이 주장한 사실이다. 다른 사람들은 꺾이고, 대신 그들이 접붙여졌다. 로마서 11:22에서 바울은 그들에게 이 중대한 구별을 유념하고, 그것을 오직 하나님의 놀라운 인자하심에 귀속시킬 것을 촉구한다. "그러므로 하나님의 인자하심과 준엄하심을 보라. 넘어지는 자들에게는 준엄하심이 있으니 너희가 만일 하나님의 인자하심에 머물러 있으면 그 인자가 너희에게 있으리라." 그리고 그것이 그들이 아니라 하나님과 하나님의 놀라운 인자하심에 귀속되어 있다는 것을 바울은, 그들이 자랑해서는 안 되고 하나님의 은혜나 놀라운 인자하심을 높여야 하는 이유로 주장한다. 그리고 만일 그것이 충분한 이유가 있고, 우리의 구원의 체계가 어쨌든 (바울이 다른 곳에서 암시하는 것처럼) 자랑할 모든 기회가 배제되고, 모든 이유가 모든 것을 하나님의 은혜에 귀속시키는 데 주어지도록 마련되었다면, 의심할 것 없이 그리스도인들의 최고의 특권 곧 탁월함, 영예, 행복이 그들 사이를 구별시키는 요인이 아니고, 그 구별은 당연히 하나님의 놀라운 인자하심에 기인하는 것이다.[36] □

11:24 여기서 주목해야 할 또 다른 표상은 그들이 가지로 붙어 있는 줄기 또는 뿌리다. 이것이 무엇을 가리키는지 여기서 분명히 언급되는 것은 아니지만 의미는 충분히 명확하다. 이것이 교회의 머리, 다윗의 뿌리와 후손 곧 문맥에서 그 가지로 칭하고 있는 예수 그리스도인 것이 분명하다. 그리스도께서 제자들에게 말씀하시는 것처럼 그들은 여호와의 유명한 그 가지의 가지들이다. "나는 포도나무요 너희는 가지라"(요 15:5). 스가랴 선지자는 처음에 이것들이 무슨 뜻인지 질문하면서 이것들을 감람나무로 불렀다. 그러나 이에 천사는 스가랴에게 답변을 주지 않았는데, 그것은 아마 천사가 그것들에 올바른 지칭을 제공하지 않았다는 것을 침묵으로 암시한 것이다. 그리스도 자신이 교회의 모든 참된 지체가 접붙여지는 감람나무다. 이것은 로마서 11:24에서 말하는 좋은 감람나무다. "네가 원 돌감람나무에서 찍힘을 받고 본성을 거슬러 좋은 감람나무에 접붙임을 받았으니 원 가지인 이 사람들이야 얼마나 더 자기 감람나무에 접붙이심을 받으랴." 이 문제가 본문 마지막 구절(슥 4:14)에서 설명된다. "이는 기름 부음 받은 자 둘이니 온 세상의 주 앞에 서 있는 자니라." 그리스도는 매우 적절하게 온 세상의 주로 칭함을 받는다. 스가랴서 4:10에서 "이 일곱은 온 세상에 두루 다니는 여호와의 눈"이라고 말한 것과 관련해서 보면, 그리스도는 온 세상의 주로 우리와 함께하시는 하나님이다. 교회의 영적 선의 도구가 되는 이 직분들을 그리스도와 연합시키거나 그분이 대표하는 것으로, 그분에게 의존하는 것이 가지가 좋은 감람나무의 줄기에 연합하는 것으로 표상된다.[37]

²⁵형제들아 너희가 스스로 지혜 있다 하면서 이 신비를 너희가 모르기를 내가 원하지 아니하노니 이 신비는 이방인의 충만한 수가 들어오기까지 이스라엘의 더러는 우둔하게 된 것이라 ²⁶그리하여 온 이스라엘이 구원을 받으리라 기록된 바 구원자가 시온에서 오사 야곱에게서 경건하지 않은 것을 돌이키시겠고 ²⁷내가 그들의 죄를 없이 할 때에 그들에게 이루어질 내 언약이 이것이라 함과 같으니라

11:25 신약성경의 예언들은 복음이 보편적으로 전파되고 그리스도의 나라가 거주 가능한 땅 전체로 확대될 때가 임하리라는 것을 극명하게 보여 주었다. 그리스도는 이렇게 말씀하신다. "내가 땅에서 들리면 모든 사람을 내게로 이끌겠노라"(요 12:32). 하나님의 아들이 사람이 되실 때 온 인간에 대하여 지배권을 가지시는 것이 합당하다. 그분은 땅의 거민이 되고 땅에 자신의 피를 흘리셨으므로 온 땅을 소유하시는 것이 합당하다. 그분은 이 땅에서 종이 되고, 사람들에게 복종하고, 사람들에게 심문과 재판과 정죄와 처형을 받고, 사방에서 몰려든 수많은 목격자들이 있었던 매우 공적인 시간에, 인구 밀집 지역인 예루살렘 성 근처 언덕 위에서 십자가를 보도록 높이 들려짐으로써 유대인과 이방인 앞에서 매우 공개적으로 치욕과 죽음을 당하셨기 때문에, 인류에 대한 우주적 지배권을 상으로 받으시는 것이 합당하다. 그리고 그분이 그렇게 되실 것이라고 여기서 선언된다. 로마서 11장에서 바울은, 그때에 놀랍게 성령이 부어지는 것과 영혼들이 그리스도의 나라에 들어가는 것이 처음에는 유대인에게, 다음에는 이방인에게 일어나 오직 유대인과 이방인 모두가 예정된 추수의 "첫 열매"가 되게 된 것을 주목하도록, 그리고 이렇게 첫 열매로 거두는 것을 유대인과 이방인의 모든 남은 자가 때가 되면 거두게 될 것의 표지로 주목하도록 가르친다(롬 11:16). "제사하는 처음 익은 곡식 가루가 거룩한즉 떡 덩이도 그러하고 뿌리가 거룩한즉 가지도 그러하니라." 그리고 그 문맥에서 바울은 유대인과 이방인 모두의 충만함을 장차 일어날 일 곧 유대

인과 이방인이 함께 그리스도의 나라에 들어간 이 초기 기독교 시대에 있었던 일과 구별되는 일로 말한다. 로마서 11:12에서 우리는 "유대인의 충만함"에 대하여 보고, 로마서 11:25에서는 "이방인의 충만함"에 대하여 본다. 그리고 로마서 11:30-32에서 바울은, 불신앙과 흑암이 그리스도께서 오시기 전에는 모든 이방 족속에 만연해 있었고, 이어서 그리스도께서 오신 후에는 유대인에게 만연하게 되었는데, 이것은 하나님이 지혜로 허용하신 일로, 이 일은 장차 때가 되면 유대인과 이방인이 망라된 온 세상에 하나님의 긍휼의 영광이 나타나는 것을 준비하는 일로 주목하도록 우리를 가르친다. "하나님이 모든 사람을 순종하지 아니하는 가운데 가두어 두심은 모든 사람에게 긍휼을 베풀려 하심이로다"(롬 11:32). 이런 일들은 분명히 기독교 교회의 첫 시대에 있었던 것처럼 첫 열매로서의 유대인 일부와 이방인 일부뿐만 아니라 유대인 전체 덩이 곧 온 민족과 온 이방 세계의 충만함이 모두 포함된 온 인간 세상이 그리스도의 교회로 바뀌게 될 때가 온다는 것을 증명했다.[38]

"종이 이르되 주인이여 명하신 대로 하였으되 아직도 자리가 있나이다. 주인이 종에게 이르되 길과 산울타리 가로 나가서 사람을 강권하여 데려다가 내 집을 채우라"(눅 14:22-23). 이 비유가 우리에게 제시하는 것은 다음과 같다. 첫째, 유대인의 거부와 이방인의 부르심(눅 14:22)이 있다. 그러나 누가복음 14:23을 보면, 또 다른 이방인의 일반적 부르심이 분명히 있다. 첫 번째 부르심은 "이방인의 부르심"이고, 두 번째 부르심은 성경에서 "이방인의 충만한 수"(롬 11:25)에 들어오는 것으로 칭하는 부르심이다. 그러므로 이 본문에 따르면 이미 있었던 이방인의 부르심 외에 이방인의 또 다른 부르심이 아직 남아 있는 것이 분명하다.[39]

"스스로 지혜롭게 여기지 말지어다"(잠 3:7). 이 말씀은 사람에게 자기 자신의 이성 및 판단력뿐만 아니라 자기 자신의 경건 및 거룩함에 대하여 교만한 생각을 갖는 경향을 금지시킨다. 왜냐하면 우리는 잠언에서 지혜가 거룩함이나 참된 미덕으로 매우 흔하게 이해되는 것을 잘 알고 있기 때문이다. 이것은 바울이 동일한 어구를 사용할 때(롬 11:25) 가리키는 의미로 보아 확증된다.

"이방인의 충만한 수가 들어오기까지." 존 로크는 이렇게 지적한다. "유대인의 충만함(롬 11:12)은 기독교를 자신의 종교로 고백하는 유대 민족 전체 집단을 가리킨다. 그러므로 여기서 '이방인의 충만한 수'는 기독교를 자신의 종교로 고백하는 이방인 전체 집단을 가리키는 것임이 틀림없다." 온 세상이 언젠가 기독교 교회에 들어올 것이라는 것은 로마서 11:32로 보아도 증명된다.[40]

11:25-26 세상에 매우 큰 변화가 일어날 때가 있다. 지금 이교 사상과 우상 숭배 또는 다른 거짓 종교들의 흑암에 뒤덮여 있는 민족들은, 하나님의 영이 젊은이와 늙은이에게 부어지고, 하나님을 아는 지식이 "물이 바다를 덮음같이" 세상에 충만하게 될(사 11:9) 때 진리로 조명을 받고, 진리를 고백하는 자들 가운데 경건의 능력이 매우 괄목할 만하게 나타날 것이다. "그들이 다시는 각기 이웃과 형제를 가르쳐 이르기를 너는 여호와를 알라 하지 아니하리니 이는 작은 자로부터 큰 자까지 다 나를 알기 때문이라"(렘 31:34). "이방인의 충만한 수가 들어오기까지……그리하여 온 이스라엘이 구원을 받으리라"(롬 11:25-26). 이 본문들과 이와 비슷한 본문들은 모든 민족이 기독교화되고, 가시적으로 거룩한 나라가 되며, 다수의 무리—천하 만민의 대다수—가 하나님의 구원하는 지식을 갖게 될 것이라고 암시한다. 진실로 영혼의 가치를 의식하는 모든 자는 매우 영광스러운 이 시대를 생각하고 이 시대를 고대할 것이다. 그들은 전체적으로 이 시대가 가까이 임했다고 생각하게 되는데, 그것 때문에 모든 그리스도인

이 이 시대를 염두에 두고 이 시대를 위하여 간절히 기도하는 자극을 받게 된다. 왜냐하면 하나님은 자신의 경륜에 따라 이 일들이 일어날 때를 정하셨지만 그것을 이루기 전에 이날이 임하도록 자기 백성들이 기도하기를 바라시기 때문이다. "주 여호와께서 이같이 말씀하셨느니라. 그래도 이스라엘 족속이 이같이 자기들에게 이루어 주기를 내게 구하여야 할지라. 내가 그들의 수효를 양 떼같이 많아지게 하되 제사 드릴 양 떼 곧 예루살렘이 정한 절기의 양 무리같이 황폐한 성읍을 사람의 떼로 채우리라. 그리한즉 그들이 나를 여호와인 줄 알리라 하셨느니라"(겔 36:37-38).[41]

11:26 그러므로 여기서 말하는 환난의 때는 선지자 예레미야가 표현하는 것처럼 야곱의 환난의 때다. "슬프다 그날이여. 그와 같이 엄청난 날이 없으리라. 그날은 야곱의 환난의 때가 됨이로다. 그러나 그가 환난에서 구하여 냄을 얻으리로다"(렘 30:7). 이때는 문자적 야곱과 영적 야곱을 모두 망라한 환난의 때다. 문자적 야곱은 바울이 로마서 11장에서 "온 이스라엘이 구원을 받으리라"(롬 11:26)고 말하는 때가 오면 환난에서 구원받을 것이다. 그리고 영적 야곱은, 예레미야의 이 말을 언급하는 것으로 보이는 다니엘 12:1의 말씀에서 다음과 같이 확인되는 것처럼 환난에서 구원받을 것이다. "그때에 네 민족을 호위하는 큰 군주 미가엘이 일어날 것이요, 또 환난이 있으리니 이는 개국 이래로 그때까지 없던 환난일 것이며 그때에 네 백성 중 책에 기록된 모든 자가 구원을 받을 것이라." 그리고 영적 야곱 곧 택함 받은 자가 환난에서 구원받으리라는 것은, 그리스도께서 이 두 선지자가 이렇게 이전에 말했던 것을 언급하는 것처럼 보이는 곳에서 말씀하신 것으로 확인된다.[42]

그때가 되면 유대인의 불신앙도 완전히 타파될 것이다. 유대인이 아무리 1,700년 이상 그리스도를 거부하고 있고, 예루살렘의 멸망 이후로 이스라엘 민족에 속한 사람이 회심한 사례가 극히 드물다고 하더라도, 또 유대인이 동족 선지자들의 명백한 가르침을 거역하고, 그리스도를 십자 가에 못 박아 죽일 당시 자기 선조들의 잔인함을 계속 답습하고 있을지라 도, 이날이 오면, 유대인의 눈을 멀게 했던 그 두꺼운 수건이 벗겨지고(고 후 3:16), 하나님의 은총이 유대인의 완악한 마음을 녹이고 새롭게 하여, "그들이 그 찌른 바 그를 바라보고, 그를 위하여 애통하기를 독자를 위하 여 애통하듯 하며 그를 위하여 통곡하기를 장자를 위하여 통곡하듯 할" 것이다(슥 12:10 등). 그때 이스라엘 전체가 구원받게 될 것이다. 세계 전 역에 흩어져 있던 유대인은 전통적인 불신앙을 던져 버리고, 놀랍게 마 음을 바꾸며, 과거의 불신앙과 완악함을 혐오하게 될 것이다. 그리고 회 개하고, 겸손하게 그리고 기쁘게 영광의 그리스도를 향해 함께 나아오고, 그리스도를 자기들의 영광스러운 왕과 유일한 구주로 인정하며, 온 마음 을 다해 그리고 한마음과 한목소리로 다른 민족들에게 그리스도에 대한 찬양을 선포할 것이다.[43]

²⁸복음으로 하면 그들이 너희로 말미암아 원수 된 자요 택하심으로 하면 조상들로 말미암아 사랑을 입은 자라 ²⁹하나님의 은사와 부르심에는 후회하심이 없느니라

11:28 복음이 어떻게 "모든 믿는 자, 특히 먼저 유대인에게 구원을 주시 는 하나님의 능력인가?" 로마서 2:10은 하나님께서 "선을 행하는 각 사 람에게 특히 먼저 유대인에게 영광과 존귀와 평강"을 주실 것이라고 말 한다. 답변. 하나님은 그리스도를 믿는 모든 자를 의롭게 하고 선을 행하 는 모든 자에게 상을 베푸시지만, 특히 유대인에게 그렇게 하실 준비가 되어 있었다. 왜냐하면 로마서 11:28에서 말하는 것처럼 하나님은 유대 인에게 그들의 조상으로 말미암아 특별한 호의를 가지고 계셨기 때문이

고, 또 그들이 언약 안에서 태어났기 때문이다. 곧 그들이 혈통을 통해 자신의 언약 백성이 되었기 때문이다. 로마서 2:25에서 "할례가 유익하나"라는 말씀을 보라.⁴⁴

11:28-29 이스라엘 백성들과 관련하여 말한다면, 종종 이스라엘 민족이 하나님의 백성이라는 의미에서 그들이 가시적 성도인 것 또는 가시적으로 거룩한 백성인 것 또는 이와 같은 교회의 특권들을 적절히 받는 데 필수적인 이 자격들을 갖고 있는 것과는 다른 어떤 뜻이 내포되어 있는 것이 매우 확연하다. 외적·육체적 자격에 대하여 말한다면, 이스라엘 민족 곧 혈통에 따른 이스라엘 족속은 어떤 의미에서 하나님이 양자로 삼아 자신의 특별한 백성과 언약 백성으로 삼으신 민족이었다. 이것은 이미 지적된 것으로도 분명하고, 또 로마서 9:2-5로 보아도 반박의 여지가 없이 명백하다. "나에게 큰 근심이 있는 것과 마음에 그치지 않는 고통이 있는 것을 내 양심이 성령 안에서 나와 더불어 증언하노니 나의 형제 곧 골육의 친척을 위하여 내 자신이 저주를 받아 그리스도에게서 끊어질지라도 원하는 바로라. 그들은 이스라엘 사람이라. 그들에게는 양자됨과 영광과 언약들과 율법을 세우신 것과 예배와 약속들이 있고 조상들도 그들의 것이요 육신으로 하면 그리스도가 그들에게서 나셨으니." 여기서 언급된 특권들은 현재의 가시적 성도들이나 참된 신앙을 고백하는 자들이나 그리스도의 가시적 교회의 지체들이 아니라, 유대인들 곧 그들의 조상인 족장들과 관련된 이 민족, 이 민족의 혈통, 이 외적 혈연관계 속에 있는 사람들, 다시 말해 "골육의 친척인" 이스라엘 사람에게만 속해 있다는 사실이 지적되어야 한다. 바울이 여기서 믿지 않는 유대인 곧 비신자를 자처하는 유대인에 대하여 말하고 있다는 점에서 보면, 그들은 기독교 교회 밖에 있고, 기독교 교회의 공개적인 가시적 원수들이었다. 그리고 그들은 그리

스도의 백성의 외적 특권들에 대한 권리를 조금도 갖고 있지 않았다. 또 로마서 11:28-29에서도, 바울은 똑같이 믿지 않는 유대인에 대하여, 그들은 어떤 면에서 택함 받은 자로서 하나님이 과거에 그들의 조상에게 주신 부르심, 약속과 언약들에 관심이 있고, 여전히 조상들로 말미암아 사랑을 받고 있지만 복음의 원수였다고 말한다. "복음으로 하면 그들이 너희로 말미암아 원수 된 자요 택하심으로 하면 조상들로 말미암아 사랑을 입은 자라. 하나님의 은사와 부르심에는 후회하심이 없느니라." 이 특권들은 이 본문들에서 지금 올바른 종교를 갖고 있는 민족으로서의 유대인이나 가시적으로 하나님을 예배하는 참된 교회 안에 있는 유대인에게 속해 있는 것이 아니고, 민족적 가문이나 혈통에 속한 사람들로서의 유대인, 그것도 모세 율법의 통치가 중단된 이후에 유대인에게 속해 있다. 그러나 더 구체적으로 말하면 이 특권들은 구약성경 아래 있는 유대인에게 속해 있는 것이었다. 그들은 하나님이 다른 모든 민족보다 특별한 호의를 보여주려고 다른 모든 민족과 구별하여 택하신 족속이었다. 이것은 은혜의 수단과 영적 특권과 복이, 완전히는 아니지만, 현재 복음 아래 있는 어떤 후손이나 혈통에게 한정되어 있는 것보다 특정 족속에게 훨씬 더 크게 한정되도록 상황을 구성하신 구약 시대의 하나님의 계획과 명백히 일치되었다. 하나님은 이런 호의를 베풀어 이스라엘 민족을 참 하나님에 대한 경배를 고백하지 않은 자들과 구별하고, 자신이 만드신 분리의 담으로 그들을 다른 민족들과 크게 구별하심으로써 의도적으로 상황을 그렇게 규제하셨다. 이것은 신앙고백자와 비신앙고백자 간의 분리의 담일 뿐 아니라(이와 같은 분리의 담은 복음 시대에도 여전히 남아 있다) 민족과 민족들 간의 분리의 담이기도 하다. 하나님은 기뻐하신다면 자신의 주권을 통해 복을 더하실 수 있고, 어떤 면에서는 자신만의 이유로 특정 지역 및 지점, 어떤 건물, 특정 돌무더기나 놋 제단, 특정 옷 그리고 다른 외적 물건들뿐만 아니라 특정 혈통에 대해서도 사실상 고정시키실 수 있다. 그리고 하나님은 그곳에 자신의 이름을 두기로 정하신 예루살렘 성과 그곳에 계시면서 복을 명하신 시온 산을 그렇게 하신 것과 마찬가지로, 특정 외적 야곱 가문에 대해서도 실제로 자신의 복을 더하셨다. 하나님은 예루살렘, 또는 시온 산과 자신의 복을 그렇게 철저하게 결부시키지 않으셨다. 그것은 하나님이 자신을 제한하지 않으신 것과 같다. 즉 하나님은 복을 그 어떤 곳에서는 결코 주지 않고 오로지 그 곳에만 한정하겠다고 하신 적도, 정해진 곳에서 자신을 찾는 자들에게만 항상 복을 주겠다고 하신 적도, 자신의 복을 그곳으로부터 기필코 철회하겠다고 맹세하신 적도, 자신이 임재하던 곳을 기필코 저버리시겠다고 맹세하신 적도, 불경하고 세속적인 그 곳을 떠나시겠다고 하신 적도 없다. 다만 하나님은 특별히 다른 곳과는 매우 구별되게 그곳을 자신의 복의 자리로 삼으실 정도로 그곳에 자신의 복을 더하시기로 기쁘게 정하셨다. 마찬가지로 하나님은 야곱 혈통 또는 자손에게 자신의 복을 그렇게 고정시키기로 정하셨다. 야곱 자손은 하나님이 기뻐하고, 하나님이 특별히 복을 베풀며, 하나님이 그들에게 자신의 복을 크게 베푸신 족속이었다. 그러나 그렇게 하실 때 자신을 제한하거나 오직 그 혈통에만 자신의 복을 베풀기로 자신에게 의무를 지우거나, 그 혈통에 속하지 않은 다른 족속들에게는 복을 베풀지 않기로 하신 것은 결코 아니었다. 하나님은 예루살렘 성과 시온 산에, 이스라엘 지역과 이스라엘 민족에게 주권적 선택에 따라 자신의 복을 더하셨다(시 132:13-15). 하나님은 언약에 따라 이 두 곳에 자신의 복을 더하고 고정시키셨다. 하나님은 이스라엘 민족에게 족장들과의 언약에 따라 자신의 복을 고정시키셨다. 확실히 하나님이 아브라함 및 다른 족장들과 맺으신 언약의 핵심 사실 곧 본질과 정수는 은혜 언약이었고, 이 언약은 복음 시대에도 계속되고, 유대인과 이방인을 막론하고 아브라함의 모든 영적 후손에게까지 연장된다. 그러나 족장들과의 이 언약은 말하자면, 그 중대하고 영원한 은혜 언약에 수반되어 있는 다른 사실들 곧 미래의 후손에 대한 중대한 약속과 아브라함에게 속해 있는 중대한 사실들에 이바지하는 덜 중요한 문제에 대한 약속들도 포함하고 있었다. 이것들은 특정 지역인 가나안 땅과 특정 혈통인 이삭과 야곱의 후손에 복을 더해 주는 약속들이었다. 우리가 사무엘하 7장과 시편 132편에서 관련된 내용을 확인하는 언약 곧 하나님이 다윗과 맺으신 언약도 이와 마찬가지였다. 만일 우리가 이 언약의 핵심이 무엇인지 살펴본다면, 그것은 이 언약이 무엇보다 은혜 언약이었다는 것이다. 그러나 그 중대하고 영원한 은혜 언약에는 다른 사실들도 수반되어 있었다. 이것들은 문자적 이스라엘 민족에게 주어질 복에 대한 약속, 이스라엘의 현세적 왕관이 다윗의 후손에게 계속될 것에 대한 약속, 하나님이 자신의 이름을 그곳에 두신 장소로서 예루살렘 또는 시온 산에 고정될 복에 대한 약속 등이었다. 그리고 이런 의미에서 야곱의 직계 족속은 언약에 따라 하나님의 백성 또는 하나님의 언약 백성 그리고 하나님의 선민이었다. 그렇다고 하더라도 이것은 그들이 가시적 성도가 아니었을 때에도 사실이었고, 나아가 그들이 우상 숭배에 빠져 살고 참 믿음을 고백하지 않았을 때에도 사실이었다.[45]

[30]너희가 전에는 하나님께 순종하지 아니하더니 이스라엘이 순종하지 아니함으로 이제 긍휼을 입었는지라 [31]이와 같이 이 사람들이 순종하지 아니하니 이는 너희에게 베푸시는 긍휼로 이제 그들도 긍휼을 얻게 하려 하심이라 [32]하나님이 모든 사람을 순종하지 아니하는 가운데 가두어 두심은 모든 사람에게 긍휼을 베풀려 하심이로다

11:30-32 로마서 11:12에서 우리는 "유대인의 충만함"에 대하여 보고, 로마서 11:25에서는 "이방인의 충만함"에 대하여 본다. 그리고 로마서

11:30-32에서 바울은, 불신앙과 흑암이 그리스도께서 오시기 전에는 모든 이방 족속에 만연되어 있었고 이어서 그리스도께서 오신 후에는 유대인에게 만연되게 되었는데, 이것은 하나님이 지혜로 허용하신 일로, 이 일은 장차 때가 되면 유대인과 이방인이 망라된 온 세상에 하나님의 긍휼의 영광을 나타내시는 것을 준비하는 일로 주목하도록 우리를 가르친다. "하나님이 모든 사람을 순종하지 아니하는 가운데 가두어 두심은 모든 사람에게 긍휼을 베풀려 하심이로다"(롬 11:32). 이런 일들은 분명히 기독교 교회의 첫 시대에 있었던 것처럼 첫 열매로서의 유대인 일부 및 이방인 일부뿐만 아니라 유대인 전체 덩이 곧 온 민족과 온 이방 세계의 충만함이 모두 포함된 온 인간 세상이 그리스도의 교회로 바뀌게 될 때가 온다는 것을 증명했다.[46]

11:32 우리는 성경 도처에 나오는 그리스도로 말미암은 구속에 대한 표현들을 통해 다음과 같은 생각을 갖게 된다. 그리스도께서 구속하기 위하여 오신 모든 자가 죄인이라는 것, 그리스도의 구원은, 그 말로 보면, 죄와 마땅히 받을 죄의 형벌(또는 대속되어야 할 악)에서 구원받는 것이라는 것, 그리스도께서 하나님의 특별하고 직접적인 지정을 통해 예수 곧 구주라는 이름을 가지셨을 때 그 이름으로 가리키는 구원은 그분의 구원의 한 부분만 포함하거나 그분이 구원하러 오신 자들 가운데 일부만 구원하는 것을 의미하는 것이 아니라 그분의 구원 전체를 망라한다는 것. 그러나 예수 곧 구주라는 이름은 그분이 자기 백성을 그들의 죄에서 구원하는 것을 가리키기 위하여 주어졌다(마 1:21). 그리고 이 중대한 그리스도의 구원에 대한 교리는 다음과 같다. "그리스도 예수께서 죄인을 구원하시려고 세상에 임하셨다"(딤전 1:15). "그리스도께서도 단번에 죄를 위하여 죽으사 의인으로서 불의한 자를 대신하셨으니"(벧전 3:18). "하나님의 사랑

이 우리에게[곧 그리스도를 주심으로 베푸신 하나님의 사랑의 은혜가 두루 미치는 자들에게] 이렇게 나타난 바 되었으니 하나님이 자기의 독생자를 세상에 보내심은 그로 말미암아 우리를 살리려 하심이라. 사랑은 여기 있으니……하나님이 우리를 사랑하사 우리 죄를 속하기 위하여 화목제물로 그 아들을 보내셨음이라"(요일 4:9-10). 그리스도로 말미암아 구속(속량)을 받은 자는 모두 죄에서 구원받는다는 것을 분명히 제시하는 것으로 보이는 다른 많은 본문들도 언급될 수 있다. 우리는 그리스도께서 직접 하신 말씀을 통해, 누구든 죄인이 아니라면 건강한 자에게 의사가 쓸데없는 것(막 2:17)처럼 그리스도를 구속자로 필요로 하지 않는다는 것을 상정할 수 있다. 그리고 그리스도로 말미암아 하나님의 긍휼의 적절한 대상이 되기 위하여 사람들은 먼저 죄인 상태에 있어야 한다는 사실이 갈라디아서 3:22에 함축되어 있다. "그러나 성경이 모든 것을 죄 아래에 가두었으니 이는 예수 그리스도를 믿음으로 말미암는 약속을 믿는 자들에게 주려 함이라." 로마서 11:32도 마찬가지다.[47]

신약성경의 예언들은 복음이 보편적으로 전파되고 그리스도의 나라가 거주 가능한 땅 전체로 확대될 때가 임하리라는 것을 극명하게 보여주었다. 그리스도는 이렇게 말씀하신다. "내가 땅에서 들리면 모든 사람을 내게로 이끌겠노라"(요 12:32). 하나님의 아들이 사람이 되실 때 온 인간에 대하여 지배권을 가지시는 것이 합당하다. 그분은 땅의 거민이 되고 땅에 자신의 피를 흘리셨으므로 온 땅을 소유하시는 것이 합당하다. 그분은 이 땅에서 종이 되고, 사람들에게 복종하고, 사람들에게 심문과 재판과 정죄와 처형을 받고, 사방에서 몰려든 수많은 목격자들이 있었던 매우 공적인 시간에, 인구 밀집 지역인 예루살렘 성 근처 언덕 위에서 십자가를 보도록 높이 들려짐으로써 유대인과 이방인 앞에서 매우 공개적으로 치욕과 죽음을 당하셨기 때문에, 인류에 대한 우주적 지배권을 상으로 받으시

는 것이 합당하다. 그리고 그분이 그렇게 되실 것이라고 여기서 선언된
다. 로마서 11장에서 바울은, 그때에 놀랍게 성령이 부어지는 것과 영혼
들이 그리스도의 나라에 들어가는 것이 처음에는 유대인에게, 다음에는
이방인에게 일어나 오직 유대인과 이방인 모두가 예정된 추수의 "첫 열
매"가 되게 된 것을 주목하도록, 그리고 이렇게 첫 열매로 거두는 것을 유
대인과 이방인의 모든 남은 자가 때가 되면 거두게 될 것의 표지로 주목
하도록 가르친다(롬 11:16). "제사하는 처음 익은 곡식 가루가 거룩한즉
떡 덩이도 그러하고 뿌리가 거룩한즉 가지도 그러하니라." 그리고 그 문
맥에서 바울은 유대인과 이방인 모두의 충만함을 장차 일어날 일 곧 유대
인과 이방인이 함께 그리스도의 나라에 들어간 이 초기 기독교 시대에 있
었던 일과 구별되는 일로 말한다. 로마서 11:12에서 우리는 "유대인의 충
만함"에 대하여 보고, 로마서 11:25에서는 "이방인의 충만함"에 대하여
본다. 그리고 로마서 11:30-32에서 바울은, 불신앙과 흑암이 그리스도께
서 오시기 전에는 모든 이방 족속에 만연해 있었고, 이어서 그리스도께서
오신 후에는 유대인에게 만연하게 되었는데, 이것은 하나님이 지혜로 허
용하신 일로, 장차 때가 되면 유대인과 이방인이 망라된 온 세상에 하나
님의 긍휼의 영광이 나타나는 것을 준비하는 일로 주목하도록 우리를 가
르친다. "하나님이 모든 사람을 순종하지 아니하는 가운데 가두어 두심은
모든 사람에게 긍휼을 베풀려 하심이로다"(롬 11:32). 이런 일들은 분명히
기독교 교회의 첫 시대에 있었던 것처럼 첫 열매로서의 유대인 일부와 이
방인 일부뿐만 아니라 유대인 전체 덩이 곧 온 민족과 온 이방 세계의 충
만함이 모두 포함된 온 인간 세상이 그리스도의 교회로 바뀌게 될 때가
온다는 것을 증명했다.[48]

[33]깊도다 하나님의 지혜와 지식의 풍성함이여, 그의 판단은 헤아리지 못할 것이

며 그의 길은 찾지 못할 것이로다 ³⁴누가 주의 마음을 알았느냐 누가 그의 모사가 되었느냐 ³⁵누가 주께 먼저 드려서 갚으심을 받겠느냐 ³⁶이는 만물이 주에게서 나오고 주로 말미암고 주에게로 돌아감이라 그에게 영광이 세세에 있을지어다 아멘

11:33 "깊도다 하나님의 지혜와 지식의 풍성함이여." 도드리지 박사는 이 말을 이렇게 번역한다. "오, 하나님의 풍성함의 깊이 그리고 지혜와 지식이여." 도드리지는 "풍성함"을 신적 긍휼의 보배로 이해한다.[49]

자신의 영원한 경륜에 따라 미래 사건들의 전체 계획을 작성하신 하나님은 얼마나 웅대하고 경탄스러운 분이신가! 따라서 하나님의 역사는 모두 하나님 앞에 있다. 하나님의 역사는 항상 하나님 눈 아래 있고, 하나님의 손 아래에서 어떤 것도 하나님을 놀라게 하거나 그 과정에서 어떤 어려움이나 당혹감을 던질 수 있는 일이 일어날 수 없고, 하나님은 이미 영원부터 나타날 모든 경우에 있어 적절한 행동 조치를 취하셨다. 하나님은 역사하실 때 얼마나 탁월하고, 또 경륜을 따르실 때 얼마나 불가해하고 경이로우신가! 그리고 우리가 "깊도다 하나님의 지혜와 지식의 풍성함이여, 그의 판단은 헤아리지 못할 것이며 그의 길은 찾지 못할 것이로다"(롬 11:33)라고 외쳐야 할 이유는 정말 얼마나 많은가![50]

11:33-36 그러나 하나님의 지혜와 전지하심은 무엇보다 하나님 자신의 지식의 무한한 대상, 곧 하나님 자신에 대한 완전한 지식에서 극명하게 드러난다. 하나님의 영원성 곧 영원부터 영원까지 지속되는 속성은 우리에게는 너무 당혹스러워 우리를 비참한 벌레처럼 만들지만, 하나님에게는 한 가지 단순한 관점에 따라 가장 쉽게 분명히 이해된다. 즉 하나님은 자신의 무한한 위대하심과 탁월하심도 이해하고, 이것은 오직 무한한 지성 외에 다른 어떤 존재도 이해할 수 없다. 따라서 바울이 로마서 11:33-36과 같이 부르짖는 것은 당연하다.[51]

11:34 이런 사실들은 "아버지 품속에 있고"(요 1:18), 아버지를 보셨고, 아버지의 마음을 알고 계시며, 아버지와 함께 계시는 사람이고, 일곱 인으로 봉인되었으나 아버지의 작정을 담은 책에 합당하고, 그 책을 여실 수 있으며, 말하자면 아버지의 모사로, 하나님이 "우리가 만들자"(창 1:26)고 말씀하신 분인 그리스도 외에는 아무도 말할 수 없다. 그리고 그리스도는 하나님에게서 제일 먼저 난 자로, 산들이 있기 전에 출생하셨고, "하나님의 오묘하심을 들으신" 분이다(욥 15:7-8). 그리스도는 말하자면 아버지와 하나이시다.[52]

11:35 "누가 주께 먼저 드려서 갚으심을 받겠느냐." 즉 "유대인이나 이방인을 막론하고 인간이라면 누구나 불신앙에 갇혀 있었던 것이 보이지 않느냐?" 로마서 11:35에서 말하는 것처럼 모든 사람이 처음부터 죄 아래 있었다. 다시 말해 명백히 전적으로 불경건한 상태에 있었다. 이것은 이전 구절에서 언급된 "하나님의 풍성함의 깊이" 곧 하나님의 은혜를 확증한다.[53]

11:36 하나님을 처음과 마지막, 시작과 끝이라고 말할 때 가리키는(또는 최소한 함축되어 있는) 의미는, 하나님은 만물이 나오는 최초의 유효 원인이자 원천이시므로 아울러 만물이 지음 받는 마지막 최종 원인이시기도 하다는 것이다. 곧 하나님은 만물이 궁극적으로 도달하는 최종 목적지다. 이것이 이 표현에 대한 가장 자연스러운 의미로 보인다. 그리고 이 의미는 다음과 같은 평행 본문들을 통해 확증된다. "이는 만물이 주에게서 나오고 주로 말미암고 주에게로 돌아감이라"(롬 11:36). "만물이 그에게서 창조되되 하늘과 땅에서 보이는 것들과 보이지 않는 것들과 혹은 왕권들이나 주권들이나 통치자들이나 권세들이나 만물이 다 그로 말미암고 그

를 위하여 창조되었고"(골 1:16). "그러므로 만물이 그를 위하고 또한 그로 말미암은 이가……합당하도다"(히 2:10). 잠언 16:4에서는 "여호와께서 온갖 것을 그 쓰임에 적당하게 지으셨나니"라고 명백히 제시된다.

하나님 자신이 아니라 하나님의 피조물을 하나님의 마지막 목적으로 만드는 교리는 하나님의 절대적인 자충족성과 독립성을 옹호하는 것과는 전연 상관이 없는 교리다. 이 교리는 이와 반대되는 교리보다 훨씬 더 진실과 부합하지 않는다. 왜냐하면 우리는 아무리 유효한 수단이라도 하나님의 궁극적 목적에 의존하는 것으로 간주해야 하기 때문이다. 하나님은 이 목적에 따라 자신의 욕구, 목표, 활동, 추구를 정하신다. 따라서 하나님은 이 목적이 실패하면 하나님의 모든 욕구, 활동, 추구도 실패하게 된다. 따라서 하나님 자신이 그분의 마지막 목적이라면 그분이 자신의 목적에 의존하실 때 자기 자신 외에 다른 것은 아무것도 의존하지 않으신다. 만약 만물이 하나님께 속해 있고 하나님으로 말미암고 하나님이 처음이자 마지막이시라면, 이것은 하나님이 모든 것의 모든 것이 되신다는 것을 보여준다. 곧 하나님은 자신이 전부가 되신다. 하나님은 자신이 무엇을 구하시든 간에 자기에게서 벗어나지 아니하신다. 그러나 하나님의 욕구와 추구는 본래 하나님에게서 근원하므로 하나님 안에서 끝난다. 그리고 하나님은 처음부터 끝까지 자신의 어떤 역사나 행사에서 자기 자신 외에 다른 어떤 것에도 절대로 의존하지 아니하신다. 그러나 하나님의 마지막 목적이 하나님 자신이 아니고 피조물이라면, 이 자신의 마지막 목적에 의존하실 때 하나님은 어떻게든 피조물에 의존하게 되고 만다.

하나님을 아는 지식, 하나님에 대한 사랑, 하나님 안에서의 기쁨 속에 있는 신적 충만함의 발산 또는 전달은 확실히 하나님과 피조물 모두와 관련되어 있다. 그러나 신적 충만함은 하나님에게서 발산되기 때문에 하나님과 그 원천으로서 관련되어 있고, 전달 자체 또는 전달된 것은 신적인 것, 하나님께 속한 어떤 것, 하나님의 내적 충만하심 가운데 어떤 것이다. 그것은 흐르는 물이 샘의 한 부분인 것처럼 그리고 햇빛이 태양의 한 부분인 것과 같다. 또 하나님을 아는 지식, 하나님에 대한 사랑, 하나님 안에서의 기쁨은 하나님이 그것들의 대상이기 때문에 하나님과 관련되어 있다. 왜냐하면 전달된 지식은 하나님에 대한 지식이고 따라서 하나님은 그 지식의 대상이며, 전달된 사랑은 하나님의 사랑이고 따라서 하나님은 그 사랑의 대상이며, 또 전달된 기쁨은 하나님 안에서의 기쁨으로 하나님은 전달된 이 기쁨의 대상이기 때문이다. 피조물이 하나님을 알고 존중하고 사랑하고 즐거워하고 찬양할 때 하나님의 영광이 드러나고 인정받으며, 하나님의 충만하심이 받아들여지고 환원된다. 여기에 발산과 환원이 함께 있다. 그 광채는 피조물 위와 속을 비추고, 발광체로 다시 반사된다. 영광의 광채는 하나님에게서 나오고, 하나님에게 속해 있으며, 원천으로 다시 되돌아온다. 따라서 전체가 하나님에게 속해 있고, 하나님 안에 있으며, 하나님에게로 돌아간다. 이 일에서 하나님은 시작과 중간과 끝이다.[54]

따라서 우리에게 구속자를 주신 분은 하나님이고, 우리가 취득하는 선도 하나님께 속해 있다. 따라서 구속자는 하나님이고 값을 치르신 분도 하나님이다. 그리고 취득된 선도 역시 하나님이다. 그러므로 우리가 갖고 있는 모든 것은 하나님에게 속해 있고, 하나님으로 말미암고, 하나님 안에 있다. "이는 만물이 주에게서 나오고 주로 말미암고 주에게로 돌아감이라"(롬 11:36). 여기서 "주에게로 돌아가다"로 번역된 것이 헬라어에서는 "주 안에 있다"와 똑같다(고전 8:6).[55]

성령께서 복음 속에 약속된 모든 좋은 것을 깨닫게 하시기 때문에 우리는 바울이 갈라디아서 3:2에서 제시하는 주장의 취지를 쉽게 파악할 수 있다. "내가 너희에게서 다만 이것을 알려 하노니 너희가 성령을 받은 것이 율법의 행위로냐 혹은 듣고 믿음으로냐." 따라서 구속을 제공하실 때 우리의 선이 취득되는 대상은 하나님이고, 우리의 선을 취득하시는 분도 하나님이며, 또한 취득된 것도 하나님이시다. 따라서 우리의 모든 선한 것은, 로마서 11:36에서 "이는 만물이 주에게서 나오고 주로 말미암고 주에게로 돌아감이라[곧 주 안에 있음이라. 전치사 '에이스'(εἰς)가 고전 8:6에서는 그렇게 번역된다]. 그에게 영광이 세세에 있을지어다. 아멘"이라고 말하는 것처럼 하나님에게 속해 있고, 하나님으로 말미암고, 하나님 안에 있다. 우리의 모든 선은 성부 하나님에게 속해 있고, 성자 하나님으로 말미암고, 마치 우리의 모든 선이 그분 자신인 것처럼 모든 것이 성령 안에 있다. 그러므로 하나님 자신은 자기 백성들의 분깃이고 취득된 기업이다. 따라서 하나님이 이 구속의 사건 속에서 알파와 오메가이시다.[56]

로마서 12장

¹그러므로 형제들아 내가 하나님의 모든 자비하심으로 너희를 권하노니 너희 몸을 하나님이 기뻐하시는 거룩한 산 제물로 드리라 이는 너희가 드릴 영적 예배니라 ²너희는 이 세대를 본받지 말고 오직 마음을 새롭게 함으로 변화를 받아 하나님의 선하시고 기뻐하시고 온전하신 뜻이 무엇인지 분별하도록 하라

12:1 처음 회심할 때 주어지는 영적 조명 및 감정이 그런 것처럼, 이후에도 그런 종류의 조명 및 감정은 계속 주어지고, 사람들은 그것들의 지배를 받는다. 그리고 그것들은 모두 변화시키는 능력이다. 처음 발견되었을 때와 마찬가지로 이후에도 그들 속에는 똑같은 신적 능력과 에너지가 있다. 그것들은 마음 밑바닥까지 낱낱이 미치며, 그것들이 주어지는 정도에 비례하여 영혼의 참된 본성에 영향을 미치고 영혼을 개조시킨다. 그리고 본성의 변화는 삶이 끝날 때까지 그래서 영광으로 완전해질 때까지 계속 진행된다. 따라서 성도들의 마음속에서 진행되는 은혜 사역의 진보는 성경에서 본성의 지속적 변화와 쇄신으로 설명된다. 그래서 바울은 로마에서 하나님의 사랑하심을 받고 성도로 부르심을 받고, 하나님의 자비하신 구속의 수혜자가 된 자들에게 마음을 새롭게 함으로 변화를 받으라고 권면한다. "그러므로 형제들아, 내가 하나님의 모든 자비하심으로 너희를 권하노니 너희 몸을 하나님이 기뻐하시는 거룩한 산 제물로 드리

라.……너희는 이 세대를 본받지 말고 오직 마음을 새롭게 함으로 변화를 받아"(롬 12:1-2).[1]

그리스도인들은 삶과 행실 속에서 하나님께 순종할 때 바울이 로마서 12:1에서 요구하는 것, 곧 자기 몸을 자기들의 "합당한 예배"로서 "하나님이 기뻐하시는 거룩한 산 제물"로 하나님께 드리는 일을 하게 된다. 그리스도인들은 자기들의 몸을 하나님께 드린다. 즉 자기들의 몸을 거룩한 용도와 목적에 바친다. 그리스도인들은 자기들의 지체를 거룩함을 위한 의의 도구로 복종시킨다. 여기서 영혼은 외적 행실과 관련하여 몸에 작용하지만 그렇게 함으로써 그리스도인들은 하나님을 섬긴다. 그리스도인들은 자기들의 눈, 귀, 혀, 손과 발을 종으로 하나님께 복종시키고, 그렇게 할 때 영혼은 하나님의 말씀과 하나님의 거룩하신 영의 지시에 순종하게 된다.[2]

죄에 거하지 말고 새 생명의 삶을 살며, 죄를 섬기지 말고 하나님께 순종하며, 의의 종이 되어 의의 열매를 맺는 삶을 살도록 하라. 로마서 6장에서 바울은 행해야 할 외적 행위에 대하여 특별한 관심을 갖고 있는데, 그 이유는 그가 특별히 이 외적 행위를 죄가 우리의 썩을 몸을 지배하지 못하게 하고, 우리의 지체를 "하나님을 위한 의의 도구"로 복종시키는 것으로 설명하고 있기 때문이다(롬 6:1, 3, 6, 12-13, 16, 18-19을 보라). 또 바울은 로마서 12:1에서도 그것을 주장한다. 선을 행하는 것, 하나님의 계명을 지키는 것, 열매를 맺는 것을 신실함의 표지로 말할 때는 주로 자발적인 행위를 염두에 두고 말한다. 왜냐하면 하나님 앞에서 행하는 것과 온전하게 되는 것, 하나님 앞에서 진실하게 사는 것과 온전한 마음을 갖고 사는 것, 경주를 하는 것, 선한 싸움을 싸우는 것이 동일한 의미를 갖고 표현되기 때문이다.[3]

바울은 로마서 첫 부분에서 로마 지역의 교인들을 "하나님의 사랑하심을 받고 성도로 부르심을 받은"(롬 1:7) 자로 부르며 편지를 쓴다. 그렇지만 바울은 그들에게 마음을 새롭게 함으로 변화를 받으라고 권면한다. "그러므로 형제들아, 내가 하나님의 모든 자비하심으로 너희를 권하노니 너희 몸을 하나님이 기뻐하시는 거룩한 산 제물로 드리라. 이는 너희가 드릴 영적 예배니라. 너희는 이 세대를 본받지 말고 오직 마음을 새롭게 함으로 변화를 받아."[4]

"그러므로 형제들아, 내가 하나님의 모든 자비하심으로 너희를 권하노니." 즉 이전 세 장(9-11장)에 제시된 것처럼 하나님의 주권적인 선택의 은혜로 말미암아 크게 구별된 너희 그리스도인들에게 권하노니.[5]

바울은 추론을 할 수 있어서 자신의 이성으로 자신의 행위 속에서 하나님을 볼 수 있었고, 또 합리적인 행동을 할 수 있었기 때문에 하나님을 섬길 수 있었다. 하나님은 우리에게 "합당한 예배"를 요구하신다(롬 12:1). 피조물은 지성과 이성이 없으면 하나님을 섬길 수 없다. 사람 아닌 피조물들이 사람들을 섬기듯이 피조물은 이성이 없는 존재를 섬길 수 있다. 그러나 하나님은 오직 이성적 피조물을 통해서만 섬김을 받으실 수 있다.[6] □

12:2 하나님의 영은 하나님의 자녀들을 인도하는 훌륭한 방법을 갖고 계시는데, 이것을 자연인은 결코 가질 수 없다. 이 방법은 하나님의 영이 하나님의 자녀들에게 주시고, 그들을 이끌어 그들의 마음이 하나님의 마음에 합당하고 일치되는 일들로 기울어지도록 그들 속에 활성화시키는 거룩하고 신성한 성향에 따라 그들이 하나님의 뜻을 행하고, 진리와 기독교적 거룩함으로 빛나는 길을 가도록 하시는 방법이다. 이 방법을 통해 하나님의 자녀들은 로마서 12:2에서 말하는 것처럼 "오직 마음을 새롭게 함으로 변화를 받아 하나님의 선하시고 기뻐하시고 온전하신 뜻이 무엇

인지 분별한다." 따라서 하나님의 영은 은혜로 성도들에게 그들의 의무를 가르치고, 발람, 사울 또는 유다가 가르침 받은 것보다 또는 어떤 자연인이 그렇게 할 수 있는 것보다 더 잘 가르치신다. 하나님의 영은 그들의 눈을 단순하고 순전하게 만드심으로써 그들의 의무에 대하여 깨닫게 하고, 그 결과 그들의 "온몸은 밝아지게 된다"(마 6:22). 하나님의 영의 성화능력은 영혼의 입맛을 바꾸고, 그로 말미암아 영혼은 하나님에게 속해 있는 일들에 입맛을 들이고, 자연스럽게 거룩하고 하나님의 마음에 합하는 일들을 맛있게 먹고 즐거워한다. 또 영혼은 별미 가운데 하나처럼 선하고 건전한 일들을 선택하고 악한 일들을 거부한다. 그 이유는 성결하게 된 귀는 입이 고기를 맛보는 것처럼 말을 시험하고, 성결하게 된 마음은 행동을 시험하기 때문이다. 따라서 하나님의 영은 온유한 자를 자신의 약속에 합당한 길로 이끌고 인도하신다. 하나님의 영은 그들이 자신의 말씀의 명령과 권면을 깨닫고 올바르게 적용할 수 있도록 하신다. 그리스도는 바리새인들이 이 거룩한 특별한 미각을 갖고 있지 못해 옳고 그른 것을 제대로 식별하거나 분별하지 못하는 것을 책망하신다. "또 어찌하여 옳은 것을 스스로 판단하지 아니하느냐"(눅 12:57).[7]

그리스도인의 영은 하나님을 기쁘시게 하고 영화롭게 하려고 애쓴다. 하나님과 그리스도를 매우 기쁘시게 하고 그리스도의 영광에 이바지하는 일들은 우리 자신의 일이 아니라 예수 그리스도의 일로 불린다. "그들이 다 자기 일을 구하고 그리스도 예수의 일을 구하지 아니하되"(빌 2:21). 기독교는 우리에게 하나님과 그리스도를 우리의 핵심 목적으로 삼을 것을 요구한다. 그리스도인들은 그리스도인답게 살려면 자기들이 사는 것이 그리스도가 되도록 살아야 한다(빌 1:21). 그리스도인들은 하나님을 기쁘시게 하는 삶을 살도록 요구받는다. "하나님의 선하시고 기뻐하시고 온전하신 뜻이 무엇인지 분별하도록 하라"(롬 12:2).[8]

로마서 12:2을 보면 그리스도인들은 유대교의 예배를 월등하게 능가하는 예배 곧 "하나님의 선하시고 기뻐하시고 온전하신 뜻"을 실천하도록 명령받는다.[9]

거룩한 영혼은 거룩하고 자비로운 행동에 대한 생각이 떠오를 때 영적 미각을 충실히 수행함으로써 즉시 거기서 참맛을 느끼고, 따라서 그렇게 하도록 기울어지며, 그렇게 하는 것으로 끝맺는다. 반면에 무가치하고 거룩하지 못한 행동에 대한 생각이 떠오르면 성결한 영혼의 눈은 거기서 아무런 참맛을 느끼지 못하고, 그렇게 하는 것에서 아무런 기쁨을 찾지 못한다. 성결한 영혼의 미각은 그렇게 할 때 달콤한 맛을 전혀 느끼지 못하고, 오히려 메스꺼운 맛을 느낀다. 그뿐만 아니라 영혼의 거룩한 미각과 식욕으로 말미암아 영혼은 매우 사랑스럽고 자연스럽게 거기에 어울리는 생각을 갖게 된다. 건전한 미각과 식욕은 자연스럽게 적절한 대상에 대한 관념을 불러일으킨다. 따라서 거룩한 사람은 자신의 마음의 거룩한 미각과 기질의 지시와 안내를 받을 때 성령의 인도를 받는다. 그로 말미암아 은혜가 활력적으로 행사될 때 그는 쉽게 선과 악을 구분하고, 이런 경우와 다른 경우에 있어 하나님과 사람에게 합당한 호의적 행위가 무엇인지 즉시 알게 된다. 그리고 옳은 것을 보이는 아름다움과 맛보는 선함 외에 다른 어떤 논증을 통하는 특별한 추론 없이, 말하자면 자동적으로 그리고 저절로 판단하게 된다. 그래서 그리스도는 바리새인들에게 그들이 옳은 것을 판단할 때 그것을 증명하는 이적이 없으면 스스로 판단하지 못했다고 비난하신다(눅 12:57). 바울도 로마서 12:2에서 이런 식으로 영적으로 선한 뜻을 판단하는 방법을 분명히 언급하는 것으로 보인다. "오직 마음을 새롭게 함으로 변화를 받아 하나님의 선하시고 기뻐하시고 온전하신 뜻이 무엇인지 분별하도록 하라."[10]

³내게 주신 은혜로 말미암아 너희 각 사람에게 말하노니 마땅히 생각할 그 이상의 생각을 품지 말고 오직 하나님께서 각 사람에게 나누어 주신 믿음의 분량대로 지혜롭게 생각하라

12:3 그러나 겸손은 지성적 존재로 지음 받은 모든 피조물에게 적합한 미덕이다. 왜냐하면 이런 피조물은 하나님 앞에서는 무한히 부족하고 미력하며, 그들 대부분은 일부 동료 피조물과 비교할 때에도 부족하기 때문이다. 겸손은 로마서 12:3에서 바울이 제시하는 법칙을 따르는 것을 함축하고 있다. "내게 주신 은혜로 말미암아 너희 각 사람에게 말하노니 마땅히 생각할 그 이상의 생각을 품지 말고 오직 하나님께서 각 사람에게 나누어 주신 믿음의 분량대로 지혜롭게 생각하라." 사람의 한 미덕으로서 겸손은 하나님 및 동료 피조물과 비교하여 자신에 대하여 상대적인 부족 의식을 갖고 있는 것을 의미한다.[11]

온전한 법칙이 여기 있고, 이 법칙을 따른다면 우리는 우리 자신과 직접 관련된 의무들을 수행할 때 매우 탁월하게 될 것이다. "내게 주신 은혜로 말미암아 너희 각 사람에게 말하노니……믿음의 분량대로 지혜롭게 생각하라"(롬 12:3).[12]

여기서 사도 바울의 목표가 이런 무질서를 방비하거나 규제하고, 모든 사람이 자신의 특수한 은사를 적절한 제한 가운데 행사하도록 만드는 데 있다는 것은 로마서 12:3에서 그들에게 자기 은사를 온전하게 사용하라고 권면하는 것으로 보아 분명하다. 바울은 모든 사람이 특별히 하나님의 은혜로 말미암아 누린 믿음의 분량 곧 영적 은사에 따라 생각하는 것을 온전함의 척도로 삼는다.[13]

⁴우리가 한 몸에 많은 지체를 가졌으나 모든 지체가 같은 기능을 가진 것이 아니니 ⁵이와 같이 우리 많은 사람이 그리스도 안에서 한 몸이 되어 서로 지체가 되

없느니라 **6**우리에게 주신 은혜대로 받은 은사가 각각 다르니 혹 예언이면 믿음의 분수대로, **7**혹 섬기는 일이면 섬기는 일로, 혹 가르치는 자면 가르치는 일로, **8**혹 위로하는 자면 위로하는 일로, 구제하는 자는 성실함으로, 다스리는 자는 부지런함으로, 긍휼을 베푸는 자는 즐거움으로 할 것이니라

12:4 성경은 모든 그리스도인이 하나님께서 자신의 교회의 유익을 위하여 사용하시는 모든 일 속에서, 몸 곧 교회의 특수 지체로서 몸의 유익을 위하여 쓰임 받아야 한다고 주장한다.(롬 12:4 이하)[14] ☐

12:5 첫째, 그리스도인의 그리스도와의 연합. 그리스도인들은 그리스도의 몸으로 지칭된다. 왜냐하면 바울은 "우리 많은 사람이 그리스도 안에서 한 몸이 되었다"고 말할 때 그리스도의 하나의 몸을 가리키는 뜻으로 말하기 때문이다. 그것은 특히 로마서 12:5의 "이와 같이 우리 많은 사람이 그리스도 안에서 한 몸이 되어"라고 말하는 것과 같이, 바울이 다음과 같이 다른 곳들에서 더 분명히 말하는 것으로 보아 명백하다. "이제 지체는 많으나 몸은 하나라"(고전 12:20). "너희는 그리스도의 몸이요 지체의 각 부분이라"(고전 12:27). 이 외에도 다른 많은 구절들이 있다. 그리스도인의 그리스도와의 연합은 또한 그들이 그리스도의 음식 또는 떡—때로는 그리스도의 집, 그리스도의 옷, 그리스도의 음식 곧 그리스도의 밀, 선한 열매, 첫 열매, 기뻐하는 열매 등—이 되는 것으로 표상된다. 둘째, 이 표상들은 그리스도인들의 연합을 단순히 몸으로 표현하는 것이 아니라 한 몸으로 표현한다. 이것은 바울이 로마서 12:5에서 "이와 같이 우리 많은 사람이 그리스도 안에서 한 몸이 되어 서로 지체가 되었느니라"고 말하는 것과 일치한다.[15] ☐

12:6 "혹 예언이면 믿음의 분수대로." "이 구절과 이전 세 구절(3-5절)의

문맥을 통해 우리는 아무 어려움 없이 이 표현에서 바울이 의도한 의미가 무엇인지 깨닫게 된다. 고린도전서 12, 14장은 우리에게 새로 회심한 자들이 자기들에게 주어진 다양한 은사로 잘난 척하기가 얼마나 쉬운지를 증명한다. 모든 사람이 비슷한 경우에 자기 자신을 높이고, 실제보다 자신의 은사를 더 과장하는 경향이 있다. 여기서 사도 바울의 목표가 이런 무질서를 방비하거나 규제하고, 모든 사람이 자신의 특수한 은사를 적절한 경계 안에서 행사하도록 만드는 데 있다는 것은, 로마서 12:3에서 그들에게 자기 은사를 온전하게 사용하라고 권면하는 것으로 보아 분명하다. 바울은 모든 사람이 특별히 하나님의 은혜로 말미암아 누린 믿음의 분량 곧 영적 은사에 따라 생각하는 것을 온전함의 척도로 삼는다. 그러나 이 구절(롬 12:3) 안에는 이처럼 매우 명백하게 제시하는 것 말고 다른 내용도 있는데, 적절하게 살펴보면 그것도 이 요점을 강하게 천명한다. 사도 바울은 '내게 주신 은혜로 말미암아 너희 각 사람에게 말하노니'라고 말한다. 여기서 바울은 자기들의 특출한 영적 은사의 행사를 제한시키고, 자신의 주장을 납득시키기 위하여 자신의 본보기를 제시하는 것 말고 다른 것으로는 더 설득력 있는 논증을 제시할 수 없었다. 사도 바울이 고린도전서 14:29-32, 에베소서 4:7에서 제시하는 동일한 문제에 대한 동일한 법칙이 이 요점에 대하여 빛을 던져 줄 것이다"(로크의 『로마서 주석과 해설』).[16] 🔖

12:8 하나님은 궁핍한 형제에게 줄 때에 아끼는 마음을 품어서는 안 된다고 엄히 명령하신다.[17]

다스림의 영, 또는 목사의 직무를 감당할 때 필요한 특출하고 놀랄 만한 능력, 곧 판단하고 책망하고 견책하고 경고하는 것과 같은 능력을 은사로 받은 자는 목사의 사역을 하도록 권한을 부여받은 것이다. 그리고

교회는 그 사람에게 이 은사가 있는 것을 분별하고 그에게 복종했다. 왜
냐하면 그들 가운데 영들을 분별하는 은사(성령의 다른 은사들 가운데)를
가진 자가 있었기 때문이다. 그러나 이것은 다스리는 것이 위로하는 것보
다 더 우월한 직무라는 것을 주장하는 의미는 결코 아니었다. 왜냐하면
위로의 은사를 갖고 있는 자 가운데 일부는 다른 어떤 직무가 아니라 목
사의 직무의 한 부분으로서 그 은사를 행사했기 때문이다(롬 12:8).[18] □

[9]사랑에는 거짓이 없나니 악을 미워하고 선에 속하라 [10]형제를 사랑하여 서로 우
애하고 존경하기를 서로 먼저 하며 [11]부지런하여 게으르지 말고 열심을 품고 주를
섬기라 [12]소망 중에 즐거워하며 환난 중에 참으며 기도에 항상 힘쓰며 [13]성도들의
쓸 것을 공급하며 손 대접하기를 힘쓰라 [14]너희를 박해하는 자를 축복하라 축복하
고 저주하지 말라 [15]즐거워하는 자들과 함께 즐거워하고 우는 자들과 함께 울라

12:10 나이가 든 후, 엄청난 환희에 싸여 느끼는 것과 이전에 다섯, 여섯
살 가량의 어린이였을 때 느끼는 것은 느낌 자체로만 놓고 본다면 아무런
차이가 없다. 하지만 느끼는 강도에는 엄청난 차이가 있다. 이런 강력한
환희에 찬 안목과 기쁨에 싸인 감정은 충동에 사로잡히는 어떤 열광적 경
향이나 어떤 가짜 예언적 계시에 빠지지 않으며, 어떤 영적 자부심을 드
러내 놓고 과시하지 않는다는 것을 알 수 있다. 오히려 이와는 정반대로
겸손과 온유의 정신을 최대한 발휘하고, 다른 사람들을 극진히 대접한다
(참조. 롬 12:10).[19]

사도들은 로마서 12:10에서와 같이 이 사랑을 종종 가시적 교회의 동
료 지체들에게 행사하라고 그리스도인들에게 명령한다. "형제를 사랑하
여 서로 우애하고 존경하기를 서로 먼저 하며." 이 말은 원문을 보면 훨씬
더 강조적인 표현으로 나타나고, 은혜를 받은 사람들 곧 서로를 똑같이
은혜 받은 존재로 바라보는 자들 사이에 존재하는 특별한 사랑을 더욱 생

생하게 드러낸다. "테 필라델피아 에이스 알렐루스 필로스토르고이"(τη φιλαδελφία εἰς αλλήλους φιλόσοργοι, 형제를 사랑하여 서로 우애하고). 이 표현의 적절한 의미는 형제로서 갖게 되는 자연적인 강력한 사랑으로 서로를 굳게 붙잡아 주는 것이다.[20]

12:11 하나님이 요구하고 인정하시는 종교는 우리를 무감각한 상태에서 약간 일으키는 정도에 불과한, 약하고 둔하고 활력 없는 태도 속에 있는 것이 아니다. 하나님은 자신의 말씀에서 우리는 매우 부지런하고 열렬한 감정을 갖고, 우리의 마음은 활력적으로 종교에 종사해야 한다고 강하게 주장하신다. "부지런하여 게으르지 말고 열심을 품고 주를 섬기라"(롬 12:11).[21]

활력적인 참된 헌신 곧 보다 직접적으로 하나님을 공경하는 태도와 의무가 여기서 매우 생생하게 제시되고 강력하게 천명된다. "그러므로 형제들아, 내가 하나님의 모든 자비하심으로 너희를 권하노니 너희 몸을 하나님이 기뻐하시는 거룩한 산 제물로 드리라. 이는 너희가 드릴 영적 예배니라. 너희는 이 세대를 본받지 말고 오직 마음을 새롭게 함으로 변화를 받아 하나님의 선하시고 기뻐하시고 온전하신 뜻이 무엇인지 분별하도록 하라"(롬 12:1-2). "부지런하여 게으르지 말고 열심을 품고 주를 섬기라"(롬 12:11).[22]

12:12 온전한 법칙이 여기 있고, 이 법칙을 따른다면 우리는 우리 자신과 직접 관련된 의무들을 수행할 때 매우 탁월하게 될 것이다. "내게 주신 은혜로 말미암아 너희 각 사람에게 말하노니 마땅히 생각할 그 이상의 생각을 품지 말고 오직 하나님께서 각 사람에게 나누어 주신 믿음의 분량대로 지혜롭게 생각하라"(롬 12:3).[23]

12:13 "서로 교제하고"(행 2:42). 이 본문은 "사도의 가르침을 받는 것과 서로 교제하는 것('소통하는 것'이라고 번역되었어야 했을 것이다)", "떡을 떼는 것과 기도하기를 힘쓰는 것"이 교회의 공적 사역의 대표적인 네 분야임을 분명히 보여준다. 그리고 "소통"이라는 말은 의심할 것 없이 가난한 자와 소통하는 것을 의미하고, 매주 정규 예배 요소 가운데 하나였다. '코이노니아'(κοινωνία)라는 말의 용법을 보라(롬 15:26, 고후 8:4; 9:13, 딤전 6:18, 히 13:16, '코이노니코스'[κοινωνικός]). 그리고 '코이노네오'(κοινωνέω)라는 말의 의미를 보라(롬 12:13, 갈 6:6, 빌 4:15).[24]

12:14 그런데 여기서 나는 어떤 이들은 남을 위하여 기도할 때 일종의 저주를 기도에 포함시키는 경우가 있다고 지적하지 않을 수 없는데, 그것은 조건적 저주이기는 하지만 내가 보기에는 완전히 불필요하고 부적절한 것으로 보인다. 곧 그들은 다른 사람들의 회심을 위하여 기도하되, 만약 회심하지 않으면 그들을 저주해 달라고 기도한다. 나는 지금까지, 매우 명백히 그리고 악명 높게 버림받은 하나님의 교회의 일부 원수들에 대하여 그렇게 한 경우를 제외하고, 하나님의 교회에서 이런 일이 시행되었다는 말을 듣거나 본 적이 없다. 기도할 때 우리의 축복에 저주를 덧붙이는 것은 일종의 저주다. 반면에 성경에 정해진 법칙은 "축복하고 저주하지 말라"(롬 12:14)는 것이다. 하나님께 다른 사람을 죽여 달라고 기도하는 것은 그 사람을 저주하는 것이다. 이는 엘리사가 벧엘에서 온 작은 아이들을 저주한 것(왕하 2:23-24)과 똑같다. 우리가 선지자가 아니라면 확실히 그렇게 기도하는 것은 매우 드물고 특수한 사례로 한정되어야 한다. 그러나 그런 경우라고 해도 우리 자신의 말이 아니라 하나님의 영이 감동을 통해 직접 지시한 말이어야 한다.[25]

우리는 어떤 경우를 막론하고 다른 사람들에게 악의를 드러내는 것이 허용되지 않고, 모든 사람에게 선한 뜻을 행해야 한다. 우리는 모든 사람의 번영, 따라서 우리의 원수와 우리를 악의적으로 이용하는 자들의 번영도 진심으로 바라고 그들을 위하여 기도할 것이 요구된다(마 5:44). 여기서 법칙은 축복하고 저주하지 말라는 것이다. "너희를 박해하는 자를 축복하라. 축복하고 저주하지 말라." 즉 우리는 오직 선을 바라고 다른 사람들의 선을 위하여 기도해야 하며, 어떤 경우도 악을 바라서는 안 된다. 사람들이 자기 자신을 위해서가 아니라 하나님을 위하여 행하는 공적 권세를 세우기 위한 보복을 제외하고 모든 보복은 금지된다.[26]

12:15 기독교 정신을 가진 자는 다른 사람들의 번성을 즐거워한다. 기독교 정신을 가진 자는 다른 사람들의 번성을 유감스러워하는 태도를 죽이고, 오히려 반대로 그것을 즐거워하는 태도를 갖는다. 기독교 정신을 가진 자는 로마서 12:15의 "즐거워하는 자들과 함께 즐거워하고 우는 자들과 함께 울라"는 법칙에 순응하는 태도를 취한다.[27]

우리 구주는 참 그리스도인의 부드러운 마음을 어린아이의 이런 태도에 비유하심으로써 적절하게 제시하신다. 어린아이의 살은 매우 부드럽다. 거듭난 자의 마음도 마찬가지다. 이것은 나아만이 선지자의 지시로 요단강에 들어가 몸을 씻음으로써 나병에서 고침 받은 사건에 제시되어 있다. 이것은 의심할 것 없이 거듭남의 세례 반(盤)에 씻음으로써 영혼이 새롭게 되는 것의 한 예표였다. 우리는 열왕기하 5:14에서 "나아만이 이에 내려가서 하나님의 사람의 말대로 요단강에 일곱 번 몸을 잠그니 그의 살이 어린아이의 살같이 회복되어 깨끗하게 되었더라"는 말을 듣는다. 어린아이는 살만 부드러운 것이 아니라 마음도 부드럽다. 어린아이는 마음이 쉽게 감동되고 설복되고 납득한다. 그리스도인도 영적인 일에서 이와 똑같다. 어린아이는 연민에 쉽게 사로잡히는 경향이 있어서 우는 자들과 함께 울고, 고통 속에 있는 다른 사람들을 보는 것을 잘 견딜 수 없다. 그것은 그리스도인도 마찬가지다(요 11:35, 롬 12:15, 고전 12:26). 어린아이는 긍휼에 쉽게 사로잡힌다. 그리스도인도 마찬가지다. 어린아이는 세상의 악에 쉽게 슬픔을 느끼고 마음이 녹고 울음을 터뜨린다. 그리스도인의 마음도 죄의 악함에 대하여 이와 같이 예민하다.[28]

기독교 정신을 가진 자는 이웃이 어떤 힘든 일 아래 있는 것을 볼 때 동정하는 마음을 가질 것이다. "즐거워하는 자들과 함께 즐거워하고 우는 자들과 함께 울라"(롬 12:15). 우리의 이웃은 어려움에 처하면 고통을 겪는다. 그때 우리는 이웃에 대하여 사랑의 정신을 갖고 고통 속에 있는 그와 함께 고통을 느껴야 한다. 그리고 만약 우리가 그와 함께 고통을 느낀다면 우리는 우리 자신을 위로할 준비가 되어 있다는 결론이 따라 나올 것이다. 왜냐하면 우리가 그와 함께 고통을 겪는다면 그를 위로할 때 우리 자신을 위로하는 것이 되기 때문이다. 그의 고통이 우리의 고통이 될 때 그의 위로는 곧 우리의 위로가 된다. 기독교는 우리에게 이웃의 고통을 함께 느끼라고 가르친다. 또 본성도 우리에게 그렇게 고통을 느낄 때 우리 자신을 위로하게 된다고 가르친다.[29]

[16]서로 마음을 같이하며 높은 데 마음을 두지 말고 도리어 낮은 데 처하며 스스로 지혜 있는 체 하지 말라 [17]아무에게도 악을 악으로 갚지 말고 모든 사람 앞에서 선한 일을 도모하라 [18]할 수 있거든 너희로서는 모든 사람과 더불어 화목하라 [19]내 사랑하는 자들아 너희가 친히 원수를 갚지 말고 하나님의 진노하심에 맡기라 기록되었으되 원수 갚는 것이 내게 있으니 내가 갚으리라고 주께서 말씀하시니라 [20]네 원수가 주리거든 먹이고 목마르거든 마시게 하라 그리함으로 네가 숯불을 그 머리에 쌓아 놓으리라 [21]악에게 지지 말고 선으로 악을 이기라

12:16 겸손은 비웃는 행동을 차단하는 경향이 있다. 다른 사람들을 조

롱과 경멸로 대하는 것은 사람들에 대한 교만의 최악의 한 실례다. 그러
나 겸손한 영의 영향 아래 있는 자들은 이런 행동과는 거리가 멀다. 그들
은 자기들 밑에 있는 자들을 멸시하는 데 익숙하지 않고, 말하자면 오만
하고 거만한 태도로, 마치 그들을 자기들이 가까이할 가치가 없거나 자기
들의 어떤 존경을 받을 가치가 없는 자인 것처럼, 그들을 멸시하는 태도
가 없다. 그들은 이런 태도를 보장할 정도로 자기들과 자기들의 동료 피
조물 간에 큰 차이가 없다는 것을 익히 알고 있다. 그들은 다른 사람들이
말하는 것을 조소와 멸시로 대하거나 다른 사람들이 행하는 것을 야유와
조롱을 갖고 말하지 않는 태도를 갖고 있다. 이런저런 시간에 이런 사람
들이 말하고 행한 것에 대하여 앉아서 말하는 것은 자기 자신을 조롱거리
로 만드는 것이다. 오히려 반대로 겸손은 사람들을 자신을 낮추는 행동을
하도록 이끌어 매우 온유하고 겸비한 사람을 만들고, 그래서 그들은 하나
님 앞에서 자기들 자신의 비천함과 야비함을 민감하게 의식하고, 또 어떤
면에서든 자기들이 그들에 대하여 갖고 있는 장점에 차이를 두신 분은 오
직 하나님이라는 사실을 깨닫고 아랫사람들을 공손하고 상냥하게 대한
다. 이런 태도는 로마서 12:16의 "높은 데 마음을 두지 말고 도리어 낮은
데 처하며"라는 교훈과 일치된다. 만약 그들이 공인 곧 공적 신뢰와 권세
가 있는 자리에 있는 사람이라면, 겸손은 그들이 자기 아랫사람들을 자기
들의 뛰어남을 자랑하는 오만하고 조롱하는 태도가 아니라 이와 같이 겸
손한 태도를 갖고 대하도록 만들 것이다.[30]

사람이 자신의 영적·신적 지식을 과대평가하는 것은 어쨌든 스스로
지혜롭다고 선언하는 것이다. 그러므로 이런 태도에 대하여 다음과 같은
금지 명령이 주어진다. "스스로 지혜롭게 여기지 말지어다"(잠 3:7). "스스
로 지혜 있는 체하지 말라"(롬 12:16). 그리고 이런 태도는 사람들에게 화
를 가져온다. "스스로 지혜롭다 하며 스스로 명철하다 하는 자들은 화 있

을진저"(사 5:21). 이같이 스스로 지혜로운 자들은 세상 어느 누구에게서도 유익을 얻지 못할 것이다. 경험은 잠언 26:12의 "네가 스스로 지혜롭게 여기는 자를 보느냐. 그보다 미련한 자에게 오히려 희망이 있느니라"는 말씀이 진리임을 증명한다.[31]

거짓되고 기만적인 경험은 항상 다음과 같다. 곧 이런 경험은 종종 위대하고 특출한 겸손을 가장하는 경향이 있다. 영적 교만은 위선자들의 지배적인 기질이자 일반적인 성격으로, 거짓 간증과 감정으로 속이는 것이다. 그들은 일반적으로 기독교적 태도에 속해 있는 두 가지 특징과는 정반대되는 태도를 갖고 있다. 바울이 제시하는 이 두 가지 특징 가운데 하나는 "스스로 지혜 있는 체하지 않는"(롬 12:16) 것이고, 다른 하나는 "각각 자기보다 남을 낫게 여기는"(빌 2:3) 것이다.[32]

12:17 우리는 우리에게 악을 행하는 자들을 선으로 대해야 한다. 악을 악으로 갚지 않고 악을 선으로 갚는 것, 이것이 그리스도인의 복수법이다.[33] ☐

12:18 따라서 바울은 로마 지역의 그리스도인들에게 자기를 기쁘게 하지 말고, 누구든 자신의 선으로 덕을 세워 이웃을 기쁘게 하고(롬 15:1-2), 화평을 세우는 일에 힘쓰라(롬 14:15)고 지시한다. 그리고 바울은 매우 강한 어조로 그것을 이렇게 강조한다. "할 수 있거든 너희로서는 모든 사람과 더불어 화목하라"(롬 12:18).[34]

야고보와 요한은 사마리아 사람들이 예수를 받아들이지 않는다는 이유로 하늘에서 불을 내려 그들을 멸하기를 원했다. 그러나 그리스도는 두 사람을 꾸짖으시고, 그들이 무슨 정신으로 말하는지 모른다고 말씀하셨다. "할 수 있거든 너희로서는 모든 사람과 더불어 화목하라"(롬 12:18). "너희 관용을 모든 사람에게 알게 하라. 주께서 가까우시니라"(빌 4:5).[35] ☐

12:19 하나님은 여러분이 하소연하는 것을 보장하고, 여러분 자신보다 여러분에게 주어진 상처를 더 잘 싸매실 수 있다. 하나님은 원수 갚는 것이 내게 있으니 내가 갚으리라고 말씀하셨다(롬 12:19). 하나님은 다윗에게도 그렇게 보장하셨다. 만일 여러분이 원수 갚는 것을 떠맡는다면 하나님은 그렇게 하도록 여러분에게 맡겨 두실 것이다. "네 원수가 넘어질 때에 즐거워하지 말며 그가 엎드러질 때에 마음에 기뻐하지 말라. 여호와께서 이것을 보시고 기뻐하지 아니하사 그의 진노를 그에게서 옮기실까 두려우니라"(잠 24:17-18).

사람들은 자기 자신을 위해서가 아니라 하나님의 공적 권세를 확립하기 위하여 행하는 보복을 제외하고 모든 보복이 금지된다. "원수를 갚지 말며 동포를 원망하지 말며 네 이웃 사랑하기를 네 자신과 같이 사랑하라. 나는 여호와이니라"(레 19:18). "내 사랑하는 자들아……원수 갚는 것이 내게 있으니 내가 갚으리라고 주께서 말씀하시니라"(롬 12:19). 그러므로 악한 뜻이나 복수욕이 포함된 모든 분노는 기독교가 반대하는 것이다. 때때로 성경에서 말해지는 것처럼, "분노"는 단지 악한 의식을 의미하거나 단지 복수욕에 들어 있는 분노의 종류를 가리키므로 모든 분노가 금지된다.[36]

12:20 "네가 숯불을 그 머리에 쌓아 놓으리라." 즉 이어지는 말씀에서처럼 그의 악이 너의 선으로 정복되지 않는다면 그의 보복을 그의 머리에 두는 방법, 이것이 하나님이 너의 하소연을 들어주고 너를 대신하여 보복을 행하시는 방법이다. 하나님의 보복이 "뜨거운 숯불"을 의미한다는 것은 시편 140:10로 확인된다.[37]

12:21 우리는 친구와 원수 모두에게 선을 행해야 한다. 우리는 친구들에게 선을 행할 의무가 있다. 동료 피조물이기에 그리고 하나님의 형상으

로 지음 받은 자이기에 사람들에게 선을 행해야 할 의무 아래 있는 것 외에도, 우리는 우정과 감사의 의무 아래에도 있다. "많은 친구를 얻는 자는 해를 당하게 되거니와"(잠 18:24). 그러나 우리는 친구들에게 선을 행해야 할 의무만 갖고 있는 것이 아니라 우리 원수에 대해서도 선을 행해야 할 의무를 갖고 있다. "또 네 이웃을 사랑하고 네 원수를 미워하라 하였다는 것을 너희가 들었으나 나는 너희에게 이르노니 너희 원수를 사랑하며 너희를 박해하는 자를 위하여 기도하라"(마 5:43-44). 우리는 우리에게 악을 행하는 자들을 선으로 대해야 한다. 악을 악으로 갚지 않고 악을 선으로 갚는 것, 이것이 그리스도인의 복수법이다. "아무에게도 악을 악으로 갚지 말고"(롬 12:17). "악에게 지지 말고 선으로 악을 이기라"(롬 12:21). "삼가 누가 누구에게든지 악으로 악을 갚지 말게 하고 서로 대하든지 모든 사람을 대하든지 항상 선을 따르라"(살전 5:15). "악을 악으로, 욕을 욕으로 갚지 말고 도리어 복을 빌라. 이를 위하여 너희가 부르심을 받았으니 이는 복을 이어받게 하려 하심이라"(벧전 3:9).[38]

로마서 13장

¹각 사람은 위에 있는 권세들에게 복종하라 권세는 하나님으로부터 나지 않음이 없나니 모든 권세는 다 하나님께서 정하신 바라 ²그러므로 권세를 거스르는 자는 하나님의 명을 거스름이니 거스르는 자들은 심판을 자취하리라

13:1 "각 사람은 위에 있는 권세들에게 복종하라. 권세는 하나님으로부터 나지 않음이 없나니 모든 권세는 다 하나님께서 정하신 바라." 그러나 '각 사람'은 성령의 놀라운 은사를 받거나 그리스도의 교회에서 어떤 권위를 부여받았다. 왜냐하면 이런 은사와 권위를 통해 사람들을 다스리도록 되어 있었다는 것이 고린도전서 12장과 로마서 12:3-5에서 사도 바울이 말하는 것으로 분명히 확인되기 때문이다. 그러나 다른 어떤 자들보다 유대인은 자기들을 다스리는 이교도의 권세에 대하여 내적 반항과 적개심을 갖고 있었고, 이 다스림을 하나님의 백성으로서 그들보다 우월한 위치에 있는 자기들에 대한 부당하고 포악한 압제로 간주하는 경향이 있었다.[1]

13:1-2 국가 정부가 처음에 세상에서 어떻게 세워지게 되었는지에 대해서는 논란이 많았다. 하지만 하나님이 처음에 국가 정부를 정하셨다고 가정하는 것이 가장 개연성이 크고, 성경과도 일치하는 견해로 보인다. 하나님은 사람들에게 시민 사회를 세우고, 재판관과 통치자를 정하도록 가

르치셨으며, 모든 민족은 거기서 국가를 세우는 관습을 이끌어 냈다. 그리고 특정한 사람들의 야망과 사람들의 필요가 결합되어 국가를 세우는 관습이 보편적으로 모든 시대에 걸쳐 원만하게 유지되고 지속되었다.

이교 세계에서 등장한 거의 모든 선한 제도와 칭송할 만한 어떤 방법은 본래 계시에서 나온 것이라는 사실이 지적되어야 한다. 이교도가 도덕적·신적 사실들에 대하여 갖고 있었던 진리뿐만 아니라 결혼 제도와 국가 정부도 다 계시에서 나온 것이다.

하나님은 이교 세계의 죄악을 규제하고, 이교 세계가 완전히 망하지 않도록 조치를 취하셨다. 이교 세계에 베푸신 이런 자비로운 보살핌의 한 가지 실례는, 하나님께서 자신의 섭리를 통해 일부 이교 국가들이 매우 훌륭한 정치 체제 아래 무척 건전한 법의 통치를 받게 하심으로써 국가 정부가 악을 행하는 자들에게 두려움을 주고, 선을 행하는 자들에게 상을 베푸는 제도가 유지되도록 하신 것이다. 따라서 이교 세계의 국가 권력은 다음 두 가지 이유에서 "하나님이 정하신" 것인데, 첫째는 국가 정부는 처음에 신적 제도의 한 기관이었기 때문이고, 둘째는 처음에 이교 세계에 존재했던 국가 정부는 세상을 유익하게 은혜로 통치하신 하나님의 섭리의 열매였기 때문이다.[2]

[3]다스리는 자들은 선한 일에 대하여 두려움이 되지 않고 악한 일에 대하여 되나니 네가 권세를 두려워하지 아니하려느냐 선을 행하라 그리하면 그에게 칭찬을 받으리라 [4]그는 하나님의 사역자가 되어 네게 선을 베푸는 자니라 그러나 네가 악을 행하거든 두려워하라 그가 공연히 칼을 가지지 아니하였으니 곧 하나님의 사역자가 되어 악을 행하는 자에게 진노하심을 따라 보응하는 자니라 [5]그러므로 복종하지 아니할 수 없으니 진노 때문에 할 것이 아니라 양심을 따라 할 것이라 [6]너희가 조세를 바치는 것도 이로 말미암음이라 그들이 하나님의 일꾼이 되어 바로 이 일에 항상 힘쓰느니라

13:3 바울은 국가 정부의 한 가지 목적은 악을 행하는 자들에게 두려움을 주고, 선을 행하는 자들에게 존귀로 상을 베푸는 것이라고 우리에게 말한다. "다스리는 자들은 선한 일에 대하여 두려움이 되지 않고 악한 일에 대하여 되나니 네가 권세를 두려워하지 아니하려느냐. 선을 행하라. 그리하면 그에게 칭찬을 받으리라"(롬 13:3). 사도 베드로도 똑같은 목적을 제시한다. "혹은 그가 악행하는 자를 징벌하고 선행하는 자를 포상하기 위하여 보낸 총독에게 하라"(벧전 2:14).[3]

13:4 칼의 권세는 "악을 행하는 자에게 진노하심을 따라 보응하는" 것이다(롬 13:4). 국가 사회 속에서 인간의 권리를 위반하는 자들은 오직 원수의 한 당사자 역할을 하는 국가의 칼로 처벌을 받는다. 만약 공공 폭동이나 폭도나 반역에서처럼 한 명의 범죄자가 아니라 다수의 범죄자가 있다면 그들을 처벌하는 것은 합법적이다. 또한 특정 지역이나 도시 또는 속주가 법을 어긴다면 역시 처벌하는 것이 합법적이다. 이것은 전쟁이다. 만약 내부의 적으로부터 사회를 지키기 위하여 전쟁을 일으키는 것이 합법적이라면, 의심할 것 없이 특정한 한 사람이 타국에서 들어와 국가에 큰 손해를 입힌다면, 그 사람 역시 처벌을 받아야 한다. 따라서 본성의 빛은 전쟁을 정당화한다. 그러나 이 외에도 하나님은 전쟁 상황을 지시하고 격려하고 명령하고 규제하는 것과 국민을 보호한 자들에게 상을 주는 것도 충분히 허락하셨다. 그리고 하나님이 어떤 전쟁을 인정하신다는 것은 구약성경과 신약성경에서 모두 증거가 나타난다. 신약성경은 국가 통치권을 인정하고, 무력으로 폭력을 행사하는 것을 억제시키기 위하여 통치자가 칼을 사용하는 것도 인정한다.[4]

13:6 국민이 통치자들을 지원하기 위하여 조세를 바치는 이유로 여기서

제시된 것은, 로마서 13:6에 언급된 것처럼, 통치자들이 하나님께서 그들에게 요구하신 일에 항상 힘쓰고 있기 때문이라는 것이다. 통치자들은 국민의 유익을 위하여 헌신하기 때문에 자기들 자신의 생계를 위해서는 따로 대비할 시간이 없다. 통치자들은 하나님의 일꾼으로서, 그들의 존엄한 지위에 합당하도록 그리고 국민의 유익을 위하여 부르심 받은 하나님의 일꾼으로서, 국민에 대한 자기들의 소임을 충분히 감당하도록 국민의 지원을 받는 것이 당연하다.[5]

[7]모든 자에게 줄 것을 주되 조세를 받을 자에게 조세를 바치고 관세를 받을 자에게 관세를 바치고 두려워할 자를 두려워하며 존경할 자를 존경하라 [8]피차 사랑의 빚 외에는 아무에게든지 아무 빚도 지지 말라 남을 사랑하는 자는 율법을 다 이루었느니라

13:7 영적 교만의 또 다른 결과는 하나님과 사람들 앞에서 합당하지 못하고 오만하고 뻔뻔한 태도를 보여주는 것이다. 그래서 어떤 사람들은 하나님 앞에서 큰 즐거움을 누리면서 시편 2:11에 언급된 법칙("여호와를 경외함으로 섬기고 떨며 즐거워할지어다")을 충분히 존중하지 않았다. 그들은 하나님에 대한 적절한 경외감과 하나님과 그들 사이의 놓여 있는 무한한 거리에 대한 적절한 의식을 갖고 섬기고 떨며 즐거워하지 못했다. 또한 성경을 잘못 적용함으로써 야기되거나 조장된 부적절한 자만심을 사람들 앞에서 보여주기도 했다. "사람을 두려워하면 올무에 걸리게 되거니와"(잠 29:25). 마치 지위 고하와 남녀노소를 불문하고 모든 사람이 모든 종교 생활 속에서 사람에 대한 소박함, 공손함 또는 존경심을 완전히 벗어던져 버린 것처럼 행동했다. 하지만 그것은 큰 잘못이고 성경의 가르침과는 정반대다. 어떤 사람들에 대해서는 두려운 존경심을 갖는 것이 합당하다. "두려워할 자를 두려워하며 존경할 자를 존경하라"(롬 13:7). 낮은

자는 높은 자에 대하여 두려운 공손함과 겸손함을 가져야 하고, 이것은 기독교 규례에 합당하고 당연히 요구되는 것이다. "너희의 두려워하며 정결한 행실을 봄이라"(벧전 3:2). "또 이와 같이 여자들도 단정하게 옷을 입으며 소박함과 정절로써 자기를 단장하고"(딤전 2:9).[6]

겸손은 획일화된 행동을 차단하는 경향이 있다. 겸손한 영의 영향 아래 있는 자는 다른 사람들에게 합당한 영예를 돌리는 것을 반대하지 않을 것이다. 자기들의 상관이 그 지위에서 존중받고 인정받아야 한다는 것을 기꺼이 인정하는 것이 그들에게는 힘든 일이 아닐 것이다. 그들은 모든 사람이 획일적으로 동등한 위치에 있는 것을 바라지 않을 것이다. 왜냐하면 그들은 어떤 사람이 다른 사람보다 높은 위치에 있고, 그 자리에서 존중받고 높임 받아야 한다는 점을 매우 잘 알고 있고, 그러므로 그들은 기꺼이 높은 자리에 있는 자의 훈계를 동의하고 따를 것이기 때문이다. "모든 자에게 줄 것을 주되 조세를 받을 자에게 조세를 바치고 관세를 받을 자에게 관세를 바치고 두려워할 자를 두려워하며 존경할 자를 존경하라"(롬 13:7). "너는 그들로 하여금 통치자들과 권세 잡은 자들에게 복종하며 순종하며"(딛 3:1).[7]

13:8 때때로 율법은 십계명을 의미한다. 십계명에는 인간의 의무의 정수와 보편적이고 영속적인 의무로 요구되는 모든 것이 포함되어 있다. 그러나 우리가 율법을 십계명을 가리키는 것으로 보거나 기록된 하나님의 말씀 전체를 가리키는 것으로 보거나 간에, 성경은 율법에 요구되는 것의 결정체는 사랑이라고 가르친다. 따라서 율법이 십계명을 의미할 때 "남을 사랑하는 자는 율법을 다 이룬 것이고"(롬 13:8), 그러기에 이어서 십계명의 여러 계명이 다시 언급된다(9절). 그리고 다시 한 번 10절에서 바울은 "사랑은 율법의 완성이니라"고 말한다. 그러므로 율법이 요구하는 것의

결정체가 사랑이 아니었다면 율법은 사랑 안에서 온전히 이루어질 수 없었을 것이다. 율법은 그 안에 포함하고 있는 것의 결정체 또는 총체인 사랑에 순종할 때에만 이루어진다. 따라서 바울은 디모데전서 1:5에서 다시 "이 교훈의 목적은……사랑이거늘"이라고 말한다. 또는 우리가 율법을 기록된 하나님의 말씀 전체라는 매우 폭넓은 의미로 취한다고 해도, 성경은 여전히 우리에게 마태복음 22:40에서처럼 율법에 요구되는 것의 결정체는 사랑이라고 가르친다. 거기서 그리스도는 온 마음을 다해 하나님을 사랑하고, 이웃을 내 몸과 같이 사랑하라는 두 가지 계명을 온 율법과 선지자의 강령으로 가르치신다. 말하자면 기록된 하나님의 말씀 전체의 강령이 사랑이라는 것이다. 그때 율법과 선지자로 불린 것은 현존하는 기록된 하나님의 말씀 전체였기 때문이다.[8]

원문을 보면 같은 말이 여기서(롬 13:8)처럼 사용되고 율법이나 계명의 목적에 대하여 말하는 본문이 한 군데 있는데, 그 본문은 특별히 이 해석을 확증한다. "이 교훈의 목적은……사랑이거늘"(딤전 1:5). 곧 사랑이 율법의 완성 또는 성취라는 것이다. 이것은 바울이 로마서 13:8, 10에서 "사랑은 율법의 완성"이라고 말하는 것과 같다. 따라서 바울이 "하나님의 의"라고 부르는 의는 그리스도께서 율법을 성취하고 만족시키신 것에 있다는 것이 이 본문으로 보아 분명하다. 그러므로 이것은 우리가 "그리스도의 의"로 부르는 것과 동일한 의다.[9]

이에 대한 충분한 증거가 되는 것은 시내 산에서 주어진 십계명이 이스라엘 백성들에게 행위 언약과 은혜 언약의 계시로 동시에 주어졌다는 것이다. 여기서 특별히 이것을 증명하는 출애굽기 20:6, 신명기 7:9, 12을 보라. 이 말씀들을 보면 그들의 조상과 맺으신 하나님의 언약의 성취가 하나님의 계명들을 행하는 자들에게 약속된다. 하지만 바울이 갈라디아서에서 우리에게 가르치는 것은 은혜 언약이었다. 그리고 출애굽기 20:6

에서와 마찬가지로 신명기 7:9에서도 이런 조건에 따라 인애가 약속된다. 그러나 인애가 약속되는 것은 행위 언약이 아니라 은혜 언약을 따라서다. 출애굽기 19:5-6, 24:4-8, 34:28, 신명기 4:13, 23, 9:9-11, 29:1, 예레미야 11:3-6을 보라. 이 십계명은 종종 은혜 언약을 포함하고 있는 것으로 그리고 하나님이 은혜 언약의 조건에 따라 이스라엘 교회를 자신의 아내로 삼으신 것을 제시하는 것으로 전해진다. 따라서 십계명의 두 돌판은 언약궤 안에 넣어져 성소에 비치되었다. 이것은 행위 언약의 조건으로 그 안에 규정된 의무가 다른 면에서는 은혜 언약의 조건이 되지 않으면 불가능했다. 한 면에서는 행위의 법인 율법이 다른 면에서는 믿음의 법이라는 것이다. 동일한 법이 행위 언약 아래에 있는 자들에게는 복종의 법이고, 은혜 언약 아래에 있는 자들에게는 자유의 법이다. 마태복음 5:17에서 친히 하시는 말씀처럼, 그리스도는 이 점과 다른 점들에 있어 율법을 폐하러 오신 것이 아니라 이루려고 오셨다. 동일한 말씀 이후 부분을 보면 그리스도는 은혜 언약의 관점에서 율법을 이루시는 것을 염두에 두고 계시고, 영적인 참된 의미에서 하나님의 율법의 의무들을 진실하고 성실하고 실제적으로 성취하도록 제자들을 가르치고 인도하고 영향을 미치신 것이 분명하다. 이것은 특히 직후 본문인 마태복음 5:19-20로 증명된다. 은혜 언약의 방식에 따라 칭의의 조건을 따르는 자들은 어떤 면에서 율법의 의를 성취하는 것이다. 그렇게 함으로써 그들은 "육신을 따르지 않고 그 영을 따라 행하고", 그리하여 "우리에게 율법의 요구가 이루어지게 된다"(롬 8:4). 바울이 로마서 13:8에서 "남을 사랑하는 자는 율법을 다 이루었느니라"고 말하는 것도 바로 이런 맥락에서다.[10]

성경은 우리에게 우리의 모든 의무는 사랑으로 집약된다고 말하거나 또는 똑같이 율법 안에서 요구되는 모든 것의 결정체는 사랑이라고 가르친다. 그리고 우리가 율법을 십계명을 가리키는 것으로 보거나 기록된 하나님의 말씀 전체를 가리키는 것으로 보거나 간에, 그것은 여전히 마찬가지다. 따라서 율법이 십계명을 의미할 때 "남을 사랑하는 자는 율법을 다 이룬 것이고"(롬 13:8), 그러기에 이어서 십계명의 여러 계명이 다시 언급된다(9절). 그리고 다시 한 번 10절에서 바울은 "사랑은 율법의 완성이니라"고 말한다. 그러므로 율법이 요구하는 것의 결정체가 사랑이 아니었다면 율법은 사랑 안에서 온전히 이루어질 수 없었을 것이다. 율법은 그 안에 포함하고 있는 것의 결정체 또는 총체인 사랑에 순종할 때에만 이루어진다. 따라서 바울은 디모데전서 1:5에서 다시 "이 교훈의 목적은……사랑이거늘"이라고 말한다.[11]

[9]간음하지 말라, 살인하지 말라, 도둑질하지 말라, 탐내지 말라 한 것과 그 외에 다른 계명이 있을지라도 네 이웃을 네 자신과 같이 사랑하라 하신 그 말씀 가운데 다 들었느니라 [10]사랑은 이웃에게 악을 행하지 아니하나니 그러므로 사랑은 율법의 완성이니라

13:9 성경은 율법의 각 돌판의 내용에 대하여 사랑을 특별히 가르친다. "네 마음을 다하고 목숨을 다하고 뜻을 다하여 주 너의 하나님을 사랑하라"는 계명은 마태복음 22장에서 한 율법사가 "율법 중에서 어느 계명이 크니이까"라고 질문했을 때 그리스도께서 이에 대하여 대답하면서 율법의 첫째 돌판의 정수로 친히 말씀하신 것이다. "선생님, 율법 중에서 어느 계명이 크니이까. 예수께서 이르시되 네 마음을 다하고 목숨을 다하고 뜻을 다하여 주 너의 하나님을 사랑하라 하셨으니 이것이 크고 첫째 되는 계명이요"(마 22:36-38). 그리고 다음 구절에서 우리의 이웃을 우리 자신과 같이 사랑하라는 계명이 두 번째 돌판의 정수로 언급되고, 그래서 로마서 13:9에서는 이 두 번째 돌판의 대부분의 내용이 구체적으로 제시된다. "간음하지 말라, 살인하지 말라, 도둑질하지 말라, 탐내지 말라 한 것

과 그 외에 다른 계명이 있을지라도 네 이웃을 네 자신과 같이 사랑하라 하신 그 말씀 가운데 다 들었느니라." 갈라디아서 5:14도 마찬가지다. "온 율법은 네 이웃 사랑하기를 네 자신같이 하라 하신 한 말씀에서 이루어졌나니." 사도 야고보도 야고보서 2:8에서 동일한 사실을 가르치는 것처럼 보인다. "너희가 만일 성경에 기록된 대로 네 이웃 사랑하기를 네 몸과 같이 하라 하신 최고의 법을 지키면 잘하는 것이거니와." 따라서 사랑은 하나님이 우리에게 요구하시는 모든 덕과 의무의 결정체로 나타나고, 그러기에 사랑은 의심할 것 없이 참 기독교에서 가장 본질적인 사실 곧 참 기독교의 본질적이고 특징적인 모든 덕의 정수임이 틀림없다. 모든 의무의 결정체인 사랑은 모든 참된 덕의 정수다.[12]

13:10 사랑의 본질을 적절히 고찰해 보면 사랑은 사람들로 하여금 이웃에 대한 모든 의무를 수행하도록 만드는 경향이 있다는 것을 알 수 있다. 만약 사람들이 자기 이웃에 대하여 진심 어린 사랑을 갖고 있다면 그들에 대하여 온갖 공의의 행위를 실천하게 될 것이다. 사람들은 자기들이 진실로 사랑하는 자들에게 결단코 나쁜 짓을 행하지 않는 법이다. 참된 사랑과 우정을 갖고 있으면 사람들은 다른 사람들을 공정하게 대우할 것이다. "사랑은 이웃에게 악을 행하지 아니하나니"(롬 13:10). 사랑은 이웃을 진실하게 대하고, 자기들이 진정으로 사랑하는 자들에게 사기와 배반을 행하지 아니할 것이다. 사람들에게 사기와 배반을 행하는 것은 그들을 원수처럼 대하는 것이다. 그러나 사랑은 증오를 파괴한다.[13]

성경은 우리에게 우리의 모든 의무는 사랑으로 집약된다고 말하거나 또는 똑같이 율법 안에서 요구되는 모든 것의 결정체는 사랑이라고 가르친다. 우리가 율법을 십계명을 가리키는 것으로 보든 기록된 하나님의 말씀 전체를 가리키는 것으로 보든, 그것은 여전히 마찬가지다. 따라서 율법이 십계명을 의미할 때 "남을 사랑하는 자는 율법을 다 이룬 것이고"(롬 13:8), 그러기에 이어서 십계명의 여러 계명이 다시 언급된다(9절). 그리고 다시 한 번 10절에서 바울은 "사랑은 율법의 완성이니라"고 말한다. 그러므로 율법이 요구하는 것의 결정체가 사랑이 아니었다면, 율법은 사랑 안에서 온전히 이루어질 수 없었을 것이다. 율법은 그 안에 포함하고 있는 것의 결정체 또는 총체인 사랑에 순종할 때에만 이루어진다. 따라서 바울은 디모데전서 1:5에서 다시 "이 교훈의 목적은……사랑이거늘"이라고 말한다.

신적 사랑은 온갖 선한 태도와 의무를 온전히 포괄하고, 그런 태도와 의무가 흘러나오는 원천이라는 것은 이성적으로 증명된다. 하나님과 사람들에 대한 사랑은 하나님과 사람들에 대한 모든 적절한 존경이나 관심을 갖고 있다는 것을 함축한다. 그리고 하나님과 사람들에 대한 모든 적절한 존경의 행위와 표현은 신적 사랑에서 흘러나올 것이다. 그러므로 하나님과 사람들에 대한 모든 의무도 마찬가지다. 우리가 하나님과 사람들에 대하여 가져야 할 마음의 존경과 우리가 하나님과 사람들에 대하여 가져야 할 그런 마음의 본질은 똑같다. 그러므로 적절한 존경 또는 사랑이 마음의 모든 덕을 포괄하고 있다. 또한 하나님과 사람들에게 자신의 행실로 적절한 모든 존경을 보여주는 자는, 자신의 의무에 속해 있는 모든 것을 하나님과 사람들을 위하여 실천하기 마련이다. 로마서 13:10에서 바울은 "사랑은 이웃에게 악을 행하지 아니하나니"라고 말한다. 여기서 바울의 추론을 보면 그가 표현된 것 이상의 의미를 담아 말하고 있는 것이 분명하다. 사랑은 이웃에게 악을 행하지 않고 무조건 선을 행하는 것이 우리의 모든 의무라는 것이다. 그 이유가 그것을 분명히 보여준다. 그리고 바울이 이웃에 대한 사랑은 이웃에게 악을 행하지 않고 오직 선을 행한다고 가르치는 것처럼, 유추해 보면 하나님에 대한 사랑도 하나님에 대

하여 악을 행하지 않고 오직 우리의 모든 의무를 행하는 것이다.[14]

이 사랑의 순종이 언약의 참된 목적이었고, 이것이 하나님께서 자신의 계명을 주실 때 의도하신 순종이었다. "이 교훈의 목적은 청결한 마음……에서 나오는 사랑이거늘"(딤전 1:5). 게다가 사랑은 계명들이 요구하는 것의 핵심 결정체다. "사랑은 율법의 완성이니라"(롬 13:10). 그리고 이것이 그리스도께서 영생을 상속받기 위하여 요구되는 것으로 가르치시는 율법의 성취다. "어떤 율법교사가 일어나 예수를 시험하여 이르되 선생님 내가 무엇을 하여야 영생을 얻으리이까. 예수께서 이르시되 율법에 무엇이라 기록되었으며 네가 어떻게 읽느냐. 대답하여 이르되 네 마음을 다하며 목숨을 다하며 힘을 다하며 뜻을 다하여 주 너의 하나님을 사랑하고 또한 네 이웃을 네 자신같이 사랑하라 하였나이다. 예수께서 이르시되 네 대답이 옳도다. 이를 행하라. 그러면 살리라 하시니"(눅 10:25-28). 이 율법 교사가 묻는 것은 영생을 얻기 위하여, 또는 같은 말이지만 영생의 상속자가 되거나 영생에 대한 자격을 얻기 위하여 무엇을 해야 하느냐는 것이다. 이에 그리스도는 사랑의 대 계명을 지키면 그렇게 될 것이라고 말씀하신다. "이를 행하라. 그러면 살리라." 이 말은 다음과 같이 말하는 것과 똑같다. "이를 행하라. 그러면 너는 구원을 얻게 될 것이다. 곧 너는 영생의 상속자가 되고, 이것이 바로 네가 구하는 것이다." 마귀는 사람이 아무리 외적으로 엄격하더라도, 그의 순종이 하나님에 대한 사랑이 아니라 단순한 자기 사랑에서 나온 것이라면, 그 안에 신실함도 없고 선한 것도 없다는 것을 잘 알고 있었다. 그러므로 하나님이 욥을 사탄에게 온전하고 정직한 사람 곧 하나님을 두려워하고 악을 피한 사람으로 자랑하셨을 때, 사탄은 여호와께 "욥이 어찌 까닭 없이 하나님을 경외하리이까"라고 반응했다(욥 1:9-10). 그리고 하나님은 이 질문에 답변하시면서, 만약 사탄의 주장이 옳다면 그 결론도 맞을 것이라는 점을 부인하지 않으신다. 그래서 하나님은 사탄의 주장이 맞는지 확인하도록 한다. 하나님은 욥이 하나님을 사랑하는 마음은 조금도 없고, 순전히 자기애 때문에 하나님을 섬기는지 시험하도록 허락하시고 욥이 의로운지에 대한 결론을 내신다.[15]

[11]또한 너희가 이 시기를 알거니와 자다가 깰 때가 벌써 되었으니 이는 이제 우리의 구원이 처음 믿을 때보다 가까웠음이라 [12]밤이 깊고 낮이 가까웠으니 그러므로 우리가 어둠의 일을 벗고 빛의 갑옷을 입자

13:11 따라서 우리는 하늘을 위하여 이 세상이 변화되기를 갈망하며 이 세상에서 얻는 위로와 즐거움보다는 하늘을 더 소망해야 한다. 우리는 우리의 순례 여행의 목적지에 도달할 때를 간절한 열망을 갖고 기다려야 한다. 바울은 그리스도인들이 행복에 가까이 나아갈 때를 그들에게 위로와 격려를 주기 위한 동기로 제시한다. "이제 우리의 구원이 처음 믿을 때보다 가까웠음이라"(롬 13:11).[16]

13:11-12 우리는 이 본문을 바울이 마치 심판의 날이 자기 생전에 임할 것으로 결론지은 것처럼 그렇게 이해할 수 없다. 왜냐하면 바울은 앞에서 이와 다르게 설명했기 때문이다. 그러나 그리스도의 나라―성령이 이전에 천국으로 제시한―가 임하는 날은 오직 그리스도의 교회의 구원의 날로, 지금 가까이 임했다. 확실히 이 나라는 성령이 제시하신 어떤 일들을 통해 가까이 다가왔고, 그러므로 성령은 바울에게 이런 말을 사용하도록 지시하셨다.[17]

[13]낮에와 같이 단정히 행하고 방탕하거나 술 취하지 말며 음란하거나 호색하지 말며 다투거나 시기하지 말고 [14]오직 주 예수 그리스도로 옷 입고 정욕을 위하여 육신의 일을 도모하지 말라

13:13 우리는 시기(猜忌)의 정신과 반대되는 정신 및 습관이 그리스도께서 주신 교훈 속에서 얼마나 크게 강조되는지 주목해야 한다. 시기의 정신과 완전히 반대되는 타인을 향한 선한 의지에 대한 교훈과 온유와 겸손과 자애의 원리가 신약성경에 얼마나 가득 차 있는가! 그리고 우리는 특별히 성경에서 시기하지 말라는 경고를 얼마나 자주 받는가! "낮에와 같이 단정히 행하고……다투거나 시기하지 말고"(롬 13:13). 바울은 그들 가운데 시기가 있었던 것을 이유로 육신에 속해 있다고 고린도 교회 교인들을 책망한다. "너희는 아직도 육신에 속한 자로다. 너희 가운데 시기와 분쟁이 있으니 어찌 육신에 속하여 사람을 따라 행함이 아니리요"(고전 3:3). 또 바울은 고린도 교회 교인들 속에서 시기가 발견되지 않기를 바라는 마음 때문에 그들에 대한 두려움도 고백한다. "내가 갈 때에 너희를 내가 원하는 것과 같이 보지 못하고 또 내가 너희에게 너희가 원하지 않는 것과 같이 보일까 두려워하며 또 다툼과 시기……가 있을까 두려워하고"(고후 12:20). 그리고 갈라디아서 5:19-21에서 시기는 다른 육체의 일과 함께 금지된다. "육체의 일은 분명하니." 그리고 이어서 육체의 일에 속한 것들의 항목이 이어지고, 이 항목 속에서 시기가 원수 맺는 것, 분쟁, 분 냄, 당 짓는 것, 분열함과 함께 언급된다. 그리고 바울은 갈라디아서 5:26에서 그들에게 시기에 대하여 다시 경고한다. "헛된 영광을 구하여 서로 노엽게 하거나 서로 투기[시기]하지 말지니라." 또한 디모데전서 6:4-6에서도 시기가 정죄된다. "변론과 언쟁을 좋아하는 자니 이로써 투기[시기]와 분쟁과 비방과 악한 생각이 나며……." 그리고 시기에 대하여 바울은 그리스도인들이 회심하기 전에 갖고 있었던 것 가운데 하나로 언급하고, 회심한 이후인 지금은 버리라고 권면한다. "우리도 전에는 어리석은 자요 순종하지 아니한 자요 속은 자요 여러 가지 정욕과 행락에 종 노릇 한 자요 악독과 투기[시기]를 일삼은 자요 가증스러운 자요 피

차 미워한 자였으나"(딛 3:3). 또한 사도 야고보도 시기를 기독교 및 모든 좋은 것과 크게 반대되는 것으로 말한다. "그러나 너희 마음속에 독한 시기와 다툼이 있으면 자랑하지 말라. 진리를 거슬러 거짓말하지 말라. 이러한 지혜는 위로부터 내려온 것이 아니요 땅 위의 것이요 정욕의 것이요 귀신의 것이니 시기와 다툼이 있는 곳에는 혼란과 모든 악한 일이 있음이라"(약 3:14-16). 그리고 야고보서 5:9에서는 시기에 대하여 이렇게 경고한다. "형제들아, 서로 원망[시기]하지 말라. 그리하여야 심판을 면하리라. 보라 심판주가 문밖에 서 계시니라." 베드로 사도도 마찬가지다. 베드로는 베드로전서 2:1-2에서 시기에 대하여 똑같이 경고한다. "그러므로 모든 악독과 모든 기만과 외식과 시기와 모든 비방하는 말을 버리고 갓난아기들같이 순전하고 신령한 젖을 사모하라. 이는 그로 말미암아 너희로 구원에 이르도록 자라게 하려 함이라." 이와 같이 예수 그리스도의 신약성경은 시기의 정신을 반대하는 교훈으로 가득 차 있다.[18]

많은 젊은이들 사이에서 음탕한 농담으로 위트와 대담함을 크게 보여주는 자가 매우 인기가 있다. 이런 젊은이들의 환락은 대부분 이런 종류의 유희에서 비롯된다. 그렇지만 이것은 그리스도인들에게는 전혀 어울리지 않는 것이다. 이런 사람들은, 자기들의 뻔뻔함과 부정한 위트에 아무리 큰 가치를 부여한다고 하더라도, 그리스도인보다는 짐승과 더 가까운 모습으로 나타난다. 참 기독교는 빛이 어둠을 싫어하는 것처럼 이런 일을 싫어한다. 그리고 적절한 기독교적 거룩함을 실천할 때, 사람들은 이런 식으로 입을 놀려 말하는 것을, 입속에 기어 다니는 벌레가 가득 차 있는 썩은 시체 조각을 취하는 것을 싫어하는 것보다 더 싫어할 것이다. 바울은 이런 부정한 대화는 그리스도인들 사이에서 이름조차 불러서는 안 된다고 경고한다. "음행과 온갖 더러운 것과 탐욕은 너희 중에서 그 이름조차도 부르지 말라. 이는 성도에게 마땅한 바니라. 누추함과 어리석은 말이나 희롱의 말이 마땅치 아니하니 오히려 감사하는 말을 하라"(엡 5:3-4). 몸이 하나님의 성전이고 거룩하신 예수에게 바쳐진 사람인 그리스도인들은 마음과 입을 순전하게 지킬 것이 요구된다. 그리스도인들은 "무엇에든지 정결한" 길을 따라야 한다(빌 4:8). 그리스도인들은 빛과 낮의 자녀이고, 그러므로 빛의 자녀들처럼 행해야 한다. "낮에와 같이 단정히 행하고 방탕하거나 술 취하지 말며"(롬 13:13). 그리스도인들은 골로새서 3:5, 8에서 바울에게, 입에서 나오는 온갖 더러운 것을 벗어 버리라는 경고를 받는다. 그리고 또다시 골로새서 4:6에서 말이 "항상 은혜 가운데서 소금으로 맛을 냄과 같이 되어야 한다"는 말을 듣는다. 소금은 고기가 상해 썩은 고기가 되지 않도록 보존하는 데 사용된다. 그렇지 않으면 고기는 썩어 버릴 것이다. 마찬가지로 우리의 말도 부정함에서 지켜져야 하고, 그렇지 않으면 더러운 악취를 풍기는 시체처럼 되고 말 것이다.[19]

13:14 "처녀가 어찌 그의 패물을 잊겠느냐. 신부가 어찌 그의 예복을 잊겠느냐. 오직 내 백성은 나를 잊었나니 그 날 수는 셀 수 없거늘"(렘 2:32). 그 이유는 우리의 거룩함은 그대로 하나님의 의이기 때문이다. 영혼의 모든 아름다움은 온전히 그리고 오로지 하나님의 빛을 반사한다. 모든 은혜는 우리 안에 거하시는 성령 외에 다른 것이 아니다. 이 모든 은혜와 영적 아름다움은 마음에 옷이 되고 몸에 장신구가 되는 것처럼, 영혼 속에 있는 그리스도 외에 다른 어떤 것이 아니다. 그렇기 때문에 우리는 그리스도로 옷 입으라는 명령을 받는다(롬 13:14).[20]

로마서 14장

¹믿음이 연약한 자를 너희가 받되 그의 의견을 비판하지 말라 ²어떤 사람은 모든 것을 먹을 만한 믿음이 있고 믿음이 연약한 자는 채소만 먹느니라 ³먹는 자는 먹지 않는 자를 업신여기지 말고 먹지 않는 자는 먹는 자를 비판하지 말라 이는 하나님이 그를 받으셨음이라 ⁴남의 하인을 비판하는 너는 누구냐 그가 서 있는 것이나 넘어지는 것이 자기 주인에게 있으매 그가 세움을 받으리니 이는 그를 세우시는 권능이 주께 있음이라

14:1 "믿음이 연약한 자를 너희가 받되 그의 의견을 비판하지 말라"(롬 14:1). 나는 여러분의 교회와 마을에 대하여 현재 벌어지고 있는 논쟁에서 위협적인 말이 오가는 것이 유감스럽다. 나는 충심으로 여러분이 치유 방법 곧 두려운 악을 방비하는 적절한 수단을 강구하기를 바란다. 그리고 목사와 평신도가 같은 마음과 같은 판단을 갖는 것이 매우 바람직하지만, 여러분 자신과 여러분의 존경하는 목사가 현재 상황에 대하여 복잡한 감정을 자제하고, 그리하여 평소처럼 감정과 행함에 있어 그리고 하나님의 집의 모든 거룩한 다스림에 있어 일관되게 화합하고 연합할 수 있는 길을 깊이 모색하는 것이 좋을 것이다. 특히 복음의 거룩함의 대표적 요소가 사랑이라는 것을 감안하여, 약한 자들의 부족함에 대하여 겸손한 자세를 취하고, 그리스도인들 간의 엇갈린 의견들에 대하여 사랑 외에 다른 치유책이 없으므로 유해한 결과들이 나타날 때 서로 사랑으로 용납하라는 명

령이 주어진다. 그리고 성경에서도 사랑으로 서로 용납하라는 명령은 기독교 교회의 통일성이 침해당하는 것을 방비하는 수단으로 매우 강력히 추천되고 있다(롬 14:1-5).[1]

14:2 "어떤 사람은 모든 것을 먹을 만한 믿음이 있고 믿음이 연약한 자는 채소만 먹느니라." 이교도 사회에서는 시장에 나온 고기는 어떤 식으로든 우상에게 제공된 고기 외에는 없었다. 따라서 최초 그리스도인들은 인구가 밀집되어 있고, 먹을 음식을 이교도 시장에서 사지 않으면 안 되었던 로마와 같은 도시에서, 우상에게 바쳐지거나 어떻게든 더럽혀지거나 피가 다 빠지지 않은 고기 말고 다른 것은 거의 구입할 수 없었다.[2]

14:3 우리가 비판하는 것과 업신여기는 것에 대하여 읽는 로마서 14:3을 보면, "비판하다"와 "업신여기다"가 같은 사실을 가리킨다. 한 당사자는 다른 당사자를 방탕하고 사악하다고 비판하고, 다른 당사자는 자기와 견해가 다른 상대방을 단순하고 미신적이고 미련하게 소심하다고 멸시하고 업신여긴다.[3]

14:4 판단하는[또는 비판하는] 일은 본래 하나님의 소관이므로, 로마서 14:4에서처럼 사람에게는 금지된다. "남의 하인을 비판하는 너는 누구냐. 그가 서 있는 것이나 넘어지는 것이 자기 주인에게 있으매."

우리의 형제를 비판하고 형제에 대하여 정죄하는 판단을 행하는 것은, 특히 영원한 멸망의 운명을 좌우하는 마음의 상태에 대하여 형제를 판단하는 것과 같이 엄청나게 중요한 경우에는, 그 안에 일종의 권세 행위가 내포되어 있는 것으로 보인다. 그것은 이와 같은 질문("남의 하인을 비판하는 너는 누구냐")으로 보아 분명하다(하나님의 입에서 이와 같은 말을 듣게 된다면, 우리는 수치와 혼란, 우리 자신의 맹목성과 무가치성으로 크게 절망할 것이다). "남의 하인을 비판하는 너는 누구냐. 그가 서 있는 것이나 넘어지는 것이 자기 주인에게 있으매." "입법자와 재판관은 오직 한 분이시니 능히 구원하기도 하시며 멸하기도 하시느니라. 너는 누구이기에 이웃을 판단하느냐"(약 4:12). 지혜롭고 자비로우신 우리의 목자는 은혜로 우리가 이런 교만의 시험에 빠지지 않도록 우리의 길을 인도하신다. 우리의 목자는 우리의 목장에서 이런 독을 철저히 제거하신다. 그러므로 우리는 그 독이 되살아나기를 바라서는 안 된다. 나의 교만의 길에서 이런 시험이 없게 하시는 분의 이름은 복이 있도다! 나는 이 임무에 적합한 자가 되기 위하여 더욱더 많은 지식을 가져야 할 뿐만 아니라 지금보다 더 겸손한 자가 되어야 한다는 것을 잘 알고 있다.[4]

비판하고 정죄하는 경향을 갖고 있는 자는 오만하고 교만한 태도를 보여준다. 비판하고 정죄하는 경향을 가진 자는, 마치 자신이 동료 하인들의 주인이자 재판관으로 적합한 사람인 것처럼, 그리고 자신의 선고로 다른 사람들이 서거나 넘어지는 것이 적합한 것처럼, 자기 자신을 다른 사람들보다 더 높은 자리에 두는 경향이 있다. 이 사실은 야고보서 4:11에 함축되어 있다. "형제를 비방하는 자나 형제를 판단하는 자는 곧 율법을 비방하고 율법을 판단하는 것이라. 네가 만일 율법을 판단하면 율법의 준행자가 아니요 재판관이로다." 말하자면 너는 동료 종인 자와 똑같이 행하지 않거나 그와 똑같이 율법 아래에 있는 자로 행하지 않고, 마치 입법자와 재판관과 같이 행하는구나. 그러므로 야고보는 다음 구절에서 이렇게 결론을 내린다. "입법자와 재판관은 오직 한 분이시니 능히 구원하기도 하시며 멸하기도 하시느니라. 너는 누구이기에 이웃을 판단하느냐"(약 4:12). 로마서 14:4도 마찬가지다. "남의 하인을 비판하는 너는 누구냐. 그가 서 있는 것이나 넘어지는 것이 자기 주인에게 있으매."[5]

　다른 사람들을 비판하고, 다른 사람들의 생각을 판단하며, 특별한 경우에 다른 사람들의 마음을 비판하고, 또 다른 사람들의 행동의 원리와 동기와 목적에 대하여 판단하는 것을 삼가라.

　비판하는 것은 하나님의 영역을 침범하여 우리 자신을 주인과 재판관으로 삼는 것이다. "남의 하인을 비판하는 너는 누구냐"(롬 14:4). "형제들아, 서로 비방하지 말라. 형제를 비방하는 자나 형제를 판단하는 자는 곧 율법을 비방하고 율법을 판단하는 것이라. 네가 만일 율법을 판단하면 율법의 준행자가 아니요 재판관이로다"(약 4:11).

　비판하는 것은 스스로 비판받고 정죄받는 길이다. "비판을 받지 아니하려거든 비판하지 말라. 너희가 비판하는 그 비판으로 너희가 비판을 받을 것이요"(마 7:1-2).[6]

　우리는 비판을 받지 않으려면 비판하지 말라(눅 6:37)는 금지 명령을 매우 자주 받는데, 이것은 의심할 것 없이 사람들의 상태에 대하여 판단하는 것 곧 사람들의 성실함과 위선, 사람들의 좋은 원리와 나쁜 원리 그리고 사람들의 특수한 행동과 일반적 마음에 대하여 비판하는 것을 금하라는 것을 가리킨다. 왜냐하면 이 금지 명령이 주어진 것은 말할 것 없이 우리가 하나님이 행하시는 일을 우리 자신의 손에서 나온 것으로 취해서는 안 되고, 따라서 당연히 심판 날에 있는 활동을 앞질러서는 안 되기 때문이다. 따라서 방금 언급한 본문(눅 6:37)에서 우리는 비판하는 것을 특별히 금지받는다. 또 고린도전서에서도 지금은 그럴 만한 때가 아니라는 이유로 남을 판단하는 것을 금지받는다(고전 4:5). 그리고 로마서 14:4에서는 그것이 우리의 영역에서 벗어난 일이고, 하나님의 일을 우리의 손에 취하는 일이므로 남을 비판하지 말라는 명령을 받는다. "남의 하인을 비판하는 너는 누구냐. 그가 서 있는 것이나 넘어지는 것이 자기 주인에게 있으매"(롬 14:4). 야고보서 4:12도 마찬가지다. "입법자……는 오직 한

분이시니 능히 구원하기도 하시며 멸하기도 하시느니라. 너는 누구이기에 이웃을 판단하느냐"(약 4:12).[7]

야고보서 3장에서 사도 야고보는 혀의 제어에 특별한 관심을 두고 있다. 곧 혀를 재갈 물리는 의무에 대하여 다루고, 다른 사람에 대하여 나쁜 말을 하는 것과 이웃에 대하여 혀로 악의를 표현하는 것을 자제하라고 명령한다. 야고보는 이렇게 시작한다. "내 형제들아, 너희는……선생이 많이 되지 말라"(약 3:1). 말하자면 다른 사람들을 비판하지 말라는 것이다. 누구든 자기 자신을 이웃의 재판관으로 삼아서는 안 된다. 너희는 누구든 선생이나 재판관이 되기에 적합하지 않다. 사도 바울은, 만약 우리가 이웃에 대하여 악한 말을 하고 이웃을 비판한다면, 우리 자신을 사람들을 마치 우리의 하인인 것처럼 다루는 위치에 두는 것이라고 지적한다. "남의 하인을 비판하는 너는 누구냐. 그가 서 있는 것이나 넘어지는 것이 자기 주인에게 있으매"(롬 14:4). 사도 야고보는 야고보서 다음 장(약 4장)에서, 만약 우리가 우리의 이웃을 비판한다면, 하나님의 종이나 율법의 준행자로 행하지 못하고 입법자와 재판관인 것처럼 행하는 것이라고 말한다(약 4:11-12).[8]

그러나 이스라엘의 화평하고 충성된 자는 지혜롭게 자신의 평강을 도모한다. 그는 다른 사람들을 비판하지 않는다. 자기 주인에게 머리를 숙인다. 다음과 같은 기독교의 법칙을 준수한다. "비판하지 말라"(마 7:1). "그러므로 때가 이르기 전 곧 주께서 오시기까지 아무것도 판단하지 말라. 그가 어둠에 감추인 것들을 드러내고 마음의 뜻을 나타내시리니"(고전 4:5). "남의 하인을 비판하는 너는 누구냐. 그가 서 있는 것이나 넘어지는 것이 자기 주인에게 있으매"(롬 14:4). 그렇게 함으로써 그는 성경이 다음과 같이 정죄하는 것을 피한다. "이로써 투기와 분쟁과 비방과 악한 생각이 나며 마음이 부패하여지고"(딤전 6:4-5).[9]

⁵어떤 사람은 이 날을 저 날보다 낫게 여기고 어떤 사람은 모든 날을 같게 여기나니 각각 자기 마음으로 확정할지니라 ⁶날을 중히 여기는 자도 주를 위하여 중히 여기고 먹는 자도 주를 위하여 먹으니 이는 하나님께 감사함이요 먹지 않는 자도 주를 위하여 먹지 아니하며 하나님께 감사하느니라 ⁷우리 중에 누구든지 자기를 위하여 사는 자가 없고 자기를 위하여 죽는 자도 없도다 ⁸우리가 살아도 주를 위하여 살고 죽어도 주를 위하여 죽나니 그러므로 사나 죽으나 우리가 주의 것이로다

14:5 바울은 갈라디아 교회 교인들을 율법 준수의 의로 이끌려고 애를 쓴 거짓 선생들의 성격을 잘 알고 있었기 때문에 갈라디아 교회 교인들이 율법 준수의 의에 빠지는 것을 두려워했다. 이 거짓 선생들은 교만하고 위선적이고 자기 의에 사로잡힌 자들이었다. 그 결과 바울이 사랑했던 자들 가운데 일부는 거짓 선생들에게 넘어가 날과 때를 지켰다(롬 14:5-6).[10]

14:6 로마서 14:6에 따르면 오류나 실수가 오히려 은혜의 역사를 결과할 수 있다는 것 곧 결과적으로 하나님의 영의 은혜를 드러내는 기회가 될 수 있다는 것이 매우 명백하다. "날을 중히 여기는 자도 주를 위하여 중히 여기고 먹는 자도 주를 위하여 먹으니 이는 하나님께 감사함이요 먹지 않는 자도 주를 위하여 먹지 아니하며 하나님께 감사하느니라." 바울은 이 본문에서 불필요하고 잘못된 것이지만 가책 때문에 율법적으로 부정한 고기를 먹지 않은 자들에 대하여 말하고 있다. 이 본문에 따르면 분명히 잘못된 판단과 실천이 오히려 은혜의 참된 역사, 주님에 대한 참된 존중 그리고 특히 참된 감사를 보여줄 수 있는 기회가 되고 있다. 말하자면 결코 오류나 잘못이 없으신 하나님의 영을 통해 결과적으로 진실로 거룩한 실천의 기회가 될 수 있다. 만약 그렇다면 그런 경우에 하나님의 영이 이 거룩한 역사를 얼마나 행하실 수 있는지를 결정하는 것은 확실히 우리의 영역이 아니다.[11]

종교에 있어 미지근함은 가증한 것이고, 열심은 특별한 은혜다. 그러나 다른 모든 기독교적 덕에 비하여 열심은 더 엄격히 파악하고 확인할 필요가 있다. 왜냐하면 열심에 부패, 특히 교만과 인간적 정욕이 개입되어 파악이 결코 쉽지 않기 때문이다. 그리고 열심에 부패가 개입될 때 하나님의 교회에 열심의 영이 크게 부흥하는 대개혁의 시기가 없었다는 것을 확인할 수 있다. 어떤 식으로든 부당한 엄격함에 빠져 버린 몇 가지 괄목할 만한 실례가 확인되었다. 사도 시대에 부정한 고기를 먹는 것과 관련하여 그리스도인들 안에서 두 당사자가 서로 반목하며, 거짓 그리스도인인 것처럼 상대방을 정죄하고 비난하는 데 열심을 크게 소진시켰다. 그때 바울은 참된 경건의 영의 감화를 받아 양쪽 모두에게 자신의 사랑을 보여주었다. 바울은 이렇게 말한다. "먹는 자도 주를 위하여 먹으니 이는 하나님께 감사함이요 먹지 않는 자도 주를 위하여 먹지 아니하며 하나님께 감사하느니라"(롬 14:6).

이렇게 초기 그리스도인들은 부정한 음식을 먹는 것에 대한 찬반 문제로 열심이 가열되어 서로를 비난하고 정죄하게 되었다. 이것은 양편 모두에게 매우 나쁜 결과를 초래했다. 하지만 바울은 두 당사자가 선한 원리에 따라 행했다는 것과 주를 위한 참된 존중을 갖고 있었다는 것을 증언하고, 최소한 그들에게 자신의 사랑을 표현한다(롬 14:6). 근친상간을 저지른 사람과 관련된 고린도 교회 교인들의 열심에 대하여 말할 때에도, 바울은 그들의 열심을 크게 칭찬하지만 동시에 그들이 부당한 엄격함에 지나치게 치우치지 않도록, 그래서 그들이 기독교적 온유와 용서에서 벗어나지 않도록 경고할 필요가 있음을 알았다(고후 2:6-11, 7:11-16). 위대한 종교개혁자 루터는 열심 때문에 매우 큰 쓰라림을 맛보았다.[12]

14:7 사도 바울은 특별히 그리고 수시로 편지의 수신자인 교회 지체들에

대하여 말할 때, 평가와 선명성에 있어 그들 모두를 진실로 은혜를 받은 사람으로 제시한다. "너희 안에서 착한 일을 시작하신 이가 그리스도 예수의 날까지 이루실 줄을 우리는 확신하노라. 내가 너희 무리[곧 앞에서 확인된 구분에 따라 집단적으로가 아니라 하나씩 취해진 모두]를 위하여 이와 같이 생각하는 것이 마땅하니"(빌 1:6-7). "오직 위에 있는 예루살렘은 자유자니 곧 우리 어머니라"(갈 4:26). "무릇 그리스도 예수와 합하여 세례를 받은 우리는 그의 죽으심과 합하여 세례를 받은 줄을"(롬 6:3). 여기서 바울은 세례를 받은 모든 자에 대하여 말한다. 설명을 포함하고 있는 이 강론(롬 6:11-18)은 계속해서 그들이 죄에 대하여 죽었다고 말한다. 그들은 더 이상 "율법 아래에 있지 않고 은혜 아래에 있다." 또 그들은 "죄에서 해방되고" "의의 종"이 되어 마음으로 "교훈의 본"을 순종했다. "우리 중에 누구든지 자기를 위하여 사는 자가 없고 자기를 위하여 죽는 자도 없도다……"(롬 14:7-8). "우리가 다 수건을 벗은 얼굴로 거울을 보는 것같이 주의 영광을 보매"(고후 3:18). "너희가 다 믿음으로 말미암아……하나님의 아들이 되었으니"(갈 3:26).[13] ☐

14:8 교회의 머리로서 만물을 다스리시는 그리스도는 자신의 영광과 자신의 지체들의 행복에 가장 알맞게 만물을 다스리실 것이다. 따라서 그리스도는 죽거나 살거나 또는 자신이 어떻게 되거나 간에 자신의 목적을 이루신다. "우리가 살아도 주를 위하여 살고 죽어도 주를 위하여 죽나니 그러므로 사나 죽으나 우리가 주의 것이로다"(롬 14:8).[14] ☐

[9]이를 위하여 그리스도께서 죽었다가 다시 살아나셨으니 곧 죽은 자와 산 자의 주가 되려 하심이라 [10]네가 어찌하여 네 형제를 비판하느냐 어찌하여 네 형제를 업신여기느냐 우리가 다 하나님의 심판대 앞에 서리라

14:9 왜냐하면 성부 하나님은 타락한 인간에게 중보자 없는 자비의 방법으로는 아무것도 행하시지 않기 때문이다. 그러나 그리스도는 구속 사역을 수행하고, 신인(神人)으로서 취득한 구속을 성공시키기 위하여 살아 계셔야 하고, 따라서 죽은 자 가운데서 부활하시는 것이 필수적이었다. 그러므로 그리스도는 죽음을 통해 곧 잠시 죽음의 권세 아래에 있음으로써 구속을 취득하신 후, 그 취득의 효력 곧 자신이 죽어야 했던 일의 효력을 얻기 위하여 죽은 자 가운데서 부활하신다. 성부 하나님은 이 문제를 그리스도께 맡기셨고, 그리하여 그리스도는 만유의 주로서 자신의 목적을 이루는 데 모든 것을 다 바치셨다: "이를 위하여 그리스도께서 죽었다가 다시 살아나셨으니 곧 죽은 자와 산 자의 주가 되려 하심이라"(롬 14:9).[15]

이 일들은 신인이신 그리스도에 대하여 말하는 것이다. 왜냐하면 마지막으로 언급된 이 부분에서 그것이 그리스도께서 사람의 모양으로 나타나셔서 자기를 낮추신 것에 대한 보상으로 언급되고, 또 로마서 다른 곳과 그곳에서는 그리스도께서 우주적 심판자가 되고, 모든 무릎이 그분 앞에 꿇으며, 모든 혀가 그분께 고백하고, 그분을 신인이라 말하기 때문이다. 곧 그리스도는 죽어 다시 살아나심으로써 이 존귀와 권세를 가지셨다(롬 14:9). 요한복음 5:27에서도 아버지께서 "인자됨으로 말미암아 심판하는 권한을 주셨다"고 말한다. 따라서 그리스도께서 택함 받은 천사들에게 심판자의 역할을 행했다면, 그것은 성육신 이후에 그렇게 하신 것이 틀림없다. 그리고 우리는 그리스도께서 마지막 날에 신인으로서 심판자가 되신다는 것을 알고 있다.

빌립보서 이 본문(빌 2:10)에서 "하늘에 있는 자들"은 말할 것 없이 천사들을 의미하고, "땅에 있는 자들"은 땅에 사는 택함 받은 자들을 가리킨다. 그리고 "땅 아래에 있는 자들" 곧 땅의 지하에 있는 자들은 몸이 땅아래로 가 있는 죽은 성도들, 특히 그리스도께서 오시기 전에 또는 그리

스도께서 지하로 내려가시기 전에 죽어 장사된 성도들의 영혼을 가리킨
다. 그리스도는 죽어 장사되심으로써 죽어 장사된 자들을 만족시키실 수
있다. "이를 위하여 그리스도께서 죽었다가 다시 살아나셨으니 곧 죽은
자와 산 자의 주가 되려 하심이라"(롬 14:9). 땅 아래에 있는 자들 또는 피
조물은 지옥에 있는 마귀들과 멸망당한 영혼들을 가리키는 것이 아니라,
장사된 성도들의 영혼을 가리킨다는 것은 요한계시록 5:13로 보아 분명
하다. "내가 또 들으니 하늘 위에와 땅 위에와 땅 아래와 바다 위에와 또
그 가운데 모든 피조물이 이르되 보좌에 앉으신 이와 어린양에게 찬송과
존귀와 영광과 권능을 세세토록 돌릴지어다 하니." 이것은 마귀들과 멸망
당한 악인들의 영혼에 대하여 말하는 것이 결코 아닐 것이다. 그들은 하
나님과 그리스도를 이토록 기뻐하며 찬송하고 경배하는 것과는 거리가
멀기 때문이다. 오히려 그 대신 그들은 하나님과 그리스도를 계속 모독하
고 있다.

따라서 그리스도는 죽음 상태에 계실 때 지하로 내려가셔서 죽음 상태
에 있는 자들에게 복을 베푸셨다. 이것은 로마서 14:9과 일치된다. "이를
위하여 그리스도께서 죽었다가 다시 살아나셨으니 곧 죽은 자와 산 자의
주가 되려 하심이라." 또 우리는 그리스도께서 죽으셨을 때 많은 성도들
의 무덤이 열렸다는 것과 잠자던 많은 성도들의 몸이 그분이 부활하신 후
에 다시 살아나 무덤에서 나오고, 거룩한 성읍으로 가 많은 사람들 앞에
나타났다는 기사를 읽는다. 그 후에 그리스도는 하늘로 올라가 그들에게
영생과 복을 주어 그들을 만족시키셨고, 하늘에 있는 천사들도 그리스도
에게서 그리고 그리스도 안에서 확증된 영원한 영광의 상을 받을 수 있게
되었다.[16] □

14:10 우리가 비판하는 것과 업신여기는 것에 대하여 읽는 로마서 14:3

을 보면, "비판하다"와 "업신여기다"가 같은 사실을 가리킨다. 한 당사자
는 다른 당사자를 방탕하고 사악하다고 비판하고, 다른 당사자는 자기와
견해가 다른 상대방을 단순하고 미신적이고 미련하게 소심하다고 멸시
하고 업신여긴다.[17]

그리스도는 우리에게 하늘과 땅의 모든 권세가 자기에게 주어졌다고
말씀하고(마 28:18), 또 우리는 종종 선한 천사들이 특별히 그리스도가 자
기들의 주와 주권자이시고, 자기들은 그리스도 아래에 있다고 전하는 말
을 듣는다. 로마서 14:10-12에서 바울은 그리스도는 우주적 심판자이시
므로 모든 사람이 그분의 심판대 앞에 서고, 모든 사람이 그분에게 해명
을 해야 한다고 말하는데, 그것을 구약성경에 나오는 말씀을 인용하여 확
증한다. "기록되었으되 주께서 이르시되 내가 살았노니 모든 무릎이 내게
꿇을 것이요 모든 혀가 하나님께 자백하리라 하였느니라." 바울은 빌립보
서 2:9-11에서 이 구약 본문을 구체적으로 인유한다. "이러므로 하나님
이 그를 지극히 높여 모든 이름 위에 뛰어난 이름을 주사 하늘에 있는 자
들과 땅에 있는 자들과 땅 아래에 있는 자들로 모든 무릎을 예수의 이름
에 꿇게 하시고, 모든 입으로 예수 그리스도를 주라 시인하여 하나님 아
버지께 영광을 돌리게 하셨느니라."[18]

[11]기록되었으되 주께서 이르시되 내가 살았노니 모든 무릎이 내게 꿇을 것이요
모든 혀가 하나님께 자백하리라 하였느니라 [12]이러므로 우리 각 사람이 자기 일
을 하나님께 직고하리라

14:11 우리가 말하고 있는 이 영광스러운 날은 다른 무엇보다 특별히 정
해진 날로, 그것은 이 간청들을 통해 요구된 일이 바로 이날에 일어나기
때문이다. 성경 도처에 있는 예언들은 이날을 하나님이 이 세상에서 자기
자신의 위대하신 이름을 높이고 영화롭게 하기 위하여 정해진 날로 제시

한다. 다시 말해 "자신의 영광이 나타나고 모든 육체가 그것을 함께 보도록"(사 40:5), "자신의 공의를 뭇 나라의 목전에서 명백히 나타내도록"(시 98:2) 그 빛나는 영광 앞에서 "달이 수치를 당하고 해가 부끄러워할 만큼"(사 24:23) 온 세상을 자신의 영광의 빛으로 채우도록 특별히 정하신 날로 제시한다. 말하자면 이날은 예수 그리스도의 이름이 영광을 받고 높임을 받도록 정해진 날로, 이때 "모든 무릎이 그분에게 꿇을 것이요 모든 혀가 그분에게 자백할" 것이다(롬 4:11).[19]

이스라엘 안에 세워진 맹세나 공적 서약과 비슷한 신앙 고백 방식이 복음 시대에도 계속될 것이라고 분명히 예언하는 또 다른 주목할 만한 본문은 이사야 45:22-25이다. "땅의 모든 끝이여, 내게로 돌이켜 구원을 받으라. 나는 하나님이라. 다른 이가 없느니라. 내가 나를 두고 맹세하기를 내 입에서 공의로운 말이 나갔은즉 돌아오지 아니하나니 내게 모든 무릎이 꿇겠고 모든 혀가 맹세하리라 하였노라. 내게 대한 어떤 자의 말에 공의와 힘은 여호와께만 있나니 사람들이 그에게로 나아갈 것이라.······이스라엘 자손은 다 여호와로 말미암아 의롭다 함을 얻고 자랑하리라." 이 예언은 심판 날에 최종적으로 성취될 것이다. 그러나 이 본문에 가장 직접적으로 의도된 사실은, 분명히 이방 세계가 기독교로 개종할 것이라는 것이다. 바울은 여기서 "맹세하다"라는 말을 인용하여 "자백하다"로 부른다. "모든 혀가 하나님께 자백하리라[confess]"(롬 4:11). "모든 입으로 예수 그리스도를 주라 시인[자백]하여[confess]"(빌 2:10-11).[20]

우리는 또한 이사야 45:23-24을 통해서도 여호와께 맹세한다는 말이 무슨 뜻인지 배울 수 있다. "내게 모든 무릎이 꿇겠고 모든 혀가 맹세하리라 하였노라. 내게 대한 어떤 자의 말에 공의와 힘은 여호와께만 있나니." 바울이 이 본문을 인용하고 설명하는 것을 보면, "맹세하다"는 말 대신에 로마서 14:11과 빌립보서 2:11에서 "자백[시인]하다"는 말을 사용한다(개역개정은 빌립보서 2:11에서 이 말을 "시인하다"로 번역했다—옮긴이). 여기서 바울이 사용하는 이 말은 기독교에 대한 공개적이고 엄숙한 신앙 고백과 같은 의미를 갖고 있다.[21]

하나님께 맹세하는 것과 하나님의 이름으로 맹세하는 것은 언약에 따라 엄숙하게 하나님께 전념하는 것, 그리고 하나님을 자기들의 하나님으로 받아들이고 하나님의 백성으로 하나님께 순종하고 하나님을 섬기며 자기 자신을 포기하기로 서약하는 것을 의미하는 것으로 보인다. 그리고 이것은 하나님의 모든 가시적인 이스라엘이 수행해야 할 의무로 받아들여진다(신 6:3; 10:20, 시 63:11). "내가 나를 두고 맹세하기를 내 입에서 공의로운 말이 나갔은즉 돌아오지 아니하나니 내게 모든 무릎이 꿇겠고 모든 혀가 맹세하리라 하였노라. 내게 대한 어떤 자의 말에 공의와 힘은 여호와께만 있나니 사람들이 그에게로 나아갈 것이라"(사 45:23-24). 이것을 다음 본문들과 비교해 보라. "모든 혀가 하나님께 **자백하리라**"(롬 14:11). "모든 무릎을 예수의 이름에 꿇게 하시고, 모든 입으로 예수 그리스도를 주라 시인[자백]하여……"(빌 2:10-11).[22]

성경에서 "자백하다" 곧 '호몰로게오'(ὁμολογέω)라는 말은 어떤 사실을 참된 것으로 간주하는 것만 함축하고 있는 것이 아니라 마음과 입과 습관의 성실하고 정중하고 즐거운 존경과 인정과 영예와 찬송과 헌신도 함축하고 있다. 히브리서 13:15을 보라. 마태복음 14:7에서 그 말은 하나님께 맹세하거나 약속하는 것을 가리킨다. 이 말은 70인 역 예레미야 44:25에서도 비슷한 의미를 갖고 있다. '호몰로기아'(ὁμολογία)는 자원[낙헌] 예물(신 12:6, 17, 겔 46:12, 암 4:5), 서원(레 22:18, 렘 44:25)을 가리킨다. '호몰로고스'(ὁμόλογος)는 '자유로운 마음으로[기쁘게]'(호 14:4)를 의미한다. '엑소몰로게오'(ἐξομολογέω)는 '찬양하다', '칭송하다' 등을 의미하고(롬 15:9), 또 '앙모하다'와 '영화롭게 하다'(롬 4:11, 빌 2:11)를 의미하며,

이 의미가 70인 역에서 풍성하게 나타난다.[23]

14:12 "이러므로 우리 각 사람이 자기 일을 하나님께 직고하리라"(롬 14:12). 모든 사람이 하나님이 원래 아담에게 주셨던 능력과 달란트에 따라서가 아니라 하나님이 각자에게 주신 능력과 달란트에 따라 심판받게 될 것이다.[24]

그리고 모든 사람이 자기들 자신에 대하여 어떤 대답을 할 수 있는지 보려고 해명하라는 요구를 받게 될 것이다. "내가 너희에게 이르노니 사람이 무슨 무익한 말을 하든지 심판 날에 이에 대하여 심문을 받으리니"(마 12:36). "이러므로 우리 각 사람이 자기 일을 하나님께 직고하리라"(롬 14:12).[25]

[13]그런즉 우리가 다시는 서로 비판하지 말고 도리어 부딪칠 것이나 거칠 것을 형제 앞에 두지 아니하도록 주의하라 [14]내가 주 예수 안에서 알고 확신하노니 무엇이든지 스스로 속된 것이 없으되 다만 속되게 여기는 그 사람에게는 속되니라 [15]만일 음식으로 말미암아 네 형제가 근심하게 되면 이는 네가 사랑으로 행하지 아니함이라 그리스도께서 대신하여 죽으신 형제를 네 음식으로 망하게 하지 말라

14:13 세상사와 관련된 문제들에 있어서 우리는 하나님이 자신의 섭리를 통해 우리를 그렇게 다루실 것이라는 것을 알아야 한다. 우리는 종종 다른 사람들을 죄로 끌어들이는 일을 피하라는 명령을 받는다.[26]

14:15 "그리스도께서 대신하여 죽으신 형제를 네 음식으로 망하게 하지 말라." 이것은 다음과 같이 말하는 것과 같다. "네가 네 식욕을 자제하지 못하면 그리스도께서 멸망에서 구원하려고 죽음에 자신을 내놓으신 네 형제를 망하게 하는 것인데, 그런데도 꼭 그렇게 하겠느냐?"[27]

세상사와 관련된 문제들에 있어서 우리는 하나님이 자신의 섭리를 통

해 우리를 그렇게 다루실 것이라는 것을 알아야 한다. 우리는 종종 다른 사람들을 죄로 끌어들이는 일을 피하라는 명령을 받는다. 다음 본문들을 보라. "음식은 우리를 하나님 앞에 내세우지 못하나니 우리가 먹지 않는다고 해서 더 못사는 것도 아니고 먹는다고 해서 더 잘사는 것도 아니니라. 그런즉 너희의 자유가 믿음이 약한 자들에게 걸려 넘어지게 하는 것이 되지 않도록 조심하라. 지식 있는 네가 우상의 집에 앉아 먹는 것을 누구든지 보면, 그 믿음이 약한 자들의 양심이 담력을 얻어 우상의 제물을 먹게 되지 않겠느냐. 그러면 네 지식으로 그 믿음이 약한 자가 멸망하나니 그는 그리스도께서 위하여 죽으신 형제라. 이같이 너희가 형제에게 죄를 지어 그 약한 양심을 상하게 하는 것이 곧 그리스도에게 죄를 짓는 것이니라. 그러므로 만일 음식이 내 형제를 실족하게 한다면 나는 영원히 고기를 먹지 아니하여 내 형제를 실족하지 않게 하리라"(고전 8:8-13). "그런즉 우리가 다시는 서로 비판하지 말고 도리어 부딪칠 것이나 거칠 것을 형제 앞에 두지 아니하도록 주의하라"(롬 14:13). "만일 음식으로 말미암아 네 형제가 근심하게 되면 이는 네가 사랑으로 행하지 아니함이라. 그리스도께서 대신하여 죽으신 형제를 네 음식으로 망하게 하지 말라"(롬 14:15). "음식으로 말미암아 하나님의 사업을 무너지게 하지 말라. 만물이 다 깨끗하되 거리낌으로 먹는 사람에게는 악한 것이라. 고기도 먹지 아니하고 포도주도 마시지 아니하고 무엇이든지 네 형제로 거리끼게 하는 일을 아니함이 아름다우니라"(롬 14:20-21).[28]

사도 요한은 여기서 자신이 소위 "깊은 것을 알아" 이런 일들을 받아들이도록 요구하는 듯이 그들의 말을 사용하고 그들이 "말한" 것처럼 말한다. 그러나 여기서 요한은 사실상 그들과 다르게 말한다. 곧 그들은 그것을 "이런 신(神)의 깊은 것을 아는 것"으로 불렀던 반면에, 요한은 그것을 "사탄의 깊은 것"으로 부르기 때문이다. "다른 짐으로 너희에게 지울 것은 없노라"(계 2:24)는 표현에서 요한은 우상에게 바쳐진 음식을 먹는 것과 음행하는 것 그리고 이 두 가지 외에 피와 목메어 죽인 것을 금하라고 권면했을 때(행 15:28-29), 예루살렘 교회에서 사용했던 표현을 염두에 두고 있는 것으로 보인다. 곧 아직 유아 상태에 있는 교회였기 때문에 곧 대부분의 교인이, 어린 아기가 젖을 뗀 후에 젖 뗀 것을 잊게 하려고 어떤 장난감이 주어지는 것처럼, 성령의 역사로 점차 유대교를 떠나 기독교로 개종한 초보 상태에 있는 당시 상황으로 말미암아 이것들을 덧붙일 필요가 있었던 것으로 생각된다. 그리고 이것은 로마서 14:15에 나오는 바울의 원칙과도 일치된다. "만일 음식으로 말미암아 네 형제가 근심하게 되면 이는 네가 사랑으로 행하지 아니함이라. 그리스도께서 대신하여 죽으신 형제를 네 음식으로 망하게 하지 말라."[29]

16그러므로 너희의 선한 것이 비방을 받지 않게 하라 **17**하나님의 나라는 먹는 것과 마시는 것이 아니요 오직 성령 안에 있는 의와 평강과 희락이라 **18**이로써 그리스도를 섬기는 자는 하나님을 기쁘시게 하며 사람에게도 칭찬을 받느니라

14:16 똑같은 목적으로 바울은 그리스도인들에게 외인에 대하여 지혜로 행하라고 명령하고(골 4:5), 가능한 한 다른 사람들에게 우리의 선이 비방받지 않도록 죄악을 피하라고 권면한다(롬 14:16). 따라서 세상에서 지금까지 존재했던 가장 활력적인 종교의 위대하고 매우 열심 있고 크게 성공적인 전파자는, 그것이 종교에 대한 세상의 편견과 반대를 자초하는 것을 피하려고 온갖 정당한 온유함과 온순함의 방법을 동원하여 최대한 노력한 결과 주어진 것으로 간주한 것이 분명하다. 우리는 최선을 다했을 때 활력적인 종교에 대한 강력한 반대에 직면할 것이고, 이처럼 종교를 반대하는 사람의 육신적 마음은 본능적으로 이런 증오를 갖고 있다(그러므로 우리는 쓸데없이 그 증오를 증가시키거나 촉발시켜서는 안 된다). 당시에 그런

것처럼, 바울은 사람들의 심기를 건드리지 않으려고 무척 애를 썼지만, 자신의 사역에 충실하고 철저했기 때문에 거의 모든 곳에서 자기를 반대하는 자들이 가하는 박해를 겪었다.[30]

14:17 만일 우리가 성경을 우리의 규범으로 삼는다면 하나님에 대한 우리의 사랑, 하나님 안에서 누리는 우리의 즐거움과 만족, 하나님에 대한 욕구와 갈망, 하나님의 자녀로서 갖고 있는 기쁨, 인간에 대한 사랑, 애통하는 마음, 죄에 대한 미움, 죄로 인한 자기혐오는 더욱 배가되고 증가될 것이다. 그리고 다음과 같은 것들도 마찬가지다. "모든 지각에 뛰어난 하나님의 평강"(빌 4:7), "성령 안에 있는 희락"(롬 14:17), "말할 수 없는 영광스러운 즐거움"(벧전 1:8), 하나님을 찬미하는 생각, 하나님을 높이고 영화롭게 함. 또 그리스도의 종교를 크게 높이고, 그리스도와 사도들이 가르친 덕도 영혼 속에서 크게 높아졌다.[31]

"하나님의 나라는 먹는 것과 마시는 것이 아니요 오직 성령 안에 있는 의와 평강과 희락이라"(롬 14:17). "주를 경외함과 성령의 위로로 진행하여"(행 9:31). 그러나 이것은 성령께서 하나님의 기쁨과 즐거움이 되는 것과 얼마나 잘 부합하는가! "제자들은 기쁨과 성령이 충만하니라"(행 13:52). 이 말씀의 의미는 제자들이 영적 기쁨으로 충만했다는 것이라고 나는 생각한다.

지금까지 말한 것으로 보면 성령이 모든 좋은 것의 정수(精髓)라는 결론이 따라 나온다. 성령 안에 있는 것은 하나님의 충만하심이다. 지고의 거룩함과 행복은 성령 안에 있다. 피조물의 모든 참된 사랑과 행복이 성령의 교제와 참여 속에 있다. 사람들이 여기서 갖고 있는 모든 은혜와 위로, 내세에서 가질 그들의 모든 거룩함과 행복은 로마서 15:30에서 말하는 성령의 사랑에 있다. 그리고 성령 안에서의 기쁨과 위로가 사도행전

9:31, 13:52, 로마서 14:17에서 드러난다. 그러므로 마태복음에서 7:11에서 "너희가 악한 자라도 좋은 것으로 자식에게 줄 줄 알거든 하물며 하늘에 계신 너희 아버지께서 구하는 자에게 좋은 것으로 주시지 않겠느냐"고 진술된 것이 누가복음 11:13에서는 이렇게 표현된다. "너희가 악할지라도 좋은 것을 자식에게 줄 줄 알거든 하물며 너희 하늘 아버지께서 구하는 자에게 성령을 주시지 않겠느냐." 의심할 것 없이 각 복음서 저자의 표현에는 일치점이 있고, 따라서 구하는 자에게 성령을 주시는 것은 구하는 자에게 좋은 것을 주시는 것과 똑같다. 왜냐하면 성령이 모든 좋은 것의 정수이기 때문이다.[32]

사람들은 말과 몸짓으로 믿음을 충만히 드러내는 것을 볼 때보다 의와 자비의 행위를 볼 때 신앙 고백의 진실성을 더욱 크게 확신할 것이다. 사람은 누구나 자신의 의로운 행위를 자랑하는 마음을 갖고 있다. "하나님의 나라는 먹는 것과 마시는 것이 아니요 오직 성령 안에 있는 의와 평강과 희락이라. 이로써 그리스도를 섬기는 자는 하나님을 기쁘시게 하며 사람에게도 칭찬을 받느니라"(롬 14:17-18). 여기서 언급된 사실 가운데 앞의 두 가지 곧 의와 평강은 다른 사람들에게 행해야 할 도덕적 의무의 한 요소다.

이 구원 사역에서 마음은 곡조를 맞추어 진실로 그리고 진정으로 하나님을 찬양하고, 신적 사랑과 신적 기쁨의 신적 원리들을 실천하여 이 새 노래를 노래할 때 천상의 선율을 만들 능력과 경향을 갖고 있다. 마음속에는 성령으로 말미암아 "하나님의 사랑이 부어진다"(롬 5:5). 그리고 영적 즐거움은 "성령 안에 있는 희락"으로 불린다(롬 14:17). 마음속에서 행하시는 하나님의 이 구원 사역은 능력으로 말미암은 구속이고, 다른 면에서 보면 취득으로 말미암은 구속이다. 상황이 이렇기 때문에 노래해야 할 사실들에 대한 이 지식과 이 노래의 곡조를 만드는 능력은 성령의 구원

사역 외에 다른 것으로는 주어지지 않고, 성령의 구원 사역을 통해 영혼
은 능력으로 구속받는다. 따라서 우리는 여기서 구속받은 자 외에는 어떤
사람도 이 새 노래를 배울 수 없는 또 다른 이유를 확인할 수 있다. 다른
사람들은 이와 같은 하늘의 역사에 대하여 철저히 우둔하고 무감각하다.
그들은 자기들의 우상은 높일 수 있을지 모르지만 하나님은 높일 수 없
다. 그들은 자기들의 정욕의 대상, 자기들의 세속화, 자기들의 육신적 쾌
락은 즐거워할 수 있으나 그리스도 예수는 즐거워할 수 없다. 그들은 악
을 쓰며 말할 수 있으나 새 노래로 노래할 수 없다.[33]

[19]그러므로 우리가 화평의 일과 서로 덕을 세우는 일을 힘쓰나니 [20]음식으로 말미암아 하나님의 사업을 무너지게 하지 말라 만물이 다 깨끗하되 거리낌으로 먹는 사람에게는 악한 것이라

14:19 "유대인에게나 헬라인에게나 하나님의 교회에나 거치는 자가 되
지 말고 나와 같이 모든 일에 모든 사람을 기쁘게 하여 자신의 유익을 구
하지 아니하고 많은 사람의 유익을 구하여 그들로 구원을 받게 하라"(고
전 10:32-33). 한 걸음 더 나아가 바울은 자신이 이것을 위하여 엄청나게
심혈을 기울였다고 선언한다. 곧 사람들이 기독교를 두려워하지 않고, 그
리하여 그들이 말하자면 기독교에 맞서지 않고 오히려 반대로 가능한 한
정중하고 우호적인 태도를 갖고 기독교로 나아오고 기독교 안으로 들어
오도록, 할 수 있는 한 모든 일에서, 심지어는 매우 부담이 되는 일에 있어
서도, 그들의 관습과 다양한 기질에 적응함으로써 자신이 온갖 부류의 사
람들에 대하여 일종의 종이 되었다고 말한다. 여러분은 이것을 고린도전
서 9:19-23에서 확인할 수 있을 것이다. 그리고 바울이 다른 사람들 곧
사역자와 교인들에게 주는 지침도 이 점과 일치된다. 따라서 바울은 로마
지역의 그리스도인들에게 자기를 기쁘게 하지 말고, 누구든 자신의 선으

로 덕을 세워 이웃을 기쁘게 하고(롬 15:1-2), 화평을 세우는 일에 힘쓰라고 지시한다(롬 14:15).[34]

화평과 연합을 이루어 더불어 사는 사회를 보는 것은 얼마나 아름다울까! 시편 133편을 보라. "보라 형제가 연합하여 동거함이 어찌 그리 선하고 아름다운고. 머리에 있는 보배로운 기름이 수염 곧 아론의 수염에 흘러서 그의 옷깃까지 내림 같고 헐몬의 이슬이 시온의 산들에 내림 같도다. 거기서 여호와께서 복을 명령하셨나니 곧 영생이로다." 그러므로 우리는 모두 이 세상의 현세적인 번성과 영적인 번성, 이 세상의 명성과 아름다움을 위하여 우리 안에 있는 모든 것을 총동원하여 연합을 도모해야 한다. 오, 화평이 우리에게 계속되고 우리 가운데 군림하기를! 오, 온전한 친교와 화합 외에 다른 것은 존재하지 않기를! 그러므로 우리는 직접적으로나 간접적으로 다투는 경향이 있는 것은 어떤 것이라도 무조건 삼가야 한다. 우리는 무조건 화평과 화평의 일을 따라야 한다. "그러므로 우리가 화평의 일과 서로 덕을 세우는 일을 힘쓰나니"(롬 14:19).[35]

14:20 "하나님의 사업을 무너지게 하지 말라." 그리스도인들은 하나님이 "만드신 바라. 그리스도 예수 안에서 선한 일을 위하여 지으심을 받은 자"이다(엡 2:10). 우리는 하나님의 가족이다. 우리는 하나님의 집이다. 우리는 이 집을 무너뜨려서는 안 되고, 로마서 14:19에서 말하는 것처럼 덕을 세우고 완성해 가야 한다.[36]

세상사와 관련된 문제들에 있어서 우리는 하나님이 자신의 섭리를 통해 우리를 그렇게 다루실 것이라는 것을 알아야 한다. 우리는 종종 다른 사람들을 죄로 끌어들이는 일을 피하라는 명령을 받는다. 다음 본문들을 보라. "음식은 우리를 하나님 앞에 내세우지 못하나니 우리가 먹지 않는다고 해서 더 못사는 것도 아니고 먹는다고 해서 더 잘사는 것도 아니니

라. 그런즉 너희의 자유가 믿음이 약한 자들에게 걸려 넘어지게 하는 것
이 되지 않도록 조심하라. 지식 있는 네가 우상의 집에 앉아 먹는 것을
누구든지 보면 그 믿음이 약한 자들의 양심이 담력을 얻어 우상의 제물
을 먹게 되지 않겠느냐. 그러면 네 지식으로 그 믿음이 약한 자가 멸망하
나니 그는 그리스도께서 위하여 죽으신 형제라. 이같이 너희가 형제에게
죄를 지어 그 약한 양심을 상하게 하는 것이 곧 그리스도에게 죄를 짓는
것이니라. 그러므로 만일 음식이 내 형제를 실족하게 한다면 나는 영원
히 고기를 먹지 아니하여 내 형제를 실족하지 않게 하리라"(고전 8:8-13).
"그런즉 우리가 다시는 서로 비판하지 말고 도리어 부딪칠 것이나 거칠
것을 형제 앞에 두지 아니하도록 주의하라"(롬 14:13). "만일 음식으로 말
미암아 네 형제가 근심하게 되면 이는 네가 사랑으로 행하지 아니함이라.
그리스도께서 대신하여 죽으신 형제를 네 음식으로 망하게 하지 말라"(롬
14:15). "음식으로 말미암아 하나님의 사업을 무너지게 하지 말라. 만물이
다 깨끗하되 거리낌으로 먹는 사람에게는 악한 것이라. 고기도 먹지 아니
하고 포도주도 마시지 아니하고 무엇이든지 네 형제로 거리끼게 하는 일
을 아니함이 아름다우니라"(롬 14:20-21).[37]

[21]고기도 먹지 아니하고 포도주도 마시지 아니하고 무엇이든지 네 형제로 거리끼
게 하는 일을 아니함이 아름다우니라 [22]네게 있는 믿음을 하나님 앞에서 스스로
가지고 있으라 자기가 옳다 하는 바로 자기를 정죄하지 아니하는 자는 복이 있도
다 [23]의심하고 먹는 자는 정죄되었나니 이는 믿음을 따라 하지 아니하였기 때문
이라 믿음을 따라 하지 아니하는 것은 다 죄니라

14:21 "거리끼게 하는[죄를 짓게 하는, 약해지게 하는]." 그들은 이렇게 '약
해'졌다. 유대인 회심자들은 의식법을 각별히 존중했다. 그리고 회심한
유대인들이 다른 그리스도인들은 율법을 준수하지 않고, 율법에 따라 금

지되고 부정한 것으로 혐오하는 음식을 먹는 것을 스스로 허용하며, 그렇게 먹는 것은 기독교 제도에 일치되고 복음으로 말미암아 허용된 자유라고 주장하는 것을 보면, 그로 말미암아 복음에 대하여 서로 불협화음이 일어나고, 복음에 대한 존중과 믿음을 약화시킬 위험 속에 있었다. 왜냐하면 다른 그리스도인들은 자기들이 고질적이고 상습적인 혐오감을 갖고 있었던 자유에 집착함으로써 기독교 안에서 거리끼게 하는 일을 한다고, 또는 로마서 14:23에서처럼 "의심하고 먹는 자는 정죄되므로" 그것의 합법성을 의심하는 동안 동일한 습관에 빠져 있다고 비방을 받게 되기 때문이다.[38]

14:22 사도들은 자기들이 전파하고 기록했던 것에 대하여 똑같이 조심스럽고 민감했다. 사도들은 매우 점진적으로 할례 및 음식 규례와 같은 의식법을 중단할 것을 그들에게 가르쳤다. 로마서 14장을 보면 사도 바울은 양심의 가책과 같은 문제에 대하여 매우 민감했다. 바울은 지식을 갖고 있던 자들에게 연약한 형제들을 위하여 의식법을 지키라고 지시한다(롬 14:22).[39]

"네게 있는 믿음을[네가 믿음이 있는가?]" 즉 로마서 14:14에서 바울이 고백하는 것과 같은 믿음이 적법하다는 이 복음 교리를 믿는가?[40]

14:23 우리는 하나님을 존중하는 우리의 행동의 본질을 숙고해 보아야 한다. 말하자면 그 행동이 하나님에 대한 섬김과 하나님의 영광을 위하여 행해지는 것인지 그리고 우리가 행하는 모든 것이 하나님이 우리에게 정하고 명하신 일의 한 부분인지 살펴보아야 한다. 왜냐하면 우리가 행하는 일 가운데 하나님에 대한 섬김의 한 부분이 아닌 것은 모두 자체로 마귀에 대한 섬김의 한 부분이 되어 버리기 때문이다. "믿음을 따라 하지 아니

하는 것은 다 죄니라"(롬 14:23).⁴¹

"거리끼게 하는[죄를 짓게 하는, 약해지게 하는]." 그들은 이렇게 '약해'졌
다. 유대인 회심자들은 의식법을 각별히 존중했다. 그리고 회심한 유대인
들이 다른 그리스도인들은 율법을 준수하지 않고, 율법에 따라 금지되고
부정한 것으로 혐오하는 음식을 먹는 것을 스스로 허용하며, 그렇게 먹
는 것은 기독교 제도에 일치되고 복음으로 말미암아 허용된 자유라고 주
장하는 것을 보면, 그로 말미암아 복음에 대하여 서로 불협화음이 일어나
고, 복음에 대한 존중과 믿음을 약화시킬 위험 속에 있었다. 왜냐하면 다
른 그리스도인들은 자기들이 고질적이고 상습적인 혐오감을 갖고 있었던
자유에 집착함으로써 기독교 안에서 거리끼게 하는 일을 한다고, 또는 로
마서 14:23에서처럼 "의심하고 먹는 자는 정죄되므로" 그것의 합법성을
의심하는 동안 동일한 습관에 빠져 있다고 비방을 받게 되기 때문이다.⁴²

로마서 15장

¹믿음이 강한 우리는 마땅히 믿음이 약한 자의 약점을 담당하고 자기를 기쁘게 하지 아니할 것이라 ²우리 각 사람이 이웃을 기쁘게 하되 선을 이루고 덕을 세우도록 할지니라 ³그리스도께서도 자기를 기쁘게 하지 아니하셨나니 기록된 바 주를 비방하는 자들의 비방이 내게 미쳤나이다 함과 같으니라 ⁴무엇이든지 전에 기록된 바는 우리의 교훈을 위하여 기록된 것이니 우리로 하여금 인내로 또는 성경의 위로로 소망을 가지게 함이니라

15:1 테일러는 "믿음이 강한 우리는 마땅히 믿음이 약한 자의 약점을 담당하고"는 앞에 '그러나'를 붙여 "그러나 믿음이 강한 우리는 마땅히 믿음이 약한 자의 약점을 담당하고"로 번역되어야 한다고 말한다. 그 이유는 이 구절이 "로마서 14:23과 직접 연관되어" 있기 때문이라는 것이다.[1]

15:1-2 따라서 바울은 로마 지역의 그리스도인들에게 자기를 기쁘게 하지 말고, 누구든 자신의 선으로 덕을 세워 이웃을 기쁘게 하고(롬 15:1-2), 화평을 세우는 일에 힘쓰라(롬 14:15)고 지시한다. 그리고 바울은 매우 강한 어조로 그것을 다음과 같이 역설한다. "할 수 있거든 너희로서는 모든 사람과 더불어 화목하라"(롬 12:18). 그리고 바울은 사역자들에게 가능한 반대자를 온유하고 정중한 태도로 대하고, 다툼이나 사나운 일은 철저

히 피하라고 명령한다(딤후 2:24-26). 똑같은 목적으로 바울은 그리스도 인들에게 외인에 대하여 지혜로 행하라고 명령하고(골 4:5), 가능한 한 다 른 사람들에게 우리의 선이 비방받지 않도록 죄악을 피하라고 권면한다 (롬 14:16). 따라서 세상에서 지금까지 존재했던 가장 활력적인 종교의 위 대하고 매우 열심 있고 크게 성공적인 전파자는, 그것이 종교에 대한 세 상의 편견과 반대를 자초하는 것을 피하려고 온갖 정당한 온유함과 온순 함의 방법을 동원하여 최대한 노력한 결과 주어진 것으로 간주한 것이 분 명하다. 우리는 최선을 다했을 때 활력적인 종교에 대한 강력한 반대에 직면할 것이고, 이처럼 종교를 반대하는 사람의 육신적 마음은 본능적으 로 이런 증오를 갖고 있다(그러므로 우리는 쓸데없이 그 증오를 증가시키거나 촉발시켜서는 안 된다). 당시에 그런 것처럼, 바울은 사람들의 심기를 건드 리지 않으려고 무척 애를 썼지만, 자신의 사역에 충실하고 철저했기 때문 에 거의 모든 곳에서 자기를 반대하는 박해를 겪었다.[2]

15:2 기독교 정신을 갖고 있는 자는 동료 피조물의 선을 구하는 마음 을 갖고 있다. 따라서 바울은 이렇게 명령한다. "각각 자기 일을 돌볼뿐 더러 또한 각각 다른 사람들의 일을 돌보아"(빌 2:4). 우리는 다른 사람들 의 선을 구해야 한다. 우리가 기독교 정신을 갖고 있다면 다른 사람들의 영적 행복을 구할 것이다. 또 이 위대한 사도가 그런 것처럼 그들이 지옥 에서 구원받도록 기도하고, 그리하여 그들이 영원한 영광을 얻을 수 있 기를 바랄 것이다. 그리고 기독교 정신을 갖고 있는 자는 거룩함과 위로 를 통해 다른 사람들의 덕을 세우게 될 것이다. "서로 덕을 세우기를"(살 전 5:11). 기독교 정신을 가진 자는 다른 사람들의 유익과 외적 평안을 구 할 것이다. "누구든지 자기의 유익을 구하지 말고 남의 유익을 구하라"(고 전 10:24). 또 우리는 다른 사람들의 즐거움을 구하고, 그러는 중에 동시에

그들의 유익을 구할 수 있다. "나와 같이 모든 일에 모든 사람을 기쁘게 하여 자신의 유익을 구하지 아니하고 많은 사람의 유익을 구하여 그들로 구원을 받게 하라"(고전 10:33). "우리 각 사람이 이웃을 기쁘게 하되 선을 이루고 덕을 세우도록 할지니라"(롬 15:2).[3]

15:3 그리스도는 말하자면 우리를 위하여 자신을 버리셨다. 우리가 원수였음에도 불구하고 그리스도는 우리를 사랑하셨고, 우리에 대한 사랑으로 우리의 일을 살피실 뿐만 아니라 우리를 위하여 자신의 전 존재를 바치셨고, 우리를 위하여 자신의 안락과 위안과 외적 영예를 포기하고, 우리를 위하여 가난하게 되는 마음을 갖고 계셨다. "그리스도께서도 자기를 기쁘게 하지 아니하셨나니 기록된 바 주를 비방하는 자들의 비방이 내게 미쳤나이다 함과 같으니라"(롬 15:3). 그뿐만 아니라 우리를 위하여 자신의 피를 흘리시고 하나님의 공의에 자신을 제물로 바치심으로써 자신을 버리셨다.[4]

[5]이제 인내와 위로의 하나님이 너희로 그리스도 예수를 본받아 서로 뜻이 같게 하여 주사 [6]한마음과 한 입으로 하나님 곧 우리 주 예수 그리스도의 아버지께 영광을 돌리게 하려 하노라

15:5 "그리스도 예수를 본받아 서로 뜻이 같게 하여 주사." 즉 로마서 15:3에 언급된 점과 관련하여 그리스도의 마음과 같은 마음을 갖게 해 달라는 뜻이다.[5]

하나님은 사람들 가운데 거하셔서 가난하고 헐벗고 곤궁하고 타락하고 의지할 데 없는 모든 피조물을 영원한 귀인 곧 거룩하고 복된 사람들로 만드신다. 하나님은 그들에게 "아름다운 옷"을 입히시고(슥 3:4), 그들을 심히 "아름다운 장식품"으로 치장하신다(겔 16:7). 하나님은 무한한 은

혜로 그들에게 다음과 같이 말씀하신다. "시온이여, 깰지어다 깰지어다. 네 힘을 낼지어다. 거룩한 성 예루살렘이여, 네 아름다운 옷을 입을지어다"(사 52:1). "너 곤고하며 광풍에 요동하여 안위를 받지 못한 자여, 보라. 내가 화려한 채색으로 네 돌 사이에 더하며 청옥으로 네 기초를 쌓으며 홍보석으로 네 성벽을 지으며 석류석으로 네 성문을 만들고 네 지경을 다 보석으로 꾸밀 것이며"(사 54:11-12). 자기들 속에 이런 분이 거하는 사람들은 최고의 위로자를 자기 속에 두고 있는 것이다. 그분은 "낙심한 자들을 위로하시는 하나님"(고후 7:6)이시다. 그뿐만 아니라 그분은 "[모든] 위로의 하나님"(롬 15:5)이시다. 그분은 이런 사람들에게 화평과 위로의 원천이시다.[6]

15:5-6 성도들이 주와 구주에 대한 사랑을 드러내고 표현하기 위하여 마음으로 진실한 연합을 가질 수 있는 사람들과 합력하여 특별한 종교적 실천과 예배 의무를 이행하고 구속자와 긴밀한 교제를 가질 때, 거룩하고 친밀한 감정으로 마음이 하나가 됨으로써 연합의 위로를 가질 수 있는 것, 곧 성도들이 한 생각, 한마음, 한 영혼을 갖고 또 한 입으로 하나님께 영광을 돌릴 수 있는 것은, 성도들에게 특별한 호의를 보여주시며 여러 가지로 다양하게 자신의 제도를 준비하여 성도들을 다루시는 그리스도의 지혜에 부합하는 좋은 일이다. 이것은 로마서 15:5-6의 말씀에서와 같고, 사도행전 4:32과 비견된다. 이 교제는 이 거룩한 감정이 어떻게 자연스럽게 일어나는지 보여줄 것이다. 그리고 기독교 교회의 중대한 사랑의 잔치인 성찬 곧 그리스도의 백성들이 하나님의 가족의 형제로서 자기 아버지의 식탁에 함께 앉아 구속주의 사랑을 축하하고, 자기들을 위하여 고난을 받고 자기들에 대한 사랑 때문에 죽으신 것을 기념하며, 구속주와 자기들 서로에 대한 사랑을 보증하는 주의 만찬은 이 목적에 얼마나 현저

하게 적합하고 적절한가! 그리스도께서 성도들이 자기에 대한 공경을 표하도록 하는 데, 사회적 예배 제도가 아니라 통상적으로 예배자 동료와의 교제에 참여할 의무(입회 규정이 엄격이 지켜진다고 해도)가 있는 제도를 정하셨다는 것은 거의 믿을 수 없다. 왜냐하면 이런 예배자 집단에, 솔로몬 스토다드는 이들이 가시적 교회의 지체가 될 가능성을 고려하지만, 아직 회심하지 않은 자들(그리고 성도들이 사랑하고 앙모하는 주님에 대하여 대다수 진정한 이교도보다 더 악의적인 원수들)이 있다고 생각하지 않을 수 없기 때문이다.[7]

[7]그러므로 그리스도께서 우리를 받아 하나님께 영광을 돌리심과 같이 너희도 서로 받으라 [8]내가 말하노니 그리스도께서 하나님의 진실하심을 위하여 할례의 추종자가 되셨으니 이는 조상들에게 주신 약속들을 견고하게 하시고 [9]이방인들도 그 긍휼하심으로 말미암아 하나님께 영광을 돌리게 하려 하심이라 기록된 바 그러므로 내가 열방 중에서 주께 감사하고 주의 이름을 찬송하리로다 함과 같으니라 [10]또 이르되 열방들아 주의 백성과 함께 즐거워하라 하였으며 [11]또 모든 열방들아 주를 찬양하며 모든 백성들아 그를 찬송하라 하였으며 [12]또 이사야가 이르되 이새의 뿌리 곧 열방을 다스리기 위하여 일어나시는 이가 있으리니 열방이 그에게 소망을 두리라 하였느니라 [13]소망의 하나님이 모든 기쁨과 평강을 믿음 안에서 너희에게 충만하게 하사 성령의 능력으로 소망이 넘치게 하시기를 원하노라

15:6-12 로마서 15장 앞부분에서 바울은 유대인 그리스도인과 이방인 그리스도인들에게, 사소한 문제들에 있어 의견 차이가 있을지라도 서로를 받아들이라고 권면했다. 바울은 부정한 음식에 대하여 꼼꼼한 태도를 취한 유대인 그리스도인들에게 그렇게 하지 않는 이방인 그리스도인들을 받아들이라고 권면하고, 또 이방인 그리스도인들에게는 유대인 그리스도인들의 그런 꼼꼼함을 멸시하지 말라고 권면한다. 그리고 여기 로마서 15:6에서 바울은 이것을 "한마음과 한 입으로 하나님 곧 우리 주 예

수 그리스도의 아버지께 영광을 돌리게 하기 위한" 하나의 논증으로 사용한다. 그런데 이것은 그들 모두에게 은혜로 그리스도를 주시고, 또 예수 그리스도의 아버지로 그들 모두에게 똑같이 주와 구주가 되시는 하나님께 영광과 찬송을 돌리는 것은 그들이 서로를 받아들이는 결과를 낳게 된다는 것을 암시한다. 그러므로 바울은 로마서 15:7에서 이렇게 덧붙인다. "그러므로 그리스도께서 우리를 받아 하나님께 영광을 돌리심과 같이 너희도 서로 받으라." 즉 그리스도께서 너희 모두 곧 유대인과 이방인을 함께 받아 주신 것처럼 "하나님의 영광을 위하여" 서로 받으라는 것이다. 또는 하나님의 영광이 너희 모두를 통해 나타나고 선포될 수 있도록 하라는 것이다. 따라서 바울은 로마서 15:8-9에서 계속 그리스도께서 그들 각자를 받아 주실 때 어떻게 하나님을 영화롭게 하셨는지 그리고 그리스도께서 그들을 받아 주심으로써 그들이 각자 어떻게 하나님을 영화롭게 할 기회를 갖게 되었는지를 보여준다. 그리스도는 유대인의 조상들에게 주신 약속들을 이루셨을 때 하나님의 진실하심과 신실하심을 영광스럽게 하셨고, 그래서 유대인 그리스도인들은 하나님을 영화롭게 할 중대한 이유를 갖고 있다. "내가 말하노니 그리스도께서 하나님의 진실하심을 위하여 할례의 추종자가 되셨으니 이는 조상들에게 주신 약속들을 견고하게 하시고"(롬 15:8). 로마서 15:9에서 바울은, 그리스도께서 이방인 그리스도인들에게 그들이 과거에 외인이자 나그네로서 이교도의 어둠의 비참한 상태에 있었을 때, 그들을 그 상태에서 이끌어 내 하나님의 백성으로 삼으심으로써 보여주신 크고 놀라운 긍휼 때문에, 하나님을 영화롭게 할 엄청나게 큰 이유가 있음을 보여준다. 따라서 유대인 그리스도인과 이방인 그리스도인들은, 동일하신 주님이신 그리스도로 말미암아 하나님과의 복된 연합과 친교에 들어가는 동일한 특권을 받았으므로, 동일하신 아버지이신 하나님을 영화롭게 할 중대한 이유를 갖고 있었다. 그러므로 바울이 앞부분 곧 로마서 15:6에서 말한 것처럼 그들은 한마음과 한 입으로 하나님께 영광을 돌려야 한다.

바울이 여기서 구약성경에서 뽑아 온 인용 본문들은 그가 주장한 두 가지 사실, 곧 유대인과 이방인이 하나님을 영화롭게 하는 데 있어 어떻게 한마음과 한 입을 가진 것처럼 진심으로 서로 연합해야 하는지, 그리고 하나님이 그리스도를 보내심으로써 그들 각자를 위하여 행하신 일 속에서 어떻게 자신을 영화롭게 하셨는지에 대하여 매우 적합한 내용을 갖고 있다. "내가 열방 중에서 주께 감사하고 주의 이름을 찬송하리로다"(롬 15:9). 이것은 하나님을 영화롭게 하는 데 있어 유대인이 이방인과 어떻게 연합해야 하는지를 보여준다. 이어서 인용된 구약 본문이 나오는 로마서 15:10은 하나님을 영화롭게 하는 데 있어 이방인이 유대인과 어떻게 연합해야 하는지를 보여준다. "열방들아, 주의 백성과 함께 즐거워하라." 그리고 그다음 말씀 곧 로마서 15:11은 하나님을 찬양하는 데 있어 유대인과 이방인들이 어떻게 연합해야 하는지를 보여준다. "또 모든 열방들아[곧 이방인들아], 주를 찬양하며 모든 백성들아[곧 유대인들아], 그를 찬송하라." 그리고 다음 구절 곧 로마서 15:12의 앞부분인 "이새의 뿌리……가 있으리니"는 바울이 로마서 15:8에서 하나님이 유대인들에게 유대 민족의 일원으로 그리스도를 보내심으로써 그들에게 자신의 진실하심을 보여주셨다고 말한 것을 확증한다. 그리고 로마서 15:12의 뒷부분인 "열방이 그에게 소망을 두리라"는 로마서 15:9의 내용, 곧 이방인에게 베푸신 하나님의 긍휼하심을 확증한다.[8]

15:9 신약성경에서 "시인하다"(confess)는 말은 단순히 인정한다는 말 이상의 의미를 갖고 있음을 알아야 한다. 이 말은 증언을 통해 어떤 사실을 확립하고 확증하는 것과 존중과 애정의 표현으로 어떤 사실을 선언하

는 것을 함의하고 있다. 다음 본문들이 바로 그렇다. "누구든지 사람 앞에서 나를 시인하면 나도 하늘에 계신 내 아버지 앞에서 그를 시인할 것이요"(마 10:32). "내가 열방 중에서 주께 감사하고[confess] 주의 이름을 찬송하리로다"(롬 15:9). "모든 입으로 예수 그리스도를 주라 시인하여 하나님 아버지께 영광을 돌리게 하셨느니라"(빌 2:11). 그리고 이것이 요한일서 4:15에서 사도 요한이 사용한 이 말의 참뜻이라는 점은 다른 곳(요일 5:1)에서 사용된 이 말로 확증된다. "예수께서 그리스도이심을 믿는 자마다 하나님께로부터 난 자니 또한 낳으신 이를 사랑하는 자마다 그에게서 난 자를 사랑하느니라." 그리고 이와 평행을 이루고 있는 사도 바울의 서신의 본문 곧 참된 영과 온갖 거짓 영을 구별하는 데 주어진 동일한 규칙을 언급하고 있는 고린도전서 12:3도 이것을 확증한다. "그러므로 내가 너희에게 알리노니 하나님의 영으로 말하는 자는 누구든지 예수를 저주할 자라 하지 아니하고[또는 예수에 대하여 나쁜 또는 낮은 존경을 보여주지 아니하고] 또 성령으로 아니하고는 누구든지 예수를 주시라 할 수 없느니라."[9]

15:12 지식으로 신적 사실들에 대한 강력한 신념을 가질 수는 있으나 구원에 이르게 하는 믿음을 가질 수는 없다. 이것은 고린도전서 13:2에서 분명하게 제시된다. "내가 예언하는 능력이 있어 모든 비밀과 모든 지식을 알고 또 산을 옮길 만한 모든 믿음이 있을지라도 사랑이 없으면 내가 아무것도 아니요." 우리는 믿음으로 그리스도를 우리의 구원을 책임지신 분으로 신뢰하고 그분을 우리의 구주로 믿는다. 그뿐만 아니라 우리는 믿음으로 구주로서의 그분의 진정성과 선하심에 대한 의식을 갖고 그분에게 적응하고 그분을 추구함으로써 그분이 우리의 구주가 되도록 한다. 이것은 로마서 15:12에서 증명된다. "열방이 그에게 소망을 두리라." 이 말씀을 이 말씀의 본래 본문인 이사야 11:10의 "열방이 그에게로 돌아오리

니"와 비교해 보라. 또 시편 9:10의 "여호와여, 주의 이름을 아는 자는 주를 의지하오리니 이는 주를 찾는 자들을 버리지 아니하심이니이다"도 함께 보라. 이 말씀은 믿음이 그리스도를 바라보는 것으로, 또는 생명을 위하여 그리스도께 나아오는 것으로, 또는 피난처로 그리스도께 피하거나 안전을 위하여 그리스도께 피하는 것으로 불리는 것과 충분히 일치된다. 그리고 이것이 구원에 이르게 하는 믿음의 첫째 행위다. 기도가 믿음의 표현이 되는 것도 이것을 확증한다. 이것은 또한 이사야 31:1로도 확증된다. "도움을 구하러 애굽으로 내려가는 자들은 화 있을진저. 그들은 말을 의지하며 병거의 많음과 마병의 심히 강함을 의지하고 이스라엘의 거룩하신 이를 앙모하지[look] 아니하며 여호와를 구하지 아니하나니." 시편 69:6은 "주 만군의 여호와여, 주를 바라는 자들이 나를 인하여 수치를 당하게 하지 마옵소서. 이스라엘의 하나님이여, 주를 찾는 자가 나로 말미암아 욕을 당하게 하지 마옵소서"라고 말하는데, 그것은 신약성경에서 "그를 믿는 자는 부끄러움을 당하지 아니하리라"(벧전 2:6)와 동등한 의미를 갖고 있다. 그리고 시편 69:32은 "하나님을 찾는 너희들아, 너희 마음을 소생하게 할지어다"라고 말하는데, 그것은 신약성경에서 "오직 의인은 믿음으로 말미암아 살리라"(롬 1:17, 갈 3:11)와 동등한 의미를 갖고 있다. 또 시편 22:26, 70:4도 마찬가지다. 그리고 다음 본문들도 마찬가지다. "여호와께서 이스라엘 족속에게 이와 같이 말씀하시기를 너희는 나를 찾으라. 그리하면 살리라"(암 5:4). "너희는 여호와를 찾으라. 그리하면 살리라"(암 5:6). "묘성과 삼성을 만드시며 사망의 그늘을 아침으로 바꾸시고 낮을 어두운 밤으로 바꾸시며 바닷물을 불러 지면에 쏟으시는 이를 찾으라. 그의 이름은 여호와시니라"(암 5:8). "아마나……에서 내려오너라"(아 4:8). "그날에 사람이 자기를 지으신 이를 바라보겠으며 그의 눈이 이스라엘의 거룩하신 이를 뵙겠고 자기 손으로 만든 제단을 바라보지 아니하며 자기 손가락으로 지은 아세라나 태양상을 보지 아니할 것이며"(사 17:7-8). "땅의 모든 끝이여, 내게로 돌이켜 구원을 받으라"(사 45:22). "내 가……다시 주의 성전을 바라보겠다"(욘 2:4). "오직 나는 여호와를 우러 러보며 나를 구원하시는 하나님을 바라보나니 나의 하나님이 나에게 귀 를 기울이시리로다"(미 7:7). "그들이 주를 앙망하고 광채를 내었으니 그 들의 얼굴은 부끄럽지 아니하리로다"(시 34:5).[10]

15:12-13 이 두 구절은 "소망"이 그리스도를 믿는 믿음을 의미한다는 것을 확증한다. 왜냐하면 원문을 보면 "열방이 그에게 신뢰를 두리라"는 말이 "열방이 그에게 소망을 두리라"로 되어 있고(개역개정은 "소망"으로 되어 있다―옮긴이), 그래서 로마서 15:10-11에서 말하는 사실 곧 그리스 도를 신뢰함으로써 얻는 열방의 기쁨을 언급하는 "소망의 하나님이 모든 기쁨과 평강을 믿음 안에서 너희에게 충만하게 하사"라는 내용이 이어지 는 것이다(히브리서 6:19을 보라). 또 영어 성경 번역에서는 "신뢰"로 번역 되었지만, 이 단어가 원문에서는 "소망"인 본문들은 다음과 같다. 요한복 음 5:45, 에베소서 1:12, 디모데전서 4:10, 5:5, 6:17, 베드로전서 3:5(개 역개정을 보면, 이 본문들 가운데 요한복음 5:45, 에베소서 1:12은 "바라는"으로 번역되어 있다―옮긴이).

이상은 구약성경에 나오는 "신뢰"가 신약성경에 나오는 "믿음"과 동일 한 의미라는 것을 확증해 준다. 왜냐하면 구약성경에서 종종 말하는 하나 님을 신뢰하는 것과 하나님을 소망하는 것은, 신약성경에서 자주 말하는 믿음 및 소망과 분명히 대응을 이루고 있기 때문이다.[11]

15:13 로마서 15:13에서 바울은 자신이 그토록 강력히 주장해 온 유대 인과 이방인 사이의 동등성을 언급한다.[12]

그리스도는 가난하고 슬프고 무거운 짐을 진 영혼들에게 최고의 위안
을 제공한다. 그들은 그리스도 안에서 안식을 얻을 수 있다(마 11:29). 방
황하고 크게 흔들리고 안식이 없는 자들은 그리스도 안에서 안식을 얻는
다. 두려워하고 무서워 떠는 자들은 그리스도 안에서 영원히 평정과 확
신을 얻을 수 있다. 그리스도는 자기와 함께 거하는 자들에게 "광풍을 피
하는 곳 폭우를 가리는 곳 같을"(사 32:2) 것이다. 그리스도께서 베푸시는
위로는 결코 감각적이고 육신적인 것이 아니라 영적이고 거룩한 것이다.
"모든 기쁨과 평강을 믿음 안에서"(롬 15:13). 그리스도는 "세상이 주는
것과 같지 아니한" 평안을 주신다(요 14:27). 그리스도께서 자기 백성에게
베푸시는 위로와 평안은, 그들이 세상 즐거움 속에서 얻을 수 있는 모든
것을 크게 능가하는 가치를 갖고 있다. 그리스도는 마음속에 곡식과 포도
주와 기름이 증가할 때보다 더 좋은 기쁨과 즐거움을 베푸신다. 하나님은
자기 백성에게 자애로우신 아버지가 되신다. 따라서 하나님은 온갖 환난
아래 있는 그들에게 기꺼이 연민을 베푸시고 그들을 보살피신다. "그들
의 모든 환난에 동참하사 자기 앞의 사자로 하여금 그들을 구원하시며 그
의 사랑과 그의 자비로 그들을 구원하시고 옛적 모든 날에 그들을 드시며
안으셨으나"(사 63:9). 하나님은 그들에게 자애로운 어머니가 젖 먹는 자
식에게 갖고 있는 것보다 더 큰 사랑과 관심을 항상 변함없이 베푸신다.
"여인이 어찌 그 젖 먹는 자식을 잊겠으며 자기 태에서 난 아들을 긍휼히
여기지 않겠느냐. 그들은 혹시 잊을지라도 나는 너를 잊지 아니할 것이
라. 내가 너를 내 손바닥에 새겼고 너의 성벽이 항상 내 앞에 있나니"(사
49:15-16). 하나님이 자기 백성을 위로하시는 것은 어머니가 아픈 자녀를
세심하게 위로하는 것으로 비유된다. "어머니가 자식을 위로함같이 내가
너희를 위로할 것인즉"(사 66:13). 그리스도는 "가난한 자에게 아름다운
소식을 전하고……마음이 상한 자를 고치며 포로 된 자에게 자유를 갇힌

자에게 놓임을 선포하며……모든 슬픈 자를 위로하시는"(사 61:1-2) 사명을 감당하려고 이런 사람들에게 오신다. 또 그리스도는 그들 가운데 슬퍼하는 자들에게 영원한 기쁨이 그들에게 임할 수 있도록 "화관을 주어 그 재를 대신하며 기쁨의 기름으로 그 슬픔을 대신하며 찬송의 옷으로 그 근심을 대신하시고"(사 61:3), 그리하여 그들의 영혼이 "구원의 옷"을 입히시고 "공의의 겉옷"을 그들에게 더하시는(사 61:10) 여호와 안에서 크게 즐거워하고, 그들이 하나님 안에서 기뻐할 수 있도록 하겠다고 약속하신다. 이전에 환난과 슬픔이 이 백성들을 아무리 힘들게 했다고 하더라도, 만약 하나님이 그들 가운데 계신다면, 그들은 더 이상 버림받지 아니할 것이다. 하나님은 그들 가운데 계시며 "어린양을 그 팔로 모아 품에 안으시며 젖 먹이는 암컷들을 온순히 인도하시는"(사 40:11) 그들의 목자가 되실 것이다.[13]

[14]내 형제들아 너희가 스스로 선함이 가득하고 모든 지식이 차서 능히 서로 권하는 자임을 나도 확신하노라 [15]그러나 내가 너희로 다시 생각나게 하려고 하나님께서 내게 주신 은혜로 말미암아 더욱 담대히 대략 너희에게 썼노니 [16]이 은혜는 곧 나로 이방인을 위하여 그리스도 예수의 일꾼이 되어 하나님의 복음의 제사장 직분을 하게 하사 이방인을 제물로 드리는 것이 성령 안에서 거룩하게 되어 받으실 만하게 하려 하심이라 [17]그러므로 내가 그리스도 예수 안에서 하나님의 일에 대하여 자랑하는 것이 있거니와

15:14 경건한 자는 종종 다른 사람들에게 권고와 경고를 받을 필요가 있다. 우리 가운데 경건한 자는 자기 자신을 살필 뿐만 아니라 서로를 살피는 깨어 있는 눈을 가져야 한다. 이렇게 하면 마음이 둔감해져서 신앙 문제에 대한 의식이 쇠퇴하거나 또는 세속적인 의식이 자라나 어떤 면에서 스스로 부적절한 일에 빠져 있는 것처럼 보이는 형제들을 서로 분발

시키는 데 안성맞춤이 될 것이다. 경건한 자들도 둔감함과 완고함에 빠지고, 종종 마음의 큰 부패함과 맞서 싸워야 할 많은 원수들을 갖고 있으므로 이렇게 서로 도울 필요가 있다. 슬기 있는 처녀들도 졸음과 잠에 빠지므로 서로 깨워야 할 필요가 있다. 이것은 성경에서 요구하는 의무다(롬 15:14, 골 3:16). 그런데 대체로 보면 그리스도인들 가운데 이렇게 하는 경우는 무척 드물다. 마땅히 행해져야 할 대로 행해졌다면 우리 가운데 종교가 크게 부흥되는 역사가 있었을 것이다. 나아가 그리스도인들은 연장자가 연소자를 권면하는 것도 적절한 일이다. 그리고 지금 이 순간 특히 여러분이 예배에서 졸고 앉아 있는 여러분 옆 사람처럼 되지 않기를 바란다. 오히려 그런 일이 벌어질 때 서로 깨워 주기를 바란다. 그리고 경건한 자는 다른 사람들이 자기에게 경고할 때, 예컨대 공적 예배 시간에 잠을 자거나 영적 잠에 빠져 있다고 다른 사람들이 자기들을 깨울 때, 그것을 기분 나쁜 일로 무시하고 부패에 빠져서는 절대로 안 된다.[14]

15:17 "그러므로 내가 그리스도 예수 안에서 하나님의 일에 대하여 자랑하는 것이 있거니와." 여기서 바울은 "하나님의 일"이라는 말을 성전이나 제사장 직분에 적합한 성스러운 일 또는 하나님과의 교제를 유지하고 하나님을 직접 섬기는 하나님의 백성들의 일이라는 뜻으로 쓴다. 그리고 바울은 이 말을 히브리서 2:17, 5:1에서도 사용한다(조나단 에드워즈는 히브리서의 저자를 바울로 본다—옮긴이). 바울이 여기서 하나님의 일이라는 말을 사용하는 것은 그가 크게 존중하는 일로 간주하고 있고, 또 이전 구절에서 말하고 있는 이 일이 "이방인을 제물로 드리는" 하나님의 제사장으로서 자신이 행한 일이기 때문이다. 도드리지 박사는 이 부분을 다음과 같이 해설한다. "라펠리우스는 이 말이 성직 직무, 특히 하나님께 바쳐진 희생제물에 적용될 때 특별히 타당성을 갖고 있다고 매우 정확히 지적하

는데, 이것이 바로 바울이 여기서 말하는 뜻이다. 다른 본문들도 이 관점을 예증하는데, 특히 히브리서 2:17이 한 실례다."[15]

[18]그리스도께서 이방인들을 순종하게 하기 위하여 나를 통하여 역사하신 것 외에는 내가 감히 말하지 아니하노라 그 일은 말과 행위로 [19]표적과 기사의 능력으로 성령의 능력으로 이루어졌으며 그리하여 내가 예루살렘으로부터 두루 행하여 일루리곤까지 그리스도의 복음을 편만하게 전하였노라 [20]또 내가 그리스도의 이름을 부르는 곳에는 복음을 전하지 않기를 힘썼노니 이는 남의 터 위에 건축하지 아니하려 함이라 [21]기록된 바 주의 소식을 받지 못한 자들이 볼 것이요 듣지 못한 자들이 깨달으리라 함과 같으니라 [22]그러므로 또한 내가 너희에게 가려 하던 것이 여러 번 막혔더니 [23]이제는 이 지방에 일할 곳이 없고 또 여러 해 전부터 언제든지 서바나로 갈 때에 너희에게 가기를 바라고 있었으니 [24]이는 지나가는 길에 너희를 보고 먼저 너희와 사귐으로 얼마간 기쁨을 가진 후에 너희가 그리로 보내 주기를 바람이라 [25]그러나 이제는 내가 성도를 섬기는 일로 예루살렘에 가노니

15:18 믿음은 단순한 지성적 동의 이상의 것인데, 그 이유는 믿음이 "복음에 순종하는 것"이기 때문이다(롬 10:16; 15:18, 벧전 2:7-8; 3:1; 4:17). 믿음은 교훈의 본을 마음으로 순종하는 것이다(롬 6:17). 여기서 복음에 순종한다는 표현은 복음이 우리에게 요구하는 것에 따라 마음이 순복하는 것을 함축하고 있는 것으로 보인다.[16]

마음의 모든 기독교적 실천과 삶의 행위가 사랑에서 나온다는 것은 바울이 사랑으로써 역사하는 믿음에 대하여 말하는 갈라디아서 5:6에서 더 명확해진다. 왜냐하면 우리는 신약성경에서 모든 기독교적 거룩함은 예수 그리스도를 믿는 믿음에서 시작된다는 가르침을 충분히 받기 때문이다. 모든 기독교적 순종은 성경에서 믿음의 순종(곧 믿어 순종하게 하는 것)으로 불린다. "모든 민족이 믿어 순종하게 하시려고 알게 하신 바"(롬 16:26). 여기서 말하는 순종은 말할 것 없이 이전 장 곧 로마서 15:18에서

"그리스도께서 이방인들을 순종하게 하기 위하여 나를 통하여 역사하신 것 외에는 내가 감히 말하지 아니하노라. 그 일은 말과 행위로 [이루어졌으며]"라고 언급된 것과 동일한 것이다. 그리고 바울은 우리에게 이제 자기가 육체 가운데 사는 것은 하나님의 아들을 믿는 믿음 안에서 사는 것이라고 말한다(갈 2:20). 종종 우리는 그리스도인들은 믿음으로 산다는 말을 듣는데, 이 말은 그리스도인들의 영적 생활의 모든 은혜와 거룩한 실천과 행위가 믿음으로 이루어진다는 말과 똑같은 의미를 갖고 있다. 그러나 믿음은 어떻게 이런 일들을 행하는가? 물론 갈라디아서 5:6로 보면 믿음은 무엇을 행하든 간에 사랑으로 행한다. 따라서 교리적 진리도 사랑을 따르고, 확실히 기독교에서 구원하는 일과 특징적인 모든 일은 근본적으로 사랑 안에 있고, 또 즉각적으로 사랑에 포함된다.[17]

15:25 신약성경에서 사용되는 "섬기다"(minister)라는 말은 가장 통상적으로는 우리의 물건을 다른 사람에게 주거나 전하는 것을 의미한다. 따라서 사도 바울은 그곳의 가난한 성도들에게 다른 교회들이 모은 연보를 전달하기 위해 예루살렘으로 가면서 이렇게 말한다. "그러나 이제는 내가 성도를 섬기는 일로 예루살렘에 가노니"(롬 15:25). 또 고린도후서 8:4에서는 똑같은 연보에 대하여 이렇게 말한다. "이 은혜와 성도 섬기는 일에 참여함에 대하여 우리에게 간절히 구하니." 또 고린도후서 9:1에서도 동일한 연보에 대하여 고린도 교회 교인들에게 권면할 때 이렇게 말한다. "성도를 섬기는 일에 대하여는 내가 너희에게 쓸 필요가 없나니." 또 히브리서 수신자들에게는 그들의 성도들에 대한 사랑을 칭찬한다. "하나님은 불의하지 아니하사 너희 행위와 그의 이름을 위하여 나타낸 사랑으로 이미 성도를 섬긴 것과 이제도 섬기고 있는 것을 잊어버리지 아니하시느니라"(히 6:10). 이 외에도 언급될 수 있는 본문들이 매우 많다.[18]

²⁶이는 마게도냐와 아가야 사람들이 예루살렘 성도 중 가난한 자들을 위하여 기쁘게 얼마를 연보하였음이라 ²⁷저희가 기뻐서 하였거니와 또한 저희는 그들에게 빚진 자니 만일 이방인들이 그들의 영적인 것을 나눠 가졌으면 육적인 것으로 그들을 섬기는 것이 마땅하니라 ²⁸그러므로 내가 이 일을 마치고 이 열매를 그들에게 확증한 후에 너희에게 들렀다가 서바나로 가리라 ²⁹내가 너희에게 나아갈 때에 그리스도의 충만한 복을 가지고 갈 줄을 아노라 ³⁰형제들아 내가 우리 주 예수 그리스도와 성령의 사랑으로 말미암아 너희를 권하노니 너희 기도에 나와 힘을 같이하여 나를 위하여 하나님께 빌어 ³¹나로 유대에서 순종하지 아니하는 자들로부터 건짐을 받게 하고 또 예루살렘에 대하여 내가 섬기는 일을 성도들이 받을 만하게 하고

15:26 우리는 신약성경에서 유대에 있는 성도들을 구제하기 위하여 세계 도처의 교회들이 연보를 했다는 언급을 종종 발견한다. 세계적인 큰 기근이 있었을 때 유대 지역에 더 혹독한 기근이 임했기 때문에 또는 유대에 있는 성도들이 더 혹독한 박해를 겪었고, 그 결과 그들의 이웃의 무정한 태도로 말미암아 더 큰 재난을 겪었던 탓에 특히 더 부담이 가중되었던 것으로 보인다. 이 고난의 시기에 그들의 이웃은 그들을 구제하기는커녕 도리어 반대하고 착취했다. 이 연보에 대한 언급을 우리는 사도행전 11장에서 처음 접한다. 사도행전 11:28-30을 보면 그즈음에 이미 이 기근과 관련된 예언이 있었다. "그중에 아가보라 하는 한 사람이 일어나 성령으로 말하되 천하에 큰 흉년이 들리라 하더니 글라우디오 때에 그렇게 되니라. 제자들이 각각 그 힘대로 유대에 사는 형제들에게 부조를 보내기로 작정하고, 이를 실행하여 바나바와 사울의 손으로 장로들에게 보내니라." 그리고 바울은 벨릭스 앞에서 자신을 변호할 때 이 연보에 대하여 언급했다. "여러 해 만에 내가 내 민족을 구제할 것과 제물을 가지고 와서"(행 24:17). 우리는 이 연보가 특별히 갈라디아, 마게도냐, 아가야에 있던 교회들을 통해 이루어진 것에 대하여 읽는다. 여기서 마게도냐와 아가

야에 있는 교회들의 연보에 대해서는 바울이 로마서에서 언급한다. "이는 마게도냐와 아가야 사람들이 예루살렘 성도 중 가난한 자들을 위하여 기쁘게 얼마를 연보하였음이라"(롬 15:26). 그리고 고린도전서 16:1에는 갈라디아 교회에서 이루어진 연보에 대한 언급이 있다. "성도를 위하는 연보에 관하여는 내가 갈라디아 교회들에게 명한 것같이 너희도 그렇게 하라." 갈라디아서 2:10에도 이 연보에 대한 언급이 나타나 있는 것으로 보인다. "다만 우리에게 가난한 자들을 기억하도록 부탁하였으니 이것은 나도 본래부터 힘써 행하여 왔노라." 고린도 교회는 아가야에 있는 교회들 가운데 하나였고, 우리는 이 연보가 고린도에 보낸 두 서신에서 크게 강조되고 있음을 발견한다. 말하자면 우리의 본문과 전술한 본문에서 다루는 것은 특히 고린도전서 마지막 장(16장)과 고린도후서 두 장(8-9장) 전체에 걸쳐 주장되고 강조되고 명령되고 있다. 그러므로 바울은 연보에 대하여 관대한 마음을 갖도록 그들을 크게 분발시키고 있다. 그리고 바울이 그들에게 연보를 장려하기 위하여 말하는 다른 많은 내용 가운데 고린도후서 본문(9:6)에 이런 말이 있다. "적게 심는 자는 적게 거두고 많이 심는 자는 많이 거둔다."[19]

15:30 성경에는 그리스도인들의 사랑에 대하여, 마치 그들 속에 하나님의 영이 함께 있는 것처럼, 또는 최소한 그들의 영혼 속에 성령의 호흡과 활동의 각별하고 매우 자연스러운 역사가 함께 있는 것처럼 말하는 본문들이 다음과 같이 많이 나타난다. "그러므로 그리스도 안에 무슨 권면이나 사랑의 무슨 위로나 성령의 무슨 교제나 긍휼이나 자비가 있거든 마음을 같이하여 같은 사랑을 가지고 뜻을 합하며 한마음을 품어"(빌 2:1-2). "자비함과 성령의 감화와 거짓이 없는 사랑과"(고후 6:6). "형제들아, 내가 우리 주 예수 그리스도와 성령의 사랑으로 말미암아 너희를 권하노니 너

회 기도에 나와 힘을 같이하여 나를 위하여 하나님께 빌어"(롬 15:30). "성령 안에서 너희 사랑을 우리에게 알린 자니라"(골 1:8). "우리에게 주신 성령으로 말미암아 하나님의 사랑이 우리 마음에 부은 바 됨이니"(롬 5:5, 이 본문에 대한 주석을 보라). "너희가 자유를 위하여 부르심을 입었으나 그러나 그 자유로 육체의 기회를 삼지 말고 오직 사랑으로 서로 종 노릇 하라. 온 율법은 네 이웃 사랑하기를 네 자신같이 하라 하신 한 말씀에서 이루어졌나니 만일 서로 물고 먹으면 피차 멸망할까 조심하라. 내가 이르노니 너희는 성령을 따라 행하라. 그리하면 육체의 욕심을 이루지 아니하리라"(갈 5:13-16). 바울은 그리스도인의 자유는 서로 헐뜯고 잡아먹는 육체의 욕심을 이루기 위한 것이 아니라고 주장한다. 왜냐하면 율법의 완성이었던 사랑의 원리가 육체의 욕심을 방해할 것이기 때문이다. 갈라디아서 5:16에서 바울은 동일한 사실을 다른 말로 이렇게 천명한다. "내가 이르노니 너희는 성령을 따라 행하라. 그리하면 육체의 욕심을 이루지 아니하리라."[20]

그리스도인들에게서 하나님과 사람들에 대한 사랑이 흘러나오는 것은 성령의 역사 때문이다. 하나님의 영은 사랑의 영이시다. 그러므로 하나님의 영이 영혼 속에 들어가면 사랑도 들어간다. 하나님은 사랑이시고, 성령으로 말미암아 자기 안에 하나님이 거하는 자는 사랑도 함께 거할 것이다. 성령의 본성은 사랑이다. 그리고 성도들의 마음이 사랑 또는 자비로 충만하게 되는 것은 성령이 자신 또는 자신의 본성을 전달하시기 때문이다. 따라서 성도들은 "신성한 성품에 참여하는 자"가 된다(벧후 1:4). 그리스도인의 사랑은 성령의 사랑으로 불린다. "형제들아, 내가 우리 주 예수 그리스도와 성령의 사랑으로 말미암아 너희를 권하노니"(롬 15:30). 그리고 빌립보서 2:1에서 사랑과 긍휼의 마음을 갖는 것은 성령의 교제를 갖는 것과 동일한 사실을 함축하는 것으로 보인다. "그러므로 그리스도 안에 무슨 권면이나 사랑의 무슨 위로나 성령의 무슨 교제나 긍휼이나 자비가 있거든." 하나님에 대한 사랑을 부어 주시는 분은 성령이시다. "우리에게 주신 성령으로 말미암아 하나님의 사랑이 우리 마음에 부은 바 됨이니"(롬 5:5). 그리고 영혼이 사람들에 대한 사랑을 갖고 있는 것은 내주하시는 이 성령 때문이다. "만일 우리가 서로 사랑하면 하나님이 우리 안에 거하시고 그의 사랑이 우리 안에 온전히 이루어지느니라. 그의 성령을 우리에게 주시므로 우리가 그 안에 거하고 그가 우리 안에 거하시는 줄을 아느니라"(요일 4:12-13). 요한일서 3:23-24도 마찬가지다. "그의 계명은 이것이니 곧 그 아들 예수 그리스도의 이름을 믿고 그가 우리에게 주신 계명대로 서로 사랑할 것이니라. 그의 계명을 지키는 자는 주 안에 거하고 주는 그의 안에 거하시나니 우리에게 주신 성령으로 말미암아 그가 우리 안에 거하시는 줄을 우리가 아느니라"(요일 3:23-24).[21]

지금까지 말한 것으로 보면 성령이 모든 좋은 것의 정수(精髓)라는 결론이 따라 나온다. 성령 안에 있는 것은 하나님의 충만하심이다. 지고의 거룩함과 행복은 성령 안에 있다. 피조물의 모든 참된 사랑과 행복이 성령의 교제와 참여 속에 있다. 사람들이 여기서 갖고 있는 모든 은혜와 위로, 내세에서 가질 그들의 모든 거룩함과 행복은 로마서 15:30에서 말하는 성령의 사랑에 있다. 그리고 성령 안에서의 기쁨과 위로가 사도행전 9:31, 13:52, 로마서 14:17에서 드러난다. 그러므로 마태복음에서 7:11에서 "너희가 악한 자라도 좋은 것으로 자식에게 줄 줄 알거든 하물며 하늘에 계신 너희 아버지께서 구하는 자에게 좋은 것으로 주시지 않겠느냐"고 진술된 것이 누가복음 11:13에서는 이렇게 표현된다. "너희가 악할지라도 좋은 것을 자식에게 줄 줄 알거든 하물며 너희 하늘 아버지께서 구하는 자에게 성령을 주시지 않겠느냐" 의심할 것 없이 각 복음서 저자의 표현에는 일치점이 있고, 따라서 구하는 자에게 성령을 주시는 것은

구하는 자에게 좋은 것을 주시는 것과 똑같다. 왜냐하면 성령이 모든 좋은 것의 정수이기 때문이다.[22]

³²나로 하나님의 뜻을 따라 기쁨으로 너희에게 나아가 너희와 함께 편히 쉬게 하라 ³³평강의 하나님께서 너희 모든 사람과 함께 계실지어다 아멘

15:32 따라서 이런 사역자와 이런 평신도가 연합하면 큰 기쁨이 수반된다. 사역자는 자신이 즐거워하는 사역이기 때문에 목회 사역에서 주님을 기쁘게 섬긴다. 또 사랑하는 주님을 위하여 주의 백성인 성도들에게서 만족을 얻기 때문에 자신의 관할 아래 있는 성도들과 기쁨으로 연합하며, 그리스도의 부르심에 따라 성도들의 영혼을 섬기는 수고와 어려움을 기꺼이 기쁨으로 감수한다. 한편, 성도들은 사역자를 승천하신 구속주가 보내신 보배로운 선물로 기쁘게 받아들였다. 따라서 신실한 사역자와 교인들은 서로에게 기쁨이다. "나로 하나님의 뜻을 따라 기쁨으로 너희에게 나아가 너희와 함께 편히 쉬게 하라"(롬 15:32). "너희가 우리를 부분적으로 알았으나……너희가 우리의 자랑이 되고 우리가 너희의 자랑이 되는 그것이라"(고후 1:14).[23]

15:33 하나님의 영이 우리 가운데 계속 거하도록 우리가 할 수 있는 모든 외적 일 가운데 가장 가능성 있는 일은, 그 일이 무엇이든 간에 사랑과 자비의 행위로 충만하게 되는 것이라고 나는 믿는다. 사랑의 행위를 충만하게 하는 것이야말로 사랑과 평강의 하나님이 항상 우리 가운데 거하시게 하는 가장 좋은 방법이다(롬 15:33). 만약 우리가 하나님이 우리를 위하여 행하시는 것에 대하여 마태복음 10:8의 "너희가 거저 받았으니 거저 주라"고 말씀하신 교훈에 순종하는 것으로 우리의 감사를 표현하고,

어려움과 난관 속에서 서로 돕고 사랑의 의무를 자극하는 계획을 추진하여 사랑과 자비의 행위를 크게 실천하려는 마음을 갖고 있다면, 그것이 무엇이든 모든 외적 일들이 사랑의 의무를 실천하는 데 유용할 것이라고 나는 믿는다. 윗필드 목사가 이곳에 있었을 때 보여준 자비로운 모습에 하나님이 얼마나 미소를 지으셨는지 우리는 잘 알고 있다.[24]

로마서 16장

¹내가 겐그레아 교회의 일꾼으로 있는 우리 자매 뵈뵈를 너희에게 추천하노니 ²너희는 주 안에서 성도들의 합당한 예절로 그를 영접하고 무엇이든지 그에게 소용되는 바를 도와 줄지니 이는 그가 여러 사람과 나의 보호자가 되었음이라 ³너희는 그리스도 예수 안에서 나의 동역자들인 브리스가와 아굴라에게 문안하라 ⁴그들은 내 목숨을 위하여 자기들의 목까지도 내놓았나니 나뿐 아니라 이방인의 모든 교회도 그들에게 감사하느니라 ⁵또 저의 집에 있는 교회에도 문안하라 내가 사랑하는 에배네도에게 문안하라 그는 아시아에서 그리스도께 처음 맺은 열매니라 ⁶너희를 위하여 많이 수고한 마리아에게 문안하라 ⁷내 친척이요 나와 함께 갇혔던 안드로니고와 유니아에게 문안하라 그들은 사도들에게 존중히 여겨지고 또한 나보다 먼저 그리스도 안에 있는 자라 ⁸또 주 안에서 내 사랑하는 암블리아에게 문안하라 ⁹그리스도 안에서 우리의 동역자인 우르바노와 나의 사랑하는 스다구에게 문안하라 ¹⁰그리스도 안에서 인정함을 받은 아벨레에게 문안하라 아리스도불로의 권속에게 문안하라 ¹¹내 친척 헤로디온에게 문안하라 나깃수의 가족 중 주 안에 있는 자들에게 문안하라 ¹²주 안에서 수고한 드루배나와 드루보사에게 문안하라 주 안에서 많이 수고하고 사랑하는 버시에게 문안하라 ¹³주 안에서 택하심을 입은 루포와 그의 어머니에게 문안하라 그의 어머니는 곧 내 어머니니라 ¹⁴아순그리도와 블레곤과 허메와 바드로바와 허마와 및 그들과 함께 있는 형제들에게 문안하라 ¹⁵빌롤로고와 율리아와 또 네레오와 그의 자매와 올름바와 그들과 함께 있는 모든 성도에게 문안하라 ¹⁶너희가 거룩하게 입맞춤으로 서로 문안하라 그리스도의 모든 교회가 다 너희에게 문안하느니라

16:1 여기서 "자매"는 로마서 16:1, 고린도전서 7:15, 야고보서 2:15에서 나오는 말과 같은 의미로 이해되어야 한다.[1]

16:7 "그러므로 나나 그들이나 이같이 전파하매"(고전 15:11). 사도들 간에는 그들이 전파한 교리들에 차이가 나는 것과 같은 일은 없었다. 또는 다른 사도가 가르친 것에 대하여 비방하는 일과 같은 일도 없었다. 모두가 서로의 교리를 인정했다. 이 본문과 다음과 같은 다른 여러 본문에서 이것이 확인된다. 로마서 16:7, 베드로후서 3:15-16, 갈라디아서 1:17-19, 22-24, 2:7-9, 유다서 1:3, 17.[2]

그들은 교회에서 출교당할 때 명백히 악한 자로 간주되어 혐오감을 갖고 기피와 거부의 대상이 된다. 우리는 하나님의 교회를 더럽히는 부정한 자로 그들을 퇴출시켜야 한다. 이런 의미에서 시편 기자는 하나님의 명백한 원수였던 자들에 대하여 미움을 고백한다. "여호와여, 내가 주를 미워하는 자들을 미워하지 아니하오며 주를 치러 일어나는 자들을 미워하지 아니하나이까. 내가 그들을 심히 미워하니 그들은 나의 원수들이니이다"(시 139:21-22). 시편 기자가 그들을 미워한 것은 그들에게 어떤 원한이나 악의가 있었기 때문이 아니라 그들의 죄악에 대하여 불쾌감과 혐오감을 갖고 있었기 때문이다. 이 점에서 우리는 많은 악인들을 자비의 사랑으로는 사랑하시지만 만족의 사랑으로는 사랑하시지 않는 하늘에 계신 우리 아버지의 자녀가 되어야 한다. 이처럼 출교당한 자는 교회의 자비에서 배제된다. 그들은 그리스도인들이 형제로서 함께 갖는 교제에서 제외된다. 나는 지금 그리스도인 형제들이 함께 갖는 공동 모임에 대하여 말하는 것이다. 따라서 우리는 이런 일을 물리치고, 이런 자를 피하고, 이런 자와 교제를 갖지 말며(롬 16:17), 이런 자를 이교도 및 세리와 같이 대하라는 명령을 받는다. 하나님의 백성들은 노골적인 악인들과 거룩한 일에서 교제를 갖는 것을 피해야 할 뿐만 아니라 동시에 그리스도인들이 참여하는 적절한 공동 모임과 같은 일에서도 그들을 피하고 물리쳐야 한다. 하지만 이것은 그리스도인들은 어떤 경우든 그들에게 말하는 것까지 피해야 한다는 것이 아니다. 다시 말해 어떤 방법과 태도를 막론하고 모든 교제를 금하는 것은 아니다. 피해야 하는 것은 모든 불필요한 교제다. 곧 그들 속에 안일함이 있는 모든 교제나 다른 곳에서 즐거움을 얻는 자들과 함께하는 그런 교제는 피해야 한다.[3]

[17]형제들아 내가 너희를 권하노니 너희가 배운 교훈을 거슬러 분쟁을 일으키거나 거치게 하는 자들을 살피고 그들에게서 떠나라 [18]이같은 자들은 우리 주 그리스도를 섬기지 아니하고 다만 자기들의 배만 섬기나니 교활한 말과 아첨하는 말로 순진한 자들의 마음을 미혹하느니라 [19]너희의 순종함이 모든 사람에게 들리는지라 그러므로 내가 너희로 말미암아 기뻐하노니 너희가 선한 데 지혜롭고 악한 데 미련하기를 원하노라 [20]평강의 하나님께서 속히 사탄을 너희 발 아래에서 상하게 하시리라 우리 주 예수의 은혜가 너희에게 있을지어다 [21]나의 동역자 디모데와 나의 친척 누기오와 야손과 소시바더가 너희에게 문안하느니라 [22]이 편지를 기록하는 나 더디오도 주 안에서 너희에게 문안하노라 [23]나와 온 교회를 돌보아 주는 가이오도 너희에게 문안하고 이 성의 재무관 에라스도와 형제 구아도도 너희에게 문안하느니라 [24](없음) [25]나의 복음과 예수 그리스도를 전파함은 영세 전부터 감추어졌다가

16:17-18 마귀는 자신을 광명의 천사로 변장시켰다. 마귀 아래 있는 자들에게는 속임수가 있었고, 그들은 자기들이 신적 사실에 대한 특별한 지식을 갖고 있다고 크게 자랑했다(딤전 1:6-7; 6:3-5, 딤후 2:14, 16-18, 골 2:8, 딛 1:10, 16). 따라서 그들을 따르는 사람들은 자기들이 갖고 있다고 주장하는 지식으로 인해 자신들을 영지주의자로 불렀다. 그리고 마귀는 그들이 행하는 환상, 계시, 예언, 이적 그리고 성령의 직접적인 접촉을 이용해 성령의 이적적인 은사를 흉내 냈다. 따라서 그들은 거짓 사도와 거

짓 선지자로 불린다. 마태복음 24:24을 보라. 또 그들에게는 거짓 꾸밈이
있었고, 그들의 말 속에는 큰 거룩함과 헌신을 위장하는 거짓 과시가 있
었다(롬 16:17-18).[4]

16:20 그때 사탄은 또한 자신이 그토록 미워하고 괴롭히고 학대했던 성
도들의 심판대 앞에도 서게 될 것이다. 성도들이 그리스도와 함께 심판하
도록 되어 있기 때문이다. "우리가 천사를 판단할 것을 너희가 알지 못하
느냐"(고전 6:3). 말하자면 로마서 16:20의 내용에 일치되게 사탄은 교회
의 발 아래 굴복하게 될 것이다. 사탄은 우리 첫 조상을 유혹하여 타락시
켰을 때 그들이 하나님처럼 될 것이라고 속이고 거짓말을 했다. 그러나
그들이 하나님과 함께하는 배석판사로서 신과 같은 존재가 되어 자기를
심판하게 되는 결과는 꿈에도 생각하지 못했을 것이다.[5]

　어린양의 혼인 잔치의 날은 그리스도께서 즐거워하는 날이다(사 62:5,
습 3:17). 또 이날은 하늘에 있는 성도들의 심령이 기뻐하고 즐거워하는
날이다. 요한계시록 19:1-9을 보라. 어린양이 적그리스도 및 다른 원수
들을 멸하려고 허리에 칼을 차고 영광과 위엄 속에서 이 세상에 오실 때,
성도들이 어린양과 함께 영광 중에 임하는 것으로 표현되고(계 19:14), 어
린양이 승리하실 때 성도들도 함께 승리한다. 성도들은 손에 종려 가지
를 들고서 어린양과 함께 시온 산에 등장하고(계 7:9), 사탄은 어린양의
발 아래에서 상하게 되기 때문에(롬 16:20) 성도들의 발 아래에서도 상하
게 된다. 그러므로 성도들은 그리스도께서 땅을 떠나 하늘로 올라가셨을
때 그런 것처럼, 이 세상을 떠나 하늘로 올라갔다고 해서 지상에서 교회
와 천국의 상태를 끝내는 것이 결코 아니다. 어린양은 여기 이 땅에서 자
신의 교회와 나라의 번성을 다 이루신 것이 아니었다. 어린양은 승천으로
말미암아 이루어지는 이 일들에 더 직접적인 관심을 갖고 계셨다. 다시

말해 어린양은 더 큰 관심을 갖고 계시는 바로 이 목적 곧 여기 이 땅의 그의 교회의 확장과 번성 및 그의 원수들의 정복으로 영광과 상을 받으시는 것, 그리하여 왕이 자기 백성을 다스리기 위하여 보좌에 올라 백성에 대한 지배권의 영예와 영광을 받는 것처럼 자신이 이 나라에서 다스리고, 성도들이 그 다스림의 최고의 혜택 아래 이 혜택의 영광을 최대한 누리도록 하시는 목적을 위하여 승천하신 것이다.[6]

"속히 사탄을 너희 발 아래에서 상하게 하시리라." 이것은 하나님이 여자의 후손에 대하여 약속하신 것(창 3:15)과 일치된다. 여기서 바울은 필시 이를 기독교 교회와 관련시켰다. 기독교 교회는 콘스탄티누스 황제 시대에 로마 제국에서 이교 사상을 전복시키고 승리했다. 이것은 로마인으로 이교 제국의 수도에 살고 있던 그리스도인들에게 준 메시지로 알맞았다.[7]

16:22 "나 더디오." 도드리지 박사는 더디오가 실라와 동일 인물이었을 것으로 추정한다. 왜냐하면 실라는 라틴어로 더디오(테르티우스)와 같은 이름을 가리켰기 때문이다.[8]

16:23 "가이오"(요삼 1:1). 도드리지 박사는 가이오를 사도 바울이 "주인"으로 부르며 "바울이 복음 전파하러 갔을 때 호의적으로 대접한 고린도 출신 가이오"와 동일 인물이었을 것으로 생각한다(롬 16:23).[9]

16:25 하나님의 모든 사역에 나타나 있는 하나님의 지혜의 정수가 이 큰 사건에 나타나 있다. 따라서 하나님의 다양한 지혜가 이 사건을 통해 이 일들을 보기를 바라는 천사들에게 나타났다. 이 사건을 통해 하나님의 지혜롭고 중대한 계획들을 보았을지라도 지금까지 그 의미를 이해하지 못했던 것이, 이제 하나님의 모든 다양한 사역 속에 비로소 드러났기 때문이다.[10]

"이 비밀은 만세와 만대로부터 감추어졌던 것인데 이제는 그의 성도들에게 나타났고 하나님이 그들로 하여금 이 비밀의 영광이 이방인 가운데 얼마나 풍성한지를 알게 하려 하심이라. 이 비밀은 너희 안에 계신 그리스도시니 곧 영광의 소망이니라"(골 1:26-27). 이 본문에서 바울은 이 신비의 계시가 이제 시작된 세상의 마지막 시대에 밝혀졌으므로 현재와 미래의 모든 시대에 알려졌다고 말한다.[11]

"오 하나님, 주 외에는 들은 자도 없고 보거나 깨달은 자가 없었나이다." 이 말씀의 의미는 단순히 이미 행해진 어떤 일도, 이 일과 평행을 이루는 일은 지금까지 아무도 보거나 들은 적이 없었다는 것이다. 왜냐하면 만일 그 의미가 과거의 어떤 일도 이 일과 같이 보거나 들은 적이 없었다는 것이 아니라면, "[오 하나님] 주 외에는"이라는 말이 첨가되지 못했을 것이기 때문이다. 또 만일 그것이 그 의미라면, 이 말씀은 다른 이들은 이 일과 평행을 이루는 일을 과거에는 결코 본 적이 없고, 오직 하나님만 보셨다는 것을 의미할 것이기 때문이다. 하나님이 이 일과 평행을 이루는 어떤 과거의 일을 보시지 못했다면, 그것은 참된 일이 아닐 것이다. 로마서 16:25-26, 골로새서 1:26과 비교해 보면, 에베소서 3:9-11에서도 동일한 사실이 주장될 수 있다. 에베소서 3:10의 말씀은 나의 현재 목적을 매우 명확히 드러낼 뿐만 아니라 이 구절 직전의 말씀도 여기서 언급할 가치가 있다. "영원부터 만물을 창조하신 하나님 속에 감추어졌던 비밀의 경륜이 어떠한 것을 드러내게 하려 하심이라." 이것은 분명히 그것은 하나님이 자신 속에 두셔서 신적 지식으로 감추고 봉인하셨고, 아직까지 다른 어느 누구에게도 드러내시지 않았으며, 하나님의 신비의 경륜 속에 숨겨져 있어서 아직까지 다른 어떤 존재도 알지 못했던 비밀이었다는 것을 함축하고 있는 것으로 보인다. 따라서 이 말은 "주 외에는 본 자도 없었다"는 이사야서 본문과 똑같은 내용을 담고 있다.[12]

²⁶이제는 나타내신 바 되었으며 영원하신 하나님의 명을 따라 선지자들의 글로 말미암아 모든 민족이 믿어 순종하게 하시려고 알게 하신 바 그 신비의 계시를 따라 된 것이니 이 복음으로 너희를 능히 견고하게 하실 ²⁷지혜로우신 하나님께 예수 그리스도로 말미암아 영광이 세세무궁하도록 있을지어다 아멘

16:26 마음의 모든 기독교적 실천과 삶의 행위가 사랑에서 나온다는 것은 바울이 사랑으로써 역사하는 믿음에 대하여 말하는 갈라디아서 5:6에서 더 명확해진다. 왜냐하면 우리는 신약성경에서 모든 기독교적 거룩함은 예수 그리스도를 믿는 믿음에서 시작된다는 가르침을 충분히 받기 때문이다. 모든 기독교적 순종은 성경에서 믿음의 순종(곧 믿어 순종하게 하는 것)으로 불린다. "모든 민족이 믿어 순종하게 하시려고 알게 하신 바(롬 16:26)" 여기서 말하는 순종은 말할 것 없이 이전 장인 로마서 15:18에서 "그리스도께서 이방인들을 순종하게 하기 위하여 나를 통하여 역사하신 것 외에는 내가 감히 말하지 아니하노라. 그 일은 말과 행위로 [이루어졌으며]"라고 언급된 것과 동일한 것이다. 그리고 바울은 우리에게 이제 자기가 육체 가운데 사는 것은 하나님의 아들을 믿는 믿음 안에서 사는 것이라고 말한다(갈 2:20). 종종 우리는 그리스도인들은 믿음으로 산다는 말을 듣는데, 이 말은 그리스도인들의 영적 생활의 모든 은혜와 거룩한 실천과 행위가 믿음으로 이루어진다는 말과 똑같은 의미를 갖고 있다. 그러나 믿음은 어떻게 이런 일들을 행하는가? 물론 갈라디아서 5:6로 보면 믿음은 무엇을 행하든 간에 사랑으로 행한다. 따라서 교리적 진리도 사랑을 따르고, 확실히 기독교에서 구원하는 일과 특징적인 모든 일은 근본적으로 사랑 안에 있고, 또 즉각적으로 사랑에 포함된다.¹³

"순종하는 자식처럼"(벧전 1:14). 헬라어 '테크나 휘파코에스'(τέκνα ὑπακοῆς)는 "순종하는 자식"이라는 뜻이다. '휘파코에'(ὑπακοή)라는 말은 신약성경에서 종종 참된 믿음에 속해 있는 복음에 대한 순종 및 복

종을 가리키는 뜻으로 사용된다. 따라서 베드로전서 1:2, 22 그리고 신약성경 다른 곳 곧 로마서 1:5, 15:18, 16:26, 고린도후서 10:5, 베드로전서, 그리고 또 다른 곳들에서 '테크나 휘파코에스' 곧 "순종하는 자식"은 사도들이 사용하는 말인 '휘우스 테스 아페이데이아스'(υἱοὺς τῆς ἀπειθείας) 곧 "불순종의 아들들"(엡 5:6)과 정반대 개념을 가진 말로 사용된다. 베드로전서 4:17에서는 이 두 부류의 사람이 함께 언급되는데, 거기서도 이 두 말은 정반대 개념을 전달한다. "만일 우리에게 먼저 하면 하나님의 복음을 순종하지 아니하는 자들의 그 마지막은 어떠하며." 베드로전서 2:7-8도 마찬가지다. "그러므로 믿는 너희에게는 보배이나 믿지 아니하는 자에게는 건축자들이 버린 그 돌이 모퉁이의 머릿돌이 되고…… 그들이 말씀을 순종하지 아니하므로 넘어지나니."[14]

16:27 여러분은 "세세토록"이라는 말을 볼 것이다. 요한계시록에서도 여러 번에 걸쳐 그 말을 찾아볼 수 있을 것이다. 우리는 그리스도와 함께 "세세토록" 다스릴 것이다. 그것은 대대로 이어질 것이다. 로마서 16:27에도 동일한 표현("세세무궁하도록")이 나타나 있다. 또 에베소서 3:21에서는 여기서처럼 복수형으로 되어 있는 것을 발견할 것이다. "교회 안에서와 그리스도 예수 안에서 영광이 대대로 영원무궁하기를 원하노라." 바울은 이 세상뿐만 아니라 장차 다가올 세상도 말하는 것이다. 왜냐하면 다가올 세상은 "시대 중의 시대"이기 때문이다. 다가올 세상은 항상 영원하다(secular seculorum).[15]

하나님의 말씀에 주어져 있는 설명에 따르면, 하나님의 영광은 도덕적 세계의 최상의 부분과 구조 속에서 창조자에게 가장 자연스럽게 자기들의 참된 선의 영의 직접적 경향을 표현하고, 또 자기들의 마음의 덕스럽고 경건한 감정을 드러내며, 자기들의 최고의 존경을 가장 직접적이고 적

절하게 증명하려는 간절한 열망의 목적 또는 결말로 나타난다. 이것이 거
룩한 사도들이 수시로 자기 경건의 열정적인 실천을 드러내고, 지극히 높
으신 분에 대한 존중을 표현하고 제시하는 방법이다. "그에게 영광이 세
세에 있을지어다. 아멘"(롬 11:36). "지혜로우신 하나님께 예수 그리스도
로 말미암아 영광이 세세무궁하도록 있을지어다. 아멘"(롬 16:27). "그리
스도께서 하나님 곧 우리 아버지의 뜻을 따라 이 악한 세대에서 우리를
건지시려고 우리 죄를 대속하기 위하여 자기 몸을 주셨으니 영광이 그에
게 세세토록 있을지어다. 아멘"(갈 1:4-5). "주께서 나를 모든 악한 일에
서 건져 내시고 또 그의 천국에 들어가도록 구원하시리니 그에게 영광이
세세 무궁토록 있을지어다. 아멘"(딤후 4:18). "교회 안에서와 그리스도
예수 안에서 영광이 대대로 영원무궁하기를 원하노라. 아멘"(엡 3:21).[16]

로마서 1:24 설교 개요

그러므로 하나님께서 그들을 마음의 정욕대로 더러움에 내버려 두사 그들의 몸
을 서로 욕되게 하게 하셨으니. 롬 1:24

기독교 신앙이 세상의 다른 어떤 종교보다 종교의 목적에 더 뛰어나고 합
당해 보이는 이유 가운데 하나는, 단순히 기독교 신앙이 약속하는 거룩함
에 대한 보상이 다른 종교들의 약속보다 더 크고 무한히 뛰어나다는 것
에 있는 것만은 아니다. 기독교 신앙이 경고하는 죄에 대한 형벌도 다른
종교들의 형벌보다 더 두렵고, 그로 말미암아 하나님의 공의를 더 영광스
럽게 선언한다는 것도 하나의 이유가 된다. 또한 기독교 신앙은 하나님의
거룩하심과 하나님의 법을 더 존중할 뿐만 아니라, 이 두려운 형벌로 말
미암아 사람들이 더 효과적으로 악한 삶을 피하도록 만드는 경향이 있다.
  그리고 기독교 신앙은 사람들에게 이전에 매우 난해하고 당혹스러웠
던 일들의 실상을 놀랍게 밝혀 준다. 심지어는 악인이 세상에서 번성하며
살도록 놔두시는 하나님의 섭리를 보면, 죄인들을 그렇게 다루시는 것에
하나님의 공의가 나타나 있음을 우리에게 보여주고, 그들의 죄악은 그들
에 대한 형벌의 한 부분이므로 그것이 하나님의 불의나 그들의 죄악에 대
한 하나님의 무관심을 보여주는 것은 결단코 아니다. 그리고 완고한 죄인
들의 결말은 참으로 끔찍하다. "만일 하나님이 그의 진노를 보이시고 그

의 능력을 알게 하고자 하사 멸하기로 준비된 진노의 그릇을 오래 참으심
으로 관용하시고"(롬 9:22). 오늘 설교의 본문을 통해서도 우리는 하나님
이 사람들에게 죄를 허용하시는 이유를 배울 수 있다.

바울은 여기서, 비록 본성의 빛 외에 다른 빛은 갖고 있지 못하기는 해
도, 핑계할 수 없는 이방인의 현실에 대하여 말하고 있다. 하나님은 이방
인 때문에 얼마나 심기가 불편하고 그들에 대하여 분노가 충천하실까!
심지어는 이토록 큰 어둠 속에 있으면서 그들은 자기들의 빛을 거스르는
죄를 범했다. 그들은 성경책을 통해서는 아니지만 피조물 책을 통해 하나
님에 대하여 많은 지식을 갖고 있었기 때문이다.

23절을 보면, 이방인이 저지르고 하나님의 심기를 불편하게 한 죄가
"썩어지지 아니하는 하나님의 영광을 썩어질 사람과 새와 짐승과 기어
다니는 동물 모양의 우상으로 바꾸었느니라"는 말로 언급되는데, 이것이
이방인이 저지르는 전형적인 죄다. 오늘 본문에서 우리는 하나님이 특별
히 이방인의 우상 숭배 죄에 대하여 내리신 처벌이 설명되고 있는 것을
본다. 하나님은 이방인을 그들의 마음의 정욕대로 더러움 상태에 내버려
두심으로써 그들의 몸이 서로 욕되게 하셨다. 우리는 여기서 다음과 같은
사실을 확인할 수 있다.

1. 하나님이 이방인에게 내리시는 형벌의 방법은 무엇인가? 그것은 하
나님이 이방인을 더러움에 내버려 두시는 방법이다. 하나님은 이방인이
죄를 짓도록 그냥 놔두셨다. 죄는 곧 형벌이다. 하나님은 이방인이 죄를
범하도록 방치하고, 그들이 죄를 범하도록 내버려 두신다. 이로 말미암아
이방인은 죄를 더 심하게 범하는데, 그 자체가 곧 그들에 대한 형벌이다.

2. 우리는 본문 첫 단어("그러므로")로 이 형벌이 왜 주어졌는지 주목하
도록 인도를 받는다. 이로써 우리는 이전 구절들을 확인하지 않을 수 없
는데, 거기서 우리는 이방인의 생각이 허망하여져서 스스로 지혜 있다 하

나 어리석게 되고, 하나님 대신 피조물과 땅의 썩어질 것들을 경배하고
섬긴 것을 확인한다. 동일한 사실이 25절에서도 언급된다. 곧 이방인은
하나님의 진리를 거짓 것으로 바꾸고, 피조물을 영원히 찬송 받으실 분인
창조주보다 더 경배하고 섬겼기 때문에 이 형벌을 받게 된 것이다.

3. 하나님에게 이 형벌을 받는 자는 누구인가? 그들은 희미한 본성의
빛 외에 따라 행할 것을 전혀 갖고 있지 못한 이방인이었다. 그러므로 이
방인의 죄는 복음 아래 있는 죄인들보다 악하지는 않았다.[1]

로마서 2:5 설교 개요

다만 네 고집과 회개하지 아니한 마음을 따라 진노의 날 곧 하나님의 의로우신
심판이 나타나는 그날에 임할 진노를 네게 쌓는도다. 롬 2:5

로마서 1-3장에서 바울의 주요 목표는 모든 인간이 태어날 때부터 죄책
을 갖고 있다는 것, 또는 바울이 그렇게 표현하는 것처럼 모든 사람이 죄
아래 있다는 것을 보여주는 데 있다.

바울은 이 목표 아래 유대인과 이방인을 구분하고, 1장에서는 이방인
에게 만연해 있던 가증한 일을 언급하며, 2장에서는 유대인도 본질상 이
방인보다 더 나은 조건을 자기들에게 부여함으로써 이방인을 판단하고
정죄하는 경향이 있었으나, 사실상 이방인보다 더 나은 상태에 있는 것이
아님을 증명하기 시작한다.

그러므로 바울은 이렇게 말을 시작한다. "그러므로 남을 판단하는 사
람아, 누구를 막론하고 네가 평계하지 못할 것은." 유대인은 특별히 스스
로 의롭다는 판단을 하고, 매우 비판적인 태도를 갖고 있었다. 유대인은
아브라함의 자손이라는 이유로 자기들이 본성상 이방인보다 더 순전하

다고 생각했다. 또 주제넘게 이방인의 가증한 죄악을 지적하고, 할례 받지 않은 모든 자를 판단하며, 이방 민족은 하나님에게 완전히 버림받은 것으로 간주하고 백안시했다. 그러나 유대인은 자기들의 죄악에 대해서는 매우 무감각했고, 자기들의 마음속에도 똑같은 성향이 있다는 것을 인정하지 않았으며, 똑같은 본성에 속한 일을 행했다. 그러면서 이방인은 하나님의 심판을 자초하고 있으나 자기들은 하나님의 심판을 피할 것으로 생각했다. 유대인은 자기들 자신은 이방인이 악한 것만큼 악하다고 생각하지 않았다. 유대인이 자기들은 아브라함의 자손으로 할례를 받았기 때문에 하나님의 인정을 받을 것이라고 본 것에 대하여 바울은 이렇게 말한다. "이런 일을 행하는 자를 판단하고도 같은 일을 행하는 사람아, 네가 하나님의 심판을 피할 줄로 생각하느냐"(롬 2:3).

이것은 보편적으로는 아니지만 통상적으로 다른 사람들의 죄악을 파헤치고 그 죄악을 격화시키지만 자기들 자신의 죄악과 그 죄악으로 말미암아 하나님의 심판과 정죄를 받는 것에 대해서는 매우 무감각해 지옥에 갈 준비가 되어 있는 비판적인 사람들의 경우를 가리킨다.

그들은 자기들 자신을 다른 안전한 죄인들과 같은 상황에 있는 것으로 보았으며, 하나님의 자비 아래 있다고 우쭐해했다. 또한 하나님이 자기들에게는 심판을 행하신 적이 없기 때문에 절대로 자기들을 심판하지 않으실 것이라고 의기양양해했다. 지금도 그들은 하나님의 진노의 증거들을 보지 못하고 있고, 따라서 본문 앞 구절(4절)에서처럼 겁 없이 계속 죄를 범하고 있다.

아직 하나님의 진노에 대하여 어떤 사실도 깨닫지 못하고 느끼지 못한 그들은 계속 대담하게 죄를 범하고 있고, 하나님이 참으시는 동안 진노에 진노를 쌓고 있다. 이 말씀 속에서 우리는 다음과 같은 사실을 지적할 수 있다.

1. 바울이 말하는 경건하지 못한 사람들의 태도, 곧 그들이 지금 쌓고 있는 것은 무엇인가? 그것은 금과 은이나 진주나 다른 어떤 재산이 아니다.

어떤 보배롭고 바람직한 것도 아니다. 그것은 바로 진노와 복수다. 그들이 마치 자기들의 재산인 것처럼 쌓고 있는 것은 자기들에 대한 진노다. 그들은 자기들 자신의 비참을 쌓고 있다. 만약 어떤 사람이 다른 사람의 재앙을 늘리는 데 부지런하다면, 그것은 정말 괴상한 일이 될 것이다. 그러나 사람들이 자기들 자신의 비참을 쌓고 있다면, 그것은 더 기괴한 일이다.

2. 그들은 언제 그렇게 하는가? "진노의 날 곧 하나님의 의로우신 심판이 나타나는 그날에." 바울은 하나님이 지금 그들에 대하여 진절머리가 났기 때문에 그들이 얼마나 죄로 팽배해져 있는지에 대하여 말하고 있다. 그들을 내버려 두라. 그러나 하나님은 단지 그날이 아직 임하지 않았기 때문에 당분간만 내버려 두신다. 지금은 진노의 날이 아니기 때문이다. 그것이 그들이 현재는 그것에 대하여 느끼지도 못하고 보지도 못하는 이유다. 하나님의 진노는 정해진 날이 있고, 그때 하나님은 그 행한 대로 각 사람에게 보응하실 것이다(롬 2:6).

악인들은 지금 하나님의 진노가 나타나는 것을 전혀 보지 못하고 있고, 현재는 볼 수 없지만 모든 사람에게 사랑 아니면 미움이 있다는 사실을 볼 수 있다는 것을 믿지 않는다. 그러나 하나님이 그것을 계시하실 날이 있다. 그날은 하나님의 의로우신 심판이 나타나는 날이다. 악인들이 자신의 마음의 완악함과 완고함에 따라 그렇게 행하는 원리에 따르면 그것은 정말 바보 같은 짓을 증명한다.[2]

로마서 2:8-9 설교 개요

오직 당을 지어 진리를 따르지 아니하고 불의를 따르는 자에게는 진노와 분노로 하시리라. 악을 행하는 각 사람의 영에는 환난과 곤고가 있으리니. 롬 2:8-9

로마서 1-3장에서 바울의 취지는 유대인과 이방인을 막론하고 모든 사람이 죄 아래에 있고, 그러므로 모든 사람이 구주를 필요로 하는 상태에 있으며, 율법의 행위로는 의롭다 함을 얻을 수 없고 오직 그리스도를 믿는 믿음으로만 의롭다 함을 얻을 수 있다는 것을 증명하는 것이다.

로마서 1장에서 바울은 이방인이 죄 아래에 있다는 것을 증명했다. 그리고 2장에서는 유대인에게 방향을 돌려 유대인 역시 죄 아래에 있다는 것을 증명한다.……유대인도 바울이 크게 비난하는 일을 똑같이 저질렀다. 그리고 바울은 유대인에게(1절) 그로 말미암아 초래될 비참에 대하여 미리 경고하고, 그들의 비참이 이방인의 비참보다 더 클 것이라는 사실을 이해시킨다. 왜냐하면 하나님은 이방인보다 그들에게 특별한 인자하심을 갖고 계셨기 때문이다(2절). 유대인은 이런 이유로 자기들이 하나님의 미래의 진노에서 제외될 것이라는 생각을 갖고 있었다. 그래서 본문이 포함된 구절들이 주어지게 된다.

유대인은 하나님이 자기들을 자신의 특별한 백성으로 택하셨다는 관념을 갖고 있었기 때문에 미래의 진노에서 제외될 것이라고 생각했다. 그러나 바울은 이방인만이 아니라 모든 영혼에게, 아니 사실은 주로 유대인에게 먼저 진노와 분노와 환난이 있을 것이라고 알려 준다. 왜냐하면 유대인이 죄를 범했을 때 그들의 죄가 이방인보다 더 악한 것으로 묘사되기 때문이다.

1. 원인: 여기서 말하는 이 조건들은 원인의 성격을 갖고 있는데, 그것은 진리를 따르지 않고 불의를 따르는 것이다. 여기서 그들이 당을 짓는다는 것은 진리에 반대하여 다툰다는 것을 의미한다. 그들이 복음과 다투는 것은 복음이 그들에게 주는 선언과 제공을 비난하는 것이다.

비신자들은 하나님의 길에서 걸림돌이 되고 거스를 만한 많은 것을 찾아내 항상 이런저런 사실로 다투고 비난함으로써 마땅히 따라야 할 진리를 믿지 못하게 된다. 그리스도는 비신자들에게 걸림돌과 걸려 넘어지는 반석이 되고, 따라서 그들은 진리를 따르지 않는다. 즉 그들은 진리에 복종하지 않는다. 믿음으로 진리를 받아들이지 않는다. 구원에 이르게 하는 믿음 속에 있는 진리를 받아들이고 붙잡는 것이 로마서 6:17에서 말하는 교훈의 본에 마음으로 순종하는 것이다. 히브리서 5:9에서는 영원한 구원의 근원이 된다고 말하며, 로마서 1:5에서는 바울이 그의 이름을 위하여 모든 이방인 중에서 믿어 순종하게 하는 은혜와 사도의 직분을 받았다고 말한다. 하지만 비신자들은 복음에 복종하지 않고 불의에 복종한다. 비신자들은 죄의 권능과 지배권 아래에 있고, 그들의 정욕과 부패의 종이다.

2. 결과: 그들은 악을 행한다. 이것이 그들이 복음을 반대하고, 자기들의 정욕에 노예처럼 복종하는 것의 첫 번째 결과다.

악인들의 이런 조건에 따르면 그들의 죄악은 근본적으로 진리에 대한 불신앙과 반대 속에 있고, 정욕에 대한 그들의 노예 같은 예속이 모든 죄악의 원천이다. 그들의 악한 원리는 토대이고 그들의 악한 습관은 그 토대 위에 세워진 집이다. 그들의 악한 원리는 원인이고 그들의 악한 습관은 결과다.

두 번째 결과로는 악인에게 속하지 않은 원리들과 이 원리들의 원인과 결과를 지적할 수 있다. 1) 그러므로 그들의 처벌을 언급할 때 원인의 성격을 갖고 있는 것들, 곧 분노와 진노는 하나님의 분노와 진노다. 하나님의 진노는 악인들을 비참하게 만들 것이다. 악인들은 하나님의 진노의 대상이 되고, 따라서 그들에 대하여 처벌이 전체적으로 이루어질 것이다. 이 처벌의 형태는 근본적으로 바로 여기에 있다. 곧 악인들이 하나님의 진노의 대상이다. 2) 악인들의 처벌에서 결과의 성격을 갖고 있는 것들, 환난과 곤고 그리고 하나님 속에 있는 진노와 분노는 그들의 마음속에서 극한의 환난과 곤고를 일으킬 것이다.[3]

로마서 2:10 설교 개요

선을 행하는 각 사람에게는 영광과 존귀와 평강이 있으리니. 롬 2:10

이전 두 구절(8-9절)에서 모든 사람의 심판자가 악인에게 부여할 몫, 곧 환난과 진노를 선언한 다음, 바울은 오늘 설교의 본문에서 선인에게 부여될 몫을 선언한다. 우리는 여기서 다음과 같은 사실을 확인할 수 있다.

1. 경건한 사람 곧 선을 행하는 사람에 대한 묘사. 여기서 그들은 그들이 맺는 열매로 묘사된다. 그리스도는 우리에게 나무는 열매로 구별된다고 가르치셨다. 바울은 여기서 그들을 구별하려고 묘사하지 않는다. 바울은 빛과 같이, 그 아래 살면서 그들이 누리고 있는 어떤 외적 특권에 따라 그들을 묘사하지 않고, 그들이 맺는 열매로 그들을 묘사한다. 왜냐하면 13절에서 바울이 말하는 것처럼 하나님 앞에서는 율법을 듣는 자가 의인이 아니요, 오직 율법을 행하는 자라야 의롭다 하심을 얻을 것이기 때문이다. 선과 악을 구별하는 것은 그들이 선에 대하여 듣거나 고백하거나 바라는 것에 있지 않고, 선을 행하는 것에 있다. 그들은 선을 행하는 자들이다.

2. 선을 행하는 것에 대한 보상. 이 보상이 영광과 존귀와 평강이라는 세 가지 종류의 선으로 언급되고 있다. 이 세 가지를 그들은 자기들의 몫으로 부여받는다. 그들의 이름은 영광이라는 말에 나타나 있다. "영광이 있으리니." 즉 그들은 훌륭하고 영광스럽게 될 것이다. 그들은 그들을 영광스러운 피조물로 만들 이 훌륭한 자격들로 꾸며질 것이다. 그들은 하나님의 형상을 갖고 있고, 하나님의 거룩하심과 신적 본성에 참여하게 될 것이다. 따라서 영광이라는 말이 고린도후서 3:18에서 우리가 영광에서 영광에 이른다는 말로 사용된다.

3. 그들의 상대적인 선한 존귀. 그들은 매우 존귀한 상황에 있게 될 것

이다. 그들은 하나님과 그리스도와의 관계에서 큰 존엄성을 부여받고, 천상의 거민들과 하나님은 그들을 존귀하게 여길 것이다.

4. 그들의 자연적인 선한 평강. 이것은 본문에 나타나 있는 것처럼 행복을 의미하고, 이 행복은 온갖 편안한 기쁨과 즐거움을 망라한다.

이전 두 구절에서 하나님이 악인에게 부여하신 몫을 살펴보았으므로, 이제 내가 이 주제에 대하여 말하는 것의 원천이 되는 본문의 말씀을 통해 성도에게 부여하신 몫에 대하여 살펴볼 것이다.[4]

로마서 2:16 설교 개요

곧 나의 복음에 이른 바와 같이 하나님이 예수 그리스도로 말미암아 사람들의 은밀한 것을 심판하시는 그날이라. 롬 2:16

바울은 6절부터 시작되는 이전 구절들에서 하나님이 모든 사람을 그들의 행위에 따라 보편적으로 심판하실 것에 대하여 말하고 있다. 곧 하나님은 유대인이나 이방인을 막론하고 악을 행하는 자는 누구에게나 분노와 진노, 환난과 곤고를 임하게 하고, 반대로 유대인이나 이방인을 막론하고 선을 행하는 모든 영혼에게는 영광과 존귀와 평강을 베푸실 것인데, 그 이유는 하나님이 사람을 외모로 취하시지 않기 때문이다(롬 2:9-11). 하나님은 아브라함의 자손이라고 해서 유대인에게 호의를 베푸시는 것도 아니고, 무지하다고 해서 이방인에게 핑계할 기회를 주시는 것도 아니다. 왜냐하면 바울은 "무릇 율법 없이 범죄한 자는 또한 율법 없이 망하고"(롬 2:12)라고 말하기 때문이다. 즉 이방인은 그들의 마음속에 새겨진 본성의 법을 어긴 것 때문에 멸망할 것이다. 이것은 이어서 바울이 12절 뒷부분에서 "무릇 율법이 있고 범죄한 자는 율법으로 말미암아 심판을 받으리라"고 설명하는 것과 같다. 이어지는 세 구절(13-15절)은 삽입어구이므로 오늘 설교의 본문(16절)은 12절과 연관되어 있다. 12절에서 바울은 이방인과 유대인이 각기 어떤 법칙에 따라 심판받아야 하는지를 말했다. 그리고 오늘 설교의 본문에서는 심판의 때에 대하여 말한다. "곧 나의 복음에 이른 바와 같이 하나님이 예수 그리스도로 말미암아 사람들의 은밀한 것을 심판하시는 그날이라."

그날은 다음과 같이 해석된다.

1. 그날의 직무. 그날의 직무는 심판이다. 그날은 심판의 목적과 직무를 위하여 정해진 날이다. 그날은 심판이라는 큰일 때문에 유명하게 된 날이다. 그러므로 그날은 크고 영화로운 날로 불린다(행 2:20).

2. 심판자. 심판자는 예수 그리스도 곧 바울이 로마 지역 사람들에게 전한 십자가에 못 박혀 죽으신 사람이다.

3. 심판받을 사실. 심판받을 사실은 사람들의 은밀한 일들이다. 이 일들은 세상에서 은밀하게 감추어져 있기 때문에, 인간 심판자는 절대로 행할 수 없는 다른 심판 방식에 따라 다루어진다.

4. 하나님이 그날에 대하여 주신 계시. 바울은 이 계시를 자신의 복음, 곧 자신이 전파한 복음으로 부른다. 그것은 마치 바울이 이렇게 말한 것과 같다. "그날은 내가 너희에게 말하고 전파한 날 그리고 내가 너희와 다른 이방인들에게 전파한 복음 속에 매우 분명히 계시된 날이 될 것이다."[5]

로마서 3:11-12 설교 개요

깨닫는 자도 없고 하나님을 찾는 자도 없고 다 치우쳐 함께 무익하게 되고 선을 행하는 자는 없나니 하나도 없도다. 롬 3:11-12

로마서 앞부분 전체의 취지는 오직 예수 그리스도로 말미암아 얻는 칭의 교리를 확립하고, 어떤 사람도 자신의 행위로 의롭다 함을 얻을 수 없다는 것을 증명하는 데 있다. 이 목적을 위하여 로마서 시작 부분부터 여기까지 바울은 철저히 세상에 있는 모든 사람이 죄 아래에 있고, 그런 이유로 사람들은 자기들의 행위로는 구주를 믿는 믿음 외에 어떤 것으로는 절대로 의롭다 함을 얻을 수 없다고 주장한다. 바울은 로마서 1장에서 이방인이 어떻게 죄 아래 있는지 증명하고, 2장에서 유대인이 어떻게 죄 아래 있는지를 증명한다. 그리고 3장 첫 부분에서 반론에 대하여 대답하고, 3:9에서 이 문제를 다음과 같이 정리한다. "그러면 어떠하냐. 우리는 나으냐. 결코 아니라. 유대인이나 헬라인이나 다 죄 아래에 있다고 우리가 이미 선언하였느니라." 이어서 바울은 구약성경 말씀을 인용하여 자신의 주장을 다음과 같이 증명한다. "기록된 바 의인은 없나니 하나도 없으며 깨닫는 자도 없고 하나님을 찾는 자도 없고, 다 치우쳐 함께 무익하게 되고 선을 행하는 자는 없나니 하나도 없도다"(롬 3:10-12).

여기서 구약성경에서 인용된 본문들은 세 가지 사실을 증명하는 역할을 한다. 첫째, 인간은 보편적으로 악하고, 모든 사람이 부패했다. 이것은 주로 로마서 3:10-12에 나타나 있다. "기록된 바 의인은 없나니 하나도 없으며 깨닫는 자도 없고 하나님을 찾는 자도 없고, 다 치우쳐 함께 무익하게 되고 선을 행하는 자는 없나니 하나도 없도다." 둘째, 모든 인간은 부패했을 뿐만 아니라 모든 사람이 모든 면에서 완전히 부패했다. 이것은 로마서 3:13-15에 나오는 구약 인용 본문들에 나타나 있다. 거기 보면 신체의 다양한 부분들이 언급된다. 곧 목구멍은 열린 무덤이요, 혀는 속임을 일삼으며, 입술은 독사의 독이 있고, 입은 저주와 악독이 가득하고, 발은 피 흘리는 데 빠르다. 셋째, 모든 사람은 모든 면에서 부패했을 뿐만 아니라 선은 조금도 없고 온통 악으로 가득 차 있을 정도로 최대한 그리고 가장 치명적으로 부패했다. 이것은 로마서 3:16-18에 나타나 있다. "파멸과 고생이 그 길에 있어 평강의 길을 알지 못하였고 그들의 눈앞에 하나님을 두려워함이 없느니라." 오늘 본문에는 자연인에 대하여 다음과 같이 다섯 가지 사실이 언급되어 있다.

1. 자연인은 알지 못한다. 곧 하나님을 알지도 못하고 하나님을 찾거나 섬기는 법도 모른다. 자연인 가운데 많은 사람이 하나님과 하나님의 길에 대하여 가르침을 받지만 알지 못하고, 배우려 하지도 않는다.

2. 자연인은 하나님을 추구하지 못한다. 자연인은 대부분 하나님을 추구하는 것처럼 보인다. 그들은 종교 의식에 참석한다. 게다가 그들 가운데 어떤 이는 종교 의식에 매우 깊은 관심을 갖고 있다. 그러나 그들은 하나님을 추구하지 않는다. 하나님께 진지하게 기도하고 하나님의 긍휼을 구할 수 있으나 하나님을 추구하지는 않는다. 그들은 하나님이 아니라 그들 자신을 추구한다.

3. 자연인은 모두 참된 길에서 벗어나 있다. 자연인은 외견상으로 보면 자기들이 준수할 의무의 길에 있을 수 있다. 그들은 매우 양심적일 수 있고, 그들을 보는 자는 누구든 그들이 마땅히 가야 할 길에 있다고 말할 수도 있다. 그러나 사실상 그들은 올바른 길에 있지 않고 그 길에서 벗어나 있다. 심지어는 외견상 올바른 것처럼 보이는 종교 의무들을 수행할 때에도 그들은 잘못된 방식으로 행하고 있다.

4. 자연인은 모두 무익한 존재가 된다. 모든 자연인은 무익하다. 그들은 무익한 종이다. 그들 가운데 어떤 이는 종교적인 것처럼 보일 수 있지만 그들은 하나님을 섬기지 않는다. 행하는 모든 일에서 다른 주인을 섬긴다. 아니 사실은 하나님의 원수들을 섬긴다.

5. 자연인 가운데 선을 행하는 자는 없나니 하나도 없다. 많은 자연인

이 선에 속하는 일들을 많이 행하는 것처럼 보인다. 그들은 엄밀하게 자기들의 의무를 실천한다. 많은 사람들이 종교에 무척 열심이다. 어떤 자연인은 동료 인간의 유익을 위하여 크게 수고한다. 또 어떤 자연인은 대중에게 큰 유익을 주는 사람이 될 수 있다. 그러나 그들 가운데 선을 행하는 자는 없나니 하나도 없다.[6]

로마서 3:13-18 설교 개요

그들의 목구멍은 열린 무덤이요 그 혀로는 속임을 일삼으며 그 입술에는 독사의 독이 있고 그 입에는 저주와 악독이 가득하고 그 발은 피 흘리는 데 빠른지라 파멸과 고생이 그 길에 있어 평강의 길을 알지 못하였고 그들의 눈 앞에 하나님을 두려워함이 없느니라 함과 같으니라. 롬 3:13-18

로마서 1-3장의 핵심은, 유대인과 이방인을 막론하고 세상 모든 사람이 죄 아래 있고, 이로 말미암아 예수 그리스도로만 구원을 받을 수 있으며, 오직 믿음으로 의롭다 함을 받을 수 있다는 것을 증명하는 데 있다.

로마서 1장에서 바울은 이방인 곧 이교도가 어떻게 죄 아래 있는지를 보여준다. 거기서 바울은 이방 세계에 만연되어 있는 끔찍한 부패와 죄악을 제시한다.

바울은 이방인에 대하여 다룬 다음, 2장에서는 이방인을 판단하고 자기들을 정당화하는 유대인에게 시선을 옮긴다. 유대인은 모든 이방인을 죄인으로 간주하고 자기들 자신은 본성상 거룩하다고 평가했다. 따라서 바울은 유대인 역시 죄 아래에 있고, 그로 말미암아 유대인도 이방인과 똑같이 행했기 때문에 다른 사람들을 판단하는 것은 자기들 자신을 정죄하는 것이라는 사실을 보여준다. 그들은 유대인으로 불리고 율법에 의지하며 하나님에 대하여 자랑하지만 모두가 본성상 이방인과 똑같이 죄인이다. 바울은 계속해서 3장에서도, 9절에서 "그러면 어떠하냐. 우리는 나으냐. 결코 아니라"고 말하는 것처럼, 유대인이 본성상 이방인보다 더 나은 것이 조금도 없다는 사실을 증명한다.

바울은 동일한 사실 곧 인간의 보편적 부패를 가르치는 구약성경의 여러 본문을 인용하여 자신의 말을 확증한다. 10-18절의 말씀은 구약성경에서 인용한 것이다.

만일 유대인이 죄 아래에 있다는 것이 구약성경 본문의 인용으로 증명될 수 있다면, 그것이야말로 유대인을 가장 잘 설득시킬 수 있을 것이다. 왜냐하면 유대인은 어려서부터 신적 권위 및 확실한 진리에 대한 믿음을 갖고 구약성경을 보편적으로 인정하고 배우기 때문이다.

바울이 구약성경 본문을 인용하여 증명하고자 하는 것에는 두 가지 목표가 있다.

1. 모든 인간은 부패한 존재다.

2. 모든 인간은 전적으로 부패했다. 첫 번째 사실에 대하여 바울은 10-12절에서 시편 14편을 인용하여 증명한다. 이것은 "의인은 없나니"라고 기록된 것처럼 모든 인간이 부패했다는 것을 증명한다.

이어서 우리가 지금 제시하는 말씀에서 인용되는 말씀을 통해 바울은 모든 인간이 전적으로 부패했다는 사실을 증명한다. 모든 유대인과 이방인이 부패했고, 그것도 어느 정도가 아니라 완전히 부패했다. 이것은 구약성경에서 인용한 다양한 본문을 통해 증명된다. 예를 들어, "그들의 목구멍은 열린 무덤이요"는 시편 5:9에서 인용한 것이다. 또 "그 입술에는 독사의 독이 있고"는 시편 140:3에서 인용한 것이다.[7]

로마서 3:19 설교 개요

모든 입을 막고. 롬 3:19

로마서 교리 부분의 핵심 주제는 예수 그리스도로 말미암은 사람들의 구원, 특히 오직 믿음으로 말미암아 얻는 칭의 교리에 나타나 있는 하나님의 값없는 은혜. 그리고 이 교리를 더 분명히 나타내기 위하여 바울은 먼저 그에 대한 이유를 보여주고, 그 요점 곧 율법의 행위로 의롭다 하심을 얻을 육체가 있을 수 없다는 점을 확립한다. 그리고 그것을 증명하기 위하여 바울은 이방인과 유대인을 막론하고 모든 사람이 죄 아래에 있고, 따라서 모든 사람이 율법의 정죄 아래에 있다는 사실을 매우 상세히 제시한다. 이것이 바울이 로마서 시작 부분에서 이 지점까지의 내용에서 주장하는 요점이다. 바울은 먼저 이방인에 대한 언급으로 시작하고, 로마서 1장에서 이방 세계에 만연되어 있는 끔찍한 부패와 무서운 죄악을 제시함으로써 이방인이 죄 아래에 있다는 것을 보여준다. 이어서 로마서 2-3장 곧 오늘 설교의 본문과 다음 구절까지 바울은, 유대인도 이방인과 동일한 현실 속에 있다는 것 곧 이 점에 있어 유대인 역시 이방인과 동일한 상황 속에 있다는 것을 보여준다. 유대인은 하나님의 언약 백성이고 할례를 받고 아브라함의 자손이라는 이유로 자기들 자신을 높이 평가하는 생각을 갖고 있었다. 유대인은 이방인을 오염되고 정죄받고 고소당한 자로 멸시했다. 반면에 바울이 로마서 2장에서 지적하는 것과 같이, 자기들이 갖고 있는 외적 특권과 의식적·도덕적 의로 말미암아, 자기들 자신에 대해서는 순전하고 거룩한 백성이자 하나님의 자녀로 간주했다. 그러므로 유대인에게는 그들 역시 하나님 앞에서 부정하고 죄책이 있고, 율법의 정죄와 저주 아래에 있었다는 것이 이상한 교리에 불과했다. 그러므로 바울은 이런 교리를 반대하는 유대인의 강력한 편견으로 말미암아 특별히 더 그것을 주장하고, 유대인이 이방인보다 더 나은 것이 전혀 없다는 것을 증명한다. 로마서 3:9에서 다음과 같이 말하는 것과 같다. "그러면 어떠하냐. 우리는 나으냐. 결코 아니라. 유대인이나 헬라인이나 다 죄 아래에 있다고 우리가 이미 선언하였느니라." 그리고 유대인에게 그것을 납득시키기 위하여 바울은 이어서 로마서 3:9 이후부터 그들의 율법 곧 구약성경(유대인은 구약성경의 권위를 크게 존중했다)에서 나온 몇 가지 본문을 인용한다. 첫 번째로 바울은 로마서 3:10-12에서 모든 사람이 부패했다는 사실을 증명하려고 구약 본문들을 인용한다. "기록된 바 의인은 없나니 하나도 없으며 깨닫는 자도 없고 하나님을 찾는 자도 없고 다 치우쳐 함께 무익하게 되고 선을 행하는 자는 없나니 하나도 없도다." 두 번째로 바울은 그다음 구약 본문들을 인용하여 모든 사람이 부패했을 뿐만 아니라 각 사람이 전적으로 부패했다는 사실, 말하자면 모든 사람이 머리부터 발끝까지 더럽혀져 있다는 사실을 증명하려고 한다. 여기서 바울은 목구멍, 혀, 입술, 입, 발과 같은 신체의 여러 특정 부분을 언급하며 증명을 시도한다. "그들의 목구멍은 열린 무덤이요 그 혀로는 속임을 일삼으며 그 입술에는 독사의 독이 있고 그 입에는 저주와 악독이 가득하고 그 발은 피 흘리는 데 빠른지라"(롬 3:13-15). 그리고 세 번째로 바울은 각 사람이 전적으로 부패했을 뿐만 아니라 치명적으로 부패했다는 것을 증명하기 위하여 다른 여러 본문들을 인용한다. 로마서 3:16-18을 보면 그들의 부패의 심각한 정도가 긍정과 부정 용법을 통해 잘 나타나 있다. 곧 로마서 3:16에서는 긍정 용법을 통해 그들의 죄악의 치명적인 성격과 경향이 "파멸과 고생이 그 길에 있어"라고 표현되어 있다. 이어서 로마서 3:17-18에서는 부정 용법을 통해 그들 속에 선 또는 경건이 하나도 없다는 것을 "평강의 길을 알지 못하였고 그들의 눈앞에 하나님을 두려워함이 없느니라"

고 표현되어 있다. 그런 다음 유대인이 자기들의 율법에서 나온 이 본문들이 자기들과는 상관이 없고 이방인만을 의도하고 있는 것으로 생각하지 않도록, 바울은 오늘 본문(19절)에서 유대인도 제외되지 않을 뿐만 아니라 특별히 "우리가 알거니와 무릇 율법이 말하는 바는 율법 아래에 있는 자들에게 말하는 것이니"라는 사실을 유대인이 알아야 한다고 지적한다. 로마서 2:12에 나타나 있는 것처럼, "율법 아래에" 있는 자는 유대인을 가리키고, 율법이 없는 자는 이방인을 가리킨다. 여기서 율법을 이해할 특별한 이유가 있는 것은 율법을 직접 수여받은 자에게, 또 그들에 대하여 말하기 때문이다. 그러므로 유대인이 자기들 자신을 심판에서 제외시키는 것은 불합리한 판단이다. 그리고 이 본문들의 출처인 구약 본문들을 검토해 보면, 분명히 이스라엘 민족에 속해 있는 사람들 각자의 죄악에 특별한 관심이 두어져 있다는 것을 확인하게 될 것이다. 따라서 율법은 유대인과 이방인을 막론하고 모든 사람을 보편적이고 절망적인 죄악속에 가두고, 그들의 "모든 입을 막았다." 이방인의 입뿐만 아니라 이방인과 구별된 온갖 특권을 갖고 있었음에도 불구하고 유대인의 입도 막았다.

율법이 말하는 사실들은 다음과 같이 두 가지 면에서 모든 인간의 입을 막기에 충분하다.

1. 유대인이 그렇게 했던 것처럼 자기들의 의를 자랑하지 못하도록 율법은 모든 사람의 입을 막는다. 이것은 로마서 2:23에서 바울이 지적하는 것과 같다. 로마서 3:27의 문맥에서 "그런즉 자랑할 데가 어디냐. 있을 수가 없느니라"는 말씀으로 드러나는 것처럼, 바울은 이 점에서 모든 사람의 입을 막는 것을 염두에 두고 있다. 율법은 우리 자신의 의에 따라 생명, 하나님의 호의 또는 어떤 긍정적인 선을 내세우는 것에 대하여 우리의 입을 막는다.

2. 우리 자신을 위하여 율법의 집행이나 선고 또는 율법이 경고하는 형

벌에 반대하여 어떤 핑계나 반론을 제기하지 못하도록 우리의 입을 막는다. "온 세상으로 하나님의 심판 아래에 있게 하려 함이라"는 직후의 말씀으로 드러나는 것처럼 그것이 의도되어 있다. 그것은 그들이 죄책이 있는 존재로 나타나고, 하나님 앞에 죄인으로 서게 되며, 유대 방식의 표현대로 "살인죄"와 같은 하나님의 율법의 정죄를 받아야 한다는 것이다.

그리하여 바울은, 다음 구절(20절)에서 결론으로 제시하는 것처럼, 어떤 육체도 율법의 행위로 하나님 앞에서 의롭다 함을 얻을 수 없다는 것을 증명하고, 그렇게 함으로써 로마서 이후 부분에서 오직 믿음으로 얻는 이 중대한 칭의 교리를 확립하는 길을 준비한다.[8]

로마서 4:5 설교 개요

일을 아니할지라도 경건하지 아니한 자를 의롭다 하시는 이를 믿는 자에게는 그의 믿음을 의로 여기시나니. 롬 4:5

이 본문에서 살펴볼 수 있는 사실들은 다음과 같다.

1. 칭의는 사람을 경건하지 아니한 자로 간주하고 이루어지는 것이다. 이것은 "경건하지 아니한 자를 의롭다 하시는"이라는 말씀으로 증명된다. 이 말씀은 칭의 행위에서 하나님은, 의롭다 함을 받은 사람 속에 있는 것 곧 그 사람 안에 있는 어떤 경건이나 선에 대하여 아무 관심이 없다는 사실을 함축할 수 있다. 그러나 이후에 곧 칭의 행위 직전에 하나님은 그를 오직 경건하지 아니한 자 또는 악한 피조물로 바라보신다. 따라서 의롭다 함을 얻은 그 사람 속에 있는 경건은 그의 칭의의 근거가 아니므로 그의 칭의에 선행하는 것이 아니다. 그러므로 하나님이 경건하지 아니한 자를 의롭다 하신다고 말할 때 우리 안에 있는 어떤 선으로 간주되는 경

건이 우리의 칭의의 근거라고 가정하는 것은 불합리한 추론이다. 그리스
도께서 맹인을 보게 만드셨다면, 그 근거는 맹인을 불쌍히 여기시는 그리
스도의 마음이다. 이 불쌍히 여기시는 마음이 있고, 그 후에 시력 회복이
있다. 어떤 사람이 호의를 베풀어 가난한 사람을 부자로 만들었다. 그런
데 가난한 사람이 부자가 된 것은 그 어떤 사람이 베푼 호의 덕분이지, 이
제 넉넉해진 부자의 재산 때문이 아니다.

2. 오늘 설교의 본문에서 "일을 아니할지라도"는 단순히 의식법을 준
수하지 않는 것을 의미하는 것으로 보이지 않는다. 왜냐하면 "일을 아니
할지라도[곧 일을 아니한 자]"와 "경건하지 아니한 자"는 분명히 동등한 표
현으로, 같은 사실을 의미하기 때문이다. 그것은 이 두 어구를 연관시키
는 방법을 보아도 분명하다. 만약 그렇지 않다면 어떤 목적으로 후자의
표현 곧 "경건하지 아니한 자"라는 말이 들어갔을까? 문맥으로 보면 그
에 대한 다른 이유는 나타나 있지 않고, 오직 복음의 은혜는 하나님이 칭
의를 베푸실 때 우리의 어떤 경건에 관심을 두고 계시지 않는다는 것에
나타나 있음을 보여준다. 이전 구절을 보라. "일하는 자에게는 그 삯이 은
혜로 여겨지지 아니하고 보수로 여겨지거니와"(4절). 이 구절에서 복음의
은혜가 일한 것이 없이 주어지는 상에 있는 것이 분명하다. 의미가 서로
연결되어 있는 이 구절 다음 본문(5절)은 복음의 은혜가 "경건하지 아니
한" 사람이 의롭게 되는 것에 있음을 분명히 한다. 이것으로 보면 "일을
아니하는 자"와 "경건하지 아니한" 자는 동일한 사실을 의미하는 것이 매
우 명백하다. 그러므로 칭의 사역에서 제외되는 것은 의식법의 행위만이
아니라 도덕과 경건의 행위도 제외된다.

3. 말씀으로 보면 여기서 우리를 의롭게 하는 믿음 곧 여기 표현대
로 "경건하지 아니한 자를 의롭다 하시는 이를 믿는"것은, 순종이나 의
의 과정과 같은 것을 의미하지 않는 것이 분명하다. '오직 믿음' 신봉자

(Solifidians)를 반대하는 자들은 우리가 이 교리에 대한 성경 구절들을 가장 자연스럽고 명백한 의미로 취해야 하고, '오직 믿음 신봉자'가 애매한 은유와 비지성적인 비유로 이 교리를 얼마나 모호하게 만들고 있는지 모른다고 주장할 것이다! 그러나 이것이 성경이 율법을 어기는 자 곧 "경건하지 아니한 자를 의롭다 하시는 이를 믿는" 것에 대하여 말할 때 가장 명백한 의미에 따라 성경을 해석하는 것인가? 정말로 그 의미가 하나님의 율법에 순종하고 어기지 말라고 말하는 데 있는가? 하나님을 의롭게 하시는 분으로 믿는 것은 확실히 율법을 주신 하나님께 순종하는 것과는 별개의 일이다. 하나님을 경건하지 아니한 자 곧 율법 수여자를 거역하는 자를 의롭다 하시는 이로 믿는 것은 특히 더 그렇다.

4. 칭의의 주체는 사람을 자기 안에 아무런 의를 갖고 있지 않는 자로 간주하시는 것이 분명하다. 이것은 "의로 여기다" 곧 그에게 의가 전가된다는 표현으로 증명된다. 여기서 바울이 그런 말을 사용하는 것과 이 말이 나오는 문맥에서처럼 이 말은 분명히 하나님이 자신의 주권적 은혜로 확실히 의롭지 않은 죄인을 기꺼이 의인으로 간주하며 여기시고, 의를 갖고 있지 못한 사람 속에게서 결과가 마치 그가 의를 갖고 있었던 것과 동일하다는 의미를 함축하고 있다(그 맥락에서 보면 그것은 확실히 의에 해당되는 어떤 것을 지니고 있다). 이것이 이전 구절들의 표현의 의미인 것이 분명하다. 3절에서 바울은 분명히 하나님의 값없는 은혜에 대한 자신의 주장을 강조하고, 이 본문에서 "여겨지다"와 관련하여 아브라함에 대한 구약성경의 본문을 인용하며, 이것이 본질상 의가 없었던 아브라함을 다루실 때, 하나님이 자신의 은혜를 보여주신 것, 곧 하나님이 어떤 것을 의로 여기신 것에서 바울이 가정한 사실이다. 그리고 본문 직전에 "일하는 자에게는 그 삯이 은혜로 여겨지지 아니하고 보수로 여겨지거니와"라는 구절이 나온다. 거기서 "여겨지다"로 번역된 말은 다른 구절들에서 "전가되

다", "간주되다"로 번역되는 것과 같은 말이다. 이것은 바울이 이렇게 말한 것과 똑같다. "일하는 자에게 은혜를 지불하거나 그것을 의로 간주할 필요가 없고, 마치 그것이 의였던 것처럼 보수가 따를 것이다. 왜냐하면 만일 그가 일을 했다면 본질상 의와 같은 것을 갖고 있고, 그러기에 보수가 적절히 해당되기 때문이다." 이것은 또한 이어지는 말씀인 로마서 4:6으로도 명백하다. "일한 것이 없이 하나님께 의로 여기심을 받는 사람의 복에 대하여 다윗이 말한 바." 여기서 일한 것이 없이 의로 여기심을 받는 것은, 자기 자신의 것이 아닌 의가 그에게 전가되는 것 말고 어떤 다른 의미가 있을 수 있겠는가? "불법이 사함을 받고 죄가 가리어짐을 받는 사람들은 복이 있고 주께서 그 죄를 인정하지 아니하실 사람은 복이 있도다 함과 같으니라"(롬 4:7-8). 다윗의 이 말이 바울에게 어떻게 작용하는가? 또는 만약 그것이 '전가되다(여겨지다)'라는 말이 사용되고, 전가의 주체가 죄인으로서 도덕적 의를 결여하고 있는 자로 언급되기 때문이 아니라면, 다윗의 이 말이 일한 것이 없이 의로 여겨지는 것과 같은 것을 어떻게 증명하겠는가? 왜냐하면 다윗은 의식법의 행위가 없이 사함 받은 것과 같은 사실을 말하지 않기 때문이다. 다윗의 말 속에는 의식법에 대한 암시나 언급은 전혀 없다. 그러므로 나는 나의 현재 강론의 주제를 위하여 이 말에서 이신칭의 교리를 과감하게 추론해 낼 것이다.'

로마서 4:16 설교 개요

그러므로 상속자가 되는 그것이 은혜에 속하기 위하여 믿음으로 되나니. 롬 4:16

로마서 4장에서 바울은 아브라함의 실례를 통해 오직 믿음으로 의롭다 함을 얻는 교리의 진리성을 논증한다. 바울은 아브라함의 실례를 이신칭의 교리의 핵심 반대자인 유대인을 겨냥하고 언급한다. 왜냐하면 유대인은 자기들이 아브라함의 자손이라는 사실에 매우 큰 가치를 두고 있었고, 할례를 받은 것과 아브라함의 혈통적 자손에게만 해당되는 다른 율법 의식들의 준수를 통해 자기들이 아브라함의 언약의 복에 참여할 권리를 갖고 있다고 가정했기 때문이다. 그러므로 이런 유대인을 깨닫게 하려고 바울은 하나님이 최초로 할례 규례를 제공한 아브라함 자신도 행위가 아니라 오직 믿음으로 의롭다 함을 받았다는 것을 보여주고, 이것을 여러 가지로 분명히 한다. 우선, 성경이 아브라함이 하나님을 믿었고 그렇게 믿은 것이 의로 간주되었다고 분명히 말한다는 점이고, 두 번째는 아브라함은 유대인이 칭의의 기초로 다른 어떤 것보다 우위에 둔 행위인 할례를 받기 이전에 의롭다 함을 받았다는 점이다. "그런즉 그것이 어떻게 여겨졌느냐. 할례 시냐 무할례 시냐. 할례 시가 아니요 무할례 시니라"(10절). 11절에서 바울은 계속해서, 할례는 아브라함이 할례를 이미 받았기 때문에 그로 말미암아 얻게 된 의에 대한 보증이 아니라, 아직 할례를 받기 전에 아브라함을 의롭게 만든 믿음의 의에 대한 보증이었다고 주장한다. 따라서 세 번째로 바울은 아브라함이 율법의 행위가 아니라 믿음으로 의롭다 함을 받았다고 주장한다. 왜냐하면 아브라함이 세상의 상속자가 될 것이라는 약속은, 율법이 아니라 믿음의 의로 말미암아 아브라함이나 그의 후손에게 주어진 것이기 때문이다. 하나님이 아브라함과 맺으신 언약은 주로 이 약속에 있었고, 이 약속은 율법으로 말미암아 주어지거나 아브라함이 어떤 율법의 행위를 통해 약속된 복의 자격을 받은 것과 같은 것이 아닌데, 그것이 분명한 것은 만약 그 약속이 율법으로 말미암아 주어진 것이라면, 율법은 진노를 일으키기 때문에 그것이 아무 효력이 없게 될 것이기 때문이다. 지금까지 율법을 온전히 지킨 아브라함의 후손은 아무도 없었고, 따라서 그 약속이 율법으로 말미암아 주어졌다면, 13-15절에서 말하는 것처럼 그 약속은 우리에게서 성취될 리가 결코 없을 것이다. 그러나 그 약속은 율법이 아니라 믿음으로 말미암아 주어졌고, 따라서 우리의 범죄와 무가치함을 완전히 압도하는 주권적 은혜에 대한 약속은, 오늘 설교의 본문이 말하는 것처럼 믿음으로 말미암지 않으면 아브라함의 후손이 되지 못하는 모든 후손이 확실히 얻게 될 것이다. 그러므로 그 약속이 은혜로 끝까지 모든 후손에게 확실히 주어지는 것은 오직 믿음으로 말미암아서다.[10]

로마서 5:6 설교 개요

우리가 아직 연약할 때에 기약대로 그리스도께서 경건하지 않은 자를 위하여 죽으셨도다. 롬 5:6

이전 장들(1-4장)에서 오직 믿음으로 얻는 칭의 교리를 주장한 바울은 여기서 곧 로마서 5장 첫 부분에서 믿음으로 얻는 칭의의 복된 열매들을 제시한다. 바울은 칭의의 몇 가지 열매를 여기서 언급한다. 말하자면 "우리 주 예수 그리스도로 말미암은 하나님과의 화평", 하나님과 의에 나아감, "하나님의 영광을 바라고 즐거워함", "환난 중에도" 즐거워함 등이다.

그리고 믿음으로 말미암은 우리의 칭의의 열매로서 환난 중에도 즐거워하는 것을 언급한 바울은 더 나아가 환난 중에 인내를 배우는 것에 대하여 지적하고, 계속해서 세상의 악에 대한 소망의 승리를 설명한다.……즉 하나님의 인자하심과 신실하심에 대한 과거의 경험은 미래와 관련된 하나님의 약속 및 환난이 끝날 더 온전한 구원에 대한 소망을 낳을 것이다. "소망이 우리를 부끄럽게 하지 아니함은"(5절). 왜냐하면 참 그리스도인의 소망은 구원의 소망인 사랑을 동반하고, 영광은 우리의 구원을 취득하게 한 사랑에 동반되며, 사랑은 우리의 고난을 부끄럽게 하지 않고, 사랑하는 자를 위하여 환난을 견디도록 만들기 때문이다.

본문의 말씀을 보면 기독교적 소망이 사랑을 일으키기 때문에 경건하지 않은 자를 위한 그리스도의 죽음이 선언된다. 소망 곧 경건하지 않은 자의 구원은 구원을 얻기 위하여 죽으신 주 예수 그리스도의 놀라운 사랑으로 취득되었다.……본문의 첫 번째 부분에 따라 나는 지금 우리가 아직 연약할 때라고 주장할 것이다.

내가 이 말씀에서 이끌어 낼 교리는 바로 이와 같을 것이다.[11]

로마서 5:7-8 설교 개요

의인을 위하여 죽는 자가 쉽지 않고 선인을 위하여 용감히 죽는 자가 혹 있거니와 우리가 아직 죄인 되었을 때에 그리스도께서 우리를 위하여 죽으심으로 하나님께서 우리에 대한 자기의 사랑을 확증하셨느니라. 롬 5:7-8

여기서 사람들의 서로에 대한 사랑과 그리스도의 죽으심을 통해 보여주신 하나님의 사랑을 비교하는 것은 바울이 이 문맥에서 다루고 있는 논증의 흐름에서 약간 벗어난 것이다. 5장 시작 부분에서 바울은 그리스도인의 소망을 묘사한다. 곧 소망의 큰 유익과 소망의 즐거움 그리고 환난 중에도 그리스도인이 즐거워할 수 있도록 만드는 소망의 효력에 대하여 말한다. "그러므로……의롭다 하심을 받았으니"(1절). 처음 세 구절에서는 참 그리스도인의 환난이 어떻게 소망을 높이고 확립하는 수단인지, 곧 환난을 참는 인내가 어떻게 소망을 굳게 하여 소망을 부끄럽지 않게 만드는지를 보여준다. 사람들은 자기들의 경험이 자기들의 소망에 일치하지 않을 때 성경에서 말하는 소망을 부끄러워할 것이다.

그러나 그리스도인들은 환난 속에서 인내로 환난을 견딜 때 낙심하지 않는데, 바울이 제시하는 이유는 환난을 견디고 있을 때 그들에게 주신 성령으로 말미암아 하나님의 사랑이 그들의 마음에 부어졌기 때문이다.

하나님은 그들에게 성령을 부어 주시는데, 그것은 그들의 미래의 기업에 대한 보증이며, 종종 그렇게 언급된다. 따라서 바울은 계속해서 그리스도인들이 그리스도께서 행하신 가장 큰일 곧 그들이 경건하지 않을 때에 그리스도께서 그들을 위하여 죽으셨다는 주장을 통해, 미래의 영광에 대한 그들의 소망이 결코 좌절되지 않으리라는 것을 확신해야 하는 이유가 무엇인지를 증명한다. 바울은 죄책 아래 있을 때 그리스도의 죽음으로 죄책이 제거되어 구원이 주어지게 된 것을 추호도 의심 없이 천명한다. 왜냐하면 그리스도께서 죄책을 제거하기 위하여 죽으셨고, 그로 말미암아 죄책이 제거된 후에 하나님이 구원을 베푸시는 것은 [그리스도께서 우리가 죄책 아래 있을 때 죄책을 제거하기 위하여 죽으신 것과 비교하여] 그리 큰일이 아니기 때문이다.

여기서 우리가 경건하지 않았을 때 우리를 위하여 그리스도께서 죽으신 것이 언급된 것은, 우리가 죄인이었을 때 우리를 위하여 그리스도를 죽게 하신 하나님의 경이로운 사랑을 지적하기 위해서다. 바울이 먼저 사람들의 최고의 사랑을 언급하는 것은 그리스도의 사랑이 얼마나 비견할 수 없는 독보적인 사랑인지를 증명하기 위해서다. "의인을 위하여 죽는 자가 쉽지 않고 선인을 위하여 용감히 죽는 자가 혹 있거니와"(7절). 여기서 선인은 의를 제외한 다른 모든 자격을 갖추고 있는 사람으로 이해될 수 있다. 따라서 의인은 자신의 모든 당연한 권리 외에 어느 누구에게도 일부러 잘못을 행하지 않은 도덕적 정의 능력을 구비한 사람으로 이해되어야 한다. 그리고 선인은 매우 관대한 사람으로 이해되어야 한다. 선은 때로는 거룩함과 경건함을 의미하고, 또 때로는 관대함과 인자함을 의미

한다. 우리는 하나님의 인자하심에 대하여 말할 때, 만약 우리가 그것을
이런 의미로 이해한다면, 바울의 의미는 바로 이것이다. 곧 사람들은 다
만, 다른 사람이 자기를 항상 공평하게 대하고 자기에게 어떤 상처나 해
를 입히지 않은 경우라면 혹시 몰라도, 다른 사람을 위하여 거의 죽는 경
우가 없다. 그러나 어떤 이들은 자기에게 해를 입히지 않은 자들을 위하
여 죽을 뿐만 아니라 자기에게 큰 자비를 베푼 자들에게는 특별한 의무
감을 갖고 선을 베풀 것이다. 그리고 이것은 사람들의 사랑이 그리스도께
서 요한복음 15:13에서 "사람이 친구를 위하여 자기 목숨을 버리면 이보
다 더 큰 사랑이 없나니"라고 말씀하시는 것과 일치되는 최고의 사랑이
다. 또는 우리는 의인과 선인을 동의어로 보고 악인 및 죄인과 반대 의미
를 갖고 있으며, 여기서 그리스도께서 위하여 죽으셨다고 말하는 것과 동
일한 사실을 함축하고 있다고 이해할 수 있다. 따라서 좀 더 격조 있는 표
현을 위하여 의인에서 선인으로 말을 바꾸는 것이다. 선인과 의인을 위하
여 자기 목숨을 내놓을 정도로 사랑을 베푸는 자는 거의 없다. 그러나 사
람들의 사랑도 어쩌다 그렇게 될 수 있기는 하다. 그렇지만 그리스도는
의인 및 선인과 정반대인 악인 및 죄인을 위하여 죽으셨고, 바울은 여기
서 그리스도의 사랑을 사람들의 서로 간의 사랑을 완전히 능가하는 한 가
지 실례로 제시한다.

로마서 5:10 설교 개요

곧 우리가 원수 되었을 때에 그의 아들의 죽으심으로 말미암아 하나님과 화목하
게 되었은즉. 롬 5:10

로마서 1장 첫 부분에서 5장 첫 부분까지 바울은 오직 믿음으로 얻는 칭

의 교리를 주장하고, 그것에 관해 상세히 설명했다. 이제 로마서 5장에서 바울은 칭의에 수반되는 유익을 계속해서 다룬다.

따라서 칭의에서 나오는 유익들이 여기서 언급되는데, 그것은 곧 하나님과의 화평 및 영광의 소망이다. 하나님과의 화평은 1절에서 언급된다. "그러므로 우리가 믿음으로 의롭다 하심을 받았으니." 이후 구절들에서 바울은 칭의에 수반된 유익인 영광의 소망에 대하여 말한다. 그리스도로 말미암아 우리는 이 은혜에 들어가고, 이 은혜 안에서 우리는 하나님의 영광을 바라고 즐거워한다.

영광의 소망이라는 이 유익에 대하여 바울이 특별히 지적하는 것은 바로 이 소망의 복된 본질과 이 소망의 확실한 유익이었다.

1. 바울은 우리를 환난 중에도 즐거워할 수 있도록 만드는 이 소망의 복된 본질을 강조한다. 우리는 이 보상 때문에 인내하며 환난을 견디고, 그리하여 참된 기독교적 소망의 뛰어남이 3-5절에서 묘사된다. 온갖 환난을 상쇄시키고도 남을 만큼 충분히 주어질 복된 보상에 대한 소망을 통하여 우리는 환난을 얼마든지 인내하며 견딜 수 있다. 따라서 우리는 보상을 기다리며 인내로 환난을 견딘다. 이것을 통해 우리는 이 보상에 대한 보증을 경험한다. 곧 환난을 견디는 동안 우리의 소망이 우리를 부끄럽게 하지 않도록 성령으로 말미암아 하나님의 사랑이 우리 마음에 부어지기를 바랄 때 성령의 보증을 경험하게 된다. 우리의 소망은 우리의 환난 중에 낙심하지 않고, 우리는 우리의 영혼 속에서 심지어 환난 중에도 우리를 감미롭게 하고 우리의 소망을 충분히 확증하는 보증으로 성령의 복된 유익을 경험하고, 이 경험(곧 연단)은 소망을 이룬다.

2. 바울은 이 소망을 위하여 확실하고 충분한 친구가 있다는 것을 지적한다. 곧 우리가 그리스도의 피로 말미암아 얻은 칭의의 유익인 하나님과 갖는 화평 속에서 바라는 영광을 얻을 것에 대한 충분한 증거가 있음을

지적한다. 그로 말미암아 우리가 경건하지 못하고 죄인으로 하나님의 원수였던 동안 아직 연약할 때에 기약대로 그리스도께서 우리를 위하여 죽으셨다. 바울의 논증은 매우 명확하고 강력하게 하나님이 우리를 위하여 이미 위대한 일을 행하셨는데, 그것은 우리를 위하여 죽고 자신의 보혈을 흘리도록 그리스도를 우리에게 주신 것이고, 이것이야말로 가장 위대한 일이라는 것이다. 우리는 이 모든 일이 이미 일어난 후에 하나님이 우리에게 생명을 주시리라는 것을 의심할 하등의 이유가 없다. 생명을 얻도록 그리스도를 우리에게 주신 것은 자연스러운 일이었다. 거기에는 구원의 전체적인 은혜가 포함되었다. 그리스도께서 매우 비싼 값으로 구원을 취득하셨을 때 겪으신 모든 어려움이 진실로 모든 것을 끝내고 이루셨다. 이처럼 충분한 값을 치르고 구원이 취득된 후에 하나님이 구원을 베푸시는 것은 그리스도를 죽음에 내놓으신 것과 비교하면 상대적으로 작은 일이다.

그리스도의 죽음으로 말미암아 의롭다 함을 얻은 죄인들은 이미 진실로 구원받았다. 남아 있는 것은 이미 이루어진 구원의 필수적인 결과를 누리는 것 외에는 아무것도 없다. 그리스도는 죽으셨을 때 죄를 끝장내셨고, 죽은 자 가운데서 살아나셨을 때에는 사실상 택함 받은 자와 함께 살아나셨다. 그리스도는 그들을 자기와 함께 죽음에서 끌어내 그들과 함께 하늘로 올라가셨다. 그러므로 이것이 이미 일어났고, 우리는 이처럼 하나님의 아들의 죽음으로 말미암아 하나님과 화목하게 되었으므로 두려워할 것이 없다. 그러나 우리는 또 그리스도의 생명으로 구원을 받을 것이다. 하나님의 사랑은 죄인들을 위하여 자기 아들을 내주신 것이 그리스도께서 죽으신 후에 영생을 주시는 것보다 훨씬 더 위대한 일로 나타난다.

여기서 우리를 위하여 죽도록 그리스도를 내주신 것이 실제로 생명을 주신 것보다 훨씬 더 위대한 일로 언급되는 것은 다음 두 가지 이유에서다.

1. 그리스도를 죽음에 내주신 것은 그것이 가장 어려운 일이었기 때문

이다.

2. 하나님이 우리를 위하여 그리스도를 죽음에 내주신 것은 죄인이자 원수인 우리를 위하여 행하신 일이기 때문이다. 그러나 실제로 우리가 의롭다 함을 받은 후에 우리에게 구원을 베푸실 때 우리는 죄인으로 간주되지 않는다. 왜냐하면 우리가 의롭다 함을 받은 후에 하나님은 더 이상 우리를 죄인으로 간주하지 않고 완전히 의인으로 간주하시기 때문이다. 그때 우리는 하나님과 화목하게 되기 때문에 우리는 더 이상 하나님의 원수가 아니다. 하나님은 죄인들을 위하여 죽도록 그리스도를 주셨을 때 그들을 그들 자신 안에 있는 존재로 보셨다. 그러나 실제로 영생을 부여하심으로써 하나님은 그들을 그들 자신 안에 있는 존재로 보지 않고 그리스도 안에 있는 존재로 보신다.

본문과 본문의 문맥 속에는 그들 자신 안에 있는 존재로서의 죄인들에게 속해 있는 세 가지 표현이 언급되어 있다.

1. 그들은 연약함 속에 있다. 그들은 스스로 도울 수 있는 능력이 없다(6절). 왜냐하면 우리가 죄가 없었던 동안에는……

2. 그들은 경건하지 않은 자 또는 죄인이다(6-8절).

3. 그들은 본문에서 말하는 것처럼 원수다.[12]

로마서 5:21 설교 개요

이는 죄가 사망 안에서 왕 노릇 한 것 같이 은혜도 또한 의로 말미암아 왕 노릇 하여 우리 주 예수 그리스도로 말미암아 영생에 이르게 하려 함이라. 롬 5:21

로마서 5장 마지막 부분의 이 일곱 구절(15-21절)에서 바울의 한 가지 특별한 목적은, 아담으로 말미암아 임한 사람들의 죄와 비참을 크게 능가하는, 그리스도 안에서의 하나님의 은혜와 이 은혜의 복된 열매를 증명하는 것이다.

이 은혜의 복된 열매인 은사와 행복은 "한 사람의 범죄"를 크게 능가한다(15절).

정죄는 한 사람의 범죄로 말미암았지만 "값없는 선물은 많은 범죄로 말미암아 의롭다 하심에 이르게 하는" 것이다(16절).

성도들이 예수 그리스도를 통하여 생명 안에서 왕 노릇 하는 것은 사망의 왕 노릇을 크게 능가할 것이다(17절).

이어서 18-19절에서 바울은 두 아담 사이의 평행 관계에 따라 전가의 방법을 제시한다.

그러나 20-21절에서 바울은 다시 한 번 은혜가 사람들의 죄와 비참을 크게 능가한다는 것을 증명한다. 곧 그들의 죄와 비참은 크지만 하나님의 은혜가 그보다 더 크다.

사람들의 죄와 비참은 "왕 노릇 하다"라고 말할 수 있을 정도로 권세를 갖고 있다. 그러나 하나님의 은혜는 그것뿐 아니라 모든 것에 대하여 왕 노릇 한다.[13]

로마서 6:14 설교 개요

이는 너희가 법 아래에 있지 아니하고 은혜 아래에 있음이라. 롬 6:14

바울은 6장에서 이전 장 곧 죄가 더한 곳에 은혜가 더욱 넘쳤다고 말한 5장 마지막 두 절(20-21절)에서 말한 것에 대한 반론에 대답하고 있다.

바울이 제시하는 반론은 다음과 같다. 곧 우리가 은혜를 더하게 하려고 계속 죄에 거할 수 있는가? 또는 죄가 사망을 다스리는 것처럼 은혜가 영생을 다스린다면, 왜 죄에 계속 거하는 것이 억제되지 않는 죄악에 문을 열어 두는 것이 되는가? 바울은 한 장 전체(6장)를 이 반론에 답변하는 데 할애하고, 오늘 설교의 본문과 이어지는 구절들에서 은혜 받은 자들 속에서는 은혜를 더해 주고, 은혜를 주관하는 지배권이 죄를 범하게 하는 지배권과 정반대 성향을 갖게 될 것이라고 주장한다. 이 은혜의 통치를 가리키는 복음은 죄를 조장하기는커녕 죄의 지배권에서 벗어나게 하고, 죄를 누리는 죄의 모든 권세에서 마음을 해방시키는 경향이 있다.

악인을 지배하고 있는 죄의 지배권은 두 가지가 있을 것이다. 첫째, 죄는 악인 속에서 그들의 마음과 행동을 지배하는 지배권을 갖고 있다. 둘째, 죄는 형벌을 피할 수 없는 죄책을 통해 악인의 지위에 대하여 그들을 지배하는 권능을 갖고 있다.

따라서 율법 아래에 있는 자는 다음과 같이 두 가지 면에서 죄의 지배권 아래에 있다. 첫째, 율법 안에는 사람을 죄 곧 죄책이나 죄의 권능에서 구원하는 대책이 없기 때문에 확실히 율법은 죄를 범하는 것을 엄격히 금하는데, 죄를 범하는 것을 매우 가혹하게 경고하는 것으로 그렇게 하고, 또 율법은 사람을 죄에서 보존하는 다른 원리를 제공하지 못하고 단지 속박의 영에 대한 종의 두려움을 일으키는 원리를 제공할 따름이다. 율법이 제공하는 원리는 사람들의 마음을 죄에 대한 사랑, 따라서 죄의 권능에서 구원할 수 없고, 또는 사람들을 진실하고 성실하게 순종하는 자로 만들 수 없으며, 그러기에 죽게 하는 율법 조문으로 불린다. 둘째, 따라서 죄는 율법의 처벌에 대한 의무와 관련하여 권능을 갖고 있다. 그 이유는 오직 율법을 통해서만 죄는 의무를 이끌어 내기 때문이다. 그리고 바울이 친히 다음 8절 이하에서 주장하는 것처럼 죄는 마음속에서 준동할 기회가 있을 때 매우 포악하게 날뛰기 때문에 강력한 영향력을 갖고 있다.

바울이 왜 사람들이 율법 아래에 있지 않고 은혜 아래에 있을 때 죄의 지배권의 영향을 덜 받게 되는지 이유를 추론해 내는 취지를 보려면 이것을 주목하는 것이 필수적이었다.

여기서 은혜는 바울의 의도에서 나타나는 것처럼, 그리고 율법 곧 행위 언약과의 반대 개념으로 제시하는 것에서 나타나는 것처럼, 은혜 언약 또는 복음을 의미하고, 그리스도 안에 있는 하나님의 은혜의 통치를 가리킨다. 이 말은 신약성경 다른 곳에서 그렇게 사용된다. 고린도후서 6:1을 보자. "우리가 하나님과 함께 일하는 자로서 너희를 권하노니 하나님의 은혜를 헛되이 받지 말라." 여기서 은혜는 은혜의 복음이다. 갈라디아서 5:4도 마찬가지다. "율법 안에서 의롭다 함을 얻으려 하는 너희는 그리스도에게서 끊어지고 은혜에서 떨어진 자로다." 즉 너희가 행위 언약으로 의롭다 함을 얻으려고 한다면, 복음 곧 은혜 언약에서 떨어져 나갈 것이다. 이 은혜의 통치는 율법과는 확실히 다른 성향을 갖고 있다. 그것은 종의 두려움이 아닌 순종의 원리를 제공한다. 그것은 '양자(養子)의 영'(롬 8:15) 곧 사랑과 존경과 감사의 원리를 제공하고, 그것만이 참된 순종을 가져오고 마음을 변화시키며 죄의 지배권에서 마음을 해방시키는 하나님의 영을 제공할 수 있다. 따라서 사람들은 다음과 같이 이중적 의미에서 이 은혜 언약 아래 있을 수 있다. 곧 사람들은 이 은혜 언약의 선포 아래에 있고 신앙 고백을 통해 그 아래에 있을 때 또는 그들의 마음이 이 은혜 언약에 복종하고 전적으로 순응할 때 그 아래에 있을 수 있다. 본문의 내용에 따라 우리는 지금 은혜로 불리는 복음과 관련되고, 거기서 우리는 이 교리를 이끌어 내게 된다.[14]

로마서 7:14 설교 개요

나는 육신에 속하여 죄 아래에 팔렸도다. 롬 7:14

로마서 7장 이전 부분에서 바울은 인간 본성의 부패에 대하여 매우 괄목할 만한 한 가지 증거를 언급하는데, 그것은 하나님의 율법은 사람의 정욕이 계명보다 더 강하다는 것을 증명했다는 것이다. 하나님의 금지 계명은 악한 탐심이 더 극성을 부리도록 자극하는 역할을 했다(8절). 바울은 여기서 율법이 이렇게 탐심을 자극하는 것은 율법이 갖고 있는 어떤 결함 때문이 아니라는 것을 입증한다. 율법이 죄의 기회를 증명한다고 해서 그것이 율법이 선하지 않다는 표지는 아니며, 오히려 비난은 우리가 받아야 할 몫이고, 그것은 우리의 본성의 엄청난 죄악성을 표시하는 것이다(11-12절). 따라서 율법은 거룩하고, 계명도 거룩하고 의로우며 선하다. 그리고 14절에 따르면 우리가 율법은 신령하지만 나는 육신에 속하여 죄 아래 팔린 것을 알고 있다. 본질상 선한 것이 우리의 죄의 기회가 되어 버리는 이유는 우리가 죄 아래 팔렸기 때문이다. 우리의 본성은 모든 것, 아니 심지어는 자체로 매우 선하고 거룩한 것까지도 죄로 말미암아 독으로 바뀜으로써 보편적으로 그리고 전적으로 부패했다. 더 나아질 것은 아무것도 없다.

그러나 반면에 부패와 정반대인 것이 마음속에 들어와 자기에게 팔려온 종을 지배하는 주인처럼 죄가 절대적 지배권을 주장하는 것을 참지 못한다.

여기서 바울은 자기 자신에 대하여 말하고 있다. 왜냐하면 자신이 죄를 섬길 수 없도록, 죄가 더 이상 자기를 지배할 수 없도록, 그리스도께서 이 죄의 종에서 값을 치르고 사심으로써 자기를 속량하셨기 때문이다. 그래서 바울은 이번 장 마지막 부분(롬 7:24-25)에서 다음과 같이 부르짖음으로써 하나님을 찬송한다. "오호라, 나는 곤고한 사람이로다. 이 사망의 몸에서 누가 나를 건져 내랴. 우리 주 예수 그리스도로 말미암아 하나님께 감사하리로다. 그런즉 내 자신이 마음으로는 하나님의 법을 육신으로는 죄의 법을 섬기노라." 그러나 바울은 18절에서 "내 속 곧 내 육신에 선한 것이 거하지 아니하는 줄을 아노니 원함은 내게 있으나 선을 행하는 것은 없노라"고 자신의 상황을 설명한다. 여기서 "내 육신에"는 본성상 나를 가리키는 "나 자신에"를 의미하고, 이 본성을 바울은 종종 "육신", "옛 사람", "죄의 몸과 사망"이라 부른다.[15]

로마서 8:22 설교 개요

피조물이 다 이제까지 함께 탄식하며 함께 고통을 겪고 있는 것을 우리가 아느니라. 롬 8:22

본문의 문맥에서 바울은 그리스도의 교회가 갖고 있는 이중의 상태 곧 고난의 상태와 영광의 상태에 대하여 말한다. 만약 우리가 그리스도와 함께 고난을 당하고 있는 것이 사실이라면, 우리는 또한 영광도 함께 받게 될 것이다. 교회의 고난 상태는 바울 편지의 수신자인 로마 지역의 그리스도인들의 현재 상태를 가리킨다. 바울이 본문의 문맥 첫 부분에서 말하는 것처럼 그리스도인들은 하나님의 자녀이고, 그러므로 하나님의 상속자이자 그리스도와 함께한 상속자이며, 또 그러기에 영광의 상속자이지만, 현재 그들은 이 영광을 소유하고 있는 상태가 아니고, 그들의 현재 상태는 고난의 상태이며, 그들의 영광의 상태는 내세를 위하여 마련된 것이다.

이 세상에서 교회의 상태가 고난의 상태인 이유는 이 세상이 죄 아래 있기 때문이다. 이 세상은 인간의 죄와 부패에 종속되어 있다.

바울은 두 가지 사실로 고난 속에 있는 로마 지역의 그리스도인들을 격려한다. 첫째, 바울은 그들의 현재의 고난 상태에서 겪는 고난은, 그들의 미래의 영광의 상태에서 맛볼 영광과 비교할 가치가 못 된다는 사실로 그들을 격려한다(18절).

둘째, 바울은 그들이 지금은 고난 아래 있지만 그들의 영광이 오도록 되어 있으므로, 그들의 영광의 상태는 확실하다는 것으로 그들을 격려한다.

그리고 바울이 여기서부터 이 장이 끝날 때까지 이 영광 상태의 확실성을 증명하는 데 여러 가지 논증을 사용하고 있는데, 그 가운데 첫 번째 논증은 말하자면 피조물 전체가 그날을 간절히 기다리고 있다는 것이다 (19-22절).

이 구절들 속에 담겨 있는 고난의 상태는 파악하기가 힘들고 애매하지만, 만약 우리가 바울의 범주와 취지를 부지런히 파악하고 그것을 문맥과 비교해 본다면, 그 안에 나타나 있는 바울의 의미는 매우 분명하고 명확하게 드러난다. 피조물이 허무한 데 굴복하고 썩어짐의 종 노릇 하는 것은 현재 세상이 인간의 죄와 부패에 예속되어 있다는 것을 의미한다. 이 것은 교회가 현재 고난의 상태 속에 있는 원인이고, 이것이 여기서 그 원인으로 언급된다. 곧 교회가 현재 고난 상태 속에 있는 원인은 세상이 현재 사람들의 죄에 예속되어 경건한 자가 비난과 박해를 겪기 때문이다. 고난의 상태에서 겪는 허무한 것(vanity)은 매우 통상적으로는 다음 구절들에서 표현된 것처럼 죄를 의미한다. "그들이 허무한 것[vanities]으로 내 진노를 일으켰으니"(신 32:21). "만일 내가 허위[vanity]와 함께 동행하고"(욥 31:5). "그의 혀 밑에는 잔해와 죄악[vanity]이 있나이다"(시 10:7).

따라서 바울은 부패의 종 노릇에 대하여 말할 때 인간의 죄의 부패를 가리킨다. 따라서 인간의 죄가 종종 고난의 상태에서 언급된다. "마음이 부패하여지고"(딤전 6:5). "못된 나무가 나쁜 열매를 맺나니"(마 7:17). "너희가 정욕 때문에 세상에서 썩어질 것을 피하여"(벤후 1:4). 그 외에 다른 본문들도 많이 있다. 피조물은 인간의 죄와 부패에 굴복하고, 말하자면 인간이 피조물을 악용하는 것을 통해 인간의 죄의 종이 된다. 따라서

태양은 햇빛과 다른 유용한 능력들이 사람들에게 악용되고 사람들의 정
욕과 사악한 뜻에 굴복하기 때문에 온갖 죄악에 대한 일종의 종이다. 이
것은 비와 땅의 열매들과 짐승 그리고 이 가시적 피조물의 다른 모든 부
분들에 대해서도 마찬가지다. 피조물은 죄와 사람들의 부패에서 나오는
모든 것으로 말미암아 악용되고, 하나님은 어떤 면에서 피조물을 그것
에 굴복시키신다. 왜냐하면 하나님은 피조물이 이처럼 악용되도록 놔두
시기 때문이다. 하나님은 자신의 피조물인 태양이 불의하고 악한 세상을
비춰도록 하심으로써 햇빛이 죄를 섬기도록 놔두신다. 또 비는 땅이---
그---을 낳게 한다. 그러나 세상의 사물들을 위한 피조물의 일종의 자연
력은 매우 선하고, 사람들의 부패에 종이 되도록 마련된 것이 아니며, 그
러므로 바울은 비유적으로 그것을 표현한다. 곧 태양이 사람들에게 그들
의 죄를 섬기기 위한 빛을 주려고 기꺼이 햇빛을 비추는 것이 아닌 것처
럼, 또 땅도 그렇게---을 낳지 않는 것처럼 피조물은 이 종 노릇에 예속
되었다(줄[---]은 원문에 있는 것이다).

그러나 하나님은 혼란 속에서도 피조물에게 사물들의 현재 상태가 계
속되지 않고 그렇게 되는 것을 경험하지 않게 하실 것이라는 소망과 확실
한 표징을 주신 것으로 보아, 이 상태를 끝낼 변화를 계획하고 계시고, 이
때가 되면 피조물이 사람들의 죄에 굴복하게 되는 일을 한 순간도 보지
않아도 될 것이다. 하나님은 피조물의 자연적 과정을 교란시키거나 가로
막기보다 사람들의 부패에 굴복시키기로 정하신다. 그러나 피조물은 말
하자면 변화에 대한 소망을 갖고 굴복하는 것이다. 다시 말해 자연의 창
조자이신 하나님은 변화를 계획하지 않았다면 피조물을 굴복시키지 아
니하셨을 것이고, 그러므로 아름다운 비유를 통해 피조물은 현재 종 노릇
을 견디면서 변화될 때에, 곧 이 세상이 사람들의 부패에 더 이상 굴복하
지 않게 될 예수의 죽음 사건이 있을 때에 하나님의 아들들이 나타나기를

519

갈망하고 있다. 이와 관련하여 본문에서 두 가지 사실이 제시된다.

1. 피조물은 탄식하고 있다. 피조물은 인간의 죄에 고통을 겪으며 굴복하고 있다. 피조물은 사람들의 정욕을 섬기는 이 강력한 종 노릇 때문에 탄식하고 있다.

2. 피조물은 사물들의 더 나은 상태를 낳기 위하여 애쓰고 있었던 것처럼 고통 속에서 신음하고 있다. 세상은 지금 사람들의 부패에 굴복하고 있지만, 피조물을 규제하시는 하나님의 섭리로 말미암아 만물은 죄가 완전히 토해지고 하나님의 아들들이 나타나 사물들이 올바른 상태가 될 이 영광스러운 변화, 곧 피조물이 더 이상 죄를 섬기지 않고 하나님의 교회의 거룩함과 행복에 굴복하게 됨으로써 하나님의 교회를 즐겁게 섬길 날을 낳는 것을 학수고대하고 있다. 이 복된 상태를 낳기 위하여 수고하는 것이 산고 속에 있는 것으로 제시된다. 태의 열매를 맺기 위하여 애쓰는 것, 그것이 지금까지는 피조물이 부분적으로는 그리스도께서 오셔서 세상에 복음을 전파함으로써 자신의 나라를 세우셨을 때 이 종 노릇에서 건짐 받았기 때문에, 그리고 우리가 고대하고 있는 영광의 때가 시작되고, 마지막 심판의 날에 완전히 임하면 온전히 해방될 것이기 때문에---로 전해진다.[16]

로마서 8:29-30 설교 개요

하나님이 미리 아신 자들을 또한 그 아들의 형상을 본받게 하기 위하여 미리 정하셨으니 이는 그로 많은 형제 중에서 맏아들이 되게 하려 하심이니라. 또 미리 정하신 그들을 또한 부르시고 부르신 그들을 또한 의롭다 하시고 의롭다 하신 그들을 또한 영화롭게 하셨느니라. 롬 8:29-30

이전 구절(28절)에서 바울은 "하나님을 사랑하는 자 곧 그의 뜻대로 부르심을 입은 자들에게는 모든 것이 합력하여 선을" 이룬다고 말한다. 그리고 본문의 말씀을 통해 바울은 하나님의 뜻대로 부르심을 입는 것 속에 모든 것이 그들을 위하여 합력한다는 주장이 내포되어 있다는 것이 자신의 언급임을 증명한다.

의심할 것 없이 모든 것은 하나님의 뜻을 이루도록 되어 있다. 왜냐하면 그것을 계획하신 하나님이 만물과 세상 정부를 규제하고, 그러므로 자신의 계획대로 진행되도록 모든 것을 지시하고 다스리실 것이기 때문이다. 만약 어떤 개인들을 행복하게 만드시는 것이 하나님의 뜻이라면, 만물은 이 하나님의 뜻에 일치하도록 정해질 것이다.

그러나 이 주장은 이어지는 말씀 속에서 더 확대된다. 즉 선택과 관련된 하나님의 은혜로우신 뜻은 조금도 틀림이 없이 이루어질 것이고, 이 영원한 뜻은 말하자면 그들의 행복을 세우는 끈과 부동의 토대이며, 그들에 대한 하나님의 통치 속에서 하나님의 은혜로우신 뜻은 절정에 달할 때까지 곧 미리 아신 택함 받은 자가 영원한 영광 속에 이를 때까지 끊을 수 없는 사슬처럼 차례로 연결되어 이루어질 것이다.

이것은 바울이 제시하는 주장이고, 바울은 다음 구절(31절)에서 "그런즉 이 일에 대하여 우리가 무슨 말 하리요. 만일 하나님이 우리를 위하시면 누가 우리를 대적하리요"라는 결론에 이르게 된다. 즉 바울은 만약 하나님이 이런 식으로 우리를 행복하게 만드는 영원히 불변적인 뜻을 따라 우리를 위하시고 자신의 섭리 속에서 책임 있게 우리를 위하신다면, 누가 또는 무엇이 우리를 위하는 이 모든 역사를 대적할 수 있겠느냐는 결론을 내놓는다. 모든 것이 우리의 선을 위하여 합력한다는 것은 증명된 사실이었다.

본문에서 나는 다음 세 가지 사실을 지적할 것이다.

1. 하나님이 그들이 회심하기 전에 택함 받은 자를 위하여 행하신 일은 그들을 미리 아시고, 자신의 아들의 형상을 본받게 하려고 미리 정하신 것이다.

2. 하나님이 그들이 회심할 때 택함 받은 자들을 위하여 행하시는 일은 그들을 부르시고 그들을 또한 의롭다 하신 것이다.

3. 하나님이 이후로 영원까지 택함 받은 자들을 위하여 행하시는 일은 그들을 영화롭게 하시는 것이다.[17]

로마서 9:22 설교 개요

만일 하나님이 그의 진노를 보이시고 그의 능력을 알게 하고자 하사 멸하기로 준비된 진노의 그릇을 오래 참으심으로 관용하시고. 롬 9:22

본문에서 우리는 하나님의 영이 어떤 사람들에게 붙이는 호칭을 본다. 그들은 "진노의 그릇"으로 불린다. 이에 대하여 나는 다음 두 가지 사실을 지적하고자 한다.

1. 어떤 사람들이 불리는 이름 또는 호칭 속에 함축되어 있는 것.

1) 그들이 어떤 용도를 갖고 있다는 것을 함축한다. 그들이 '그릇'으로 불리는 것은 하나님이 그들을 어떤 식으로든 사용하신다는 것을 나타낸다. 그릇은 부엌 용품이다. 그릇은 집안 식구의 유익을 위해 만들어진다. 바울은 큰 집에는 다양한 종류의 그릇이 있다고 지적한다. 어떤 그릇은 귀하고 다른 그릇은 천하고, 또 어떤 그릇은 귀하게 사용되고 다른 그릇은 천하게 사용된다. "큰 집에는 금 그릇과 은 그릇 뿐 아니라 나무 그릇과 질그릇도 있어 귀하게 쓰는 것도 있고 천하게 쓰는 것도 있나니"(딤후 2:20). 나무 그릇 및 질그릇은 천하게 쓰이지만 이 그릇들의 사용은 금 그

롯과 은 그릇이나 마찬가지다.

2) 그릇의 용도는 어떤 것을 담거나 보관하는 것이다. 만일 이 목적을 감당하지 못한다면 그릇은 아무 쓸모가 없다. 아무것도 담지 못하는 그릇은 그릇으로서의 목적을 달성하지 못한다.

3) 그러므로 진노의 그릇의 용도는 마치 진노를 담는 것 말고는 다른 목적을 갖고 있지 않은 것처럼 진노를 담는 것, 진노의 대상이 되는 것, 진노를 채우는 것에 있다. 진노의 그릇은 바로 앞 어구인 "멸하기로 준비된"이라는 말로 보아 진노를 담는 용도에 적합하다. 만일 진노의 그릇이 그 용도에 합당하지 않다면 다른 용도로는 아무 소용이 없다.

2. 우리는 진노의 그릇이라는 이름으로 불리는 자들이 누구인지 확인할 수 있다. 곧 그들은 결국은 완악함과 불신앙에 계속 빠져 있게 될 모든 죄인이다. 본문 속에는 그들이 사용하는 모든 수단 아래 그들의 영의 큰 완고함과 그들의 최종적인 완악함이 내포되어 있다. 그것은 바울이 그들에 대하여 오래 참으심으로 관용하신다고, 곧 그들이 자기들의 치명적인 완악함과 완고함을 증명할 때까지, 따라서 그들이 멸망받기에 합당하도록 계속 이런 자비로우신 태도 아래에서 자기들의 완고함을 고수할 때까지, 오래 기다리신다고 말하는 것으로 보아 분명하다.[18]

로마서 9:31-32 설교 개요

의의 법을 따라간 이스라엘은 율법에 이르지 못하였으니 어찌 그러하냐. 이는 그들이 믿음을 의지하지 않고 행위를 의지함이라 부딪칠 돌에 부딪쳤느니라. 롬 9:31-32

로마서 9장에서 바울은, 하나님께서 남은 자를 제외한 유대 민족 전체를 포기하고 대신 이방인을 부르신 주권적 통치에 대하여 말하고, 이것이 호세아와 이사야의 예언에서처럼 구약성경의 다양한 예언과 일치된다는 사실을 증명한다.

오늘 설교의 본문과 이전 구절인 30절에서 바울은 이 통치에 하나님의 특별한 호의가 나타나 있다는 점을 지적한다. 여기에 나타나 있는 호의는 바로 이방인이 의의 법을 따라가지 않았으나 의의 법에 이르고, 의의 법을 따라간 이스라엘은 의의 법에 이르지 못한 것이다. 바울이 16절에서 말한 것과 일치되게, 긍휼히 여기시는 것은 원하는 자로 말미암음도 아니고, 달음박질하는 자로 말미암음도 아니며, 오직 하나님으로 말미암은 것이다.

오늘 설교의 본문에서 우리가 먼저 강조하고 역설해야 할 사실은 곧 의의 법을 따라간 이스라엘은 의의 법에 이르지 못했다는 것이다. 이스라엘은 하나님의 호의를 스스로 이끌어 내고자 애썼다. 이스라엘은 하나님께 의롭다 하심을 받기를 구하고 원했으며, 자기들이 의의 법을 통해 의롭다 함을 얻는 올바른 길을 갔다고 생각했다. 이스라엘은 자기들 자신의 의로 칭의를 추구했다.[19]

로마서 11:7a 설교 개요

그런즉 어떠하냐. 이스라엘이 구하는 그것을 얻지 못하고. 롬 11:7

바울이 로마서 11장과 이전의 두 장(9-10장)에서 강조하는 주제는, 이방인을 부르시고 유대인 대대수를 버리신 것에 나타나 있는 하나님의 주권적 은혜. 따라서 하나님은 유대인 가운데 버림받은 대대수 유대인과 남은 자로 부르심을 받은 다른 소수의 유대인 사이에 큰 차이를 두셨다. 본문의 이 문맥에서 바울은 이 차이를 만든 것이 곧 하나님의 주권적 은혜라는 것을 증명하고 있다. 5-6절은 이렇게 말한다. "그런즉 이와 같이 지금도 은혜로 택하심을 따라 남은 자가 있느니라. 만일 은혜로 된 것이면 행위로 말미암지 않음이니 그렇지 않으면 은혜가 은혜 되지 못하느니라[만일 행위로 된 것이면 은혜로 말미암지 않음이니 그렇지 않으면 행위가 행위 되지 못하느니라]."

　본문에서 바울은 다음과 같은 말로 이 문제를 요약한다. "그런즉 어떠하냐. 이스라엘이 구하는 그것을 얻지 못하고 오직 택하심을 입은 자가 얻었고 그 남은 자들은 우둔하여졌느니라." 본문의 전반부에 언급되고 있는 주제는 오랜 세월에 걸쳐 하나님의 특별한 백성으로 존속해 온 유대 민족 대다수 백성을 의미하는 이스라엘이고, 그들에 대하여 단언되는 사실은 그들의 어떤 노력이나 추구가 내재된 행위, 또는 실천은 결코 성공하지 못했다는 것이다. 지난 장에서 보면 이스라엘이 추구한 것은 칭의와 구원이었다. 하지만 로마서 9:31에서 바울은 이스라엘이 의의 법을 따라갔다고 말한다. 거기서 우리는 이스라엘이 추구했던 것이 무엇인지 듣고, 또 그들이 추구한 것이 무엇이었는지를 바울이 그들이 얻도록 바라고 기도했던 것을 통해서도 추가로 배울 수 있다. 로마서 9:1-2에서 바울은 이렇게 말한다. "내가 그리스도 안에서 참말을 하고 거짓말을 아니하노라.……내 양심이 성령 안에서 나와 더불어 증언하노니." 그리고 그들이 추구한 것은 로마서 11:6에서 바울이 똑같이 말한 것이다. "만일 은혜로 된 것이면 행위로 말미암지 않음이니 그렇지 않으면 은혜가 은혜 되지 못하느니라[만일 행위로 된 것이면 은혜로 말미암지 않음이니 그렇지 않으면 행위가 행위 되지 못하느니라]."

　이스라엘 백성 전체는 하나님의 인정과 영원한 구원을 추구했지만 이 추구에서 그들이 철저히 성공하지 못한 것을 확인해 보라. 그들 대부분은

자기들이 추구한 것을 얻지 못했다.[20]

로마서 11:7b 설교 개요

오직 택하심을 입은 자가 얻었고 그 남은 자들은 우둔하여졌느니라. 롬 11:7

나는 이미 이 구절 전반부에 대하여 살펴보았는데, 거기서는 이를테면 이스라엘의 어떤 이들은 하나님의 인정과 영원한 구원을 얻지 못했다고 말했다. 그리고 여기서는 이를테면 이스라엘 백성은 오직 은혜의 수단을 통해서만 하나님의 호의를 얻었다고 말한다. 그리스도와 사도들의 시대에 그들이 은혜의 수단으로 호의를 얻은 사람들은 유대인이 먼저였다. 그리고 얼마가 지나자 사도들은 이방인에게 나아가는 데도 힘썼다. 그리스도는 "나는 이스라엘 집의 잃어버린 양 외에는 다른 데로 보내심을 받지 아니하였노라"(마 15:24)고 말씀하셨고, 사도들은 먼저 유대인에게만 복음을 전했다(행 11:19).

그리고 이방인의 부르심이 있은 후에도 사도들은 어디를 가든 어느 도시에서나 그곳에 유대인이 있으면 유대인에게 먼저 복음을 전하기 시작했다. 우리가 사도 바울에 대한 본문에서 수시로 읽는 것처럼, 그들은 이방인에게 복음을 전하기 전에 먼저 유대인의 회당으로 들어갔다.

내가 지금 살펴보고 있는 이 구절 후반부에서 우리는 복음의 성공 및 제공된 구원을 획득한 것과 관련하여, 유대인 사이에 나타나 있는 이처럼 크게 주목할 만한 차별의 이유를 갖고 있다고 주장할 것이다. 유대인은 모두 동일한 거룩한 조상 곧 아브라함, 이삭, 야곱의 자손이고, 모두 외적 특권, 은혜의 수단을 똑같이 누리고 있었지만 우리는 다음과 같이 지적할 수 있다.

1. 택함 받지 못한 것은 차이가 크지만 유대인 간에 본래 내재적인 차이

는 없다. 유대인은 본질상 동일하다. 동일한 조상에게서 내려오는 동일한 혈통 안에서 동일한 본성을 갖고 있고, 동일한 복음이 그들에게 전해졌다는 점에서 그들의 특권도 동일했다. 하나님은 자신의 주권적인 선한 즐거움에 따라 그들 가운데 어떤 자들에게는 영원부터 자신의 사랑을 기쁘게 베풀고 영생을 베풀기로 정하셨으며, 다른 사람들은 버리기로 정하셨다.

2. 우리는 유대인이 추구한 것 속에서 그들의 차별적인 성공을 확인할 수 있다. 하나님이 유대인 가운데 얼마를 영원부터 영생으로 정하신 선택에 따라 그들은 칭의와 구원을 얻었다. 그러나 나머지 사람들은 칭의와 구원에 눈이 멀었다. 이처럼 눈이 먼 사람들은 흑암 속에서 방황하고, 자기들이 찾는 것을 찾아낼 수 없었으며, 소돔 사람들이 문을 찾지 못하고 부딪힌 것처럼 스스로 걸려 넘어졌다. 그들은 결코 그것을 찾지 못하고, 따라서 들어가지 못한다.

사도 시대에는 그리스도에 대하여 조명을 받고 깨달음을 얻은 유대인이 꽤 있었지만, 로마서 9:27에서 바울이 인용하는 이사야의 예언과 일치되게, 유대인 전체 민족과 비교하면 소수에 불과했다. "이스라엘 자손들의 수가 비록 바다의 모래 같을지라도 남은 자만 구원을 받으리니." 남은 자를 제외하고 나머지 모든 백성은 눈이 멀었고, 졸지에 끔찍한 국가적 멸망에 처해졌으며, 그들의 후손은 지금도 마찬가지다.

로마서 11:10 설교 개요

그들의 등은 항상 굽게 하옵소서. 롬 11:10

바울은 택하심을 입은 것이 은혜임을 지적하고(7절), 따라서 택함 받지 못해 저주 아래 있게 된 나머지 사람들의 극히 비참한 상태를 묘사했다. 우리가 8-10절에서 보는 것처럼 유대인 가운데 택함 받지 못한 자들은 저주 아래 있다.

이 묘사는 8절에 소개되어 있는 말씀으로 암시되는 것처럼 구약성경에서 나온 것이다. 여기에 묘사된 저주는 두 부분으로 구성되어 있다.

1. 하나님에 대하여 눈이 멀게 됨.

2. 하나님에 대하여 육신적이고 세속적인 생각에 사로잡힘.

그들의 저주 첫 번째 부분, 곧 그들의 맹목성과 미련함이 8절과 10절 전반부에 묘사되어 있다("기록된 바 하나님이 오늘까지 그들에게 혼미한 심령과 보지 못할 눈과 듣지 못할 귀를 주셨다 함과 같으니라"). 이 말씀은 이사야서에 나온다. 그들의 저주의 두 번째 부분, 곧 육신적인 세속적 생각에 사로잡힌 것은 9절에서 묘사된다.

"또 다윗이 이르되 그들의 밥상이 올무와 덫과 거치는 것과 보응이 되게 하시옵고."

"그들의 밥상이 올무가 되게 하시며 그들의 평안이 덫이 되게 하소서"(시 69:22). 즉 그들의 세속적인 즐거움이 그들의 마음을 차지하고 그들의 감정을 속박함으로써 그들에게 올무가 될 것이다. 따라서 직전 두 구절(8-9절)은 그들의 저주 이 두 부분을 구약성경의 여러 본문에서 뽑아내 각각 묘사하고 있다. 그러나 본문(10절)은 이 두 부분을 구약성경 한 본문에서 뽑아내 묘사하고 있다.

"그들의 눈은 흐려 보지 못하고 그들의 등은 항상 굽게 하옵소서." 본문의 전반부 곧 "그들의 눈은 흐려 보지 못하고"는, 그들의 저주의 첫 번째 부분 곧 그들의 맹목성과 미련함에 대한 묘사다. 그리고 본문의 후반부 곧 "그들의 등은 항상 굽게 하소서"는, 그들의 저주의 두 번째 부분 곧 육신적이고 세속적인 생각에 사로잡힌 것에 대한 묘사다. 그들의 등은 항상 굽어 있고 그들의 얼굴은 영원히 땅을 향해 있는데, 이것은 그들의 마음이 영원히 사람들에게 고정되어 있는 것을 암시한다.

"그들의 눈이 어두워 보지 못하게 하시며 그들의 허리가 항상 떨리게 하소서"(시 69:23). 그들은 지탱할 수 없을 정도로 몸무게가 많이 나가 흔들리고 비틀거린다. 이 시편 본문의 말씀은 그들의 허리가 곧바로 서 있는 자세로 몸을 지탱할 수 없는 등만큼 약하다는 사실을 묘사한다. 그들은 땅으로 향해 굽어져 있고 스스로 올려다볼 힘이 없다.

여기서 언급되고 있는 그들의 영혼의 질병은 우리가 누가복음 13장에서 읽는 기사에 나오는 질병 곧 그리스도께서 고쳐 주신 여인의 몸의 질병으로 상징된다. "열여덟 해 동안이나 귀신 들려 앓으며 꼬부라져 조금도 펴지 못하는 한 여자가 있더라. 예수께서 보시고 불러 이르시되 여자여 네가 네 병에서 놓였다 하시고, 안수하시니 여자가 곧 펴고 하나님께 영광을 돌리는지라"(눅 13:11-13).

내가 종종 지적한 것처럼 그리스도께서 이적을 통해 사람들을 고쳐 주신 질병과 재앙은 모두 그분이 사람들의 영혼을 고쳐 주려고 세상에 오신 영적 질병에 대한 비유와 표상들이다. 따라서 의심할 것 없이 이 여인의 질병은 본문에서 말하는 영적 재앙에 대한 상징이고, 그것은 그들의 마음이 땅의 일에 고정되어 굽은 상태가 된 것을 가리킨다. 그러면 그들의 마음이 땅의 일에 있지 않다면, 사람들의 감각적이고 세속적인 즐거움이 어떻게 그들에게 올무가 되겠는가?

로마서 11:22 설교 개요

그러므로 하나님의 인자하심과 준엄하심을 보라. 넘어지는 자들에게는 준엄하심이 있으니. 롬 11:22

바울은 여기서 유대인이 하나님의 백성의 자격을 거부당하고 그들 대신에 이방인이 하나님의 부르심을 받는 것에 대하여 말하고 있는데, 이것이 로마서 이번 장(11장)과 이전의 두 장(9-10장)에서 다루는 주제다.

바울은 여기 이 부분에서 믿는 이방인이 자기들에 대한 하나님의 통치를 두 가지 면에서 악용하는 것을 경고한다. 본래 가지인 유대인이 꺾어지고 대신 자기들이 접붙여진 것에서 그들은 무례함과 오만함을 갖게 되었다.

믿는 이방인은 17-19절에서 믿지 않는 유대인에 대하여 교만하게 자랑하거나 모욕하는 것에 대하여 경고를 받는다. 또 20-21절에서는 오만함에 대하여 경고를 받는다.

바울이 오늘 설교의 본문에서 말하는 것은 믿는 이방인에게 그들을 유대인과 크게 구별시키신 하나님의 값없고 주권적인 은혜를 겸손하게 받아들여야 함을 깨닫게 하기 위함이다. 따라서 그런 목적에 대하여 유대인에게 교만하게 자랑하는 것은, 하나님이 자기들과 유대인을 완전히 다르게 다루신다고 착각하는 것이다. 하나님이 그들을 다루실 때에는 놀랍고 값없고 풍성한 은혜와 인자하심을 보여주지만, 유대인을 다루실 때에는 준엄하심을 보여주신다. "그러므로 하나님의 인자하심과 준엄하심을 보라. 넘어지는 자들에게는 준엄하심이 있으니……인자가 너희에게 있으리라."

하나님이 이방인을 자신의 교회 안으로 받아들이신 것은 엄청난 은혜다. 그것은 그때까지 이방인이 이교도로서 우상과 마귀를 숭배하고, 이교 세계의 온갖 가증한 죄악에 빠져 가장 무가치한 존재였기 때문에 엄청난 긍휼이었다. 이런 사람들을 이토록 영광스러운 통치 아래 야만적인 죄에서 벗어나게 하고 자기 백성으로 삼으심으로써 어둠의 지식에서 벗어나게 하고, 옛날 유대인이 속해 있던 교회보다 훨씬 더 큰 특권을 가진 하나님의 백성을 구성하는 복음의 교회로 이끄신 것은 오직 경이적인 하나님의 은혜였다. 그토록 멀리 있던 자들이 그토록 가까운 자가 된 것은 놀라운 하나님의 인자하심이었다. 반면에 하나님이 유대인을 다루신 것은 매우 두렵고 무서웠다. 오랜 세월에 걸쳐 세상의 모든 민족 가운데 유일한 하나님의 백성이었던 자들이 이제는 버림을 받았다. 유대인은 가장 큰 빛과 가장 영광스러운 긍휼을 거부할 정도로 지성의 맹목성과 마음의 완악함에 빠져들고 말았다. 유대인은 하나님, 그리스도, 그들 자신의 구원을 거부하는 데 사용했던 모든 수단 아래 계속 완고한 태도를 취함으로써 지극히 비참한 상황 속에 빠지고 말았다.

유대인은 가장 끔찍한 영적 심판 곧 사법적 맹목성과 완악함에 처해졌고, 또한 가장 두려운 외적 심판에도 처해졌다. 그들의 나라와 성읍은 처참하게 파괴되었고, 그들은 도처로 흩어져 말하자면 땅의 유랑자로 전락했으며, 그래서 계속 오랜 세월 동안 하나님의 진노의 끔찍한 증표 아래 있었다.[21]

로마서 12:1 설교 개요

그러므로 형제들아, 내가 하나님의 모든 자비하심으로 너희를 권하노니 너희 몸을 하나님이 기뻐하시는 거룩한 산 제물로 드리라. 이는 너희가 드릴 영적 예배니라. 롬 12:1

바울은 로마서 앞부분에서 유대인과 이방인에 대한 기독교의 중대한 교리들을 강조하고, 매우 밝고 영광스러운 복음 진리를 명확히 증명하고 분명히 예증했다. 그리고 이전 장(11장)의 마지막 말씀에서 로마서 교리 부분의 결론을 다음과 같이 매우 황홀하게 제시한다.

"깊도다 하나님의 지혜와 지식의 풍성함이여, 그의 판단은 헤아리지 못할 것이며 그의 길은 찾지 못할 것이로다. 누가 주의 마음을 알았느냐.

누가 그의 모사가 되었느냐. 누가 주께 먼저 드려서 갚으심을 받겠느냐. 이는 만물이 주에게서 나오고 주로 말미암고 주에게로 돌아감이라. 그에게 영광이 세세에 있을지어다. 아멘"(롬 11:33-36).

그런 다음 바울은 이 12장에서 앞에서 진술한 영광스러운 진리의 적용을 다루는 로마서의 실천 부분의 진술을 시작한다. 그리고 우리가 살펴볼 본문과 함께 이 진술을 그리스도인의 모든 의무 가운데 가장 중대한 의무인, 우리 몸을 하나님께 바치는 것에 대한 주장으로 시작한다. 이제 이 말씀 속에서 다음 두 가지 사실만 살펴볼 것이다.

1. 여기서 명령하고 강조하는 의무는 우리의 몸을 산 제물로 드리라는 것이고, 이것은 우리의 전 인격 곧 몸과 영혼을 하나님께 산 제물로 바치는 것에 대한 환유적인 표현으로 이해해야 한다. 율법 아래에서 바치도록 명령된 제물은 수소, 염소, 송아지 등이었고, 이것들은 다만 복음의 위대한 제물이신 예수 그리스도에 대한 모형으로, 그리스도 이전에 바쳐진 것에 불과했다. 그러므로 남아 있는 영원한 제사는 하나님께 산 제물로 바쳐져야 하는 우리 자신의 몸이 전부다.

2. 이것이 명령되는 근거는 우리 몸을 산 제물로 바치는 것이 우리가 드릴 가장 합당한 예배이기 때문이다. 바울이 로마서 앞부분에서 설명한 사실들로 보아 이것이 가장 합리적인 예배다.[22]

로마서 12:4-8 설교 개요

우리가 한 몸에 많은 지체를 가졌으나 모든 지체가 같은 기능을 가진 것이 아니니 이와 같이 우리 많은 사람이 그리스도 안에서 한 몸이 되어 서로 지체가 되었느니라. 우리에게 주신 은혜대로 받은 은사가 각각 다르니 혹 예언이면 믿음의 분수대로 혹 섬기는 일이면 섬기는 일로 혹 가르치는 자면 가르치는 일로 혹 위로하는 자면 위로하는 일로 구제하는 자는 성실함으로 다스리는 자는 부지런함으로 긍휼을 베푸는 자는 즐거움으로 할 것이니라. 롬 12:4-8

이 말씀 속에서 우리는 다음 세 가지 사실을 주목해야 한다.

1. 본문에서 우리는 바울의 강론의 주제가 무엇인지 확인한다. 즉 그것은 본문의 첫 번째 구절에 나타나 있는 것처럼 그리스도의 교회 안에 다양한 직분이 있다는 것이다. "우리가 한 몸에 많은 지체를 가졌으나 모든 지체가 같은 기능을 가진 것이 아니니"(4절). 또 6절에서 바울은 교회 안에서 다양한 사람들을 통해 행사되는 다양한 은사들에 대하여 말한다.

2. 본문에는 다양한 표현들에서 열거된 다양한 직분들에 속해 있는 직무에 대한 설명이 있다. 곧 예언하는 일, 가르치는 일, 위로하는 일, 다스리는 일, 섬기는 일, 구제하는 일, 긍휼을 베푸는 일 등이다.

이 직무들에 대하여 바울은 본문에서 교회 안에 있는 다양한 직분에 속해 있는 것으로 말하는데, 우리는 여기서 두 가지 사실을 지적할 수 있다.

1) 이 직무들은 모두 교회의 행복과 관련되어 있다. 바울이 그것을 자연적인 몸과 비교하는 것으로 볼 때 그렇다. 몸의 다양한 지체는 다양한 기능을 갖고 있다. 하지만 모든 지체의 기능은 몸의 유익을 돕기 위한 한 방법이다. 그리스도의 몸도 마찬가지다. 그리스도의 몸의 다양한 직분들은 몸 곧 교회의 유익과 관련되어 있다. 사회 속에서 각 구성원에게 속해 있는 임무는 그 사회에 유익이 되어야 한다. 다만 한 직분의 임무는 한 가지 면에서 사회에 유익이 되고, 다른 직분의 임무는 다른 면에서 사회에 유익이 되어야 한다.

따라서 예언하는 일, 가르치는 일, 위로하는 일, 다스리는 일은 가르침을 받는 자, 위로를 받는 자, 다스림을 받는 자에게 유익이 되어야 한다. 또 섬기는 일, 구제하는 일, 긍휼을 베푸는 일은 각기 다른 면에서 몸의 지체들에게 유익이 되어야 한다.

2) 여기서 언급되고 있는 교회의 지체들의 모든 직무는 두 종류로 집약되는 것을 확인할 수 있다. 그 가운데 어떤 것은 사람들의 영혼과 관련되어 있고, 또 어떤 것은 그들의 육체와 관련되어 있다는 것이다. 그들은 자기들이 속해 있는 사회의 지체들에게 유익을 주어야 하지만 사회에 유익을 주는 데에는 두 가지 방법이 있다. 하나는 지체들의 영혼에 유익을 주는 것이고, 다른 하나는 지체들의 육체에 유익을 주는 것이다.

그리고 여기서 언급된 모든 직무는 이 두 종류 가운데 어느 하나라는 것을 확인할 수 있다. 예언하는 일, 가르치는 일, 위로하는 일, 다스리는 일은 모두 사람들의 영혼과 관련되어 있다. 이 직무들은 사회의 영혼들에게 유익을 주기 위한 지체들의 매우 다양한 방법이다. 그러나 언급된 다른 일들 곧 섬기는 일, 구제하는 일, 긍휼을 베푸는 일은 특별히 사람들의 육체와 관련되어 있다.

따라서 바울이 교회의 다양한 직분들에 속해 있는 사역들을 열거할 때 언급하는 구체적인 사역들에는 두 종류가 있다. 하나는 영혼에 유익을 주는 것이고, 다른 하나는 사람들의 육체에 유익을 주는 것이다.

그리고 여기서 사람들의 영혼과 관련되어 언급된 모든 직무—예언하는 일, 가르치는 일, 위로하는 일, 다스리는 일—는 장로나 감독 직분에 속해 있다는 것을 확인할 수 있다. 그러므로 사람들의 육체와 관련된 다른 직무들 곧 섬기는 일, 구제하는 일, 긍휼을 베푸는 일은 그리스도께서 자신의 교회 안에 정하신 다른 직분에 속해 있다. 이 세 가지 표현—섬기는 일, 구제하는 일, 긍휼을 베푸는 일—은 다만 동일한 한 가지 일을 다르게 표현하는 것이다. 신약성경에서 매우 흔하게 사용된 말로서 섬기는 일은 우리의 소유물을 다른 사람들에게 주거나 나누어 주는 것을 의미한다. 따라서 사도 바울은 다른 교회들의 연보를 예루살렘의 가난한 성도들에게 전달하려고 그곳에 가려고 했을 때 로마서 15:25에서 이렇게 말한다. "그러나 이 제는 내가 성도를 섬기는 일로 예루살렘에 가노니." 또 고린도후서 8:4에 서도 동일한 연보에 대하여 이렇게 말한다. "이 은혜와 성도 섬기는 일에 참여함에 대하여 우리에게 간절히 구하니." 또 고린도 교회 교인들에게 동일한 연보에 대하여 권면할 때 이렇게 말한다. "성도를 섬기는 일에 대 하여는 내가 너희에게 쓸 필요가 없나니"(고후 9:1). 그리고 히브리 그리 스도인들이 성도들에게 베푼 사랑에 대하여 칭찬하면서 이렇게 말한다. "하나님은 불의하지 아니하사 너희 행위와 그의 이름을 위하여 나타낸 사랑으로 이미 성도를 섬긴 것과 이제도 섬기고 있는 것을 잊어버리지 아 니하시느니라"(히 6:10). 이렇게 언급될 수 있는 곳은 수없이 많다.

그러므로 매튜 헨리는 자신의 주석에서, 바울이 본문에서 "혹 섬기는 일이면 섬기는 일로"라고 말할 때 집사 직분을 염두에 두고 있다고 말하 는데, 그것이 설교자와 신학자들의 일반적인 견해다.

"집사"로 번역되는 말은 원문에서 '디아코노이'(*diakonoi*)다. 이 말의 의 미는 "섬기는 자"다. 이 명칭은 성도들을 섬기는 일을 하는 그들의 직무 에서 취한 것이다. 이것이 본문에서 "혹 섬기는 일이면 섬기는 일로"라 고 말하는 직무다. 원문을 보면 본문의 섬기는 일이라는 말은 '디아코니 아'(*diakonia*) 곧 집사 직무다. 따라서 헨리는 집사 직분이 본문에서 의미 하는 것이라고 주장한다. 이 섬기는 일은 분명히 이어서 나오는 "구제하 는 것과 긍휼을 베푸는 것"의 표현에 함축되어 있다.

3. 본문에서 확인할 수 있는 세 번째 사실은 바울이 교회의 다양한 지 체들에게 그들의 직무를 잘 수행하라고 주는 권면과 그들의 직분을 통해 행해질 직무를 잘 수행하도록 교회에 주는 권면이다. 감독 또는 장로는 가르치는 일, 위로하는 일, 다스리는 일을 잘 감당해야 하고, 집사는 섬기 는 일, 구제하는 일, 긍휼을 베푸는 일을 잘 감당해야 했다.

"혹 섬기는 일이면 섬기는 일로……구제하는 자는 성실함으로, 다스리는 자는 부지런함으로, 긍휼을 베푸는 자는 즐거움으로 할 것이니라." 이것은 그 직무가 성도들을 보살피고 섬기는 일에 있고, 자기들의 직분에 대한 관심과 짐을 지고, 긍휼과 자선에 대한 사역으로 즐겁게 섬기며, 성실함과 부지런함으로 감당해야 하는 교회 지체들에게 주는 권면과 또 이 직분에 따라 행한 사역과 관련하여 즐거움으로 긍휼을 베풀도록 교회에 주는 권면으로 간주될 수 있다.[23]

로마서 12:17 설교 개요

모든 사람 앞에서 선한 일을 도모하라. 롬 12:17

로마서 12장은 성경에서 말하는 그리스도인의 의무를 가장 탁월하게 요약하고 있는 본문이다.

통상적으로 로마서를 시작할 때에는 주로 교리를 강조하지만, 후반으로 가서는 기독교의 실천과 의무를 강조하는 것이 바울의 방법이라고 지적할 수 있다.

따라서 바울은 로마서에서 1-11장까지는 기독교의 중요한 교리를 해설하는 데 집중하지만, 나머지 다섯 장 곧 12-16장에서는 기독교 실천의 다양한 사항들을 제시한다.

로마서 12장은 그 가운데 첫 번째 장으로, 하나님과 이웃에 대한 우리의 실천 의무를 제시하기 위한 모든 규칙을 탁월하게 요약하고 있다.

오늘 설교 본문은 이웃에 대한 우리의 행실을 제시하는 지침 가운데 하나로, 우리는 여기서 다음과 같은 사실을 주목할 수 있다.

1. 우리는 정직한 삶을 살아야 할 의무가 있다. 즉 우리는 현세의 일들,

특히 이득을 취하는 일 곧 우리 자신이나 우리 가족 또는 우리와 관련된 다른 사람들을 위하여 양식을 준비하는 일에 있어, 이웃에게 엄격히 공정하고 정직한 태도를 취해야 한다. 바울은 이같이 우리는 우리 자신을 위하여 제공하는 모든 좋은 것을 정직하게 얻도록 주의해야 한다고 권면한다. 우리는 어떻게든 외적 상황을 개선하려고 외형 재산을 불리거나 재산의 감소를 방비하거나 또는 부정직한 방법으로 재산의 손실을 막아 보려고 애쓸 수 있다. 부정직하게 이득을 취하거나 부정직하게 재산을 유지하는 것과 같은 이런 일은 모두 본문의 의미로 보면 부정직한 일로 올바른 처신이 아니다.

2. 바울이 지시하는 의무는 자기들의 정직함을 과시하는 상황이 아니라 모든 사람이 보는 앞에서 행해지는 상황이다. 선을 과시하는 것은 기독교의 본질이나 정신과는 정반대된다. 그러나 바울의 의미는 엄격히 그리고 보편적으로 모든 사람 앞에 그것이 증명될 수 있도록 모든 사람에 대하여 그들의 행위가 정직해야 한다는 것이다.

사람들은 매우 엄격하게 그리고 항상 규칙적으로 그것을 행할 때 모든 사람은 그것을 과시하는 것으로 보지 않고 확실히 그것을 주목할 것이다. 이것은 마태복음 5:16에서 "이같이 너희 빛이 사람 앞에 비치게 하여 그들로 너희 착한 행실을 보고 하늘에 계신 너희 아버지께 영광을 돌리게 하라"는 그리스도의 명령과 비슷하다.

바울은 로마에 있는 그리스도인들에게 이교도를 정의와 정직함으로 대하고, 자기들의 원수이기는 하지만 어떤 일에 있어서도 아무런 잘못을 범하지 말라고 부탁한다. 대부분이 자기들의 원수이고, 그들을 비방할 빌미를 찾아내려고 혈안이 되어 있는 사람들이 절대로 그 빌미를 찾아낼 수 없게끔 행동하라는 것이다. 이 목적에 대하여 베드로 사도는 베드로전서 2:12에서 이렇게 말한다. "이방인 중에서 행실을 선하게 가져 너희를 악행한다고 비방하는 자들로 하여금 너희 선한 일을 보고 오시는 날에 하나님께 영광을 돌리게 하라." 이 목적에 대하여 바울은 다른 곳(살전 5:22)에서 악은 어떤 모양이라도 버리라고 말한다. 바울은 의심을 살 만한 일들을 피함으로써 절대로 부정직하게 행하지 말라고 권면한다. 곧 어떤 부정직함에 대해서는 조금이라도 의심의 빌미를 주지 않게 행동하는 방법을 선택하라는 것이다.[24]

로마서 12:18 설교 개요

할 수 있거든 너희로서는 모든 사람과 더불어 화목하라. 롬 12:18

로마서 12장의 내용은 덕과 은혜 곧 훌륭한 행동과 거룩한 태도에 대한 요약으로, 덕과 은혜는 특별히 그리스도인을 다른 사람들보다 더 빛나게 만드는 장식품과 같다. 만약 로마서 12장의 법칙들이 세상에 보편적으로 적용된다면 세상은 정말 엄청나게 변화되고 변혁될 것이며, 비교할 때 예루살렘과 거의 차이가 없는 완전히 다른 세상이 될 것이다(롬 12:1). 로마서 12장은 매우 부지런히 그리고 반복해서 읽을 가치가 충분한데, 우리는 여기서 나온 말씀과 법칙을 붙잡고 또 마음에 새겨 두어야 한다. 그뿐만 아니라 그것들이 지워지지 않도록 마음속에 기록하여 누울 때나 일어설 때나 지속적인 묵상의 대상으로 삼고, 이 모범적인 의무와 실천들의 항목에 따라 우리 자신의 삶을 끊임없이 검토해 보아야 한다. 그렇게 행하면 우리는 확실히 그리스도인에 걸맞은 사람이 되고, 우리의 마음은 예수 그리스도와 그분의 형상을 따라 형성되며, 우리의 삶은 적절하게 규제될 것이다. 로마서 12장을 크게 주목하고 그대로 실천하려면 우리는 다음과 같은 면에서 모범적이어야 한다.

1. 활력적인 참된 헌신에 있어 곧 하나님과 직접 관련된 태도와 의무에 있어 모범적이어야 한다. 이런 태도와 의무는 로마서 12장에서 매우 생생하게 제시되고 강력하게 천명되고 있다. "그러므로 형제들아, 내가 하나님의 모든 자비하심으로 너희를 권하노니 너희 몸을 하나님이 기뻐하시는 거룩한 산 제물로 드리라. 이는 너희가 드릴 영적 예배니라. 너희는 이 세대를 본받지 말고 오직 마음을 새롭게 함으로 변화를 받아 하나님의 선하시고 기뻐하시고 온전하신 뜻이 무엇인지 분별하도록 하라"(1-2절). "부지런하여 게으르지 말고 열심을 품고 주를 섬기라"(11절).

2. 자기 자신과 직접 관련된 의무를 훌륭하게 실천하도록 만들 온전한 법칙들을 모범적으로 지켜야 한다. "내게 주신 은혜로 말미암아 너희 각 사람에게 말하노니 마땅히 생각할 그 이상의 생각을 품지 말고 오직 하나님께서 각 사람에게 나누어 주신 믿음의 분량대로 지혜롭게 생각하라"(3절). "소망 중에 즐거워하며 환난 중에 참으며"(12절). 그러나 더 특별한 것은 다음 세 번째 사항이다.

3. 다른 사람들과 관련된 행실에 대한 지침을 모범적으로 지켜야 한다. 이 지침은 실천하면 인간을 매우 행복하게 만들고, 개별적인 각 사람도 인간 사회와 기독교 사회에서 매우 훌륭하고 복된 사람이 되며, 모든 개별적인 사회도 번성하게 될 것이다. 이것을 구체적으로 확인해 보면, 4절에서 8절까지는 우리의 특수한 지위에 따라 슬기롭게 처신하는 법칙과 거기서 우리에게 부과되는 의무들을 다루고 있고, 9-10절은 "사랑에는 거짓이 없나니 악을 미워하고 선에 속하라. 형제를 사랑하여 서로 우애하고 존경하기를 서로 먼저 하며"라고 말함으로써 차별 없이 모두에게 부과된 서로에 대한 의무들을 언급한다. 그리고 13절에서 마지막 21절까지 이어지는 본문에서는 성도들의 필요를 채워 주고 호의를 베풀라는 권면이 주어진다. 곧 우리는 우리에게 잘못을 저지르고 우리를 학대하는 자

들을 축복하고, 항상 축복하고 절대로 저주하지 말며, 다른 사람들이 순조로운 상황 가운데 있거나 역경 속에 있거나 가리지 말고 사랑으로 그들에게 연민을 베풀고, 마치 그들의 번성이 우리 자신의 것인 양 즐거워하는 자들과 함께 즐거워하고 우는 자들과 함께 우는 자가 되어야 한다. 이런 태도는 우리의 친구들에 대해서만 취해서는 안 되고, 우리가 그리스도인을 자처한다면 우리를 박해하는 자들의 행복을 즐거워하고 그들의 불행에 대해서도 울고 슬퍼해 주어야 한다. 여기서 또 우리는 하나가 되라는 권면을 받는다. 서로 마음을 같이하고, 높은 데 마음을 두지 말며, 낮은 데 있는 사람들 곧 우리보다 아래에 있는 자들에게 낮은 태도를 취하며, 오만하게 지혜로운 척해서는 안 된다. 어떤 사람에게도 악을 악으로 갚아서는 안 되고, 모든 사람의 눈에 정직한 모습을 보여주어야 한다. 이렇게만 한다면 다음 구절 곧 오늘 설교의 본문(18절)에 나오는 권면은 자연스럽게 지켜질 것이다. 사람들이 자기를 학대하는 자들에게 친절을 베풀고 자기를 박해하는 자들을 축복하며, 높은 데 마음을 두지 않고 겸손하고 낮은 자세를 취하며 서로를 높여 주고 오만하게 지혜 있는 체하지 않는다면, 곧 사람들이 다른 사람들보다 자기 자신을 더 지혜롭다고 생각하여 자기 자신의 의견을 고집하지 않는다면, 또 사람들이 상처를 입히는 데 느리고 악을 악으로 갚지 않고 모든 관계에서 공정하고 개방적이고 성실하고 세상이 보기에 정직하다면, 모든 사람과 화목하기 위하여 굳이 애쓸 필요가 없을 것이다.

오늘 설교의 본문 다음 구절(19절)의 내용을 따르는 것이야말로 어떤 수단을 택하든 간에 우리가 이같이 모든 사람과 화목하기 위한 지침이 될 것이다. "내 사랑하는 자들아, 너희가 친히 원수를 갚지 말고 하나님의 진노하심에 맡기라." 우리가 화목을 유지하려면 스스로 원수를 갚아서도 안 되고, 우리 자신을 반대하여 행해지는 일에 폭력으로 저항해서도 안 된다. 대신 우리는 진노를 내려놓아야 한다. 그 까닭은 하나님이 자신의 특권으로 보복을 행하실 것이기 때문이다. 그러므로 우리는 원수가 굶주리면 먹여 주어야 하고 목마르면 마실 것을 주어야 한다. 이것이 우리가 할 수 있는 보복의 전부다. 우리는 악을 악으로 이겨서는 안 되고 선으로 악을 이겨야 한다.

다시 우리가 살펴보고 있는 본문의 말씀으로 돌아가 거기서 다음 사실들을 주목하자.

1. 우리에게 권면되는 사실, 그것은 화목 곧 우리와 같은 피조물인 사람들과 화목하라는 것이다.

2. 우리가 추구해야 할 것은 다른 사람들과 보편적인 화목을 이루는 것이다. "모든 사람과 더불어 화목하라."

3. 모든 사람과 더불어 화목하는 이 의무에 대하여 우리가 감당해야 할 일의 범주는 가능한 모든 일이다. 곧 우리가 다른 사람들에게 상처를 입지 않아 개인적인 불편함이 없을 때뿐 아니라, 이 세상에서 합법적으로 어떤 일이 일어나더라도 이 모든 일 속에서 이 의무를 감당해야 한다.

4. 우리가 이렇게 모든 사람과 더불어 화목하기 위한 방법은 우리 안에 있는 우리의 모든 힘과 능력을 다해 화목을 도모하는 것이다. 만약 어떤 능력, 어떤 이점 또는 어떤 지식이 있다면, 우리는 이 모든 것을 통해 모든 사람과 더불어 화목을 이루는 길을 찾아야 한다.[25]

로마서 14:8 설교 개요

우리가 살아도 주를 위하여 살고 죽어도 주를 위하여 죽나니 그러므로 사나 죽으나 우리가 주의 것이로다. 롬 14:8

바울이 로마서 14장에서 로마 지역의 그리스도인들에게 말을 전하는 이유는 그들 사이에서 일부 의식법의 준수, 특히 의식법에 따라 먹는 것이 금지된 종류의 음식을 먹지 않는 것에 대하여 그리고 의식법 안에 지정된 일부 절기들을 지키는 것에 대하여 약간의 차이가 발생하고 다툼이 벌어졌기 때문으로 보인다. 사도행전 마지막 장에 나타나 있는 것처럼 로마 지역에는 유대인들이 많이 살고 있었고, 그곳에 거주하며 바울의 로마서 편지를 받은 일부 그리스도인들은 이전에 유대교인이었다. 세계 도처에 흩어져 살던 당시의 많은 유대 그리스도인들은 기독교로 개종한 후에도 여전히 의식법을 준수하는 데 매우 열심이었고, 이방인 개종자들에게도 똑같은 일을 강요했다. 따라서 로마 지역의 교회 안에서 이제 복음 아래에서는 모세 율법에서 먹지 말도록 금지한 음식을 먹는 것이 합당하다는 주장과, 그런 음식을 먹는 것은 불법이라는 다른 주장 사이에 큰 마찰이 빚어졌다. 또 한편은 유대교 절기는 이제 폐지되었다고 주장했으나, 다른 편은 그래도 그것은 계속 지켜야 한다고 주장했다. 따라서 그들 사이에 서로 상처를 주는 것에 대하여 뜨거운 논란이 벌어졌다. 유대교의 절기를 지키는 것이 필수적이고, 의식적으로 부정한 음식을 먹는 것은 삼가야 한다고 주장한 자들은 자기들의 자유를 사용하여 율법적으로 부정한 음식을 마음껏 먹고 유대교의 절기를 준수하지 않은 자들을 정죄하고, 그들을 불경건한 자로 간주하며, 그들이 하나님의 명령을 어기고 있다고 주장할 준비가 되어 있었다. 반면에 이런 복음 시대에는 그리스도인들에게 이런 일들을 지키라는 의무가 부과되지 않았다는 의식을 갖고 있던 자들은 이런 일들을 지키는 자들을 연약한 무지와 미신에 빠져 있다고 멸시할 준비가 되어 있었다. 그러므로 바울은 이에 대하여 14장(1-3절)을 시작하고, 이어서 5-6절에서 유대교의 절기를 지키는 문제에 대하여 말한다. 바울은 그들이 서로 비난하는 것을 정죄하고,

의식적이고 형식적인 일들과 관련된 이런 견해 차이에도 불구하고 양편 모두 사랑의 대상임을 보여준다. 왜냐하면 이 일들에 있어 그들의 견해와 실천은 서로 타협하기 힘들었지만 양편 모두 하나님의 권세와 영광에 대한 종교적 존중에서 진실로 양심적으로 그 일들을 행하고, 또 행할수 있었기 때문이다. 한편은 하나님의 명령이 무엇인지에 대하여 잘못 이해했었다. 그러므로 바울은 6절과 같이 말한다. "날을 중히 여기는 자도……."

이어서 바울은 7-8절로 나아간다. 바울은 이 두 편 당사자 곧 율법에 따라 부정한 음식을 삼가고 유대교의 절기를 지킨 자들과, 그리스도의 뜻과 영광에 대한 진지한 관심에서 이 두 규례를 지키지 않은 자들에게 자신의 사랑을 함께 표현한다. 왜냐하면 어느 누구도 참된 그리스도인으로서 자기를 위하여 살거나 죽는 자는 없기 때문이다. 그러나 참된 그리스도인은 말하자면 전적으로 그리스도의 것으로, 그리스도를 위하여 자기를 부인하고 포기하며, 더 이상 자기 자신의 것이 아니다. 참된 그리스도인의 생명은 자기 자신의 것이 아니고, 그래서 그는 그리스도를 위하여 산다. 따라서 그리스도의 때가 임하면 그는 더 이상 자신의 영광을 위하여 살지 않고 죽되, 주를 위하여 죽는다. 따라서 그는 살든지 죽든지 주로 말미암아 완전히 그리스도의 종으로 행동하고, 여기서 주는 삼위일체 하나님의 제이 위격을 의미하며, 이것이 신약성경에 나오는 '주'라는 호칭에 대한 거의 보편적인 이해다. 따라서 제자들도 그리스도를 부르는 호칭으로 애용했다. 마태복음 21:3을 보면 "주가 쓰시겠다"고 되어 있고, 누가복음 24:34에는 "주께서 살아나시고"라고 기록되어 있다. 요한복음 20:2에서는 "사람들이 주님을 무덤에서 가져다가 어디 두었는지 우리가 알지 못하겠다"고 말하고, 요한복음 20:25을 보면 "다른 제자들이 그에게 이르되 우리가 주를 보았노라"고 말한다. 이것은 신약성경 전체에서 확인할

수 있다.[26]

로마서 14:7-9 설교 개요

우리 중에 누구든지 자기를 위하여 사는 자가 없고 자기를 위하여 죽는 자도 없도다. 우리가 살아도 주를 위하여 살고 죽어도 주를 위하여 죽나니 그러므로 사나 죽으나 우리가 주의 것이로다. 이를 위하여 그리스도께서 죽었다가 다시 살아나셨으니 곧 죽은 자와 산 자의 주가 되려 하심이라. 롬 14:7-9

이 말씀 속에서 우리는 다음과 같은 사실을 확인할 수 있다.

1. 여기서 말하고 있는 자는 누구인가? 그들은 그리스도인 곧 그리스도를 따르는 자나 그리스도의 제자다. 우리 가운데 어느 누구도 사도들은 자기를 위하여 산다고 말하지 않는다. 즉 우리 그리스도인은 진실로 그렇게 하겠다고 고백하는 대로 사는 자들이다.

2. 우리는 여기서 그리스도인이 어떤 존재인지에 대하여 두 가지 사실을 확인할 수 있다. 즉 사는 것과 죽는 것이다.

3. 이 두 가지 사실이 부정적·긍정적 방식으로 선언된다. 1) 부정적 방식으로 말하면, 우리 중에 누구든지 자기를 위하여 살지 않는다. 2) 긍정적 방식으로 말하면, 우리가 사는 것은 주를 위하여 사는 것이다.

4. 우리는 그리스도인이 이런 식으로 살고 죽음으로써 얻게 되는 큰 특권 또는 유익을 확인할 수 있다. 그것은 그리스도인은 살든지 죽든지 주의 것이라는 것이다.

5. 그리스도의 죽음과 부활로 말미암은 이 특권은 참으로 크다. 왜냐하면 바로 이 목적을 위하여 그리스도께서 죽고 부활하셨기 때문이다.[27]

서문

1. 로마서 말씀(3:23, 5:1, 8, 6:23, 10:9)으로 구
원의 원리를 설명하는 방법.

로마서 1장

1. 『의지의 자유론』(전집 제1권)

2. 『삼위일체, 은혜, 믿음에 대한 글』(전집 제21권)

3. 『성경 해설』(전집 제15권)

4. 『윤리에 대한 글』(전집 제8권)

5. 『잠문 1153-1360』(전집 제23권)

6. 『교회에 대한 글』(전집 제12권)

7. 『설교와 강론 1739-1742』(전집 제22권)

8. 『설교와 강론 1743-1758』(전집 제25권)

9. 『설교와 강론 1739-1742』(전집 제22권)

10. 『신앙 감정론』(전집 제2권)

11. 『삼위일체, 은혜, 믿음에 대한 글』(전집 제21권)

12. 『여백 성경』(전집 제24권)

13. 『성경 해설』(전집 제15권)

14. 『설교와 강론 1723-1729』(전집 제14권)

15. 『설교와 강론 1734-1738』(전집 제19권)

16. 『잠문 1153-1360』(전집 제23권)

17. 『설교와 강론 1743-1758』(전집 제25권)

18. 『설교와 강론 1730-1733』(전집 제17권)

19. 『여백 성경』(전집 제24권)

20. 『설교와 강론 1720-1723』(전집 제10권)

21. 『잠문 1153-1360』(전집 제23권)

22. 『의지의 자유론』(전집 제1권)

23. 『여백 성경』(전집 제24권)

24. 『설교와 강론 1734-1738』(전집 제19권)

25. 『의지의 자유론』(전집 제1권)

26. 『설교와 강론 1734-1738』(전집 제19권)

27. 『구속사』(전집 제9권)

28. 『여백 성경』(전집 제24권)

29. 『원죄론』(전집 제3권)

30. 『설교와 강론 1723-1729』(전집 제14권)

31. 『여백 성경』(전집 제24권)

32. 『신앙 감정론』(전집 제2권)

33. 『여백 성경』(전집 제24권)

로마서 2장

1. 『윤리에 대한 글』(전집 제8권)

2. 『성경 해설』(전집 제15권)

3. 『설교와 강론 1739-1742』(전집 제22권)

4. 『여백 성경』(전집 제24권)

5. 『설교와 강론 1743-1758』(전집 제25권)

6. 『여백 성경』(전집 제24권)

7. 『잠문 1153-1360』(전집 제23권)

8. 『윤리에 대한 글』(전집 제8권)

9. 『윤리에 대한 글』(전집 제8권)

10. 『여백 성경』(전집 제24권)

11. 『논쟁 노트』(전집 제27권)

12. 『신앙 감정론』(전집 제2권)

13. 『윤리에 대한 글』(전집 제8권)

14. 『설교와 강론 1730-1733』(전집 제17권)

15. 『잠문 501-832』(전집 제18권)

16. 『설교와 강론 1734-1738』(전집 제19권)

17. 『설교와 강론 1743-1758』(전집 제25권)

18. 『신앙 감정론』(전집 제2권)

19. 『잠문 501-832』(전집 제18권)

20. 『잠문 1153-1360』(전집 제23권)

21. 『신앙 감정론』(전집 제2권)

22. 『윤리에 대한 글』(전집 제8권)

23. 『설교와 강론 1734-1738』(전집 제19권)

24. 『잠문 833-1152』(전집 제20권)

25. 『삼위일체, 은혜, 믿음에 대한 글』(전집 제21권)

26. 『윤리에 대한 글』(전집 제8권)

27. 『여백 성경』(전집 제24권)

28. 『논쟁 노트』(전집 제27권)

29. 『여백 성경』(전집 제24권)

30. 『교회에 대한 글』(전집 제12권)

31. 『성경 해설』(전집 제15권)

32. 『설교와 강론 1734-1738』(전집 제19권)

33. 『여백 성경』(전집 제24권)

34. 『논쟁 노트』(전집 제27권)

35. 『원죄론』(전집 제3권)

36. 『설교와 강론 1734-1738』(전집 제19권)

37. 『여백 성경』(전집 제24권)

38. 『여백 성경』(전집 제24권)

39. 『설교와 강론 1734-1738』(전집 제19권)

40. 『삼위일체, 은혜, 믿음에 대한 글』(전집 제21권)

41. 『논쟁 노트』(전집 제27권)

42. 『설교와 강론 1720-1723』(전집 제10권)

43. 『설교와 강론 1730-1733』(전집 제17권)

44. 『잠문 501-832』(전집 제18권)

45. 『논쟁 노트』(전집 제27권)

46. 『설교와 강론 1723-1729』(전집 제14권)

47. 『삼위일체, 은혜, 믿음에 대한 글』(전집 제21권)

48. 『설교와 강론 1723-1729』(전집 제14권)

49. 『잠문 1153-1360』(전집 제23권)

50. 『잠문 833-1152』(전집 제20권)

51. 『설교와 강론 1734-1738』(전집 제19권)

52. 『신앙 감정론』(전집 제2권)

53. 『신앙 감정론』(전집 제2권)

54. 『설교와 강론 1734-1738』(전집 제19권)

55. 『여백 성경』(전집 제24권)

56. 『여백 성경』(전집 제24권)

57. 『여백 성경』(전집 제24권)

58. 『여백 성경』(전집 제24권)

59. 『설교와 강론 1734-1738』(전집 제19권)

60. 『여백 성경』(전집 제24권)

61. 『여백 성경』(전집 제24권)

62. 『설교와 강론 1734-1738』(전집 제19권)

63. 『논쟁 노트』(전집 제27권)

64. 『여백 성경』(전집 제24권)

65. 『설교와 강론 1739-1742』(전집 제22권)

66. 『원죄론』(전집 제3권)

67. 『묵시에 대한 글』(전집 제5권)

68. 『교회에 대한 글』(전집 제12권)

69. 『신앙 감정론』(전집 제2권)

70. 『대각성 운동』(전집 제4권)

71. 『성경 해설』(전집 제15권)

72. 『잠문 501-832』(전집 제18권)

73. 『삼위일체, 은혜, 믿음에 대한 글』(전집 제21권)

74. 『설교와 강론 1743-1758』(전집 제25권)

로마서 3장

1. 『여백 성경』(전집 제24권)

2. 『여백 성경』(전집 제24권)

3. 『여백 성경』(전집 제24권)

4. 『여백 성경』(전집 제24권)

5. 『삼위일체, 은혜, 믿음에 대한 글』(전집 제21권)

6. 『잡문 1153-1360』(전집 제23권)

7. 『윤리에 대한 글』(전집 제8권)

8. 『여백 성경』(전집 제24권)

9. 『설교와 강론 1734-1738』(전집 제19권)

10. 『여백 성경』(전집 제24권)

11. 『여백 성경』(전집 제24권)

12. 『원죄론』(전집 제3권)

13. 『논쟁 노트』(전집 제27권)

14. 『여백 성경』(전집 제24권)

15. 『모형론에 대한 글』(전집 제11권)

16. 『원죄론』(전집 제3권)

17. 『교회에 대한 글』(전집 제12권)

18. 『성경 해설』(전집 제15권)

19. 『여백 성경』(전집 제24권)

20. 『설교와 강론 1743-1758』(전집 제25권)

21. 『대각성 운동』(전집 제4권)

22. 『원죄론』(전집 제3권)

23. 『설교와 강론 1730-1733』(전집 제17권)

24. 『설교와 강론 1734-1738』(전집 제19권)

25. 『설교와 강론 1734-1738』(전집 제19권)

26. 『잡문 833-1152』(전집 제20권)

27. 『원죄론』(전집 제3권)

28. 『삼위일체, 은혜, 믿음에 대한 글』(전집 제21권)

29. 『잡문 833-1152』(전집 제20권)

30. 『설교와 강론 1723-1729』(전집 제14권)

31. 『잡문 1153-1360』(전집 제23권)

32. 『구속사』(전집 제9권)

33. 『잡문 501-832』(전집 제18권)

34. 『삼위일체, 은혜, 믿음에 대한 글』(전집 제21권)

35. 『설교와 강론 1734-1738』(전집 제19권)

36. 『잡문 501-832』(전집 제18권)

37. 『잡문 1153-1360』(전집 제23권)

로마서 4장

1. 『여백 성경』(전집 제24권)

2. 『신앙 감정론』(전집 제2권)

3. 『잡문 501-832』(전집 제18권)

4. 『설교와 강론 1734-1738』(전집 제19권)

5. 『잡문 501-832』(전집 제18권)

6. 『여백 성경』(전집 제24권)

7. 『성경 해설』(전집 제15권)

8. 『설교와 강론 1723-1729』(전집 제14권)

9. 『설교와 강론 1734-1738』(전집 제19권)

10. 『삼위일체, 은혜, 믿음에 대한 글』(전집 제21권)

11. 『여백 성경』(전집 제24권)

12. 『잡문 833-1152』(전집 제20권)

13. 『잡문 501-832』(전집 제18권)

14. 『삼위일체, 은혜, 믿음에 대한 글』(전집 제21권)

15. 『여백 성경』(전집 제24권)

16. 『설교와 강론 1734-1738』(전집 제19권)

17. 『삼위일체, 은혜, 믿음에 대한 글』(전집 제21권)

18. 『삼위일체, 은혜, 믿음에 대한 글』(전집 제21권)

19. 『잡문 501-832』(전집 제18권)

20. 『구속사』(전집 제9권)

21. 『설교와 강론 1723-1729』(전집 제14권)

22. 『설교와 강론 1743-1758』(전집 제25권)

23. 『성경 해설』(전집 제15권)

24. 『여백 성경』(전집 제24권)

25. 『성경 해설』(전집 제15권)

26. 『여백 성경』(전집 제24권)

27. 『성경 해설』(전집 제15권)

28. 『묵시에 대한 글』(전집 제5권)

29. 『잡문 1153-1360』(전집 제23권)

30. 『여백 성경』(전집 제24권)

31. 『원죄론』(전집 제3권)

32. 『설교와 강론 1734-1738』(전집 제19권)

33. 『원죄론』(전집 제3권)

34. 『삼위일체, 은혜, 믿음에 대한 글』(전집 제21권)

35. 『설교와 강론 1723-1729』(전집 제14권)

36. 『설교와 강론 1734-1738』(전집 제19권)

37. 『설교와 강론 1743-1758』(전집 제25권)

38. 『여백 성경』(전집 제24권)

39. 『여백 성경』(전집 제24권)

40. 『여백 성경』(전집 제24권)

41. 『구속사』(전집 제9권)

42. 『잡문 1-500』(전집 제13권)

43. 『성경 해설』(전집 제15권)

44. 『설교와 강론 1734-1738』(전집 제19권)

45. 『여백 성경』(전집 제24권)

로마서 5장

1. 『여백 성경』(전집 제24권)

2. 『여백 성경』(전집 제24권)

3. 『설교와 강론 1743-1758』(전집 제25권)

4. 『윤리에 대한 글』(전집 제8권)

5. 『여백 성경』(전집 제24권)

6. 『신앙 감정론』(전집 제2권)

7. 『여백 성경』(전집 제24권)

8. 『윤리에 대한 글』(전집 제8권)

9. 『잡문 1-500』(전집 제13권)

10. 『삼위일체, 은혜, 믿음에 대한 글』(전집 제21권)

11. 『설교와 강론 1739-1742』(전집 제22권)

12. 『여백 성경』(전집 제24권)

13. 『여백 성경』(전집 제24권)

14. 『잡문 833-1152』(전집 제20권)

15. 『잡문 501-832』(전집 제18권)

16. 『설교와 강론 1734-1738』(전집 제19권)

17. 『여백 성경』(전집 제24권)

18. 『원죄론』(전집 제3권)

19. 『여백 성경』(전집 제24권)

20. 『원죄론』(전집 제3권)

21. 『설교와 강론 1720-1723』(전집 제10권)

22. 『설교와 강론 1723-1729』(전집 제14권)

23. 『여백 성경』(전집 제24권)

24. 『원죄론 노트』(전집 제34권)

25. 『설교와 강론 1734-1738』(전집 제19권)

26. 『여백 성경』(전집 제24권)

27. 『모형론에 대한 글』(전집 제11권)

28. 『설교와 강론 1723-1729』(전집 제14권)

29. 『잡문 501-832』(전집 제18권)

30. 『논쟁 노트』(전집 제27권)

31. 『여백 성경』(전집 제24권)

32. 『여백 성경』(전집 제24권)

33. 『설교와 강론 1723-1729』(전집 제14권)

34. 『여백 성경』(전집 제24권)

35. 『삼위일체, 은혜, 믿음에 대한 글』(전집 제21권)

36. 『원죄론』(전집 제3권)

37. 『설교와 강론 1734-1738』(전집 제19권)

로마서 6장

1. 『삼위일체, 은혜, 믿음에 대한 글』(전집 제21권)

2. 『설교와 강론 1720-1723』(전집 제10권)

3. 『원죄론 노트』(전집 제34권)

4. 『원죄론』(전집 제3권)

5. 『교회에 대한 글』(전집 제12권)

6. 『성경 해설』(전집 제15권)

7. 『잡문 833-1152』(전집 제20권)

8. 『여백 성경』(전집 제24권)

9. 『설교와 강론 1739-1742』(전집 제22권)

10. 『원죄론』(전집 제3권)

11. 『대각성 운동』(전집 제4권)

12. 『설교와 강론 1730-1733』(전집 제17권)

13. 『성경 해설』(전집 제15권)

14. 『윤리에 대한 글』(전집 제8권)

15. 『구속사』(전집 제9권)

16. 『잡문 501-832』(전집 제18권)

17. 『설교와 강론 1730-1733』(전집 제17권)

18. 『설교와 강론 1730-1733』(전집 제17권)

19. 『교회에 대한 글』(전집 제12권)

20. 『교회에 대한 글』(전집 제12권)

21. 『성경 해설』(전집 제15권)

22. 『삼위일체, 은혜, 믿음에 대한 글』(전집 제21권)

23. 『신앙 감정론』(전집 제2권)

24. 『설교와 강론 1723-1729』(전집 제14권)

25. 『성경 해설』(전집 제15권)

26. 『삼위일체, 은혜, 믿음에 대한 글』(전집 제21권)

27. 『여백 성경』(전집 제24권)

28. 『교회에 대한 글』(전집 제12권)

29. 『여백 성경』(전집 제24권)

30. 『삼위일체, 은혜, 믿음에 대한 글』(전집 제21권)

31. 『설교와 강론 1720-1723』(전집 제10권)

32. 『여백 성경』(전집 제24권)

33. 『여백 성경』(전집 제24권)

34. 『원죄론』(전집 제3권)

35. 『설교와 강론 1720-1723』(전집 제10권)

36. 『설교와 강론 1723-1729』(전집 제14권)

37. 『잡문 501-832』(전집 제18권)

38. 『잡문 833-1152』(전집 20권)

39. 『설교와 강론 1743-1758』(전집 제25권)

40. 『논쟁 노트』(전집 제27권)

로마서 7장

1. 『여백 성경』(전집 제24권)

2. 『여백 성경』(전집 제24권)

3. 『성경 해설』(전집 제15권)

4. 『잡문 501-832』(전집 제18권)

5. 『여백 성경』(전집 제24권)

6. 『여백 성경』(전집 제24권)

7. 『성경 해설』(전집 제15권)

8. 『설교와 강론 1734-1738』(전집 제19권)

9. 『잡문 1-500』(전집 제13권)

10. 『논쟁 노트』(전집 제27권)

11. 『설교와 강론 1730-1733』(전집 제17권)

12. 『여백 성경』(전집 제24권)

13. 『잡문 833-1152』(전집 제20권)

14. 『삼위일체, 은혜, 믿음에 대한 글』(전집 제21권)

15. 『여백 성경』(전집 제24권)

16. 『원죄론』(전집 제3권)

17. 『설교와 강론 1734-1738』(전집 제19권)

18. 『설교와 강론 1730-1733』(전집 제17권)

19. 『논쟁 노트』(전집 제27권)

20. 『여백 성경』(전집 제24권)

21. 『여백 성경』(전집 제24권)

22. 『원죄론』(전집 제3권)

23. 『설교와 강론 1734-1738』(전집 제19권)

24. 『여백 성경』(전집 제24권)

25. 『여백 성경』(전집 제24권)

26. 『여백 성경』(전집 제24권)

27. 『원죄론』(전집 제3권)

28. 『설교와 강론 1739-1742』(전집 제22권)

29. 『윤리에 대한 글』(전집 제8권)

30. 『여백 성경』(전집 제24권)

31. 『설교와 강론 1730-1733』(전집 제17권)

32. 『여백 성경』(전집 제24권)

33. 『신앙 감정론』(전집 제2권)

34. 『여백 성경』(전집 제24권)

로마서 8장

1. 『여백 성경』(전집 제24권)

2. 『신앙 감정론』(전집 제2권)

3. 『성경 해설』(전집 제15권)

4. 『잡문 501-832』(전집 제18권)

5. 『설교와 강론 1734-1738』(전집 제19권)

6. 『삼위일체, 은혜, 믿음에 대한 글』(전집 제21권)

7. 『여백 성경』(전집 제24권)

8. 『삼위일체, 은혜, 믿음에 대한 글』(전집 제21권)

9. 『여백 성경』(전집 제24권)

10. 『원죄론』(전집 제3권)

11. 『여백 성경』(전집 제24권)

12. 『여백 성경』(전집 제24권)

13. 『편지와 개인 글』(전집 제16권)

14. 『잡문 1-500』(전집 제13권)

15. 『성경 해설』(전집 제15권)

16. 『잡문 1-500』(전집 제13권)

17. 『잡문 833-1152』(전집 제20권)

18. 『여백 성경』(전집 제24권)

19. 『여백 성경』(전집 제24권)

20. 『설교와 강론 1723-1729』(전집 제14권)

21. 『여백 성경』(전집 제24권)

22. 『신앙 감정론』(전집 제2권)

23. 『여백 성경』(전집 제24권)

24. 『원죄론』(전집 제3권)

25. 『여백 성경』(전집 제24권)

26. 『원죄론』(전집 제3권)

27. 『설교와 강론 1723-1729』(전집 제14권)

28. 『설교와 강론 1739-1742』(전집 제22권)

29. 『설교와 강론 1743-1758』(전집 제25권)

30. 『잡문 501-832』(전집 제18권)

31. 『신앙 감정론』(전집 제2권)

32. 『설교와 강론 1720-1723』(전집 제10권)

33. 『삼위일체, 은혜, 믿음에 대한 글』(전집 제21권)

34. 『잡문 1153-1360』(전집 제23권)

35. 『여백 성경』(전집 제24권)

36. 『잡문 501-832』(전집 제18권)

37. 『잡문 501-832』(전집 제18권)

38. 『윤리에 대한 글』(전집 제8권)

39. 『삼위일체, 은혜, 믿음에 대한 글』(전집 제21권)

40. 『여백 성경』(전집 제24권)

41. 『여백 성경』(전집 제24권)

42. 『신앙 감정론』(전집 제2권)

43. 『대각성 운동』(전집 제4권)

44. 『삼위일체, 은혜, 믿음에 대한 글』(전집 제21권)

45. 『여백 성경』(전집 제24권)

46. 『신앙 감정론』(전집 제2권)

47. 『윤리에 대한 글』(전집 제8권)

48. 『교회에 대한 글』(전집 제12권)

49. 『성경 해설』(전집 제15권)

50. 『잡문 501-832』(전집 제18권)

51. 『여백 성경』(전집 제24권)

52. 『삼위일체, 은혜, 믿음에 대한 글』(전집 제37권)

53. 『신앙 감정론』(전집 제2권)

54. 『잡문 1-500』(전집 제13권)

55. 『잡문 501-832』(전집 제18권)

56. 『설교와 강론 1734-1738』(전집 제19권)

57. 『설교와 강론 1739-1742』(전집 제22권)

58. 『여백 성경』(전집 제24권)

59. 『묵시에 대한 글』(전집 제5권)

60. 『윤리에 대한 글』(전집 제8권)

61. 『잡문 1-500』(전집 제13권)

62. 『잡문 501-832』(전집 제18권)

63. 『설교와 강론 1734-1738』(전집 제19권)

64. 『설교와 강론 1743-1758』(전집 제25권)

65. 『여백 성경』(전집 제24권)

66. 『묵시에 대한 글』(전집 제5권)

67. 『묵시에 대한 글』(전집 제5권)

68. 『편지와 개인 글』(전집 제16권)

69. 『잡문 501-832』(전집 제18권)

70. 『여백 성경』(전집 제24권)

71. 『설교와 강론 1743-1758』(전집 제25권)

72. 『묵시에 대한 글』(전집 제5권)

73. 『잡문』(전집 제5권)

74. 『여백 성경』(전집 제24권)

75. 『설교와 강론 1730-1733』(전집 제17권)

76. 『여백 성경』(전집 제24권)

77. 『묵시에 대한 글』(전집 제5권)

78. 『잡문』(전집 제5권)

79. 『설교와 강론 1743-1758』(전집 제25권)

80. 『신앙 감정론』(전집 제2권)

81. 『원죄론』(전집 제3권)

82. 『잡문 1-500』(전집 제13권)

83. 『설교와 강론 1720-1723』(전집 제10권)

84. 『잡문 833-1152』(전집 제20권)

85. 『삼위일체, 은혜, 믿음에 대한 글』(전집 제21권)

86. 『여백 성경』(전집 제24권)

87. 『신앙 감정론』(전집 제2권)

88. 『성경 해설』(전집 제15권)

89. 『대각성 운동』(전집 제4권)

90. 『설교와 강론 1720-1723』(전집 제10권)

91. 『편지와 개인 글』(전집 제16권)

92. 『윤리에 대한 글』(전집 제8권)

93. 『대각성 운동』(전집 제4권)

94. 『여백 성경』(전집 제24권)

95. 『신앙 감정론』(전집 제2권)

96. 『윤리에 대한 글』(전집 제8권)

97. 『성경 해설』(전집 제15권)

98. 『잡문 501-832』(전집 제18권)

99. 『의지의 자유론』(전집 제1권)

100. 『신앙 감정론』(전집 제2권)

101. 『설교와 강론 1734-1738』(전집 제19권)

102. 『여백 성경』(전집 제24권)

103. 『구속사』(전집 제9권)

104. 『설교와 강론 1723-1729』(전집 제14권)

105. 『설교와 강론 1730-1733』(전집 제17권)

106. 『여백 성경』(전집 제24권)

107. 『대각성 운동』(전집 제4권)

108. 『윤리에 대한 글』(전집 제8권)

109. 『대각성 운동』(전집 제4권)

110. 『성경 해설』(전집 제15권)

111. 『잡문 501-832』(전집 제18권)

112. 『여백 성경』(전집 제24권)

113. 『설교와 강론 1734-1738』(전집 제19권)

114. 『편지와 개인 글』(전집 제16권)

115. 『설교와 강론 1723-1729』(전집 제14권)

116. 『성경 해설』(전집 제15권)

117. 『설교와 강론 1734-1738』(전집 제19권)

118. 『잡문 1153-1360』(전집 제23권)

119. 『여백 성경』(전집 제24권)

120. 『설교와 강론 1743-1758』(전집 제25권)

121. 『여백 성경』(전집 제24권)

122. 『윤리에 대한 글』(전집 제8권)

123. 『성경 해설』(전집 제15권)

124. 『설교와 강론 1734-1738』(전집 제19권)

125. 『여백 성경』(전집 제24권)

126. 『윤리에 대한 글』(전집 제8권)

127. 『성경 해설』(전집 제15권)

로마서 9장

1. 『여백 성경』(전집 제24권)

2. 『대각성 운동』(전집 제4권)

3. 『여백 성경』(전집 제24권)

4. 『대각성 운동』(전집 제4권)

5. 『교회에 대한 글』(전집 제12권)

6. 『여백 성경』(전집 제24권)

7.『여백 성경』(전집 제24권)

8.『교회에 대한 글』(전집 제12권)

9.『여백 성경』(전집 제24권)

10.『잡문 501-832』(전집 제18권)

11.『잡문 501-832』(전집 제18권)

12.『삼위일체, 은혜, 믿음에 대한 글』(전집 제21권)

13.『여백 성경』(전집 제24권)

14.『설교와 강론 1730-1733』(전집 제17권)

15.『논쟁 노트』(전집 제27권)

16.『논쟁 노트』(전집 제27권)

17.『설교와 강론 1723-1729』(전집 제14권)

18.『설교와 강론 1730-1733』(전집 제17권)

19.『삼위일체, 은혜, 믿음에 대한 글』(전집 제21권)

20.『여백 성경』(전집 제24권)

21.『여백 성경』(전집 제24권)

22.『설교 시리즈 II』(전집 제55권)

23.『설교와 강론 1734-1738』(전집 제19권)

24.『여백 성경』(전집 제24권)

25.『여백 성경』(전집 제24권)

26.『설교와 강론 1730-1733』(전집 제17권)

27.『여백 성경』(전집 제24권)

28.『설교와 강론 1723-1729』(전집 제14권)

29.『설교와 강론 1730-1733』(전집 제17권)

30.『잡문 833-1152』(전집 제20권)

31.『잡문 1-500』(전집 제13권)

32.『윤리에 대한 글』(전집 제8권)

33.『설교와 강론 1730-1733』(전집 제17권)

34.『설교와 강론 1734-1738』(전집 제19권)

35.『잡문 1153-1360』(전집 제23권)

36.『구속사』(전집 제9권)

37.『잡문 501-832』(전집 제18권)

38.『잡문 1153-1360』(전집 제23권)

39.『잡문 501-832』(전집 제18권)

40.『삼위일체, 은혜, 믿음에 대한 글』(전집 제21권)

41.『여백 성경』(전집 제24권)

로마서 10장

1.『설교와 강론 1739-1742』(전집 제22권)

2.『신앙 감정론』(전집 제2권)

3.『설교와 강론 1739-1742』(전집 제22권)

4.『성경 해설』(전집 제15권)

5.『설교와 강론 1730-1733』(전집 제17권)

6.『잡문 501-832』(전집 제18권)

7.『설교와 강론 1734-1738』(전집 제19권)

8.『삼위일체, 은혜, 믿음에 대한 글』(전집 제37권)

9.『대각성 운동』(전집 제4권)

10.『설교와 강론 1723-1729』(전집 제14권)

11.『성경 해설』(전집 제15권)

12.『잡문 833-1152』(전집 제20권)

13.『설교와 강론 1743-1758』(전집 제25권)

14.『원죄론』(전집 제3권)

15.『잡문 501-832』(전집 제18권)

16.『대각성 운동』(전집 제4권)

17.『설교와 강론 1739-1742』(전집 제22권)

18.『여백 성경』(전집 제24권)

19.『잡문 1153-1360』(전집 제23권)

20.『교회에 대한 글』(전집 제12권)

21.『교회에 대한 글』(전집 제12권)

22.『잡문 833-1152』(전집 제20권)

23.『설교와 강론 1739-1742』(전집 제22권)

24.『설교와 강론 1743-1758』(전집 제25권)

25.『삼위일체, 은혜, 믿음에 대한 글』(전집 제21권)

26.『잡문 1153-1360』(전집 제23권)

27.『잡문 1153-1360』(전집 제23권)

28.『설교와 강론 1720-1723』(전집 제10권)

29.『설교와 강론 1739-1742』(전집 제22권)

30.『설교와 강론 1743-1758』(전집 제25권)

31.『설교 시리즈 II』(전집 제54권)

32. 『설교와 강론 1734-1738』(전집 제19권)

33. 『성경 해설』(전집 제15권)

34. 『신앙 감정론』(전집 제2권)

35. 『의지의 자유론』(전집 제1권)

36. 『구속사』(전집 제9권)

37. 『잡문 501-832』(전집 제18권)

로마서 11장

1. 『여백 성경』(전집 제24권)

2. 『구속사』(전집 제9권)

3. 『논쟁 노트』(전집 제27권)

4. 『삼위일체, 은혜, 믿음에 대한 글』(전집 제37권)

5. 『설교와 강론 1734-1738』(전집 제19권)

6. 『잡문 501-832』(전집 제18권)

7. 『설교와 강론 1734-1738』(전집 제19권)

8. 『잡문 833-1152』(전집 제20권)

9. 『삼위일체, 은혜, 믿음에 대한 글』(전집 제21권)

10. 『설교와 강론 1739-1742』(전집 제22권)

11. 『삼위일체, 은혜, 믿음에 대한 글』(전집 제21권)

12. 『논쟁 노트』(전집 제27권)

13. 『삼위일체, 은혜, 믿음에 대한 글』(전집 제21권)

14. 『잡문 833-1152』(전집 제20권)

15. 『여백 성경』(전집 제24권)

16. 『묵시에 대한 글』(전집 제5권)

17. 『구속사』(전집 제9권)

18. 『성경 해설』(전집 제15권)

19. 『설교와 강론 1743-1758』(전집 제25권)

20. 『설교와 강론 1743-1758』(전집 제25권)

21. 『묵시에 대한 글』(전집 제5권)

22. 『구속사』(전집 제9권)

23. 『묵시에 대한 글』(전집 제5권)

24. 『여백 성경』(전집 제24권)

25. 『삼위일체, 은혜, 믿음에 대한 글』(전집 제21권)

26. 『교회에 대한 글』(전집 제12권)

27. 『여백 성경』(전집 제24권)

28. 『잡문 501-832』(전집 제18권)

29. 『신앙 감정론』(전집 제2권)

30. 『설교와 강론 1734-1738』(전집 제19권)

31. 『설교와 강론 1743-1758』(전집 제25권)

32. 『잡문 501-832』(전집 제18권)

33. 『대각성 운동』(전집 제4권)

34. 『잡문 501-832』(전집 제18권)

35. 『설교와 강론 1734-1738』(전집 제19권)

36. 『삼위일체, 은혜, 믿음에 대한 글』(전집 제21권)

37. 『설교와 강론 1743-1758』(전집 제25권)

38. 『묵시에 대한 글』(전집 제5권)

39. 『성경 해설』(전집 제15권)

40. 『여백 성경』(전집 제24권)

41. 『설교와 강론 1720-1723』(전집 제10권)

42. 『성경 해설』(전집 제15권)

43. 『구속사』(전집 제9권)

44. 『여백 성경』(전집 제24권)

45. 『교회에 대한 글』(전집 제12권)

46. 『묵시에 대한 글』(전집 제5권)

47. 『원죄론』(전집 제3권)

48. 『묵시에 대한 글』(전집 제5권)

49. 『여백 성경』(전집 제24권)

50. 『논쟁 노트』(전집 제27권)

51. 『설교와 강론 1720-1723』(전집 제10권)

52. 『여백 성경』(전집 제24권)

53. 『여백 성경』(전집 제24권)

54. 『윤리에 대한 글』(전집 제8권)

55. 『설교와 강론 1730-1733』(전집 제17권)

56. 『삼위일체, 은혜, 믿음에 대한 글』(전집 제21권)

로마서 12장

1. 『신앙 감정론』(전집 제2권)

2. 『설교와 강론 1730-1733』(전집 제17권)

3.『삼위일체, 은혜, 믿음에 대한 글』(전집 제21권)

4.『설교와 강론 1739-1742』(전집 제22권)

5.『여백 성경』(전집 제24권)

6.『설교와 강론 1730-1733』(전집 제17권)

7.『대각성 운동』(전집 제4권)

8.『윤리에 대한 글』(전집 제8권)

9.『여백 성경』(전집 제24권)

10.『신앙 감정론』(전집 제2권)

11.『윤리에 대한 글』(전집 제8권)

12.『설교와 강론 1723-1729』(전집 제14권)

13.『여백 성경』(전집 제24권)

14.『윤리에 대한 글』(전집 제8권)

15.『설교와 강론 1743-1758』(전집 제25권)

16.『여백 성경』(전집 제24권)

17.『윤리에 대한 글』(전집 제8권)

18.『여백 성경』(전집 제24권)

19.『대각성 운동』(전집 제4권)

20.『교회에 대한 글』(전집 제12권)

21.『신앙 감정론』(전집 제2권)

22.『설교와 강론 1723-1729』(전집 제14권)

23.『설교와 강론 1723-1729』(전집 제14권)

24.『여백 성경』(전집 제24권)

25.『대각성 운동』(전집 제4권)

26.『윤리에 대한 글』(전집 제8권)

27.『윤리에 대한 글』(전집 제8권)

28.『신앙 감정론』(전집 제2권)

29.『설교와 강론 1730-1733』(전집 제17권)

30.『윤리에 대한 글』(전집 제8권)

31.『신앙 감정론』(전집 제2권)

32.『설교와 강론 1743-1758』(전집 제25권)

33.『윤리에 대한 글』(전집 제8권)

34.『대각성 운동』(전집 제4권)

35.『잠문 833-1152』(전집 제20권)

36.『윤리에 대한 글』(전집 제8권)

37.『여백 성경』(전집 제24권)

38.『윤리에 대한 글』(전집 제8권)

로마서 13장

1.『여백 성경』(전집 제24권)

2.『여백 성경』(전집 제24권)

3.『설교와 강론 1730-1733』(전집 제17권)

4.『설교와 강론 1743-1758』(전집 제25권)

5.『여백 성경』(전집 제24권)

6.『대각성 운동』(전집 제4권)

7.『윤리에 대한 글』(전집 제8권)

8.『윤리에 대한 글』(전집 제8권)

9.『성경 해설』(전집 제15권)

10.『잠문 833-1152』(전집 제20권)

11.『삼위일체, 은혜, 믿음에 대한 글』(전집 제21권)

12.『윤리에 대한 글』(전집 제8권)

13.『윤리에 대한 글』(전집 제8권)

14.『삼위일체, 은혜, 믿음에 대한 글』(전집 제21권)

15.『설교와 강론 1743-1758』(전집 제25권)

16.『설교와 강론 1730-1733』(전집 제17권)

17.『잠문 833-1152』(전집 제20권)

18.『윤리에 대한 글』(전집 제8권)

19.『설교와 강론 1739-1742』(전집 제22권)

20.『성경 해설』(전집 제15권)

로마서 14장

1.『교회에 대한 글』(전집 제12권)

2.『여백 성경』(전집 제24권)

3.『여백 성경』(전집 제24권)

4.『대각성 운동』(전집 제4권)

5.『윤리에 대한 글』(전집 제8권)

6.『설교와 강론 1723-1729』(전집 제14권)

7.『성경 해설』(전집 제15권)

8.『설교와 강론 1730-1733』(전집 제17권)

9. 『설교와 강론 1734-1738』(전집 제19권)

10. 『잠문 501-832』(전집 제18권)

11. 『신앙 감정론』(전집 제2권)

12. 『대각성 운동』(전집 제4권)

13. 『교회에 대한 글』(전집 제12권)

14. 『설교와 강론 1720-1723』(전집 제10권)

15. 『구속사』(전집 제9권)

16. 『잠문 501-832』(전집 제18권)

17. 『여백 성경』(전집 제24권)

18. 『잠문 501-832』(전집 제18권)

19. 『묵시에 대한 글』(전집 제5권)

20. 『교회에 대한 글』(전집 제12권)

21. 『성경 해설』(전집 제15권)

22. 『잠문 833-1152』(전집 제20권)

23. 『여백 성경』(전집 제24권)

24. 『원죄론』(전집 제34권)

25. 『설교와 강론 1720-1723』(전집 제10권)

26. 『설교와 강론 1739-1742』(전집 제22권)

27. 『여백 성경』(전집 제24권)

28. 『설교와 강론 1739-1742』(전집 제22권)

29. 『여백 성경』(전집 제24권)

30. 『대각성 운동』(전집 제4권)

31. 『대각성 운동』(전집 제4권)

32. 『삼위일체, 은혜, 믿음에 대한 글』(전집 제21권)

33. 『설교와 강론 1739-1742』(전집 제22권)

34. 『대각성 운동』(전집 제4권)

35. 『설교와 강론 1720-1723』(전집 제10권)

36. 『여백 성경』(전집 제24권)

37. 『설교와 강론 1739-1742』(전집 제22권)

38. 『여백 성경』(전집 제24권)

39. 『설교와 강론 1730-1733』(전집 제17권)

40. 『여백 성경』(전집 제24권)

41. 『설교와 강론 1720-1723』(전집 제10권)

42. 『여백 성경』(전집 제24권)

로마서 15장

1. 『여백 성경』(전집 제24권)

2. 『대각성 운동』(전집 제4권)

3. 『윤리에 대한 글』(전집 제8권)

4. 『윤리에 대한 글』(전집 제8권)

5. 『여백 성경』(전집 제24권)

6. 『설교와 강론 1734-1738』(전집 제19권)

7. 『교회에 대한 글』(전집 제12권)

8. 『여백 성경』(전집 제24권)

9. 『대각성 운동』(전집 제4권)

10. 『삼위일체, 은혜, 믿음에 대한 글』(전집 제21권)

11. 『여백 성경』(전집 제24권)

12. 『여백 성경』(전집 제24권)

13. 『설교와 강론 1734-1738』(전집 제19권)

14. 『설교와 강론 1734-1738』(전집 제19권)

15. 『여백 성경』(전집 제24권)

16. 『삼위일체, 은혜, 믿음에 대한 글』(전집 제21권)

17. 『윤리에 대한 글』(전집 제8권)

18. 『설교 시리즈 II』 1739년(전집 제54권)

19. 『설교와 강론 1734-1738』(전집 제19권)

20. 『삼위일체, 은혜, 믿음에 대한 글』(전집 제21권)

21. 『윤리에 대한 글』(전집 제8권)

22. 『삼위일체, 은혜, 믿음에 대한 글』(전집 제21권)

23. 『설교와 강론 1743-1758』(전집 제25권)

24. 『설교와 강론 1739-1742』(전집 제22권)

로마서 16장

1. 『여백 성경』(전집 제24권)

2. 『여백 성경』(전집 제24권)

3. 『설교와 강론 1739-1742』(전집 제22권)

4. 『대각성 운동』(전집 제4권)

5. 『구속사』(전집 제9권)

6. 『잠문 833-1152』(전집 제20권)

7. 『여백 성경』(전집 제24권)

8.『여백 성경』(전집 제24권)

9.『여백 성경』(전집 제24권)

10.『잡문 501-832』(전집 제18권)

11.『성경 해설』(전집 제15권)

12.『잡문 833-1152』(전집 제20권)

13.『윤리에 대한 글』(전집 제8권)

14.『여백 성경』(전집 제24권)

15.『여백 성경』(전집 제24권)

16.『윤리에 대한 글』(전집 제8권)

조나단 에드워즈_로마서 설교 개요

1. 1723-1726년 설교

2. 1731년 설교

3. 1735년 설교

4. 1735년 설교

5. 1727-1728년 설교

6. 1736년 설교, '행하는 모든 것이 나쁘다'

7. 1731-1732년 설교

8. 1735년 설교, '죄인들의 파멸에 나타나 있는 하나님의 공의'

9. 1734년 설교, '오직 믿음으로 의롭다 함을 얻음'

10. 1729-1730년 설교

11. 1735년 설교, '우리의 연약함, 그리스도의 힘'

12. 1736년 설교

13. 1742년 설교

14. 1728-1729년 설교

15. 1729-1730년 설교

16. 1737, 1756년 설교

17. 1739년 설교

18. 1741년 설교

19. 1730-1731년 설교

20. 1753년 8월 설교

21. 1735, 1752년 설교

22. 1720-1723년 설교, '하나님에 대한 헌신'

23. 1739년 설교, '사람들의 육체를 보살피도록 지명받은 집사'

24. 1733년 설교

25. 1723~1726년 설교, '모든 사람과 더불어 화목하라'

26. 1738년 설교

27. 1740년 설교

찾아보기

ㅎ